GALDÓS: OTRA ESPAÑA, UNA FE DISTINTA

El pensamiento educativo y teológico en la obra de Benito Pérez Galdós

Antonio Aparisi Laporta

Copyright © 2021 Antonio Aparisi Laporta
Copyright © 2021 Generis Publishing

All rights reserved. This book or any portion thereof may not be reproduced or used in any manner whatsoever without the written permission of the publisher except for the use of brief quotations in a book review.

Title: GALDÓS: OTRA ESPAÑA, UNA FE DISTINTA: El pensamiento educativo y teológico en la obra de Benito Pérez Galdós

Author: Antonio Aparisi Laporta

ISBN: 978-1-63902-184-0

Cover image: www.pixabay.com

Publisher: Generis Publishing
www.generis-publishing.com
Contact email: info@generis-publishing.com

Nota.- *Sorprenderá, quizás, al lector español el hecho de que este libro se edite fuera de España. La única razón de esto son las favorables condiciones que GENERIS PUBLISHING ha ofrecido para su edición.*

Generis
PUBLISHING

"¡Desgraciado el pueblo que no tiene algún ensueño constitutivo y crónico, norma para la realidad, jalón plantado en las lejanías de su camino!"

("Soñemos, alma, soñemos". Benito Pérez Galdós*)*

INDICE

PRESENTACIÓN 11

Parte primera: APROXIMACIÓN A LA FIGURA Y A LA OBRA DE BENITO PÉREZ GALDÓS 25

1. El medio dramático que contorna a Benito Pérez Galdós 27
   1. El devenir de España en el siglo XIX y comienzos del XX. 28
      1. Cómo era la España del XIX. 29
      2. Un país erosionado por la guerra. 36
      3. Cultura media española y corrientes intelectuales que influyen en la personalidad y obra de B.P. Galdós. 45

   2. La Iglesia católica que contorna a Galdós. 52
      1. El Papado y el acontecer de la Iglesia en el siglo XIX 52
      2. Breve idea de los conflictos de la relación Iglesia - Estado en el XIX español. 54
      3. Procesos de crisis en la población católica española del XIX. 56

2. Galdós. El hombre, Sobre la identidad personal de Benito Pérez Galdós 61
   1. Trayectoria existencial de Don Benito. 62
   2. Aproximación a la personalidad de Galdós. Su epistolario íntimo. ... 71
   3. Religiosidad personal. ¿Galdós, un cristiano heterodoxo? 81

3. Galdós escritor: La creación literaria de Benito Pérez Galdós 101
   1. Contenido esencial y alcance de la obra de Galdós. 101
   2. Ejes transversales, recursos y contenido axiomático en las obras de Galdós. 111
   3. Clasificación y cuadro sinóptico de las obras de Benito Pérez Galdós. 114
   4. La identificación del autor Galdós con sus personajes 123
   5. La obra de Galdós como literatura teológica 145
      1. De la pregunta sobre el hombre a la perspectiva teológica en la obra de Galdós. 145
      2. Condiciones constitutivas del discurso teológico en la obra de Galdós. 151
      3. Simbolismo y constantes religiosas en la creación de Galdós. ... 162

Parte segunda: GALDÓS, LA EDUCACIÓN DE UN PAÍS **179**

4. Galdós y España, un diálogo difícil **181**
   1. Aproximación a la identidad histórica española en la obra de Galdós.. 184
   2. Claves fundamentales de la identidad española en la obra de Galdós.. 192
   3. Causas internas y efectos de la dramática identidad española en la creación galdosiana. 205
   4. La salvación de España. El problema educativo. 225

Parte tercera: *UNA FE DISTINTA. TEMAS DEL PENSAMIENTO TEOLÓGICO DE GALDÓS* **241**

5. Fe en Dios y crisis religiosas en la perspectiva galdosiana **243**
   1. Visión global del problema religioso español en la obra de Galdós. 244
   2. Recuperación de la idea cristiana de Dios en la obra de B. P. Galdós.. 249
   3. El proceso hacia la religiosidad sana. 286
   4. ¿Dios simplemente o el Dios de Jesucristo? La fe cristiana 314

6. La literatura de Galdós como memoria ética cristiana **345**
   1. El estatuto de la conciencia moral en Galdós. 348

   1.La naturaleza, pauta de la realización de la persona y de su talla moral. 349
   2.La conciencia moral en el hombre y en el cristiano según Galdós. 359
   3.Honor y moral en la obra de Galdós. 375
   4.Opción cristiana por la libertad en el pensamiento de Galdós. 377
   5.Degradación moral y pecado en la existencia del hombre y del creyente. Perspectiva galdosiana. 384
   2. Dinámica y elevación del amor en la obra de Don Benito. 391

   1. La actitud de amor. Dinámica fundamental del amor. 394
   2. El amor de caridad, esencia del cristianismo, en la obra de Galdós...... 403
   3. Rechazo galdosiano de todo lo que impide el desarrollo del amor. 424
   3. Prioridad de la justicia en el pensamiento de Galdós. 427

   1. Pasión por la justicia y opción por los desfavorecidos en la obra de Galdós. 429

    2. Denuncia de los actos y las situaciones de injusticia en la obra de Galdós. 438
    3. Pacifismo cristiano y no violencia en la obra de Galdós 449

7. Cristianismo e Iglesia. Alternativas en el pensamiento galdosiano... 467

    1. Dialéctica del cristianismo en la obra de B. P. Galdós 469

        1. Sobre la esencia del cristianismo en la teología galdosiana 469
        2. Rectificaciones a verificar en la trayectoria del cristianismo, según el pensamiento de Galdós. 485

    2. Dialéctica del hecho eclesial. (Eclesiología de Galdós). 489

        1. Concepto y alternativas de Iglesia en la obra galdosiana. 490
        2. La alternativa eclesial comunitaria en Ángel Guerra y en Halma... 505
        3. Sentido de las congregaciones religiosas y de la vida conventual en la obra de Galdós. 515

    4. La religiosidad popular, el arte cristiano y, en general, la cultura religosa cristiana en el pensamiento galdosiano. 525

        1. La Iglesia de las devociones populares en la obra de Galdós. 525
        2. Valoración del arte religioso cristiano en la obra de Galdós. 529
        3. Visión de la cultura común cristiana en Galdós. 539

8: El mundo eclesial que sueña Galdós 543

    1. Visión del presbiterado católico en la obra de Galdós 543

        1. La figura y el ministerio presbiteral en "Nazarín". 548
        2. Presbíteros y eclesiásticos idóneos en la obra galdosiana. 555
        3. El problema del presbítero católico en la obra de Galdós. 568

    2. La realidad sacramental cristiana y su pastoral en la obra de Galdós.. 600

        1. El sacramento de la Eucaristía en la obra de Galdós. 601
        2. El Sacramento del Perdón en la obra de Galdós. 613
        3. Aproximación a otra teología del matrimonio en la obra de Galdós. 622

Apéndice 635

I.- Conclusiones generales del presente estudio 636

    Constataciones fundamentales. 636

II.- Bibliografía 646

    1. OBRAS DE GALDOS ANALIZADAS 646

2. OBRAS DE ESTUDIO SOBRE GALDÓS CONSULTADAS..... 652
III.- Otros autores citados (además de Galdós).. 671

PRESENTACIÓN

Son muchos y excelentes los estudios realizados sobre la extensa obra de Benito Pérez Galdós. Quizás también inabarcables. Al lado de ellos iniciamos la investigación de dos aspectos de esa creación literaria e histórica no considerados aún de modo suficiente -a nuestro modo de ver- e íntimamente involucrados: la propuesta reeducativa de nuestro pueblo y la honda reflexión acerca de la identidad cristiana y el catolicismo del siglo XIX en España. Reflexión –esta última- que emerge en casi todos sus escritos y que tal vez los vertebra de forma sustancial y singular.

Hemos pretendido especialmente detenernos, indagar y, si procede, analizar la perspectiva religiosa y creyente, sin duda crítica, que percibimos de inmediato como elemento que acompaña a toda la obra galdosiana. Perspectiva que seguramente viene desarrollada con una intención reformista y de gran alcance en la línea de los movimientos liberales de esa época de signo educativo y religioso; o, al menos, como el grito personal de un hombre cuya sensibilidad y conciencia no le dejan guardar silencio ante situaciones que considera insostenibles.

No entendemos cómo es posible que estudios generales sobre Galdós, trabajos de extraordinaria valía historiográfica y literaria, eludan esa dimensión o pasen por ella de forma ocasional y ligera. Me atrevo a pensar que alguna actitud extraña aqueja a buena parte de nuestros intelectuales; parece que quisieran alejar de nuestra cultura cualquier alusión a la temática religiosa, sin admitir que ésta se halla presente y es objetivamente fecunda.

Nos atrevemos a pensar que el estudio específico objeto de esta doble perspectiva puede constituir no sólo un complemento literario al estudio de Galdós (y, en particular, una reivindicación del valor religioso y cristiano de su obra y quizás de su figura), sino también una aportación más a la tarea pendiente que tienen los ciudadanos de este país de encarar y reconstruir la verdad de dos imágenes: la de España y la Iglesia; una Iglesia que, antes que católica, debiera haber sido cristiana.

El autor –fundamentalmente literato- estructura su idea desde el relato realista e histórico conjugado casi siempre, por una parte, con el recurso simbólico y fantástico y, por otra, con el propio testimonio, introduciéndose él mismo en el mundo que ha creado.

A lo largo del proceso de reelaboración textual nos parece haber llegado a la conclusión de que, en realidad Galdós propone una alternativa histórica integral tanto a la España del XIX y XX como al catolicismo decimonónico (a la Iglesia y a las mentalidades que lo representan, a la burguesía y al clero) –*otra España, una fe distinta*– sugiriendo la recualificación de la influencia religiosa sobre la sociedad española. Al mismo tiempo deja al descubierto un serio "cuerpo de pensamiento teológico cristiano", inmerso éste en el género literario propio y en el análisis sociohistórico que realiza.

Este cuerpo ideológico sería difícil de abarcar si nos detuviéramos sólo en la lectura individualizada –y admirada- de cada una de las novelas, de los episodios nacionales o de los dramas teatrales. No; lo que nos permitirá descubrirlo será, sin duda, una aproximación simultánea a la totalidad de sus escritos, incluidos aquellos de carácter más breve e íntimo.

Comprendo que mi propuesta específica de consideración de la literatura y de la persona de Galdós pudiera suscitar alguna prevención a los comentaristas galdosianos, como si me guiara en ese estudio alguna idea preconcebida favorable a la religiosidad de la obra o del autor, un propósito parcial o desgajado de la observación objetiva.

Intentaré despejar tal duda. No niego la sorpresa y el gran interés experimentados por mí mismo al encontrar –e ir sumando- datos y exhaustivos desarrollos de temáticas religiosas en los escritos galdosianos (en la novelística especialmente); pero quisiera aclarar que en ningún momento de la investigación me he permitido la lectura sesgada de las obras, ni reinterpretar los textos más allá el contexto de la obra, de la propia interpretación que hace el autor (antes y después de escribirla) y del eco directo de los lectores contemporáneos al mismo.

Con esas condiciones he optado simplemente por limitarme a la exposición justa, aunque selecta, del inmenso material documental de citas que testifican en el autor un pensamiento firme, coherente con la totalidad de su creación a lo largo de los casi cincuenta años de trabajo literario. (Ofrezco en este libro cerca de ochocientas citas textuales).

Todos los aspectos de la cultura española, al menos hasta muy entrado el siglo XX (tales como el acontecer histórico, la literatura, el arte en todas sus manifestaciones, la lengua hablada, el folklore y el costumbrismo, el derecho…) vienen notablemente determinados –para bien o para mal- por la presencia del elemento religioso de signo más o menos cristiano, y han sido considerados de esa forma por nuestros más lúcidos literatos, historiadores y filósofos. Galdós no podía ser menos en esa percepción de la realidad.

Puedo adelantar la idea de que la lectura sosegada de su producción entera del desvela no tanto una teología sistemática (no era ése el objetivo de conjunto de su labor literaria) como una espiritualidad –una forma de sentir y de hacer la existencia- basada al mismo tiempo en dos pilares: en la naturaleza humana –el humanismo, más que naturalismo- y en la fe en Jesús –el cristianismo original-. Contempla así una existencia cristiana dramática, tal vez incomprendida por los ambientes religiosos predominantes de su época y de la actual.

Verificada, pues, la presencia de esa alternativa espiritual (al menos ideológica), ¿habría que predecir que su suerte fuera semejante a la que corrieron los mejores intentos reformistas que soñaron las utopías humanistas del XV-XVI europeo de signo cristiano, apenas entendidas ni aceptadas en su tiempo? En el drama *Santa Juana de Castilla*, de corte erasmista, Galdós parece revivir aquel fracaso histórico de nuestro país. ¡Ojala estemos aún a tiempo de rescatar nosotros el legado humanista galdosiano!

En realidad, tampoco la transcendencia de la obra del escritor canario está suficientemente establecida en la cultura que nos sostiene hoy (a pesar de los valiosos esfuerzos realizados con motivo del Centenario de su muerte); de manera que la queja de Salvador de Madariaga parece todavía vigente:

"Galdós reconstruía vigorosamente su época. Por qué han de seguir Europa y América en casi completa ignorancia de uno de los creadores literarios más grandes que la raza humana ha producido, es un misterio que como todos los misterios, fuera de la teología, permite desde luego al curioso inteligente el acceso a sus secretas cámaras. España no ha dado un novelista más grande desde Cervantes." [1]

De entrada hago mías, pues, las palabras de Don Benito en un ensayo de 1903 (*Soñemos, alma, soñemos*): *"¡Desgraciado el pueblo que no tiene*

---

[1] De MADARIAGA, Salvador, *España.* cap. VIII *Galdós y la Generación del 98.* Espasa Calpe. Madrid 1979, pág.87

algún ensueño constitutivo y crónico, norma para la realidad, jalón plantado en las lejanías de su camino!" [2]

Pretendo invitar a ese sueño desde la ingente obra literaria educativa y profética del escritor hacia quien –lo confieso- me vincula mucha empatía, sintiéndome en la entrañable relación de discípulo a maestro.

Sí, probablemente Galdós es un maestro y un profeta al estilo puro de los bíblicos Jeremías o Ezequiel, soñadores realistas que difícilmente alcanzaron a vislumbrar en el horizonte la llegada del hombre nuevo, de un Hijo de Hombre percibido por ellos con alguna claridad; profeta apenas escuchado por sus contemporáneos ni por las generaciones siguientes, rechazado en la institución sacerdotal y apenas considerado en las civiles.

El escritor se sitúa en los dos planos en los que se desarrolla la educación y el profetismo: primero, en el plano de la dialéctica *denuncia – anuncio*; denuncia de injusticias y de la *sinrazón* en la vida privada y pública, cívica y religiosa, anuncio y grito de una existencia mejor para el presente, de una sociedad utópica sin duda, y ello con la utopía del cristianismo. Segundo, en el plano de la visión del futuro, aventurando –como porvenir- la imagen incierta y dolorosa de la España política y de la Iglesia española, más allá, desde luego, del horizonte de los siglos XIX y XX. Porque el pensamiento galdosiano se desarrolló con una extraordinaria categoría de encarnación en la realidad social, proponiendo -¡siempre con el recurso a la palabra literaria!- la importante pedagogía de resurrección de la que estamos faltos los políticos y los ciudadanos de este país y, en particular, los católicos.

Todo ello –ese amplio talante profético- vivido desde el propio drama personal de la búsqueda de paz, de asentamiento sosegado, y también desde la crisis interior existencial y creyente.

Que Don Benito fuera o no –como individuo- un perfecto modelo ético de referencia individual notable no es cuestión que afecte a la valía conceptual, educativa y estética de su obra ni de su persona. Ni es competencia de nadie el emitir un juicio sobre este asunto. Quizás no fueron modélicos nuestros padres de la literatura y del pensamiento (Cervantes, Lope, Quevedo, Bécquer, Larra, Juan Ramón, Unamuno, Valle-Inclán, A. Machado, Federico G. Lorca...) y, sin embargo, a ellos seguimos debiéndonos los españoles para seguir adelante en la tarea de identificar

---

[2] PÉREZ GALDÓS, BENITO, *Soñemos, alma, soñemos*. En *Alma Española*. Año I. n.1 8 de noviembre 1903, pág.2.

nuestro ser y nuestra historia. Ciertamente, a este respecto, vamos a verificar una vez más que tal vez Dios escribe derecho con renglones que pudieran parecernos un tanto desarreglados.

Por lo demás, verificaremos enseguida que el perfil de nuestro escritor integra rasgos y fondo de extraordinaria valía humana y cristiana.

En fin, en cuanto a la elaboración de este trabajo, he de decir que se ha venido realizando a lo largo de veinte años largos. Y que sólo desde la mitad de ellos se propuso como objeto investigable. Esto, en razón de las extraordinarias sugerencias que ofrecía la materia y por la original ejemplificación que ofrece en orden a establecer un estrecho vínculo entre estas disciplinas: Literatura, Historia común, Educación y Teología. Es decir, en orden a por contribuir a la identificación de Galdós como importante patrimonio cultural educativo y de signo cristiano, al menos para los españoles.

Tras varios intentos, doy, por fin, al libro el título siguiente: *Galdós: otra España, una fe distinta* [3], porque ambas realidades, contrapuestas y fundidas a la vez, constituyen el contenido que vamos a considerar.

En particular, pretendemos que ningún supuesto de la teología existente en la creación de Don Benito quede soslayado o tratado sin la suficiente atención, o sin desvelar la relevancia que el autor le concede a lo largo de su larga composición literaria. Aun cuando la materia prima de su relato –más extensa y compleja- sea la total antropología que contempla en cada escrito.

Advirtiendo ya que, a pesar del grato y claro discurso narrativo, la teología que hallamos nunca es cómoda ni queda abordada exhaustivamente por el escritor, aunque se muestre con trazos enérgicos. Y siempre con la perspectiva tensa de lo cristiano que busca su originalidad en medio de un contexto (de personas e iglesias) que, con frecuencia, se autodenomina católico habiendo omitido, en realidad, el carácter agónico de la auténtica fe y habiendo desfigurado en gran medida los contenidos originales del Evangelio de Jesús; es decir, habiéndose alejado de la verdad del hombre y de la verdad de Dios.

---

[3] El particularismo de lo español no excluye (más bien integra) la universalidad de perspectiva. Tal vez en el mismo sentido en que Federico García Lorca proyectaba culminar su obra dramática trágicamente interrumpida teniendo como protagonista al "andaluz universal".

Por ese motivo me hubiera gustado añadir a mi libro un subtítulo más descriptivo (pero demasiado largo), *La dramática existencial humana y cristiana en la obra de Galdós*, porque el autor concibe dramáticamente la vida (toda la andadura humana, y tanto la vida cristiana individual como la colectiva o institucional) inserta en la difícil trama de lo cotidiano. En términos paulinos y unamunianos plantea una existencia "agónica", en lucha permanente consigo mismo y con el entorno; con la expectativa de redescubrir y recuperar fidelidades costosas: las que emanan del más lúcido humanismo y de la fe en Jesús. Probablemente en pugna a muerte con los factores mundanos históricos que –de manera inconsciente o intencionada- pretenden con éxito minar esas fidelidades.

De donde resulta que –para Don Benito- el vivir creyente es épico, no bucólico y apaciguado (como lo sería el de quien posee un bien seguro y acomodado). Máxime, cuando las personas y las instituciones optan, más bien, por la seguridad confortable de sus ideologías y de comportamientos heredados y, además, encuentran fácilmente –para ese mecanismo- el apoyo de instancias superiores tranquilizadoras (la Corona, por ejemplo).

La obra de Galdós genera, entonces, una espiritualidad a comparar con la de la literatura rusa del XIX (Tolstoi y Dostovieski, sobre todo), pero es indudablemente más esperanzadora que esa. Brinda, en consecuencia, elementos de "cultura cristiana crítica"; en especial para una sociedad tan enferma como la española. De forma que el isleño anatematizado por el obispo Antonio Pildain (e inicialmente por Marcelino Menéndez Pelayo) podría merecer *a iure* un puesto elevado dentro del riquísimo patrimonio de signo cristiano que se engarza en el tejido cultural común de este país.[4]

Su obra resulta de excepcional relevancia no sólo para el educador profesional; también para la conciencia ciudadana y, particularmente, para el catolicismo. Tanto por el discurso educativo, histórico y político que se deriva de ella, como por testimoniar y enriquecer radicalmente el pensamiento sobre un mundo religioso desprestigiado.

Aun tomando con cierta reserva la opinión del hispanista Pierre E. Sallenave (que a su vez comenta a Ramón Pérez de Ayala), coincidiríamos,

---

[4] Simboliza ese valor representativo del sentir cristiano más hondo el texto que Galdós pone en boca del personaje Jerónimo Ansúrez, hombre recio del pueblo llano: *"Pienso que al hombre remediador de los males de España, o sea, médico de esta enferma Nación, no podemos imaginarlo reuniendo en un sujeto a todos los talentos del mundo, pues aún sería poco material para formar el gran seso que aquí necesitamos. Imaginarlo debemos como dotado de santidad, de un fuego divino, que no puede encender más que el Espíritu Santo". (Los duendes de la camarilla, cap. XXXIII)*

pues, sustancialmente con la valoración transcendente que éste hace de la obra galdosiana:

"Galdós es el común denominador, el gran oráculo que habla por la naturaleza humana, por el individuo cogido entre la tradición y la masa. Para darle a su voz toda la resonancia posible, no vacila Ayala en alzar a su héroe en el pináculo de la Historia; si no sonare demasiado a sacrílego, diríamos a divinizarle. Esta situación extrahumana le da el necesario alejamiento, la suficiente imparcialidad para 'ver las cosas de la tierra en su cabo y extremedidad 'sub specie aeterni'." [5]

Es esta idea -cada vez más reafirmada- la que nos ha llevado a desarrollar la presente investigación.

La literatura entra entonces de lleno en el campo de la investigación histórica, antropológica y teológica. Así han leído El Quijote nuestros pensadores: Unamuno, Ortega, Azorín, Rosales... y el mismo Galdós.

Creemos que a lo largo del libro que presentamos podrá constatarse una estrecha relación de esa índole; con la peculiaridad, además, de que España y su historia adquieren en los escritos estudiados identidad personificada dramática, protagonismo expreso y palpitante. Invitándonos el autor a que escuchemos y discutamos el grito de Santiago Íbero (hijo) cargado de angustia moral: *"Somos la España sin honra, y huímos, desaparecemos, pobres gotas perdidas en el torrente europeo"* (al final del Episodio Nacional *La de los tristes destinos*, último de la cuarta serie); un grito indicador de que en esa relación (espíritu – historia) nos va no sólo la conciencia histórica, sino la vida.

Galdós penetra –y nos pide penetrar- en toda la realidad hispana del decisivo siglo XIX-XX inicial, añadiendo dos perspectivas paralelas ineludibles:

-una, la conciencia de estar diagnosticando una dolencia de siglos (dolencia también religiosa), primer paso para iniciar un lento proceso de reconversión de la historia total presente (la que él vive);

-otra, la expectativa utópica de un futuro para esa España que parece morirse o mortalecerse, cuya construcción va quedando –en teoría, al menos- perfectamente ensamblada; de tal manera que, si bien el autor llega a sentirse fracasado en el sueño que ha sostenido su vida, no obstante, la propuesta utópica va a permanecer inmutable, a disposición de las gentes de buena

---

[5] SALLENAVE, PIERRE E., *Notas sobre una lectura política de Galdós*. Cuadernos Hispanoamericanos. (Instituto de Cultura Hispánica. Madrid) N. 250-252. 1970-1971. Pág. 113

voluntad que un día acierten a recoger el testigo que ha dejado el escritor y se decidan a imprimir a la historia –en la medida que puedan– el impulso que él proyectó.

Lo sorprendente y efectivo de tal propuesta es, por una parte, su elevada consistencia filosófica –antropológica, mejor– y teológica (según una teología original del cristianismo) y, por otra, su carácter integral: el hecho de que aborda todas y cada una de las dimensiones (de pensamiento y operativas) que ocupan su práctica.

A título de ejemplo, y refiriéndonos a las novelas largas e independientes, el autor muestra el propósito deliberado de que el catolicismo hispano transite de un estado de postración e influencia negativa a un enriquecimiento sustancial y de influencia positiva.

En concreto:

En *Gloria, Rosalía, Doña Perfecta, La familia de León Roch,...* propone el paso del fanatismo católico (eclesiástico y de la burguesía), que genera muerte, *a una Iglesia abierta e integradora de todas las formas de ecumenismo, que se convierta para la sociedad en factor de convivencia y de libertad (sobre todo frente a los intereses de la alta burguesía ciudadana y agraria).*

En *Ángel Guerra y Halma,...* propone el paso del clericalismo dominante en la constitución de la Iglesia (y en la sociedad), *a un cristianismo de signo no clerical, comunitario y de responsabilidad laical, capaz de apoyar la inserción en la realidad y la atención al mundo de los pobres y marginados.*

En *Nazarín, Torquemada y San Pedro, Zumalacárregui, El audaz...* propone el paso de un tipo de clero burgués, indocto, alejado del mundo, estúpido (y, sin embargo, dominante) o desconcertado en su ministerio, *a una presencia presbiteral amable, inteligente, servidora incondicional, capaz de asumir en la sociedad una discreta referencia modélica.*

En *Electra, Casandra, Mariucha, Santa Juana de Castilla,...* exige el paso de una Iglesia que esgrime la idea más cruel de Dios, cercena la libertad de las conciencias y vende al hombre por un pedazo de falsa espiritualidad, *a un Dios y a una iglesia liberadores, fuerza de apoyo para el logro de la libertad individual en el seno de la sociedad.*

En *Misericordia, Pedro Minio, Marianela,...* propone el paso de un cristianismo centrado en los ritos y en la fidelidad dogmática, *al Evangelio vivido en la cotidianeidad y centrado en el amor, la misericordia y la comunión con los necesitados, al margen de las condiciones éticas o sociales que definan a éstos.*

En *El caballero encantado, Cánovas,...* sugiere el paso de una Iglesia ajena en absoluto a la historia patria, *a una Iglesia humilde y dolorida precisamente por hallarse inmersa en la historia de este país sin pretender dominarlo.*

Etc.

Es decir, el deliberado propósito de Galdós (al menos una de sus más claras intenciones a lo largo de toda la creación literaria) parece ser el exigir al catolicismo usual un cambio histórico que repercuta en toda nuestra historia, otra forma de presencia que lo convierta en factor altamente positivo para el desenvolvimiento del devenir social.

Evidentemente, se trata de una hipótesis que debe verificarse en cuanto a las obras citadas y, en general, respecto a toda su producción escrita (analizándola, así mismo, en los Episodios Nacionales; por ejemplo, en la segunda serie, a partir de episodios tan emblemáticos como *La segunda casaca, El terror de 1824, Los Apostólicos,* y, posteriormente, *La campaña del Maestrazgo, Aita Tettauen, España trágica,* y los ya citados). Conjugando todos los datos, de forma que pueda tal vez mostrarse dicha alternativa de catolicismo como un "cuerpo de pensamiento" al que podamos referirnos nosotros, aunque el autor no lo proponga de forma sistemática y sólo ocasionalmente exprese su deseo de que se produzca la auténtica reforma cristiana.

Al hilo de una pintura realista de la condición creyente van surgiendo en las páginas galdosianas, entrelazados, los innumerables aspectos de la teología cristiana: un *corpus theologicum* amplio y denso, aunque no pretendido intencionalmente como sistema. Todos esos aspectos convergen en la visión plural, dilatada y detenida (teológica) que Galdós tiene del hecho cristiano *de facto y de iure* (aunque sea a partir de la contemplación realista del catolicismo español del siglo XIX).

Todo ello, lógicamente, a pesar de las sombras y lagunas explicables en un autor que no es teólogo de profesión. Digamos que Galdós se aproxima al pastor, al educador, más que al orador erudito. Sus textos contextualizados (llenos de colorido dramático) pueden significar una interpelación directa y grata tanto al increyente como a la persona buscadora de Dios o al creyente mismo; tienen un claro valor pragmático si son oportunamente ofrecidos. Y, al mismo tiempo, admiten un esfuerzo de sistematización *a posteriori* por parte del comentarista.

Ya hemos indicado que no existe todavía una teología desde la obra de Galdós; existen sólo estudios singulares -bien hechos, desde luego- de algunos aspectos de esa teología.[6]

En realidad, en líneas generales, es notoria la inexistencia de una teología desde la literatura "profana"; como si ésta no tuviera capacidad alguna para intervenir en el discurso teológico. Muy pocos teólogos españoles han imaginado la teología desde la lírica o el teatro de nuestro barroco, desde los movimientos románticos y desde el realismo, desde la Generación del 98, desde Juan Ramón Jiménez, desde Luis Rosales, Pedro Salinas, Gerardo Diego..., o desde el teatro del XX, por citar hitos significativos del pensamiento literario hispano.

Pues bien (hablando a favor de mi trabajo), si se prescinde de esta elaboración posible en los estudios galdosianos pueden ocurrir dos cosas: primera, que no se entienda correctamente al escritor más trascendental de nuestro tesoro literario después de Cervantes (seguiríamos entendiéndolo muy poco y alentando visiones falseadas de su legado) y, segunda, que tanto

---

[6] Nos permitimos indicar que los más extensos, importantes y básicos estudios galdosianos no ofrecen, sin embargo, un tratamiento orgánico suficientemente estructurado y completo de los abundantísimos elementos de teología cristiana que recorren y hasta vertebran toda la producción del autor. Nos referimos a estas obras, clásicas algunas, otras más recientes, todas fundamentales para los estudiosos de Galdós desde cualquier punto de vista: JOAQUÍN CASALDUERO: *Vida y obra de Galdós* y *Naturalismo y espiritualismo en las novelas de Galdós*; GUSTAVO CORREA, *El simbolismo religioso en las novelas de Galdós* y *La concepción moral en las novelas de Galdós*; JOSÉ F. MONTESINOS, *Galdós* (vol. 1.2. y 3); JOSÉ LUIS MORA GARCÍA, *Hombre, sociedad y religión en la novelística galdosiana (1888-1905)* y *Formalismo y autenticidad: aspectos ético religiosos en la novelística galdosiana*; SOLEDAD MIRANDA GARCÍA, *Galdós y la religiosidad de su época* y *Religión y clero en la gran novela española del siglo XIX*; FRANCISCO RUIZ RAMÓN, *Tres personajes galdosianos. Ensayo de aproximación a un mundo religioso y moral*; FEDERICO CARLOS SÁINZ DE ROBLES, *Pérez Galdós. Vida, obra y época* e introducciones a las obras completas; ANTONIO CABRERA PERERA, *El problema religioso y el sentimiento católico en Galdós*; CARLOS M. RODRÍGUEZ LÓPEZ-BREA, *Galdós, un cristiano heterodoxo*; FEDERICO SOPEÑA, *La religión mundana de Galdós*; DANIEL GAUTIER, diversos artículos en la revista "Isidora"; y bastantes más especialistas de habla hispana, inglesa o francesa. De todos ellos y de sus excelentes obras se dará cuenta a lo largo de este trabajo y en la bibliografía final.

Sí hay un elenco elevadísimo de excelentes estudios monográficos de distintos aspectos religiosos contenidos en la obra de Galdós. A ellos haremos referencia, así mismo, a lo largo de las páginas que siguen y en la bibliografía final. Pero el conjunto de estos estudios tampoco cubre la totalidad de la teología (o de las aproximaciones teológicas) existente en los escritos completos de Don Benito.

la cultura básica española como la "teología cristiana desde España" queden penosamente empobrecidas.

Se trata, por tanto, de ser justos con él, justos con la cultura y justos colaboradores en el desarrollo de una teología literaria de signo popular y artístico.[7]

"*¿No es Galdós* –se pregunta Luis Nos- *el cantor de la caridad de Jesucristo en obras como Misericordia, Nazarín, Halma, Ángel Guerra (Amor y Ciencia, Pedro Minio,… añadiríamos)? ¿Por qué un sector de la iglesia del pasado y del presente no han querido reconocerlo?"* [8]

Recuperar a Galdós profeta y pedagogo de honda inspiración cristiana. Éste es, pues, el objetivo de las páginas que siguen.

Una última observación metodológica.

Tras la re-lectura directa de sus obras (novelas independientes Episodios, piezas de teatro y relatos breves), se me presentaban dos opciones de trabajo: una, de carácter analítico literario (referida a las obras que incluyen la temática religiosa con notable densidad); otra, de acopio general de datos a partir de la totalidad de escritos, en orden a la configuración de un archivo extenso de datos y de cuestiones (aunque éstas no tuvieran todas el mismo realce).

La primera opción era tentadora en sí misma (y por el hecho de incorporar más fácilmente algunas publicaciones monográficas existentes). Se trataría, según ella, de estudiar una serie de "teologías galdosianas parciales"; por ejemplo:

- la teología eclesiológica y ecuménica en *Gloria* y en *Rosalía*,
- la teología de la fe y la institución en *Doña Perfecta, Casandra* y *La familia de León Roch*,
- la teología de la no violencia en *El audaz* y en *La fontana de Oro*,

---

[7] A este respecto escribe el profesor LUIS NOS MURO: "*Si la literatura española (posterior) hubiera continuado por los derroteros galdosianos, secundados por Unamuno, Carmen Laforet, Gonzalo Torrente Ballester y algunos más, hoy disfrutaríamos de una rica tradición de literatura religiosa-cristiano-católica, adelantándonos, con Galdós, a los grandes novelistas franceses e ingleses.*" (El ´otroismo´ como religión. En revista *Religión y cultura*. Vol. LVI. 2010. Pág. 733). Extendiendo el término *literatura* que usa el autor a la poética y al teatro, habría que mencionar no sólo a otros novelistas (R. Sender, M. Delibes, J.M. Gironella, etc.) sino, por lo menos, a Juan Ramón Jiménez, a Luis Rosales, León Felipe,… A. Casona, J. Salom, A. Sastre…,etc., todos los cuales constituyen de hecho, ya, la base de esa *rica tradición* de la que habla Luis Nos.

[8] NOS MURO, Luis, o.c., pág. 735

- la teología de la conversión en la *Primera y Segunda series de Episodios Nacionales*,
- la teología de la libertad en *Electra, La loca de la casa y Mariucha*,
- la teología de Dios y de la misericordia en *Nazarín, Marianela y Misericordia*,
- la teología moral en *Fortunata y Jacinta*,
- la teología de la comunidad en *Ángel Guerra y en Halma*,
- la teología de la relación Iglesia – Estado en las tres últimas series de *Episodios Nacionales*,
- la teología de la ética social en la serie de *Torquemada*
- la teología del presbiterado en *Nazarín, Zumalacárregui y Torquemada y San Pedro*,
- la teología de la relación fe – ciencia en *Amor y Ciencia, en Pedro Minio y en Realidad*,
- la teología del Humanismo cristiano en *Santa Juana de Castilla y en Sor Simona*,
- la teología de la religiosidad popular en *artículos y ensayos principales*,…

… para efectuar, después, el análisis comparativo o complementario de todas estas "teologías" expresadas en esas obras formales.

La segunda opción –más ardua- suponía la lectura (y relectura) de todas y cada una de las obras formales de Galdós (no sólo de aquellas en las que la temática religiosa constituye un tema mayor) así como del resto de escritos breves, incluso los de índole privada; tomando nota de cada uno de los elementos de pensamiento teológico existente en esa composición, guardándolos y posteriormente organizándolos en función de una *hipótesis de índice sistemático* que permitiera revisar todos los aspectos de una teología amplia y coherente, sin forzar el contexto ni la intencionalidad del autor.

Cada elemento hallado debería situarse –por supuesto- en el contexto del lugar literario en donde se encontrase, conjuntarse y compararse con los demás elementos del mismo o de distinto signo presentes en los demás lugares galdosianos.

Mi opción de trabajo ha sido esta segunda, por considerarla más natural, más completa, libre de un juicio previo sobre cada escrito y de una orientación predeterminada en la lectura e interpretación del mismo.

Realizada la investigación prevista, puedo adelantar la siguiente conclusión de tipo general –a mi juicio de máxima importancia- que se verifica a lo largo del trabajo: desde 1870 (*La Fontana de Oro*, primera de sus novelas publicada) hasta 1920 (*Antón Caballero*, última comedia representada), desde los primeros artículos comprometidos y cartas (1860) hasta los escritos más cercanos a la fecha de la muerte, existe una admirable coherencia de visión en toda la obra de Galdós, revelándose un pensamiento firme y abierto, liberal, pero, a la vez, conocedor de la filosofía y teología tradicionales más sólidas; un pensamiento que progresa en perfecta continuidad consigo mismo a lo largo de esa larga escritura, que se abre a multitud de facetas, manifestando también la riqueza de pensamiento en la dimensión religiosa y teológica del signo cristiano más original. Un pensamiento que incluso emerge en el período de crisis aguda personal de carácter sociopolítico y católico, en los últimos años del XIX y primera década del XX.

De tal forma que la selección de citas textuales que presentamos y la interpretación objetiva que las engarza significan la posesión de una amplia y densa teología, sea ésta más o menos acorde con planteamientos tradicionales conservadores de la Iglesia católica o con las corrientes más progresistas de ésta.

Parte primera
APROXIMACIÓN A LA FIGURA Y A LA OBRA DE BENITO PÉREZ GALDÓS

1

El medio dramático que contorna a Benito Pérez Galdós

En una extraordinaria medida somos –o llegamos a ser- lo que es la tierra en que nacemos y, sobre todo, la tierra en la que se desenvuelve nuestra existencia, si acertamos a mirarla escrutadoramente, a dejar que nos impresione el alma, a amarla con la pasión debida. Pero la tierra no se reduce jamás al paisaje geográfico desnudo, ni al medio pasivo que la envuelve o arropa, aunque lo haga de manera maternal. Eso sería, en definitiva, algo de mediana sustancia en el proceso de la maduración de la persona y del alcance de su talla personal. No; la tierra es más. La tierra es nervio, acción, acontecimiento candente y crítico, medio histórico en ocasiones convulso, fuerza determinante e impredecible, a veces fatal, para quienes –nacidos o no en ella- pueblan ese espacio y lo enfrentan con lucidez.

De ahí que el estudio objetivo de un personaje y de su obra -en este caso, de Benito Pérez Galdós- suponga necesariamente el trabajo previo de reconocer la historia que enmarca su vida, aun antes de su nacimiento, hasta que fallece; historia a la que se refiere de modo directo toda su producción literaria (el mundo que él crea) y su misma persona; añadiendo, a la vez, una atención particular a dos series de acontecimientos: los políticos y los religiosos, ambos tan determinantes de las vidas en la España del XIX y el XX, de su convulsa humanidad. Por otra parte, nos es también imprescindible conocer el pensamiento –o los pensamientos- y el sentir popular que forjan el espíritu común de una época y sus crisis de convivencia.[9]

---

[9] PILAR FAUS SEVILLA traza una visión acertada y sintética del XIX español (en referencia a Galdós) en *La historia de la sociedad española del siglo XIX,* Cap. IV de su libro *La sociedad española del siglo XIX en la obra de Pérez Galdós. Estudios*

1. El devenir de España en el siglo XIX y comienzos del XX.

Memoria de la situación y del acontecer político civil y religioso del siglo XIX en España, marco de referencia de la vida y obra de Benito Pérez Galdós.

Es obligado hacer previamente dos observaciones:

Primera. La España que contempla y sobre la que medita Galdós es y no es esa del siglo XIX... Resulta evidente que el escritor viene determinado inmediatamente por la situación y los acontecimientos del país en tal época; no obstante, es más cierto aún que -en su perspectiva- el conjunto histórico total y la idiosincrasia de la realidad española constituyen un problema perenne, un misterio íntimo fascinante y una pasión atemporal que se agitan de manera peculiar cuando finaliza la Guerra de la Independencia. Con ello se adelanta y se incorpora al debate sobre el ser y la problematización de España; debate propuesto más tarde por Américo Castro, Sánchez Albornoz o Laín Entralgo, pero no aceptado por todos los historiadores.

Para Galdós España era –es– la realidad de siglos que se desenvolvía en el presente ante sus ojos perspicaces, la que se veía venir, y la que proféticamente –pero con dificultad- soñaba para un porvenir sin fecha.

No por casualidad el verdadero protagonista de la quinta serie de Episodios Nacionales es España mísma, simbolizada en la mutable matrona Mari Clío, la Madre, que atraviesa el tiempo dolorosamente y acompaña al aprendiz de español, Tito, –como Beatriz al poeta- a través de los infiernos de este país incontrolable.[10]

Segunda. Al analizar el pensamiento concreto de Galdós (a partir de la segunda parte de nuestro estudio) lo que va a importarnos no es tanto el juicio de la historia que él hace, como la aproximación -de su mano- a la entraña de los heterogéneos individuos españoles (como católicos, en particular); aproximación que realiza con su visión encarnada, verificando la dramática situación interna del país y de las gentes, entrando en su corazón y sus vísceras, más que en la carne y la epidermis.

Galdosianos. Imp. Nácher. Valencia 1972). Es obligado remitirse para un estudio detenido del tema a Manuel TUÑÓN DE LARA, *Historia de España.* Vol. VIII. *Revolución burguesa, oligarquía y constitucionalismo (1834-1923)* (Labor. Barcelona 1981)

[10] El personaje Mari Clio, la Madre, aparece sobre todo en la novela *El caballero encantado* y en los Episodios de la quinta serie (*Amadeo I* y *Cánovas* especialmente).

1. **Cómo era la España del XIX.**

En cuanto al devenir sociopolítico y cultural de nuestro país en el siglo XIX, los grandes trazos de la situación vivida podrían ser los siguientes.

Un país en crisis económica permanente, abocado a la pobreza en las clases rurales, suburbiales y en las modestas.
La agricultura resultaba escandalosamente deficitaria para la demanda de la población. El campo (especialmente en Andalucía y la Meseta Central) estaba distribuido en latifundios que favorecieron una estructura caciquil y originaron situaciones de esclavitud rural y de poca rentabilidad. Los sistemas de producción apenas conocían progreso técnico alguno (Galdós denunciara esta falta de medios necesarios, por ejemplo en el drama *Casandra* y en la novela *Doña perfecta*).

Periódicamente los gobiernos liberales intentaron paliar esta situación. A ello obedecieron las sucesivas leyes de *desamortización de bienes de manos muertas* de Álvarez Mendizábal, de Madoz... Leyes que apenas resolvieron el problema (contentándose con hacer pasar las tierras y latifundios de unas manos a otras); lo que, en parte, dismiuyó el poder territorial del clero, pero no benefició al pueblo.

Por su parte, el campesinado se mostró pasivo, y, a excepción de los movimientos o revueltas en Andalucía y Cataluña, demasiado efímeros, la realidad es que no existió reforma agraria de valor eficaz ni movimiento obrero en los sectores industriales.

Sólo al final del XIX empezó a abrirse una nueva etapa social con algún desarrollo de la sindicación y de las luchas reivindicativas, consecuencia, quizás, del fracaso de la burguesía como clase rectora y de la incipiente toma de conciencia de los derechos y valores del proletariado, debida en parte a la discreta llegada a España del marxismo bakuniano a finales del XIX. Muy escasos políticos supieron canalizar esta etapa.

La España del XIX llegará con mucho retraso al proceso de industrialización y de enriquecimiento que conoce Europa. Aunque la vida mercantil y negociadora se va desarrollando poco a poco gracias a la burguesía comercial y de negocios (catalana y madrileña, especialmente) que Galdós describe con detalle en obras como *Fortunata y Jacinta*.

Esta burguesía (que intenta situarse por sí misma entre las "clases altas") se impone con el trabajo y el medro económico que le asegura un capital bien ganado. Pero el enriquecimiento (más individual que colectivo) se logra también en parte por la usura (recordemos la insistente figura de

Francisco Torquemada o la de Felicísimo Carnicero, símbolos galdosianos de esa burguesía de los negocios).[11]

Al mismo tiempo, se va dejando al margen de esa dinámica a una abundante clase media poco rentable. La mayor parte de los personajes galdosianos pertenecen a ella: maestros, médicos, administrativos bajos, pobres comerciantes, estudiantes, periodistas, abogados, actores de teatro, militares de escasa graduación, cesantes eternos como Ramón Villamil[12]..., parientes del doliente proletariado rural y urbano, el que malvive en los barrios míseros y realiza –si tiene suerte- trabajos apenas remunerados y sin cualificación, aquejado, además, de gran incultura. Esta situación define, sobre todo, a la población femenina. Es el mundo de las novelas *La desheredada, El Doctor Centeno, La de Bringas...* y de dramas como *Celia en los infiernos, Voluntad, Mariucha...*

La nobleza de sangre del XIX vio disminuir su preponderancia anterior a pesar de que durante el reinado de Isabel II se prodigó –como nunca- la concesión de títulos nobiliarios (quizás como un intento de recabar apoyos a la Corona), incluyendo también los títulos pontificios. Esos nobles eran sustituidos por inteligentes e inmorales arribistas como Juan de Pipaón.[13]

Un problema añadido fue que la alta burguesía (especialmente el bloque agrario rico) se identificó enseguida con la aristocracia y no con el pueblo.

Un país de fuertes confrontaciones ideológicas y sociales.

Por una parte, la situación de crisis económica y política (y los sucesivos desastres bélicos a lo largo del siglo) y, por otra, el contacto con el espíritu europeo –francés, sobre todo- generan un larvado conflicto interior ideológico, social y, a veces, armado (que emerge en motines como el de Aranjuez contra Godoy en 1808); conflicto que seguirá definiéndonos hasta entrado el siglo XX. Para entenderlo es necesario evocar (al menos esquemáticamente) las grandes corrientes de pensamiento y de cultura que se suscitan a lo largo del siglo y que cristalizan posiciones antitéticas.

La España del XIX –descrita y vivida toda ella por Galdós- asiste al *nacimiento del liberalismo*, mientras perdura en la mayoría el más duro

---

[11] Francisco Torquemada es el eje de la serie de cuatro novelas que incluyen su nombre, apareciendo también en *Fortunata y Jacinta*. Felicísimo Carnicero pertenece al Episodio *Los Apostólicos*.
[12] Ramón Villamil protagoniza la novela *Miau*.
[13] El personaje Juan Bragas (o Juan de Pipaón) está presente en casi toda la segunda serie de Episodios Nacionales, y se convierte en protagonista en *Memorias de un cortesano de 1815*.

conservadurismo del "Antiguo Régimen", impuesto, además, a sangre y fuego por Fernando VII.

El pueblo español a comienzos del XIX era mayoritariamente conservador de las tradiciones, costumbres y modos laborales, estereotipos de honra familiar, imperativos de clan, fe católica generalizada (escasa de contenidos), sumisión al clero, devoción a la Corona, fatalismo en las situaciones económicas, rechazo de la influencia francesa ilustrada, reticencia o rechazo de las reformas, ignorancia o menosprecio de las innovaciones técnicas e industriales…; a pesar de algunos fenómenos de progresismo que iban calando en él muy despacio. El hecho de que más del 50% del PIB sea de procedencia agraria hasta mediado el siglo XX indica el retraso de la revolución industrial entre nosotros, pero -más aún- es un exponente ideológico.

Sin embargo, la mayor parte de escritores y pensadores eran hijos de la Ilustración y del espíritu liberal de la Revolución Francesa, en pugna naturalmente con el Antiguo Régimen que en España persistía con firmeza.

Libertad de pensamiento y de expresión, derechos humanos individuales y universales, cierta valoración de "los miserables", comercio libre, independencia entre Estado y Religión, libertad de cultos, reducción de los poderes de la monarquía y de la nobleza… eran postulados con los que fácilmente comulgaba la intelectualidad, la pequeña burguesía ciudadana, y las clases medias de carácter urbano. No las clases rurales (altas o bajas) y menos aún la Corona, la nobleza y el estamento eclesiástico (el clero pobre y la jerarquía).

Tales hechos y su evolución aparecen con claridad en toda la producción de Galdós.

Contribuyeron al apoyo de esa idea liberal dos fuertes corrientes ideológicas y sentimentales:

Por una parte, el *romanticismo* (procedente más bien de Alemania), con su exaltación de los valores individuales. De tal forma que los grandes liberales, incluso dentro del *realismo literario*, tenían a la vez un componente romántico claro. Y éste es precisamente el caso de Don Benito. Entendiendo que este fenómeno rebasa el contenido artístico o literario y llega a abarcar toda la actividad humana e incluso social de un sector de la población.

Por otra, el *sentimiento patrio* (también de signo romántico) arraigado en el pueblo llano de ámbito ámbito urbano o rural. Las guerras, tanto las internas (carlistas o cantonales) como las entabladas con el exterior, en especial la de la Independencia (y, más tarde, las coloniales) contribuyeron a desarrollar con fuerza esa vivencia que, de algún modo, permitía a todos adentrarse en la trama del acontecer nacional.

En particular, la oposición a la injerencia extranjera fue un sentir generalizado en todos los niveles de la población.

Este imperativo patrio, unido al padecimiento de condiciones extremas de pobreza y miseria, se convirtió a veces en revulsivo de un espíritu revolucionario, expresado ya al comienzo del siglo con algunos levantamientos populares.

Habría que mencionar también, como factor de cierta importancia en el desarrollo del liberalismo radical, a la *Masonería*. Gobernantes de talla (Mendizábal, Prim, altos mandos militares, etc.) fueron masones. Sin duda, se trató de un grupo de poder; pero debe señalarse (como lo hace Galdós en el episodio *El Grande Oriente*) el carácter no demasiado relevante de tal masonería hispana (frente a la leyenda negra que se creó en torno a ella posteriormente, sobre todo, durante el régimen franquista).

La aparición de la prensa facilitó así mismo la extensión de las ideas de signo liberal.

Otro factor de confrontación ideológica (política y cosial) fue *la pugna inacabada Constitucionalismo versus Absolutismo*.

No cabe duda de que el capítulo más importante –incluso, glorioso- de la contienda ideológica y existencial de nuestro siglo XIX lo escribió el constitucionalismo. Su capitalidad estuvo (muy al principio) en la liberal Cádiz, todavía en plena Guerra de la Independencia, con la convocatoria de Cortes y la elaboración y proclamación de la Constitución de 1812, germen sano del pensamiento constitucional español.

Dos obstáculos se opusieron al desarrollo generalizado del constitucionalismo entre nosotros: primero, la incomprensión popular de la transcendencia que tenía ese texto normativo de la vida nacional; segundo, la hostilidad enfermiza de Fernando VII hacia ella. Sin embargo, ninguna de estas dificultades conseguiría extirpar el germen constitucional y de él nacerían a lo largo del siglo sucesivas Constituciones e incluso un intento de República.

Se empezaba a dar el paso –todavía vacilante- hacia el sueño de la soberanía del pueblo y, por tanto, hacia un gobierno verdaderamente parlamentario y democrático, lejos todavía todos de andar con soltura por ese camino. En realidad, la idea liberal no era sinónima de democracia ni de popularidad (de sentido de pueblo y de arraigo popular). El parlamentarismo fue bastante inoperante, convirtiéndose con frecuencia en espectáculo oratorio para la burguesía madrileña alta y para los políticos.

Y esa pugna entre el masivo conservadurismo y el naciente espíritu liberal constituyó el caldo de cultivo para el advenimiento del *carlismo*, de la pretensión de Carlos Isidro al Trono. La defensa de los ideales del Antiguo Régimen y de los tradicionales derechos rurales quedó aglutinada en este movimiento, y la imagen del "rey absoluto y devoto" encendió de idealismo bélico a grandes grupos de población (facciones) que se vieron empujados a una lucha fratricida especialmente en el País Vasco, en Navarra y en Levante. Un elemento primordial del carlismo fue la condena absoluta de toda mentalidad liberal por la mayoría eclesiástica, y, en particular, la "excomunión" religiosa de todos los liberales (aunque estos se manifestaran creyentes y católicos). [14]

Es evidente que ese conflicto tenía raíces tan hondas que no sería suficiente el siglo entero para apaciguarlo. Desde luego, no lo resolvió la posterior dualidad alternante de progresistas y de moderados en los gobiernos liberales.

El carlismo no triunfó (no consiguió situar en Madrid a sus pretendientes), pero el reinado de Fernando VII había legado formas demasiado enquistadas de absolutismo político, y esto revirtió dolorosamente sobre la población, provocando un clima conspiratorio y pre-revolucionario casi continuo. La represión policial y el miedo en la población alcanzó su cénit en la "Decada ominosa". Y, dada la ineptitud gubernamental, aumentó la pobreza y la ira popular. El agitador romántico se convirtió en una figura típica de esta etapa, aunque gestara sólo pequeños procesos revolucionarios y de ningún avance constitucional.

El pluralismo dentro de los liberales españoles (y la creación de la Unión Liberal) aportó poco a la solución del conflicto de mentalidades y de convivencia. Venía motivada por el distinto enfoque en la práctica del

---

[14] En la novela *Rosalía*, al margen de la confrontación bélica, Galdós hace una descripción de la ideología carlista que sustenta el protagonista Juan Crisóstomo: *"¿Necesitaremos decir que Don Juan Crisóstomo era carlista? Se supone que lo era de los rancios, de los históricos, de los que tienen sus ideas infiltradas en la naturaleza y formando parte de la misma; era carlista como es el árabe mahometano, como es carnicero el león y medroso el ciervo."* Cátedra. Madrid 1984, pág. 27)

gobierno (progresista radical en unos, moderado en otros) y tal vez, sobre todo, por el interés de mantenerse en el poder.

Todo ello suscitó un *clima nacional tenso*.

La situación real de crisis social (económica, laboral, de mentalidad), por una parte, el espíritu inconformista romántico, por otra, y, en fin, el descontento con los gobiernos en uso (la poca altura de la clase política) y la represión brutal del absolutismo, son factores que provocaron un estado sumergido de continua agitación revolucionaria; situación ambiental que se plasmó en algaradas (sin salida la mayor parte de las veces) y en pronunciamientos (más que en golpes de estado), precedidos en ocasiones del asesinato del gobernante.

En esta dinámica tuvo la parte más activa el estamento castrense. Muy pronto, con mayor relevancia a medida que avanza el siglo, la alta jerarquía militar entra en el juego variopinto de la población española más significada; son los influyentes militares de todo signo (: Riego, Torrijos, Daoiz, Velarde, Zumalacárregui, Espartero, Cabrera, Narváez, O´Donnell, Prim, Serrano, Martínez Campos, etc.) que van ocupando el puesto que correspondería más bien a la clase netamente política.

Las clases sociales se hallaban, pues, *confrontadas y enfrentadas*.

La burguesía apuntada superficialmente a las ideas de progreso practicó una terrible discriminación de clases, considerándose superiores al resto de la población, y, con frecuencia, depositarios únicos del catolicismo. Y el mundo eclesiástico (el alto y el mediano) se puso al servicio de ella.

Galdós fustigará continuamente en sus obras a este tipo de sector que tiraniza la vida social con el apoyo de la religiosidad: Doña Perfecta, Doña Juana (de *Casandra*), Amaranta (primera serie de Episodios), los Lantigua (*Gloria*), la de Bringas, Juanito Santa Cruz (*Fortunata y Jacinta*), Bueno de Guzmán (*Lo prohibido*), Juan Crisóstomo (*Rosalía*), Pantoja (*Electra*)...

incluso el del celtíbero por antonomasia, Jerónimo Ansúrez y de su bellísima hija Lucila (tercera serie de Episodios), o El eterno cesante Don Ramón Villamíl (en *Miau*), la desgarradora Isidora (*La desheredada*), Celipín y Miquis (*El doctor Centeno*), la bella Lucila y la familia Ansúrez (tercera serie de Episodios)... y tantos otros no encontrarán apoyo social alguno, y menos aún podrán constituirse en clase revolucionaria.

La mujer –especialmente- es tema primordial de la observación realista de Galdós. Su situación es vista simple y llanamente como esclavitud; una esclavitud mayoritariamente consentida por unos y otros, bajo un machismo brutal y una tiranía del núcleo familiar : Casandra, Electra, Bárbara, Marianela, Amparo (*Tormento*), Tristana, Isidora (*La desheredada*), Fortunata, Victoria (*La loca de la casa*) y tantas otras… Galdos les presta su pluma para que griten y anatematicen su condición. Como lo hará F.G. Lorca cuando deja que Bernarda Alba sentencie:*"Esto es lo que tiene ser mujer"*.

Pero el cuadro que estamos describiendo no queda completo si no insistimos en señalar, como integrante de máxima importancia en él, el estado de la *religiosidad hispana*, sin duda muy mediatizada por el desajuste sociopolítico de la Iglesia en el XIX.

En nuestro país durante ese siglo y en los anteriores no se puede hablar de creyentes y no creyentes en el país, ni siquiera de católicos y no católicos. En todo caso podría hablarse de católicos de muy diversa índole y, poco a poco, de actitudes muy opuestas entre sí; situación, desde luego, de graves consecuencias para el futuro del cristianismo y de la sociedad misma en España.

En principio, toda la población española se consideraba católica; entendiendo por ello la creencia básica en el Dios de Jesucristo (no exenta de múltiples apreciaciones que hoy la teología considera erróneas), la aceptación con reservas del hecho sacramental cristiano y de la institución eclesiástica (como única forma de religión admitida), y –en general (aunque más bien por parte del pueblo sencillo)- mostrando una percepción bastante clara de los criterios evangélicos que deben inspirar las relaciones humanas.

Esa mentalidad católica tradicional no fue beligerante hasta quedar encuadrada en el carlismo y en fuertes sectores de la alta burguesía, es decir, a partir de la muerte de Fernando VII.

La actitud antiliberal de la Iglesia contribuyó a afianzar una de sus más fuertes crisis de ruptura en la población española y, por supuesto, en la confesión cristiana. El hecho más grave de la misma fue la condena por parte de las fuerzas religiosas conservadoras de cualquier forma de cristianismo -o de pensamiento religioso- asumido por los liberales. No se concedía a estos el derecho a ser personas creyentes, cristianas o católicas (recuérdese el calvario que padece Pepe Rey en *Doña Perfecta*, o el tenor de la predicación en iglesias de Madrid descrito en la novela *Rosalía*). [15]

---

[15] El sacerdote catalán Felix Sardá i Salvany editaba un violento libro con el título *El liberalismo es pecado* (Barcelona, 1884); Pablo Ladrón de Guevara condenaba detenidamente siete obras de Galdós (como heréticas, perversas y malintencionadas) en su

Y, lo que es peor, este juicio quedaba avalado por la postura oficial de la Sede Romana, seguida cada vez más por la jerarquía episcopal y por la gran mayoría de un clero con bajo nivel doctrinal y moral. [16]

Sin embargo, es cierto que en la primera década del siglo hubo una minoría eclesiástica ilustrada que apoyó decididamente las reformas liberales; fue la que intervino de forma espléndida en las Cortes de Cádiz. Durante las Regencias y desde Isabel II puede afirmarse que también una parte de los obispos de talante ilustrado comulgó con las ideas liberales.[17]

2. Un país erosionado por la guerra.

Como es sabido los conflictos armados de siglos anteriores al XX afectaban directa e inmediatamente a las tropas de los ejércitos contendientes; las ciudades y los pueblos intentaban –durante ellas- proseguir el ritmo cotidiano, a no ser en aquellos lugares donde se desarrollaban las acciones militares. Peo lo cierto es que la vida de los españoles de este siglo se vio alterada casi diariamente por las noticias bélicas o por el avatar de los combates, cerca o lejos de la patria, que afectaban directa o indirectamente a familiares o a conciudadanos. Fue un siglo entero de contiendas y, en su mayoría, de fracasos bélicos o de efímeros acuerdos de paz. Nunca había conocido España un belicismo tan continuo, predominantemente de carácter interno (guerra civil) y con un marcado acento de confrontación religiosa.

Galdós se hará eco de este clima, sobre todo en los Episodios Nacionales.

En concreto (y por el orden que sigue) debemos recordar estas guerras:

1ª. *Guerra naval contra Inglaterra* (Episodio Nacional *Trafalgar*) 1795-1805.

---

libro *Novelistas buenos y malos* (Bilbao, 1911). Las publicaciones del mismo tono se prodigaron; y las revistas *El Mensajero del Corazón de Jesús* y *Razón y fe* de aquella época se hicieron eco de los ataques a cualquier intento de reforma liberal del Estado y de la Iglesia.
[16] Puede verse: RODRÍGUEZ PUÉRTOLAS, JULIO, *Los jesuitas contra Galdós y contra la novela y algo más*, en Actas del X Congreso Internacional de Estudios Galdosianos. 2013. Cabildo de Gran Canaria, págs. 324-332. Así mismo: GAUTIER, Daniel, *Galdós ¿cristiano viejo o cristiano post-Vaticano II?*, en Isidora, nº 9, págs. 103-114
[17] En la novela *Ángel Guerra* los sacerdotes P. Mancebo y Eleuterio García Virones, personajes secundarios pero de extraordinario realismo, hacen una crónica ajustada de la situación económica deprimida del clero y de la necesidad del cuidado del patrimonio eclesial a causa de los recortes del gobierno.

Motivada por la presión de una corta y obligada alianza con la Francia de Napoleón. Guerra que destruyó (por segunda vez en la historia) nuestra Armada, y dejó el comercio con América a merced de la voluntad inglesa.

Es de notar que en esta contienda (como ocurrió en el siglo XVII) un integrante de la belicosidad era, sin duda, el hecho del enfrentamiento de la católico-papista España con la anglicana-antipapista Inglaterra: es decir, la defensa del catolicismo.

2ª. *Guerra de la Independencia contra la invasión francesa*, con el apoyo final de Inglaterra, interesada en el fracaso napoleónico (serie primera de los Episodios Nacionales) 1808-1813.

Única contienda que aunó bastante las fuerzas sociales de la península, que creó un segundo Estado, paralelo al del rey José, dando pie a un gobierno regional y central con las Juntas de Defensa.

También en esta contienda el elemento religioso formaba parte del espíritu de reconquista que animaba especialmente a la guerrilla, muchas veces dirigida por eclesiásticos. En el fondo, la mayoría de los españoles luchaban a la vez por la autonomía y por desterrar más allá de nuestras fronteras al enciclopedismo volteriano y a la ideología de la Revolución Francesa (que había sido un motivo justificante de la invasión napoleónica).

3ª. *Tres guerras carlistas* enormemente sangrientas a lo largo de todo el siglo, verdaderamente fratricidas, con una penosísima intervención militarista del clero en el bando carlista. 1833 a 1876 con intermedios pacíficos.

El carlismo (cuyo significado habría que debatir más despacio) fundió ideales de Dios, patria y rey (y Fueros) –el Antiguo Régimen– en una pasión bélica y monopolizó el concepto de religión –de cristianismo o, mejor, de catolicismo–, negando a los seguidores de la monarquía constituida (liberales o no liberales) el derecho de sentirse creyentes y cristianos.

Quizá no se ha evaluado todavía suficientemente el daño que esa postura generó para la Iglesia y para el cristianismo en España.

4ª. *Guerras coloniales* desastrosas. 1859 y 1909: guerras de África; 1896: guerra de Filipinas; 1898: guerras en Ultramar (América). (Episodios Nacionales *Aita Tettauen* y *La vuelta al mnundo en la Numancia*).

Desde 1811 comienzan las colonias americanas a independizarse, recabando el penoso envío de tropas españolas para una batalla perdida de antemano. Contienda a la que se une la absurda aventura de la conquista de Marruecos; empresa colonizadora disuasoria de la realidad social, que puso a prueba también nuestra capacidad de convivencia con otras religiones (la musulmana y la judía).

Es evidente que este permanente conflicto armado (y su clima político) generó fenómenos sociales de gran importancia: la carencia de mano de obra masculina en el campo y en la vida urbana, en buena medida el retraso en todos los sistemas de producción, el empobrecimiento de la hacienda nacional... Así mismo, el aumento de un funcionariado alternante y sin oficio, la cesantía, la preponderancia política de la clase militar, la pasividad de la clase rural y de la clase humilde ciudadana... Pero, de manera muy especial, el distanciamiento de los españoles entre sí y respecto al mundo por motivos religiosos.

De todo ello se hace eco la obra de Galdós con extraordinaria lucidez.

TABLA DE FECHAS Y ACONTECIMIENTOS político civiles y religiosos del siglo XIX español. (que enmarcan la obra de B. P. Galdós y se contienen en ella).

(Aparecen en cursiva los acontecimientos influyentes en la obra galdosiana, que tienen marcado carácter religioso o un alcance importante cívico – cultural.) La identidad española conoce a lo largo del siglo ocho importantes períodos.

Reinado de Carlos IV (1788-1808)

Caracteres generales relevantes:
-A pesar de las medidas de Godoy, crisis económica y política creciente (crisis fiscal y del comercio colonial).
-Deterioro del prestigio monárquico.
-Guerra con Francia a raíz de la ejecución de Luis XVI, con la Paz de Basilea (1795).
-Guerra naval con Inglaterra (al verse involucrada España en el plan napoleónico de invasión a Inglaterra); 1795: derrota en el Cabo de San Vicente.

1800 (a 1823) *En Roma el Papa Pío VII. Se ve acosado y apresado por Napoleón (hasta 1804).*
   Esta situación es sentida con dolor por el pueblo español.
1803 *L. Fernández Moratín estrena "El sí de las niñas".*

1805 Trafalgar. Derrota naval de la armada franco española ante la inglesa (almirante Nelson).
1807 Tratado de Fontainebleau: entrada de las francesas en España.
1808 16 marzo: proclama pacifista de Carlos IV.
17-18 marzo: Motín de Aranjuez contra Godoy (y el rey).
19 marzo: abdica Carlos IV, obligado por Napoleón.
23 marzo: las tropas francesas (mariscal Murat) entran en Madrid.

II. Guerra de la Independencia

1808 Fase 1ª de la Guerra de la Independencia (mayo-diciembre)
2 mayo: sublevación del pueblo de Madrid contra los franceses.
3 mayo: fusilamientos en Madrid.
7 julio: <u>José Bonaparte I</u> en Madrid.
Juntas regionales de Defensa en Madrid y otras ciudades (segundo poder)
19 julio: triunfo español contra los franceses en la Batalla de Bailén.
Guerra de guerrillas.
8 noviembre: Napoleón en Madrid con 250.000 hombres.
4 diciembre: *supresión de la Inquisición.*
Fase 2ª de la Guerra (1809 a 1812)
1809 *José I suprime las Órdenes Monásticas.*
Sitios de Zaragoza y de Gerona. Conquista francesa de Andalucía.
1810 Junta Central en Cádiz (Floridablanca), protegida por la armada inglesa.
Comienzan las Cortes de Cádiz. Cádiz, capital culta. Decreto de libertad de
prensa.
1811 Inicio de los procesos de independencia en la América española.
1812 Constitución de Cádiz: raíz de la España contemporánea y liberal.
Comienzo del fin ideológico del Antiguo Régimen
Fase 3ª de la Guerra (1812-1814)
Triunfo angloespañol en la batalla de los Arapiles.
1813 Batalla definitiva de Vitoria contra Napoleón. Tratado de Vezelay.
<u>Fernando VII</u> en Madrid.

III. Reinado de Fernando VII (1814-1833)

Restablecimiento del absolutismo político. Caos económico.
Emancipación de las colonias americanas (de 1811, 1825…).
Despotismo. Conspiraciones y levantamientos reprimidos.

1814 *Restablecimiento de la Inquisición.* Anula los decretos y la Constitución de Cádiz.

    Levantamiento de Espoz y Mina.

1815 Levantamiento del general Díaz Porlier.

1816 España se adhiere a la Santa Alianza (Pacto europeo de 1815 a favor del abolutismo)

1820 Fuertes movimientos revolucionarios liberales. Insurrección de Riego.

    Fernando VII acepta –forzado- la Constitución.

    Inicio del Trienio liberal: intento de recuperar la obra de Cádiz.

    Intentona absolutista (fracasada) de Fernando VII.

1821 *Asesinato del cura Vinuesa (por el pueblo de Madrid).*

1823 **junio:** Destitución temporal de Fernando VII.

    Congreso de Verona para restablecerlo: Entrada de los "Cien mil hijos de San Luis".

    octubre: Manifiesto absolutista.

    noviembre: ejecución de Torrijos, Riego, etc.

    Comienza la "Década Ominosa". 1824: año del terror policial.

1829-1833 Empieza a gestarse en el Norte la base de la Guerra Carlista.

1830 Pragmática sanción de Abolición de la Ley Sálica. Los partidario del hermano de Fernando VII (pretendiente "Carlos V") se niegan a aceptarla.

1831 *Graves agitaciones político militares en los Estados Pontificios de Italia.*

1832 *Encíclica pontificia "Mirari vos" contra los católicos liberales.*

1833 Muerte de Fernando VII.

IV. Las Regencias

Regencia de M<u>ª</u> Cristina, que se abre a los liberales (1833-1840)
Epidemia de cólera morbo.

1833 a 1839 (40) Primera Guerra Carlista formal.

1834 Gobierno de Martínez de la Rosa. "Estatuto real".

Medidas de exclaustración de religiosos desafectos al régimen liberal.
Entra en España el pretendiente Carlos Isidro.
Abolición definitiva de la Inquisición.
Matanza de frailes en Madrid acusados de envenenar el agua.
1835 Mendizábal, ministro de Hacienda.
Muere Zumalacárregui en Begoña.
Mendizábal, jefe de gobierno.
Disolución de Órdenes Religiosas (excepto las hospitalarias y los escolapios).
1836 Descontento liberal: Motín de la Granja.
Intensificación de la Guerra Carlista en el Norte.
Venta de bienes de Órdenes religiosas.
Se amplía la supresión de casas religiosas.
Victoria de Espartero en Luchana y liberación de Bilbao sitiada por los carlistas.
Estreno de "Don Álvaro o la fuerza del sino" del Duque de Rivas.
Fundación del Ateneo de Madrid.
1837 *Desamortización de bienes eclesiásticos (que compra la nobleza, etc. sin hacerlos rentables).*
Nueva Constitución de 1837 (de espíritu reformista liberal):
Desmantelamiento del Antiguo Régimen.
Pronunciamiento moderado de Pozuelo y de Aravaca.
1838 Campaña carlista del Maestrazgo. El general carlista Cabrera toma Morella.
1837 *Suicidio de Larra. Pleno romanticismo español.*
1839 Convenio de Vergara (Bartolomé Espartero y Eduardo Maroto).
1840 Abdica María Cristina de Borbón, y marcha al destierro.
1841 Espartero (progresista, radical) es designado Regente por las Cortes (1841-1843).
Levantamiento de O´Donnell contra Espartero.
Conspiración de los moderados: intento de rapto de las princesas (para sustraerlas a la educación progresista radical del preceptor Argüelles).
Se fusila al general Diego de León.
1842 *El Papa Gregorio XVI pide rogativas por la Iglesia de España.*
Pronunciamiento de Ramón Mª Narváez contra Espartero en Torrejón de Ardoz.

V. Reinado de Isabel II (1843-1868)

1843 Isabel II es declarada mayor de edad.

En casi toda España se intenta derribar a Espartero. Fin de su regencia.

10 de mayo: nace Benito Párez Galdós en Las Palmas de Gran Canaria.

1844 *Estreno de "Don Juan Tenorio" de Zorrilla.*

1845 a 1854 "Década moderada"

Gobierno de Narváez y Bravo Murillo.

Constitución de 1845: soberanía compartida entre el rey y las Cortes.

1845 a 1849 Segunda Guerra Carlista (iniciada por el nuevo pretendiente "Carlos VI")

1846 Matrimonio de Isabel II con Francisco de Asís.

Elección de Pío IX en Roma.

1847 *Entrada del krausismo en España (Sanz del Río. Fernando de Castro).*

1848 Dictadura de Narváez (autoritarismo; no se convocan las Cortes).

Ferrocarril Barcelona – Mataró.

1850 Discurso de Donoso Cortés en Las Cortes sobre la situación de España.

1851 *Firma del Concordato entre el gobierno español y la Santa Sede.*

Inauguración del ferrocarril Madrid – Aranjuez.

1854 Pronunciamiento de O'Donnell en Vicálvaro ("La Vicalvarada")

Levantamiento progresista en Barcelona.

"Bienio progresista". "Manifiesto de Manzanares" (Cánovas del Castillo)

Gobierno de coalición Espartero – O'Donnell.

Se constituye el partido político de "Unión Liberal" (vía centrista).

Pío IX declara el dogma de la Inmaculada Concepción.

1855 Ley Madoz de desamortización civil de bienes territoriales municipales y otros

comprados en las anteriores desamortizaciones y aún sin explotar.

1856 Narváez forma nuevo gobierno.

1858 Gobierno de Unión Liberal con O'Donnell.

1859 1ª Guerra de África. Presencia colonial de España en Marruecos.

1860 Toma de Tetuán.

Fracasa el golpe carlista en San Carlos de La Rápita.

1861 – 1864   *El hambre del algodón. Revuelta campesina de Loja (Granada).*
1863   Caída del gobierno de Unión Liberal.
1864   Pio IX publica la encíclica *"Quanta cura"* y el *"Syllabus"* condenando –entre
     otros movimientos- el liberalismo y las sociedades secretas (ambos hechos
     arraigados en España).
1866   Sublevación de los sargentos del Cuartel de San Gil. Ajusticiamiento.
     1866-1868: Crisis aguda de la monarquía borbónica: "Pacto de Ostende" de
     todas las fuerzas políticas contra los Borbones.
1868   Muere Narváez. Sublevación de la Flota en Cádiz.
     Revolución "La Gloriosa": Prim, Serrano, Topete.
     "Sexenio revolucionario democrático" (1868-1874).
     Primer sufragio universal.
     Tercera Guerra Carlista (por el nuevo pretendiente "Carlos VII"): 1868-1876
     en Levante, Aragón, Cataluña y Navarra.
     Derrota del ejército isabelino en Alcolea por los sublevados de la Gloriosa.
     Isabel II huye a Francia.
1869   Los generales Serrano, regente, y Prim, jefe de gobierno, Regente.

VI. Gobierno provisional

     Libertades básicas, medidas económicas librecambistas. Descentralización.
     Constitución de 1869 (Olózaga, Castelar, Cánovas): principios de monarquía
     democrática ("el rey reina, pero no gobierna")
     En Roma se celebra el Concilio Vaticano I.
1870   Abdicación de Isabel II en París a favor de su hijo Alfonso.
     Es elegido por las Cortes como rey <u>Amadeo I</u> de Saboya, hijo de Victor
     Manuel II de Italia. Éste entra en Madrid y asiste al entierro de Prim recién asesinado.
     Gobierno de Sagasta (constitucionalista).

VII. Primera República (1873)

1873 Renuncia de Amadeo I.

11 febrero. Congreso y Senado reunidos en Asamblea Nacional instauran

la Primera República. Presidente: Figueras.

Transformación en República federal. Presidentes: Pi y Margall, Salmerón.

División entre unionistas y federalistas. Configuración de Cantones.

Castelar. Insurrección del Cantón de Cartagena y de Levante, dominada por

Martínez Campos.

Comienza la publicación de las obras de Benito Pérez Galdós.

1874 Golpe de Estado del general Pavía.

Antonio Cánovas crea el Partido Alfonsino. Levantamiento de Martínez

Campos contra la República. Recibe a Alfonso XII.

VIII. La Restauración Monárquica borbónica (1874-1931)

Primer período: Continuación del régimen constitucional. Alternancia de gobierno conservador (Cánovas) y gobierno liberal (Sagasta). <u>Alfonso XII</u> (1875-1885)

1875 Restauración monárquica borbónica: entra <u>Alfonso XII</u> en Madrid.

Cánovas, jefe de gobierno. Revisión de la política del "Sexenio democrático".

Reimplantación del matrimonio canónico eclesial.

Prohibición de enseñanzas no católicas en la Universidad.

1876 *Se crea la Institución Libre de Enseñanza.*

Constitución de 1876.

Final de las guerras carlistas. Abolición de Fueros vasco navarros.

1878 Matrimonio de Alfonso XII con María de las Mercedes. Muerte de ésta.

Matrimonio de Alfonso XII con María Cristina.

Elección de León XIII en Roma

1882 *Colocación de la primera piedra del templo La Sagrada Familia de Barcelona.*

1883 *Sucesos de conspiración social de "La mano negra" en Andalucía.*

1885 Muere Alfonso XII. Regencia de <u>María Cristina</u>. Sagasta.

"Pacto del Pardo" entre Antonio Cánovas y Sagasta.

1889 *Primer Congreso Católico Nacional de España. Sesión 1ª en Madrid.*

1891 *Leon XIII publica la encíclica "Rerun novarum" que tiene poca repercusión en España.*
1894 Paz hispano marroquí.
1895 Gobierno de Cánovas. Fundación del Partido Nacionalista Vasco.
1896 Guerra de Filipinas.
1897 Asesinato de Cánovas. Le sustituye Francisco Silvela.
1898 Guerra en las colonias de Ultramar con U.S.A. Desastre de Cavite y de
Santiago de Cuba. Pérdida de Cuba.
Segundo período.
1902 Declaración de mayoría de edad de <u>Alfonso XIII</u>.
Sesión 6ª (y última) del Congreso Católico Nacional. En Santiago.
1903 Primer gobierno de Antonio Maura.
1909 *Semana Trágica de Barcelona.* 2ª Guerra de África (Guerra del Rif)
1911 *Congreso Eucarístico Internacional de Madrid.*
1914 (Primera Guerra Mundial).
1917 *Huelga general.*
1920 4 de enero: *Muere Benito Pérez Galdós.*
Discurso de Antonio Maura sobre Galdós.
1921 Desastre del ejército español en Annual.
1927 Desembarco de Alhucemas. Rendición de Abd-el-Krim. Protectorado español en Marruecos.

3. Cultura media española y corrientes intelectuales que influyen en la personalidad y obra de B.P. Galdós.

Ciertamente Benito Pérez Galdós elabora y expone en su impresionante creación literaria un pensamiento original, una ideología elaborada desde la contemplación abierta de lo real y desde sí mismo (desde la exquisita sensibilidad y la coherencia lógica de sus ideas). Pero este pensamiento no es ajeno a la situación cultural de la población, a la filosofía popular de los españoles y a las corrientes intelectuales que definen y alientan al sector intelectual. Todo ello con un eco propio desde luego dramático.

Nuestro autor es un testigo cualificado, y -más aún- es alguien que dialoga con ese mundo hispano, que lo asume con criterio lúcido y que le aporta su propia visión tal vez más abierta.[18]

---

[18] Sobre las corrientes de pensamiento de los españoles, en general, puede verse como referencia básica: ABELLÁN, JOSÉ LUIS, *Historia crítica del pensamiento español. Volumen IV* (Espasa Calpe. Madrid 1984) y *Volumen V (I y II)* (idem. 1989); ver también

Amando con pasión el casticismo de las clases sencillas (autóctonas) de cualquier rincón de nuestra geografía y especialmente del Madrid viejo (anterior al ensanche de la ciudad), Galdós se ve, sin embargo, dolorosamente impresionado por la incultura y la escasez de ideas que aquejan al español medio. Es la misma incultura que denuncia Larra en *El pobrecito hablador* y la incultura *contumaz* de que hablan Unamuno o Antonio Machado.

La lucha, en términos generales, se entablaba entre el predominante dogmatismo tradicional escaso de razonamientos, inmovilista y de tendencia violenta (tanto en lo político, como en la filosofía existencial y en lo religioso) y los postulados de la burguesía liberal de corte europeo, alentada por una minoría intelectual (krausista, entre otras) que llegaría a plasmar su pensamiento en los intentos de reforma de la Universidad, en la Institución Libre de Enseñanza y en la oratoria de los políticos progresistas.

1. *Fuentes literarias para conocer el pensamiento de los españoles del s.XIX son la novela realista de la época y sus claves reveladoras.*

   La novelística española del s. XIX es –toda ella- un extraordinario documento que permite acceder al dato de la mentalidad de los españoles de esa época, de modo semejante a como lo fueron para los siglos XVI y XVII la novela picaresca, la de caballerías e incluso la bizantina. Es aconsejable, pues, intentar aproximarse a esta narrativa desde el punto de vista que nos ocupa.

   Sus componentes principales son:

   El casticismo romántico como descubridor emocionado de las escenas cotidianas y anónimas del pueblo, detectando (o imaginando) en ellas valores extraordinarios -al menos estéticos- y fuertes contradicciones de pensamiento

   Manuel José de Larra (artículos), Mesonero Romanos (*Escenas matritenses*), Serafín Estébanez Calderón (*Escenas andaluzas*)…, valoran y sobrevaloran el mundo rural y las clases populares urbanas en cuanto expresión del concepto de pueblo.

   Lo mismo van a hacer los autores del realismo con mayor detenimiento y con alguna otra óptica, sin duda, la de un dramatismo más justo. Así José

---

el excelente análisis de MARÍA ZAMBRANO, *La España de Galdós* (Endymion – Comunidad de Madrid. 1988) y SÁNCHEZ ILLÁN, JUAN CARLOS, *Galdós, precursor de los intelectuales,* en *Galdós en su tiempo,* (coordinado por Ángel Bahamonde y Yolanda Arencibia, págs. 11-134; Ed. Parlamento de Canarias. Santa Cruz de Tenerife 2006).

María Pereda en la cornisa cántabra, Emilia Pardo Bazán en Galicia, Juan Valera en los ambientes caciquiles andaluces, Leopoldo Alas *Clarín* en Asturias, Pedro Antonio de Alarcón también en Andalucía, Blasco Ibáñez en Valencia y, sobre todo, Benito Pérez Galdós en Madrid y en la total geografía hispana; sirviendo todos ellos de tránsito al siglo XX de los Álvarez Quintero, Benavente y –con cierta mayor distancia- a los del 98 (Unamuno, Valle Inclán, Azorín, A. Machado…). Todos ellos en estrecha relación personal más o menos fraterna.

Este pueblo español descrito amablemente en la novela tiene un pensamiento fundamental: vive y discurre pegado al terruño o al barrio; con muy escasos otros horizontes. Ignora el racismo, pero existe uncido a su tierra, que desde él se agranda; aunque en ésta apenas pueda hacer otra cosa que sobrevivir, mantener y guardar los escuálidos recursos existenciales.

El conjunto mayoritario de los españoles era pueblo, era este pueblo con este modo de sentir y pensar; sin que la sublimación romántica añadiera apenas nada a su realidad. Lo elevado en este modo de ser era la pragmática filosofía existencial (un tanto escéptica o fatalista, naturalmente) y un inquebrantable sentido de la ironía y hasta del humor.

Con este pueblo comulga el escritor liberal doceañista que parece debía definirse por estos paradigmas esenciales:

- la tendencia al razonamiento ponderado (subjetivo y, a la vez, objetivado lo más posible) en todos los ámbitos de la vida, incluyendo una cierta flexibilidad del pensamiento; la repulsa de los dogmatismos;
- la creencia en la dignidad universal del ser humano y, por tanto, la defensa de todos sus derechos y libertades (incluida naturalmente la libertad religiosa);
- la instauración de regímenes de producción modernizados, más eficaces, aunque de apropiación privada, con una cierta distribución de los bienes (o de la riqueza) algo más equitativa (aproximándose con ello a las tesis socialistas);
- el diálogo institucional como garantía de los paragigmas anteriores y, en consecuencia, la búsqueda de sistemas de gobierno democráticos y constitucionales (aun aceptando en principio las monarquías que todavía no se conciben como parlamentarias);
- y el sentimiento religioso.

Sorprende en la novelística del XIX la determinante atención a *la vivencia religiosa de los españoles.*

Al igual que la novela realista rusa, una gran mayoría de obras españolas analiza el fondo religioso de las personas y entra en el debate nacional a propósito de la religión y de la Iglesia, y este hecho expresa un modo de sentir y de pensar del país.

Cada autor ofrece en esa visión un matiz particular, pero todos coinciden sustancialmente al describir la religiosidad firme (aunque diversa) de la población y al denunciar las desviaciones de la misma. Con independencia de la propia opción sociopolítica e ideológica en la que se sitúa el escritor, puede afirmarse que todos coinciden en reconocer el catolicismo (y su ideología religiosa heredada) como elemento consustancial de la vida hispana.

Muy en la línea del planteamiento krausista, Galdós es quizás quien mostrará una perspectiva más lúcida y completa de la dimensión religiosa que define al país en un sentido u otro; llegando, en ocasiones, a observar y analizar sutiles mecanismos de la religiosidad y del funcionamiento eclesial, o incluso difíciles datos de la espiritualidad cristiana que lo emparentan con la tradición mística de nuestro primer Siglo de Oro (más que con la espiritualidad rusa a la que alude el escritor).[19]

1. Los datos de la incultura en la mayor parte de la población española del s. XIX. El difícil acceso a la enseñanza.

La situación de escasez cultural señalaba directamente, sin duda, como problema básico, la cuestión de la enseñanza en las clases desfavorecidas (y también –en buena medida- en las clases altas). La escuela o no existía o dejaba mucho que desear en cuanto a la calidad docente. Los pocos centros escolares y maestros que aparecen en la obra de Galdós (en Episodios Nacionales, en novelas como *Miau, El abuelo, Tormento, El doctor Centeno, El caballero encantado, La razón de la sinrazón*) muestran una visión pesimista del sistema educacional vigente. De hecho ésa será la reforma por hacer desde la política y desde otras instituciones a medida que avanza el siglo y se entra en el XX.

La enseñanza para niños en el s. XIX, imposible para una gran mayoría de la población, continuaba siendo en su mayoría elitista y por definición oscurantista en cuanto a las ideas que trasmitía y a la pedagogía con que se desarrollaba. Se encontraba, sobre todo, en manos de instituciones eclesiásticas que mantenían el signo más tradicional y dogmático.

---

[19] Ver MIRANDA, SOLEDAD, *Religión y clero en la gran novela española del siglo XIX*. Ed. Pegaso. Madrid 1982.

La Universidad vivía una postración científica: el Plan reformista de 1845, de Gil y Zárate, se vio pronto ahogado por la represión de ideas que supuso el Concordato de 1851 con la Santa Sede (en particular el artículo 31) y el Reglamento de Universidades de 1852, en cuanto que daban a la Iglesia un poder de control y censura en todos los niveles de la enseñanza.

La Institución Libre de Enseñanza abrió un camino esperanzado, pero en solitario. Amparada en la Constitución de 1876. Bajo la dirección de Giner de los Ríos escribió el capítulo quizá más feliz y operativo del pensamiento español. Significó un intento de apertura de éste integrando, por una parte, la filosofía, la teología y la pedagogía de Krausse, con la perspectiva de Julián Sanz del Río y de Fernando de Castro, y, por otra, la corriente científico positivista y el modelo anglosajón propios de personalidades no krausistas como Joaquín Costa.

2. *El krausismo español del siglo XIX. Su influencia en Galdós.*

Entre las corrientes ideológicas que influyen en una parte notable de la población española ilustrada, en literatos y políticos liberales desde la segunda mitad del siglo XIX, y de modo especial en Galdós, es preciso referirse al krausismo, corriente que nace en Alemania a partir de la filosofía de Karl Christian Friedrich Krause (1781-1832). Su pensamiento se condensa en *El ideal de la humanidad* (1811), traducido al español por Sanz del Río y por Gumersindo de Azcárate.

Para Krause el mundo se halla en un progreso continuo hacia la unidad, hacia la "Humanidad racional", y este progreso es una ascensión a Dios, a un Dios universal que puede coincidir sin problema alguno con el Dios del cristianismo, mientras éste no sea falseado por la práctica eclesiástica. [20]

---

[20] MIGUEL ÁNGEL DE LA CRUZ VIVES traza una clara síntesis del krausismo español en su artículo *Panorama del pensamiento español en la segunda mitad delsiglo XIX.* (En la red: http://platea.pntic.mes.es/-macruz/regenta/XIX.html; ultima actualización: 1-2-2002). Así mismo, desde el punto de vista religioso: FERNANDO MARTÍN BUEZAS, *La teología de Sanz del Río y del krausismo español* (Ed. Gredos. Madrid 1977), obra quizas fundamental para este estudio. MARÍA PILAR APARICI LLANAS puntualiza: *"El fundamento de toda vida –y vida humana-, de toda belleza y bondad posible a los hombres es (en el krausismo) Dios, según es conocido en la religión"* (*Las novelas de tesis de Benito Pérez Galdos.* Institución Milá y Fontanals- C.S.I.C. Barcelona 1982, pág. 98). JOSE CARLOS MAINER sintetiza así los objetivos del krausismo español: *"fundamentar un laicismo respetuoso con el sentimiento religioso, pero crítico con el casposo catolicismo de entonces; convertir el derecho –la ciencia social del XIX- en fundamento de un orden más justo y entronizar la pedagogía –otra palanca de intervención pública- en el basamento de una futura ciudadanía responsable."* (*Fuego con viento.* El País. 9/5/2015). Puede verse así mismo:

La referencia esencial a Dios existe también en el krausismo, es necesaria. Y no sólo en cuanto al reconocimiento original divino del mundo, sino también en una serie de postulados que culminan la definición del mundo y la relación del creyente con éste:

- El primero es que toda la realidad mundana interesa sustancialmente a Dios y al plan deseado por Él. Dios no se ha desprendido del mundo; más bien, al contrario, de algún modo ha unido su destino al destino de la tierra. Los seres se vinculan a Dios, unidad suprema.

- El segundo: este mundo autónomo y divino a la vez no agota ni contiene la total esencia de Dios, que permanece transcendente e inabarcable para el entendimiento humano.

- En consecuencia, toda manifestación del mundo (humana, se entiende), se realice o no dentro del campo de lo religioso, merece honda consideración, estima y cuidado. De manera que el progreso racional, la tolerancia y el diálogo son condiciones esenciales de cualquier religiosidad y, en particular, especialmente, de la religiosidad cristiana. En contra del pensamiento de J. Balmes, que rechaza como perverso el concepto de tolerancia, y que concede a la Iglesia el único y absoluto derecho de juzgar al mundo.[21]

Galdós concretará y expresará literariamente –y con mucha frecuencia– el postulado dialogal del cristianismo a propósito de diversas confrontaciones internas de sus personajes entre sí (*Doña Perfecta, La familia de León Roch, Gloria...*) o de los conflictos de estos con las instituciones (con el clero y el mundo religioso) y con las posturas ateas o de otras confesiones religiosas. En ocasiones sus textos se anticipan a los planteamientos ecuménicos y de diálogo con el mundo propios de los documentos del Vaticano II.

ELÍAS DÍAZ, *Panorama del krausismo español*, en *Fernando de Castro y su legado intelectual*, (Fundación Fernando de Castro. Registradores de España. Madrid 2001, págs. 33-71) y *El krausismo español*, (Fondo de Cultura, México 1956).

[21] La idea de "tolerancia" la había asociado JAIME BALMES al concepto de "mal", influyendo así poderosamente en la filosofía católica del XIX y XX (entre otros, en Donoso Cortés). Es del todo expresivo de ese pensamiento el siguiente texto suyo: "Tolerancia: ¿qué significa esa palabra? Propiamente hablando significa el sufrimiento de una cosa que se conceptúa mala, pero que se cree conveniente dejarla sin castigo. Así se toleran cierta clase de escándalos...; de manera que la idea de tolerancia anda siempre acompañada de la idea de mal. Tolerar lo bueno, tolerar la virtud, serían expresiones monstruosas. Cuando la tolerancia es en el orden de las ideas supone también un mal entendimiento: el error. Nadie dirá jamás que tolera la verdad"

Sin duda, la primera referencia expresa del pensamiento de Krause hay que vincularla a *Doña Perfecta*. Pepe Rey es el prototipo de la mentalidad nueva, tolerante, hombre religioso con raíces krausistas vinculadas al positivismo. Y cuando en la segunda parte de *Gloria* surja una instancia mediadora que temple los extremos fanáticos (Lantigua – Morton), Galdós elegirá cierta personalidad independiente con aureola también krausista: Buenaventura Lantigua.

"Yo creo que la fe religiosa, tal como la han entendido nuestro padres, pierde terreno de día en día, y que tarde o temprano, todos los cultos positivos tendrán que perder el vigor presente. Yo creo que los hombres buenos y caritativos pueden salvarse, y se salvarán fácilmente, cualquiera que sea su religión..." (Gloria, parte 2ª, cap.11)

La religiosidad un tanto superficial del protagonista de *La familia de León Roch* no impide que en un momento dado de la novela afirme en clara confesión de fe: *"Yo creo en el alma inmortal, en la justicia eterna, en los fines de perfección, ¡breve catecismo, pero grande y firme!"*. En la temprana novela *Rosalía* se emplea (por primera y única vez) el término *krausistas* aplicado a estos creyentes por el sacerdote Juan de la Puerta.[22]

Galdós, que frecuentó mucho el Atenéo madrileño, situado en el mismo edificio de la Institución Libre de Enseñanza, no pertenece formalmente a este grupo, pero sí se considera discípulo de Sanz del Río y de los krausistas. Su relación más estrecha (también epistolar) es con Giner de los Rios en quien admira, sin duda, la bondad, la sencillez y la indómita sensibilidad por la justicia. Cuenta también en su biblioteca con las obras de Fernando de Castro.[23]

---

[22] Sobre la relación de Galdós con el krausismo puede verse: RODGERS, EAMONN, *El krausismo, piedra angular de la novelística de Galdós* (Boletín de la Biblioteca de Menéndez Pelayo, 62. 1986, págs. 241-253); el excelente breve estudio de JOSÉ LUIS GÓMEZ-MARTÍNEZ, *Galdós y el krausismo español*. Nueva Revista de Filología Hispánica 22.1 (1983) págs. 55-79; DENAH, Lida, *Sobre el krausismo de Galdós,* Análes Galdosianos, n. II. 1967, págs. 6-24 Sobre el proceso religioso del krausista Fernando de Castro:RAMÓN CHACÓN GODAS, *Don Fernando de Castro y el problema del catolicismo liberal español*. Fundación Fernando de Castro. Madrid 2006

[23] La figura de Francisco Giner de los Rios (1839-1915) es de máxima importancia para entender la primera utopía reformadora de España que dio frutos sustanciosos al comienzo del siglo XX. De extraordinaria buonhomía y discreción, jurista y pedagogo, nunca calló ante la injusticia y la estupidez. Le fascinó el casticismo, el folklore y el paisaje. Acompaña a Unamuno y a Ortega en sus manifiestos. Funda ya en 1876 la Institución Libre de Enseñanza; en 1910 la Residencia de Estudiantes y el Centro de Estudios Históricos, etc.

2. La Iglesia católica que contorna a Galdós.

Hemos indicado ya algunos datos referentes al modo de presencia eclesial en la sociedad española del siglo XIX. Nos interrogamos ahora sobre la mentalidad oficial de la jerarquía eclesiástica y, en consecuencia, de la inmensa mayoría del clero, de las instituciones religiosas y de los católicos significados.

1. El Papado y el acontecer de la Iglesia en el siglo XIX.

La Iglesia católica vive en el siglo XIX los fuertes avatares del pontificado de los sucesivos Papas (Pío VII -1800- a Pío X -1903-1914); avatares originados en parte por el cambio de régimen francés y por el espíritu de la Revolución Francesa en la última década del XVIII. Desde el punto de vista más interno, doctrinal o espiritual, un sector de la Europa cristiana desarrolló algún débil esfuerzo por conciliar la modernidad histórica con el pensamiento creyente, entendiendo sus promotores que esa conciliación no sólo era posible sino también deseable y justa para una mayor fidelidad al Evangelio. Sin embargo, tal postura fue rechazada de plano por la jerarquía romana (especialmente por Pío IX), demasiado asustada por la acción de las crecientes sociedades secretas y la masonería, por la indiferencia religiosa generada en la Ilustración, y –quizás, sobre todo– por el padecimiento de la revolución en los Estados Pontificios decidida a conseguir ya la unidad de Italia concediéndose un rey único en la figura de Víctor Manuel de Saboya.

Ante esa situación eclesial puede decirse que las mayorías cristianas en cada una de las iglesias católicas europeas cerraron filas en torno a la Jerarquía y a las doctrinas y prácticas cristianas más tradicionales: devoción al poder absoluto del Papa (hasta llegar a declarar su infalibilidad), sometimiento del Estado a la Iglesia, desarrollo dogmático, expresión única de la fe según la teología escolástica y Trento.

La obra realista de Galdós refleja este drama en multitud de páginas, y nos viene a decir que él –el autor– y sus personajes más queridos estuvieron en un tris de verse también echados de una Iglesia que les era propia, pero en la que no estaban cómodos porque no se sentían comprendidos ni acogidos.

Se conserva un breve Epistolario entre Giner de los Rios y Galdós en el Centro de Documentación de la Casa Museo Pérez Galdós de Las Palmas de Gran Canaria.

Los Papas determinantes del siglo XIX en la época de Galdós.

La obra y la vida de Galdós están en alguna medida marcadas por dos pontificados romanos, de signo muy distinto para el escritor: el de Pío IX y el de León XIII.

Pío IX

Entre 1846 y 1878 (treinta y dos años) rige la Iglesia el cardenal Mastai-Ferretti con el nombre de Pío IX. Este largo pontificado marcará mucho a la Iglesia. De su magisterio y de la etapa de su cautiverio se harán eco bastantes páginas de la obra de Galdós, como veremos más adelante. Expulsado de Roma por Garibaldi, volvió a la Ciudad Eterna con la ayuda de Napoleón III.

En 1864 se publica la encíclica "Quanta cura" acompañada del documento llamado "Syllabus" con ochenta puntos que condenan "todos y cada uno" de los errores de las tesis liberales cristianas y los intentos de aproximación teológica cercanos al racionalismo (absoluto o moderado).

El Concilio Vaticano I (1869) quedó interrumpido al entrar en Roma las tropas de Victor Manuel II de Saboya; quedando el Papa recluído en el Vaticano.

León XIII

En 1878 (año en que mueren Pío IX y Victor Manuel) es elegido Papa el cardenal Pecci con el nombre de León XIII. Con él comienzan lentamente los acercamientos de la Iglesia a los desafíos del mundo moderno (tanto en lo social como en lo científico) y a las otras iglesias (al ecumenismo). En 1887 es muy significativa la beatificación del humanista y político Thomas Moro.

León XIII no se define por el liberalismo, pero abre una etapa de diálogo con él. Mejora notablemente las relaciones internas de la Santa Sede con el Estado Italiano (Humberto I de Saboya); evita adoptar las medidas condenatorias de los documentos pontificios anteriores, preocupándose más bien de afrontar los retos que el mundo moderno planteaba.

Sobre todo, este Papa va a ser conocido y admirado por el importante documento de signo social que constituye la encíclica "Rerum novarum" (1891), primera toma de posición rotunda de la Iglesia en favor de los obreros y de la justicia social.

Galdós será recibido en audiencia por León XIII, al que alabará en más de una ocasión en sus escritos (según cita que haremos más adelante).

A su muerte, en 1903, es elegido Papa el cardenal Sarto, Pío X, que regirá la Iglesia hasta 1914, aportándole valiosas reformas de orden litúrgico, aunque retornándola al espíritu de Pío IX (impondrá al clero el "Juramento antimodernista").

2. Breve idea de los conflictos de la relación Iglesia - Estado en el XIX español.

En España la religiosidad de signo cristiano (más o menos evangélica) se había asentado durante siglos en una larga confrontación ideológica y bélica, primero con el arrianismo, inmediatamente con el Islam, casi siempre con el judaísmo; y después, con el protestantismo europeo. El Estado y la Iglesia estaban indisolublemente ligados en tal empresa, y el pueblo veía esa unión como algo natural, sin importarle demasiado padecer a causa de la misma. [24]

Por este motivo tuvo poco arraigo entre nosotros el impacto de la Ilustración, y no fue entendida ni vivida la Revolución Francesa. Al llegar al siglo XIX aquí se sentía como algo normal el Antiguo Régimen, aunque se suspirase por una Monarquía en condiciones (que no íbamos a conocer).

Sin embargo, ni el pensamiento español era tan deficitario (tan cerrado), ni la tradición humanista había desaparecido, ni las fronteras eran lo bastante herméticas, ni existía la paz que adormece, para impedir que se desarrollaran también en nuestro suelo ideas nuevas y vientos de libertad y madurez del pensamiento al margen (más que en contra) de las instituciones cívicas y religiosas. Hasta tal punto de que podría afirmarse que en los albores del siglo existía ya en España un cierto deseo (más o menos explícito) de que se produjera la reforma eclesial, aunque tal expectativa

---

[24] Para el estudio que nos ocupa aquí parece fundamental la obra de WILLIAM CALLAHAN, *Iglesia, poder y sociedad en España. 1750-1874*. Nerea. Madrid. 1989 y *La Iglesia católica en España. 1875-2002* Crítica. Barcelona. 2003. V. también: E. LA PARRA LÓPEZ, *El primer liberalismo y la Iglesia. Las Cortes de Cádiz*. Alicante 1985; F. PÉREZ GUTIÉRREZ, *El problema religioso en la generación de 1868*. Taurus. Madrid 1975, J. PÉREZ DE ALHAMA, *La Iglesia y el estado español. Estudio histórico jurídico a través del Concordato de 1851*. (Madrid 1969) Una excelente y extensa síntesis de la situación del catolicismo español del XIX aparece con el título *La religión en España*. *Religión y patriotismo en Galdós* en el libro de SOLEDAD MIRANDA GARCÍA, *Galdós y la religiosidad de su época* (Universidad de Las Palmas de Gran Canaria. Biblioteca Universitaria. Memoria Digital Las Palmas 2005, publicado también en el n.28 de Anuario de Estudios Atlánticos, págs. 588-640).

RUBÉN BENÍTEZ obrece un breve pero claro análisis de la postura del Papado del siglo XIX respecto al catolicismo liberal en su libro *La literatura española en las obras de Galdós: la función y el sentido de la intertextualidad,* Universidad de Murcia 1992, págs 95 y ss.)

tuviera sentidos y manifestaciones muy diversas y se manifestara desde instancias dispares.

En cuanto a la confesionalidad católica del Estado español y su debate, determinante de un clima social, podemos decir lo siguiente.

El primer liberalismo (primera mitad del siglo), desde las Cortes de Cádiz, el trienio constitucional (1820-1823) y las Regencias, significan un intento de reducir el poder eclesial y su omnipresencia en la sociedad, pero conservando la condición cristiano católica del país.[25]

Esa confesionalidad aparece en los textos de las tres primeras constituciones: la de 1812, de 1837 y de 1845.

Ninguna constitución occidental expresa de forma tan rotunda esa condición católica del Estado [26], aunque –como hace notar el historiador Manuel Revuelta- la formulación de la misma encierra dos importantes paradojas: proclamándose liberal, declara un principio antiliberal como es el de la intolerancia religiosa; y proclamándose católica, da pie a graves ataques a la Iglesia y a su libertad. [27]

En el Concordato de 1851 (obra de políticos moderados) Roma reconoce y acepta los hechos consumados de la revolución liberal de la primera mitad de siglo, pero asegura la confesionalidad católica excluyente de otras confesiones en España.

El proyecto de Constitución de 1856 iniciaba, sin embargo, el proceso de ruptura del Concordato, proponiendo la tolerancia religiosa (libertad de cultos, en realidad) de forma que ningún español fuera perseguido a causa de sus creencias. Este proceso culmina en la Constitución de 1869 (tras la revolución del 68) que proclama la libertad religiosa. Y la República (1873) intentará ir más lejos estableciendo la separación radical de la Iglesia y el Estado (art. 35 del proyecto de Constitución).

---

[25] *"Es el liberalismo de los doceañistas, veinteañistas e isabelinos* –escribe MANUEL REVUELTA GONZÁLEZ-, *divididos ya en las dos familias de moderados y progresistas. Todos ellos defienden, como liberales, la soberanía popular y el régimen constitucional, pero no llegan a admitir el sufragio universal. En su política religiosa todos son católicos y reformistas, que no pretenden destruir la Iglesia sino acomodarla al régimen liberal con mayor o menor radicalismo."* En *La Iglesia española en el siglo XIX. Desafíos y respuestas.* (Universidad Pontificia de Comillas. Madrid 2005. Pág. 39)

[26] *El preámbulo de la Constitución de 1812 dice: En el nombre de Dios Todopoderoso, Padre, Hijo y Espíritu Santo, autor y supremo legislador de la sociedad, las Cortes Generales...etc.". Y en el artículo 12: "La religión de la nación española es y será perpetuamente la católica, apostólica, romana, única verdadera. La nación la protege por leyes sabias y justas, y prohíbe el ejercicio de cualquier otra."*

[27] REVUELTA GONZÁLEZ, MANUEL, o.c. pág. 41

Y respecto a la *intervención política del Estado la Iglesia española durante el siglo*
conviene advertir lo siguiente.

Desde las primeras décadas del siglo la revolución liberal impuso a la Iglesia española (como institución) una serie de disposiciones legales que produjeron hondas y dolorosas alteraciones en sus estructuras y, en parte también, en la mentalidad católica, abriéndose paso en ésta el espíritu de la Ilustración. El patrimonio de bienes territoriales fue disminuyendo considerablemente, así como los privilegios y fueros eclesiásticos y algunas formas tradicionales de la presencia eclesial y cristiana en la sociedad.

Por su parte, el sector liberal –incluído Galdós- hizo una propuesta de reforma eclesial. Los liberales españoles -católicos generalmente- presentaban a la Iglesia y al pueblo un alegato que en principio tenía un carácter espiritual: el retorno a un cristianismo más puro en todas las estructuras eclesiales. Proponían una Iglesia más pobre, menos autoritaria, más ilustrada, e inserta en la revolución liberal, con una religiosidad fundada en la moral y en la caridad, no en devociones de tipo folklórico.[28]

En cambio, el proceso impuesto por los gobiernos liberales era de otra índole. Trataba, en definitiva, de desprender a la Iglesia de todo su poder y del estatuto adquirido en el Antiguo Régimen.

Se refería a estas tres series de medidas: la exclaustración de religiosos o expulsión de órdenes religiosas (la expulsión de los jesuitas se había producido ya en 1767), la desamortización de bienes eclesiásticos (iniciada por Godoy), y la independencia de la Iglesia española respecto a Roma. Pero, en última instancia, lo que pretendía el conjunto de los liberales progresistas y radicales era evitar la confesionalidad del Estado e instaurar, a la vez, un movimiento de secularización de la vida social, evitando la presión ultraconservadora del catolicismo sobre la sociedad.

3. Procesos de crisis en la población católica española del XIX.

¿Cómo eran –o cómo sentían- los católicos españoles y, en particular, el clero representante de los mismos en el XIX, bajo la presión política o al margen de ella? Esta cuestión resulta de mayor interés aún que la anterior en orden a la inmediata interpretación de la obra de Galdós cuyo protagonista es precisamente ese pueblo español.

---

[28] Ver MANUEL REVUELTA GONZÁLEZ, *Crítica y reforma de los primeros liberales a la Iglesia Española* (Lección inaugural Curso 1976-77) Universidad Pontificia de Comillas. Madrid. Págs. 18-24

Ya hemos indicado que existía una oposición –mas o menos violenta- a las reformas estatales y a cualquier idea o práctica liberal que afectara al catolicismo; un catolicismo que lo consideraban elemento identificador y aglutinante de la identidad hispana e intocable en su concepción. Las novelas *Gloria, Rosalía* y *Doña Perfecta* describen muy bien esa tipología real (que vuelve a aparecer continuamente en otros escritos). [29]

Sinceros con su fe, no estaban preparados para afrontar la propuesta liberal, y menos aún al tener noticia de las condenas pontificias que pesaban sobre ella. Pío IX y los problemas de la Santa Sede en Italia tenían, además, un eco en la sociedad española.

Por otro lado, el asunto de la secularización del cristianismo en la España del XIX sólo se planteaba abiertamente en los círculos liberales, pero no alcanzaba al pueblo.

Enfrente de esa mayoría, un pequeño grupo significativo de obispos y predicadores ilustrados y de intelectuales católicos pertenecientes a la burguesía ciudadana, e incluso algunos miembros del ejército y del gobierno, entendían y apoyaban las medidas "antieclesiásticas" y abogaban por unas corrientes renovadoras liberales dentro del catolicismo (esto de forma cada vez más explícita a medida que avanzaba el siglo). Pedían una moral más austera -más evangélica- en las costumbres, una censura eclesial de la devoción exagerada y de la injerencia de la religiosidad en la vida política, etc.

Este pequeño sector, al que se sumaron los movimientos literarios de la época y la prensa naciente, despertó en todas las esferas sociales un fuerte espíritu crítico respecto a la Iglesia, más de carácter anticlerical que antirreligioso o anticristiano. Y un motivo de fuerte descontento popular rural respecto a la Iglesia era también la obligación (refrendada estatalmente) de pagar a los clérigos el diezmo para el sostenimiento de iglesias y culto.

El presbítero atípico Nazario (en las novelas *Nazarín* y *Halma*), personaje emblemático del mundo galdosiano, movido tal vez por el aliento que supuso la llegada de León XIII, da razón de su visión esperanzadora al católico terrateniente Don Pedro de Belmonte:

---

[29] En el Episodio *Cánovas*, acabando ya la obra, el protagonista Tito hace este juicio durísimo (e injusto, a nuestro parecer, por su generalización): *"Los españoles somos católicos borregos, y sólo aspiramos a ser conducidos por el cayado jesuítico hacia los feraces campos de la ignorancia, de la santa ignorancia, que ha venido a ser virtud en quien se cifra la paz y la felicidad de las naciones..."* (PÉREZ GALDÓS, o.c., pág. 201)

"En la humanidad se nota la fatiga y el desengaño de las especulaciones científicas, y una feliz reversión hacia lo espiritual. No podía ser de otra manera... Después de los progresos de la mecánica, la humanidad es más desgraciada, el número de pobres y hambrientos mayor, los desequilibrios del bienestar más crueles. Todo clama por la vuelta a los abandonados caminos que conducen a la única fuente de la verdad: la idea religiosa, el ideal católico, cuya permanencia y perdurabilidad están bien probadas" [30]

El personaje -¿Galdós?- está respondiendo a la pregunta *"¿qué piensa usted del estado actual de la conciencia humana?...*; y ha comenzado por decir: *"¡Ahí es nada la preguntita! Tan compleja es la cuestión, que no sé por dónde tomarla."*

Es importante analizar (aunque sea con brevedad) *la situación del mundo eclesiástico español del XIX.*

Al comenzar el siglo el número de clérigos era, sin duda, excesivo para la población. Entre clérigos regulares y religiosos (frailes como término genérico) se daba la cifra de 111.117, a la que habría que sumar la de religiosas (en su inmensa mayoría de clausura). En 1835, la cifra había bajado a 31.000 (a causa de las guerras), manteniéndose este número durante todo el siglo; pero existían aún 300 monasterios de órdenes monacales masculinas, 2000 conventos de religiosos o frailes, y más de un millar de conventos de monjas de clausura. Todo lo cual suponía (junto a las posesiones diocesanas) un ingente patrimonio territorial. [31]

El clero tenía (con pocas excepciones) una formación doctrinal muy baja. Y en cuanto a las condiciones de vida, se hallaba dividido y mal organizado: había dos clases sociales antagónicas en él: la de los bien acomodados o ricos y la de los míseros, sin control eclesial. La inmensa mayoría afectos al conservadurismo (la mayoría de los obispos habían sido nombrados con la aquiescencia de Fernando VII).

Estas condiciones favorecieron una fácil degradación moral de las costumbres de gran parte de estos clérigos. Existe sobre el particular una objetiva documentación que denuncia ese bajo nivel demasiado generalizado (sobre todo párrocos rurales). [32]

---

[30] PÉREZ GALDÓS, BENITO, *Nazarín,* Alianza Editorial. Madrid 1998, págs. 132-133
[31] Datos aportados por MANUEL REVUELTA G. en *La Iglesia española en el siglo XIX,* o.c.
[32] Pueden leerse la *Exposición del sacerdote Juan de Montoya dirigida a Las Cortes en 1821* (Archivo del Congreso de Diputados); la *Pastoral del Obispo de Calahorra, Puyal y Poveda, de 1816* (Archivo Histórico de Loyola).

Un hecho aislado, pero exponente de la situación degradada fue el asesinato del primer obispo de Madrid Don Narciso Martínez Izquierdo en 1886 a manos de un sacerdote; asesinato del que se hace eco consternado Galdós en tres artículos de prensa [33]. Las palabras premonitorias de este venerable eclesiástico son muy reveladoras: *"Me intimida Madrid. Solamente el estado (espiritual) de esta población es para aterrar... La cura de almas es muy escasa, mal dispuesta y sin dotar. El clero poco y no todo bueno...Estos son los que me han de matar."* [34]

Debemos añadir en esta breve descripción de datos la aportación muy positiva de algunas congregaciones religiosas que durante el siglo, llevaron a cabo –discretamente, pero a notable altura- importantes servicios subsidiarios a la población en diversos órdenes: en la enseñanza (escolapios, jesuitas, franciscanos), en la sanidad (Hermanos de San Juan de Dios, con 58 hospitales), en la asistencia (Hermanas de la Caridad), etc.

Y por parte de los católicos liberales, desde luego, un impulso cristiano de secularidad. Simplificando mucho, podemos decir que este proceso consistía, de entrada, en limitar la presencia religiosa que había invadido y asfixiado la vida cívica desde siglos anteriores; sin abandonar por ello las raíces creyentes. *"Galdós es, claramente, un precursor de la necesaria secularización que necesitaba la sociedad española como base de la tolerancia y la pluralidad. Pero su apuesta estuvo en realizar esta operación desde el respeto a la tradición."* [35]

Quienes sienten la secularización no por ello tienen que dejar la fe religiosa, ni ocultarla. Sencillamente afrontan y abrazan las realidades del mundo (la secularidad) "liberándolas" de una cualidad o formalidad religiosa añadida, de una presencia explícita religiosa que es innecesaria y razonablemente molesta, porque esas realidades tienen valor en sí mismas y –en virtud de la Creación (y más aún de la Encarnación de Jesucristo)- gozan

---

[33] v. PÉREZ GALDÓS, BENITO, artículos en *La Prensa* de Buenos Aires los días 22 y 30 de mayo y 7 de noviembre de 1886 (publicados en el vol. VII de Obras Inéditas de Galdos por Alberto Ghiraldo).

[34] MARTÍNEZ IZQUIERDO, NARCISO, cartas citadas por Robert RICARD en *El asesinato del Obispo Martínez Izquierdo y el clero madrileño en la época de Galdós*, en Anales Galdosianos nº I. 1966, págs. 126-130 Ver BOO, Matilde L., *La perspectiva de Galdós en el asesinato del obispo Martínez Izquierdo*, Anales Galdosianos, nº XII. 1977, págs.142-146

[35] MORA GARCÍA, JOSÉ LUIS, *Galdós y el llamado 'Problema de españa'*, Actas del VI Congreso Internacional de estudios Galdosianos. 1997. Cabildo de Gran Canaria, pág. 507

de autonomía respecto a manifestaciones externas de la religión positiva (establecida o no).

Es decir, la práctica de este concepto de secularización se puede y se debe vivir desde la fe; normaliza a la Iglesia y la hace más encarnada, gratuita y resplandeciente en sus signos. Sin embargo, la iglesia jerárquica del XIX (en Roma y en España) calificó la secularización (impuesta –es cierto- por el liberalismo) con los términos condenatorios de indiferentismo religioso, laicismo, excepticismo y modernismo, cercanos al ateísmo; sin entender su posible valoración teológica, y sin conceder a los liberales la posibilidad de que entre ellos se encontraran verdaderos cristianos con derecho a desarrollar y expresar otro pensamiento teológico distinto del oficial.

El Concordato de 1851, la encíclica *Quanta cura* (1864) y el Syllabus significaron, por el contrario, un renovado intento sacralizador de la sociedad española.

Con esta perspectiva escribe el historiador Pérez Gutiérrez:

"El drama del catolicismo español consistió en que cuando se estaba tratando de decidir el marco legal para la futura convivencia política y social en nuestra patria, la Iglesia-institución se hallaba divorciada y enormemente distante de la Iglesia-comunidad, o al menos de las capas dirigentes del país que eran cristianamente creyentes, pero no clericales, que eran y podían seguir llamándose con todo derecho católicos, pero que al tiempo eran y no estaban dispuestas a dejar de ser liberales, porque el liberalismo era el horizonte de la Historia y señalaba, exactamente, "la altura de los tiempos, dicho en términos orteguianos o, si se prefiere, "el signo de los tiempos", expresado en términos teológicos de hoy." [36]

En este drama del conflicto entre los católicos liberales españoles y la jerarquía eclesiástica con buena mayoría del pueblo, el cristianismo y la Iglesia perdieron en nuestro país una extraordinaria posibilidad de verdadera reforma y de cambio hacia adelante.[37]

---

[36] Pérez Gutiérrez, F. *La vida religiosa. Entre dos crisis: fin de siglo y guerra civil de 1936*, en *Historia de España, vol. XXXIX*. Espasa Calpe. Madrid 1993, pág.520; citado por R. Chacón Godas, *Don Fernando de Castro y el problema del catolicismo liberal español*. (Fundación Fernando de Castro y Fundación Diego de Sagredo, Madrid 2006. pág. 186).

[37] Cuenca Toribio, J.M., *El catolicismo liberal español: las razones de una ausencia*. En Revista Hispania, nº 117, C.S.I.C. 1971, pág. 587 Sobre esta temática es de gran interés la síntesis que ofrece la obra de R. Chacón Godas, *Don Fernando de Castro y el problema del catolicismo liberal español*. o.c. Tercera Parte, pág. 185 a 189. Ver también: La

2

Galdós. El hombre
Sobre la identidad personal de Benito Pérez Galdós

Intentamos aproximarnos a la dimensión más difícil –compleja- e identificatoria de una persona que es su interioridad, su fondo espiritual; y, en particular, tratándose de Galdós, también al planteamiento de su conciencia ética y religiosa que aparece en su larga trayectoria de escritor y, sin duda, en las manifestaciones íntimas de su carácter.

Esta consideración es extraordinariamente delicada porque el pensamiento y el sentir ajenos, a pesar de las expresiones que muestre, siempre ofrece zonas reservadas a la intimidad inabordable incluso para el mismo individuo. Más aún, cuando la particularizamos y la adivinamos inserta en una historia personal y social muy densa, como es la de Benito Pérez Galdós.

La profesora Yolanda Arencibia acaba de ofrecernos un estudio admirable en esa clave [38] y a él nos remitiremos con gusto. Pero, por las razones ya expuesta en mi Introducción, las secuencias de nuestro trabajo van a desarrollar una más de las perspectivas que –según entiendo- es fundamental en la personalidad del literato canario: su honda preocupación por el hecho no sólo moral y religioso sino también de inspiración cristiana; perspectiva estrechamente ligada a su vocación educativa.

PARRA LÓPEZ, E. *El primer liberalismo y la Iglesia. Las Cortes de Cádiz.* (Alicante 1985) y *Intransigencia y tolerancia religiosa en el primer liberalismo español* (en *Mélanges*. Tome 44-1. Nouvelle Série. Casa de Velázquez. Madrid 2014, bajo el título general de *La tolerancia religiosa en la España contemporánea*, págs. 45-63).

[38] v. ARENCIBIA SANTANA, YOLANDA, *Galdós. Una biografía* (Tusquets Editores. Barcelona 2020. 862 pp.). Y. Arencibia es profesora de la Universidad de Las Palmas de Gran Canaria y directora de la cátedra Benito Pérez Galdós en esa Universidad.

Lo que ocurre es que esta investigación no se puede desligar, de ningún modo, del conjunto integral de rasgos caracteriales, huellas de acontecimientos y formas de expresión que definen el modo de ser del escritor. Antes, pues, de aventurarnos en nuestro estudio tenemos que detenernos en una percepción –al menos global– de la personalidad y de la obra que lo definen.

Acabamos de describir en el capítulo anterior el contexto determinante que contorna la creación galdosiana. Ahora intentaremos aproximarnos con la mayor objetividad a la imagen real del autor, intuyendo –a ser posible– y mostrando el perfil interior de este hombre, el misterio en donde se va fraguando el pensamiento y el enfoque de su vida y el lugar donde nacen sus obras.

1.   Trayectoria existencial de Don Benito.[39]

Dos períodos muy desiguales se dan en los comienzos de la vida de Benito Pérez Galdós. Resumimos sucintamente.

La infancia y primera juventud. Canarias.

Benito nació en Las Palmas de Gran Canaria, el 10 de mayo de 1843 en una casa solariega de la calle Cano desde la que se divisaba el mar. Su infancia discurrió dentro del paisaje canario tan querido, del que pronto se separaría para siempre. Es interesante señalar la profesión militar de su padre y que, por otra parte, su ascendencia materna se enraíza en la más pura cepa tradicionalista vasca: su abuelo, Domingo Galdós y Alcorta nació y vivió en Azpeitia y allí desarrollo el más furibundo rechazo de la Revolución Francesa. Los caracteres parentales se invierten, siendo la madre mucho más dominante e inflexible en la educación rígida de sus hijos.

Su niñez (es el menor de diez hermanos) es entrañablemente familiar, tranquila, curiosa y creativa. El entorno de la vivienda, amorosamente conservada, favorece, sin duda, ese clima. Todavía de once años, Benito tiene un fuerte sentimiento afectivo y de embeleso hacia su prima Dolores Macías (de veinte años) novicia en un convento de Las Palmas pero ocasionalmente residente en casa de los Galdós.

---

[39] Para una visión más detenida de la trayectoria existencial de Don Benito nos remitimos también (además de a las obras ya indicadas) a: FEDERICO CARLOS SÁINZ DE ROBLES, *Pérez Galdós. Vida y Época* (Vasallo de Mumbert Editor. Madrid 1970), YOLANDA ARENCIBIA SANTANA (o.c.), FRANCISCO RODRÍGUEZ BATLLORI, *Galdós en su tiempo* (Librería Editorial Augustinus. Madrid 1969) y ARTURO CAPDEVILA, *El pensamiento vivo de Galdós* (Losada. Buenos Aires 1944)

En sus estudios primarios y secundarios se mezclan dos experiencias significativas: para la enseñanza de la lengua española tiene maestros ingleses malamente españolizados (caso frecuente en las Islas) y en el Colegio de San Agustín en donde cursa el Bachillerato se entusiasma con los profesores liberales más exaltados que han sido desterrados a Las Palmas; estos últimos son quienes lo llevan a la afición por la Historia y al gusto de las artes plásticas. Su adolescencia tiene los rasgos normales de esa primera apropiación personal del mundo: descubrimiento de la literatura, recorridos apasionados por los parajes de la isla y de la ciudad, primeros amores, dibujos con cierta gracia, versos y poemas tímidamente redactados *(La Emilianada)*, hasta una comedia *(Un viaje redondo por el bachiller Sansón Carrasco)*... naturalmente impresentable. Viaja a Tenerife para obtener el título de Bachiller en Artes. Apenas ha cumplido los diecinueve años.

En Las Palmas da sus primeros pasos como periodista aficionado *(La Antorcha Escolar, El Omnibus)*.

Entonces se produce el viaje a la península. Es más que posible que uno de los motivos determinantes del mismo fuera la violenta oposición de la madre a su apasionado enamoramiento de la prima Sisita, hija natural del tío José María Galdós. Benito la trata con asiduidad y reafirma su amor por ella, que será obligada a volver a América. No volvieron a verse; pero él permaneció fiel toda su vida a ese amor frustrado. Evocándolo tal vez de manera inconsciente en sus relaciones amorosas y en los dramas de su novelística, en particular (y de forma muy expresa en la pequeña novela que intercala en el Episodio Nacional *El Gran Oriente*).

En la Península. Juventud y madurez.

En 1862, con apenas veinte años, se embarca -¿o es embarcado?- con destino a Madrid y, por deseo materno, a licenciarse como abogado.

Desembarcado en Cádiz (y a pesar de algunos breves retornos a las Islas), se asienta inmediatamente en Madrid y empieza el largo camino de su madurez como persona y como literato.

Siempre pendiente de la situación familiar y de los dramas de la familia en Las Palmas, hará breves retornos a las Islas durante los comienzos de su estancia en Madrid.

Madrid. Barcelona, Toledo, Santander... España toda. Europa (París, Londres, Roma...). Volviendo siempre al mundo madrileño que es definitivamente el suyo.

Quiere ingresar en la Universidad Central y abrirse lo más posible al mundo intelectual. Empieza la carrera de Derecho que abandonará en cuanto se centre en su propio trabajo literario, pero asiste probablemente a los cursos del krausista Julián Sanz del Río (1814-1869). Su aula de estudio será más bien el Ateneo madrileño, lugar de cita de todos los intelectuales y artistas de la época, forjando amistades importantes (Silvela, Castelar, Ríos Rosas, González Bravo, Narváez, J. Zorrilla, Echegaray, López de Ayala, los hermanos Bécquer, Tamayo y Baus...).

El Madrid de 1860 lo intimida y, a la vez, lo seduce; puede decirse que lo acogió con un secreto e ignorado abrazo, y que el joven canario se dejo abrazar muy pronto, guardando fidelidad a ese amor mutuo. Galdós penetró como nadie en el corazón del viejo Madrid del XIX (más que en su ensanche urbano, todavía inmaduro para él); un corazón hecho a la vez de nobleza y de picardía, de altura de miras y de cobardías y mezquindades, de todo lo que se quiera, pero, en definitiva, vivo, apasionante. Y lo amó. Sólo un enamorado de esta ciudad y de sus gentes pudo escribir, por ejemplo, *Fortunata y Jacinta, La fontana de Oro, El doctor Centeno, Misericordia, La revolución de julio, El terror de 1824, El amigo Manso...*, y la gran mayoría de Episodios y de novelas largas.[40]

A su vez, Madrid (no siempre el Gobierno nacional de turno) veneró con fervor a este hijo suyo, se reconoció en él, lo acompañó en su andadura literaria y humana y le rindió –tras su muerte- el homenaje de un entierro masivo y de un recuerdo anual -que no ha cesado desde entonces- junto al monumento que lo hace presente en el parque de El Retiro y a cuya inauguración él mismo asistió.

En Madrid prueba y gusta el periodismo profesional. Y en 1867 él mismo se considera a punto ya para iniciar su primera obra escrita, sin tener aún la menor idea de hacia dónde dirigirse con ella. 1870 es la fecha de la primera novela (*La Fontana de Oro*), anunciadora del camino que emprende y ya con categoría de obra maestra.

---

[40] "*Más madrileño que él, nadie* –escribe, quizá exageradamente, su biógrafo F.Sainz de Robles-. *Su amor a Madrid es una coraza sin intersticios. ¡Ya le pueden a él llevar por los treinta y dos caminos de la rosa! Volverá siempre, más que deprisa, por el camino que conduce a Madrid. Verá Londres y Berlín, y Roma, y la Haya, y Lisboa...con ojos de Madrid... Como Lope, como Velázquez, como tantos más, Galdós no siente sino a Madrid, no siente sino con Madrid.*" (SÁINZ DE ROBLES, FEDERICO CARLOS, *Pérez Galdós. Vida, obra y época.* o.c. pág.76). Por su parte, otro gran conocedor de Galdós allende nuestras fronteras se admira: "*Le premier amour de Galdós, le plus profond, le plus sincèreet le plus durable, est celui de l'écrivain pour la ville de Madrid. Cet amour de Madrid et du peuple de Madrid fut le plus vif stimulant du nouveau venu à se mêler au peuple pour lui copier ses manières de vivre et d'être.*" (Joseph JELELATY, JOSEPH, *L'amour dans l'oeuvre romanesque de Galdós.* En Letras de Deusto. N. 8. 1974, pág.64)

Sin embargo, entre 1869 y 1873 sigue probando aún la propia capacidad de expresarse, optando por un periodismo comprometido (colabora activamente en *Revista de España. Las Cortes, La Nación, El debate, La Prensa de Buenos Aires...*). Su crónica del atentado y muerte de Prim es una gran pieza del realismo. En cierto modo como periodista acompaña al General Serrano en su viaje triunfal a Zaragoza. Observador nato, su visión de la realidad ya es extraordinariamente lúcida.

Galdós va llegando a esta actitud madura (que impregnará todas sus obras) porque acierta en la mirada: sabe mirar profundamente al ser humano real encarnado en las gentes de su Madrid.[41]

En el período que va de 1873 a 1883 vive sólo para escribir: veintisiete obras (en treinta volúmenes). Pero hay una dimensión fundamental que es raíz de lo que escribe: ha comenzado ya el viaje infatigable a todos las regiones de la península, incluso a pueblos recónditos y perdidos; recalando siempre, después, por largo tiempo, en la capital. Galdós se va haciendo Galdós. Es decir, se siente y se muestra escribiendo a España, desde España y para España. El biógrafo Sáinz de Robles llega a decir: *"En toda la literatura española contemporánea no se encuentra otro espíritu tan absolutamente, tan cerrilmente español como el de Galdós. Su caso es la reiteración del caso de otros grandes genios, como Lope de Vega y Velázquez"*.[42]

En su viajar por todos los espacios peninsulares absorbe paisajes, idiosincrasias, tipos, hablas, decires, dramas y sentimientos de este riquísimo, inabarcable y complejo país nuestro. Sin que tal amor, incluso pasión, le permita desfigurar (ni en lo más mínimo) la realidad –penosa y trágica por tantos motivos- de la sociedad en cuyo cuerpo y en cuya alma penetra.

Situado siempre en la perspectiva española, va a viajar por distintos lugares de Europa. El conocimiento y contraste con esos países estimula su honda preocupación por el devenir, la modernización y la reeducación de

---

[41] *"(Galdós) es el hombre que no mira sino para el escudriñamiento hasta la raíz de las cosas y hasta el sentido de los sentimientos. Es el hombre que no vive sino para sorprender la Vida –así: con mayúscula- en su inexorable fluir manso o en su hervir tempestuoso, para darle mil vueltas entre sus dedos... Es el hombre sutil que logra extraer de lo cotidiano la inmensa suma de materiales humanos con los que irá creando – o recreando, ¿no será mejor decir?- su mundo propio –con su trasmundo-, imagen y semejanza del cosmos recogido en el libro del Génesis."* SAINZ DE ROBLES, FEDERICO CARLOS (o.c. pág. 65). Puede verse el artículo de JOSÉ MANUEL GUIMERA, *Galdós o la sencillez* (Museo Canario, n. 18. 1946)
[42] SÁINZ DE ROBLES, FEDERICO, O.c. pág. 75

España en todos los sentidos. Prriódicamente recorre con su amigo y guía Pepe Alcalá Galiano Italia (Verona, Roma…), Londres, París (en donde rinde visita a la destronada Isabel II (a la vez repudiada y estimada por el escritor)… De ninguna manera el conocimiento exhaustivo y el amor a España le encierran dentro de nuestras fronteras.

1888 es el año de la Exposición Internacional de Barcelona, y Galdós se permite una estancia en esa ciudad con un baño de catalanismo. Allí se encuentra con Joan Maragall, Jacinto Verdaguer y otros. Este mismo año viaja de nuevo a Roma y es recibido en el Vaticano por el Papa León XIII que le obsequia con un crucifijo (crucifijo que mostrará ya siempre en su despacho). Este encuentro tiene, sin duda, un significado para el escritor que viene batallando en pro del liberalismo: dejado ya atrás el largo pontificado de Pío IX, ahora la figura de León XIII parece devolverle algo de la confianza perdida respecto a la alta jerarquía eclesiástica.

Eso no obstante, su vida íntima se recoge en el cálido ambiente de la casa familiar que comparte con sus hermanas Concha, Carmen y el hijo de ésta, Pepe Hurtado, con la niña Rafaelita (ahijada de Pepe) a la que adora [43], y con sirvientes que se convierten en amigos y comparten enteramente la vida familiar, tanto en Madrid como en Santander.

Porque en 1895 ha comprado ya la casa de Santander con huerta anexa ("San Quintín", la única que se conserva en la península y que no es hoy propiedad de los descendientes). Escenario –quizás- de su vida más madura e íntima, es allí donde se refugia largas temporadas para escribir y donde goza de la amistad cordialísima con José María Pereda y, a la vez, con una personalidad homóloga y por muchos motivos diferente e incluso distante, Marcelino Menéndez y Pelayo (de quien ha recibido la más fuerte condena ideológica en la primera edición de la *Historia de los heterodoxos*; lo que no obsta para que, años más tarde, cuando en 1897 Galdós recibe el nombramiento de académico de la Real Academia Española de la Lengua, sea el mismo Menéndez y Pelayo quien conteste a su discurso de entrada). En esa estancia santanderina se sitúan varias relaciones amorosas. Y por esas fechas reconoce como legítima a su hija María.

Los años 1882 a 1897 significan la plenitud literaria. (1892 es la fecha emblemática del comienzo de su dedicación al teatro).

---

[43] Rafaelita era hija natural del torero cordobés Machaquito. ¿Podría permitirse la hipótesis de que el amor paternal de Galdós por la pequeña evocará su frustrado amor juvenil de Sisita en Las Palmas, también hija natural y por ello prohibida?

Experimenta la política directamente integrándose en el Partido Progresista de Sagasta. En 1886 no puede evitar que se le nombre Diputado en Cortes (por un desconocido distrito de Puerto Rico). Pero, a pesar de ese desvío impuesto a su atención literaria, en este año escribe la inmensa *Fortunata y Jacinta,* y está a punto de culminar su novela quizá más importante de teología (de eclesiológica y mística) y de psicoanálisis, *Angel Guerra.* Lo que quiere decir que su trabajo de este año es ímprobo.

Y aunque el autor está siempre permeable a lo más universal y, además, se distancia críticamente de la realidad que percibe (ajeno al chovinismo), es preciso reconocer su total identificación con el alma y la carne de Madrid, con ese Madrid que polariza y agudiza el drama de la difícil convivencia de los españoles (en definitiva, de los católicos): la agitada vida urbana y política, la tremenda división de clases sociales, de ideologías, de modos de vida, de sentimientos..., y, al mismo tiempo, la alegría de vivir que rezuman los viejos barrios, desde el paseo del Prado a la Plaza de la Cebada y Puerta del Sol, hasta la pradera de San Antonio de la Florida... El escritor mantiene con magnífico estilo y enorme simpatía cada uno de los elementos que integran a esta ciudad en una admirable dialéctica de términos opuestos.

Desde Madrid Galdós vive varias filiaciones urbanas. Primero está el ensueño de Las Palmas, lejana pero nunca olvidada. Junto a Madrid, Toledo: ciudad que impregna el espíritu de Don Benito hasta hacerle sentirse en ella como en un centro espiritual. Es su retiro periódico al que será fiel casi hasta el final de su vida. Allí, entre los cigarrales, va a desarrollar la utopía más elevada de un cristianismo renovado *(Ángel Guerra).* La ciudad, conocida en detalle, va a constituir para él un encuentro con esencias hispánicas y religiosas. Es el lugar idóneo para el conocimiento riguroso –con frecuencia asombrado- de las virtudes y de los defectos de la vida conventual y eclesiástica (*El audaz. Memorias de un radical de antaño*); pero, sobre todo, es el lugar místico en donde descubre la liturgia cristiana y la honda religiosidad popular de la fiesta del Corpus Christi.

Santander es sólo un lugar doméstico, recoleto. Allí va adquiriendo un grupo entrañable de amigos encabezado por José María de Pereda.

Como un espacio menor entrará también en la vida del escritor El Escorial, emblema de la historia española.

Sus novelas no siempre tienen la acogida que esperaba del mundo intelectual. Le duele mucho, por ejemplo, que *Fortunata y Jacinta* apenas tenga eco cuando se publica.

Sustancialmente identificado con la inmediata Generación del 98 (concepto orteguiano a debatir), Galdós vivió de cerca el drama español de 1898 y 1899, asistiendo al regreso de las maltrechas, diezmadas y abatidas tropas, perdidas ya las colonias de América. Y con ello inicia el último período de su vida: 1898 – 1920. Así llega al final de este larguísimo siglo XIX español y entra con pasión en el XX.

"El final de siglo –escribe Javier Tusell- *fue para él una etapa de inquietud estética y espiritual que modificó su óptica naturalista hacia una vertiente espiritualista, y que le hizo volver a una posición radical, en especial en materia religiosa... De ahí su nueva beligerancia política como republicano a partir de 1907 y la adopción de una posición anticlerical que, sin embargo, no tuvo en absoluto ninguna vertiente anticristiana."* [44]

Galdós sigue escribiendo las grandes novelas contemporáneas de crítica realista (*Miau*, las *Torquemada, Tristana...*) y de espiritualidad *(Nazarín, Halma, Misericordia)*. A la vez, redacta parte de la tercera serie de Episodios. Pero es también el período más fecundo de su retorno al teatro, no siempre con éxito: una serie de piezas generalmente estrenadas en el Teatro Español de Madrid y con la actriz y directora de Compañía, María Guerrero. Sus obras se consideran –casi todas ellas- simbolistas y revolucionarias (*Casandra, Bárbara, Electra, Santa Juana de Castilla, La razón de la sin razón...*).

En cuanto a la acogida social de estos dramas (discutibles desde el punto de vista literario) puede afirmarse que su teatro significó mucho para el público y para el propio Don Benito. El estreno de *Electra* podría considerarse como la apoteosis del autor (que en la noche del estreno, y tras haberse levantado el telón dieciséis veces, fue acompañado hasta su domicilio por una multitud ferviente); a la representación asiste (entre otros literatos) Valle Inclán. Es importante destacar que el autor donó los beneficios de la representación de la obra en Madrid (más de cien funciones) al alcalde (Alberto Aguilera) y al gobernador civil para que ambos los destinaran a servicios asistenciales de los pobres.

Entre 1902 y 1908 termina el resto de los Episodios Nacionales, sin llegar a culminar esta inmensa tarea tal como la deseaba.

Desde las muertes de Cánovas (1897), de Sagasta (1903) y de Canalejas (1912) se acentúa en el panorama político la cuestión religiosa, al mismo

---

[44] TUSELL, JAVIER, *Galdós y sus Episodios Nacionales.* En Tomo I de la edición de los Episodios del Club Internacional del Libro. Madrid 2005, pág. VIII.

tiempo que prosigue la fuerte influencia clerical sobre la sociedad española. Don Benito reaccionará frente a esa situación, sintiéndose aún más motivado a tal actitud a raíz de la improcedente crítica que se vierte contra él en 1901 tras el estreno de *Electra*. En 1907 publica en *El País* (6/4/1907) una carta abierta a Alfredo Vicenti expresando su adscripción republicana. El compromiso social, hasta cierto punto contenido o con ciertas reservas hasta ese momento (tal como se manifiesta en los artículos de prensa entre el 60 y 80 en *La nación*, *Revista España*, *El debate*, *La Prensa* de Buenos Aires...), se hace cada vez más firme a partir de 1885 en cuanto a las reivindicaciones del socialismo, declarándose abiertamente opuesto a Antonio Maura.

Como republicano militante deja que se presente su candidatura en algún distrito de Madrid (candidatura que gana). Pero la verdad es que la política no la siente como lugar propio; no abandona en ningún momento un espíritu conciliador apolítico e incluso cierta estima por la reina exiliada. Su visión y su crítica son más hondas. En realidad, está muy por encima de la práctica cotidiana del debate político... A pesar de ello (y ante la insistencia de sus paisanos) en 1914 es elegido Diputado a Cortes por Las Palmas.

Quizás por esa militancia republicana la clase política dirigente, cerrilmente conservadora o celosa del poder unipersonal, obstaculizó con éxito la propuesta de la Academia Sueca (1895) para que recibiese el Premio Nobel de Literatura. Probablemente fue Maura el que se opuso a esta candidatura que, sin duda, hubiese triunfado.

A Galdós le duele profundamente que sean los mismos españoles quienes impiden que reciba ese merecido y máximo galardón de las letras internacionales; y algo de este dolor aparece probablemente en la novela *El caballero encantado* y en el episodio *España Trágica*. Por este hecho (repudiado por muchos) recibe, junto a Miguel de Unamuno y Mariano de Cavia, un homenaje de desagravio y oposición a los ataques de aquella censura política.

Ha comenzado la última etapa del camino de Don Benito cargado con su propia cruz y se acentúa la dura pendiente que lo lleva a su Calvario. Hacia 1912 empieza a quedarse ciego (en 1913 lo está ya del todo) y en 1914 la arterioesclerosis es ya muy aguda. Sus últimas obras tiene que dictarlas a los amigos confidentes Victoriano Moreno y Paco Martín y el compañero de partido Pablo Nougués.

Triste y melancólico, se refugia en su casa de Madrid y en el mundo de sus personajes con los que convive a solas a pesar de las muchas visitas que lo honran. Incluso se hace llevar de paseo por los innumerables parajes madrileños en donde adquirieron vida Fortunata, Torquemada, Benigno Cordero, Sola e Inés, Lucila, Fernando Calpena...

Por un momento recobra la emoción de vivir, asistiendo a la inauguración del monumento que (por suscripción popular) le ha hecho su amigo el escultor Victorio Macho en el Parque del Buen Retiro.

Aun estando ciego, sube varias veces al escenario para saludar con ocasión del estreno sucesivo de obras suyas (hasta 1918 en que se representa *Santa Juana de Castilla*); y llora emocionado abrazando a La Nela en la actriz que encarna al personaje central de *Marianela* según la versión que han hecho de la novela Serafín y Joaquín Álvarez Quintero.

El 22 de agosto de 1919 sale por última vez a la calle. Recluido ya en su casa replica a quien le pregunta por su estado de ánimo: *"No tiemblo. Nada me turba. ¿Miedo?, ¿por qué?, ¿de qué? Morir, realmente, es como abrir una puerta cerrada..."* [45]

El 4 de enero de 1920 muere. Sobre la cabecera de su cama, un crucifijo.

Esa noche cerraron todos los teatros madrileños en señal de duelo.

Al día siguiente -5 de enero- José Ortega y Gasset publica y hace suyo en *El Sol* un artículo necrológico en el que lamenta el escaso eco que ha tenido en España la muerte de Don Benito:

"La España oficial, fría, seca y protocolaria ha estado ausente en la unánime demostración de pena provocada por la muerte de Galdós. La visita del ministro de Instrucción Pública no basta. El pueblo, con su fina y certera perspicacia, ha advertido esa ausencia en la casa del glorioso maestro, en las listas de pésame donde han firmado ya los hijos espirituales de Don Benito... El pueblo sabe que se le ha muerto el más alto y peregrino de sus príncipes... Habrá un dolor íntimo y sincero que unirá a todos los buenos españoles ante la tumba del maestro inolvidable." [46]

---

[45] Citado por SAINZ DE ROBLES, o.c. pág. 162 Lo que recuerda las palabras del judío al Papa Kiril que asiste a un moribundo: *"Morir es fácil; lo difícil es vivir"* (en la novela *Las sandalias del pescador"*).

[46] *El Sol. 5 de enero de 1920* (publicado sin firma). Citado en *El Madrid de Galdós*, o.c. pág. 124

A pesar de la impresión que refleja Ortega, no debe oldidarse la reacción oficial del Estado que aparece en la *Gaceta de Madrid* el mismo 5 de enero de 1920; en ésta se publica el real Decreto firmado por el rey Alfonso XIII y por el Ministerio de Instrucción Pública y Bellas Artes en donde se determina que la conducción y entierro de Don Benito sean costeados por el Estado, con una Exposición preliminar del Ministro Natalio Rivas que exalta de este modo la figura del escritor: *"La Literatura española está de duelo... V.M. (por el Rey) sabe dar a la Nación la más alta prueba de respeto y de consideración*

El testimonio de nuestro mejor filósofo del siglo XX sirve de acertada introducción a todas las páginas que siguen.

2. Aproximación a la personalidad de Galdós. Su epistolario íntimo.

Si resulta imprescindible conocer la trayectoria existencial de una persona para comprender mejor su obra, más necesario aún es aproximarse al misterio de su personalidad. ¿Quién es en el fondo Benito Pérez Galdós? ¿Qué pensaba, qué sentía y cómo se mostraba tejiendo el hijo de su densa vida?... La mediana respuesta a tales cuestiones es clave inevitable para interpretar el pensamiento que aflora en su creación literaria, incluido el pensamiento religioso o teológico.

Se trata, desde luego, de una aproximación dentro de lo posible y con enorme respeto. Pero es imprescindible este ejercicio para nuestro trabajo de investigación, porque toda su obra como pensador representa posiblemente (al menos en gran medida) el eco de la propia existencia interior.

La forma de escrutar ese perfil más seguro es, sin duda, la lectura de sus manifestaciones directas (exentas del elemento ficticio estético de la trama literaria); especialmente la lectura de las cartas privadas, de los discursos comprometidos y de cualquier otra expresión ocasional de ideas, de sentimientos, de autointerpretación (prólogos y comentarios a sus propios escritos), en definitiva, de la apasionada visión del mundo y de la vida. Al mismo tiempo, el testimonio de los más cercanos, de los interlocutores que lo fotografían. Y afortunadamente disponemos de una material abundantísimo para emprender esta tarea.

¿Cómo era –cómo es- Don Benito en ese fuero suyo interno y en la verdad de su trajín diario?

Se le ha achacado (quizás con excesiva rapidez) un talante reservado y retraído...[47] Pudiera serlo en público o ante desconocidos. Pero, desde luego,

---

al gran novelista, que ha sido una de las más preclaras glorias de su tiempo y a la vez honor excelso de la Patria. A esta manifestación de sentimiento nacional se asocian todas las Academias y Centros de Cultura... Los pueblos se honran a sí mismos tributando el homenaje merecido a los esplendores de la cultura y a las excelsitudes de la inteligencia..."

Por su parte, en la esquela mortuoria, la familia de Galdós (hija y yerno, hermanas y sobrinos) *"Ruegan a sus amigos se sirvan encomendarle a Dios..."*

[47] Según ROSA CHACEL existía en Galdós *"un propósito consciente de no confesar (su intimidad)"*, *La confesión*. Ed. Edhasa. Barcelona 1970, pág. 134 Puede verse el artículo de DOLORES THION SORIANO MOLLA, *Galdós y la confesión*. Actas del IX Congreso

no se evidencia ese rasgo en el mundo de las relaciones amistosas y profesionales (testimoniado por el amplísimo epistolario "de" y "a") y en la expresividad del quehacer doméstico. Todo lo contrario. Es cierto que se trata de un hombre en general tímido, de un pensador nato que se concentra en su trabajo a solas, que se abisma en la cultura y vive la vocación de escribir como algo sagrado; pero, a la vez, nos encontramos con un hombre abierto, extraordinariamente expansivo, delicado, atento y cordial, incluso apasionado en los muy diversos amores. Capaz de encarnar, además, un buen equilibrio de virtudes humanas.[48]

Persiste, sin embargo, una duda en este balance inicial: no hay explicación a su persistente soltería en el contexto de las variadas, duraderas e intensas relaciones amorosas que jalonan su vida acompañándole hasta la madurez. Concha-Ruth Morell, Lorenza Cobián (madre de su hija María), Emilia Pardo Bazán y especialmente Teodosia Gandarias, "Teo", (ésta entre 1907 y 1915)... son grandes amores; ¿por qué nunca contrajo matrimonio? Podemos aventurar algunos motivos que parece él mismo apuntar: en su última etapa, la edad avanzada y las enfermedades que le van siendo crónicas, el miedo a perder la libertad de sus hábitos de trabajo y domésticos, el deseo de no imponer a nadie esas cargas... Cierto egoísmo y altruismo juntos. En definitiva, el miedo a la carga y al compromiso matrimoniales. No puede olvidarse tampoco el apasionado y duradero amor a su prima Sisita, relación truncada por la imposición familiar y por la prematura muerte de ésta, ya casada y en América, de la cual él recibe confusas noticias en Madrid.

Esa falta de relación estable y comprometida podría ser el principal defecto serio de su personalidad, aunque nadie se halle autorizado a emitir un juicio sobre el asunto.

En todo caso, no cabe duda de que el hondo conocimiento de la mujer y la convivencia con ella se transfieren a los innumerables personajes femeninos de su obra, dotados todos ellos de realismo, de ternura y elevación, de estética física o interior y de dramas con frecuencia insalvables.

Internacional de Estudios Galdosianos. 2009. Cabildo Insular de Gran Canaria. Las Palmas. págs. 594-603

[48] Además de las biografías amplias y de referencia obligada, ya mencionadas (Bravo Villasante, Casalduero, Scatori, Sainz de Robles, etc.), nos parece una feliz semblanza (en síntesis) la que hace WILLIAM SHOEMAKER en su estudio *¿Cómo era Galdós?* Anales Galdosianos, nº VIII. 1973, págs 6-17

Al lado de ese tema fundamental surgen *rasgos predominantes y de signo muy positivo* de su personalidad:

a) La independencia en sus opciones y la libertad interior respecto a la propia imagen y fama; incluso una sorprendente sincera humildad (que no timidez). Las cartas (en su mayoría inéditas) ofrecen datos muy significativos.

- *Marianela* es una novela queridísima del autor, de algún modo intocable. Pues, refiriéndose a la versión teatral que han realizado de la misma los dramaturgos Joaquín y Serafín Álvarez Quintero, dice a estos autores en sendos escritos: *"Harán ustedes esta obra mejor que nadie, seguramente mucho mejor que yo mismo"* y *"La Marianela que Vds. han hecho es un portento de arte dramático"*.

- El puesto de director del Teatro Español de Madrid era apetecible para cualquier escritor. Todavía con plena capacidad de gestión y a pesar de las presiones en el sentido de que lo acepte, Galdós renuncia a él con tranquilidad y buen humor: *"La Empresa puede nombrar director o capellán a quien quiera, menos a este cura."*

- En 1914 se inicia en Madrid una suscripción popular para que se erija en El Retiro una estatua y monumento para su homenaje. El escritor escribe airado: *"¿Qué es eso de proyectar estatuas a personas vivas? Todo eso sería ridículo, si no fuera otra cosa que no quiero calificar."* (No obstante, asistirá a su inauguración en el Parque del Retiro, porque es obra de un amigo.)

- A la petición que recibe de incluir su nombre en un listado de personas insignes responde en estos términos: *"Debo manifestarle que no poseo título, honores ni condecoraciones. Si es un título el haber sido diputado y serlo aún, puede adornar con él mi nombre"*.

- Entrando en la etapa de mayor madurez de su vida recuerda el sin sentido de la vanidad y evoca el final de *La vida es sueño* de Calderón: *"Todo acaba desengañándose de las pompas y vanidades de la vida"*.[49]

- De José María Pereda (así como de Leopoldo Clarín) recibe frecuentes críticas de diversas obras. Pudiera estar molesto por ello; no lo está. El discurso que le dedica en la Real Academia, cuando el escritor cántabro ingresa en ella, es el elogio más encendido y mejor razonado que se dirige al

---

[49] PÉREZ GALDÓS, BENITO, Cartas respectivamente (por el orden de citas en texto) de 16/8/1915 (8078) y 4/7/1916 (8085), de 19/9/ 1913 (8077), de 31/3/1914 (8193), de 9/5/1914 (8074) y de 22/9/1911 (8426). El número entre paréntesis se refiere al registro de las mismas en el Centro de Documentación de la Casa Museo Pérez Galdós de Las Palmas.

autor de *Peñas arriba* o *Sotileza*, considerándolo, además, como maestro suyo.[50]

b) Una excepcional capacidad de amistad y de relación con toda clase de personas. Shoemaker, buen conocedor de Don Benito, escribe:

"Uno de los componentes más importantes del ser de Galdós, acaso el más esencial y dominante, el que estaba en el fondo de su carácter y personalidad, el que desde muy hondo le servía de móvil dirigente de su vida diaria de relación, así como de fuente vital de su creación literaria, fue el amor –el amor en varios niveles de intensidad, tanto de índole erótica como del ágape más benigno, abarcando toda clase de lealtades fuertes y firmes, pero sin exclusivismos, y de afectos desde los más apasionados hasta los de una suave bondad cariñosa. Los objetos del amor de Galdos casi no tenían límites... Los amigos de Galdós eran legión. Lo fueron para siempre, lo mismo los de la niñez y juventud que los que llegaron en los años maduros." [51]

Ramón Pérez de Ayala (citado por el mismo Shoemaker), entre otros, confirma esta consideración que personalmente hemos podido constatar en la lectura directa de su epistolario (fondo documental de la Casa Museo Pérez Galdós deLas Palmas) y, en general, a lo largo de toda su obra. [52]

Quizás esta cualidad amorosa explica su buonhomía y el carácter conciliador que impregna incluso su vida pública. También la prudencia en los juicios de personas y de situaciones ajenas y en la misma manifestación de las ideas políticas [53].

Detallista en extremo, agradecido, fidelísimo en responder enseguida a las cartas que recibe, preocupado de que lleguen las suyas a quienes las

---

[50] *"La lógica rigurosa, la moral franca y todas las demás cualidades eminentes que avaloran las obras del insigne maestro, no tendrían tanto realce si no campeara sobre ellas la individualidad de los caracteres, arrancados del natural...; los encarna en las personas más queridas, en sí mismo tal vez, y asimilándose la figura, la expresa en el libro, y éste, como espejo milagroso, reproduce la imagen de quien lo escribe."* (PÉREZ GALDÓS, BENITO, *Discurso de contestación a Pereda en la Real Academia Española*, en *Ensayos de crítica literaria*. o.c., pág. 197

[51] W. SHOEMAKER, o.c., pags. 11 y 16 Yolanda ARENCIBIA, en su reciente biobrafía de Galdós deja constancia de los centenares de amigos (no sólo conocidos) que tiene el escritor, por ejemplo en la década de los 80 (ver cap. 8, pp. 205 y siguientes; o.c.).

[52] En carta a su amigo Narciso Oller escribe: *"Recientemente he entablado relaciones con D. Julio Gay que se ocupa en trabajos de cinematografía; este Sr. me dijo que era antiguo amigo de Vd. y esto bastó para que yo pusiese en él toda mi confianza."* (PÉREZ GALDÓS, BENITO, carta de 9/3/1915 publicada por Pilar Faus Sevilla, o.c., pág. 310)

[53] En este sentido ofrece interés el estudio de RODOLFO CARDONA *Don Benito el prudente*, en Anales Galdosianos nº XI. Anexo (1976) págs. 128-152

esperan, inquieto por la salud y bienestar de los seres queridos, amigo incondicional de innumerables personas, profundo en la mirada a la mujer y al niño, agobiado de que la enfermedad le impida reunirse con los suyos o asistir a alguna invitación o encuentro (por ejemplo, al estreno de *Nena* de los Álvarez Quintero)..., resulta casi imposible transcribir aquí el inmenso caudal de datos recogidos de la lectura de las 1043 cartas que constituyen el Epistolario manuscrito de Galdós (cartas escritas por él) en la Casa Museo Pérez Galdós.[54]

Y entre sus amores, de manera determinante sin duda alguna, como veremos, el amor a España: a la totalidad singular de la nación sentida como tierra propia e insustituible en su historia común, en su drama, en su regionalidad diversa, sin chauvinismo, sin exclusión alguna, integrando ahí a la patria chica insular.

c) Notables naturalidad y sensibilidad en su referencia cotidiana a todos los seres: ante todo, a los pequeños. Siente a los niños y a los desvalidos: los encarnados en tantos personajes (la *Nela*, Celipín, Isidora la desheredada, los ancianos, *El Empecinadillo* (en *Juan Martín, el Empecinado*), Cadalsito (en *Miau*), Salvador (en *Amor y ciencia*)... y los niños reales (Faelita, Aniceta, Pablito...) que muestran una atracción espontánea hacia él. Galdós es un niño grande que se hace amar de los pequeños.

Siente el paisaje, la casa, los animales (perros, gatos, pájaros que le acompañan), las plantas y las flores, las manifestaciones artísticas de todo género, cualquier forma de belleza, el paso del tiempo, el trabajo propio, la veracidad debida...; adobadas siempre estas cualidades con cierto buen humor e ironía cuando procede. Viajero infatigable, absorve la realidad que lo circunda y disfruta de ella.

Siente la música, la pintura y la arquitectura. Practica el piano y el armonium, pinta, estudia la estética, y llega a ser (en sus artículos y novelas) un excelente crítico de arte.[55]

Sus cartas reflejan constantemente esa amplia y rica sensibilidad.

Importantísima también es el eco que despiertan en él los sufrimientos ajenos y las situaciones carenciales.

---

[54] Nos remitimos, como muestra, en particular, a las cartas registradas con los números 8210, 8303, 8076, 8364, 8300, 9510, 8081, 8259..., a las ciento ochenta dirigidas a su hija María (que terminan siempre con esta línea: *"Tu papá que te quiere mucho"*) y a las doscientas treinta y nueve dirigidas a Teodosia Gandarias en las que ya el casi anciano Don Benito parece retornar al más particularizado y encendido amor platónico.
[55]

El Galdós que va asentándose en Madrid padece enseguida la dolencia de España, sufre como pocos por el país maltrecho como si éste fuera un ser personal dilatado en el tiempo y en el espacio geográfico. Pero su dolor por España (que se le hará insoportable en los últimos años) no es sólo una abstracción; se concreta en las gentes más abatidas socialmente, en los muertos de las guerras absurdas que destrozan el solar patrio, en los abandonados a su suerte, en la incultura pertinaz y en los males de una política descabezada.

Galdós pertenece a la pequeña burguesía intelectual (casi siempre con estrecheces económicas pero sin apuros); inconformista y revolucionario en el espíritu, apenas interviene directamente en la política activa, su rotundo compromiso con el pueblo y para el pueblo es la palabra: la voz y la escritura que llegó a todos, a los que sabían leer y a los que no lo sabían.

Se conmueve, en particular, ante la tragedia del naufragio y muerte de pescadores de Bermeo; ante la infancia desvalida in-educada (para la que unos amigos de La Habana han fundado una institución que llevará el nombre del escritor)...[56] Así se entiende el alegato contra el sufrimiento humano que brota en todas sus obras como un grito inacallable y, muy en concreto, contra el maltrato de los seres inocentes.

d) Apasionado en el amor.

Disponemos de las cartas del escritor a Lorenza Cobián, a Concepción Morell y a Teodosia Gandarias; así mismo, de las escritas a su hija María (no de las enviadas a Emilia Pardo Bazán, aunque sí de las que ésta le escribió). En la mayor parte de ellas, especialmente en las dirigidas a "Teo", aparece y sorprende un lenguaje de juvenil y a la vez maduro enamoramiento, conjugado con una elevadísima dignificación de la mujer amada; hasta el punto de dotar a su sentimiento de un carácter religioso (*"cielo y esperanza, te adoro"; "mi cielo, mi encanto, tuyo y muy tuyo, devotísimo, fiel adepto a la religión de tu amor"*). Los adjetivos ornamentales que le dedica son innumerables: *"clarísima y amantísima","sin par mujer", "mi musa y mi inspiración", ilustrísima, dulcísima y bondadosísima", "mi cielo y mi*

---

[56] PÉREZ GALDÓS, BENITO, Cartas de 18/8/1913 a Teo: *"Siguen llegando noticias cada vez más tristes y desconsoladoras del espantoso desastre de las lanchas de Bermeo"* (8364) y de 26/12/12, a Juan S. Padilla y Eduardo Iglesias: *"Créanme que jamás podría ver mi humilde nombre más honrado y enaltecido que sirviendo de bandera a una institución como la que ustedes sostienen para prodigar luz de cultura entre la infancia desvalida".* (8540).

tierra", *"inteligencia y dulcedumbre"*...[57]; tienen todos, como vemos, un carácter espiritual y manifiestan una sublimación del amor.

En ningún caso expresa ansia posesiva, sino deseo de que la persona amada mantenga su autonomía: *"que seas muy dueña de ti misma, y tengas conciencia plena de lo que eres y de lo que vales"*, *"mujer sin igual, mi orgullo y mi maestra."* [58]

¿Fue esa la tónica de su afectividad en todos los campos de relación amorosa? Parece claro que ese tono se limita a las vivencias amorosas de pareja estable o de padre; en la referencia a las demás personas lo único que consta es un trato cordial y respetuoso, valorando y agradeciendo al máximo las atenciones que recibe. Sabemos también que tuvo otras relaciones amorosas cuyo matiz relacional desconocemos.

Pero es indudable su amor paterno intenso a María, la única hija que tiene, fruto de su relación con Lorenza Cobián a la que seguirá estimando.

Reservado en cuanto a la manifestación de sus sentimientos con el conjunto de relaciones de pareja que se suceden (a excepción de las cartas a Teodosia), muestra implícitamente esa interioridad afectiva en el mundo excepcional de personajes afectivos amantes.

La citación que hemos hecho de cartas es, evidentemente, incompleta, pero no sesgada ni adaptada al interés de una tesis favorable a Galdós. Creemos que es objetiva y significativa; coincide con el eco que resuena en el abundantísimo epistolario dirigido al escritor por innumerables amigos y personajes de la vida pública española; epistolario cuyo análisis excede los límites de este trabajo (en parte editado y en su mayoría guardado aún en la Casa Museo Pérez Galdós de Las Palmas).

Conviene hacer notar (tras la breve citación realizada) que el perfil personal que emerge en esos textos muestra una fundamental valía humana y cristiana. Es un buen indicador de esos valores que deben sustentar cualquier postura y cualquier pensamiento seriamente creyentes desde el punto de vista religioso.

Sin embargo, es importante despejar todavía una posible duda acerca de la personalidad de Don Benito, antes de seguir adelante en este análisis introductorio.

---

[57] PÉREZ GALDÓS, BENITO, Cartas (a título de muestra) de 8/1/1908 (8251), y de 28/7/1912 (8320).
[58] PÉREZ GALDÓS, BENITO, Cartas de 29/7/1907 (9510) y de 17/8/1909 (8259)

¿Tuvo Galdós una psicología compleja o carencial?

El mundo literario galdosiano está poblado de personajes que padecen cuadros psicóticos o dramas interiores tremendos [59], así como enfermedades o dolencias y deformaciones físicas muy notables. ¿A qué puede obedecer este hecho?

Es obvio que las consideraciones expuestas en el apartado anterior (y las que seguirán después) manifiestan en el escritor una fisonomía templada, de notable riqueza y equilibrio caracteriales. No obstante, parece conveniente alertar sobre el hecho posible de que más allá de los rasgos inmediatos favorables en la contextura visible del ser pueda anidar un fondo inconsciente traumático.

Intentar acercarse en lo posible a la psicología profunda –a las raíces íntimas de alguien-, aun siendo empresa difícil y delicada, es también un presupuesto para redescubrir y validar mejor el pensamiento y la vida que manifiesta (nunca para desprestigiarlo en razón de una posible fragilidad individual o de una supuesta doble intencionalidad al escribir, cuando se trata de un escritor).

Pues bien, a la vista de la excepcional fenomenología dramática que muestran tantos tipos novelados, algunos analistas de la obra del autor aventuran la idea de que éste debió padecer quizás traumas psíquicos o frustraciones que constituirían, en definitiva, una clave importante de interpretación de la ideología que se vierte en su literatura.

En este sentido, por ejemplo, los frecuentes y extremados relatos amorosos de toda clase obedecerían según tales comentarios a la sufrida imposición de rupturas afectivas padecidas por el escritor, a la carencia de vivencias de amor deseadas o a la propia incapacidad de fraguar una relación amorosa estable, e incluso a un complejo de culpa al respecto. Por otro lado, la extraordinaria descripción de cuadros patológicos en las novelas (pensemos en *La desheredada*, en la familia de los Babel, de *Ángel Guerra*)

---

[59] PACIENCIA ONTAÑÓN llega a decir que *"los personajes que en la obra de Galdós sufren algún tipo de enajenación son tan numerosos que sería imposible referirme aquí a todos"*, en *La locura en personajes galdosianos*, Actas del VIII Congreso Internacional de Estudios Galdosianos, edición digital de la Casa Museo Pérez Galdós de Las Palmas, pág. 237-244. Así mismo, Mª CARMEN RODRÍGUEZ ACOSTA, en *Las enfermedades nerviosas en algunos personajes galdosianos,* reconoce que en la mayoría de las novelas Galdós *"establece estados emocionales amplios que se manifiestan en ataques nerviosos, epilépticos, pretexto técnico primordial para presentarnos a sus personajes que tienen la psicología evidentemente a flor de piel"*, Actas del III Congreso Internacional de Estudios Galdosianos, Vol. I. ed. Cabildo Insular de Canarias. Las Palmas, pág.303-311

haría sospechar anomalías en la personalidad del escritor. Y la riquísima expresión de religiosidad que vertebra su creación sería entonces expresión de una crisis permanente de fe (de la búsqueda de un Dios imposible) sin mayor teología firmemente asentada; etc…

Lo que vendría a suponer que los pensamientos materializados en la escritura no revelan un cuerpo de ideas libremente elaborado, y que deberían, más bien, interpretarse como rasgos inequívocos de vivencias ocasionales o de una compleja situación personal; incluso de psicopatologías.

¿Qué pensar de esta hipótesis?

Desde luego conviene recordar que la estructura del ser humano siempre es frágil o difícil de escrutar. Pero la fuerte contextura –bien conocida- de la personalidad de Don Benito, la coherencia absoluta de su obra a lo largo de cincuenta años, su responsabilidad del hogar familiar donde vive, el largo centenar de amigos con los que se relaciona fielmente, etc., excluyen una interpretación general dominante de esa índole.

Sencillamente, Galdós es un observador constante del ser humano; más aún, un serio investigador y conocedor agudo mismo. Tanto respecto al amor como en el tema ético y religioso tuvo una densa experiencia positiva mucho mayor que carencial y angustiosa (aunque los viviera en un clima interior de lucha), y desarrolló serenamente una clara y sorprendente visión de esos temas así como de tantas situaciones humanas conflictivas. Pero no consta –en modo alguno- que llegara a permanecer en situaciones vivenciales extremas.

Sí llama la atención su afición por la medicina, el amplio y serio conocimiento que tiene del mundo sanitario, incluso de las terapias y la farmacología, con amigos médicos eminentes (entre otros el mismo Gregorio Marañón en la época más joven de éste).

Lo único que se nos sugiere, pues, es que podemos hablar de un apasionado seguimiento ideológico y existencial de los personajes a los que él ha dado vida (sus hijos verdaderos), cuya existencia es muy real y cuyas trayectorias personales conflictivas o dolorosas sigue con un inmenso respeto y cariño, dejándoles que hablen y que sean como ellos deciden serlo, asumiendo sus tramas individuales y, al mismo tiempo, tomando distancia de las opciones que conducen su vida al desastre o a la felicidad. Pero no puede ir más allá en la identificación (autor-personaje) con estos.

Conviene resaltar que en Galdós se dan, al menos, dos líneas actitudinales de enorme valía que atestiguan su excelente salud psíquica (sin que por ello vayamos a sobreestimar la figura del escritor).

Por una parte, es un hecho el amplísimo, elevado y gratificante nivel cultural que posee y que desarrolla hasta el final de su vida (incluso disfrutando en primera fila de la magnífica escultura que le dedica Victorio Macho en el Parque del Buen Retiro de Madrid y que él, inicialmente ha rechazado).

Sorprende el conocimiento documentado y agudo que denota respecto a todas las dimensiones artísticas: tanto de las artes plásticas (recuérdese, por ejemplo, su ensayo *Florencia*) como de la música (el ensayo *Rossini*). En toda su narrativa y, especialmente, en las crónicas de viajes aflora el propio sentido estético que despiertan las obras que contempla. Así mismo, su conocimiento de la historia, de la filosofía, de la política y de las ciencias humanas (subiblioteca personal cuenta con más de dos mil volúmenes).

Admirable es su pasión cervantina y calderoniana (su escrito *El Aniversario de Calderón,* entre otros), extendida a toda nuestra literatura y a los grandes maestros de la europea (*La casa de Shakespeare*, en su viaje a Birmingham). Y, con un sentido de máximo realismo cultural, su continua penetración en el acontecer histórico-político, en el costumbrismo hispano, en el derecho, la educación y la filosofía, siempre desde un doble foro: el del Ateneo (al que es asiduo) y el de la sabiduría popular de los barrios castizos y pobres.

Por otra, en el orden de las relaciones que podríamos llamar profesionales, resulta de todo punto excepcional la estima y admiración que Don Benito profesa a los grandes escritores coetáneos y otras personalidades y la estima que él recibe de todos ellos... Esto es un hecho inusual entre artistas de cualquier género. Basta leer su discurso de acogida de José María Pereda en la Academia, el artículo homenaje a Bécquer, el prólogo a *La regenta* de Clarín, su reconocimiento agradecido a los hermanos Álvarez Quintero, a Mesonero Romanos, Quintana y otros (en el prólogo segundo a la Edición de los Episodios), la amistad con Menéndez y Pelayo (tan distinto literaria e ideológicamente de él), su íntima relación con Emilia Pardo Bazán, etc.

Y, si a estas actitudes notables (no exentas de cierta sana humildad) añadimos el hecho de que Galdós (hombre más bien tímido) cuajó a lo largo de su vida un mundo de entrañables relaciones íntimas a las que fue siempre fiel, podemos concluir que nos hallamos ante una personalidad extraordinariamente rica y equilibrada, y que, por tanto, el pensamiento que manifiesta en su creación literaria revela –con simplicidad sustancial- lo que dice y no otra cosa.

3. Religiosidad personal. ¿Galdós, un cristiano heterodoxo?

La existencia y el aspecto de la religiosidad propia es cuestión de especial relevancia en la configuración de la persona y en el decurso existencial de la misma (por ejemplo, en su producción escrita si se trata de un literato). Por tanto, el conocimiento –lo más aproximado posible- de esta cualidad requiere una particular atención; nos ha de proporcionar seguramente claves necesarias de interpretación.

Dos asuntos nos preocupan al hacer esta investigación refiriéndonos a Galdós: primero, la pregunta sobre la religiosidad que pudo definirlo (en cuanto al pensar, al sentir y al actuar) y segundo, el juicio justo que se debe formular acerca de la ortodoxia o heterodoxia de su pensamiento y de su visión del catolicismo, confrontados con la originalidad cristiana reconocida por la teología más actual.

a) La honda religiosidad de Don Benito y su "instinto cristiano".

Nadie está capacitado para describir cabalmente –y menos, juzgar- el sentimiento religioso (o la fe) de otra persona y las motivaciones éticas últimas de sus mejores obras. En el caso de Galdós la dificultad es aún mayor por cierto carácter reservado de su intimidad, porque no admitió intromisiones espirituales en su vida interior y porque ofrece, a veces, testimonios personales de apariencia contradictoria (por ejemplo, en textos dirigidos a Pereda o a Clarín).

Sin embargo, aun contando con esas limitaciones y a pesar de las dificultades indicadas, es importante destacar y meditar los gestos significativos de la actitud religiosa de una persona si deseamos conoce a ésta y entender sus escritos. Don Benito, a lo largo de su vida, va a hablar mucho y bien -con hondura y realismo crítico-, de la religión y de la fe cristiana; y esa palabra suya es clave imprescindible para interpretar su literatura.

Aunque es posible que, en ocasiones, su vivencia interior, su pensamiento y su comportamiento estén ocultos y anden discurriendo por otros cauces distintos de los que siguen bastantes persopnajes de su mundo literario. Es decir, pudiera ocurrir que, al darles vida espiritual y religiosa, Galdós estuviera diciendo no lo que él es, siente o piensa, sino lo que desearía ser o experimentar, el problema o la búsqueda que ocupa su alma…

¿Fue Benito Pérez Galdós hombre religioso (de sentimiento y experiencia)? ¿Puede considerársele creyente cristiano?

Sus biógrafos y estudiosos no dudan en responder afirmativamente a ambas cuestiones; evidentemente con matices.[60] Dos de los literatos del realismo, coetáneos y admiradores de Galdós, coinciden en esta apreciación. Emilia Pardo Bazán constataba que el alma de su amigo no tenía tacha:

"Tal vez (es) más cristiano de lo que él mismo sabe y cree." Y Leopoldo Alas "Clarín", amigo y buen conocedor de Don Benito, terciaba: *"Galdós es hombre religioso; en momentos de expansión le he visto animarse con una especie de unción recóndita y pudorosa, de esas que no pueden comprender ni apreciar los que por oficio, y hasta por pingües sueldos, tienen la obligación de parecer piadosos a todas horas y en todas partes."* [61]

¿En qué fundamentar nosotros esa respuesta? En varios planos investigados.

---

[60] Uno de los mejores conocedores de la obra de Galdós, Joaquín CASALDUERO, escribe: *"Galdós es tan religioso como anticlerical, pero lo que hay que subrayar es su profunda y sincera religiosidad. Es su preocupación constante, su cultivo sin descanso de la raíz siempre viva del cristianismo; el amor,, viendo, por fin, en lo religioso el triunfo sobre lo temporal. El republicano Don Benito termina su obra canonizando a una reina (Sant Juana de Castilla); el anticlerical, haciendo encarnar su sueño, su ideal –no su utopía- en una Hermana de la caridad (Sor Simona)"*. En *Sor Simona y Santa Juana de Castilla*, Letras de Deusto. N.8. 1974. Págs. 117-118). Reservamos para más adelante (capítulo VIII) el análisis crítico del calificativo "anticlerical" que Casalduero atribuye a Galdós.

Entre otros, estudian directamente este planteamiento: Virginia TOVAR MARTIN, *La vida religiosa. Las iglesias de Madrid*, en la obra de AA.VV. *Madrid en Galdós, Galdós en Madrid*. (Comunidad de Madrid. 1988. Págs. 139-162); Carlos María RODRÍGUEZ LÓPEZ-BREA, *Galdós, un cristiano heterodoxo* (Biblioteca Virtual Miguel de Cervantes); Andrés CÁCERES MILNES, *El pensamiento religioso de Galdós a través de la serie de Torquemada* (Revista *Signos*. Versión On-line, n. 51-52. 2002. Valparaiso (en la Red); Gustavo CORREA, *El simbolismo religioso en las novelas de Pérez Galdós*. (Gredos. Madrid. 1962).

[61] Citados por Mariano LÓPEZ SANZ en *Naturalismo y espiritualismo en la novelística de Galdós y Pardo-Bazán* (Pliegos. Madrid. 1985, pág. 133) y L. ALAS "CLARIN", *Galdós, novelista* (ed. Adolfo Sotelo. PPU. Barcelona, 1991, pág.23), respectivamente. V. especialmente los trabajos de DANIEL GAUTIER, *Galdós, ¿cristiano viejo o cristiano post Vaticano II?* en r. Isidora, nº 9, pp. 103-114, y de Charo GARCÍA VILLALBA *Galdós, un cristiano del siglo XXI* (Universidad Complutense de Madrid. En la red.) En el mismo sentido escribe G. MARAÑÓN: *"Es posible que entre los centenares de fieles que, apiñados, presenciaban los Oficios, los siguieran con el entrañable temblor del espíritu de aquel hombre señalado por heterodoxo, pero cuya costra de circunstancial anticlericalismo ocultaba su auténtica religiosidad."* (Citado por Soledad Miranda, en *Galdós y la religiosidad de su época*. Universidad de Las Palmas de Gran Canaria. Biblioteca Universitaria. Memoria Digital de Canarias. 2004, pág. 549)

a. Primeramente, en su epistolario íntimo (en gran parte inédito), al manifestar Don Benito espontáneamente una consideración personal de Dios acorde con un lenguaje usual de matiz religioso positivo.

Un dato previo a tener en cuenta es que fue un asiduo lector de la Biblia y que la leyó con notable interés, como lo prueba el hecho de las continuas anotaciones que escribe a mano en las páginas del ejemplar de su biblioteca personal.

En cuanto al epistolario, la observación emocionada de los centenares de cartas manuscritas e inéditas del escritor (con carácter más íntimo) nos ha permitido verificar convicciones personales de Don Benito que tienen un claro significado creyente. La palabra "Dios" brota con la mayor naturalidad en la relación con personas queridas. Expresiones tales como *"Dios mediante"*, *"Pídale a Dios que…"*, *"Plegue a Dios…"*, *"Debo al Cielo el favor inefable…"*, *"Que Dios cuide a…"*, *"¿Sabes que voy creyendo que existe un Dios de la puntualidad…?"*, *"Bien sabe Dios que no te olvido"…*, aunque no sean muy abundantes (y aparezcan sobre todo a partir de 1900), sí son reveladoras de un sentimiento religioso y hasta de una fe.[62]

Finalizadas las largas gestiones para poner en escena *Marianela* (una de sus obras preferidas cuya versión teatral –como sabemos- confió a los hermanos Álvarez Quintero), el autor escribe emocionado: *"Ahora, Dios sobre todo"*.[63]

Aun con cierta ironía, comparándose con otros escritores, escribe: *"Sabe Dios que daría cualquier cosa porque me infundiesen algo de su aptitud."*[64]

Entendemos que es muy difícil emplear la palabra *Dios* confidencialmente, con un tono emotivo y de convicción honda y grata sin que ésta se halle asentada en una creencia seria.

---

[62] PÉREZ GALDÓS, BENITO, Cartas desde Santander de 13/9/1909 (8272), 27/7/sin año (9116), 25/5/1901 (8458), 25/8/1912 (citada por Ph.Porter en Anales Galdosianos 1991, pág.61), 2/6/sin año (8998), 20/8/1908 (8239) respectivamente. Los números entre paréntesis corresponden al registro del Epistolario de Galdós en la Casa Museo Pérez Galdós de Las Palmas de Gran Canaria. La última cita corresponde a la carta de 7/5/1901 dirigida desde Madrid a José Alcalá Galiano (citada por José LuisMora García *Hombre, sociedad y religión en Galdós*, Ed. Universidad de Salamanca-Cabildo Insular de Gran Canaria. Salamanca 1981, pág. 141)

[63] PÉREZ GALDÓS, BENITO, Carta desde Santander, de 4/7/1916 (8085).

[64] PÉREZ GALDÓS, BENITO, *Prólogo segundo a la edición ilustrada de los Episodios Nacionales*. En *Artículos y ensayos*. Ed. Asociación Cultural Cabrera y Galdós. Idea. Tegueste 2005, pág. 60

Existe otro dato que podría avalar también el talante básicamente religioso (y de signo cristiano) de Don Benito: su lengua usual. El empleo espontáneo de términos lingüísticos y el tono afectivo o emotivo que se confiere a éstos suele ser un buen indicador del fondo anímico de la persona; aunque el hablante se esté limitando a emplear un modismo o una frase hecha de la lengua materna, con tal de que esta cultura lingüística connote algún valor o una emotividad positiva (como sucede con tanta frecuencia en la lengua española).[65]

Pues bien, sin que sea un uso habitual, encontramos en el epistolario galdosiano y en otros escritos de índole personal suficientes palabras o construcciones metafóricas de carácter religioso (bíblico, litúrgico o referido al santoral) dotadas de connotación positiva, empleadas, desde luego, como elemento lingüístico descriptivo o como metáfora de otra realidad, pero no exentas de un cierto fondo anímico religioso.

Al domingo lo llama *"Día del Señor"*, subrayando él mismo en la carta esta expresión; a la indicación de la festividad de Santiago añade *"Patrono de España"*. Preocupado por una dolencia en los ojos de si amigo Oller, escribe: *"Siento infinito su dolencia de la vista... Deseo vivamente (su mejoría) y le encomiendo a Santa Lucía bendita."* La locución *"¡Por Dios!"* aparece con alguna frecuencia. En momentos de exaltación amorosa, al finalizar una carta a Teodosia Gandarias, incorpora un lenguaje litúrgico: *"¡Hosanna! ¡Alleluia!"*, *"¡gloria in excelsis Teo!"*. En otra ocasión –no sin

---

[65] Refiriéndose a la lengua española, escribe ADELAIDE BURNS: *"Hay familiaridad e intimidad con Dios más intensas que en cualquier otro país. Una convivencia cotidiana con Dios. Un Dios para todos, sublime o humilde. Un Dios por todas partes, en las catedrales o en las chozas... A Dios había que amarle y agradecerle o maldecirle y rechazarle. Esta actitud hacia las cosas de Dios, reverente o popular, que yo clasifico como costumbrista, renace de nuevo en la literatura española con Pérez Galdós..."*
En *Espontáneas frases religiosas en el lenguaje hablado galdosiano*. Actas del I Congreso Internacional de Estudios Galdosianos, pág. 231 Señala la autora que este tipo de expresiones lingüísticas del castellano aparecen ya desde nuestra literatura medieval con extraordinaria abundancia, unas veces con tono religioso y creyente, manifestando admiración, angustia, esperanza, atribución de virtudes, gratitud (el *"A ti gradesco, Dios, que cielo y tierra guidas"* en la despedida de Mío Cid); otras, como interjecciones que sitúan a Dios testigo de un estado de ánimo (¡*"Dios, qué gran vasallo!* o *"Dios, qué quedos entraron"*, en el mismo poema); y otras, en fin, envueltas en ira e irreverencia, denotando actitudes hostiles a lo religioso. A nuestro parecer Galdós emplea con mucha frecuencia las dos primeras formas de uso cultural de la palabra "Dios", sobre todo en la redacción literaria; en síntesis (tras la lectura de sus manifestaciones directas y de la totalidad de sus obras formales) me atrevería a estimar que en un 25 % hace un uso religioso creyente, en un 65 % un uso costumbrista positivo, y en un 10 % un uso irreverente o negativo (en boca de determinados personajes).

cierto y benévolo humorismo- se atribuye a sí mismo el término *"cura"*.[66] En el discurso de recepción de José María Pereda en la Real Academia emplea frases de este tenor: *"sabe Dios cómo"*, *"como Dios me dé a entender"*, etc. ; y en algún ensayo importante: *"No quiera Dios que..."* [67]

Por otra parte, están los numerosos artículos de tono claramente personal (a modo de carta) que escribe en los periódicos; particularmente en La Nación, de Madrid (entre 1865 y 1868), y en La Prensa, de Buenos Aires (de 1883 a 1901). En ellos aborda con asiduidad el tema religioso y su terminología específica, y lo hace siempre con un tono respetuoso, cordial y constructivo, aunque sea crítico. Así, por ejemplo, al referirse al Carnaval y la Cuaresma, a la Navidad, a la Semana Santa, a la fiesta de San José y a su extendida onomástica, a Dios mismo...[68]

b. Ciertamente la razón más extensa y determinante para afirmar la religiosidad y creencia de Galdós se halla en sus obras literarias informadas de la amplia teología cristológica que tendremos ocasión de verificar.[69] Pero, aunque no tratamos ahora del pensamiento concreto reflejado en ellas (o en los discursos largos), se nos impone ya una primera observación: el autor realista retrata, analiza, psicoanaliza a sus personajes, les dota de entidad propia, distanciándose suficientemente de ellos; no obstante, existe (como en todo literato) una inevitable preferencia e identificación con muchos de ellos. Y a estos no puede dejar de darles (quizá inconscientemente y por vía emotiva) la hondura religiosa que él posee.

Él, que desea ser –y es– ante todo objetivo en el retrato, no puede evitar (con mayor o menor conciencia de ello) introducirse en el corazón y en el verbo de los hijos que ha engendrado y a los que defiende con amor y con

---

[66] PÉREZ GALDÓS, BENITO, Cartas inéditas desde Santander, de 22/8/1909 (8260), de 25/7/sin año (8317), de 22/3/1905 (8220), de11/9/1907 (9523), de 19/9/1913 (8077). Los números entre paréntesis son los del registro del epistolario galdosiano conservado en la Casa Museo Pérez Galdós de Las Palmas. Y de 19/12/1887 a Narciso Oller (en la obra citada de Pilar Faus Sevilla, pág. 297)

[67] PÉREZ GALDÓS, BENITO, en *Ensayos de crítica literaria*, o.c., págs. 194 y 195; y en *Soñemos, alma, soñemos*, o.c., pág. 32

[68] PÉREZ GALDÓS, BENITO, Artículos en La Nación de Madrid, por el orden de referencia citada y remitiéndonos a la edición de W.H. SHOEMAKER, Ed. Insula. Madrid 1972: de 4/3/65 (págs. 33-40), de 16/3/65 (págs.40-42), 24/12/65 (págs.246-249), de 1/4/66 (págs.313-317), de 15/10/65 (págs. 169-171), de 22/3/68 (págs.462-465).

[69] WHISTON, JAMES, a propósito de *Fortunata y Jacinta* (como ejemplo) escribe: *"Religion occupies a considerable amount of space in Fortunata y Jacinta. Six of the thity-one chaper headings have to do with the idea or the institution of religion"*, en *The materialism of life: religion in Fortunata y Jacinta*, Anales Galdosianos, n° XIV. 1979, págs. 65-80

respeto (dejando que estos entren también en él). Y, en ese momento, pone en sus labios la palabra "Dios".

En este sentido adelantamos ya que la casi totalidad de tipos que integran el universo galdosiano (y sobrepasan los mil) son personas creyentes y que un buen número de ellas, claramente amadas por el autor, tienen una profunda religiosidad. Es decir, intuimos justificadamente que revelan la espiritualidad creyente de su hacedor.

En efecto. Cualquier lector imparcial llegará a la conclusión de que es imposible diseñar las figuras religiosas de la entregada y fiel Leré (en *Ángel Guerra*), de los presbíteros Nazarín, Nones (en *Tormento*), Gamborena (en *Torquemada y San Pedro*), de la duquesa Catalina de Artal (en *Halma*), del comerciante y héroe popular Benigno Cordero, de las sufridas y creyentes Sola o del viejo maestro Sarmiento, incluso la de Gabriel y de Salvador (en las dos primeras series de Episodios), de Marcial (en *Trafalgar*), de Fernando Calpena y de Santiago Íbero (en la tercera), de *Marianela*, de Buenaventura (en *Gloria*), de *la señá Benina* sobre todo (en *Misericordia*), de *Celia* (en *Celia en los* infiernos), de la destronada reina Juana (en *Santa Juana de* Castilla), de la angelical Sor Simona, de los presbíteros Don Manuel Flórez (en *Halma*), Don Narciso Viadaurre (tercera serie de Episodios) o Don Rafael (en *Mariucha*), del eminente científico y místico Guillermo Bruno (en *Amor y ciencia*), etc. etc, sin que su escritor Galdós tenga –él mismo- mucho que ver con todas esas figuras.

Es decir, tales personajes son ininteligibles si no tienen en su origen y en su alma la honda visión religiosa e incluso la fe de su creador, una fe que por momentos se alza hasta la mística cristiana (aunque esta elevación sea para poner en duda la verdad y la eficacia social redentora del catolicismo en uso).

Sobre este asunto delicado reflexiona acertadamente Kian-Harald: Galdós no es simplemente un buen exponente realista de las situaciones religiosas de su siglo; en sus textos *"se trata mucho más de recalcar la profunda experiencia de la crisis religiosa que se escapa a la conciencia inmediata de la época y que está contenida en los textos narrativos... según su tan destacada estructura básica religiosa."* Es decir, más allá de la ficción está el ser (la *metaficcionalidad*); y en este ser del escritor se halla la idea de Dios: *"En este proceso remarcable –llevando a cabo a la vez la constitución y la reducción de sentido- la imagen divina o semejante a Dios se evidencia como "el modelo de ilustración de una realidad que se niega a cualquier intervención inmediata o final".* [70]

Lo religioso no es, pues, una referencia más ni un recurso literario; es el tema esencial, recurrente y vertebral de la ingente obra. Así lo expresa el narrador de La familia de León Roch describiendo las reuniones habituales que tenían lugar en casa del protagonista:

"(en un grupo) *se hablaba de artes, de letras, de costumbres...; en otro, se hablaba de cuestiones más hondas, de religión, que es un tema planteado en todas partes dondequiera que hay tres o cuatro hombres, y que tiene el don de interesar más que otra cosa alguna. Este tema, constantemente tratado en las familias, en los corrillos de estudiantes, en las más altas cátedras, en los confesonarios, en los palacios, en las cabañas, entre amigos, entre enemigos, con la palabra casi siempre, con el cañón algunas veces, en todos los idiomas humanos,... a escondidas y a las claras, con tinta, con saliva, y también con sangre, es como un hondo murmullo que llena los aires de región a región y que jamás tiene pausa ni silencio. Basta tener un poco de oído para percibir este incesante y angustioso soliloquio del siglo."* [71]

El énfasis del texto no deja lugar a dudas sobre la intensa fuerza de lo religioso en el alma de Don Benito. *"La tensión existente entre materia y espíritu alcanzó en el más grande de nuestros novelistas contemporáneos un punto que puso de manifiesto en algunos momentos la ruptura de su personalidad externamente calmosa y tranquila. Fue Galdós, indudablemente, un 'homo religiosus'."* [72]

c. Precisando la idea que nos ocupa, debemos señalar también sus gestos públicos y privados, como fuente de investigación para aproximarnos,

---

[70] KIAN-HARALD KARIMI, *El cuadro soñador que se queda atrás. La riqueza de lo divino en la pobreza del ser a través de ejemplos narrativos de Clarín, Pérez Galdós y Valera.* En la obra de Hartmut Stenzel/ Friedrich Wolfzettel, *Estrategias narrativas y construcciones de la 'realidad': lectura de las 'Novelas Contemporáneas' de Galdós y otras novelas de la época.* Ed. Cabildo Insular de Gran Canaria. Las Palmas 2003

[71] PÉREZ GALDÓS, BENITO, *La familia de León Roch.* O.c., pág. 92

[72] MIRANDA GARCÍA, SOLEDAD, o.c., pág. 552 En el mismo sentido, tras detenido análisis, concluye el gran conocedor de la obra galdosiana, FEDERICO SAINZ DE ROBLES: "Cuando más releo las obras de Galdós, más creo en la bondad innata de este formidable creador, en su corazón sano, en la piedad y comprensión infinitas que tenía para lo torpe, lo deshumanizado, en el gusto íntimo con que contemplaba la vida cuando en ella triunfaban el amor y el bie." (*Pérez Galdós. Vida, obra y época.* Biblioteca Literaria "Tomás Borrás". Vasallo de Mumbert, Madrid 1970, pág. 216)

aunque sea tímidamente, a la personalidad religiosa del escritor; en particular, los siguientes.

Su sensibilidad por la liturgia cristiana bien realizada (la fidelidad al Corpus toledano, por ejemplo) y por los textos oracionales latinos, como tendremos ocasión de comprobar a lo largo de este trabajo.

Algunos textos de sus discursos o escritos breves en los que el autor se manifiesta a sí mismo de modo bastante directo, textos que muestran una honda visión de lo religioso; por ejemplo, los escritos *"Santos modernos"*, *"El sentimiento religioso en España"*, *"Guía espiritual de España"*, artículo de prensa sobre la carta encíclica *Inmortale Dei* de León XIII, y otros [73]. Tiene particular importancia la defensa de la religiosidad de *Gloria* que dirige a su amigo Pereda: *"Nunca creí hacer una obra antirreligiosa ni aun anticatólica, pero menos aún volteriana. ¿Qué hay de volterianismo en 'Gloria'? Nada. Habrá de todo menos eso. Precisamente me quejo allí de irreligiosos que son los españoles."* [74]

La adhesión personal al hecho cristiano (que verificaremos ampliamente más adelante) se ve completada por un espíritu ecuménico: no sólo por el respeto a otras formas de religiosidad, sino, además, por una abierta simpatía hacia el protestantismo (especialmente en su vertiente anglicana) y hacia el mundo judío y el islámico. En particular, respecto al judaísmo hispano, se muestra, por una parte, activo colaborador del *Movimiento pro-sefardita* y de la Sociedad Israelita Española de Viena "La Esperanza" a través de sus dirigentes (en Salónica)[75], por otra, experto

---

[73] Evocando sus visitas a iglesias madrileñas, escribe: *"Ante la parroquia de San Sebastián contemplo un rato la imagen de mi amigo el santo mártir acribillado de saetas, que desde su hornacina parece invitar a sus fieles madrileños a entrar en la iglesia. Obedezco, que es muy de mi gusto escudriñar los templos madrileños, y me voy derecho a echar un vistazo a Nuestra Señora de la Novena, objeto de mi peculiar veneración, como Patrona que es del Teatro y especial guardiana de los que viven de la Farándula. Preciosa estaba la Virgen, ornado su altar de ramos de flores..."* (PÉREZ GALDÓS, BENITO, *Guía Espiritual de España*. O.c., pág.1272)

[74] PÉREZ GALDÓS, Benito, Carta a José María Pereda de 19/3/1877 (Ed. de Carmen Bravo Villsante, *Veintisiete cartasGaldós a Pereda*, en Cuadernos Hispanoamericanos, 1970, nº 250-252, pág. 18

[75] Ver sobre esta relación VERNON A. CHAMBERLIN, *Galdós and the Movimiento pro-sefardita*, en Anales Galdosianos, nº XVI. 1981, págs. 92-131, y ROSA BURAKOFF, *La voz de un pueblo errante*, en Isidora nº 11, págs. 21-31 Carmen Lucía ÁLVAREZ interpreta el fondo de esa actitud de Don Benito: *"Si Galdós puede situarse más allá de las contiendas, de los partidismos religiosos y llegar a una tolerancia y reconciliación de dos creencias –como el judaísmo y el cristianismo– en virtud del amor, es porque en realidad era un temperamento verdaderamente religioso y superior."* (*El amor y el sentimiento religioso en 'Gloria' de Galdós"*, Actas del VI Congreso Internacional de Estudios Galdosianos. 1997. Cabildo Insular de Gran Canaria, pág. 123).

conocedor del drama de los judíos españoles, tal como lo muestra en *Gloria* en las figuras simbólicas de David Morton y de su madre Esther, hechura de la heroína bíblica que fue la reina Esther salvadora de su pueblo y, al mismo tiempo, de los ilustrados y ricos judíos españoles exiliados a Inglaterra y a Holanda..

Y en fin, aunque parezca tener sólo un valor anecdótico, conviene recordar la abundante presencia artística de citas bíblicas labradas sobre madera –por encargo del autor- en los elementos más valiosos del mobiliario doméstico de su casa de Santander ("San Quintín") y de Madrid, conservados hoy en la casa Museo Pérez Galdós de Las Palmas.. [76]

Observando esa trayectoria existencial, llegamos a la misma conclusión: la impresionante presencia de lo religioso y –específicamente- de lo cristiano en su vida y en su enorme producción parece obedecer a una condición personal de hombre religioso, de vivo sentimiento religioso, y -con toda probabilidad- creyente en Jesucristo; dominado –eso sí- por una situación personal de crisis y por la angustiosa preocupación del porvenir cristiano (más que católico) de España y, en particular, de la institución eclesial. En definitiva, preocupado por la penosa obligación en conciencia de denunciar -cada vez con mayor acritud, sin duda- a esa Iglesia y a ese catolicismo envolventes y determinantes del siglo XIX en donde él ve una pura contradicción con el Evangelio y una gran causa del desastre de la sociedad.

Cuando, en medio de esta percepción crítica suya y de la beligerancia eclesiástica contra las leyes progresistas, le dice a su amigo Pereda: *"En mí está tan arraigada la duda de ciertas cosas que nada me la puede arrancar.*

---

[76] En el dormitorio sobrio de Galdós existe un armario ropero-librería con la inscripción "Ave María gratia plena". El hermoso bargueño del despacho repite la misma cita, alrededor de una de sus portezuelas aparece grabada la oración *Oremus: Domine per merita sanctorum tuorum quórum reliquiae hic sunt et ómnium snctorum u indulgere digneris omnia peccata mea. Amen. Amen. Amen.* (: "Te rogamos, Señor, que por los méritos de tus santos, cuyas reliquias están aquí y de todos los santos, te dignes perdonarnos todos nuestros pecados", plegaria que recitaba el sacerdote al subir al altar). En este mueble corre a lo largo de una bella cenefa el verso de un salmo: *Iudica me Deus (et) discerne causan meam de gente non sancta, ab homine inicuo et doloso erue me.* ("Hazme justicia, Dios mío, y defiende mi causa contra gente sin piedad; sálvame del hombre traidor y malvado"), y en los laterales del armario se repite *"Kyrie eleison, Christe eleison"* ("Señor, ten piedad, Cristo, ten piedad"). Junto a su mesa de trabajo, en la pared, el crucifijo que le regaló el Papa León XIII; y a la cabecera de sus dos camas (la de la casa de Santander y la de la casa última de Madrid, donde muere) sendos crucifijos.

Carezco de fe", lo que Galdós está diciendo realmente (como bien señala Rodríguez López-Brea) es que *"no puede tener fe en la Iglesia"*, lo cual era para él, sin duda, algo doloroso pero que no desvirtuaba en lo más mínimo su notable contextura personal cristiana.[77]

Frente al prejuicio de anticlericalismo en Galdós.

Como señala el profesor de Kiel, González Povedano (autor de excelentes monografías galdosianas), *"Las críticas hechas a Galdós tildándole de irreligiosidad parten habitualmente del presupuesto de su anticlericalismo."* [78] Más adelante, al tratar detenidamente la visión que el escritor tiene del mundo sacerdotal católico, analizaremos con mayor detenimiento este asunto. Podemos adelantar que la investigación objetiva descarta ese prejuicio en cuanto al sentido habitual que se daba a ese término en el siglo XIX (y que sigue dándose en la actualidad). Galdós no es anticlerical; o no lo es más que el valiente obispo de Salamanca-Madrid Martínez Izquierdo asesinado por un sacerdote a causa de su "anticlericalismo".

Don Benito denunció -sin sobrepasarse demasiado- todo lo denunciable de una mayoría del clero de la época y anunció una imagen magnífica – también real- del presbiterado cristiano y católico plasmada en personas religiosas que pudo encontrar o que quiso imaginar. Esto no significa ser anticlerical, ni tiene nada que ver con la postura personal religiosa.

Del mismo modo que en la obra de Quevedo, nos encontramos con un autor que critica todo lo criticable (entre ello, pero no con mayor profusión, una gran parte del mundo clerical, menor que el de la burguesía católica conservadora a la que fustiga constantemente). Pero tal crítica no es indicadora de irreligiosidad (como no lo es en ninguno de nuestros autores del Siglo de Oro).

La fe de Benito Pérez Galdós. Una fe en crisis.

---

[77] PÉREZ GALDÓS, BENITO, *Veintiocho cartas de Galdós*, citado por CARLOS MARÍA RODRÍGUEZ LÓPEZ-BREA en *Galdós, un cristiano heterodoxo*. (Biblioteca Virtual Miguel de Carvantes. Pág. 12). A propósito de la íntima amistad con los católicos Marcelino Menéndez Pelayo y José M. Pereda puede verse: MADARIAGA DE LA CAMPA, BENITO, *Menéndez Pelayo, Pereda y Galdós: ejemplo de amistad* (Ed. Estudio. Santander 1984)

[78] GONZÁLEZ POVEDANO, FRANCISCO, *La fe cristiana en Galdós y en sus novelas*. Actas del III Congreso Internacional de Estudios Galdosianos, 1985. Cabildo Insular de Gran Canaria, pág. 180

Al hablar de fe cristiana es preciso descartar seguridades religiosas de pensamiento y de conciencia ya logradas, poseídas de forma absoluta, menos aún sostenidas a ultranza. Este tipo de convicción no es fe. *"A Dios nadie lo ha visto nunca"*, dice el apóstol Juan (1 Jn 4,12) y también *"Dios es mayor que nuestra conciencia"* (3,20); Jacob lucha a brazo partido con Dios en una noche interminable porque quiere poseerlo y no puede (Gn 32,23-30), se queda sólo con su pregunta *"Dime, por favor, tu nombre"*, sin obtener respuesta. Así es el final y el principio de la Escritura. La fe es duda, búsqueda, incertidumbre, y viene apoyada únicamente –para el creyente cristiano- en la realidad de Jesús.

La fe de Don Benito tiene esa seriedad. Las dudas alcanzan la situación íntima creyente. Es *"como si viera al Invisible"* sin verlo, o *"a través de un espejo opaco"*, según las expresiones paulinas. Coexiste siempre con la presencia de la duda, que no invalida nada. Y, por tanto, se halla en una dialéctica interior inacabable. [79]

En el discurso que pronuncia en la Real Academia Española, el 21 de febrero de 1897, en respuesta al de José María Pereda, hace la siguiente comparación entre su amigo y maestro admirado y él:

"Pereda no duda; yo, sí. Siempre he visto mis convicciones obscurecidas en alguna parte por sombras que venían no sé de dónde. Él es un espíritu sereno, yo un espíritu turbado, inquieto... Los que dudamos mientras él afirma, buscamos la verdad, y sin cesar corremos hacia donde creemos verla, hermosa y fugitiva."[80]

Esta confesión impresionante se refiere de manera inmediata a la obra literaria comparada; pero no cabe duda de que expresa el talante propio de nuestro autor en cuanto a las íntimas convicciones que le agobian, sin dejar en ningún momento de identificarlo como creyente. Esas convicciones las tiene –según el simil que hace San Pablo- como *"un tesoro frágil en vaso de arcilla"*.

Veinte años antes del discurso que citamos había confesado (en carta al mismo Pereda, de junio 1877): *"carezco de fe, carezco de ella en absoluto..."* Pero, por esas mismas fechas, ha puesto en labios de León Roch el verdadero significado de su "falta de fe": *"Ten fe...* –le dice María

---

[79] Estudia bien –a nuestro juicio- esta situación creyente de Galdós el profesor de las Universidades de Angers y de Nantes Daniel GAUTIER en *Galdós ¿cristiano viejo o cristiano post Vaticano II?* (Revista *Isidora*, nº 9, págs.103-114

[80] PÉREZ GALDÓS, BENITO, *Discurso Contestación en la Real Academia Española (al de la investidura de José María Pereda como académico)* (Discursos leídos ante la Real Academia Española. Tipografía de la viuda e hijos de Tello. Madrid. 1897. Págs. 2-3)

Sudre, y él responde- *Yo no la tengo, no puedo tenerla según tu idea. Además, tu conducta y tu modo especial de cumplir los deberes religiosos me la arrancarían, si la tuviese como tú deseas."* [81]

¿De qué fe está hablando, pues, este hombre que asiste conmovido a los Oficios de Semana Santa y lee en su propio libro los salmos de esa liturgia (*"a riesgo de que me tengan por una lumbrera de la juventud católica"*)? [82]... Eamonn Rodgers no duda en responder: *"Cuando dijo Galdós que carecía de fe, entendía por 'fe' el asentimiento a las formulaciones dogmáticas (impuestas), que era la definición corriente de 'fe' en la oratoria religiosa decimonónica, tanto fuera como dentro de España."* [83]

Y está hablando –estamos ya convencidos de ello- de la crisis que le supone el continuo enfrentamiento ideológico con lo que él percibe como manipulación dogmática y moral de la Iglesia oficial sobre las conciencias, su rechazo de los estereotipos religiosos dominantes contrarios a la dignidad del hombre y a la dignidad del Evangelio. Ésta es una lucha agotadora para cualquier persona honesta; y la búsqueda de la verdad, si se emprende, termina por fatigar y provocar las más tremendas dudas.

No es paradógico ni contradictorio el que coexistan en él la crítica acerba sobre la mayoría de realidades del mundo eclesiástico y, a la vez, la religiosidad y la fe, una fe que lo lleva a soñar para la Iglesia y para España en un cristianismo ideal, utópico (con la misma utopía del Evangelio).

Galdós manifiesta así la inspiración krausista: busca dentro del cristianismo y fuera de él formas religiosas (referencias a Dios y al hombre) que no ofendan, que hagan posible la convivencia entre todos, creyentes y no creyentes, católicos y no católicos…; las halla y las defiende. Pero choca con la religiosidad de signo distinto que le envuelve, que conoce y a la que inicialmente se siente ligado. Ahí está también el núcleo de sus dudas.

Esa crisis suya era necesaria y la agradecemos como legado entrañable de su honestidad. Más aún, de su crisis emerge con radiante claridad la fe esencial del cristianismo de Jesús –expresamente de Jesús-: el amor auténtico, la verdadera caridad cristiana que plasma el autor en Benina, en Nazarín, en Sola, en el Salvador Monsalud ya maduro, y en tantos otros

---

[81] PÉREZ GALDÓS, Benito, *La familia de León Roch.* Alianza Editorial. Madrid 1996, pág.91
[82] PÉREZ GALDÓS, B. Los dos textos de carta aparecen en *"Veintiocho cartas de Galdós a Pereda"*, ed. de Carmen García Villasante. En Cuadernos Hispanoamericanos. LXXXIV (n.250-252) 1970-1971. Pág.23
[83] RODGERS, EAMONN, o.c., pág. 127

personajes que sí son creyentes integrales y orantes con los que él se identifica. Y en este sentido parece que hubiera leído el texto del Vaticano II al respecto en la Lumen Gentium: la fe es don, pero es esencialmente el don de esa caridad teologal. [84] Sin embargo, a este Dios cristiano Don Benito parece intuirlo *"en lo más recóndito del hogar"*.[85]

En cuanto al hecho cristiano explícito, Galdós se considera –sin la menor duda- hijo de la tradición cristiana; para él, la más sublime en cuanto que brota de la figura de Jesús y de la superior cultura europea (tesis -ésta última- propia del elitismo krausista). Lo que significa que la figura de Jesucristo le es incuestionable.

El tratamiento siempre admirado de la figura de Jesucristo en todas sus obras (por parte de todos sus personajes); y, más aún, las sorprendentes interpretaciones de los Misterios que van desde el acontecer de Jesús en la Historia hasta el Jesús de la Fe (interpretaciones acertadísimas, muchas veces inesperadas en el decurso de los textos)

Las parábolas evangélicas principales sobre la justicia (Lc 12,13-31; 16, 19-27; 18, 9-14) están perfectamente diseñadas –convertidas en hermenéutica- en la serie de novelas de Torquemada; comenzando por identificar a este personaje terrible con aquella antítesis del cristianismo que fue el Gran Inquisidor Torquemada, pero yendo más allá de la literalidad del texto y ofreciendo (como al Don Juan de Zorrilla) la posibilidad universal de redención. La simbólica de los títulos de las cuatro novelas es bastante clara: fuego, crucifixión, purgatorio y posible acceso a la redención por la intervención de la iglesia santa, de "San Pedro" (el mundo espiritual creyente que lo contorna). La religiosidad inquisidora, atormentadora de tantos inocentes (igual que la de los personajes evangélicos), terminará haciendo víctima al inquisidor, que es reclamado –como Orfeo- en los infiernos. Un asunto social y de inmoralidad individual va a ser, pues, justa y dramáticamente expuesto en términos cristianos.

Por último, conviene señalar aquí la propia alusión del escritor a la Virgen María (siempre extraordinariamente bien tratada por todos sus personajes). Dice de ella que es *"ideal de gracia, pureza, amor"*, *"criatura*

---

[84] *"El don principal y más necesario es la caridad con la que amamos a Dios y al prójimo por Él. Porque la caridad gobierna todos los medios de santificación, los informa y los conduce a su fin."* Const. Lumen Gentium, nº 42.
[85] PÉREZ GALDÓS, BENITO, en *Crónica de Madrid, 15-X-1865* (O. Compl. Miscelánea. 1310). V. Pedro Miguel LAMET, *La santa de Galdós,* Parte primera: *La fe de Don Benito.* (Ed. Trotta. Madrid. 2000).

divina, inmaculada, inocente", *"nos admira y nos redime en la tierra y nos llama al cielo"*...[86] Tenemos la impresión de que Galdós quiso trazar (de forma implícita, desde luego) un retrato aproximado de la madre de Jesús al dibujar con una perfección excepcional las mejores figuras femeninas de sus obras: *Inés, Sola, Demetria, Mariquilla, Siseta, Mita...* (en los Episodios Nacionales), *Marianela, Leré, Halma, Benina, Guillermina...* (en las novelas independientes), *Sor Simona, Celia, Mariucha, Electra, Atenaida, Sor Elisea, la ex reina Juana...* (en el teatro), y, en algún momento, *Mari Clío, La Madre* (de los últimos Episodios). Juntas y complementadas mutuamente, estas figuras podrían mostrar el perfil del "eterno femenino" que encarnaría la madre de Jesús, y que, sin duda, seduce religiosamente al autor.

Nos parece, pues, indudable que del simbolismo religioso de personajes y aconteceres que llenan la creación galdosiana emerge poderosamente la referencia entrañable a Jesuristo. Analizaremos más tarde este simbolismo.

¿No es ya lo referido aquí un acercamiento a la vigencia de la fe cristiana en la vida personal del autor?

Queda todavía un punto por dilucidar; ¿*cree Don Benito en la Trascendencia?* Más en concreto ¿piensa en alguna presencia de lo sobrenatural, en alguna intervención divina en la trama humana?[87]

Es obvio que el Dios al que se refiere personalmente (el mismo que expresa en sus obras) es una realidad trascendente, irreductible a un mero sentimiento religioso (por muy sano y saludable que éste sea), pero ¿dónde está Dios en su visión del mundo?

En muchas ocasiones nos parece que emerge su propia fe en la acción de la Providencia plasmada dentro de la vida de los personajes. María (de *Mariucha*) se mueve con esa fuerza que viene de lo Alto; Guillermo Bruno (*Amor y ciencia*) no duda de que es Dios quien ha puesto a sus pies al niño Salvador; del mismo modo que el calvario de Gloria y de Daniel Morton se resuelve en el nacimiento profético de un niño que recibe el nombre de Jesús; y que la muerte de Fidela (*Torquemada y San Pedro*) abre el camino del Reino de Dios a Cruz del Águila que se lanza por sendas de caridad y de

---

[86] En *Crónica de Madrid, 17-XII-1865* (Obras Completas. Miscelánea. Aguilar, pág.1320). Citado por RODRÍGUEZ LÓPEZ-BREA, o.c. pág. 5
[87] JOSÉ LUIS MORA GARCÍA vacila al intentar responder a la cuestión: "*Sin duda a Galdós le preocupaba el problema de la trascendencia, pero ni su posición personal era la más adecuada para acceder a su explicación ni encontraba en los planteamientos eclesiásticos los argumentos clarificadores. Esta duda permanece, pero Galdós intentará acercar lo que él considera vivencias fundamentales de lo religioso.*" (Hombre, sociedad y religión en Galdós, o.c., pág. 94)

mística absolutamente impensadas [88]... Más aún, en algún momento aparece clara la fe en el milagro: *"A Benina (Misericordia) Galdós la cree -y hace que el lector la crea- santa, y no una santa cualquiera, sino (y éste es el indicio revelador) la abogada de los imposibles, la que puede hacer o favorecer la realización del milagro."* [89] ; debiendo tener en cuenta nosotros que Benina es el personaje cumbre de la creación galdosiana y que, según el mismo autor, está narrando una historia de la que él se dice reiteradamente testigo porque es verídica. Algo parecido hará con la histórica Guillermina Pacheco en *Fortunata y Jacinta*.

Y, en fin, qué decir acerca de la heterodoxia que algunos han cargado sobre Galdós.

La acusación expresa de heterodoxía a Galdós aparece, sobre todo, en la conocida obra de Marcelino Menéndez Pelayo, en 1882: *"Hoy, en la novela, el heterpdoxo por excelencia, el enemigo implacable y frío del catolicismo, no es ya un miliciano nacional, sino un narrador de altas dotes, aunque las oscurezca el empeño de dar 'fin transcendental' a sus obras..."* [90] Está hablando de Don Benito.

Pues bien, de lo expuesto en las páginas anteriores resulta bastante evidente concluir que fue precipitada e injusta la inclusión de Galdós en el listado de heterodoxos que hizo el erudito cántabro. Con un poco más de tiempo y de estudio de las obras galdosianas podía haber evitado el mal trago que hizo pasar a su amigo canario. De hecho, Don Marcelino, persona sincera y noble, rectificó ese juicio antes de morir; el periódico *El Sol* se apresuró a publicarle el siguiente texto laudatorio precisamente el mismo día de la muerte de Galdós:

"Su pensamiento religioso (el de Don Benito) *se fue depurando lenta pero progresivamente. Sin que quedara sometido –es cierto- a una disciplina*

---

[88] PÉREZ GALDÓS, BENITO: *"A poco de morir Fidela diose Cruz a la lectura de escritores místicos, y tal afición tomó a este regalo, que ya no podía pasar sin él durante largas horas del día y de la noche. Le encantaban los místicos españoles del siglo de oro no sólo por la senda luminosa que ante sus ojos abrían, sino porque en el estilo encontraba un cierto empaque aristocrático, embeleso de su espíritu, siempre tirando a lo noble. Aquella literatura, además de santa por las ideas,, era por la forma digna, selecta, majestuosa. No tardó en pasar de los sentimientos a los actos, dedicando las horas de la mañana y las primeras de la noche a prácticas religiosas... De los actos de pura devoción pasó fácilmente a las obrs evangélicas."* (PÉREZ GALDÓS, BENITO, *Torquemada y San Pedro*. Alianza Editorial. Madrid. 2008. Págs. 587-588)
[89] GULLÓN, GERMÁN, *Misericordia: un milagro realista.* (rev. Letras de Deusto. N. 8. 1974. Pág.173)
[90] MENÉNDEZ Y PELAYO, MARCELINO, *Historia de los heterodoxps españoles.* Biblioteca de Autores cristianos (BAC). Madrid 1956, págs 1171-1172

austera ni acomodada, precisamente a causa de su tendencia hacia la observación concreta, a contemplar las cosas sub specie aeternitatis; así permaneció muy distante de ese ateísmo práctico, plaga de nuestra sociedad, que se observa en muchos de aquellos que se dicen creyentes..." [91]

Por lo demás, el asunto de la ortodoxia o heterodoxia de un autor del siglo XIX y primera mitad del XX hay que situarlo en la hipersensibilidad dogmática que se vivía en esa época eclesial (sin duda heredera de la que provocó en el siglo XVI la Reforma Luterana). España, en particular (mantenida todavía la Inquisición y con un conservadurismo recio) gastaba una buena parte del tiempo social en discurrir sobre ese tema aplicado a figuras públicas. Y, además, gustaba de hacerlo.

En tal contexto la ortodoxia o heterodoxia de Benito Pérez Galdós era un motivo de preocupación para bastantes bienintencionados e intelectuales; y, sin esa buena intención, desde luego, era también un tema socorrido para la mayoría de la prensa conservadora. Pero no debió ser un problema para el obispo de Jaca, buen amigo de Don Benito; ni para Pepe Hillo, el simpático y serio sacerdote consejero de Fernando Calpena durante diez novelas seguidas (serie tercera de Episodios), ni para ninguno de los excelentes e ilustrados presbíteros (como Nones o Gamborena) que son extraídos de la realidad que contorna al escritor.

De entrada, es preciso recordar que ni el conjunto de la obra galdosiana ni alguna de sus obras estuvo nunca en el índice de libros prohibidos por la Iglesia; esto muy a pesar del obispo de Canarias Don Antonio Pildain, que hizo todo lo posible para conseguir la condena de Galdós por parte de Roma. En realidad, éste obispo (situado a mediados del siglo XX) fue el único alto eclesiástico que prohibió las obras del autor dentro de su diócesis y que de alguna forma lo excomulgó. Pero resulta necesario advertir el carácter excéntrico y ultraconservador en materia dogmática de este prelado que, puestos a ello, condenó también a Unamuno, y se resistió de forma expresa a aceptar las tesis del Concilio Vaticano II... Basándose, pues, en Pildain no se puede aludir a una pretendida heterodoxia formal de Galdós. [92]

---

[91] MENÉNDEZ Y PELAYO, MARCELINO, en *El Sol* de 4/1/1920; citado por Daniel Gautier en su artículo ya referido *Lamennais – Galdós, ou comment réconcilier l'Église et le peuple...* Menéndez Pelayo había fallecido en 1912.

[92] Don Antonio Pildain y Zapiain, abogado y después sacerdote, fue Diputado electo por la minoría vasconavarra en julio de 1931, defendiendo con radicalidad todos los temas católicos llevados al Parlamento. Desde 1937 obispo de Canarias, ejerció un magisterio importante en cuanto a la doctrina social de la Iglesia. En 1964, al mismo tiempo que

El hecho de que nuestro autor fuera recibido personalmente por el Papa León XIII (que es alabado en algunos de los escritos galdosianos) sería un dato más a favor de su normal ortodoxia.

Pero, más claro aún en este asunto es el hecho -que corroboramos- de que *"analizando detenidamente la obra literaria de Galdós, no puede decirse que haya en toda ella la negación de ninguna verdad fundamental del cristianismo."* [93]

En realidad, ¿cuáles eran los límites doctrinales entre la ortodoxia y la heterodoxia a la altura del siglo XIX eclesial? Para el credo del *Syllabus* no era difícil establecerlos. Según este documento papal las condiciones indispensables para constituir la ortodoxia de la fe eran una confesión de la fe tal como venía redactada en Roma y la formulación personal del Juramento Antimodernista, con independencia de la práctica evangélica...

Ahora bien, en la conciencia de Galdós y de muchos católicos existía otro límite mucho más fuerte para precisar la ortodoxia: el límite entre la justa religiosidad y la irreligiosidad (o postura religiosa acompañada de injusticia). Es decir, para éstos. la confesión de religiosidad dogmática romana no garantizaba la talla completa o suficiente de ortodoxia cristiana; la irreligiosidad moral (una práctica contraria al Evangelio de Jesús) podía constituir la mayor heterodoxia cristiana y católica, aunque viniera acompañada de muchas profesiones de fe dogmática.

En este sentido está clarísimo para Galdós que María Egipciaca Sudre y su hermano confesor, Luis Gonzaga, (en *La familia de León Roch*), que la devota Doña Perfecta y el canónigo Don Inocencio (en *Doña perfecta*), Doña Juana (en *Casandra*), Don Juan y Don Ángel de Lantigua (en Gloria), Don Juan Crisóstomo (en *Rosalía*) etc., son heterodoxos porque niegan dogmas esenciales de la moral y del misterio del cristianismo que es el amor, la justicia y la libertad religiosa, criterios fundamentales y últimos del juicio de Dios revelado en Jesús. Y, en cambio, los inocentes, justos y amantes, pobres y dolientes maltratados, deseosos de Dios y de Jesús (aunque probablemente

---

rechaza el borrador del decreto sobre la libertad religiosa del Vaticano II oponiéndose a esta declaración, publica en su diócesis una Carta Pastoral sobre la Casa-Museo de Pérez Galdós en Las Palmas, institución que prepara una serie de exposiciones, conferencias y ediciones sobre el autor. En esta Carta prohíbe la participación en tales eventos bajo pena de cometer pecado mortal, y excluye al Cabildo Canario (responsable de los mismos) de todo acto religioso solemne (como, por ejemplo, la Procesión del Corpus). V. BROCOS FERNÁNDEZ, JOSÉ MARTÍN, *Los Jelkides, Monseñor Pildain y Zapiain y su defensa de la Compañía de Jesús*, en la revista *Arbil. Nº 117* (en la red: http.www.arbil.org/117jelk.htm. Tomado el 06/02/2013)

[93] GONZÁLEZ POVEDANO, FRANCISCO, o.c. pág. 182

ignorantes de la totalidad del credo o "irregulares" en la práctica eclesial) son de modo más que suficiente ortodoxos cristianos. Y es con estos últimos con los que se identifica Galdós.

Dicho lo cual, hay que convenir que Galdós, siendo fundamentalmente ortodoxo, puso en entredicho, silenció o negó (de manera personal o en sus personajes) determinados aspectos secundarios del credo católico usual, que transgredió –con sus personajes- usos y prácticas del catolicismo imperante; y que –desde esa perspectiva- pudo ser considerado por algunos como heterodoxo.

Pero no cabe duda de que escritos como *Misericordia, Nazarín, Halma, Ángel Guerra, Sor Simona, Santa Juana de Castilla, Marianela, Celia en los infiernos, La razón de la sinrazón, La de San Quintín, Mariucha, Amor y ciencia*, el desenlace de la primera, segunda y tercera serie de Episodios Nacionales, y otros (con los que el autor se identifica particularmente), entrañan una visión integrada de la perspectiva cristiana de la existencia –y de la fe católica- absolutamente ortodoxa.

Pero no podemos silenciar que, en cambio, otras obras (*El Audaz, Gloria, Tormento, Alma y vida, Tristana, La familia de León Roch, Bárbara, La loca de la casa*, el desenlace de la cuarta y quinta serie de Episodios, etc) dejan al lector religioso desalentado, porque echan en falta el salto creyente a la esperanza en el futuro, es decir, la fe en la resurrección definitiva como término seguro de la dramática humana. Al menos cuando esa esperanza de resurrección se concreta en el porvenir de la historia española.

Quizás porque –para Don Benito- nuestra historia patria está aún muy cerrada al futuro, nuestro pueblo se halla demasiado roto y no deja vislumbrar apenas un porvenir colectivo salvífico. De forma que, por ahora, se salvan sólo individuos particulares (se salvan, sin dudarlo, Mauricia la Dura, amiga de Fortunata, Patricio Sarmiento, Ángel Guerra, Montes de Oca, Zumalacárregui, Don Juan Flórez, Marianela…); aunque, en ocasiones, como veremos, la salvación sucede a duras penas (¿se salva Torquemada?)…Y, sobre todo, la acción del catolicismo español que conoce (y su reticencia respecto al escritor) apenas le permite despertar esa esperanza.

Nuestra historia es una novela –una ficción- siempre inacabada [94], y los personajes lamentables que la pueblan y dirigen no son la causa de

---

[94] Así la contempla María ZAMBRANO, *La España de Galdós,* (Endimion. Madrid 1988. págs. 42-43)

nuestros desastres sino la consecuencia, porque la causa de los males de este país nuestro venimos siendo cada uno de nosotros.

Lo más grave de este duro y no cristiano juicio es que los acontecimientos inmediatos posteriores a Galdós, desde los desastres del 98 hasta la guerra civil –antes, en y después de ella- avalaron tal desesperanza.

Como sintetiza el profesor Mora García, podemos situar a Galdós en *"toda una tradición de heterodoxos a su pesar, de españoles al margen."* [95]

En cualquier caso, como podremos comprobar, esta condición (de cierta heterodoxia personal) no invalida en lo más mínimo el pensamiento religioso cristiano que brota de toda la creación galdosiana, ni el profundo interés que suscita a la hora de revisar planteamientos importantísimos de la vida creyente y de la Iglesia en estos momentos.

---

[95] MORA GARCÍA, José luis, *Galdós y el llamado problema de España*. Actas del VI Congreso Internacional de Estudios Galdosianos. 1997. Cabildo Insular de Gran Canaria, pág. 508

3
Galdós escritor
La creación literaria de Benito Pérez Galdós

Descubrir las pautas de la filosofía educativa y de la posible teología albergadas en la producción literaria galdosiana es un reto arduo. No resulta fácil si no se ha penetrado antes en la totalidad de los escritos del autor, lo que entraña una considerable dificultad, al tratarse de una obra escrita tan ingente como la de Don Benito.

Sin embargo, ese encuentro directo con toda su literatura es imprescindible para dejar al descubierto las líneas transversales que permiten interpretarla justamente; en particular, nos referimos aquí a la preocupación del autor por la educación y por una auténtica religiosidad cristiana.

Con las limitaciones que se imponen al investigador, intentaremos esbozar -de la manera más precisa y breve- el amplio panorama de su creación literaria.

1. Contenido esencial y alcance de la obra de Galdós.

Cuando se habla de Miguel de Cervantes (con mayor o menor conocimiento de causa) la actitud del oyente medio español –o universal- es de inmediato favorable y hasta cómplice: hay un acuerdo común en nuestra cultura para brindarle un valor eminente, refiriéndose especialmente al Quijote, aun cuando este libro apenas se haya leído.

Sin embargo, cuando hablamos de Benito Pérez Galdós esa actitud no existe o queda reducidísima (recordemos la queja de Salvador de Madariaga anteriormente citada). El conocimiento de Galdós –si es que existe- resulta mínimo, y apenas se sabría ofrecer alguna referencia a las obras que pudieran darle cuerpo.

Esta situación es lamentable porque nuestro país debe un enorme tributo de gratitud y de admiración a un escritor y maestro verdaderamente nacional, tanto en su literatura como en su filosofía de la historia que nos permite identificarnos.[96] Quienes lo consideran con la objetividad suficiente no dudan en colocarlo al lado de Cervantes, en segundo puesto de méritos y de relevancia si se quiere, pero a su lado, cubriendo el gran vacío de grandeza literaria novelística que va desde la aparición de la segunda parte de El Quijote (1616) hasta finales del siglo XIX.

La razón para considerarlo de este modo es no sólo la impresionante abundancia de su producción literaria a lo largo de cincuenta años (1870 a 1920): el centenar de novelas y relatos, una larga veintena de obras teatrales e innumerables artículos, ensayos o escritos menores. No sólo esto, decimos, sino la excepcional valoración que se otorga a su empresa perfectamente culminada: la renovación de la novela española (quizás, la última palabra sobre la misma hasta el momento) y la audacia de retornarnos (de modo semejante a como lo hicieron Don Miguel y Quevedo en los Siglos de Oro) a la veraz y amarga realidad del ser hispano, a su problemática pendiente, al enigma de su identidad contradictoria y, en última instancia, a las tareas salvíficas e incumplidas que atañen a todo el que nace en estas tierras, ocurra ello en el siglo XVIII, en el XX o en el XXI.

Su obra es un impresionante documento humano y podría significar una pedagogía transcendental en orden a la reeducación de este país, de sus individuos y de sus estructuras, sin excluir de él ninguna de las regiones o nacionalidades que todavía lo constituyen y ninguna de sus clases sociales e instituciones.

Es obvio que cualquier escritor debe desarrollar actitudes paternas respecto a sus escritos, que van más allá de otros intereses. Sin embargo, este fenómeno parece de una enorme intensidad en Galdós. Cada obra suya, nacida siempre de su genio, está a la vez entrelazada con un medio propio y externo preñado de inquietudes, de proyectos, de consultas, de ilusiones y de esfuerzos. De manera que la vive con apasionamiento.

Al mismo tiempo, Joaquín Casalduero, referencia fundamental para penetrar en el hecho galdosiano, aclara: *"Alumbrar la conciencia histórica del pueblo español contemporáneo, servirle de guía, darle una pauta, he*

---

[96] Innumerables personalidades coetáneas se dirigen a él siempre (en sus cartas) dándole el título de maestro (*"Maestro venerable", "Querido maestro"*...); así, por ejemplo, Serafín y Joaquín Álvarez Quintero, Vicente Blasco Ibáñez, etc. (en el extenso Epistolario a Galdós conservado en la Casa Museo Pérez Galdós de Las Palmas).

aquí el propósito que incita a Galdós a crear su obra." [97] Escribe –diríamos– a *"la inmensa minoría capaz de comprender la poesía"* de que habla Juan Ramón (en la antología que él mismo edita), a *"la inmensa mayoría"* del verso de Blas de Otero y *"a los que no leen"* o no pueden leer, según Vicente Aleixandre (*En un vasto dominio*).

A lo largo de estas páginas vamos a ofrecer varios centenares de extos galdosianos... Cada vez que ofrezcamos una cita textual tendremos que entender que esas palabras no son ajenas al misterio riquísimo y complejo del libro al que pertenecen, y que, de alguna forma contribuyen a revelarlo, aunque sea de un modo aparentemente accidental y secundario. Nos parece que esta observación es de gran importancia.

Los géneros de la creación literaria de Galdós.

a. La creación galdosiana es, ante todo, -como la de Don Miguel- narrativa, novela. Su teatro (veintiséis dramas, algunos de los cuales son adaptaciones teatrales de las novelas), situado casi todo en la segunda y en la última etapas de su vida como escritor, no alcanza la altura de la narrativa novelada, aunque ciertamente produjo un gran impacto social debido a la temática (más que a la perfección del género)[98]. Por tanto, al hablar del magisterio galdosiano, nos situamos de preferencia en la novela, en sus setenta y siete novelas largas (cuarenta y seis de las cuales tienen la impronta única de episodios nacionales) y, algo menos, en los cuentos o relatos breves. No obstante, al indagar en la ideología tendremos que abarcar también todo su teatro y los abundantes artículos, conferencias, ensayos y cartas; es decir, la totalidad de la obra.

La novelística, en general, está llamada a ser el espejo donde se mira una generación –y más de una- para reconocerse y aventurar su futuro. Debe

---

[97] CASALDUERO, JOAQUÍN, *Vida y obra de Galdós*. Editorial Gredos. Madrid 1961. Pág. 45
"Yo doy a todos mi verso por un hombre / en paz. Aquí tenéis en carne y hueso, / mi última voluntad./ Aquí tenéis en canto y alma, al hombre / aquel que amó, vivió, murió por dentro / y un buen día bajo a la calle: / entonces comprendió..." (BLAS DE OTERO, *Para la inmensa mayoría*); *"Para todos escribo. Para los que no me leen sobre todo escribo. Uno a uno y la muchedumbre. Y para los pechos y las bocas y para los oídos donde, sin oírme, está mi palabra."* (VICENTE ALEIXANDRE, *En un vasto dominio*).
[98] A nuestro modo de ver los dramas de Galdós no son comparables estilísticamente con los más escasos de Federico García Lorca (estrenándose unos y otros en fechas muy cercanas). La temática, en cambio, sí es coincidente en gran parte: ambos abordan la tragedia de la mujer y la denuncian, aunque lo hagan desde perspectivas direfentes. El teatro de Don Benito carece de la carga poética que tiene el de Federico y del dramatismo rural andaluz que marca la escena lorquiana.

cumplir desde las letras una función social, terapéutica y pedagógica de primera necesidad. Ahora bien, el estado de la novela española en el s. XVIII y hasta mediados del XIX era lamentable. En ella los españoles podían verse reflejados muy poco o nada; bajo títulos sin duda llamativos contemplaban situaciones ajenas o fantásticas, porque nuestros autores se limitaban –en líneas generales- a imitar (entre otros, a Rousseau, Walter Scott, Manzoni, Fenimore Cooper, Dumas, etc.).

Galdós va a rehabilitar esa novelística y hacerla íntegra y cabalmente española. En esta empresa estará de acuerdo con él un formidable grupo de autores realistas de la segunda mitad del XIX español con los que entablará estrechas relaciones (Leopoldo Alas "Clarín", Juan Valera, Pardo Bazán, Pereda, Mesonero Romanos, Unamuno, Valle Inclán, Pedro Antonio de Alarcón, Cecilia Bölh de Faber, etc.); y casi inmediatamente con representantes del Grupo poético del 98 y del 27.

El escritor canario vive en la producción de las novelas una historia íntima literaria: un progreso ascendente al compás de la propia maduración interior y más allá de ésta. Gustavo Correa (siguiendo a Joaquín Casalduero) señala tres o cuatro períodos en ese proceso (superada la inicial etapa de *La fontana de Oro*, *El audaz* y el ensayo de *Rosalía*). Comienza lentamente la larga marcha con una breve época de abstracción o de novela de tesis en la que los personajes encarnan ideas y una fuerte crítica social y religiosa: *Doña Perfecta* en primera línea. Con esa misma perspectiva, pero con la incidencia fuerte del naturalismo conjugado –paradójicamente- con la espiritualización: *Gloria*, *Marianela* y *La familia de León Roch*).

E inmediatamente se situará el realismo de *La desheredada, El amigo Manso, Tormento, Lo prohibido, Fortunata y Jacinta, Miau, Tristana...*, hasta comenzar la serie de *Torquemada*, etc... Un tercer período, al principio de acento mitológico y de extratemporalidad caracterizado en *Casandra, La incógnita...* y en las dos últimas series de Episodio, deja paso al claro espiritualismo: *Ángel Guerra, Nazarin, Halma, Misericordia*, todas ellas de corte netamente cristiano, connotación ésta que inexplicablemente omiten la mayoría de comentaristas.[99]

La última etapa de esta arriesgada aventura narrativa estaría ocupada por *El abuelo, El caballero encantado, La razón de la sinrazón* y *Casandra*, donde retornan temas fundamentales revisados.

En síntesis, la crítica es bastante unánime en valorar la producción galdosiana en su conjunto como el nivel máximo y más elevado de la novela

---

[99] Ver GUSTAVO CORREA, o.c., pág. 21

histórica, de la novela social, de la novela psicológica y de la novela religiosa (fundidos los cuatro subgéneros con frecuencia en uno solo y derivando hacia el teatro). Su elemento esencial y constante es el hombre en sí mismo; haciendo converger hacia él estas cuatro condiciones: el realismo, la trama apasionada, la interpretación filosófico teológica de la vida y una cierta frialdad objetiva (no exenta de la dialécticas entre el pesimismo y la esperanza, la ironía y el buen humor quijotescos). Estos parámetros, sin embargo, no dejan al autor impasible, o aislado de los personajes en ningún momento; todo lo contrario.

b. En cuanto al teatro, en la última década del siglo XIX era un sentir bastante común la demanda de un cambio radical de la escena, dominada hasta ese momento por los románticos (*Don Álvaro*) o por los neoclásicos (*El sí de las niñas*). Faltaban a nuestros dramas naturalidad y veracidad... Pues bien, según Leopoldo Alas "Clarín", tal situación comenzó a encontrar respuesta adecuada con los estrenos de *Realidad*, de Galdós, y de *El hijo de Don Juan*, de Echegaray.

El juicio puede ser excesivo. Ya hemos dicho que el teatro de Don Benito no alcanza la altura de sus novelas. Pero también es cierto que el estreno de los dramas significó cumplidamente el reto que se hacía al mundo escénico español; y que, en todo caso (y sin entrar ahora en un análisis de la calidad del género), creó una notable polémica literaria e ideológica en todas las ciudades donde se representaron esas obras, en España y en el extranjero. Quizás precisamente porque algunas de estas estas obras -*Casandra, Electra, Bárbara, La loca de la casa, Los condenados*...- entraron de forma implacable en el violento debate religioso que andaba a flor de piel en la sociedad de la época.

En particular, el estreno de *Electra* (en un clima social de fuerte debate religioso) fue un acontecimiento liberador para los sectores más progresistas y levantó una tormenta de críticas en los conservadores. Diez años más tarde los estrenos de *Alceste, Sor Simona* y *Santa Juana de Castilla* situarían a Galdós como iniciador del teatro teológico del siglo XX.

c. En fin, el periodismo y los escritos de ensayo o conferencias y cartas, sin atenerse estrictamente a los cánones literarios, tienen una gran importancia en la producción de Don Benito porque reflejan de manera más directa y personal su pensamiento y su beligerancia a favor del nacimiento de esa conciencia ética nacional en el día a día de los sucesos y de las situaciones. Se situaron en el comienzo de la vida literaria del autor y continuaron también ocupando su dedicación en gran medida hasta los últimos años. Significaban, ante todo, la atención lúcida a los niveles concretos de la realidad y de las personas que pasan desapercibidas habitualmente.

Sin contar aquí las conferencias y discursos, sólo en la revista *La Nación* aparecen ciento treinta colaboraciones y cuarenta en *La revista del Movimiento Intelectual de Europa*. Deben añadirse los artículos que escribe en *El Debate*, en *Las Cortes* y *La Ilustración de Madrid*, en *El Liberal*, y especialmente en *La Prensa* de Buenos Aires. Recogeremos en el cuadro sinóptico que sigue algunos de estos escritos menores más importantes.[100]

Es obvio que estas condiciones nos están colocando ante un fenómeno literario de extraordinaria magnitud: ante un escultor del ser humano de primerísima y excepcional categoría y ante la conciencia viva de un pueblo que indaga hasta el fondo en sus raíces, dispuesta –esa conciencia- a encarar el futuro. Ambas cosas mediante el recurso a la estética de la lengua.

Sobre la verosimilitud histórica y la enseñanza en los Episodios Nacionales.

La investigación que va a ocuparnos acerca del pensamiento educativo y teológico de Galdós discurre con independencia de los hechos históricos y del concepto particular de historia que aparecen en su obra, especialmente en los Episodios Nacionales. No obstante, la verdad sustancial del testimonio histórico es un valor añadido a la seriedad del pensamiento que indagamos, sobre todo cuando se engarza en el análisis de las existencias concretas. En este sentido nos interesa aquí conocer los resultados de la crítica respecto a las novelas que el ismo autor designó como Episodios Nacionales.

Nos limitaremos a citar el testimonio de Pilar Faus Sevilla (facultativa de Archivos y Bibliotecas), tras analizar con detalle los posibles defectos históricos de los Episodios, que llega a formular esta conclusión:

---

[100] V. un breve pero documentado estudio sobre el periodismo de Galdós en JOSÉ LUIS MORA GARCÍA, *Galdós, articulista*. Universidad Autónoma de Madrid (en la Red). Además del material aparecido en la edición de las Obras Completas de la Editorial Aguilar, preparado por FEDERICO CARLOS SAINZ DE ROBLES, debemos señalar cuatro compilaciones importantes de artículos o ensayos de Galdós: *Ensayos de crítica literaria*, edición de LAUREANO BONET (Ed. Península. Barcelona 1990); *Recuerdos y Memorias*. vol 1 y vol. 2., presentada y prologada por el mismo Sainz de Robles (Ed. Tebas. Madrid 1975); *Cartas inéditas de Galdós en La Prensa de Buenos Aires*, de WILLIAM H. SHOEMAKER (en Fondo de Cultura Hispánica. Madrid 1972); y *Crónica de Madrid* (artículos en La Nación), de A.GHIRALDO (Cabildo Insular de Gan Canaria).

"Propiamente hablando (en los Episodios), *se trata de deslices, no de auténticos errores históricos, si conceptuamos como tales aquellos que desfiguran la realidad de los hechos o el carácter de la época y de las personas reseñadas. Galdós estaba dotado como pocos de un espíritu observador y de una intuición maravillosa para captar y reproducir con verdadero sentido evocativo las épocas pasadas."* [101]

El realismo humano en la obra de Galdós.

Resulta necesario señalar ya aquí que el realismo de Don Benito, con serlo y gozar de una riqueza inigualable, significa, a la vez, un elevación sobre lo real por vía simbólica; acercándose así al realismo cervantino del Ingenioso Hidalgo Don Quijote de la Mancha, que apunta hacia una verdad siempre mayor que la inmediata de los personajes y de las tramas [102]. Es decir, oscila alternativamente del realismo al espiritualismo. Por esta razón, una parte considerable del mundo galdosiano son personajes prototipo de esa elevación espiritual sobre la realidad en vistas a soñar el futuro. El hidalgo manchego está presente, sin duda, en multitud de tipos, hombres o mujeres, se acerquen o no a la locura; con los pies muy en la tierra (la mayoría) o despegándose de ella (como los Beltrán de Urdaneta, Patricio Sarmiento, Don Wifredo, Mauricia la Dura, Isidora y algunos otros).[103]

El realismo del autor es es un retrato artístico, pero un retrato objetivo (sobre el que el escritor –por reserva personal o por respeto- no se pronuncia de manera explícita); un retrato que seduce por su belleza y audacia, como sucede en el mejor arte fotográfico, pero un retrato que habla o grita, que denuncia en su raíz nuestros males de todo tipo (sociales, políticos, religiosos) y perdura en su colorido por encima del tiempo. Se imposta en el

---

[101] FAUS SEVILLA, PILAR, *La sociedad española del siglo XIX en la obra de Pérez Galdós*. Imp. Nácher. Valencia 1972, pág. 52

[102] Recordaba Juan Goytisolo, al recibir el Premio Cervantes 2014: *"Volver a Cervantes y asumir la locura de su personaje como una forma superior de cordura, tal es la lección del Quijote. Al hacerlo no nos evadimos de la realidad inicua que nos rodea. Asentamos, al revés, los pies en ella."* (*El País*. 24/4/2015, pág. 44)

[103] En este sentido nos parece que escribe el hispanista de la Universidad de Toulouse YVAN LISSORGUES: *"Hay otros aspectos* (en la obra de Galdós) *que muestran que se desconfía de la realidad humana y social contemporánea y se intenta superarla. Es, primero, la integración -en el proceso de creación- de una realidad literaria que procede de obras conocidas, como El Quijote, y, en segundo lugar, la afirmación de la tendencia a la simbolización a partir del primer plano narrativo o descriptivo."* En *Benito Pérez Galdós: la novela tendenciosa de fin de siglo.* (Biblioteca Virtual Miguel de Cervantes, pág. 5)

futuro. Es decir, la contemplación de lo real no deriva hacia el naturalismo determinista y determinado (un naturalismo al estilo de Zola o de Blasco Ibáñez en donde la condición humana aparece fijada y con frecuencia fatalmente atada), sino que se abre al porvenir, a la utopía, brindando soluciones alternativas soñadas, más que reales, pero igualmente válidas.

Sin duda existe naturalismo –y muy fuerte- en *Marianela...*, en *Fortunata y Jacinta* (obra ésta considerada unánimemente por la crítica como la culminación del arte narrativo galdosiano), en *La desheredada* (la más naturalista, seguramente), en *El doctor Centeno*, o en la saga de Torquemada... Pero, incluso en estas obras (por ejemplo, en las muertes de Fortunata, de Alejandro Miquis o de Francisco Torquemada) todo queda abierto, todo puede reorientarse, y siempre hay alguien allí encargado de hacer esa tarea ardua y posible o, al menos, de despertar la esperanza en el espíritu.

Los héroes galdosianos no son superhombres, son más bien víctimas de las situaciones y de mecanismos sociales demoledores; pero, en su mayoría sí son resistentes, se remontan por encima de la banalidad y aunque algunos sucumban (Gloria, Daniel Morton, Pepe Rey y Rosario, Rosalía, Isidora, Fortunata, Maximiliano Rubín, Casandra, Celipín o Alejandro Miquis, Marianela, etc.), otros consiguen salir adelante: Gabriel de Araceli, Inés, Sola, Salvador Monsalud, Fernando Calpena, Santiago Íbero (protagonistas de diez novelas cada uno de los citados), Mariucha, Electra, el Conde de Albrit, etc.; y todos ellos muestran una alternativa de humanidad mucho más justa. *"Los héroes galdosianos están cargados de razón, y es esto únicamente lo que les hace seguir siendo héroes en el fracaso lógico."* [104] Digamos que ése es su gran paralelismo con los grandes creyentes cristianos, comenzando por la figura emblemática de Jesús de Nazaret hasta su muerte.

La interpretación única que se permite Galdós es la interpretación de España; precisamente porque los hechos que contempla y vive son contundentes, son demasiado reales, demasiado cargados de la incertidumbre de un futuro que ya es presente (o de un presente que amanece como futuro totalmente incierto). Su obra resulta –en el conjunto- una clave de comprensión de la vida y el ser de este país; con un tono evidente de

---

[104] GONZÁLEZ POVEDANO, FRANCISCO, *Reflexiones sobre el exclusivismo, la intransigencia y el fanatismo religiosos en las novelas de primera época de Galdós,* Actas del V Congreso Internacional de Estudios Galdosianos. 1992, vol. I, pág. 168

trascendencia histórica. Tal vez con valor semejante al que debe otorgarse a nuestro máximo cantar de gesta, el Mío Cid, al Quijote, a los dramas calderonianos, a la poesía del 98 y del 27 y en buena medida a las tragedias lorquianas.

Pero, en cada obra, una vez dentro de la trama real histórica, el determinante (y lo único imponderable) es el hombre individual, es la persona que hace lo que puede por sobrevivir en el medio, y unas veces lo consigue y otras no; sorprendiéndonos casi siempre por su temple y por estar dotados de una envidiable fe religiosa.

La confluencia de las dos tramas (la colectiva y la personal) conduce al individuo más allá de sí mismo y más allá de las situaciones en las que se ha debatido. Galdós sitúa de este modo la historia real: llega hasta la entraña de sus criaturas, mostrando, si hace falta, los momentos más altos y los más bajos, las alegrías, las penas y las crisis; sobre todo, la inclemencia que padecen y –desde ésta- las transformaciones que costosamente llevan a cabo y sugieren a los demás. Tanto, que esas vidas se le agrandan, sobrecogen al escritor y lo conducen naturalmente a establecer vínculos irrompibles con el personaje. (En el estreno de la versión teatral de *Marianela* Don Benito, casi invidente, salió a escena llorando para abrazar a la actriz que encarnaba a la niña Nela, como quien abraza con absoluto realismo a su hija desamparada).

Desde el individuo particular –a su lado- el autor se empeña, pues, en el ejercicio comprometido de desvelar una moral social capaz de articular de nuevo el país y, muy el concreto, capaz de configurar de otro modo la tradición católica que parece vertebrarlo. Es así como él inserta la utopía en el corazón humano de sus escritos. Él conoce bien las utopías de Moro, de Cervantes, de Erasmo (cuyo *Elogio de la locura* guarda en su biblioteca), de Krause y de los autores socialistas.

Feliz integración de influencias foráneas.

Es cierto que Galdós recibe múltiples influencias literarias, filosóficas y artísticas. En primer lugar –ya lo hemos repetido- de Cervantes, su maestro indiscutible (como tendremos aún ocasión de verificar). Así mismo, de las tendencias literarias rusas (Tolstoi, Dostoiewski…; piénsese, por ejemplo, en la configuración de Nazarín o, en el polo opuesto, la de Martín Muriel de *El audaz*), del idealismo, de Hegel,… *Marianela* podría considerarse como una alegorización de la filosofía de Compte; por supuesto, del realismo francés e inglés (Balzac, Zola, Victor Hugo, Dickens) e incluso del darwinismo (recuérdese *Amor y ciencia*). También de movimientos estéticos y globalizadores como el krausismo, el naturalismo y el impresionismo.[105]

Pero sería un grave error pensar que nuestro escritor se limita a imitar o a sintetizar moviéndose dentro de límites ya marcados de contenido formal y de ideología. No. Estamos ante un creador nato y ante una creación de horizonte inabarcable y ciertamente en evolución, dentro de la cual, además, destella con luz contínua una teología fruto –en gran medida al menos- de su propia sensibilidad, de su serio saber y de la intención noble de penetrar en la convulsa realidad del catolicismo español. La altura de Galdós en este terreno sobrepasa, entonces, la muy elevada alcanzada por las literaturas europeas contemporáneas, especialmente por la rusa.

Debemos insistir en la inspiración cervantina. Estamos no sólo ante un apasionado del Quijote (reencarnado en tantos personajes), sino, sobre todo, ante un español que se ha permitido entender y asumir hondamente el impresionante legado realista, filosófico, espiritual y cristiano de la obra de Don Miguel, adelantándose así a la Generación del 98 (con la que tiene tanta afinidad). Muy en concreto, Galdós reencarna su idealismo –la cuerda locura de Alonso Quijano y de Sancho- su inmedible vitalismo andariego, el humor y la ironía, la picaresca propia (no la de *El Buscon* o *El Lazarillo*) y finalmente el acontecimiento sosegado de una muerte que devuelve la razón .

De los otros tres grandes del realismo europeo del XIX recibe también elementos fundamentales: de Balzac toma probablemente la técnica de concebir personajes y lugares ficticios que reaparecen en diferentes obras, dotando así de mayor verisimilitud el propio universo literario; de Zola recoge –no sin dolor- la idea de la tremenda proporción de determinismo que mueve a algunos personajes y les impide rehacerse (como le sucede a la Isidora de *La desheredada*, o a Fortunata y a otros); y, en fín, con los relatos de Dickens comparte la enorme preocupación por la infancia abandonada a su suerte (Marianela, Celipin, Cadalsito, Mariano, Salvadorín… son otros tantos Oliver Twist, David Copperfield…).

---

[105] Para un estudio del conjunto de influencias en la obra de Galdós ver: CASALDUERO, JOAQUÍN, VIDA *y obra de Galdós*. Madrid 1951. Págs. 153-154 y 225-246. Como breve cauce interpretativo de la lectura de Galdós: Ricardo GULLON, *Claves de Galdós,* en r. Ínsula, n. 284-285, septiembre 1970.

2. Ejes transversales, recursos y contenido axiomático en las obras de Galdós.

a. En cuanto a la estructura de la composición literaria podrían destacarse aquí dos fidelidades fundamentales en las obras galdosianas: la fidelidad al pensamiento, de manera que la técnica escriturística se pone al servicio de éste; y la fidelidad a los mejores recursos literarios propios de la narrativa, es decir: la descripción del medio, la crónica social, la psicología profunda de los personajes y de su evolución interior, la perceptiva sensorial (el lenguaje corporal), la pluralidad idiomática (el casticismo también) y la diversidad de protagonismos (haciéndose presente el autor y tomando la palabra cuantas veces le conviene). Sin abandonar jamás la estética del texto.

De este modo se produce una continua intertextualidad:

Las aproximaciones literarias y filosóficas y las narraciones simples se entrecruzan y se ponen al servicio de esos fines. El contenido y la forma, la estructura temática y la improvisación genial están complementadas sabiamente en cada obra. Las encontramos con estos rasgos:

- Una extraordinaria riqueza de figuras literarias. Junto al dato histórico (o al paisaje histórico real de fondo), la simbología y el análisis sutil del personaje, acompañándolo en su prevista o imprevista evolución psicológica y espiritual (a veces muy larga y dificultosa); siempre la relevancia de todos y cada uno de los seres que habitan la obra, no siendo fácil relegar a nadie al papel de secundario.

- Una galería inmensa de tipos entran en cada escrito; a veces aguardando su turno de importancia para un texto posterior. Y entre ellos se destacan –como no podía ser menos- aquellos de impronta cidiana o quijotesca: aquellos (hombres o mujeres) que encarnan un perfil humano grato y de elevada talla moral y espiritual. Sin que falte en determinados momentos la presencia casi autobiográfica del autor, que se confunde -o se funde-, por ejemplo, con *Pepe Rey, Sola, Inés, Demetria, Mariucha, Electra, Máximo, Gabriel de Araceli, Salvador Monsalud, Benigna, Bárbara, Máximo, Nazarín, Catalina de Artal, el Conde de Albrit, Fernando Calpena, Berenguer, Patricio Sarmiento, León, Gamborena*, etc., etc. o incluso con el indefinible *Tito* (de la última y madura serie de Episodios), o con Berenguer (de *La fiera*)..., como podremos precisar algo más adelante en estas páginas.

Todo ello constituyendo una familia en la que muchas de las personas entran y salen airosamente de una estancia a otra, de una obra a otra (Celipín convive con Marianela en Socartes y padece después en Madrid (*El doctor Centeno*), Torquemada se consagra a la usura en *La de Bringas* y en cuatro novelas más, los Ansúrez aparecen en dos series de Episodios, Augusto Miquis y Quevedo ejercen la medicina en varias obras, etc.

Y como trasfondo, figuras emblemáticas de nuestro imaginario colectivo que vuelven a encarnarse simbólicamente en los personajes, de manera permanente: Don Quijote en *Ángel Guerra*, en *Nazarín*,...; el Arcipreste de Hita en Juanhondón -*Carlos VI en la Rápita*- etc.) o de forma episódica (El Cid en *Gloria*, cuando Daniel regresa a Ficóbriga y todas las puertas se le cierran abriéndole sólo una niña, etc.).

- En particular, la vinculación de la persona a la escenografía en que se desenvuelve. Una asombrosa multiplicidad de hablas y de paisajes: las que corresponden a cada ámbito y a cada tipo. En ocasiones, el hilo narrativo discurre sobre el registro onírico: sueños, mitos y surrealismo entran a formar parte de lo real o a expresarlo mejor desde los niveles del subconsciente o del inconsciente.

Los relatos épicos (individualizados o colectivos) se suceden junto a los episodios de la cotidianeidad o a los de la vida institucional (la de las instituciones de todo tipo, e incluso la vida de la Corte y de los monarcas).

b. En cuanto a la temática concreta, si nos atreviéramos a globalizar el contenido del centenar de las obras mayores acabadas (lo que no deja de ser una osadía) diríamos que Galdós ha escrito cumplidamente dos grandes asuntos de importancia capital para el lector: la historia y la realidad de la España del siglo XIX expectante del futuro y, al mismo tiempo, la dialéctica del ser humano inserto en la dramática existencia cotidiana y abierto siempre a la trascendencia de su conciencia moral y religiosa, de la fe esencialmente cristiana. España -la educación de los españoles- y la fe religiosa, ambas como tensión, son los dos grandes ejes transversales, desarrollados a medida que el autor crece coherentemente en la comprensión de la realidad y entabla un largo diálogo literario con ella.

Concretando más, podemos aventurar estas apreciaciones generales de la obra galdosiana.

1ª Todo el acontecer de España en el siglo XIX (o, si preferimos, el 80 % más significativo del mismo) está tratado –al menos de una manera representativa- en la creación literaria galdosiana. Entendiendo por acontecer los hechos públicos o políticos (desde la Batalla de Trafalgar hasta la segunda etapa de la Restauración borbónica, pasando por las incesantes guerras y los innumerables y heterogéneos gobiernos), las situaciones dolorosas del pueblo llano y humilde, la idiosincrasia de la variada y variopinta tipología hispana (tomada al vivo en todas las regiones de la península), el advenimiento de la burguesía y de la clase media ciudadanas, la vida familiar, laboral y religiosa de la gente, el proceder de la Iglesia...

2ª Todas las relaciones interpersonales imaginables están analizadas, incluso las más difíciles, en repetidas ocasiones a lo largo de toda la producción. Lo están:
- el amor en todos los niveles, prioritariamente el amor de la pareja (siempre heterosexual), con los largos, complejos y con frecuencia dolorosos procesos que conducen a la comunión o al desgarro;
- el sacrificio y la entrega de máxima generosidad, la grandeza del perdón;
- la dureza de corazón;
- la complejidad de la conciencia moral y de sus contradicciones;
- las múltiples formas de injusticia con los demás;
- la confrontación de las clases sociales como vivencia individualizada;
- la fragilidad del ser humano;
- la fe cristiana en la dialéctica histórica del cristianismo;
- las relaciones parentales y filiales, el calor de los diversos hogares;
- la vida en pupilaje;
- el mundo eclesiástico y sus relaciones con los demás;
- las relaciones con personas de otras religiones;
- las relaciones internas de los políticos;
- la guerra y la paz;
- la ternura y la violencia;
- las injusticias en nombre de la religión;
- el dolor por el mundo de la infancia (la miseria, el sufrimiento y el abandono padecidos por muchos de los niños que pueblan su universo);
- el sentir nacional respecto a la Monarquía y a la clase política y militar;
- el espíritu revolucionario; etc.

3ª Todos los sentimientos y condiciones personales, aun las más dispares, verifican el realismo de la descripción del ser humano:
- la sensibilidad femenina, su grandeza y función (no sólo la maternidad), su debilidad o contradicción, el doloroso sometimiento al varón, las distintas formas de belleza física y de belleza interior;
- el sufrimiento de los maltratados;
- la vivencia de la fe en Dios y la operatividad de esa fe;

- las luchas de la conciencia moral;
- el idealismo y la mezquindad;
- la pasión política;
- el sentido patrio;
- el sentimiento estético (y, en particular, la estética religiosa);
- la angustia existencial por el futuro;
- el drama entre la conciencia moral y religiosa y el sentimiento de pertenencia a otro o los deseos vehementes naturales;
- la confianza y la conformidad ante la muerte;
- la falsedad y la codicia;
- la voluntad heroica y la santidad; y, frente ello, la degradación;
- la exigencia interior del honor; etc.

3. Clasificación y cuadro sinóptico de las obras de Benito Pérez Galdós.

Una creción tan amplia y densa como la de Galdos es susceptible de ser vista o analizada en su conjunto desde diversos parámetros.

Los *Episodios Nacionales* no ofrecen especial dificultad.

El nombre de estas novelas lo recibe el autor de la sugerencia que le hace el periodista y político liberal José Luis Albareda; y el primero de ellos – *Trafalgar*- surge del encuentro que le proporciona Pereda, en Santander, con el anciano Galán, marinero del buque insignia de la escuadra española en Trafalgar, el Santísima Trinidad. Se componen de estas series:

Serie 1ª: diez títulos. Trafalgar y Guerra de la Independencia, hasta la batalla de Arapiles.

Serie 2ª: diez títulos. Período histórico de 1813 a 1834 ("período político")

Serie 3ª: diez títulos. Período histórico de 1834 a 1845. 1ª Guerra carlista. Regencias...

Serie 4ª: diez títulos. Período histórico de 1848 a 1869. Reinado de Isabel II.

Serie 5ª: seis títulos. Período histórico de 1870 a 1898. Vacío estatal. Restauración. Cánovas.

En cuanto a las *novelas independientes*, resumiendo a Casalduero[106] parece que sería razonable encuadrarlas –a grandes rasgos- en cinco etapas significativas de la historia y de la vida personal del autor:

1ª Entre 1867 y 1874 (*La fontana de Oro, El audaz* y primera serie de Episodios Nacionales) se propone estudiar las raíces y el desenvolvimiento de la lucha entre lo tradicional y lo moderno, dando al pasado un doble valor: histórico y filosófico; de tal forma que el pasado explica el presente pero, a la vez, su pervivencia actual se convierte en muerte.

2ª Entre 1875 y 1879 (segunda serie de Episodios, *Doña Perfecta, Gloria, Marianela, La familia de León Roch*) el análisis histórico es sustituido por un esquema abstracto. La división de las dos Españas (apenas entrevista en la etapa anterior) germina trágicamente. Los personajes, entonces, adquieren un carácter simbólico fuerte. La lucha entre lo tradicional y lo moderno se particulariza en el ámbito de lo político y lo religioso y en un enfrentamiento radicalizado.

3ª Entre 1881 y 1885 (desde *La desheredada, La de Bringas, El amigo Manso, El doctor Centeno, Tormento, Lo prohibido*) aparece la influencia del naturalismo (Zola) que pesa en esos momentos sobre la cultura española. No significa una aportación meramente externa, sino –sobre todo- la superación del puro análisis histórico y de la abstracción de antagonismos, para adentrarse en la realidad confusa del alma humana.

4ª Entre 1886 y 1892 (*Fortunta y Jacinta, Miau, La incógnita y Realidad, Torquemada en la hoguera, Ángel Guerra, Tristana*, serie tercera de Episodios) se produce una reacción de tipo espiritual. Frente a la materia se descubre la presencia y realidad del espíritu en doloroso conflicto. De alguna forma se inicia el triunfo de la moral.

5ª A partir de 1892 (*Nazarín, Halma, Misericordia, Torquemada y San Pedro, Electra, Casandra, Pedro Minio, Mariucha, El abuelo, La loca de la casa, Alceste, Amor y ciencia...* y últimas serie de Episodios) se abren paso los más altos valores de espíritualización de la materia, ya antes anunciados: la santidad en la acción, la libertad interior, la fe.

SÁINZ DE ROBLES propone, en cambio, una clasificación temática de las novelas y del teatro: [107]

---

[106] Ver CASALDUERO, JOAQUIN, *La obra galdosiana en su total integración*, dentro de *Vida y obra de Galdós*, o.c., págs. 181 190.
[107] Puede verse la clasificación que ofrece SÁINZ DE ROBLES, FEDERICO CARLOS. O.c. pág. 252-253

Novelas surgidas a impulso de la preocupación religiosa: *Rosalía* (incompleta), *Doña Perfecta, Gloria, La familia de León Roch, Ángel Guerra, La loca de la casa, Nazarín, Halma, Misericordia, Casandra.*

Novelas que describen y juzgan dolorosamente la sociedad madrileña de su tiempo: *La desheredada, La fontana de oro, El doctor Centeno, Tormento, La de Bringas, Fortunata y Jacinta, La incógnita, Tristana,* las de *Torquemada, Lo prohibido.*

Novelas en las que se proyecta la sombra de lo ultraterreno en los conflictos de la vida humana: *Miau, Realidad.*

Novelas de puro simbolismo y de fantasía: *El caballero encantado, La razón de la sin razón.*

Novelas psicológicas y de espiritualidad: *Marianela, El amigo Manso. La incógnita, Lo prohibido.*

Según esta distribución quedarían sin clasificar: *La fontana de oro, El audaz, El abuelo.*

Teatro. (26 obras)

Al ser más breve, el teatro galdosiano resulta también más fácil de subdividir.

Obras derivadas de novelas, con fuertes planteamientos éticos y sociales: *Realidad, La loca de la casa, El abuelo, Casandra, Gerona, Doña Perfecta, Marianela* (versión encomendada a los hermanos Álvarez Quintero)... Desde el punto de vista temático estas obras coinciden con las novelas del mismo título.

Obras de claro pensamiento de reforma ideológica y social: *Electra, Los condenados,*

Obras marcadamente psicológicas: *La fiera, Alma y vida, Bárbara, Celia en los infiernos.*

Obras de costumbres y de carácter social: *La de San Quintín, Voluntad, Mariucha, Amor y ciencia, Pedro Minio, Sor Simona, Antón Caballero, Un joven de provecho, El tacaño Salomón.*

Obras de raíz histórica o clásica-mítica y de connotación teológica: *Santa Juana de Castilla, Alceste, Casandra, Sor Simona.*

Obras menores: 1 relato breve: La sombra
20 cuentos fantásticos

Ensayos importantes: :
Memorias de un desmemoriado. El sentimiento religioso en España, Santos modernos, Discurso en la Real Academia. La fe nacional. La España de hoy. Soñemos, alma, soñemos. Al pueblo español. Romeria nacional. Guía espiritual de España. Cuarenta leguas por Cantabria...

Prólogos a sus obras y a las de otros autores.
Artículos periodísticos en: La Nación, Las Cortes, Revista del Movimiento Intelectual Europeo, Revista de España, La Ilustración, El debate, La Prensa (Buenos Aires), El Imparcial, El Liberal, El País, Diario de las Palmas, La Antorcha (Las Palmas) El Omnibus (Las Palmas, etc.

Cuadro sinóptico de las obras fundamentales de Benito Pérez Galdós y fechas correspondientes. [108]

AÑO	NOVELAS	EPISODIOS NACIONALES	TEATRO	ARTÍCULOS Y ENSAYOS más importantes (para la temática en estudio) CUENTOS fantásticos
1870 1871 1872 1873	• Primeras novelas: 1. La fontana de oro La sombra (relato) 2. El audaz 3. Rosalía	• Serie 1ª: 1 Trafalgar 2. La corte de Carlos IV 3. 19 de Marzo y 2 de Mayo	Teatro de juventud (fechas indeterminadas): 01. Quien mal hace, bien no espere. 02. La expulsión de los Moriscos. 03. El hombre fuerte. 04. Un joven de	Una industria que vive de la muerte. (cuento) La conjuración de las palabras © La novela en el tranvía © *Artículos en La Antorcha (Las Palmas):* "*La mujer del filósofo*"

---

[108] El presente cuadro sigue básicamente la clasificación orgánica que hacen los profesores Miguel Pérez Rosado y José Luis Mora García (en www.galdós), con matices introducidos por mí; siguiendo todos ellos, en general, la cronolog más común de la obra galdosiana.

1874		4. Bailén 5. Napoleón en Chamartín	provecho.	*La Nación* *La prensa de Buenos Aires: "Crónicas futuras de Gran Canaria"*
1875		6. Zaragoza 7. Gerona 8. Cádiz 9. Juan Martín el Empecinado 5. Napoleón en Chamartín 10. La batalla de Arapiles		La pluma en el viento ©
1876 1877 1878	• **Novelas de tesis y crítica eclesial** 4. Doña Perfecta	• **Serie 2ª:** 11. El Equipaje del rey José 12. Memorias de un cortesano de 1815		
1879	5. Gloria. 1ª parte Gloria. 2ª parte 6. Marianela	13. La segunda casaca 14. El grande Oriente 15. 7 de julio 16. Los cien mil hijos de San Luis		La mula y el buey © Theros ©
1881	7. La familia de	17. El terror de 1824 18. Un voluntario		Rompecabezas ©

1882	León Roch	realista		
1883		19. Los Apostólicos		
1884		20. Un faccioso y algunos frailes menos.		
1886	• **Novelas contemporáneas** 8. La desheredada 9. El amigo Manso 10. El doctor Centeno 11. Tormento 12. La de Bringas 13. Lo prohibido 14. Fortun*ata* y Jacinta			*La princesa y el granuja* © *Cartas a "La Prensa" de Buenos Aires:* El sentimiento religioso en España (ensayo)
1887 1888 1892	• **Novelas de naturalismo espiritual crítico.** 15. Miau 16. La incógnita 17. Torquemada en la hoguera 18. Realidad		1. Realidad (v.teatral)	Celín © Santos modernos (ensayo) ¿Dónde está mi

1893	19. Tristana		2. La loca de la casa (v.t.)	cabeza? ©
1894	20. La loca de la casa			Tropiquillos ©
	21. Torquemada en la cruz		3. La de San Quintín	
	22. Torquemada en el purgatorio		4. Los condenados	
1895			5. Voluntad	
	23. Torquemada y San Pedro			
1896	• **Novelas de espiritualidad y religiosidad cristiana.**			El pórtico de la gloria ©
	24. Ángel Guerra (1881)	• **Serie 3ª:**	6. La fiera	Discurso en la Real Academia: "*La sociedad española como materia novelable*"
1897	25. Nazarin			
1898	26. Halma			
		21. Zumalacárregui		
	27. Misericordia	22. Mendizábal		Artículos en *El Imparcial*,
1899	28. El Abuelo	23. De Oñate a La Granja		*El Liberal*,
		24. Luchana		*Revista de Occidente*
		25. La Campaña del Maestrazgo		
		26. La Estafeta romántica		La fe nacional (ensayo)
1900		27. Vergara		
1901		28. Montes de Oca		

1902 1903 1904 1905 1906 1907	29. Casandra	29. Los Ayacuchos 30. Bodas reales • **Serie 4ª** 31. Las tormentas del 48 32. Narváez 33. Los duendes de la camarilla 34. La revolución de julio 35. O`Donnell 36. Aita Tettane 37. Carlos IV en la Rápita 38. La vuelta al mundo en la Numancia 39. Prim 40. La de los tristes destinos	7. Electra 8. Alma y vida 9. Mariucha 10. Bárbara 11. Amor y Ciencia	La España de hoy (ensayo) Soñemos, alma, soñemos (ensayo)
1908 1909 1910 1911	30. El caballero encantado	• **Serie 5ª** 41. España sin rey 42. España trágica 43. Amadeo l 44. La Primera República	12. Pedro Minio 13. Zaragoza (v.t.) 14. Casandra	*Artículos en El País* Al pueblo

1913		45. De Cartago a Sagunto 46. Cánovas		español (ensayo) Romería nacional (ensayo)
1914				
1915			15. Celia en los infiernos 16. Alceste	
1916			17. Sor Simona	Memorias de un desmemoriado (ensayo biográfico)
1917	31. La razón de la sin razón		18. El tacaño Salomón	
1918			19. Santa Juana de Castilla	
1920			20. Marianela (v.t.) 21. El amigo Manso (v.t.) 22. Antón Caballer (póstuma) 23. Un joven de provecho (rp)	Guía espiritual de España (ensayo)

(La numeración de las obras, por mi parte, es convencional)

4. La identificación del autor Galdós con sus personajes.

El pensamiento de Benito Pérez Galdós de encarna y expresa en los personajes principales de sus obras.

El pensamiento de un escritor se manifiesta directamente en sus escritos de tesis: en ensayos doctrinales (artículos de prensa o estudios, discursos, etc.) y cartas y juicios ocasionales de la realidad. Ya hemos recordado que Galdós escribió un abundante número de escritos en los que aparece su visión de las cosas, aunque en cada momento esa visión pueda ser fragmentada o circunscrita a temas o acontecimientos particulares. Pero ante todo, para el literato, el pensamiento propio –y en sentir– se expresa en el amplísimo mundo de personas a las que él ha dado su paternidad imaginativa. Más aún: son esas figuras humanas dotadas de existencia propia quienes expresan cabalmente el fondo pensante de su creador y padre, con mucha mayor elocuencia que pudieran hacerlo la exposición de teorías e incluso las tramas que esas personas noveladas viven.

En las geniales y en parte desconcertantes *Memorias de un desmemoriado* (1916) Galdós revela –casi sin quererlo– la clave de su presencia real en el mundo imaginario que él ha creado, introduciéndose él mismo entre los personajes con una empatía casi absoluta; de manera que la ficción viene a ser lo más real del autor. Por ejemplo, después de darnos detalles biográficos de su amistad con Pereda y del viaje con él a Portugal, habiendo dejado interrumpida la escritura de *Fortunata y Jacinta*, vuelve al trabajo de la novela y nos sorprende con estos términos:

"Expirando el verano, volví a Madrid, y apenas llegué a mi casa, recibí la grata visita de mi amigo el insigne varón don José Ido del Sagrario, el cual me dio noticia de Juanito Santa Cruz y su esposa Jacinta, de doña Lupe la de los Pavos, de Barbarita, Mauricia la Dura, la linda Fortunata y, por último del famoso Estupiñá.
Todas estas figuras pertenecientes al mundo imaginario, y abandonadas por mí en las correrías veraniegas, se adueñaron nuevamente de mi voluntad. Visité a Doña Lupe en su casa en la calle de Cuchilleros y platiqué con el usurero Torquemada y la criada Papitos." [109]

Los tipos persistentes e inolvidables de novelas centrales (en *El doctor Centeno, Fortunata y Jacinta*, la serie de *Torquemada...*) penetran en su vida, y el autor en la de ellos. *"Es como si entrara de pronto en su casa –* escribe Stephen Gilman- *aquel alter ego que representa en varias novelas la incontinencia de la fantasía creadora: don José Ido del Sagrario."* [110] Las *Memorias*, al recordar hechos y tipos narrados en las novela, permiten

---

[109] PÉREZ GALDÓS, Benito, *Memorias de un desmemoriado*, Obras Completas Aguilar, vol VI, pág.1663
[110] GILMAN, Stephen, *Cuando Galdós habla con sus personajes*, Actas del II Congreso Internacional de Estudios Galdosianos. 1978, Cabildo de Gran Canaria, pág. 130. Ver así mismo: MENÉNDEZ- ONRUBIA, Carmen, *'Las memorias de un desmemoriado' de Galdós*, Actas del IX Congreso I.E.G. 2009, págs. 514-527 y POLIZZI, Assunta, *Diálogo con la memoria: 'Memorias de un desmemoriado' de Galdós*, Actas del XXI Convegno dell´Associazione Ispanisti Italiani. Salamanca. 2004, págs 199-210

descubrir que el tono documental (y tal vez algo irónico) allí, en realidad deja paso a un tono tan verídico como es la propia emotividad de Galdós; así sucede –como una muestra más- al evocar el ajusticiamiento de los sargentos del cuartel de San Gil en abril de 1865: el relato (con el que se inicia *Fortunata y Jacinta*) establece, pues, una identidad personal entre el narrador y el primer protagonista.

Este hecho nos parece de la mayor importancia para descubrir la ideología galdosiana. También en su dimensión religiosa. El hispanista Peter G. Earle, refiriéndose, primero, en general, a la novelística española para situarse después en Don Benito, precisa entonces:

"Importa más la expresión individual del personaje y el desarrollo de su trayectoria que la creación de 'un mundo'. Lo que haya de ambiente en las mejores novelas españolas es cuestión de los personajes. Éstos no viven en un ambiente tanto como lo producen; y Pérez Galdós, siguiendo la iniciativa de Cervantes, ha sido el exponente máximo de esta perspectiva." [111]

En algunos casos –por ejemplo, en *El amigo Manso*- la crítica ha visto en el personaje y en la obra misma un trasunto literario del autor, al menos para una etapa importante de su vida o en una dimensión de su personalidad y de sus idezas.

Resulta, por eso, fundamental detenernos en la contemplación directa de las numerosas individualidades significativas de esa creación que encarnan palpablemente el pensamiento de Don Benito.

¿Quiénes y qué son los personajes galdosianos y qué significan?

En una inmedible medida, una familia propia y real, con personas preferidas que ama apasionadamente, con otras que acepta incondicionalmente pero con dolor, con muchas más que él quisiera abrazar y no puede (y los tiene que ver alejarse y perderse). Algunos –muchos- de esos personajes, existentes en cuerpo y alma en el contexto que le rodea [112]; otros, también reales pero habitando sólo en su mente.

---

[111] EARLE, PETER E., *La interdependencia de los personajes galdosianos*. (Cuadernos Hispanoamericanos. N. 250-252. 1970-1971. Pág. 117)

[112] Real es la figura de Guillermina; tan real –históricamente- como la admirada por Galdós, Ernestina Manuel de Villena, fallecida en 1886, que se reencarna en el personaje de Guillermina Pacheco para servir de guía espiritual de muchos (entre otros, del mismo autor) en el difícil y complejo mundo de *Fortunata y Jacinta*. Es obvio que Galdós se identificó con esta persona, pero también lo hizo con mayor fuerza aún, aunque por vía imaginativa, con figuras surgidas de su pluma y de su corazón; entre otras con la Inés de la

Es decir, la vida de Don Benito, su mundo real, él mismo y su pensamiento están constitutivamente ahí, encarnados y expresados en la serie formidable de tipos diversos aparentemente distintos en los que, al acercarnos, surge la trasposición clara a las idea y a los sentimientos personales del autor; más allá de la ficción novelada, de la historia ajena sentida y juzgada y del respeto absoluto a la vida propia del personaje. Son – sin quererlo, tal vez inconscientemente- el propio escritor; en ellos aparece el autorretrato que lleva la firma y la impronta del artista; mejor, su imagen plasmada por alguna genética en el rostro de sus hijas e hijos.

Ahí debe buscarse prioritariamente, el pensamiento que investigamos. Del mismo modo que reconoceremos a Cervantes contemplando de cerca – inteligentemente- a Don Quijote, a Sancho, al barbero y al cura, a los Duques, al bachiller Carrasco, al Caballero del Verde Gabán, a Maritornes y a Ginesillo, al ventero, a Dorotea, al bueno de Camacho, y a tantos otros que se hacen presentes en el largo caminar del caballero andante.

Los ejemplos en nuestra literatura pueden multiplicarse.

El problema para nosotros puede ser que el mundo galdosiano está poblado por más de mil personas, todas ellas -con mayor o menor detenimiento- retratadas casi a la perfección; y –lo que es más problemático- asumidas como familia irrenunciable por Don Benito. ¿Cómo recoger las líneas claras de ideología, de sentimiento, de propuesta vital del escritor de entre las tramas existenciales y las palabras de todas estas figuras autónomas y vivas que son sus hijos distintos?

La respuesta no es fácil, pero posible. En ella nos empleamos.

Sobre el procedimiento de investigación seguido para establecer la relación identificativa entre autor (Galdós) y personaje.

Un primer criterio de estudio ha debido ser el no descartar ninguno de los tipos que habitan y definen la producción galdosiana, su mundo. La inmensa mayoría de estos constituyen nada menos que el español medio, es decir, cualquier español, mujer o varón, joven, maduro o anciano, inmerso en los azarosos tiempos del siglo XIX (amaneciendo el XX), de la titubeante burguesía urbana media, alta o baja, o del mundo rural, y, en gran proporción, todos los ciudadanos miembros de ese sector que Victor Hugo designó como "los miserables"; también alguno (no pocos) de sangre noble o

---

primera serie de Episodios. En este sentido puede verse el estudio de JAVIER CAMPOS ORANAS, INÉS, *el amor de Galdós* en Anuario de Estudios Atlánticos n. 47. 2001, págs. 115-158.

real. Personas provenientes de cualquier rincón de la geografía hispana y de la historia regional; o sea, de toda la realidad española con su historia particular o general (de Andalucía, Levante, País Vasco, Aragón, La Rioja, Navarra, Cataluña, las dos Castillas, Murcia, y, sobre todo, Madrid, puerto más o menos seguro en donde recalan definitivamente la inmensa mayoría de los personajes). Tipos absolutamente reales, magníficamente impostados en sus paisajes naturales también reales.

Es preciso tenerlos en cuenta a todos, sin que falte uno solo, para que el estudio que realizamos mantenga la pretensión de objetividad. Vamos a intentar hacerlo, aunque apenas haya espacio para trascribir aquí por completo sus nombres y señas. Y no sólo porque tengan derecho a esta consideración, sino porque nos son necesarios.

En ellos (igual que en los parisinos que se levantan en los acontecimientos de La Comuna, definitivamente fijados por las páginas de la novela de Victor Hugo) queda tácitamente revelada la idea y el sentir del escritor: su afirmación o su repudio de parte -o de la totalidad- de la existencia histórica y real, o, al menos, de un trazo de esa vida contemplada y asumida.

La investigación se abre paso más fácilmente cuando emerge el personaje en la vida real del autor, cuando se produce una ósmosis expresa de ambos, hasta el punto de que el ser novelado ocupa la inquietud, el corazón, la vida del escritor. El caso más notable le ocurre a Galdós con *Marianela*, la niña desamparada de la aldea asturiana cuya naturalidad y drama le sobrecogen. Tiene el deseo imperioso de revivirla en una versión teatral. Para ello busca a los mejores dramaturgos que pueden hacer que renazca, a los hermanos Alvarez Quintero; a estos les confía su inquietud y les señala la actriz que puede encarnar mejor esa figura. Durante meses lucha por que salga adelante su ilusión. Hay un cruce emocionante de cartas entre 1913 y 1916. Cuando, al fin, va a estrenarse *Marianela*, exclama: *"¡Por fin! Júbilo grande. Ya me ha vuelto el alma al cuerpo"*, *"Colmo mi alegría hasta el delirio. ¡¡¡Marianela en el teatro!!!"*, *"Ahora, Dios sobre todo."*

Antes había expresado su indignación *"por la inesperada dilación que sufre la pobrecita Marianela en su resurgimiento"* y *"Si Marianela no está terminada a finales del verano, tengo por segura mi muerte."* [113]

---

[113] PÉREZ GALDÓS, Benito, Cartas desde Santander a Serafín y Joaquín Álvarez Quintero, respectivamente (por el orden de citación) de 14/6/1916 (8083), de 28/6/1916 (8084), de 4/7/ 1916 (8°85), de 16/8/1915 (8079) y de 10/6/1916 (8082). Previamente, el 19/9/1913 había escrito a los Álvarez Quintero: *"Amigos míos, yo tengo un empeño*

No obstante, tendremos que priorizar algunas consideraciones al conceder con preferencia la palabra (la presencia expresa en la tesis) a un amplio número de personajes. ¿A quiénes? A los muchos que el autor concede el estatuto de principales, de relevantes, de figuras señeras y emblemáticas, tanto para expresar su propia visión afirmativa de la existencia (y de su sentido trascendental) como para indicar – gritar- su rechazo de concepciones y de posturas existenciales o ideológicas que son consideradas por él negativas, gravemente perturbadoras de la verdad y del bien que definen al destino humano.

Porque respecto a los primeros Galdós establece una fuerte identificación; y, respecto a los segundos, una radical desautorización o desidentificación de sus opciones existenciales (no de los individuos como tales). En ambos casos su pensamiento queda claro y podemos consignarlo como la aportación personal de Don Benito Pérez Galdós al juicio y a la propuesta de solución del drama de España, y, en concreto, del drama religioso que aqueja a los españoles, e incluso al drama de la Iglesia española, adelantándonos así ya a describir esta doble situación como dramática.

Y es que la primerísima conclusión, no sólo de la acogida y seguimiento de los personajes galdosianos sino del conjunto completo de sus obras como tales, es que el autor piensa con dolor -y demuestra apasionadamente- que España y los españoles (incluido el vivir religioso y eclesial) somos un puro drama, que pasamos un siglo fundamental de nuestra historia en una tensión continua de opuestos, de aspiraciones insatisfechas, de conflictos hirientes de todo tipo, de confrontación exasperada de ideas contrarias y contradictorias, de esperanzas malogradas, y, sin embargo, de fe en el futuro.

Es decir, aunque metodológicamente establezcamos enseguida una doble y contrapuesta serie de personajes, de todo punto antitéticos, es preciso observar que unos y otros se hallan mezclados y con frecuencia entrelazados. Que forman un todo dramático indisociable y simbólico. Y que el mensaje ideológico del autor brota precisamente de esa meditación continua sobre tipos tan diversos.

---

particularísimo en que Vds. persistan en su primitiva idea de llevar Marianela al teatro" (8077). Los números entre paréntesis hacen referencia al número de registro del Epistolario manuscrito de Galdós conservado en la casa Museo Pérez Galdós de Las Palmas de Gran Canaria.

Dicho lo cual, debemos dirigirnos enseguida hacia el recuerdo y el reencuentro con aquellos actores decisivos –y, por tanto, queridos-, de un signo u otro, que pueden brindarnos de manera más directa la verificación de las tesis de Galdós.

Personajes principales y relevantes con cuya expresión y existencia se identifica Galdós.

¿Cómo muestra un escritor su nivel de identificación con personajes o tipos de su obra? Ésta es una cuestión sutil que requiere como respuesta la observación atenta de los matices con los que se pinta, describe y hace actuar y hablar al protagonista concreto.

El problema se facilita mucho cuando esa persona entra y ocupa lugar en varias obras de algún modo continuadas (como es habitual en los Episodios Nacionales y en algunas novelas largas: las de *Torquemada, El doctor Centeno y Tormento, Fortunata y Jacinta, Nazarín y Halma...*). En estos casos el lector llega a saber con bastante certeza quién es en el fondo y a quién representa un determinado personaje.

En líneas generales puede decirse que Galdós se identifica plenamente cuando se recrea en conceder al personaje atributos elevados, que son pintados, además, con colores muy vivos; siendo valorados así por el contexto humano más noble que los circunda. Y cuando procura, a la vez, que todo ello suscite en el lector sentimientos favorables.

Concretamente, la identificación parece plena al dotar al personaje de:
- Sentimientos y comportamientos humanamente positivos: veracidad, respeto, justicia y bondad hacia los demás, exquisita sensibilidad, pasión por la libertad colectiva.
- En particular, generosidad y capacidad sorprendente de amor y de sacrificio por un ideal que condiciona el bienestar del otro y el bien común (por ejemplo, la paz y la convivencia).
- Pensamiento lógico, abierto, profundo, desinteresado, libre (no determinado por estereotipos de clase). Libertad, en definitiva.
- Creencias y posturas religiosas serenas, íntimas y sanas, no sometidas, coherentes con el Evangelio. Convergencia feliz del Evangelio de Jesús con las aspiraciones naturales. Densidad de pensamiento espiritual y trascendente.
- Realismo e idealismo bien conjugados.
- Espíritu democrático real; voluntad de cambio social. Tolerancia.

- Paciencia en el sufrimiento propio y sensibilidad hacia el sufrimiento ajeno.
- Actuación justa y desautorización personal de cualquier forma de injusticia.
- Existencia sencilla y natural, exenta de ociosidad, de lujo y de apariencias.

Etc.

Es evidente que en estos personajes es el mismo autor quien se retrata (o desea retratarse) por el énfasis, por la belleza y por el juicio con que los acompaña; pero también por la coincidencia expresa con su palabra cuando, en otros escritos de comunicación personal, se manifiesta explícitamente en ese sentido. Aun cuando, en virtud de su opción literaria fiel al realismo, en ningún caso se permita una idealización total del protagonista en cuestión (lo que sería más bien una mitificación); ni tampoco el maniqueísmo (: una franja absolutamente delimitada entre el bien y el mal.)

Nos vamos a atrever a presentar cierta enumeración de tipos galdosianos, añadiéndoles una puntuación sugeridora y convencional (de 5 a 10) del nivel de identificación. Y advirtiendo –claro está- el carácter simplemente *indicativo* de ese listado. Los puntos que otorgamos a cada uno se refieren, a la vez, a la importancia que el autor confiere al personaje (en la obra u obras en donde aparece), al conjunto de valores que reúne tal persona, y al grado de empatía que muestra hacia él.

En dicho elenco destacarán con la máxima significación –por su presencia en las obras y por su contextura- los siguientes protagonistas:

1. Como portadores emblemáticos de una ideología y de una trayectoria existencial, ambas abrazadas por Galdós: *Benina, Marianela, Teodoro Golfín, Ángel Guerra, Leré, Juan Casado, Nazarín, la condesa Halma, José Antonio Urrea, Manuel Florez, Gabriel de Araceli, Inés, Siseta, el conde de Albrit, Salvador Monsalud, Sola, Benigno Cordero, Fernando Calpena, Demetria, Beltrán de Urdaneta, Santiago Íbero (padre e hijo), Mariucha, Electra, Máximo, Gamborena, Pepe Hillo, Juan Santiuste (Confusio), Jerónimo Ansúrez (y sus hijos), Martín Fernández Muriel, Atenaida, Diego Ansúrez, Nones, Buenaventura Lantigua...* Lo que piensan, dicen y deciden estos personajes es, al menos, una parte considerable de lo que piensa, expresa y propone Benito Pérez Galdós. A ellos tenemos, pues, que referirnos, ante todo.

2. Como personas sufrientes y buenas (en las que predomina la sencillez y la honradez de miras), cuya causa siempre pendiente y con frecuencia trágica es asumida por Galdós, que –con ellos- denuncia y grita la injusticia, la opresión que padecen: *Fortunata, Maximiliano Rubín, María, Clara, Pepe Rey, Gloria, Daniel Morton, Amparito, Jacinta, Mauricia la Dura, la tía Roma, Ramón Villamil, Tristana, Dulcenombre, Agustín y Mariquilla, Benina, Lucila, Montes de Oca, Teresa Villaescusa, Isidoda* (de *La desheredada), Electra, Lázaro, Casandra, Bárbara*... y tantas y tantos otros con menos presencia en la creación literaria, pero siempre con alguna relevancia. El autor, sufriendo como suya la existencia de estas personas, pide para ellas la justicia, la valoración y la dignificación que el mundo no les ha dado. De alguna manera estos son la familia y los hijos que va a defender con su pluma. Desde ellos –desde su pasión y muerte- crea también la teoría de la sociedad, del Estado, de la religión y de la Iglesia. Tendremos, pues, que contemplar detenidamente el dolor significativo de este padre que puede hacer suyo el título del drama de Arthur Miller *"Todos eran mis hijos".*

Al lado de estas dos series de *"personajes – palabra directa"* tan importantes, acercamos a la enumeración anterior a muchos otros tipos que los acompañan y complementan necesariamente, sumándose al mensaje ideológico que ellos trasmiten.

Entre todos esos protagonistas mencionados convendría destacar a los que, por su serena condición eclesiástica o religiosa, aparecen como portadores de un pensamiento y un discurso religioso más elaborados. Concretamente, varios sacerdotes excepcionales: *Nazarín, Juan Casado, Manuel Florez, Pepe Hillo,* Gamborena, el padre Nones…y religiosas como *Leré, Sor Simona, Elisea...*

Lo que no quiere decir que éstos sean (en todos los casos) personas fundamentales de las obras, ni que ellos solos protagonicen la dimensión religioso-cristiana en la creación literaria. No. Intelectuales como *Guillermo Bruno,* reflejan también un buen grado de identificación existencial e ideológica. Pero la carga máxima de pensamiento descansa, más bien (y en primer lugar), sobre gente tan sencilla y humilde como *Marianela, Sola, Benina, Lázaro* (a quienes parece justo conceder -en la calificación convencional- un 10 con Matrícula de Honor); y así mismo, en tipos tan civilmente complejos como *Salvador Monsalud, Benigno Cordero, Fernando Calpena, Santiago Íbero, Ángel Guerra, Pepe Fajardo o Juan Santiuste...,* por citar sólo algunos ejemplos.

Estos y muchos otros descubren aspectos generales o particulares de lo que llamaremos "teología simbólica" de Galdós. Y quizás el exponente más claro de esta manifestación sea la figura espléndida y nada eclesiástica de *Benina*, en *Misericordia;* sin duda una de las cumbres del pensamiento del autor, como señala la crítica unánime y muy en concreto la escritora María Zambrano.

Personajes principales y relevantes con los que se des-identifica el autor Galdós.

Desde el punto de vista literario es evidente que los personajes que vamos a consignar, dignos del mayor rechazo por parte de los lectores, ocupan un puesto fundamental en la creación galdosiana. Sin ellos ésta no existiría.

El sentimiento de repulsa que nos suscitan es ciertamente el que tenía el autor; viéndose obligado, sin embargo, a introducirlos en las diversas obras en virtud de su compromiso realista. Esas personas existen en la realidad y era necesario mostrarlas con fidelidad, precisamente como testimonio del mundo en que vivimos y –desde la perspectiva ideológica y ética- para expresar con el grafismo de lo indirecto las tesis que definen al escritor.

Es preciso, no obstante advertir, que esos protagonistas (algunos, de primer orden como *Francisco Torquemada*) forman también parte de la familia galdosiana, y como tales son queridos por el padre que les ha dado el ser literario. Más aún, en casi ningún caso nos permiten hacer un planteamiento maniqueo situándolos en el extremos del mal o del error absolutos. Del mismo modo que los personajes cumbre, idealizados de bien y de verdad, tampoco pueden mitificarse concediéndoles un estatuto de perfección total (aunque a algunos de ellos –muy pocos- les hayamos otorgado una "matrícula de honor" (mención que más bien se refiere al extraordinario realce que cobran en el mundo del autor y, desde luego, al pensamiento clarividente que encarnan).

¿De qué modo catalogar a estos personajes como contrarios a la idea del autor y, por tanto, como exponentes indirectos de la filosofía y teología galdosiana?

Por las notas existenciales con que se desenvuelven. En concreto, por la suma y la convergencia de esta serie de actitudes:
- El carácter despótico y cruel en el trato.
- El abuso de los indefensos, particularmente de las mujeres desprotegidas, aprovechándose del propio estatuto social.
- El conservadurismo a ultranza y fanático en lo político y en lo religioso.

- La falsedad y la inmoralidad en la adquisición y disfrute de bienes.
- La infidelidad al propio estado (matrimonial o religioso).
- La actuación intrigante, egoísta y maquiavélica.
- La superficialidad, la banalidad y el utilitarismo en la religión.
- La usurpación de la libertad.
- La vida ociosa, sin trabajo, disfrutando de rentas; sin rendimiento alguno.
- La corrupción y el nepotismo de los políticos y administrativos.
- La violencia de los individuos y de las masas.
- El desprecio de otros por motivos de nobleza o de posición social.
- La insensibilidad y la crueldad hacia los desfavorecidos.
  Etc.

También en el elenco de personajes de este tipo dentro de la obra galdosiana resulta preciso distinguir grados o niveles:

- Los hay que resultan totalmente reprobables a lo largo de toda la trama novelesca. Entre estos habría que recordar, ante todo y por su carácter relevante en las obras, a Doña Perfecta, Doña Juana (de *Casandra*), Elías Orejón, los sacerdotes Pedro Polo, Don Hilario, Juanondón..., Juanito Santa Cruz, Francisco Torquemada, Carlos Navarro, Felicísimo Carnicero, Juan Bragas, Chaperón, Domiciana, Sor Catalina de los Desposorios, las hermanas Porreño, el padre Corchón...

Con el mismo rechazo, aunque ocupan papeles más secundarios, a: Caballuco, los sacerdotes Don Inocencio, Lorente, Putxel..., Tilín, Lope Garrido, el matrimonio Requejo, Mosén Antón, Jacoba Zahon, el fraile Marañón, la Sanguijeruela, etc.

- Otros resultan en su trayectoria rechazables, pero manifiestan en su haber alguna clase de atenuante o alguna deriva que pudiera eximirles en parte (al final de su vida) de toda la negatividad acumulada. Sería el caso de Pablo (en *Marianela*), José María Bueno y Guzmán, Conde de Feramor, Doña Paca, Amaranta o la Condesa Rumblar, Luis Santorcaz, el sacerdote José Fago, el Padre Paoletti, Cruz del Águila, Juan Bringas, Sor Teodora de Aransis, o incluso (a pesar de la dificultad en exculparlos), Cruz del Águila, el general Cabrera, Isidora (*La desheredada*), etc.

Tabla sugeridora de IDENTIFICACIONES "Galdós – personajes".
Personajes – base reveladores del pensamiento galdosiano.

Esta Tabla debe interpretarse a la luz de lo que acabamos de exponer en este capítulo de nuestro trabajo sobre el problema de la identificación - desidentificación. Es decir, en un sentido u otro ningún personaje de los que vamos a reseñar es ajeno al ser mismo del autor, a su mentalidad y a sus sentimientos. La forma de tratar cada tipo es reveladora de lo que se abraza o de lo que se rechaza; incluyendo de manera expresa también la dimensión de religiosidad y de fe cristiana como confesión personal firme o como búsqueda sincera y crítica.

La puntuación que se da a cada individuo es convencional; quiere indicar la relevancia que tiene en la producción literaria y su nivel de significatividad del pensamiento de Galdós, partiendo sólo de los datos con que esa figura es tratada y dibujada en la obra a la que pertenece. En ningún caso se emite aquí un juicio ético del personaje.

El recuerdo de las fechas de aparición de la obra puede ayudar a verificar la coherencia del pensamiento del autor a lo largo de toda su creación.

Personajes de identificación fuerte o notable con Galdós.

(Asignamos a cada uno cierta puntuación convencional sobre 10)
Con fuerte identificación (entre 10 y 7 puntos):

- De las Novelas independientes:

Lázaro (9). *La fontana de oro* (1870). Joven, sencillo, desprotegido, liberal, fiel, pobre.
Clara (8). *La fontana de oro*. Joven, desprotegida, esclavizada por entornos familiares.
Martín Fdez. Muriel (8). *El audaz* (1871). Joven, maltratado, revolucionario liberal, enloquecido.
Horacio Reynolds (9). *Rosalía* (1872). Joven anglicano sacerdote. Leal, intachable. Liberal
Pepe Rey (9). *Doña Perfecta* (1876). Joven ingeniero, honrado, liberal.
Gloria Lantigua (8). *Gloria* (1876). Joven, espíritu abierto, sometida a la religión.
Daniel Morton (8). *Gloria*. Joven, judío, rico, enamorado de Gloria.
Marianela (10). *Marianela* (1878) Casi niña, pobre, desprotegida de la familia, mística.
León Roch (8). *La familia de León Roch* (1878) joven, burgués, increyente, liberal.
Augusto Miquis (8). *La desheredada* (1882). Joven, justo, sabio, liberal.
Amparito (9). *El doctor Centeno* (1883) y *Tormento* (1884) Desprotegida, maltratada, débil.
Felipín Centeno (8). *El doctor Centeno*. Pobre, desprotegido, bueno, pícaro,

autodidacta.
Ido del Sagrario (7). *El doctor Centeno*. Padre de familia, mísero empleo, bueno, pobre.
Máximo Manso (8). *El amigo Manso* (1883). Profesor, justo, liberal.
Irene (7). *El amigo Manso*. Joven, institutriz, oprimida por el entorno.
Fortunata (9). *Fortunata y Jacinta* (1885-87). Desprotegida, pobre, clase muy popular, engañada.
Jacinta (8). *Fortunata y Jacinta*. Burguesa, casada, fiel, engañada.
Maximiliano Rubín (7). *Fortunata y Jacinta*. Joven enfermizo burgués, fiel.
Mauricia la Dura (7). *Fortunata y Jacinta*. Amiga de Fortunata, pobre, noble, enloquecida.
Guillermina Pacheco (8). *Fortunata y Jacinta*. Santa de la caridad. Buen y normal.
Ramón Villamil (8). *Miau* (1888). Casi anciano. Cesante de empleo.
Luisito Cadalso (7). *Miau*. Niño. Nieto de Ramón Villamil, soñador, marginado.
La tía Roma (7). *Torquemada en la hoguera* (1888). Sirvienta de Torquemada, sensata.
Ángel Guerra (9). *Ángel Guerra* (1890) Militar revolucionario, convertido, fogoso.
Leré (Lorenza) (10). *Ángel Guerra*. Niñera. Religiosa. Mística cristiana. Íntegra.
Dulce Nombre (7). *Ángel Guerra*. Amante apasionada, pobre, paciente.
Juan Casado (7). *Ángel Guerra*. Sacerdote bueno, sabio, atípico, agricultor.
Don Tomé (6). *Ángel Guerra*. Sacerdote bueno. Compañero de pensión de Ángel.
Tristana (8). *Tristana* (1892) Joven huérfana, maltratada.
Gamborena (9). *Torquemada y San Pedro* (1895). Sacerdote sabio, fiel, guía, ilustrado.
Nazarín (10). *Nazarín*. (1896) Sacerdote santo, totalmente atípico.
Andara (7). *Nazarín*. Pobre, fiel. Compañera apostólica de Nazarín.
Beatriz (7). *Nazarín*. Pobre, fiel. Compañera apostólica de Nazarín.
Catalina de Artal, Condesa de Halma (9). *Halma* (1896). Noble. Viuda. Mística cristiana.
José Antonio Urrea (7). *Halma*. Burgués. Primo de la condesa. Convertido.
Manuel Florez (8). *Halma*. Sacerdote sabio, justo.
Benigna (Señá Benina) (10 M/H). *Misericordia* (1897). Anciana. Sirvienta. Mendiga. Caridad heróica.
Conde de Albrit (8). *El abuelo* (1897). Noble. Pobre. Libre. Liberal.

Rosaura (7). *Casandra* (1905). Madre. Caritativa. Creyente.
Tarsis (7). *El caballero encantado* (1909) Joven. Bohemio.

- *De Los Episodios Nacionales:*

Gabriel de Araceli (10). *Trafalgar* (1873) y *Serie Primera*. De niño a adulto.
Humilde. Militar. Honradísimo.
Inés (9). Desde *La Corte de Carlos IV* (1873). Niña – joven. Humilde. Perfecta.
Marcial (7). *Trafalgar*. Marinero. Honrado.
Mariquilla Candiola (8). *Zaragoza* (1874) Parecida a Inés.
Agustín (8). *Zaragoza*. Parecido a Gabriel.
Andresillo Marijuán (7). *Gerona* (1874) Parecido a Gabriel.
Siseta (8). *Gerona*. Parecida a Inés.
Juan Martín el Empecinado (7). *Juan Martín el Empecinado* (1874) Guerrillero.
Salvador Monsalud (10). *El equipaje del Rey José* (1875) y *Segunda Serie*. Humilde. Creciente madurez. Luchador liberal.
Sola (Solita) (10 M/H). Desde *El Grande Oriente* (1876). Joven. Humilde. Perfecta.
Patricio Sarmiento (9). Segunda serie de E.N. Maestro pobre. Quijote liberal. Gran creyente.
Benigno Cordero (8). Desde *El terror de 1824* (1878). Comerciante. Amigo de Salvador y de Sola. Viudo con hijos pequeños.
Fernando Calpena (10). *Mendizábal* (1898) y *Tercera Serie*. Joven. Apasionado. Liberal.
Narciso Vidaurre (10). *Mendizábal*. Sacerdote santo, educador, ilustrado, padre.
Pepe Hillo (8) . Desde *De Oñate a La Granja* (1898). Sacerdote. Liberal. Listo.
Demetria (9). Desde *De Oñate a La Granja*. Joven. Burguesía campesina. Perfecta. Huérfana.
Gracia (7). Desde *De Oñate a La Granja*. Hermana menor de Demetria.
Beltrán de Urdaneta (8). *La campaña del Maestrazgo* (1899). Noble. Anciano. Liberal. Independiente y aventurero.
Santiago Íbero padre (9). *Vergara* (1900). Militar. Liberal. Amigo de Fernando.

Montes de Oca (8). *Montes de Oca* (1900). Militar. Liberal moderado. Idealista.
Lucila Ansúrez (8). *Narváez* (1903). Joven. Popular. Máxima belleza.
Gracián (Tomín) (8). *Los duendes de la camarilla.* Militar modesto. Liberal.
Juan Santiuste (Confusio) (8). *O'Donnell. Aita Tettauen* (1904). Ilustrado. Aventurero.
Diego Ansúrez (7). *Carlos IV en La Rápita. La vuelta al mundo en La Numancia.* (1905) Pobre. Aventurero. Liberal
Santiago Íbero hijo (7). *España sin rey* (1907) Aventurero. Liberal.
Mari Clío (La Madre) (8) Desde *El caballero encantado* y en Quinta Serie de Episodios. Mujer. Edad variante. Abstracción surrealista: "Historia española".
Narciso Vidaurre (8). *Mendizábal.* Sacerdote que educó a Fernando Calpena.

- Del teatro:

Victoria (7). *La loca de la casa.*(1893). Renuncia a su vocación religiosa por sacrificio.
Rosario, Duquesa de San Quintín (8). *La de San Quintín* (1894). Aristócrata sin superioridad de clase. Buena, normal. Liberal. Independiente.
Víctor (7). *La de San Quintín.* Liberal e independiente. Honrado. Obrero.
José León (Martín Bravo) (7). *Los condenados.*(1894) Perseguido injustamente.
Salomé (7). *Los condenados.* Joven, fiel, independiente.
Santiago Paternoy (8). *Los condenados.* Magnánimo, justo.
Isidora Rufete (7). *La desheredada* (1883). Desgraciada al máximo.
Isidora (9). *Voluntad* (1895). Luchadora, fiel.
Electra (9). *Electra.* Joven independiente, de extraordinaria pureza en el amor y fiel a su conciencia moral y religiosa.
Máximo (8). *Electra.* Viudo con dos niños, enamorado de "Electra". Liberal.
Pablo Cienfuegos (7). *Alma y vida* (1902). Revolucionario, idealista.
María (9). *Mariucha* (1902). Luchadora, independiente, fiel.
León (7). *Mariucha.* Joven, convertido, liberal.
Don Rafael.(8) *Mariucha.* Sacerdote del pueblo. Abierto, valiente, pastor, fiel.

Eliséa (8). *Amor y ciencia* (1905). Religiosa, abierta, servicial eficaz.
Pedro Minio (7). *Pedro Minio* (1908). Residente tercera edad. Abierto. Krausista.
Casandra (8). *Casandra* (1913). Maltratada, luchadora, violenta.
Alceste (8). *Alceste* (1914). Reina griega. Sacrifica su vida por salvar al reino y al rey.
Juana de Castilla (9). *Santa Juana de Castilla*. Erasmista. Maltratada por la corte..
Sor Simona (8). *Sor Simona*. Religiosa entregada a los pobres. Natural.
Antón Caballero (7). *Antón Caballero* (1918). Revolucionario, vengador, convertido.

Los personajes citados son ochenta y tres.

Con Identificación media (entre 6.5 y 5 puntos):
-De las Novelas independientes:

Claudio Bozmediano (6). *La Fontana de Oro*. Joven, militar, honrado, algo liberal.
Rosario (6.5). *Doña Perfecta* (1876). Joven. Oprimida por el entorno. Frágil.
Rosalía (6). *Rosalía*. Joven. Oprimida por el entorno. Frágil.
Buenaventura Lantigua (6). *Gloria*. De la familia Lantigua. Único medio liberal.
Teodoro Golfín (6). *Marianela*. Oftalmólogo eminente. Creyente. Abierto. Sabio.
María Sudre (4.5). *La familia de León Roch*. Joven. Casada. Oprimida por el entorno.
Alejandro Miquis (6). *El doctor Centeno*. Joven, anárquico, bohemio, bueno, enfermo.
Isidora (6). *La desheredada*. Joven, enajenada, pobre, enloquecida.
Joan Bou (6.5). *La desheredada*. Burgués, honrado, simple.
Padre Nones (6.5). *Tormento* (1884). Sacerdote sabio, bueno.
Rafael de Águila (6). *Torquemada en la cruz* (1893). Joven burgués. Honrado.
Fidela de la Cruz (5). *Torquemada en el purgatorio. Torquemada y San Pedro* (1894 y 1895). Casada. Sufrida.
Gamborena (6.5). *Torquemada y San Pedro*. Sacerdote. Prudente, justo.
Don Pito (5.5). *Ángel Guerra* (1881). Pobre. Bohemio.

Lucía (6). *Ángel Guerra*. Pobre. Pobre. Ciega.
"El sacrílego" (6). *Nazarín*. (1896). Delincuente ladrón.
Leonor, La Peri (6). *La incógnita*.(1888). Prostituta buena, fiel.
Federico Viera (5). *La incógnita*. Bohemeio, liberal, buen corazón.
Almudena (6). *Misericordia* (1897). Mendigo. Ciego. Marroquí. Tiñoso.
Francisco Ponte (5). *Misericordia*. Pobre vergonzante.
Nelly y Dolly (5). *El abuelo* (1897). Niñas.
Pío Coronado (6). *El abuelo*. Anciano maestro frustrado.
Tarsis (6). *El caballero encantado* (1909). Joven, sin identidad propia clara.

-De Los Episodios Nacionales:
Pepita González (5). *La Corte de Carlos IV* (1873). Actriz.
Don Celestino (5.5). *La Corte de Carlos IV*. Sacerdote. Pobre. Simple.
Santiago Fernández (El Gran Capitán) (6.5). *Bailén* (1873). Anciano. Patriota.
Nomdedeu (6.5). *Gerona* (1874). Anciano. Bueno.
Josefina (6). *Gerona*. Joven. Sencilla. Recuerda a Inés.
Fermina (6). *El equipaje del rey José* (1875). Madre soltera. Humilde.
Genara (5). Desde *El equipaje del rey José*. Seductora.
Zumalacárregui (6.5). *Zumalacárregui* (1898). General carlista.
Juan Álvarez Mendizábal (5.5). *Mendizábal* (1898). Político. Masón.
Aura (6). Desde *Mendizábal*. Joven. Bella. Insegura.
Churi Arratia (6). *Luchana* (1899). Joven. Extraño. Vasco.
Zoilo Arratia (6). *Luchana*. Joven. Apasionado. Vasco. ¿Liberal?
Bartolomé Espartero (6). *Luchana*. General liberal.
Saloma (6.5). *La campaña del Maestrazgo* (1899). Joven. Sencilla.
Bartolomé Galán (6.5). *La campaña del Maestrazgo*. Joven. Militar bajo grado.
Marcela (5.5). *La campaña del Maestrazgo*. Monja peregrina. Extraña.
Pilar (5). Desde *La estafeta romántica* (1899). Alta nobleza. Madre oculta.
Rafael Maroto (6). *Vergara* (1900). General carlista. Honrado.
Rafaela Milagro (6). *Montes de Oca* (1900). Clase media. Seductora.
Cristina (5). *Los Ayacuchos* (1900). Reina Regente.
Don Matías (6.5). *Los Ayacuchos*. Sacerdote. Bueno. Liberal.
Narváez (5). *Bodas Reales* (1901). Militar. Político. Medio liberal.
Bruno Carrasco (5). *Bodas reales*. Político arribista provinciano.
Leandra (6). *Bodas Reales*. Esposa de Bruno. Fantasiosa. Desarraigada.
Pepe Fajardo (6.5). Desde *Tormentas del 48* (1902). Burgués. Ocioso. Extraño.

Mª Eugenia de Amparán. (6). *Tormentas...* Casada por imposición familiar.
Jerónimo Ansúrez (6). *Los duendes de la camarilla* (1903). Padre de clan rural independiente. Libre.
Virginia (6). *La revolución de julio* (1904). Joven. Independiente. Empobrecida.
Leoncio Ansúrez (6). *La revolución de julio.* Joven. Independiente. Pobre.
Vicente Halconero padre (5). *Los duendes de la camarilla.* Rico campesino.
Teresa Villaescusa (6.5). *O'Donnell* (1904). Dominada y rentabilizada por su madre.
Vicente Halconero hijo (6). *España sin rey* (1907). Joven. Liberal.
Emilio Castelar (6). *España sin rey.* Político. Orador.
Toribio (6). *Aita Tettauen* (1904). Capellán castrense Africa. Extraño.
El Nasiry (Gonzalo Ansúrez) (5). *Aita Tettauen.* Renegado. Déspota.
Donata (6.5). *Carlos IV en la Rápita* (1905). Joven. "Protegida" de un sacerdote.
Belisario (5). *La vuelta al mundo en La Numancia* (1906). Marinero. Libre.
Fenelón (5). *La vuelta al mundo...* Marinero. Moralidad ambigua.
Binondo (5). Idem. Rudo y claro, de espíritu noble.
Prim (6). *Prim* (1906). General. Liberal. Político.
Isabel II (5). *La de los tristes destinos* (1907). Reina. Incierta.
Fernanda Íbero (6.5). *España sin rey.* Joven. Maltratada en el amor.
Wifredo (6). *España sin rey.* Caballero. Pobre. Quijotesto.
Segismundo García Fajardo (5) *España sin rey.* Joven. Libertino.
Tito (6). Desde *Amadeo I* (1910). Joven. Pequeño. Mujeriego. Extraño.
Leonarda (6). *De Cartago a Sagunto.* Prostituta.

- *Del teatro:*
Bárbara (6). *Bárbara.* Viuda. Noble. Secuestrada por el poder. Sacrificada.
Leonardo *(6). Bárbara.* Caballero español. Sacrificado.
Berenguer (5). *La fiera.* Revolucionario liberal. Convertido al pacifismo.
Susana (5). *La fiera.* Joven, independiente.
Marqués de Ronda (5). *Electra.* Noble justo que libera a Electra.
Celia (6). *Celia en los infiernos.* Joven independiente. Renuncia a su status social.
Pastor (5). *Celia...* Ayo de Celia. Persona buena y prudente.
Leoncio (5). *Celia...* Obrero, pobre. Honrado. Libre.
Esther (5). *Celia...* Familiar de Celia. Pobre. Inocente. Libre.
Laura (5). *Alma y vida.* Noble. Angustiada y desalentada, a pesar del amor.

Guillermo Bruno (6). *Amor y ciencia.* Médico. Converido. Entregado a los demás.
Marqués de los perdones (5). *Pedro Minio.* Noble. Educador y gestor liberal.
Sor Luisa (6). Idem.
Alejandro (6). *La razón de la sin razón.* Joven. Confuso. Fiel. Libre.
Don Hilario (5). *La razón...* Sacerdote. Bueno. Equívoco.
Pelegrín (6). *El tacaño Salomón.* Honrado. Inteligente. Magnánimo.
José Salomón (6). *El tacaño Salomón.* Inteligente. Bueno.
Francisco de Borja (6.5). *Santa Juana de Castilla.* Sabio religioso bueno y abierto.
Atenaida (6.5). *La razón de la sinrazón.* Maestra. Inteligente luchadora.
Eugenia (6). *Un joven de provecho.* Joven. Ingenua.
Los personajes citados son noventa y dos.

2. *Personajes de desidentificación total. Galdós se aleja de ellos.*
Sus ideas y sus planteamientos existenciales son rechazados claramente (con mayor o menor rotundidad). El pensamiento del autor es exactamente el contrario a lo que estos representan; y en este sentido (de "lo opuesto") lo expresan.
En esta serie la puntuación es: *MR = máximo rechazo /* ® = *rechazo.*

- *De las Novelas independientes:*

Elías Orejón (MR) *La fontana de oro.* Fanático. Prepotente. Espía traidor.
Porreño (Pari Paz, Salomé, Paulina) (MR). *La fontana de otro.* Intrigantes, dominadoras, beatas, falsa mística)
Lorenzo Segarra (MR). *El audaz. Historia de un radical de antaño.* Falso. Secretario.
Conde de Cerezuelo (MR). *El audaz.* Aristócrata. Cruel. Fanático. Solitario.
Susana Cerezuelo ®. *El audaz.* Orgullosa, suficiente.
Fray Jerónimo de Matamala (MR). *El audaz.* Intrigante, cruel, fanático.
Padre Corchón (MR). *El audaz.* Cruel, aburguesado, fatuo, fanático.
Juan Crisóstomo ®. *Rosalía.* Fanático ultraconservador. Ingenuo. Algo avaro. Tirano.
Romualda (MR). *Rosalía.* Intrigante alcahueta. Falsa. Cruel.
Buenaventura Rotondo (MR). *El audaz.* Intrigante. Falso.
Doña Perfecta (MR). *Doña Perfecta.* Viuda. Integrista. Perversa.
Don Inocencio (MR). *Doña Perfecta.* Sacerdote. Prepotente. Ultra conservador. Cómplice de asesinato.
Caballuco ®. *Doña Perfecta.* Sirviente. Brutal. Asesino.
Don Juan Lantigua ®. *Gloria.* Hacendado. Integrista. Dominador.

Don Ángel ®. *Gloria.* Obispo. Integrista y "político" eclesiástico.
Pablo ®. *Marianela.* Joven. Invidente. Infiel al amor de Marianela.
Florentina ®. *Marianela.* Campesina. Tirana.
Padre Paoletti (MR). *La familia de León Roch.* Sacerdote. Manipulador espiritual.
Los marqueses de Tellería ®. *La familia de León Roch.* Aristócratas. Orgullosos.
Sanguijeruela ®. *La desheredada.* Egoista, zafia, dura.
Marquesa de Aransis ®. *La desheredada.* Aristócrata. Soberbia. Dura.
Pedro Polo (MR). *Doctor Centeno. Tormento.* Sacerdote. Cruel. Degenerado.
Rosalía ®. *Tormento. La de Bringas.* Orgullosa. Insensata, derrochadora, infiel.
Francisco Bringas Thiers.(R) *La de Bringas.* Meticuloso, dominador, avaro.
Tía Cándida ®. *El amigo Manso.* Dominadora, insensible.
José Mª Bueno Guzmán (MR). *Lo prohibido.* Deshonesto. Cínico. Adúltero.
Eloísa ®. *Lo prohibido.* Casada infiel. Derrochadora.
Juan Santa Cruz (MR). *Fortunata y Jacinta.* Falso. Seductor. Infiel. Ocioso. Lujo.
Doña Lupe, la de los pavos.(R) *Fortunata y Jacinta.* Dominadora, intrigante.
Victor Cadalso ®. *Miau.* Falso. Seductor. Mal padre.
Augusta Cisneros ®. *La incógnita.* Infiel.
José Bailón ®. *Torquemada...* Sacerdote. Indigno.
Lope Garrido (MR). *Tristana.* Burgués. Dominador cruel. Abuso sexual.
Cruz de Águila ®. *Torquemada...* Mujer edad mediana. Intrigante. Dominadora.
Conde de Feramor ®. *Halma.* Noble. Soberbio. Integrista.
Doña Paca ®. *Misericordia.* Burguesa. Pobre vergonzante. Falsa. Ingrata.
Lucrecia ®. *El abuelo.* Noble. Soberbia. Integrista. Dura de corazón.
Don Carmelo ®. *El abuelo.* Cura del pueblo. Zafio, comilón.

- De los Episodios Nacionales:
Amaranta ®. *La Corte de Carlos IV.* Noble. Dominadora. Soberbia. Intrigante.
Los Requejo (MR). *19 de marzo y 2 de mayo.* Comerciantes. Crueles. Tiranos.
El licenciado Lobo ®. *19 de marzo...* Político bajo. Conservador. Corrupto. Cruel.
Juan Ferragut ®. *Gerona.* Canónigo. Duro, inclemente.
Condesa Rumblar ®. *Cádiz.* (Como Amaranta).

Mosén Antón (MR). *Juan Martín el Empecinado.* Sacerdote guerrillero. Indigno.
Celestino Malvar. Idem.
Miss Fly ®. *La batalla de los Arapiles.* Joven. Intrigante.
Fernando "Garrote" ®. *El equipaje del rey José.* Cacique. Seductor. Integrista.
Miguel de Baraona ®. Segunda serie. Integrista radical. Padre de Sola.
Carlos Navarro (MR). Desde *El equipaje...* Militar absolutista, carlista. Integrista. Enorme dureza de corazón.
Juan Bringas (Pipaón) (MR). Desde *Memorias de un cortesano de 1815.* Político bajo. Corrupto. Traidor.
Fernando VII (MR). *Segunda Serie de Episodios.* Rey. Inepto. Traidor.
Francisco Chaperon (MR). *El terror de 1824.* Conservador. Policía. Cruel.
Marañón (MR). *El terror de 1824.* Fraile. Indigno. Cruel.
Vinuesa ®. *El Grande Oriente.* Sacerdote. Indigno.
Sor Teresa de Aransis ®. *Un voluntario realista.* Monja. Dominante. Infiel.
Tilín (Pepe Armengol) ®. *Un voluntario realista.* Sacristán. Irreverente. Integrista.
Carlos Isidro ®. *Los Apostólicos.* Pretendiente. "Rey" carlista. Simple.
Felicísimo Carnicero (MR). *Los Apostólicos.* Comerciante. Avaro. Cruel.
Tablas ®. *Un faccioso más y algunos frailes menos.* Empleado. Corrupto.
José Fago ®. *Zumalacárregui.* Sacerdote y militar estratega.
María Tirgo ®. *Luchana.* Nobleza campesina. Intrigante. Egoista.
Juana Teresa ®. *La estafeta romántica.* Idem.
Jacoba Zahón ®. *Mendizábal.* Comerciante. Intrigante. Cruel.
Prudencia ®. *Luchana.* Comerciante. Intrigante. Egoista.
Ramón Cabrera (MR). *La campaña del Maestrazgo.* General carlista. Extraño.
Lorente, Putxel y Escoriuela (MR). *La campaña del Maestrazgo.* Sacerdotes guerrilleros.
María de las Nieves (MR). *De Cartago a Sagunto.* Comandante carlista. Cruel.
Sor Catalina de los Desposorios (MR). *Tormentas del 48.* Monja. Intrigante.
Sor Patrocinio de las llagas (MR). *Narváez.* Monja pseudomística. Política.
Domiciana (MR). *Los duendes de la camarilla.* Ex monja. Comerciante.
Martín Merino ®. *Los duentes...* Sacerdote. Revolucionario político.
Toribio ®. *Aitta Tetauen.* Sacerdote castrense.
Guillermo de Aransis ®. *O'Donnell.* Joven. Integrista.
Don Juanondón (Arcipreste de Talavera) (MR). *Carlos IV en La Rápita.*

Sacerdote. Cacique. Falso. Mujeriego. Carlista.

Don Hilario (MR). *La Primera República.* Sacerdote. Oscuro. Mujeriego. Cruel.

- Del teatro:

Juan Tremp (MR). *La fiera.* Absolutista. Cruel.

Pantoja (MR). *Electra.* Dominador fanático religioso.

Evarista (MR). *Electra.* Cómplice de "Pantoja"

Doña Juana (MR). *Casandra.* Tirana rica. Máxima perversión de la justicia y de la religiosidad.

Rogelio ®. *Casandra.* Infiel. Cobarde

Moncada ®. *La loca de la casa.* Hombre débil. Consiente por interés lo injusto.

José María Cruz (Pepet) (MR). *La loca de la casa.* Tirano. Cruel.

Demetrio (MR). *Bárbara.* Tirano. Cruel.

Horacio (MR). *Bárbara.* Inmoral. Político adulador.

Dióscoro (MR). *La razón de la sinrazón.* Magnate. Corrupto. Tirano.

Pánfilo ®. *La razón...* Semejante a Dióscoro.

Pheres y Erecta (MR). *Alceste.* Abuelos. Egoistas.

Paulina ®. *Amor y ciencia.* Aristócrata. Soberbia. Convertida.

Infante ®. *Realidad.* Falso amigo. Difamador. Corrompido.

Augusta ®. *Realidad.* Esposa infiel incapaz de confesar su falta. Mentirosa.

Don Pelayo y Malva (MR). *Antón Caballero.* Caciques. Usurpadores. Dominantes.

Alejandro (MR). *Un joven de provecho.* Corrupto político. Falso amante.

Los personajes citados (selectivamente) son noventa y dos.

Junto a estos personajes hay una galería amplia de tipos de escasa talla moral (no exentos de algunos valores) con los que el autor convive. A estos los admite como son; apenas los juzga. Ni los aprueba ni los condena. Reflejan sencillamente la condición humana, una condición que abraza con cierta ternura y respeto, pero cuya ideología no comparte. O, al menos, no se define sobre ella.

Aunque la enumeración que acabamos de hacer tenga un carácter convencional y peque de subjetivismo en la apreciación (y, sobre todo, en la evaluación que la acompaña), no cabe duda de que el elevadísimo número de personajes queridos por el autor y dotados de cualidades claras (82+91= 173) y el también crecido elenco de figuras que rechaza (90) permiten una notable aproximación a su pensamiento; especialmente cuando los valores se explicitan en boca de los protagonistas y en comportamientos que son ensalzados o rechazados.

5. La obra de Galdós como literatura teológica

¿Intentó Galdós con sus obras -a lo largo de ellas, durante cincuenta años- ofrecer también una reflexión teológica (de signo cristiano) sobre la condición humana individual y colectiva y sobre el cristianismo, con ánimo de brindar tal pensamiento a los españoles y, de modo particular, al catolicismo español de los siglos XIX y XX?

Aun en el caso de que no constara explícitamente esa pretensión, ¿se puede extraer de sus obras una reflexión teológica importante, respetando la contextura literaria de las mismas?, ¿podemos –incluso- hablar en ellas de una espiritualidad de serio calado evangélico, susceptible de ser desarrollada, es decir, de una teología capaz de diseñar la identidad cristiana y eclesial? Y, si se verificara esta hipótesis, ¿qué interés hermenéutico podría tener, además, la elaboración de esa "teología galdosiana" en los momentos actuales?

1. De la pregunta sobre el hombre a la perspectiva teológica en la obra de Galdós.

Toda la obra de Galdós, absolutamente toda, es una honda pregunta sobre el ser humano en su condición histórica real y –desde ahí- sobre su tremenda condición existencial como individuo y como colectividad. Tras el discurso estético y narrativo aparecen siempre las cuestiones fundamentales sobre el sentido del vivir y del ser y de los condicionamientos que actúan en el desenvolvimiento, en la salvación o en la perdición de la persona. El principio orteguiano del "yo y sus circunstancias" tiene ya plena vigencia en el escritor canario.

La pregunta sobre la realidad enigmática y sobre el sentido le conduce al problema religioso, sin discontinuidad alguna. La fe y la salvación y sus mediaciones históricas son temas inherentes a la persona, y brotan con normalidad –y con su tremenda complejidad- a lo largo y ancho de los escritos. No son cuestiones paralelas y –menos aún- secundarias en la concepción del mundo galdosiano.

La amplitud y dificultad de los asuntos religiosos que surgen (al considerar esa realidad integral de la persona) es lo que va a suscitar nuestra reflexión teológica.

Sobre la condición teológica de la obra de Galdós.

¿También a los literatos escriben teología, es decir discurso sobre Dios y su incidencia en lo humano?

Veamos la cuestión despacio.

Evidentemente Galdós no es teólogo y, sin embargo, llega a serlo. Las dos cosas al mismo tiempo. No lo es de profesión; menos aún de psicología clerical o de interés por alguna sistematización teórica de la fe cristiana. No es de esperar tampoco en él el rigor y la exactitud de los términos empleados; incluso podríamos desear una alusión más explícita a la figura de Jesús en las experiencias religiosas abundantes de sus personajes (experiencias que con frecuencia se refieren sólo y directamente a Dios).

Pero sí es teólogo –y teólogo cristiano- en cuanto que, primero, toda su obra es un excepcional diseño de la espiritualidad evangélica, desarrollando una sorprendente y excepcional sensibilidad y sintonía respecto a las esencias evangélicas; y, segundo, el Dios preferente de sus héroes es el Dios de Jesucristo. Y a partir de estas dos premisas traza el análisis –siempre novelado- de los grandes temas del mensaje del Cristianismo, desde una libertad crítica y un análisis detenido y realista de las personas y de los hechos, no exento de colorido y de belleza.

Verificaremos estas afirmaciones en la tercera parte de este libro.

En este sentido, advirtamos que su visión integrada de la identidad religiosa cristiana puede ofrecer un interés máximo para todos, creyentes y no creyentes; porque indica un camino justo para situar pacíficamente posturas contrapuestas, superando dualismos antagónicos (viscerales e ideológicos) que nos llevaron a las guerras de religión hasta muy entrado el siglo XX, y que posiblemente son la causa del laicismo cómodo y trasnochado que padece hoy en buena medida la sociedad española.

Es importante para nosotros señalar que Galdós, maestro nato, hace esa propuesta de fuerte nivel teológico empleando una acertada metodología.

Por una parte, con la sutileza del literato, ayudándonos a descartar de nuestra valoración y afecto los personajes de connotación religiosa negativa que resultan nefastos y que son, desde luego, anticristianos (lista interminable que encabezan Doña Perfecta, Torquemada, Serafinita Lantigua, Doña Juana (de Casandra), Pedro Polo, Juan Crisóstomo…, en las novelas independientes; los hermanos Requejo, Pipaón, Carlos Navarro, Juan Hondón, el caudillo carlista Ramón Cabrera, Pantoja, un buen número de clérigos, etc en los Episodios Nacionales)… En general, falsos creyentes, profesionales de la religión, espíritus posesivos y dominadores, tiranos crueles.

Y, por otra, a la vez, llevándonos a admirar, amar e integrar otra serie de protagonistas inolvidables, pintados con trazos enérgicos y descritos con detenimiento, que van ganando en claridad, en fe y en absolutos valores humanos y cristianos, aunque nunca dejen de padecer la condición agónica del creyente. Son los héroes de las cuatro primeras series de Episodios y un buen número de personajes de las novelas independientes (especialmente en las de fuerte espiritualidad). A ellos –en cuanto portadores de significación teológica- nos referiremos primordialmente a lo largo del trabajo.

Planteamientos previos. Literatura y teología.

Antes de hablar del literato Galdós y de su pensamiento religioso, coviene establecer (a nivel teórico, al menos) la posible concordancia entre el cuerpo de una literatura dada (la española y la europea, por ejemplo) y los estudios teológicos que habitualmente desbordan la limitación geográfica y temporal.

En una primera aproximación al tema podemos comprobar que *el discurso teológico existe en las obras señeras de una literatura y no pertenece sólo al patrimonio eclesiástico.*

Daniel Gautier, ensayista galdosiano, reivindicando el carácter de teólogo para F.de Lamennais, hace una defensa firme de la posible e imprescindible condición teológica de numerosos literatos y ensayistas no eclesiásticos. [114]

Son muchos los autores, especialmente en la literatura española, que, tal vez sin pretender una elaboración religiosa, incluyen en sus escritos sorprendentes análisis de los grandes temas creyentes, tanto en la prosa como en la lírica poética y en el teatro. Muestran problemas de fe básicos, se hacen

---

[114] *"Comment accepter de se voir donner de leçons de miséricorde par un laïc anticlerical qui ne songe qu´à ternir l´image de 'notre Sainte Eglise', penseraient certains? Le monde spirituel est-il réservé aux seuls éclesiastiques ou bien est-ce l´affaire de tous?... La litérature a beaucoup fait ces derniers temps pour rendre le spirituel accesible à tous, Des auteurs français comme Bernanos, Péguy, Claudel... ont apporté beaucoup à la spiritualité chrétienne..."* (DANIEL GAUTIER, *Lamennais – Galdós, ou comment réconcilier l´Eglise el le peuple d´après deux prophètes 'étranges'"* . R. Isidora, nº 17, pág. 96). En el mismo sentido podríamos citar nosotros (limitándonos al XIX-XX) a Unamuno, Ortega y Gasset, Julián Marías, Pedro Laín Entralgo, José Luis Aranguren…, y -en el campo estrictamente literario. Juan Ramón Jiménez, Gerardo Diego, Luis Rosales, León Felipe, el mismo Federico G. Lorca y, en la cima de todos ellos desde el punto de vista que nos atañe, Galdós.

eco de hondos sentimientos religiosos y aventuran interpretaciones e intuiciones admirables de los misterios cristianos. Aunque la hondura y la amplitud de sus planteamientos conceptuales vengan condicionadas por la preparación personal del autor y por la estructura literaria de cada obra. [115]

Pongamos un ejemplo. El romance *San Gabriel* de Federico García Lorca (en el *Romancero gitano*), ensalzamiento de la figura simbólica del arcángel y de la figura histórica de la Virgen (el comienzo de la obra redentora), interpreta el pasaje evangélico de la Anunciación de una manera bellísima, penetrada del misterio de la encarnación y de la pascua de Jesús, con el artificio del diálogo entre el ángel –gitanillo– y María, a la que, de forma única, llama el poeta aquí Anunciación de los Reyes ("bien lunada y mal vestida") evocando así, a la querida patrona sevillana y al marginado mundo gitano.

La literatura se produce, entonces, por el camino del simbolismo, dando corporeidad y trascendencia, devolviendo seguramente al sentir religioso natural y a los grandes temas de la Revelación Cristiana su derecho a una mayor claridad y a suscitar emoción e interés profundo, aun dentro de su inaccesibilidad.

Esto es lo que ocurre –a título de breves ejemplos- en obras como
- *El anuncio a María*, de Paul Claudel, respecto a la Encarnación de Dios en lo humano:
- *Cristo de nuevo crucificado*, de Nikos Kazanzakis, respecto a la Pasión y Muerte de Jesús;
- *Tiempo de espadas*, de Jaime Salóm, respecto a la Última Cena de Jesús;

---

[115] Nos parece normativa (para la investigación de las relaciones entre teología y literatura) la obra ya clásica de Charles MOELLER *Literatura del siglo XX y cristianismo*, Ed. Gredos. Madrid 1970, en varios volúmenes; ver especialmente la introducción al volumen I (*El silencio de Dios*). Otro exponente de esta metodología puede ser el libro *Cuatro poetas desde la otra ladera* de OLEGARIO GONZÁLEZ DE CARDEDAL (TROTTA. MADRID 1996). Y de forma más reducida, *Teología de Antonio Machado*, de JOSÉ MARÍA GONZÁLEZ RUIZ (Sal Terrae. Santander. 1989). Refiriéndonos expresamente a Galdós, debemos remitirnos Al capítulo 4 (*Santa Teresa y el arte religioso*) de la obra de Rubén BENÍTEZ *La literatura española en las obras de Galdós: la función y el sentido de la intertextualidad* (Universidad de Murcia, págs. 95 a 146); el autor agrupa ahí los textos de literatura religiosa y mística de las obras de Galdós en cuatro centros de interés: a) la presencia de textos de la literatura mística española, sobre todo, de Santa Teresa; b) la imitación de la vida de Jesús y de los santos; c) la busca de las raíces orientales del misticismo español; y d) las religiones esotéricas y la demonología (en los escritos de la última etapa).

- *Dios deseado y deseante,* de Juan Ramón Jiménez, *Las moradas,* de Santa Teresa, *La frontera de Dios,* de José Luis Martín Descalzo, y tantos otros, respecto a la comunión con Dios;
- *San Manuel bueno, mártir,* de Miguel de Unamuno, *El león dormido en el invernadero,* de Graham Greene, *Diálogo de carmelitas,* de Georges Bernanos, *La torre sobre el gallinero,* etc., respecto al problema de la fe;
- *Así en la tierra como en el cielo,* de Robert Bolt, *Muerte en la catedral,* de J. Anoüil, *El hereje,* de Miguel Delibes, *Las sandalias del pescador,* de Morris West, etc., respecto a temas eclesiales candentes;
- Los dramas teológicos y los autos sacramentales de nuestros Siglos de Oro respecto a los temas de la salvación y la redención encarnados en el mundo sacramental cristiano. [116]

Al mismo tiempo, verificamos que *el saber teológico que brota en esa literatura abierta a lo Trascendente alcanza una capacidad comunicativa mucho más directa y atrayente que aquella que –lógicamente- tienen los tratados de teología.*

Los escritos teológicos tienen un alcance popular muy limitado o de escaso valor. Incluso resultan fatigosos a sus mismos lectores convencionales. Faltos de cercanía real, de calor humano, de colorido y belleza, de imagen concreta, de dramática. Reducen su ámbito a una minoría eclesiástica selecta. Es decir, si desean que el tema religioso alcance interés, están demandando que exista al menos otra versión que los dote de sorprendente estética lingüística y de encarnación en la vida de los humanos, aun a riesgo de perder contextura orgánica o totalidad en la exposición de los saberes. Y a este reto ha respondido ya la literatura "profana" (término más empleado).

Fijémonos, además, en que toda auténtica literatura abre el camino a la verificación del hecho religioso capital, que en el cristianismo se llama la Encarnación del Verbo; y esto porque la obra verdaderamente literaria

---

[116] Para una visión de conjunto de la perspectiva teológica de nuestro patrimonio literario ver *Religiosidad y cristianismo en la literatura española,* cap. 6 de mi libro *Teoría y didáctica del patrimonio cultural cristiano,* Ed. Universidad de Granada-ICCE. Granada 2006, págs. 201 – 242.

significa una inserción en el devenir humano, se encarna en la humanidad y en su historia total. Tiene, por tanto, en si misma, un valor propedéutico, una orientación hacia el hecho cristiano. El *Cyrano de Bergerac* de Edmond Rostand es una emocionada introducción al himno de la caridad cristiana de la 1ª Carta de San Pablo a los Corintios, cap.13

A la inversa, hay que señalar que la documentación teológica –sobre todo bíblica- ha sido -para numerosos escritores literatos- una fuente excepcional de inspiración lingüística. Tanto, que muchas de sus obras no habrían logrado la perfección lograda sin el recurso a las fuentes de la teología pura, fundamentalmente a la Biblia interpretada con la corrección justa. Podría afirmarse que Galdós, Dostoievski, Tolstoi, Victor Hugo, Bernanos, Claudel, Unamuno, Rilke, Juan Ramón Jiménez, Luis Rosales, etc... escribieron informados de de esa inspiración.

Pues bien, la lectura completa de la creación galdosiana nos permite concluir que en cada obra suya se hallan elementos suficientes para adentrarnos en el pensamiento cristiano en general, ético y religioso, desde perspectivas existenciales; y esto con sorprendentes análisis y desarrollos a lo largo de sus tramas noveladas o escenificadas.[117] Y, a partir de ellos, es posible elaborar un suficiente "cuerpo teológico" respetuoso de las intencionalidades del autor; aun cuando falten en él aspectos importantes de una teología sistemática.

---

[117] Tratan la temática religioso cristiana en Galdós desde una perspectiva general: CASALDUERO, JOAQUÍN, *Naturalismo y espiritualismo en las novelas de Galdós* (En La Nación. Unvd. Deusto, pág. 189-206. 1974), CORREA, GUSTAVO, *El simbolismo religioso en las novelas de Galdós* (Gredos. 1962), *La concepción moral en las novelas de Galdós* Letras de Deusto.n. 8), *El simbolismo mítico en las novelas de Galdós* (Thesaurus. Tomo XVIII. N. 2. 1963), SÁENZ, HILARIO, *Visión galdosiana de la religiosidad de los españoles* (Hispania XX. 1937), SCATORI, S., *La idea religiosa en la obra de Pérez Galdós* (Toulouse. Bibliothéque Franco-Americaine. 1926), MORA GARCIA, JOSÉ LUIS, *Hombre, sociedad y religión en la novelística galdosiana. 1888-1904* Ed. Universidad de Salamanca – Cabildo Insular de Gran Canaria. 1981), RUIZ RAMÓN, FRANCISCO, *Tres personajes galdosianos. Ensayo de aproximación a un mundo religioso y moral* (Revista de Occidente. Madrid 1964), RODGERS, EAMONN, *Liberalismo y religión en Galdós* (Analecta Malacitana XIX. 1. 1996), NOS MURO, LUIS, *Don Benito Pérez Galdós: cultura y religión – religión y cultura* (Pont. Univd. Comillas), GAUTIER, DANIEL, cinco artículos en la revista Isidora, citados a lo largo de este trabajo, SOPEÑA IBÁÑEZ, Federico, *La religión "mundana" según Galdós* (Cabildo Insular de Gran Canaria. Las Palmas 1978)... Ver, así mismo: APARICI, MARÍA PILAR, *Las novelas de tesis de Benito Pérez Galdós*. CSIC. Barcelona. 1982), ÁLVAREZ, S., *El credo de una religión nueva* (Ed. José Esteban. Fund. Banco Exterior. 1987),

2. Condiciones constitutivas del discurso teológico en la obra de Galdós.

¿Cómo construye Galdos un cierto discurso teológico, aun sin quererlo?

Respecto a la aportación y desarrollo de contenidos teológicos en la creación galdosiana podemos observar lo siguiente:

Existe una integración de la temática cristiana esencial en el conjunto de su obra.

La creación literaria de Galdós afronta, sin duda alguna y de forma constante, todos los temas esenciales de la teología cristiana: ante todo, sustancialmente, la ética del Evangelio; junto a ella el problema de Dios (el Dios de Jesucristo), Jesús y sus Misterios centrales[118] -la Encarnación y la Redención-, la vida futura y la salvación eterna. E inserto en ese tejido teológico, el sentido social del cristianismo, de la Iglesia y sus ministerios, de la vida religiosa, del mundo sacramental...

Y parece cumplir una primera condición del carácter teológico cristiano: el tratamiento del pensamiento a partir de la Revelación divina de la que se hace eco el cristianismo y a partir de su tensión existencial en la vida del hombre.

La fundamentación bíblica expresa e implícita de la teología galdosiana.

Las fuentes ideológicas utilizadas por Galdós en el tratamiento de los temas religiosos y creyentes en ningún caso se reducen sólo al pensamiento propio y original del autor (que -por su ascendencia familiar y de infancia- denotaría algún afecto a la tradición cristiana).

La fundamentación de su teología se establece, por un lado, en el conocimiento bíblico al que recurre constantemente con fluidez y acierto a lo largo de los escritos y, por otro, en el eco indudable de la tradición eclesial asentada sobre los orígenes.

Sólo en la novela *Gloria*, por ejemplo, aparecen cuarenta citas bíblicas, y los textos evangélicos cumbre (la Pasión, Muerte y Resurrección) son frecuentemente evocados.[119]

---

[118] Empleamos la palabra "Misterio" (o "Misterios") en el sentido de la teología cristiana, refiriéndose no a "enigma" sino a acontecimientos en la trayectoria de Jesús de Nazaret que desbordan las categorías históricas y denotan su acción transcendente a favor del hombre y de la historia humana.

[119] GUSTAVO CORREA hace un estudio completo y extraordinariamente interesante de la dimensión bíblica de *Gloria* en el capítulo III de su libro *El simbolismo religioso en las novelas de Pérez Galdós´* (o.c., págs. 49 a 62). Con el título *Elementos bíblicos en ´Gloria´* analiza la encarnación de paradigmas del Antiguo y del Nuevo Testamento en

Con extensión y profundidad admirables aparece el Nuevo Testamento y algunas partes del Antiguo en la novela *Misericordia*. La estructura misma de la obra manifiesta de algún modo el Evangelio según San Mateo y las citas principales del mismo contribuyen o inspiran el desarrollo de la trama. Cinco de ellas se toman del Sermón de la Montaña (Mt. 5,4-7; 6, 3-4; 6,25; 7,33; 7,7-10) y otras cinco, de la última semana de la vida de Jesús y de su Pasión (25,45; 26,39; 26,75; 27,45-46; 27.51). Pero la referencia directa o indirecta a los Evangelios y a San Pablo constituye una línea transversal en toda la novela. El concepto de misericordia es netamente bíblico y se remite, por ejemplo, a Lucas, 10; Juan, 8; Romanos 11 y 12; 1ª Corintios 2 y 13; y carta de Santiago; con evocaciones del Antiguo Testamento (1º de Crónicas,29; Isaías, 61; Salmos 24, 34 y 69). [120]

Romero Tovar hace notar, además, la fuerte fraseología evangélica que informa la novela *Nazarín* evocando los textos de Mt 6,34 (*"en verdad, en verdad os digo"*, *"No estéis agobiados por el día de mañana"*), Mt 6,25 (*"No andéis afanados por qué comeréis, o cómo os vestiréis"*), Mt 5,44 (*"amad a vuestros enemigos y rogad por los que os persiguen"*), Mt 19,18 (*"No matarás, no levantarás falsos testimobios"*), Mr 10,21 (*"Vende cuanto tienes y dalo a los pobres"*), Jn 10 (*"El buen pastor da la vida por sus ovejas"*), Jn 8,6 (*"Jesús, inclinando la cabeza, escribía en el suelo"*), Mr 9,4 (*"Qué bien que estemos aquí, quedémonos..."*) [121]

De manera no expresa, pero sí como fondo bíblico fundamental encontramos los grandes temas evangélicos en las tramas noveladas. Así la condena, Pasión y Muerte de Jesús en la línea argumental de *Nazarín, Doña Perfecta, Gloria, Alceste...* La visión del Reino de Dios en *Halma, Ángel Guerra, Misericordia, Pedro Minio...*, etc.

---

dos planos que se superponen: el externo (personajes símbolo envolventes de la acción) y el interno (la honda significación bíblica de los protagonistas Gloria Lantigua y David Morton en toda la trayectoria de la obra). El mismo análisis realiza Alfonso ARMAS AYALA en el trabajo *Pérez Galdós y Pereda a través de sus cartas*, Actas del I Congreso Internacional de Estudios Galdosianos, Ed. Cabildo Insular de Gran Canaria, Las Palmas 1977, pág. 28 y ss.

[120] Ver (a propósito de *Misericordia*) el excelente estudio de JOSÉ SCHRAIBMAN: *Las citas bíblicas en 'Misericordia' de Galdós* (Cuadernos Hispanoamericanos. N. 250-252. 1970-1971, Instituto de Cultura Hispánica. Madrid. págs. 490-504); así mismo: ALFRED R. SÁEZ, *La influencia de la Biblia en las novelas de Galdós*. Tesis de Northwestern University.

[121] Textos justificados en *Nazarín* por Leonardo ROMERO TOBAR, *Del Nazarenito a Nazarín*, Actas del V Congreso Internacional de Estudios Galdosianos. 1993 Cabildo Insular de Gran Canaria, pág. 473

La difícil novela *Casandra* es una evocación del combate veterotestamentario o apocalíptico entre el bien y el mal (entre ángeles y demonios); en ella el autor sitúa como contrapunto de inocencia el diálogo entre Casandra y Rosaura cuando ésta la visita en la cárcel. Es un diálogo que reproduce, a la vez, el del ángel Gabriel con la Virgen en la Anunciación, y de algún modo también el de María e Isabel, aunque se inviertan un poco los papeles. [122]

Encontraremos la dimensión bíblica explícita en muchas más obras, especialmente en las novelas de fuerte espiritualidad ya citadas y en algunas otras obras de teatro como *Amor y ciencia, Electra, Santa Juana de Castilla,* etc.

Y es de notar que en el uso de toda esta fundamentación bíblica galdosiana existe unidad y coherencia interna. Lo que indica el serio conocimiento bíblico del autor puesto a disposición de su literatura. [123]

Empleo del lenguaje y del pensamiento de la tradición eclesial.

Convendría añadir a lo ya expuesto el hecho que destaca Armas Ayala: Galdós *buscaba las fuentes primitivas de la Iglesia para desproveerla de la*

---

[122] Cito en resumen el diálogo textual:
"*Casandra.- Mi gratitud más grande es para ti, la mujer cristiana que ha traido su misericordia y su amor a esta pobre criminal...Yo debo adorarte.
Rosaura.- Por desgraciada he venido a ti; que si fueras poderosa y feliz a tu no me verías...
Casandra.- Llena eres de gracia.
Rosaura.- Hermana, a tu lado estoy. Quiero consolarte en tus horas tristes...
Casandra.- El Señor es contigo.
Rosaura.- Para venir a consolarte no me han importado los dichos del mundo. Al recibir de mí la paz y un poco de alegría has abominado de tu culpa.
Casandra.- Bendita tú eres...
Rosaura.- Soy tu hermana... Tus hijos están a mi cuidado y los amo como a los míos.
Casandra.- Bendita, bendita entre todas las mujeres.
Rosaura.- No me bendigas. No merezco tu bendición para mi cumplimiento de un deber tan sencillo... Casandra.- Tú eres santa, Rosaura...
Rosaura.- No me adores. Busca la verdad en tu conciencia y no adores ídolos... ...
Casandra.- No debemos buscarla en el bullicio que nos aturde, que nos ensordece.
Rosaura.- Ruido de gente inquieta y gritona. Son los altareros que, cegos, desalojan las almas, arrojando de ellas la fe de Cristo...
Casandra.- Sí...(con visión lejana). Y más allá veo la sombra sagrada de Cristo que huye.*" (BENITO PÉREZ GALDÓS. *Casandra*, novela. Obras Completas Ed. Aguilar. Tomo V. Madrid 2005. Págs 1009-1010)

[123] En la biblioteca personal de Galdós (Casa Museo Pérez Galdós de Las Palmas) está el ejemplar de la Biblia que usaba, con muestras de una lectura asidua del mismo.

liturgia, para hacerla más simple" [124] (aunque, a decir verdad, no parece aquí muy adecuado el uso de la palabra *liturgia*).

Efectivamente, Don Benito muestra un sorprendente conocimiento de los textos de los Santos Padres, sobre todo latinos, y –lo que es más notable- los cita para fundamentar su pensamiento, aplicándolos a la novelística con cierta naturalidad argumental; y conviene advertir que el conocimiento patrístico brilla por su ausencia en la inmensa mayoría de católicos (incluso en los se consideran intelectuales).

Halma es la muesta más importante de ese saber fontal. Las líneas conductoras de esta obra coinciden con las *Confesiones* de San Agustín y, en parte también, con *la Ciudad de Dios* (paralelismo que volverá a aparecer en *Ángel Guerra*), ofreciendo al lector, además, citas textuales de esos escritos. El profesor G.G. Minter ha hecho un detenido estudio de ese tratamiento agustiniano de la novela. [125] El personaje correlativo a Catalina de Artal, José Antonio de Urrea, sigue en la narración una trayectoria de conversión y una terminología idénticas a las del santo de Hipona; y su primera relación con la condesa de Halma es semejante a la de Agustín con Mónica. El papel y las palabras de San Ambrosio (en la vida del santo) se encarnan en la novela en las dos figuras complementarias de Don Manuel Flórez y de Nazarín, mientras que el Conde de Feramor está evocando al esposo ateo de santa Mónica. Por otra parte, la pequeña y humilde comunidad de Pedralba (y su conflicto con las instituciones que la rodean) ejemplifican de cerca la comunidad de Casiacum, en Tagaste).

Citas textuales de seis Santos Padres aparecen en *El caballero encantado* (en el discurso tan realista como sabio de Don Venancio, el párroco humilde de la pobrísima y desamparada aldea de Boñices, alternado con intervenciones semejantes del maestro Don Quiboro). Las páginas escogidas de San Juan Crisóstomo, San Basilio, San Agustín, San Ambrosio, San Gregorio de Nisa y San Gregorio Nacianceno son precisamente aquellas que la Iglesia católica venía orillando o silenciando por la dureza de su

---

[124] ARMAS AYALA, Alfonso, *Pérez Galdós y Pereda a través de sus cartas*. Actas del I Congreso Internacional de Estudios Galdosianos, edición del Cabildo Insular de Gran canaria, Las Palmas 1977, pág.28

[125] *"Many of the major incidents in Halma have a counterpart in the Confessions."* G.G. MINTER, *Halma and the writings of St. Augustine* , Anales Galdosianos XIII (1978), pág. 145 (el estudio ocupa las páginas 145-171 de la revista).

doctrina sobre la propiedad (incluso en la *Rerum Novarum* que tanto valora Don Benito).[126]

En un contexto distinto del anterior se cita a Orígenes en *Casandra* y en *La razón de la sinrazón*.

Así mismo, Galdós denota en su teología familiaridad con la tradición litúrgica valiosa de la Iglesia (incluso cierta vivencia de la misma), tanto es las realizaciones más serias de ésta (recuérdese la descripción de los Oficios en la catedral de Toledo, en *Ángel Guerra*, y los de Semana Santa, en *Gloria*) como en los textos del oracional litúrgico que incluye en las novelas (cánticos, himnos y antífonas) [127] o en las alegorías de la celebración y del culto de la Eucaristía (en *Nazarín*, *Fortunata y Jacinta*...) según tendremos ocasión de ver más adelante.

Tradición eclesial sana es también, sin duda, el lenguaje coloquial del pueblo en referencia a Dios y a los misterios cristianos (lenguaje que ya vimos usado personalmente por el autor al acercarnos a contemplar su perfil religioso.) Don Benito lo domina encarnándolo en las figuras populares de su narrativa. Son frecuentes, por ejemplo, las expresiones: *"Por Dios y la Virgen"*, *"Virgen del Carmen, acógeme"* (en *Tormento*), *"Alabado sea Dios"*, *"eres la gloria eterna"*, *"ángel de mi salvación"* *"con toda el alma y la sal de Dios"*, (en *Fortunata y Jacinta*), *"Dios está en todas partes"* (en *El abuelo*), *"Cristo de la Sangre"* (en *Lo prohibido*) etc. [128]

En fín, debemos añadir también, al menos como fuente de ilustración teológica literaria, dos referencias clave: por una parte, el conocimiento que muestra de la literatura mística del Siglo de Oro español y en particular de

---

[126] Ver PÉREZ GALDÓS, Benito, *El caballero encantado*, ed. Cátedra. Madrid 2000, págs. 251-252. Sobre este particular se pregunta el especialista galdosiano Rodolfo CARDONA: *"¿Cómo llegó a conocer Galdós estos textos que cita en tal profusión..., escogidos de entre la enorme cantidad de escritos de los Santos Padres, cuyas obras han sido únicamente manejadas por los especialistas durante siglos?"* (*Galdós y los Santos Padres: hacia una teología de la liberación*). Actas del III Congreso Internacional de Estudios Galdosianos, Cabildo Insular de Gran Canaria, Las Palmas, pág. 145). El autor no encuentra suficiente respuesta a la pregunta. Por nuestra parte dejamos, pues, sólo constancia del hecho: en el contexto de la redacción de la novela (1909, "semana trágica" de Barcelona) y de su trama interna hubiera parecido más oportuno emplear textos clásicos de Proudhon o de Marx; sin embargo, prefirió los de los Santos Padres.

[127] ANTONIO CABRERA PERERA hace un buen balance del uso de este lenguaje ritual litúrgico por Galdós. V. *El problema religioso y el sentimiento católico en Galdós*. Universidad de Las Palmas de Gran Canaria. Casa Museo Pérez Galdós. Las Palmas. 1993, parte segunda (no está numerado el texto).

[128] Ver ADELAIDE BURNS, *Espontáneas frases religiosas en el lenguaje hablado galdosiano*. Actas del Primer Congreo de estudios Galdosianos. Madrid – Cabildo Insular de Gran Canaria. 1977, págs 230 y ss.

los místicos [129] ; por otra, su familiaridad con las obras de fondo teológico de los literatos rusos del siglo XIX.[130] De esa novelística prestó mayor atención al aspecto espiritual; y es posible que recibiera de ella una influencia en la teoría evangélica de la no resistencia al mal y, en general, en cuanto a un cristianismo humanitario y exento de la opresión de lo religioso. [131]

Como fuente teológica más cercana y polémica en la teología galdosiana conviene señalar, en fin, al ensayista, filósofo social y teólogo francés Lamennais (aunque no hayamos encontrado citas explícitas del mismo). [132] Pudieron ser coetáneos por muy poco, pero Galdós sí conoció y

---

[129] Refiriéndose a las lecturas religiosas habituales de María Sudre, el narrador (el autor) hace esta precisión (no necesaria al contexto de la página): *"Ha de advertirse que no había buscado sus textos en nuestra rica literatura mística, fundida en el crisol del espiritualismo más puro y que arrebataba el alma creyente, ya encendiendo en ella divinos fuegos, ya embelesándola con un descurrir metafísic*
o y quintaesenciado." (PEREZ GALDÓS, BENITO, *La familia de León Roch,* ed. de Obras Completas (Aguilar), vol. IV, pág. 890 En el mismo sentido se pronuncia en *Nazarín* y en *Halma,* hablando Don Manuel Flórez. Galdós muestra tener un conocimiento preciso de la espiritualidad dominante en su época (en personas de cierta religiosidad más intensa) citando dos de las obras más influyentes: *La introducción a la vida devota,* de San Francisco de Sales (1567-1622) y *La imitación de Cristo,* de Tomás de Kempis (1379-1471), respecto al contenido de las cuales se manifiesta más bien crítico. (v. *Rosalía,* Catedra. Madrid 1984, págs. 268 y 270).
[130] La tesis de Dostoievski –que hace suya Galdós- aparece tal vez en la requisitoria que dirige El Gran Inquisidor a Jesucristo de nuevo venido y encarcelado: *"Quisiste que el amor del hombre fuera libre para que el hombre te siguiera por sí mismo, encantado y cautivado por ti. En lugar de la firme y antigua ley, el hombre, de corazón libre, tenía que decidir en adelante dónde estaba el bien y dónde estaba el mal, sin tener otra cosa, para guiarse, que tu imagen ante los ojos."* (DOSTOIEVSKI, FIÓDOR, *El Gran Inquisidor* (1880), Ediciones Siruela. Madrid 2010, pág. 33)
[131] Sobre la relación teológica de Galdós con los escritores rusos convendría ver: Vsevolod BAGNO, *Las inquietudes religiosas de los héroes de las novelas rusas y su huella en la obra galdosiana finisecular,* Actas del V Congreso Internacional de Estudios Galdosianos 1993. Cabildo Insular de Gran Canaria, o.c. págs. 331-357; así mismo, COLIN, VERA, *A note on Tolstoy and Galdos,* en Anales Galdosianos. Universidad de Pittsburgh. Casa Museo Pérez Galdós. 1967, págs. 155-168
[132] Félicité Robert de La Mennais (Lamennais) (1782-1854) fue un hombre de vida agitada y pensamiento variable, inmerso en el espíritu de la Revolución (y en el contexto del galicanismo), siempre dentro o muy cerca de lo católico. A partir de la Revolución de 1830 propone una reforma radical de la Iglesia (libertad de culto, separación de la Iglesia y el Estado, toma de conciencia del problema obrero…). Puede considerársele precursor del socialismo cristiano (o catolicismo social). Influyó poderosamente en el liberalismo cristiano francés.. Sus obras principales: *Palabras de un creyente (1834), Sobre la religión considerada en sus relaciones con el orden político y civil (1836), El libro del pueblo (1837), La esclavitud moderna (1839), Sobre la religión (1841).*
Un excelente trabajo comparativo de las dos figuras, Galdós – Lamennais, es el ya citado de DANIEL GAUTIER, *Lamennais – Galdós ou comment réconcilier l'Église et le peuple d'aprés deux prophètes 'étranges'.* R. Isidora, nº 17, pp. 93-130

leyó los libros clave del francés (los mismos que provocaron en Roma tremendo desasosiego e ira por su talante crítico y por la propuesta de un catolicismo radicalmente renovado). Estos libros se encuentran en la biblioteca personal del escritor en la Casa Museo de Las Palmas y es indudable la coincidencia con ellos de buena parte de las tesis galdosianas.

Teología inserta en la realidad humana concreta.

En fin, quizá lo más notable de la fundamentación teológica de Galdós es la fidelidad al principio de la Encarnación, es decir, el hecho de que su propuesta de idea y de vida cristianas se insertan constantemente en la realidad individual y social, en el ser humano representado al vivo y dramáticamente por todos sus personajes (a través de un lenguaje espontáneo y, otras veces, reflexivo), y en el ser doliente o maltrecho de España, del país que él ama apasionadamente, meditado por el narrador desde la perspectiva católica.

La novela *El caballero encantado* puede leerse como el impresionante poema de la encarnación de un hombre en la maltrecha y doliente realidad española ancestral. Tarsis tiene que renunciar a su status burgués y ocioso (distante de esa realidad), perder su nombre, convertirse en humilde campesino, pastor, picapedrero, vagabundo, encarcelado, aprendiz de maestro de escuela rural, recomponiendo su existencia desde otra palabra que por fin sabe escuchar; y así, llevado de la mano de La Madre (símbolo de la historia y de la divinidad fundidas), recuperar la vida.

El drama *Celia en los infiernos* pretende escenificar el mismo proceso (aunque lo haga de modo más discreto). Y ése es el camino de los grandes héroes galdosianos: Leré, Angel Guerra, Nazarín, Halma, Benina, Sor Simona, Sor Elisea... que evolucionan siempre dentro del contexto español.

Todo ello puede ser muy semejante (aunque distinto en el método y en la amplitud) a como se hizo la teología de la liberación en Latinoamérica; o, tal vez, al espíritu con que escribió Olegario González de Cardedal parte de sus libros: *Meditación teológica desde España, Elogio de la encina y El poder y la conciencia* [133].

---

[133] GONZÁLEZ DE CARDEDAL, OLEGARIO, *Meditación teológica desde España*. Sígueme. Salamanca 1972, *El poder y la conciencia*. Espasa Calpe. Madrid 1984.

Perspectivas de la metodología teológica en la obra de Galdós.

Al proponer (con las reservas dichas) una cierta teología desde los escritos de Galdós nos encontramos con tres líneas de construcción del lenguaje teológico que, bien trazadas.

1ª *Una teología narrativa.*

Pues bien, la obra de Galdós (que no deja en ningún momento de pertenecer a la corriente del realismo literario) seduce contándonos la vida, sobrecoge, capta espontáneamente la sensibilidad y el interés del lector; y, en consecuencia, despierta la receptividad de su contenido, también del pensamiento sobre la vida que lo anima o inspira, incluida la religiosidad. Entonces, lo que el escrito incluye se transmite o, al menos, se brinda amablemente.

Podemos entender por *teología narrativa* la exposición más o menos detenida del Misterio existencial cristiano inserta en el tejido narrativo literario; especialmente en una literatura "profana" de valor, es decir, en textos escritos que gozan de la lengua bella y perfectamente construida, conforme a los géneros épico (narrativo y descriptivo), lírico (poético) o escénico (teatro).

Teología narrativa es aquella -aquel pensamiento teológico- que surge con espontaneidad de las tramas y de los personajes narrados con los que obviamente se identifica el autor.

Puede hallarse en alguna de estas formas:

- En narraciones breves (cuentos o parábolas con cierto matiz alegórico) en las que aparece la trama sencilla y cotidiana de la vida. Así pueden considerarse las más de cuarenta parábolas sobre el Reino de Dios que nos trascriben los Evangelios Sinópticos. Recientemente, por ejemplo, en ámbito literario español: los deliciosos cuentos de José Luis Martín Descalzo, o el durísimo "cuento andaluz" *La Primera Comunión* [134]. En la literatura italiana la saga de *Don Camilo* de Giuseppe Guareschi ofrece un magnífico ejemplo de este modelo. En la obra de Galdós podríamos pensar en cuentos fantásticos *La pluma al viento*, *La mula y el buey*,... o la pieza teatral *El tacaño Salomón*.

---

[134] Recuérdense: de JOSÉ LUIS MARTÍN DESCALZO, *Fray Juan de la mano seca, Si Cristo volviera, Mañana juicio final, Fábula del ángel cojo*, etc. (antiguos Folletos PPC. Madrid 1970 ...); de JUAN ESLAVA GALÁN, *La Primera Comunión*, en *Cuentos Andaluces* (Castalia. Madrid 2001, págs. 137-174). Sobre la relación entre la estructura narrativa galdosiana y la imaginación puede verse: JULIO PEÑATE RIVERO, *Realidad e imaginación en la obra de Pérez Galdós*. (Rumbos. Université de Neuchatel. 1995).

- Como relatos largos novelados o históricos, con serio valor de análisis psicológicos y teológicos, que mantienen como tema de fondo o línea orientadora la problemática religiosa fundida seguramente dentro de la dramática que caracteriza y da nombre al libro. En la obra de Galdós: *Gloria, Nazarín, Misericordia, Ángel Guerra, La loca de la casa...*

- De manera fragmentada, a lo largo de una obra literaria, en páginas ocasionales (más o menos frecuentes) que desarrollan dramáticamente ideas o vivencias religiosas y cristianas. Como ejemplo importante aparecerían en *El ingenioso hidalgo Don Quijote de la Mancha* las narraciones del discurso de Don Quijote a los galeotes, su diálogo con el caballero del Verde Gabán o las Bodas de Camacho. Este modelo es frecuente en los Episodios Nacionales; por ejemplo, en *Zaragoza, El terror de 1824, Aitta Tetauen...*

¿Qué valor propedéutico tiene esta posible teología narrativa?

No es que se utilice el recurso narrativo (relato, cuento, alegoría) para ilustrar un pensamiento (aunque no se descarta que exista tal mecanismo literario a veces); ni tampoco es que obedezca a una intención confesional proselitista. Sencillamente, el pensamiento religioso y cristiano brota con espontaneidad a lo largo del interesante –e incluso apasionante- hilo narrador porque existe en la realidad del personaje, de la trama imaginada y de la realidad de la vida.

El tema religioso y el pensamiento teológico que lo estructura se hacen -de este modo- emotivos; primero, inteligibles, después, gratos e interesantes para el lector, que no se siente forzado a teorizar sino –de momento, al menos- invitado a ver o a imaginar.

Además del pensamiento de hondo calado teológico que se va vertiendo a través de las páginas de cada obra, Galdós escribe piezas enteras de carácter fundamentalmente teológico.

Narraciones teológicas con ese carácter casi monográfico, insertas -por supuesto- en una trama literaria (novelada o teatral), podrían ser las siguientes:

- Sobre el Dios Creador y la fe: *Marianela, Primera serie de Episodios Nacionales.*
- Sobre las Bienaventuranzas: *Misericordia.*
- Sobre la reforma de la Iglesia por la pobreza y la comunidad: *Halma* y *Ángel Guerra.*
- Sobre la fe: *Amor y ciencia, La familia de león Roch.*
- Sobre el sentido cristiano de la economía: la cuatrilogia de *Torquemada.*

- Sobre la Iglesia y el progreso humano: *Doña Perfecta.*
- Sobre la libertad religiosa y el ecumenismo en la Iglesia: *Gloria, Rosalía, Electra.*
- Sobre el presbiterado católico y su reforma: *Nazarín. Zumalacárregui. Aitta Tetauen.*
- Sobre la teología de la caridad: *Misericordia* y segunda serie de Episodios.
- Sobre la muerte y la resurrección: *El terror de 1824.*
- Sobre la vocación religiosa consagrada: *Ángel Guerra. Sor Simona.*
- Sobre el espíritu de la reforma y de la Contrarreforma: *Santa Juana de Castilla.*
- Sobre el falso misticismo religioso: *Casandra. Electra.*
    etc.

2ª *Una teología simbólica.*

Por símbolo entendemos cualquier realidad humana o cósmica, estática o dinámicamente contempladas, que es capaz de llevarnos más allá de su materialidad inmediata, quizá en virtud de la admirable armonía o desarmonía de sus elementos. Ese "más allá" es cualquiera de los grandes valores absolutos que culminan la existencia, hacia los que tendemos con un deseo interior vehemente, aun no siendo conscientes de ello.

La persona que se ve sumergida en la contemplación de un símbolo experimenta un impulso ascensional –una elevación clarividente- en la dirección universal que acompaña a tal símbolo. Por ejemplo, una maternidad o el parto elevarán siempre hacia la grandeza y el misterio impenetrable pero feliz del comienzo de la vida y hacia la inmensa responsabilidad sobre la vida de los seres humanos.

El pensamiento se intuye y elabora, pues, a un nivel de indecible profundidad cuando viene encarnado en símbolos, incluso cuando esta encarnación del símbolo –y ofrecimiento- se produce de forma escrita. Y no sólo en un personaje o en un hecho sino en toda una obra (o trama) cuando toda ésta se ha querido hacer simbólica.

De por sí, por el propio contenido que la define, la teología debería presentarse habitualmente en clave simbólica. Las fuentes bíblicas de donde parte son extraordinaria y excepcionalmente simbólicas. ¿Cómo no serlo la teología?

Según cabía esperar Galdós es un claro exponente de la narrativa simbólica, capaz de desarrollar en el lector procesos hondos de simbolización; y lo es en particular al referirse a la densa temática religioso cristiana que integra en sus escritos.

Aunque, a veces, esos procesos –como ocurre en la simbología- nos dejen sólo en los umbrales de la claridad absoluta.

Los grandes temas del pensamiento galdosiano (con frecuencia con un carácter transversal en su producción) reciben efectivamente ese tratamiento simbólico religioso, en ocasiones pre-cristiano y las más de las veces de clara dimensión cristiana. En la interioridad de los personajes concretos –a partir de ellos mismos, desde luego-, más allá de las acciones retratadas y noveladas, e incluso por encima de las manifestaciones explícitas de religiosidad (del problema religioso y católico expresado en datos), aparece una gran simbología religiosa, basada a menudo en símbolos naturales y cósmicos y en mitos clásicos derivados hacia su significación teológica. Es decir, aparece una elevada y religiosa concepción de los dramas humanos, tratada de forma simbólica y cristiana.[135]

3ª. Una teología literaria, es decir, lingüísticamente estética.

El arte sacro verdaderamente armónico -y, por tanto, bello-, es mediación de todo: del sentimiento, del gozo estético, de la bondad natural, de las ideas y de la intuición de la trascendencia. Es, además, cauce o camino para llegar a la comprensión de hechos y de valores referidos a la relación con Dios. Por eso, el arte sacro es imprescindible en el desarrollo de la religiosidad y también, quizás, de la fe. El arte conduce suavemente hacia la Transcendencia. La vivencia cristiana está llamada a ser estética. Y nos referimos tanto a las artes plásticas o musicales como a las lingüísticas.

Sin poesía ¡qué difícil llegar a intuir el Misterio! Pero esto ocurre también con la narrativa: sin una oratoria bella y sin una narrativa literaria (es decir, sin la belleza de la lengua) los mensajes más elevados se bloquean.

Tendremos que hablar, entonces, de una teología literaria, que es –en cuanto escrita- lingüísticamente bella.

---

[135] Para el estudio pormenorizado de la simbología en Benito Pérez Galdós es clásica la obra ya citada de GUSTAVO CORREA, *El simbolismo religioso en las novelas de Pérez Galdós* (Gredos. Edic. de 1962 y de 1974). V. también su artículo *El simbolismo mítico de Pérez Galdós* (Thesaurus. Tomo XVIII. Num.2 - 1963). Un estudio detenido y denso de esta perspectiva simbólica (matizada del historicismo de los personajes) es el que realiza JULIÁN ÁVILA ARELLANO en su tesis doctoral *El personaje femenino del teatro de Galdós. (Una aproximación al simbolismo histórico del escritor.)* en dos tomos; de modo particular, en la Parte Primera: *I. El simbolismo histórico de Galdós,* y *II. El personaje galdosiano.* (Editorial de la Universidad Complutense de Madrid. 1992. Págs. 3-76). En este mismo sentido: YOLANDA ARENCIBIA, *Referente y símbolo: aproximación al simbolismo femenino en Galdós* (Instituto de Estudios Canarios, n.36-37. 1990-1992, págs. 76-92). Ver también AMADO, ALONSO *Realidad, ficción y símbolo en las novelas de Galdós* (Gredos. Madrid. 1977),

Esta belleza lingüística abierta a la teología es precisamente lo que vamos a encontrar en toda la creación galdosiana; nunca mejor empleado el término "creación". El escritor nos enseña, nos vierte su secreto sentimiento religioso y la fe de sus hijos deleitando con el texto. Una obra como *Misericordia* bastaría como exponente de esa cualificación.

Es importante desarrollar este planteamiento tan presente en la literatura de Galdós.

3. Simbolismo y constantes religiosas en la creación de Galdós.

Tanto en la dimensión realista o naturalista como en los desarrollos románticos [136], se puede afirmar que, en general, toda su obra es fundamentalmente simbólica, dotando a los símbolos de un notable calor emocional y revelador, con la intensidad poética de los modernistas y de la Generación del 98.

Lissorgues piensa que con esto el novelista quiere ofrecer unas "ideas legitimadoras" del futuro, más que del presente. *"La visión de la realidad se organiza en función de esas grandes ideas y el sentido del mundo se deduce de ellas. Estas ideas legitimadoras (puesta aparte la de la virtud laica) son todas de naturaleza digamos religiosa."* [137]

El simbolismo religioso bíblico en la obra de Galdós.

Conviene recordar el proceso de simbolización, que culmina en la intuición de un valor absoluto y, por consiguiente, de orden trascendente, cercano al mundo de lo positivamente religioso, cercano al cristianismo en particular. [138]

---

[136] La pasión mútua e imposible de Fernando Calpena y Aura Negretti y la búsqueda angustiada de la joven por Fernando, a lo largo de toda la tercera serie de Episodios, es un claro exponente del romanticismo galdosiano, que sólo cederá cuando ambos personajes – cada uno por su lado- descubran la felicidad del amor clásico, ella con Zoilo. Ante la extrañeza del nada romántico Zoilo por la amistad que Fernando le brinda, éste dice: *"Romanticismo, Zoilo. La lógica de las cosas absurdas..., misterios de las almas."* (Episodio *Vergara*, o.c.,pág. 98). A este propósito escribe JOSÉ F. MONTESINOS: *"Esta asimilación del romanticismo a la locura o por lo menos al absurdo, a anomalías patentes, suena de un modo constante en casi todos los episodios de esta serie."* (FERNÁNDEZ MONTESINOS, J.F., *Galdós*. Vol. III, Ed. Castalia. Madrid 1980. Pág 40)

[137] LISSORGUES, YVAN, o.c., pág. 10

[138] Me remito para la mejor comprensión del proceso de simbolización a mi escrito *Pedagogía simbólica, mediación pre-religiosa*, en el capítulo I de mi libro *Religión, psicología y cultura en el ámbito cristiano* (Proyecto Sur de Ediciones. Granada. 2000, págs. 70-90).

Por ejemplo –para entendernos–, el encuentro con un símbolo de bondad personificada excepcional conduce a cierta percepción de la existencia del valor "Bondad" en grado máximo, situado ya –para el presente y para el futuro de quien lo experimenta– en una esfera superior que expresaríamos como el valor absoluto del "Bien y la Bondad"; y, para el creyente, como el valor de la "Bondad de Dios" plasmada en los humanos.

Concretando este ejemplo de la bondad, el grafismo narrativo de las figuras de Inés (primera serie de Episodios), de Sola y de Benigno Cordero (segunda serie), de Episodios), de Benina (en *Misericordia*), o de Mariucha o de Alcestes (en los dramas *Mariucha* y *Alcestes*), entre tantos otros, símbolos magníficos de los más altos grados del amor y la bondad, conduce, sin duda alguna, a la intuición del amor y la bondad absolutos señalados en el Evangelio y atribuidos a Jesús: *"Nadie tiene mayor amor que quien da la vida por sus amigos. Yo doy la vida por mis amigos."* y *"¿Por qué me llamas bueno? Sólo Dios es bueno* (absolutamente bueno)*"*.

Del mismo modo, el horror que provocan la perversión y la crueldad conducen al rechazo frontal del mal, y por este camino pueden situar en la máxima expectativa del bien. La depravación progresina de Isidora Rufete (*La desheredada*) y la crueldad de Salomé y de Mari Paz Porreño (*La Fontana de Oro*), de Doña Juana (*Casandra*) y Doña Perfecta, de Felicísimo Carnicero (antítesis de Benigno Cordero en la seguda serie de Episodios), todos estos, conducen a a un hondo rechazo del mal absoluto (a una huída de él) y a un deseo máximo del bien absoluto.

Es decir, ambas series de vivencias perfectamente simbolizadas introducen casi siempre en los umbrales de la trascendencia (la existencia de un valor absoluto sobrehumano) o de la religiosidad (el deseo o la intuición de un Dios en el que pueda situarse ese valor absoluto). Es obvio que la percepción de estos procesos del símbolo radica en el interior del ser , en donde posiblemente duerme un arquetipo de humanidad: el tipo ideal que inicial y fontalmente se ha deseado, y que el paso y el peso del tiempo, de la dureza existencial, ha sumido con tanta frecuencia en un penoso letargo.

Distinguimos (por comodidad metodológica) dos formas del tratamiento simbólico en la creación galdosiana: la expresión naturalista (elementos cósmicos o del existir humano con notable intensidad y mitos clásicos o creados por el autor) y la perspectiva explícitamente cristiana inserta en esa simbología; en las dos formas encontramos la persona-símbolo y la acción simbólica que ésta protagoniza.

Simbolismo mítico pre-religioso y pre-cristiano en Galdós.

Toda experiencia simbólica puede ser –es, quizás- prerreligiosa, y, en cuanto que sitúa en los más puros valores evangélicos, puede considerarse también cristiana o pre-cristiana. [139] Así es la experiencia del firmamento estrellado que tienen –de forma muy distinta- Marianela y León Roch. En los dos casos, vivencia esperanzadora de una vida futura pacífica, luminosa e interiormente engrandecida.

Aunque, a veces, esta constatación se verifique precisamente a la inversa.

La configuración anímica y existencial (en ocasiones, además, física) de numerosos personajes determinados "dice" mucho más de lo que ellos son (de lo que aparentan ser en una percepción realista sólo inmediata): con distinto procedimiento evocador, todos encarnan roles notables y trascendentes.

En *Doña Perfecta* el personaje Caballuco es visto por Pepe Rey (desde su encuentro inicial en la novela) como el hombre absorbido por la más brutal animalidad, por una brutalidad sin conciencia que lo hace instrumento de depravación y de crimen contra el bien y contra la inocencia; por tanto, aparece como personificación terrestre e incontrolable del poder demoníaco - es simbólicamente el demonio-. El lector entra, entonces, en el misterio del mal (*el mundo está puesto en manos del maligno*, según la observación joánica) y se siente sobrecogido como el mismo Jesús cuando exclama: *ésta es la hora del poder de las tinieblas.*

Una vivencia semejante se hará posible a partir de tipos como Pedro Polo (*El doctor Centeno* y, sobre todo, *Tormento*), Pepet (*La loca de la casa*), Juanito Santa Cruz (*Fortunata y Jacinta*), Salomé y Mari Paz Porreño (*La Fontana de Oro*), Doña Juana (*Casandra*), Madruga (*Antón Caballero*), Don Lope (*Tristana*), Horacio y Demetrio (*Bárbara*), etc. Todos ellos son símbolos de mal. Sin embargo, al contrario de lo que sucede con los símbolos del bien, la onomástica en estos casos, en general, no acompaña a la fisonomía del personaje.

Junto a estos retratos dotados de realismo, Galdós crea algunos tipos absolutamente ideológicos o míticos en un contexto más bien surrealista o

---

[139] *"Dentro de este ámbito de visión –escribe* GUSTAVO CORREA- *abundan (en las novelas galdosianas los paradigmas bíblicos del Antiguo y Nuevo Testamento y las configuraciones que se hallan vinculadas al dominio del sentir religioso en general."* Gustavo Correa, *El simbolismo mítico en las novelas de Pérez Galdós* (rev. Thesaurus. Tomo XVIII. Num. 2. 1963; en el Centro Virtual Cervantes, pág. 428)

anacrónico. Estos son símbolos de situaciones dramáticas históricas o individuales, difíciles de mostrar de otro modo.

Mari Clío (o La Madre), en la quinta serie de Episodios y en la novela *El caballero encantado*, es una matrona excelsa y atemporal, capaz de adoptar fisonomías muy dispares, que simboliza en todo momento a España en su trágica historia y en su idiosincrasia y, a la vez, muestra el único proceso viable para salir de nuestras desgracias ancestrales. Tito (en esos mismos episodios) y Tarsis (*El caballero encantado*), a su vez, simbolizan el camino iniciático como definición de la persona. Alceste, en plena mitología griega (*Alceste*), y Atenaida (*La razón de la sinrazón*) son el símbolo del ser predestinado a dar vida desde la muerte; un ser que evidentemente debía ser femenino, pero más que materno. En consecuencia –como veremos- su simbología introduce directamente en el misterio cristiano de la resurrección (como el mismo Galdós lo interpreta en el Prólodo a *Alceste* [140].

Son muchas las obras que simbolizan toda su trama, aun sin llegar apenas a dar el paso hacia la simbología explícitamente cristiana. El sacrificio de Victoria (*La loca de la casa*), casándose con Pepet; el de Alceste dando su vida para la salvación del reino; el de Bárbara aceptando a Demetrio para que Leonardo no sea ajusticiado; o la entrega de Guillermo Bruno al niño monstruoso abandonado en la calle (*Amor y ciencia*)... son símbolos de la vida que se recupera lentamente desde el dolor de una donación generosísima de sí mismo hasta la muerte.

La sombra es una narración menor (a la que apenas nos referimos). En ella, sin embargo, se articula el mito trágico del rapto de Elena por Paris, que se reencarna (se sale de un cuadro) para llevarse a la esposa del desgraciado Anselmo.

Más importante es el mito de las alas cortadas que reproduce la caída de Ícaro en las profundidades insondables del mar: es toda la realidad y la acción de Isidora en *La desheredada*. El personaje vive en un ansia obsesiva e irreprimible (neurótica) por incorporarse a la nobleza de la marquesa de Aransis, estirpe a la que cree pertenecer por sangre; un ansia por volar hacia esa altura. Pero su pretensión desaforada no tiene fundamento alguno, es una pura entelequia; entonces, en su vano esfuerzo, ve cortada sus alas (sus mínimas posibilidades) y su esperanza, y se precipita en la hondura tenebrosa de la prostitución, una vez que ha despreciado las ofertas nobles de Augusto Miquis y de Joan Bou (salvadores) para situarla en el status verdadero, humilde y sano que le corresponde. Se trata –con esta tremenda

---

[140] Prólogo a *Alceste*

acción simbólica- de intuir la llamada salvadora que se dirige al ser humano para recuperar la sensatez, la contención realista y la verdad.

Semejante es, en otro orden de cosas, el proceso interior de Paulita Porreño (*La fontana de oro*), que aspira a una santidad –la vive de algún modo ya- en contra de su naturaleza y que le produce, en definitiva, la enajenación y la muerte. Parecido también el intento de Gloria de salir del capullo que la encierra y convertirse en mariposa libre; o el de Tristana, que ha soñado con la liberación como mujer (en compañía de Horacio) sin apreciar la propia debilidad para romper las terribles cadenas con que la tiene sujeta Don Lope.

Una obra de importancia como es *Lo prohibido* gira, toda ella, en torno a tres símbolos: sexo, maternidad y dinero, planteados en su ambivalencia moral.[141]

Onomásica simbólica de signo religioso cristiano y expresamente bíblico.

Podemos afirmar que muchos personajes y muchas tramas de la obra galdosiana, además de expresar la realidad y de constituir símbolos universales (de inspiración cristiana), se configuran también –o llegan a configurarse- en su desenvolvimiento con una densidad religiosa bíblica, normalmente neotestamentaria, de forma implícita o explícita. Es decir, traen consigo un mensaje trascendente y de fe que se revela a lo largo de la trayectoria existencial narrada o escenificada. Encarnan una simbología de signo claramente cristiano. Y con frecuencia el autor otorga, a la vez, un nombre al personaje y a la obra que contribuye a revelar o realzar esa simbología; nombres tomados mucha veces de la onomástica bíblica o tradicionalmente religiosa.

Recordemos que tanto en la Biblia como en las culturas de raigambre más antiguo el nombre "dice" la persona, designa al menos el proyecto personal y su transcendencia. Es puro símbolo. Galdós introduce esta dinámica en la nomenclatura de sus personajes y de muchas de sus obras; y ello con un carácter revelador del Misterio (*"escondido durante siglos"*). Es decir, hace teología con la onomástica.

Misericordia, obra cumbre de la novelística, recibe este título porque toda ella es un gran símbolo del mensaje evangélico de amor misericodioso. En la novela concurren –a lo largo de todas sus páginas- dos símbolos no

---

[141] Puede verse la comunicación de PACIENCIA ONTAÑÓN DE LOPE BLANCH, *Simbolismo en 'Lo prohibido' de Galdós*. Actas XI Congreso I. E. G. (1992). Centro Virtual Cervantes.

sólo humanos sino también expresamente crísticos: por una parte, el poema excepcional de la caridad cristiana cantado por Pablo en 1ª Cor. 13, plasmado en las obras de misericordia que nos enseñan los manuales católicos de catequesis, y, por otra, el nombre de la protagonista, Benigna (con el título de "señora" –*señá Benina*- que le dan los compañeros mendigos), nombre que simboliza magistralmente todas las dimensiones de la caridad cristiana dignificando y haciendo bienaventurados a los pobres.

De manera más modesta (desde el punto de vista literario), la figura del ángel Rafael que acompaña a Tobías en su marcha para tomar esposa y fundar una familia nueva en una tierra desconocida (Tob 5 a 9) está simbolizada en el drama *Mariucha* por el buen sacerdote Don Rafael que, frente a todos los demonios desencadenados para provocar la muerte de María y León, une a la pareja, los casa y acompaña en su marcha liberadora.

Nombres de personajes, personajes tipo y tramas se suceden como símbolos cristianos a lo largo de la creación de Don Benito.

Conocer, pues, esta simbología individual y activa es tarea imprescindible para penetrar en el pensamiento cristiano del autor sobre ámbitos tan importantes como antropología, literatura, religión, arte…; pero la verificación de esta tarea es -puede ser-, al mismo tiempo, una inapreciable aportación al discurso teológico para hacerlo más inteligible y cercano a las personas. *"Esta caracterización simbólica del mundo galdosiano* –escribe Correa- *nos permite acercarnos al problema de las relaciones entre arte en general y religión, y más particularmente entre literatura y religión"*; y, al final del estudio de las obras emblemáticas de la novelística galdosiana, concluye que ha quedado patente *"un denso entrecruzamiento de coordenadas simbólicas, cuya inspiración básica es de carácter religioso…"* [142]

Evoquemos de entrada, en forma de *Tabla* sugeridora, una serie (no completa) de personajes galdosianos importantes que son bautizados con nombres muy significativos o simbólicos.

---

[142] CORREA, GUSTAVO, *El simbolismo religioso en las novelas de Galdós*. (Ed. Gredos. Madrid. 1962. Pág. 22 y pág. 226

Tabla de símbolos onomásticos más importantes.

| *Personajes – nombre:* | *Simbología de los mismos:* |

Almudena (*Misericordia*)................Al más pobre de todos los personajes se le da un nombre mariano.
Alelí, padre (*Los Apostólicos*) .... Flor o planta sin valor.
Amaranta (*La Corte de Carlos IV*) .... Mujer amarga por su soberbia y dureza.
Amparo (=Desamparada) (*Tormento*)..... El desamparo absoluto.
Ándara (*Nazarín*) .... Andante peregrina convertida, apasionada
Ángel Guerra (*Ángel Guerra*) .... Síntesis y confrontación de idealismo moral religioso ("ángel") y de conflicto con la naturaleza (siempre en "guerra" consigo mismo).
Ansúrez (Jerónimo y familia) .... Ancestros de los españoles.
Augusta Cisneros (*Realidad*) .... Aúna dominio (por su belleza) y maniobras de Cortes renacentistas (=infidelidad).
Babel (familia) (*Ángel Guerra*) .... Un clima humano caótico.
Beatriz (*Nazarín*) ...."Beatriz" de la Divina Comedia. María Magdalena.
Beltrán de Urdaneta (*La campaña del Maestrazgo*). Evoca las andanzas de la Beltraneja.
Benigno Cordero (*7 de julio*) .... Bondad natural y máxima; que no infunde temor. Cordero pascual.
Benina (Benigna) (*Misericordia*) .... Bondad casi absoluta, sin gratificación alguna.
(=Benigna de Casia) .... Santa Rita de Casia, abogada de los imposibles.
Bueno de Guzmán (*Lo prohibido*)......... .. Lo contrario de Guzmán el Bueno: radical egoismo.
Caballuco (*Doña Perfecta*) .... Caballo salvaje peligroso, mal hecho.
Cándida (*El amigo Manso*) .... Ironía. Lo contrario de candidez.
Casandra (*Casandra*) .... Feliz de expresar sus sentimientos; hermosa.
Catalina de los Desposorio (*Tormentas del 48*) Organiza e impone la boda no querida de   suhermano. Ironía del desposorio místico.
Centeno (*El doctor Centeno*)..................."Pan de centeno": vulgar, pobre pero necesario. El hombre sin relieve.
Clara (*La Fontana de Oro*)................ Claridad e inocencia (: santa Clara)
Cienfuegos, Juan Pablo (*Alma y vida*)...... Exaltado revolucionario. Justo.
Daniel (*Gloria*)................................ Daniel en el foso de los leones (en la familia Lantigua). Profeta que viene del exilio.

Demetria *(De Oñate a La Granja)*............ Fortaleza de lo apacible, de lo doméstico (demos).
Domiciana *(Los duendes de la camarilla)*.... Dueña absoluta. Dominanta, falsa, maquiavélica.
Esther Spinoza *(Gloria)* .... La reina bíblica Esther, salvadora de su pueblo. Filósofo notable judío.
Electra *(Electra)* .... Gusta acompañar y ser acompañada. Vengadora.
Felicísimo Carnicero*(El terror de 1824...)*.... Avaricia cruel y perversa. La falsa felicidad.
Ficóbriga *(Gloria)* .... Pueblo de higos, "en la higuera": ausente.
Fidela de Águilas *(Torquemada...)*............ Fiel al honor familiar, al esposo y a sí misma.
Florentina *(Marianela)* ....Floreciente (de belleza)
Fly, miss *(Batalla de Arapiles)* ....Mujer voladora (fantasmagoría atrayente).
Fortunata *(Fortunata y Jacinta)*................. Ironía: infortunio total. La única fortuna verdadera tiene carácter espiritual.
Gabriel de Araceli *(Trafalgar)*.................... El que anuncia la vida de parte de Dios (Gabriel) y la conduce a esa dimensión (al altar del Cielo).
Genara *(La segunda casa)* .... Generadora de la crisis (entre las dos Españas).
Gloria *(Gloria)*..La gloria inalcanzable del amor en la tierra.
Gracia *(De Oñate a La Granja)* .... Alegría gratuita, que se dona.
Halma *(Halma)*................................... El alma humana: fondo de bondad y autonomía personal.
Horacio *(Rosalía)* .... Amigo fiel (de Hamlet). Fidelidad a sí.
Ido del Sagrario *(Doctor Centeno)* .... Religiosamente pobre y desorientado.
Inés *(La Corte de Carlos IV)* .... Virgen mártir cristiana de los primeros siglos.
Isidora *(Voluntad. La desheredada)*............ Vehemente. Ama lo que engrandece y dignifica.
Inocencio, don *(Doña Perfecta)*.................... Ironía del egoísmo y la falsedad bajo capa de respetabilidad eclesiástica.
Jacinta *(Fortunata y Jacinta)*....................... Jacinto, perla preciosa humilde, devaluada.
Jacobo Mendrugo *(El tacaño Salomón)*......... Tacaño, cicatero.
Jerónimo de Matamala, fray *(El audaz)*......... Mata en nombre de la religión.
Jerusa *(El abuelo)* ....La Jerusalén traidora y cruel que mata.

José Fago *(Zumalacárregui)*.......................... Fago: fagocitar. Alimentarse de otro, sin ser él mismo.
José Relimpio *(La desheredada)* .... Hombre empalagoso y de cierta doblez.
Juan Bou *(La desheredada)* .... Hombre bueno, tenaz, trabajador (bou=buey)
Juan Crisóstomo *(Rosalía)* .... La Tradición eclesial personificada.
Juanondón (Juan Ruiz Hondón) *(Carlos IV en La Rápita)*..."Arcipreste de Talavera".Falso. Tirano cruel. Su mal llega al fondo (hondón). Depravado sexual.
Juanito Santa Cruz *(Fortunata y Jacinta)*... Ironía de lo contrario del apóstol Juan y del camino evangélico de la cruz. Falsedad. Tortura.
Lantigua (familia) *(Gloria)* .... Ultraconservadores dogmáticos.
Lázaro *(La Fontana de Oro)* .... El que revive.
Leré *(Ángel Guerra)* .... Sonido alegre, inocente, puro. Lorenzo mártir.
Licenciado Lobo *(La Corte de Carlos IV)*... Amenaza y peligro que supone el ser humano, por su petulancia y dureza.
Lucrecia *(El abuelo)*................................ Dominio despótico (Lucrecia Borgia).
Luis Gonzaga *(La familia de León Roch)*..... Espiritualidad mística que evoca a San Luis Gonzaga.
Manso *(El amigo Manso)*................. .... El hombre inocuo, la vida inocua.
Marcial *(Trafalgar)* .... Soldado cristiano, sencillo, fuerte, valeroso.
Mari Clio (La Madre)*(Serie 4ª Episodios)*..... Historia variante y trágica de España.
Marqués de los Perdones *(Pedro Minio)*...... Imagen de una jerarquía cristiana verdadera.
Máximo *(Electra)* .... Máximo conjunto de cualidades (padre burno, trabajador, amante, cristiano, liberal).
Nazarín *(Nazarín)* .... Jesús de Nazaret en su vida y Pasión.
Nela (Marianela) *(Marianela)*.................... Inocencia virginal, transparencia de la humildad y la caridad natural. Innominada.
Nuestra Señora de la Indulgencia (residencia) *(Pedro Minio)*... Apertura misericordiosa.
Nomdedeu *(Gerona)* .... Reflejo del paso oculto de Dios en el hombre.
Nones, padre (Juan Manuel) .... Persona que va contra corriente. Honesto.

Orbajosa *(Doña Perfecta)*.......................... Urbe (ciudad) vieja, ennegrecida, asfixiante. Productorta de ajos.
Pantoja *(Electra)* .... Evoca la palabra "espantajo".
Pastor *(Celia en los infiernos)*.................. Fiel acompañante y guía.
Paulita *(La Fontana de Oro)*.................... Mujer místificada (diminutivo de S. Pablo).
Perfecta, doña *(Doña Perfecta)*..................... Ironía de la perversión encubierta bajo la máscara de religiosidad y perfección. Crueldad de la intransigencia.
Pío Coronado *(El abuelo)* .... Amarga coronación del hombre bueno.
Patricio Sarmiento *(El Grande Oriente)*.........Nobleza del espíritu radical casi loco.
Rosalía *(Rosalía)* ....Belleza pura de las flores.
Rumblar (marqueses) *(Bailén...)*.................. Rumbosos, ostentosos, dominantes.
Salomón, José *(El tacaño Salomón)* .... Sabio, inteligente mediador. Judío.
Salvador Monsalud *(El equipaje del rey José)*... "El que salva". Nuestra única salvación.
Sanguijeruela *(La desheredada)*.................. Mujer físicamente desagradable y que se aprovecha de los demás.
Santiago Íbero *(Los Ayacuchos...)*............... Prototipo de "virtudes" españolas.
Santiuste, Juan (Confusio) *(Aitta Tetauen)*....... Ridiculización de santo. Prototipo de confusión filosófica.
Santorcaz *(Bailén...)* .... La tozudez salvaje (torcaz) y perversa.
Serafinita *(Gloria)* .... Antítesis de serafín; ángel inútil, falso.
Simona, sor *(Sor Simona)* .... Vehemencia y honestidad de San Pedro.
Sola *(Memorias de un cortesano de 1815)*........Bondad casi absoluta, sin gratificación. El sacrificio fecundo del amor y la soledad.
Tarsis *(El caballero encantado)* .... Mitología original ibérica: de los tartesos.
Tito Liviano *(5ª serie Episodios)* .... Hombre inconsistente, a merced de...
Tomás Orozco *(Realidad)* .... La angustia de la duda.
Tomé, don *(Ángel Guerra)* .... Santo Tomás: gran creyente
Torquemada *(cuatro Torquemada)*.................... El gran inquisidor de los bienes ajenos.
Tristana *(Tristana)*............................... Tristeza absoluta de la vida sin salida.

Víctor (*La de San Quintín*) .... El que triunfa.
Wifredo, don (*España trágica*) .... Evoca la caballería medieval. Quijotesco.

De los 94 símbolos onomásticos señalados 40 tienen una posible significación de origen bíblico o tradicional cristiano.

A propósito de *Marianela* (personaje por el que el autor se enternece al máximo, siendo ya anciano) es importante señalar que su simbología mayor consiste en mostrar a la niña adolescente (La Nela) sin nombre. El símbolo es precisamente no tener nombre alguno propio [143]; lo que significa el máximo de abatimiento ante sí mismo y ante los demás: estar a merced de todo el mundo, que es como se describe al Mesías de Dios (a Jesús en la Pasión) en el canto 4º del Siervo de Yave, del profeta Isaías: *"Creció como raíz de tierra árida. No tenía apariencia ni presencia; le vimos y no tenía aspecto que pudiésemos estimar."* (Is.53,2).

En la misma novela, y como polo opuesto a la innominada Nela, está Florentina, que es un nombre acabado y reconocido, máximo de significación. De hecho el capítulo en que aparece esta joven se titula *De cómo la Virgen María se apareció a la Nela* (quizás evocando el reciente acontecimiento -1858- de las apariciones de la Virgen a la humilde Bernardette Souvirous).

Interesa señalar como síntesis del simbolismo galdosiano los **temas transversales básicos y la principal simbología cristiana que reciben:**
Las dos Españas.

La España que ve Galdós es una única nación histórico geográfica pero sustancialmente desunida y disociada, no en cuanto a los espacios

---

[143] TRINIS ANTONIETTA MESSINA hace un estudio detenido del simbolismo en *Marianela*. Sobre esta cuestión, en particular: *"La protagonista no tiene nombre fijo. Todos en el pueblo la llamaban de modo distinto: nela, Nelilla, la hija de la Canela, María nela, Marianela, Mariquita, Mariquilla... Su nombre real era desconocido, ni siquiera ella misma lo sabía. Este juego de apelativos responde más bien a la intención de querer evidenciar la incertidumbre del nombre debido a la falta de una familia, de herencia familiar... El nombre verdadero de Marianela se descubre sólo después de su muerte."* (En *Nombres y símbolos en Marianela de Benito Pérez Galdós*. Universitá Kore di Enna. Castilla. Estudios de Literatura, 1. 2010, pág.77). La contestación de la niña al médico Teodoro Golfín es patética: *"-Dime: ¿y a ti por qué te llaman la Nela? ¿Qué quie decir eso? La muchacha alzó los hombros. Después de una pausa repuso: -Mi madre se llamaba la seña María Canela; pero la decían Nela. Dicen que éste es nombre de perra. Yo me llamo María."*

territoriales sino en cuanto al espíritu, al menos en dos categorías irreconciliables: la conservadora, radicalmente tradicional que practica la intolerancia respecto a cualquier otra forma de ser filosófica, política o religiosa, y, en consecuencia, es agresiva, y la liberal, abierta, librepensadora y deseosa de conciliación.

Esta separación, alentada por Fernando VII, la testimonia el autor a partir de su primera novela, *La fontana de oro* (1870), pero se viene cuajando ya –trágicamente- justo al finalizar la Guerra de la Independencia, desde el Episodio que denomina *El equipaje del rey José*.

A lo largo de toda la segunda serie de episodios nacionales los símbolos de cada una de esas dos Españas son *Carlos Navarro*, hijo del cacique *Fernando "Garrote"*, que deriva inmediatamente hacia el carlismo, y, enfrente de él (por destino, no por propia voluntad), *Salvador Monsalud*, hermanastro de Carlos. Es decir, los dos son hijos del mismo padre (de la misma historia) pero de distinta madre (de dos Españas distintas), porque la madre de *Salvador* (*Fermina*, pobre aldeana, noble de espíritu) fue seducida y abandonada por el padre común –*"Garrote"*-. La distancia se agrava por dos razones poderosas: porque su concepción religiosa y patriótica es radicalmente opuesta, y porque ambos jóvenes aman a la misma mujer, a *Jenara*, que (aunque casada con Carlos porque pertenece a su clase e ideología político religiosa) será inaccesible para los dos. España está rota y es inaccesible para todos.

Las novelas *Gloria* y *Doña Perfecta* simbolizan al máximo esa postura (aunque no sólo estas dos obras). En ambas la intransigencia religiosa conservadora es absoluta y conduce a la muerte. Para Galdós hay un tipo de catolicismo dominante que es mortal.

La dualidad antagónica simbolizada por Salvador – Carlos se repite con frecuencia (Casandra – Doña Juana, Máximo – Pantoja, Pepe Rey – Doña Perfecta…por ejemplo) y cuando parece que los símbolos pueden llegar a fundirse estalla la tragedia, como ocurre entre Martín Muriel y Susana, dejándonos la impresión de que la división de destinos es irreductible.

Enfrente, como símbolo de un cristianismo (más que catolicismo) abierto, dialogal, más puro y conforme al Evangelio (rayando en una mística irreal) pueden situarse cuatro obras en todo su conjunto, novelas cumbre: *Nazarín, Halma, Ángel Guerra y Misericordia*; y en ellás, además, personajes tipo que encarnan casi perfectamente esta forma alternativa y profética del ser cristiano, como son Leré (en *Ángel Guerra*), Nazarín, Benina, y Sola (o Solita, en la segunda serie de episodios.

Alternativas de la fe y de la moral cristianas.

Junto a la preocupación dominante por la realidad y el futuro de España, el segundo gran tema transversal de toda la creación galdosiana es la reforma de la mentalidad y la práctica de los cristianos y de la Iglesia (del catolicismo), en el sentido de la mayor –y radical- fidelidad al Evangelio y a la totalidad de valores humanos bajo la impronta de la libertad. Esta intencionalidad teológica (incluso evangelizadora) se articula especialmente a través del artificio literario de la simbología.

Entre las novelas:

Doña Perfecta, Gloria, Rosalía y *La familia de León Roch,* como terrible ironía de lo que es radicalmente imperfecto e in-feliz (opuesto a la felicidad –gloria- a la que llama Dios y a la que se debe el cristianismo).

Igualmente *La desheredada, Tormento, Lo prohibido* y *Tristana*: símbolos de otras tantas tragedias o hundimientos morales vividos amargamente por los protagonistas.

La incógnita y la serie de *Torquemada* expresan la lucha del hombre en busca de un imposible equilibrio pacífico y rentable entre el bien y el mal.

Misericordia, como apoteosis del amor cristiano.

Entre las obras de teatro:

Electra, Sor Simona, Santa Juana de Castilla, como símbolos de la libertad cristiana por la que lo creyentes deben luchar.

Los condenados, Realidad, La fiera, Celia en los infiernos son otros tantos símbolos del mundo que domina amenazando la integridad de la persona, un mundo que necesita ser liberado.

La loca de la casa, Alma y vida y *Voluntad* expresan la capacidad de sacrificio del ser humano por el bien de los demás, pero, al mismo tiempo, la superación del sacrificio expiatorio.

Amor y ciencia es el símbolo de la armonía posible entre el progreso y la fe entendida fundamentalmente como amor.

Un joven de provecho y *El tacaño Salomón* pueden significar la ironía del hombre que sólo se sirve a sí mismo y no aprovecha a nadie.

Siguiendo esta tónica galdosiana, los capítulos del libro de Gustavo Correa *El simbolismo religioso en las novelas de Perez Galdós* ilustran perfectamente la idea que sugerimos (a la vez que nos dan una acertada pauta de lectura en profundidad de tales escritos). Nos permitimos citar esos doce títulos, añadiendo, después, por nuestra parte, algunos otros:

El arquetipo de Orbajosa en 'Doña Perfecta'.
Los elementos bíblicos en 'Gloria'.
La pasión mística de María Egipciaca en 'La familia de León Roch'.
La expulsión del Paraíso en 'Lo prohibido'.
La presencia del bien y del mal en 'Fortunata y Jacinta'.
La crucifixión de Villamil en 'Miau'.
La índole arreligiosa del personaje Torquemada.
El misterio de la vocación en 'Ángel Guerra'.
La definición del ser religioso en 'Nazarín'.
La fundación ideal de la Condesa de 'Halma'.
La santificación por la caridad en 'Misericordia'.
La búsqueda del Dios verdadero en 'Casandra'.

A estos temas transversales (significados aquí en obras concretas) podríamos añadir, prosiguiendo en la globalización simbólica, los siguientes títulos encabezados por textos bíblicos:

'Y vio Dios que todo era bueno": en *Amor y ciencia* y en *Marianela.*
'De los dos pueblos hizo uno; ha derribado el muro que los separaba': en *Gloria.*
'Para ser libres nos ha liberado Cristo': en *Electra, Mariucha* y *La de San Quintín.*
'La cruz, escándalo para los judíos, locura para los griegos': en *La loca de la casa.*
'La antítesis del rico Epulón y de la pobre viuda: en *El tacaño Salomón.*
'Estad siempre alegres en el Señor': en *Pedro Minio.*
'Pasión y muerte de Jesús' en: *El terror de 1824, Nazarín, Doña Perfecta.*
'Los creyentes tenían un solo corazón y una sola alma': en *Halma, Ángel Guerra, Pedro Minio.*
'Cuando sea elevado en lo alto'...: La resurrección: en *Alceste. en Ángel Guerra.*
'El mundo está en manos del maligno': en *La desheredada, Tormento* y *La fiera.*
'Una misma fe, un mismo bautismo': en *Santa Juana de Castilla.*
'La acción acompañante y liberadora del ángel Rafael a Tobías: en *Mariucha...*
Etc.

Concretando algo más la temática transversal teológica, destacamos los siguientes temas que denotan, sobre todo, una espiritualidad o teología moral. Al adentrarnos después en ellos podremos verificar lo que escribe Schraibman:

"*Galdós busca lo real y lo fundamental en la fe cristiana. Pone de lado los aspectos artificiales y penetra en el meollo de la enseñanza bíblica*" [144]

1º *La lucha entre el bien y el mal*, continuamente representados –simbolizados- en la mayoría de personajes y en sus confrontaciones. Procurando –esto es muy notable- no caer en un maniqueísmo fácil.

2º *La epopeya de la libertad de pensamiento y de existencia*, frente al sometimiento y al oscurantismo.

3º *La sinfonía heróica –grandiosa- del amor verdadero, de la caridad cristiana* (muy en continuidad con la figura del obispo del capítulo I de *Los miserables* de Victor Hugo, o del *Cyrano de Bergerac* de Edmond Rostand franceses). Y, en particular, la redención por el amor.

4º *La valoración eminente de Dios y de su significado para el hombre, así como del hecho cristiano tomado en su pureza evangélica*. Al mismo tiempo, la necesidad de la reforma interna de la Iglesia.

5º *El triunfo espiritual costosísimo –eventual, nunca seguro- de los inocentes y de su causa*, a pesar de la presión tiránica de todo tipo sobre ellos (ideológica y moral también). .

6º *La crítica de la riqueza, de la ociosidad, de la corrupción y del poder social que se sirve a sí mismo; afincado todo ello en la alta burguesía, y de lo que se beneficia el mundo eclesiástico*. En concreto, la denuncia de la obscenidad que supone el lujo, la banalidad de la existencia y los prejuicios de clase y sangre, al margen –si no en contra- de la pobreza y miseria dominante en el pueblo.

7º *La crítica de la clase política del país y del parlamentarismo en uso*, así como la utilización de lo religioso (y de la Iglesia) por el estamento político administrativo.

8º *La condena de la violencia armada y de la guerra*. La desautorización de sus pretendidas razones religiosas.

9º Como temas menores en el conjunto de la producción, aunque de enorme importancia y gravedad, entre otros:

- *La síntesis de lo natural y lo sobrenatural*, más allá de lo preternatural y surrealista, pero integrando este ámbito (los mitos griegos, por ejemplo, el mito de Orfeo, o el de la caverna) en esa síntesis.

- *La fácil perversión de lo religioso y, en concreto, de una parte considerable de eclesiásticos* por motivos de fanatismo político, de falta de

---
[144] SCHRAIBMAN, JOSÉ, o.c., pág. 490

vocación consagrada o de degradación sexual… Lo que, en parte, conduce al autor a pedir la revisión del estado clerical vigente.

- *El quijotismo como elemento regenerador de la sociedad*, aunque éste peque de exageración e incluso de rasgos de locura semejantes a los del hidalgo manchego cervantino.

- *El despotismo que ejercen las mujeres por madres o por demasiado bellas*, convirtiéndose en causa de tremendas crisis personales.

Una última y breve aclaración de orden semántico, a propósito del lenguaje teológico en la obra de Galdós.

Venimos empleando esta dualidad de términos: lo "religioso" y lo "cristiano", como conceptos complementarios que admiten una distinción formal y que –con alguna frecuencia- aparecen impregnados de cierta ambivalencia en los escritos que vamos a considerar, unas veces como sinónimos, otras como antónimos. No tienen el mismo valor. Para entendernos: en Galdós las personas más religiosas no suelen ser las más cristianas; incluso varias de éstas no son nada cristianas; lo religioso y lo cristiano no coinciden.

En teoría, por *"religioso"* (sin más calificación) deben entenderse actitudes o modos de actuar que, en principio, dimanan sólo de la religiosidad natural de la persona o de su confesionalidad; y que expresan tendencias hacia algún tipo de relación con la divinidad (sea cual fuere el signo de esta relación), actuaciones y maneras que pueden ser psicológica y socialmente sanas o malsanas, vengan situadas en una confesión religiosa o en otra. Don Benito emplea esta palabra palabra dándole con alguna frecuencia el sentido simple del uso popular que no hace demasiados distingos.

Por *"cristiano"* debe entenderse una postura existencial en la línea del evangelio de Jesús; en todo caso la religiosidad que brota de la fe en la revelación bíblica y en la mejor tradición eclesial: en Jesús y en el Dios de Jesús; como perspectiva individual y colectiva que va más allá de lo estrictamente religioso porque demanda ante todo una ética evangélica (conciencia y comportamientos que asumen, desde luego, la moral fundamental humana y la religiosidad natural sana, integrando ambas en la fe en el Dios cordial y liberador Jesucristo).

La *"catolicidad"* añadiría la forma romana de plasmar el cristianismo a lo largo de la historia, con aciertos y con desaciertos o deterioros respecto a los orígenes del hecho cristiano.

En nuestro lenguaje procuraremos usar cada uno de estos términos cuando proceda, interpretando lo más justamente posible el sentir de los textos.

Parte segunda
GALDÓS, LA EDUCACIÓN DE UN PAÍS

4
Galdós y España, un diálogo difícil

Los temas esenciales de la creación galdosiana son, sin duda alguna, el hombre –el ser humano- y España, fundidos en uno solo. Pero en la entraña del mismo, determinándolo para bien o para mal, está el problema educativo y el problema religioso de los españoles, tanto a nivel individual como colectivo. Cada uno de ellos tiene pendiente responder a este asunto: aceptar, desarrollar -negar, superar o equilibrar- y, en definitiva, decidir su postura respecto a una cultura integral y, en particular, respecto a la religión (la suya y la de sus hijos). La cuestión de fondo sigue siendo perfilar su identidad nacional y encaminarse hacia ella.

Pero no existe pensamiento teológico alguno en sus escritos que quede al margen de la realidad española que debe reeducarse y orientarse hacia una solución de su conflicto interno individual y colectivo. Lo religioso, aunque tenga autonomía, entra a formar parte de un proyecto de humanización; y, un poco a la inversa, este proyecto pedagógico es una línea primordial del Evangelio de Jesús, del orden sustancialmente humano que se designa como "reino de Dios"; según la fe cristiana, un ordenamiento asistido y fecundado por el Espíritu de Dios.

De donde resulta que los planteamientos educativos y los teológicos van estrechamente unidos, y el término *ad quem* de ambos es España.

Ésta es también la perspectiva de Galdós

De ahí que sea necesario para él detenerse en estas cuestiones: qué ocurre en España, de dónde venimos y a dónde vamos los españoles, qué puede salvarnos y cómo hacerlo, si es que –como se demuestra- andamos demasiado perdidos…

Insistimos. El tratamiento de la realidad española es tan consustancial a la obra galdosiana que no puede separarse de los planteamientos teológicos que analizaremos enseguida.

De hecho, todos sus escritos son –de forma implícita o explícita- una constante indagación sobre el ser español y sobre la condición dramática que lo acompaña, situando en el seno de ese ser y de esa condición la dimensión religiosa y la propuesta educativa para un porvenir más venturoso. Los personajes galdosianos más lúcidos tienen esa conciencia, y la totalidad de su mundo se mueve dentro de ambas perspectivas.

"Aprendamos, con lento estudio, a conocer lo que está muerto y lo que está vivo en el alma nuestra, en el alma española. Aprendámoslo aplicando el oído al palpitar de estos enojos que reclaman justicia, equidad, orden, medios de existencia. Apliquemos todos los sentidos a la observación de los estímulos que apenas nacen se convierten en fuerzas, de los desconsuelos que derivan lentamente hacia la esperanza..." [145]

Con estas palabras inaugura en 1903 la soñadora revista *Alma Española*. Y sólo con está metodología entiende que puede aportarse algo sustancioso a la humana y cristiana tarea de la reconstrucción de un país.

En concreto, va a aparecer de forma explícita (en más de treinta de los 46 Episodios Nacionales y en la mayoría de sus novelas contemporáneas) la consideración detenida no ya del acontecer perceptible sino del alma española, del problema hondo de España. Y algunas de las tramas son por entero símbolos del drama español). Lo mismo ocurre en todas las piezas teatrales y en una mayoría de artículos y ensayos.[146]

---

[145] PÉREZ GALDÓS, BENITO, *Soñemos, alma, soñemos*. Revista *Alma Española*. Año I. num. 1, pág.1 (En la edición *La fe nacional y otros escritos sobre España* de José Esteban y Jesús Egido, Ed. Rey Lear. Madrid 2012, pág.27)
A este respecto escribe el profesor ÁNGEL CASADO (Universidad Autónoma de Madrid): *"Con sus obras, en las que están presentes los grandes temas de la época (progreso, educación, libertad, tolerancia...), Galdós no sólo reproduce pasivamente la realidad española, sino que pretende contribuir a transformar la mentalidad nacional y 'mover los hombres a la acción'*, sumándose a las propuestas de regeneración, en coherencia con su talante liberal y su compromiso político."*, en *El 'optimismo' de Galdós: educación y transformación social*. (Actas del X Congreso Internacional de Estudios Galdosianos, Cabildo de Gran Canaria, pág. 273)
[146] Entre los Episodios Nacionales: *Trafalgar, La Corte de Carlos IV, Bailén, Napoleón en Chamartín, Zaragoza, Gerona, Cádiz, El equipaje del rey José, Memorias de un cortesano de 1815, La segunda casaca, El Grande Oriente, Los cien mil hijos de San Luis, Un voluntario realista, Los apostólicos, Un faccioso más y algunos frailes menos, De Oñate a la Granja, Luchana, Montes de Oca, Los Ayacuchos, Bodas Reales, Las tormentas del 48, Narváez, Los duendes de la camarilla, La revolución de julio, La vuelta*

Ese proceso de penetración –y de compenetración- con la realidad humana histórica es –debiera ser- normativo del cristianismo en el mundo. Lo que la teología designa como "Encarnación".Y es lo que vamos a observar en la creación literaria de Galdós: un enorme respeto al principio netamente cristiano de la inmersión redentora del Dios de Jesucristo –del cristianismo original- en la entraña de la realidad humana, es decir, en la confusión, en el dolor y en la esperanza de unas gentes y de un país concreto que es España.

Y eso es también, a la vez, un punto de partida esencial de la educación de las personas y de los pueblos.

Por tanto, en una segunda instancia ya pedagógica, el anuncio válido, inteligible y apasionante de la religiosidad cristiana lleva consigo una función educadora quizás insustituible. No por casualidad literaria el personaje Tarsis (el que busca su identidad española a través de un largo viaje iniciático) es reeducado a la vez por la maestra y por el párroco del mísero pueblo de Boñices, en presencia de La Madre (España), en la última novela de Galdós (1909)[147]

Como ya señalamos, Don Benito no era –en modo alguno- un teólogo formal, y tampoco un maestro profesional. Pero sí tiene en sus obras una gran densidad de pensamiento sobre el hecho educativo y el hecho cristiano y religioso, fundamentalmente porque esa reflexión la hace en España y desde el problema de España. Constituye así una fecunda fuente de inspiración para elaborar una pedagogía y una teología actuales desde nuestra realidad. Tal vez en la misma dirección que sigue el teólogo Olegario González de Cardedal. [148]

---

al mundo en la Numancia, Prim, La de los tristes destinos, España trágica, La Primera República, De Cartago a Sagunto, Cánovas. Entre las novelas independientes: *Doña Perfecta, Miau, Fortunata y Jacinta, El amigo Manso, El caballero encantado, Gloria, La familia de León Roch, Marianela...*Entre las obras de teatro: *Electra, Realidad, Casandra, Celia en los infiernos, Bárbara, Santa Juana de Castilla...* Y la inmensa mayoría de artículos de prensa y ensayos (*La fe nacional, El sentimiento religioso en España, España de hoy, Al pueblo español, Romería nacional, Guía espiritual de España...*).

[147] Nos referimos a *El caballero encantado.* o.c. y, en particular, a la cena educativa y catequética que reúne fraternamente a los habitantes de la aldea, dejando constancia del mensaje original del cristianismo a partir de los Santos Padres de la mejor Tradición eclesial

[148] V. GONZÁLEZ DE CARDEDAL, OLEGARIO, *Meditación teológica desde España* (Sígueme. Salamanca 1972); *España por pensar* (Ed. Universidad Pontificia de Salamanca. 1985); *El elogio de la encina* (Sígueme. Salamanca 1978).

1. **Aproximación a la identidad histórica española en la obra de Galdós.**

¿Qué significa asumir la realidad con un criterio cristiano de integración en ella?

En primer lugar, supone interrogar siempre a los aconteceres y a las situaciones concretas, no genéricas, teóricas o globales. Porque el ser humano es inevitablemente concreto y particular, tanto individualmente como en la colectividad que constituye. Por consiguiente, Benito Pérez Galdós observa atentamente al hombre español, lo escucha, escruta el panorama en que se desenvuelve más allá de los horizontes inmediatos, medita, se interroga, aprende, aventura hipótesis y caminos... Nunca juzga precipitadamente. Y si hay que perdonar, perdona. Es decir, hace posible el diálogo con él y con la realidad que lo sostoiene, con España.

Sumergidos en la particularidad geográfica e histórica -desde ella- hay que proceder hacia una de las más arduas y calificadas tensiones de la persona: hacia la pertenencia psico-social y el compromiso recreador del entorno. Aunque la sangre y el barro habituales en la tierra nos salpiquen.

Entonces se va aprendiendo a valorar la realidad por sí misma y por sus secretas bondades; sin sentirse atado a ella; libre ya de fanatismos exentos de autocrítica.

Tenemos la impresión de que estas actitudes iniciales de la encarnación y del diálogo cristiano se encuentran holgadamente en la obra galdosiana tomada en su conjunto.

Más en particular, asumir la realidad del ser individual hispano y del pueblo español supone afrontar tres niveles de encuentro:
- entrar en el problema de la identidad propia y colectiva, siempre confusa en nosotros;
- detectar y señalar los graves problemas internos que padecen las personas individualmente y como miembros de la colectividad nacional, su realidad dramática (a veces, trágica) cotidiana y eventual;
- y sugerir las posibles salidas hacia adelante, hacia un futuro más saludable, habida cuenta de la identidad observada (de las posibilidades y de las limitaciones reales.)

Conviene aquí advertir que nunca está de más en este país el discurso sobre la identidad que corresponde –o podría corresponder- a los ciudadanos de las tierras que llamamos España. Y quizás resulta más beneficioso aún -e incluso necesario- hacerlo en situaciones de la historia como las que atravesamos: porque es bastante probable que (con independencia de los intereses que muestra la clase política) una gran mayoría de personas de nuestro país esté descuidando hoy por completo la conciencia de la identidad patria (algo que no sucede en otras demás naciones) y que, a la vez, algún sector de ciudadanos de una u otra parte de la geografía se esté apropiando de ese concepto con una exclusividad agresiva que nos confunde a todos.

Enfrentándose a este problema, Galdós desarrolla una visión y una actitud: *la idea de patria y el amor a España*; ambos conceptos claros, equilibrados y amables. La profesora Yolanda Arencibia, en su detenido trabajo sobre el tema, escribe: *"Si un impulso movió el didactismo de Galdós a la hora de escribir sus Episodios fue, precisamente, el amor a la patria; el ansia de devolver al pueblo español el ardor del patriotismo, 'única pasión que da salud y vida a los pueblos enfermos'"* ; y citando la carta-manifiesto que dirige Don Benito a Alfredo Vicenti:

"Hemos llegado a unos tiempos en que al hablar de patriotismo parece que sacamos de los museos y de los archivos históricos un arma vieja y enmohecida. No es así: ese sentimiento soberano lo encontramos a todas horas en el corazón del pueblo donde para nuestro bien existe y existirá siempre en toda su pujanza." [149]

Debemos recordar que quien esto dice es un liberal nato, un conocedor y amante de todas las regionalidades de nuestra geografía y, a la vez, un entusiasta viajante europeo; bajo ningún aspecto un ultranacionalista. Y, desde luego, uno de los pensadores más críticos sobre la realidad española.

En el mismo sentido va a insistir desde otros contextos históricos. Antes de que se rinda la ciudad de Zaragoza a las tropas francesas, el protagonista de los primeros Episodios, Gabriel de Araceli, afirma:

"Este sacrificio no será estéril, como sacrificio hecho en nombre de una idea... Lo que no ha pasado, ni pasará, es la idea de nacionalidad que España defendía contra el derecho de conquista y la usurpación. Cuando otros pueblos sucumbieron, ella mantiene su derecho, lo defiende, y sacrificando su propia sangre y vida, lo consagra como consagraban los mártires en el circo la idea cristiana. El resultado es que España, despreciada injustamente en el Congreso de Viena, desacreditada con razón por sus continuas guerras civiles, sus malos gobiernos, sus bancarrotas más o menos declaradas, sus inmorales partidos, sus extravagancias, sus toros y

---

[149] ARENCIBIA, YOLANDA, *La guerra y la patria en el pensamiento de Galdós.* Universidad de Las Palmas de Gran Canaria. Biblioteca Universitaria. Memoria digital de Canarias 2005, pág. 204

sus pronunciamientos, no ha visto nunca, después de 1808, puesta en duda la continuación de su nacionalidad; y aun hoy mismo, cuando parece que hemos llegado al último grado del envilecimiento, con más motivos que Polonia para ser repartida, nadie se atreve a intentar la conquista de esta casa de locos." [150]

El texto, escrito por nuestro autor en 1873, resulta sencillamente admirable.

Observaciones previas sobre el problema de la identidad nacional.

El *chauvinismo* (o complejo de superioridad nacional) ha constituido casi siempre un peligro para el desarrollo normal de la persona y del país. Pero este exceso y sus múltiples deformaciones de matiz (algunas tan graves como el racismo) no tienen nada que ver con el logro de un correcto sentido de identidad nacional.

Parece importante verificar en sí mismo la posesión de ciertos rasgos de carácter común nacional e histórico que nos identifiquen y afirmen con alguna claridad (más como colectivo que como individuos, aunque también así; más como tensión que como logros) e imaginar desde ellos una labor de futuro. Porque tal percepción –grata y molesta al mismo tiempo, si se atiene a la realidad- significa aproximarse a lo verdadero de manera lúcida y pacífica, es decir, con capacidad de estima y, sin embargo, de autocrítica necesaria; disfrutando, a la vez, de un margen de seguridad emocional y física.

Esta vivencia es, sin duda, el punto de partida para adoptar posturas personales constructivas; por ejemplo, posturas de comprensión de nuestro devenir, de inserción social, de armonía con el entorno, de laboriosidad, y de buenas relaciones con los vecinos.

El problema, para llegar a albergar esa vivencia, radica seguramente en la ausencia del propio sentido histórico. Por esta razón Galdós indaga continuamente en el fondo de nuestra historia patria, empleando el recurso de personalizarla en la figura de La Madre o Mari Clío en la novela *El caballero encantado* y especialmente en el Episodio *Cánovas*. La historia española sale al encuentro de los protagonistas Tarsis y Tito para invitarles a entrar en ella, pero es una historia quebrantada, alucinante; y esa matrona joven o anciana, portadora de siglos, adquiere, en su aspecto mutante, la imagen de una Virgen de los Dolores.

---

[150] PÉREZ GALDÓS, BENITO, Episodio Nacional *Zaragoza,* cap. XXXI (Alianza Ed. Madrid. 1995. págs. 181-182)

Queda claro que por *identidad nacional* no entiende nunca Galdós orgullo racial o de otro tipo (religioso, por ejemplo), ni espíritu de posesión cerrada de un espacio y una cultura (al modo como los animales cercan y defienden el territorio propio con sus orines). Muy al contrario, si se habla de identidad patria como integrante de la persona y del pueblo, piensa en algo semejante a lo que podría experimentar una planta cuyas raíces se hallan bien asentadas en una tierra siempre amable para ella, perfectamente conocida, y que, contando con el medio, crece y madura con acierto para beneficio de sí misma y de todos cuantos la contemplan o pasan a su lado, expandiendo sus esporas al viento.

La identidad nacional es entonces, sobre todo, la íntima convicción de relativa pertenencia a una geografía e historia (no de fijación inmutable, ni de posesión ni de sujeción o sometimiento a un proyecto político), a un patrimonio múltiple y a unas gentes. Todo lo cual necesita ser cuidado, discernido, rehecho y mejorado, desde lo más local hasta lo mucho más universal; por tanto, sin excesivos límites fronterizos. Acentuando de este modo la conciencia lúcida del bien común y de sí mismo: de las tareas pendientes y de las responsabilidades ineludibles para el bien de los demás; por tanto, de un devenir capaz de presencializar el pasado, de entroncarse en él y, al mismo tiempo, de rehacerlo dando paso a "la otra historia" que está aún por escribir. Y precisamente desde ahí, desde esta conciencia, adquirir una mínima e indispensable seguridad existencial.[151]

Estamos hablando de una dimensión fundante –fundamental- del devenir de la persona y del grupo como tarea ineludible educadora.

No hay sentido de identidad nacional sin realismo, sin humildad, sin amor, sin compromiso y sin apertura. Y sólo así surge también el sentido justo –equilibrado- del ser colectivo y, con tales bases, el sentido de pueblo dentro del sentido de lo universal. Ambos necesarios para el logro de la personalidad madura y en buena medida feliz.

Vamos a comprobar que el pensamiento de Galdós discurre en estos términos con absoluta claridad.

---

[151] Señala con acierto DOLORES TRONCOSO que *"en general, los términos (patria y nación) son sentidos por los personajes de los Episodios como prácticamente sinónimos."* en *Galdós: patria o nación en la España del XIX...¿y del XXI?*, Actas del X Congreso Int. de Estudios Galdosianos. 2013, Cabildo de Gran Canaria, pág. 364 Sobre la problemática de la identidad española, considerada desde una perspectiva francesa, puede verse: BENOÎT PELLISTRANDI, *Histoire et identité nationale en Espagne*, en la obra *L'histoire culturelle en France et en Espagne* (Collection Casa de Velázquez. Vol. 106, págs. 235-252)

Pues bien, ¿en teoría, de qué identidad nacional goza España y deberían gozar los españoles?... No existe una respuesta diáfana y menos definitiva. Permanece sobre todo –a lo largo de la obra galdosiana- la pregunta, pero bien planteada, y un suficiente elenco de respuestas válidas como hipótesis de identificación. Lo que ya es mucho. La cuestión es demasiado grave y sería imprudente para el escritor tanto el responderla dejándola cerrada como el soslayarla.

Quizás lo que importa es el tratamiento de la misma: la densa y constante literatura sobre ella donde se brinda a todos por igual la posibilidad de recuperar y rehacer una tierra y un tiempo en apariencia pretéritos, pero de ninguna manera acabados ni fenecidos. Una literatura que induce a la conciencia a sobrevivir encarando el presente y encauzándolo mejor hacia el futuro.

Por ejemplo, la constancia escrita y bella de lo ocurrido en los siglos anteriores puede ser la luz que reinterprete el presente o simplemente la pregunta justa que dé pie a elaborar las bases de otro futuro. Aunque de momento no resuelva nada.

La aportación precisa de Galdós al problema de la identidad nacional.

En busca de horizonte literario (para despertar identidades perdidas u oscurecidas por las tormentas de la historia) es indudable que la obra de Benito Pérez Galdós -proyectada inmediata y directamente sobre el XIX- puede constituir una referencia fundamental para llevar a cabo la faena de identificación que nos preocupa. Estamos en una cumbre espléndida de la literatura hispana (acompañados, sin duda, para esta tarea, de Cervantes, de la Generación del 98 y de otros); una cima desde donde se hace más posible abarcar con la mirada el ancho y quebrado panorama de nuestra geografía e historia en su pasado, pero fundamentalmente en su presente y en su futuro.[152]

Muy pocos como él -o quizás nadie- han entrado tan adentro y en fechas no lejanas en el arduo problema de diagnosticar lo que ocurre en este

---

[152] Con lucidez escribía –no hace mucho- ANTONIO MUÑOZ MOLINA en un análisis sobre los Episodios Nacionales: *"El pasado que le importaba* (a Galdós) *era aquel que se extendía hasta los orígenes inmediatos del presente; el que aún estaba dentro de los límites de la memoria viva... Y le importaba por razones muy prácticas, de una urgencia vital y política. Quería comprender su tiempo..."* Y refiriéndose a la relectura de las obras del autor, añade con acierto que corroboramos: *"Galdós siempre sorprende porque es mejor todavía de lo que uno recordaba"*, El país de Galdós en *El País. Babelia.* 10/09/2011, págs. 6-7)

país y la forma como se estructura el alma y la vida de un español, situando con admirable acierto y audacia -en la entraña de tales procesos- un componente religioso y cristiano fuera de toda duda, a pesar de la complejidad y ambivalencia que lo caracteriza.

La reinterpretación galdosiana de la historia.

A primera vista pudiera pensarse que lo esencial en la ingente obra de nuestro escritor es el retrato realista del acontecer concreto y total del país. No. Por encima y por debajo de las situaciones contempladas, de los diagnósticos de enfermedad y de las terapias sugeridas, Galdos viene a decirnos que nuestro problema crucial es precisamente la historia española. Una historia que todavía no se ha hecho, que se esconde al presente superficialmente vivido y que, por tanto, no puede escribirse de manera verosímil. [153]

La verdadera historia de España no es la que fue y se nos dio, sino la que debió ser y no pudo serlo (porque no la dejaron); la liviana historicidad apenas apuntada (la que vive Tito Liviano al final de los Episodios Nacionales) era la lámpara que nos hacía falta mantener en las manos y al frente, para percibir lo real y divisar el horizonte. Pero los hombres -igual que le ocurrió a Jesús, Enviado de Dios (*Jn 1,11*)- no quisieron recibirla, no la resistieron, o pretendieron gozar de esa luz sólo un instante para, enseguida, apagarla; y quedó en pie sólo la otra historia, tambaleándose siempre (no la intrahistoria).

Lámpara fueron el juglar anónimo de Mío Cid, el rey Sabio, la honra devuelta al de condición humilde por Lope y Calderón, Luis Vives y sus ensueños humanistas, la mística de Teresa de Ávila, las voces de Cervantes y Quevedo, de Bartolomé de Carranza, del "último judío" de Noha Gordon y "del hereje" de Delibes; Goya para finalizar el XVIII; y Galdós para iniciar el XX dando la mano a los del 98 y a los del 27…

Era lámpara también el conjunto cotidiano de sentimientos honestos y lúcidos del pueblo llano, casi siempre frustrados y sometidos a los intereses mezquinos y homicidas de los distintos poderes, casi siempre triunfantes.

---

[153] Coincidiría de nuevo con los análisis galdosianos que tratamos de presentar el juicio que hace ANTONIO MUÑOZ MOLINA hablando de la conciencia de la crisis actual: *"Si algo había sorprendente en sus vísperas, y aun en sus primeros episodios, era la falta de avisos claros sobre lo que se avecinaba, incluso la negación tenaz y autodestructiva de lo que ya estaba sucediendo… Pero la capacidad de comprender el presente inmediato es muy limitada, probablemente por hondas razones cognitivas…"* Prólogo al libro de José Antonio Zarzalejos *Mañana será tarde*, Planeta. Barcelona 2015, pág. 11

Pero aquellos hombres luminosos, unos y otros, apenas fueron escuchados, y la historia verdadera que nos pertenecía no llegó a alzarse. [154]

¡Qué difícil dialéctica entre las dos historias! En la cuarta serie de Episodios Juanito Santiuste –Confusio- seguirá intentando escribirla y leérsela al asombrado Pepe Fajardo. Con ello, Galdós cumple ya su cometido.

"Nuestro país, ¡ay! ha venido a ser tan manso y sufrido, que ni él mismo se conoce cuando se mira en el espejo de sus catástrofes; está, no ya distraído, no ya insensible, sino lelo, como el paralítico progresivo, que ríe entre ataque y ataque, esperando el que ha de ser mortal." [155]

Somos memoria viva sólo si acertamos a saber lo que fuimos y lo que vamos siendo y, juntos e individualmente, intentamos rehacer este pasado-presente agitado por los gritos inacallables de un futuro que pocos vislumbran y no deja de ser incierto..., sólo si esta conciencia y espectativa esperanzadas se convierten en ethos, en condición ética.

Al abordar el problema de España, Galdós muestra, por de pronto, una honda humanidad. Primero, porque restaura la relación íntima, desgarrada y abierta –positiva- entre su mundo literario –él mismo- y la nacionalidad española: hay amor, y el amor humaniza, aunque no se acierte a precisar bien su objeto; segundo, porque la perspectiva que informa tal visión es la de un humilde realismo que en ocasiones resulta excesivo y se aproxima al excepticismo. En el Episodio Nacional *Cánovas*, el autor (que mantiene clara distancia respecto a la gestión de ese político) parece hacer suyas las amargas e irónicas palabras que se atribuyen al Presidente de la Cámara

---

[154] Particularizando nuestra dualidad histórica, escribe JOSÉ LUIS MORA GARCÍA: *"El llamado 'problema de España' lo era de dualidad: ortodoxia/heterodoxia; tradición/modernidad; catolicismo/liberalismo, etc. y de una forma de unidad que no se realizara por exclusión..."* En este sentido habla de *"toda una tradición de heterodoxos a su pesar, de españoles al margen... (Galdós), miembro insigne, pues, de la España heterodoxa dedicó, al menos, veinte años de su vida a denunciar las raíces del problema y a mostrar –estéticamente, como él podía hacerlo- la forma de superarlo, es decir, de integrar ambas partes."*, en *Galdós y el llamado 'problema de España'*, Actas del VI Congreso Internacional de Estudios Galdosianos. 1997. Cabildo de Gran Canaria, pág. 508 Es importante el análisis que hace Mª LOURDES ACOSTA GONZÁLEZ (Universidad de Barcelona) en su trabajo *El 'sentimiento de la historia' galdosiano frente a la historia oficial*, Actas del X Congreso Internacional de Estudios Galdosianos. 2013. Cabildo de Gran Canaria, págs. 251-263

[155] PÉREZ GALDÓS, BENITO, *Prólogo a Alma y Vida (1902)* en Obras Completas Ed. Aguilar, vol. Cuentos y Teatro. Madrid 1977, pág. 528

cuando la comisión parlamentaria que elabora la nueva Constitución le pregunta cómo debe definirse a los españoles en ese texto fundamental. Dice el Presidente: *"Pongan ustedes que son españoles...los que no pueden ser otra cosa."* [156]

Pensamiento muy distinto de la idea de lo español que tiene el ilustrado presbítero Don Manuel Flórez en *Halma*, cuando replica a quienes atribuyen a Nazarín una influencia espiritual rusa:

"¿A qué traer de tan lejos lo que es nativo de casa, lo que aquí tenemos en el terruño y en el aire y en el habla? Pues qué, señores, la abnegación, el amor de la pobreza, el desprecio de los bienes materiales, la paciencia, el sacrificio, el anhelo de no ser nada, frutos naturales de esta tierra, como lo demuestran la historia y la literatura, que debéis conocer, ¿han de ser traídos de países extranjeros? ¿Importación mística cuando tenemos para surtir a las cinco partes del mundo?" [157]

Texto que sugiere, según el autor, que la búsqueda de la identidad española se aproxima al sentido cristiano de la encarnación en la propia tierra y, además, requiere la consideración de la religiosidad hispana como un aspecto integrante (si no integrador) de nuestra propia historia.

Evidentemente el personaje que habla ahí está contemplando un tipo modélico muy peculiar de lo español: al excepcional presbítero Nazarín, aventurero espiritual, cercano a Don Quijote y a Juan el Bautista, exponente de la audacia evangélica; pero no se puede dudar del interés del escritor por enlazar de algún modo esas virtudes un tanto quijotescas con la más pura (y tal vez perdida) identidad hispana.

Con independencia de las referencias citadas, la verdad es que Galdós tiene un sentimiento contrapuesto del país: amante y emocionado, por un lado, muy amargo, por otro, acentuado éste último tono aún más en sus últimos años. Penetra en la realidad enferma de España (con frecuencia emplea este adjetivo para describirla), le duele y la desearía sana porque la ama.

Pero esto es profundamente humano y cristiano a la vez; engarza con una pedagogía de signo cristiano. Lo inhumano y anticristiano es la actitud nacionalista de superioridad, de segregación, de orgullo necio y de fantasía peligrosa respecto al derecho de posesión de la tierra y de la cultura; complejos que han conducido, en definitiva, a cualquiera de las formas

---

[156] PÉREZ GALDÓS, BENITO, Episodio Nacional n. 46 *Cánovas*. O.c. pág. 94
[157] PÉREZ GALDÓS, BENITO. Galdós, *Halma*, o.c., pág. 168

radicales de separatismo que Don Benito no podía aceptar... Como veremos, nada más lejos en la idea galdosiana de patria y de pertenencia nacional.

Al exponer tales sentimientos e ideas en boca de personajes reflexivos (Juanito Santiuste, Salvador Monsalud, por ejemplo, e incluso Castelar o Cánovas) y, a la vez, en el pueblo llano, el autor manifiesta que no sólo es él quien piensa así; que esa ideología, liberada de falsos complejos y abierta a la libre autocrítica de todos los ciudadanos, es un sentimiento bastante generalizado y definitorio de la idiosincrasia hispana, sin derivar hacia la inferioridad ni al servilismo respecto a nadie.

En los Episodios Nacionales aparece de forma expresa ese talante en el nombre y en la personalidad de dos de las familias más representativas de lo español –de lo celtíbero- : los Íbero (Santiago padre y Santiago hijo, tercera y cuarta serie) y los Ansúrez (presentados como prototipo hispano en la cuarta serie). Las dos sagas (vinculadas a tantos otros tipos) significan para el autor un logro importante de la identidad nacional: en última instancia al menos, el español es un luchador en solitario y una persona sincera consigo misma y amargamente autocrítica.

2. Claves fundamentales de la identidad española en la obra de Galdós.

Quizás debía ser un hombre venido de la España insular, ya con una incipiente formación intelectual y asentado de por vida en el corazón de este país, quien pudiera reflexionar con soberana independencia sobre la identidad de las tierras y de los pueblos de nuestra nación (de lo que el Estatuto autonómico Andaluz designa como *"la indisoluble unidad de la nación española"*). [158]

España, al contrario que cualquier chauvinismo del primer tercio del siglo XX europeo, no es para Galdós nada claro ni nada excelso o envidiable. Es lo pobre que es y sólo eso, que ya es bastante. Y así hay que considerarla, amarla y cuidarla, sin pretender hacerle un diagnóstico acabado, y menos aún descuartizarla para beneficio de unos u otros.

Distinguimos dos partes en esta consideración. Primero, el claroscuro de la identidad española que habrá que enseñar a reconocer y a querer (no sin

---

[158] De gran importancia para todo este capítulo: ZAMBRANO, MARÍA, *La España de Galdós* (Endymión – Comunidad de Madrid. 1981); MARTÍNEZ CAÑAS, RICARDO, *La idea de la patria en Trafalgar de Pérez Galdós*. (Boletín de la Real Academia de la Historia. Tomo CCVII. Enero-abril 2010)

amarguras), y después, la serie de demonios que tientan y provocan lo que Fernando Diaz Plaja llamaría *El español y los siete pecados capitales*.

1. Dialéctica a la identidad española en los escritos de Galdós.

Permítasenos comenzar recordando un texto remoto y emblemático sobre la península hispánica, en los albores de nuestra literatura:

"Esta Espanna que dezimos, tal es como el paraíso de Dios, ca rígase con cinco rios cabdales que son...; e los ualles et los llanos son grandes e anchos, et por la bondad de la tierra et ell humor de los rios llevan muchos frutos... Espanna es abondada de miesses, deleitosa de fructas, viciosa de pescados..., alegre por buenos vinos, folgada de abondamiento de pan... Espanna sobre todas es engennosa, atrevuda et mucho esforçada en lid, ligera en afan, leal al señor, complida de todo bien... Espanna sobre todas es adelantada en grandez, et más que todas preciada por lealtad. ¡Ay, Espanna! Non a lengua nin engenno que pueda contar tu bien." (de la *Crónica General* de Alfonso X el Sabio, a finales del siglo XIII).

El texto es mucho más amplio y de gran belleza. Pero en el rey sabio tuvo un carácter fundamentalmente geográfico y de identidad moral, aunque, eso sí, refiriéndose por primera vez a toda la península, a la Hispania heredada de Roma.

De entonces al XIX y al XXI ¡cuántos sinsabores para redefinir a esta nación, a causa quizás de tantos conflictos históricos insatisfechos, sin resolver y de tanto tiempo perdido batallando! Hay quien dice que España siempre llega tarde a la Historia.

Galdós, conocedor directo de todos los rincones de la península, coincide en una gran medida -sustancialmente podríamos decir- con la idea ingenua de Alfonso (uno de nuestros pocos reyes verdaderamente ilustrados, generadores de cultura). Con su misma ingenuidad pone en boca del jovencísimo Gabriel de Araceli esta reflexión íntima, a punto de iniciarse la batalla de Trafalgar:

"Por primera vez entonces percibí con completa claridad la idea de la patria, y mi corazón respondió a ella con espontáneos sentimientos, nuevos hasta aquel momento en mi alma. Hasta entonces la patria se me representaba en las personas que gobernaban la nación,... Me representaba a mi país como muy valiente; pero el valor que yo concebía era pan parecido a la barbarie como un huevo a otro huevo... Pero en el momento

que precedió al combate, comprendí todo lo que aquella divina palabra significaba, y la idea de nacionalidad se abrió paso en mi espíritu, iluminándolo, y descubriendo infinitas maravillas, como el sol que disipa la noche, y saca de la oscuridad un hermoso paisaje. Me representé a mi país como una inmensa tierra poblada de gentes todos fraternalmente unidos..."
[159]

Tal vez sea necesario conocer y amar la geografía, el paisaje (la tierra física) para sentir un país. Por eso, sin duda, los andaluces que fueron Juan Ramón, Antonio Machado, o Federico García Lorca, los vascos Miguel de Unamuno y Pío Baroja, los gallegos Ramón Valle Inclán y Emilia Pardo Bazán, o los medievales Ramón Llull y Ausias March recorrieron todas las regiones peninsulares, escribieron para todos, entendieron la totalidad de las tierras de España y no dejaron de sentirse hispanos, a la vez que andaluces, vascos, gallegos o catalanes. Porque conocían y disfrutaban por entero la geografía, el paisaje y la historia, sin ceñirse a horizontes cerrados.

Don Benito, canario de nacimiento y de corazón, pertenece, sin duda, a esta categoría de hombres. Por eso, de entrada, coincide con la visión española del rey toledano.

Sin embargo, en otra mayor medida, tan lejos de la simplicidad medieval, se distancia de él. ¡Y tanto! Esta tierra amable es un puro drama; y sus habitantes somos un enigma viviente en busca de solución. El protagonista más real y mejor caracterizado –a mi juicio- de los Episodios Nacionales, Salvador Monsalud, que es la imagen del autor mismo, exclama:

"España tiene hoy la controversia en los labios, una aspiración vaga en la mente, cierto instinto ciego de mudanza; pero el despotismo está en su corazón y en sus venas. Es su naturaleza, es su humor, es la herencia leprosa de los siglos, que no se cura sino con medicina de siglos... Cuando me detengo a calcular el tiempo que tardaremos..., me confundo, me mareo, porque cien años me parecen pocos para tan grande obra." [160]

Galdós escribía estas palabras en 1879. Podría haberlas escrito ayer. Ciertamente, cien años parecen muy pocos.

Todos los personajes importantes del ancho mundo de su creación literaria entran –según análisis admirable de María Zambrano- en esa

---

[159] PÉREZ GALDÓS, BENITO, Episodio Nacional nº 1, *Trafalgar*, cap. X (Salvat. Madrid. 1969. pág. 103)
[160] PÉREZ GALDÓS, BENITO, Episodio Nacional nº 19, *Los Apostólicos* cap. XXVI. (Historia 16. Caja Madrid. 1994. pág. 174 y ss.)

dramática; intentando dejar su carácter novelesco, transcenderlo -como Don Quijote- para reencontrarse en la vida, en la realidad, y dar ahí una razón de sí mismos. Quizás el único que acierta a lograrlo sea –para dicha escritora- *Benina*, en *Misericordia*, una de las figuras cumbre de la literatura galdosiana y de la española, y tal vez clave de casi todas las demás.[161] La anciana de los suburbios madrileños es universalmente española.

Sobre esta dialéctica entre el ser y el no ser (o el llegar a ser) nuestro autor asienta las bases posibles de la identidad que nos corresponde a cualquier habitante de la península.

2. Premisas para establecer la identidad española según Galdós.

a) España para Galdós es todo el territorio peninsular e insular.

Galdós –lo hemos señalado ya- es un liberal, un progresista nato. Una persona abierta a todos los derechos y libertades. El progresismo –para él- es apertura; nunca encerramiento en fronteras geográficas o culturales o en nacionalismos, y menos en separatismo. Para él la idea de España está referida a todo el territorio y a todas las regiones o nacionalidades que la integraban en el siglo XIX desde una historia secular. El paradigma liberal y progresista aúna; no disgrega ni aisla. (Algo semejante vivirán los grandes liberales del XX, como, por ejemplo el presidente republicano Manuel Azaña).

Una primera premisa –indiscutible para él- es, pues, la común identidad sustancial de todos los habitantes de las tierras de España y de todas las regiones peninsulares e insulares, porque no existe razón alguna suficiente que justifique (al interior de nuestros límites geográficos naturales y de nuestras culturas autóctonas) una pluralidad de estados y de naciones, y mucho menos con carácter irreductible y antagónico.

---

[161] *"La historia, en ciertos casos, se convierte en novela fatalmente, con la misma fatalidad con que el ansia de ser de la criatura, de la simple criatura humana, se convierte en tragedia. Y el suceso que nos cuenta Galdós en su plural obra es este de que la historia se le convierta en novela... a todo un pueblo, a todo un mundo de personajes que aparecen vagando en una atmósfera, en un ámbito donde ya no es posible otra cosa... Todos, y en forma más pura y trascendente los de "Misericordia" se debaten no pudiendo vencer su suerte... Como si toda España hubiera corrido la suerte de Don Quijote; su historia, la historia más bien, se le ha convertido en novela. El novelesco mundo de Galdós es consecuencia de que Don Quijote no haya podido ser otra cosa en el mundo que personaje de novela."* ZAMBRANO, MARÍA, *La España de Galdós* (Eds. Endimión. Comunidad de Madrid. 1988, págs. 42-43)

A lo largo de los Episodios Nacionales y de la mayoría de las novelas independientes (durante su escritura y edición, antes, en medio o después) el autor recorre toda la geografía hispana. Da fe del sentir y del modo de ser de castellanos, manchegos, andaluces, vascos, catalanes, valencianos, navarros, gallegos, aragoneses... Cada uno muestra, sin duda, características temperamentales propias (perfectamente comprensibles para todos) y acentos y peculiaridades lingüísticas regionales; pero todos los tipos retratados, sin excepción, sienten un solo país [162], asumen al unísono (aunque de diverso modo y con mayor o menor lucidez) los grandes temas que agitan a la nación; y todos dirigen su mirada –apasionada y entusiasta, hostil o crítica– al gobierno del Estado, en cuanto gobierno, no como Estado. Un gobierno que, por su parte se halla en íntima connivencia con todos los puntos de la geografía peninsular.

Es decir, lo que molesta a los ciudadanos (en los extremos penindulares) no es una nacionalidad española impuesta sino un mal rey o un pésimo gobierno. Y esto no sólo durante la corta Guerra de la Independencia, sino a lo largo de todo el siglo.

Galdós, que es realista y pinta al pormenor el alma de las gentes, cuando se halla en Navarra, en el País Vasco o en Cataluña, jamás deja entrever en su obra que exista en estos espacios algún tipo de nacionalismo radical separatista. No se hallan vestigios de ese concepto o sentimiento en ningún lado. La relación de la periferia geográfica con el centro es absolutamente normal.

En el Episodio titulado *Luchana* (que narra el sitio de Bilbao por las tropas carlistas de Zumalacárregui) constata dos hechos: primero, que la población bilbaína en su totalidad (como, en general, ocurría en todas las ciudades, porque el carlismo fue rural y no urbano) esperaba la liberación del

---

[162] En el Episodio Nacional n.42, *España Trágica*, afirma el protagonista Santiago Íbero: *En eso estamos conformes... Y de veras te digo que cuando oigo hablar de vender un lote del solar español, me corre un cierto escalofrío por el espinazo y se me salen a la boca las expresiones de ira."*(PÉREZ GALDÓS, BENITO, o.c. pág.144). Fernando Calpena, protagonista de la serie 3ª de Episodios, se expresa de igual forma refiriéndose en concreto y con admiración al pueblo catalán (v. Episodio Nacional n. 29, *Los Ayacuchos*, o.c. pág.164); totalmente explícita es la idea de Galdós a este respecto en carta a su amigo el literato catalán Narciso Oller: *"Me da dolor verle a V. con sus ideas separatistas. Cuestión grave es ésta, y que sería mejor tratarla de palabra. Pero, hijo de mi alma, si los separatistas debemos ser nosotros. Si son vds. los hijos mimados de la nación. Vds. son el hereu y nosotros los segundones."* (PÉREZ GALDÓS, BENITO, carta de febrero 1986, publicada por Pilar Faus Sevilla, o.c., pág. 291)

sitio por parte del general Espartero, que venía de Madrid con las tropas gubernamentales; y, segundo, que Bilbao recibe con júbilo esa liberación. Algo parecido había ocurrido en los sitios de Zaragoza y de Gerona.

El bilbaíno Zoilo, hijo mayor de los Arratia, familia absolutamente vasca, casado con una madrileña, hombre tosco y noble como su padre y hermanos, sueña con llegar a ser capitán del ejército liberal isabelino comandado por Espartero, que será pronto Regente. [163]

Es decir, cualquier habitante de estas tierras puede tener y tiene una clara conciencia de pertenencia a la totalidad de los pueblos peninsulares e insulares; pueblos que son recorridos por los abundantes protagonistas de su narrativa, siendo bien recibidos en ellos y encontrándose allí como en su casa. Si había que ilustrar este hecho, Galdós acudirá a las guerras de la Independencia y carlistas. Por eso narra con emoción el verdadero abrazo de Vergara:

"Las tropas guiadas por La Torre como las conducidas por Iturbe, se vieron envueltas en la inmensa atmósfera de fraternidad que ya se había formado. Los corazones respondieron con unánime sentimiento. No podía ser de otro modo. La idea de unidad, la nacional grandeza, de moral parentesco entre todas las razas de la Península, ganó súbitamente los entendimientos de castellanos y éuskeros, ya no hubo allí más que abrazos, lágrimas de emoción, gritos de alegría, aclamaciones a Espartero, a la Constitución, a Isabel II, a Maroto, a la Religión y a la Libertad juntamente, que también estas dos matronas se dieron pechugones en aquel solemne día." [164]

El calor –tal vez excesivo– de la crónica revela la idea clara y el sentimiento firme con que se desearía transmitir a las generaciones futuras la clave de solución de un problema confuso de segregaciones dentro del territorio peninsular hispánico.

En diciembre de 1900, un año más tarde de la publicación del episodio *Vergara*, Don Benito dirige un discurso a varios compatriotas canarios (en momentos difíciles para las Islas) y en él agranda el sentimiento de la colectividad española total, situando en ésta –no negando, en absoluto– el regionalismo:

"Habéis visto que ha llegado la hora de avivar en nuestras almas el amor a la patria chica para encender con él, en llamarada inextinguible, el amor a la grande; habéis advertido que la preferencia del terruño natal debe ahora ensanchar sus horizontes llevándonos a querer y venerar con mayor

---
[163] V. PÉREZ GALDÓS, BENITO, Episodio Nacional n. 27, *Vergara*, o.c., págs. 91-92
[164] PÉREZ GALDÓS, BENITO, *Vergara*, o.c., pág. 247

entusiasmo el conjunto de tradiciones, hechos y caracteres, de glorias y desventuras, de alegrías y tristezas que constituyen el hogar nacional, tan grande que sus muros ahumados no caben en la Historia."[165]

El mismo discurso -pronunciado en Barcelona- ahonda en la tragedia que pueden desencadenar los nacionalismos separatistas (que en esos momentos brotan en Cataluña, en el País Vasco y –con menos virulencia- en Canarias): el escrito recibe el nombre de *La fe nacional*, y en él se afirma la unidad de destino y de convivencia que une a los pueblos de España sin exclusión alguna, y la necesidad de mantenerla precisamente en función de la democracia, de la solidaridad de unas regiones con otras (máxime en las horas trágicas que se están viviendo tras el desastre de 1898), de la voluntad de progreso y del mismo espíritu liberal. [166]

Para Galdós las diferencias entre españoles no son nacionalistas en absoluto. Son -y van a serlo cada vez más- a lo largo del XIX ideológicas e internas en cada región. En síntesis, los castellanos, los andaluces, los vascos, los catalanes, etc., están divididos entre sí, pero no con el resto de espacios geográficos e históricos cercanos. Y lo están por ser liberales, o conservadores y tradicionalistas. No por ser de derechas o de izquierdas, ni por ser creyentes o increyentes, ni por ser separatistas o españoles. El carlismo, que aglutina a los más conservadores y ultramontanos, con una base muy fuerte en Navarra, Aragón y Valencia, a lo que aspira no es a establecer identidades regionales separadas, sino a colocar a su pretendiente Carlos en el trono de Madrid. Y el liberalismo se produce por igual en el centro y en los extremos. [167]

En la tercera serie de Episodios Nacionales, uno de los protagonistas secundarios (pero significados), Santiago Íbero (cuyo hijo –con el mismo nombre- tomará el relevo en las series siguientes), recibe la onomástica que mejor simboliza a España. Pues bien, este personaje es alavés, y en él

---

[165] PÉREZ GALDÓS, BENITO, en *La fe nacional y otros escritos sobre España*, edición de José Esteban y Jesús Egido, en Ed. Rey Lear, Madrid 2012, págs. 23-24
[166] Ver PÉREZ GALDÓS, BENITO, *La fe nacional y otros escritos sobre España*. Ed. De José Esteban y Jesús Egido. Editorial Rey Lear. Madrid 2013
[167] En este sentido el pensamiento galdosiano es el mismo que domina en las dos Españas políticas, incluso iniciada la Guerra Civil. Si en algo hubo coincidencia entre dos antagonistas de la talla de José Calvo Sotelo y Manuel Azaña fue en este punto de la unidad española. El diputado derechista llega a decir: *"Prefiero una España roja a una España rota"*, y el presidente de la República, impulsor de estatutos de autonomía, en una estancia en Barcelona y a propósito del político vasco Aguirre, exclama: *"Yo no he sido nunca españolista ni patriotero. Pero ante estas cosas me indigno, y si estas gentes van a descuartizar a España prefiero a Franco. Con Franco ya nos las entenderemos nosotros o nuestros hijos o quien fuere. Pero esos hombres son insoportables."* (*Memorias*)

confluyen las virtudes originales (¿quijotescas?) del ser español. Ha luchado heroicamente a las órdenes de Espartero (a quien sigue y admira) a favor de la unidad liberal de España. Él y su esposa Gracia, largo tiempo esperada, constituirán el modélico hogar hispano de aquel entonces (cálido, entre rural y urbano, profunda y naturalmente religioso, de burguesía media, algo militar, patriótico).

Sobre tal base, ¿qué otros rasgos caracteriales parecen identificar a los españoles del XIX, según Don Benito?

b) El español, llamado a encarnar un tono existencial a mitad camino entre el idealismo y el pragmatismo oportunista.

Para Galdós existe una especificidad en el carácter genuino del español -difícil de precisar y ambivalente, desde luego- que lo sitúa, sin embargo, en continuidad con los tipos o personajes emblemáticos de nuestra literatura, casi desde la Edad Media. Por lo que no resulta demasiado original cuando lo encontramos ahora en medio del siglo XIX.

En concreto, parece bastante evidente que el modelo inicial hispano es Rodrigo Díaz de Vivar, el Cid. Y que la identidad cidiana viene cantada y sostenida por el pueblo llano y por la intelectualidad desde el Cantar de gesta hasta el teatro barroco de Guillén de Castro, para pasar después a la posteridad. Y el mismo Cervantes, norma última de nuestro canon literario, va a identificar sus dos figuras –Don Quijote y Sancho- en la sola cara del Cid: un rostro que refleja los más altos valores y, al mismo tiempo, un extraordinario pragmatismo o visión realista de la vida; aunque una parte de ese imaginario colectivo pertenezca a la leyenda.

Sin embargo, no cabe duda de que ese modelo coeixte con los pícaros Lázaro de Tormes o el Buscón Pablos y con su amplia popularidad, de forma que se produce en el temperamento una mezcla extraña de idealismo y estoicismo, de dignidad y de servilismo, de honestidad e inmoralidad: las mismas actitudes que viven al unísono Miquis y Celipín en *El doctor Centeno,* centro de las novelas contemporáneas galdosianas.

El honor íntimo (más que el derecho calderoniano a la honra, y mucho más que los honores sociales) va a constituir para la mayor parte de los españoles un imperativo ético ineludible que –en momentos de prueba- alzan muy alto su personalidad, aun cuando ese honor quede desfigurado por razones familiares de sangre. Galdós no ignora esta faceta de la posible identidad hispana, si bien la considera cercana a los excesos románticos.[168] El vasco Zoilo Arratia (en el Episodio *Vergara*) es prototipo de este sentido galdosiano del honor.

Y lo que es más notable: en esa identidad se refleja un cierto desdén respecto a los títulos nobiliarios, precisamente por alguna tendencia a la confraternización e incluso a igualar los rangos sociales en función de lo pragmático (del empleo, por ejemplo). Es de gran agudeza la exposición que hace Barbarita a su noble sobrina Jacinta:

"Nuestra edad, por otros conceptos infeliz, nos presenta una dichosa confusión de todas las clases, mejor dicho, la concordia y reconciliación de todas ellas. En esto aventaja nuestro país a otros... Aquí se ha resuelto el problema sencilla y pacíficamente, gracias al temple democrático de los españoles y a la escasa vehemencia de las preocupaciones nobiliarias. Un gran defecto nacional, la empleomanía, tiene también su parte en esta gran conquista." [169]

El personaje no deja de ser demasiado optimista, pero es bastante real.

Sorprendentemente Galdós parece reconocer en el individuo español una tendencia al espíritu democrático (más que a la imprescindible democracia institucional que no llega a cuajar nunca): una innata propensión al trato con los diversos y a la comunicación (cordial, si es posible).

No es que tal modelo de identidad vaya a plasmarse efectivamente en los sujetos que así lo consideran. Basta que sea tenido como punto de referencia para juzgar y desear la propia existencia. Y esto es lo que ocurre con Don Quijote, con Sancho y con el Cid y sus acompañantes, modelos de lealtad sincera, de fidelidad conyugal y política, de amistad con los amigos, de apertura liberal (el Cid aparece como alférez mayor del rey moro de Zaragoza), de religiosidad honda, de valentía loca, si procede, de realismo pragmático (a veces chapucero), y de itinerante e incierto viaje por todas las tierras de España.

---

[168] En la obra teatral *Bárbara* el capitán Leonardo, movido por la conciencia ético religiosa más honda (y en contraste con el ambiente cortesano del sur de Italia) razona así su difícil decisión de abandonar a Bárbara para que ésta se salve: *"Caballero soy, caballero cristiano, y como cristiano y caballero he de restablecer en el altar de mi alma lo que villanamente arrojé de él: el Honor y la Fe."* Y Bárbara, antes, ha replicado: *"Ya olvidaba que eres español, de esa raza de hidalgos extravagantes, enloquecidos por la leyenda caballeresca; de esa raza en que hombres vigorosos se lanzan a ideales batallas contra enemigos imaginarios, y consumen su vida en ensueños de perfección o de santidad insana."* (PÉREZ GALDÓS, BENITO, O.c. pág. 195)
[169] PÉREZ GALDÓS, BENITO, *Fortunata y Jacinta*. I, o.c. pág. 240.

Sobrepasado, pues, el sarampión romántico, Galdós vuelve a sugerir en su literatura el modelo cidiano y quijotesco (el uno legendario, el otro novelado) como rasgo en buena medida constitutivo de la identidad española. Y es posible que ningún autor como él haya entendido con tanta hondura el alma cervantina, y el por qué Don Miguel puso a su hidalgo caballero el título de la Mancha. En el Episodio denominado *Bailén* , dirigiéndose el joven protagonista hacia los campos en donde se va a librar la famosa batalla, el autor escribe:

"Don Quijote necesitaba aquel horizonte, aquel suelo sin caminos y que, sin embargo, todo él es camino; aquella tierra sin direcciones, pues por ella se va a todas partes, sin ir determinadamente a ninguna; tierra surcada por las veredas del acaso, de la aventura... Al atravesarla no podía menos de acordarme de Don Quijote, cuya lectura estaba (siempre) *fresca en mi imaginación."* [170]

Es posible que esa indecisa condición de caminante -que no sabe muy bien a dónde va- tenga bastante que ver con la dramática identidad del español, que sí sabe (al menos en algún momento) de elevados idealismos..., frenados siempre por sus intereses terriblemente pragmáticos.

Para Galdós el español puede encarar y soportar esa dialéctica porque, en última instancia, posee un soporte nacional de buen temple que lo acompaña y es capaz de fortalecer su estructura personal: *"(salimos adelante) por la intensa vitalidad de esta vejancona robusta que llamamos España"* [171]

Soporte es así mismo el *optimismo innato*. Porque otra dimensión de ese idealismo (que raya a veces con lo irracional) es –en España- la alegría de vivir. El español no trabaja ni se agota para construir, sino para poder descansar y divertirse; confía en lograr de inmediato ese fin. Esta razón le permite, a pesar de sus penalidades, ir disfrutando de la vida, o esperando conseguir el máximo disfrute de la misma. Talante vital que le hace ser comunicativo y festivo.

c) El eterno femenino en el sentir de los españoles.

En Galdós se esboza también un nuevo elemento original propio de la identidad nacional en aquel presente y en la tendencia hacia el futuro: la función femenina idealizada.

---

[170] PÉREZ GALDÓS, BENITO, Episodio Nacional n. 4, *Bailén,* cap. VI
[171] PÉREZ GALDÓS, BENITO, Episodio Nacional n. 44, *La Primera República,* o.c. pág. 8

España, que siente y practica el machismo más feroz (como en el resto del mundo del XIX, por otra parte), se halla referida sustancialmente a la mujer de forma práctica y de forma ideal, más allá del hecho natural y humano significado por la dualidad de sexos, por la belleza o por la maternidad.

Toda la obra galdosiana tiene una presencia prioritaria, constante y cualificada, referencial (de primer orden literario, psicológico y social) de personajes femeninos extraordinariamente retratados y de alto valor simbólico. Sin ellos no existiría esa obra... En ninguna otra literatura (tampoco en la española anterior y posterior al siglo XIX) se da este fenómeno. ¿A qué puede obedecer?

De entrada intuimos que algo importante tiene que ver con el problema de la identidad española, con la realidad que contempla y reflexiona el autor, no ajena a la visión del catolicismo que preocupa en todas las obras.

La respuesta a esta cuestión requeriría que nos detuviéramos a considerar cómo entran las mujeres –y lo femenino- en la novela y en el teatro de Galdós. Quede ahora constancia de un doble fenómeno genuinamente español: por una parte, la imposición de un tremendo e intocable machismo... (socialmente la mujer es muy poco, y en muchos casos nada); y, sin embargo, en otro sentido, la referencia interior honda y decisiva de toda la sociedad (no sólo del hombre) a la mujer, en cuanto a la conciencia que suscita en el varón (de forma activa o pasiva) y en cuanto a la acción que discreta e incluso secretamente desarrolla, siempre de manera determinante, sea cual fuere el signo y el resultado de la misma.

Esta es una más de nuestras grandes contradicciones, y Benito Pérez Galdós se cuida mucho de señalarla con dolor y casi con desesperación, a veces. Es decir, para él la identidad española supone una referencia sustancial y particularmente compleja a la mujer, aunque falte aún por concretar el modo como tal referencia se materializa.[172]

d) La condición dramática convulsiva del español.

En el estado de bienestar que hemos conocido desde finales del siglo XX, incorporados a la economía europea y desilusionados de las expectativas políticas nacionales, a cualquiera de nosotros –si es joven,

---

[172] Sobre la dimensión de lo femenino en la obra de Galdós v.: PETIT, MARIE-CLAIRE, *Les personages féminis dans les romans de Benito Pérez Galdós* (Les Belles Lettres. Paris 1972; ÁVILA ARELLANO, JULIÁN, *El personaje femenino del teatro de Galdós* (Universidad Complutense. Madrid 1992); APARISI LAPORTA, AMPARO, *Las mujeres en los Episodios Nacionales* (Anales del Instituto de Estudios Madrileños. Tomo XIX 1982 y Tomo XLIII. 2000).

especialmente- le resulta difícil sentirse afectado por un drama que se llame España. Tampoco a la sufrida población rural de la mayor parte de la península durante el siglo XIX le interesaba demasiado el enigma doloroso de este país. Les preocupaba su problemática individual y nada más (no así a los movimientos obreros incipientes que agitaban ya, por ejemplo, Cataluña y zonas del campo andaluz en esa época). Pero el ciudadano de las capitales, desde Madrid a Granada, a Cádiz, a Barcelona o a Vitoria, sí empezaba a experimentar que a su identidad hispana le correspondía inexorablemente una condición dramática peculiar.

Ser español podía significar la satisfacción discreta de poseer hasta cierto punto una tierra, una historia, unas raíces..., pero desde luego significaba vivir en la encrucijada de un destino incierto y doloroso. *"¡Oh España!, ¿qué haces, qué piensas, qué imaginas? Tejes y destejes tu existencia. Tu destino es correr tropezando y vivir muriendo"*, dice ese personaje enigmático (Tito) que encarna como pocos la complejidad de lo español en la última serie de Episodios. [173] El drama es mayor cuando la historia nos llega confundida. [174] Culminan este pensamiento algunos Episodios: *La España trágica* (con el asesinato de Prim, justo en el momento de recibir como rey al italiano Amadeo de Saboya), poco antes, *La de los tristes destinos* (referido no sólo a la caída y exilio de Isabel II sino también al triste destino de esta nación), y, al final, *Cánovas*.

Pero en el mismo sentido se ha concretado ya la idea en *Los Apostólicos*:

"Hay pueblos que se trasforman en sosiego, charlando y discutiendo...El nuestro ha de seguir su camino con saltos y caídas, tumultos y atropellos. Nuestro mapa no es una carta geográfica, sino el plano estratégico de una batalla sin fin. Nuestro pueblo no es pueblo, sino un ejército. Nuestro Gobierno no gobierna: se defiende... Nuestros montes son trincheras, por lo cual están sabiamente desprovistos de árboles... En nuestro comercio se advierte una timidez secular originada por la idea fija de que mañana habrá

---

[173] PÉREZ GALDÓS, BENITO, Episodio Nacional n. 44, *La Primera República*, o.c. pág.45-46. Ver también *La de los tristes destinos*, o.c. pág. 14

[174] En el Episodio n. 29, *Los Ayacuchos*, escribe en su diario Fernando Calpena: *"La imaginación popular emborrona la historia, y luego nos cuesta Dios y ayuda descubrir con raspaduras la verdad"* (PÉREZ GALDÓS, BENITO, o.c. pág. 127).

jaleo. Lo que llamamos paz es entre nosotros como la frialdad en Física, un estado negativo; la ausencia de calor, la tregua de la guerra." [175]

A esta perspectiva identificatoria de lo español habría que añadir un mál endémico: la disputa. Un mal que periódicamente (tal vez desde las guerras de conquista de los Austrias y las civiles de los Comuneros) se convierte en conflicto armado, en belicismo irracional y estéril, que a duras penas se supera en el ánimo de todos desde mediados del siglo XX, pero que es posible que permanezca vivo aunque soterrado y de momento tome la forma de una implacable guerra fría entre los partidos políticos. Al menos en la época de Galdós la pasión bélica tenía la apariencia de una constante propia.

Los textos citados alcanzan actualidad impresionante.

Los españoles, por otra parte, son -para Galdós- personas que se mueven ante todo por la emotividad, por la pasión emocional de un momento y que, al no encontrar el logro inmediato de sus expectativas, se desfondan y tienden a la anarquía individual, haciéndose ingobernables. Ése es el pronóstico que se da a la futura reina Isabel, aún niña, en el Episodio *Luchana*:

"Ni con las dotes más excelsas que Dios pone en la voluntad y en la inteligencia de sus criaturas podría desenvolverse Isabelita en medio del desconcierto de un país que todavía anda buscando la mejor de las Constituciones posibles, y que no parece dispuesto a dejarse gobernar con sosiego hasta que no la encuentre; de un país que todavía emplea como principal resorte político el entusiasmo..., un país que todavía ha de tardar siglos en curarse de sus hábitos sentimentales." [176]

Esta conciencia acompaña al español lúcido como una dolorida memoria histórica que, ya por entonces, a la altura de finales del XIX, deja a Don Benito consternado y desgarrado, sin ninguna euforia; porque no merecen euforia alguna en ese siglo las repetidas luchas fratricidas, los muchos más de cien mil muertos que supuso el reinado de Isabel II, la continua ineptitud política de los gobernantes, la pasión ciega de las masas en tantas ocasiones... Tal memoria forma parte, sin duda, de la identidad

---

[175] PÉREZ GALDÓS, BENITO, Episodio Nacional n. 19, *Los Apostólicos,* o.c. pág. 49. Vicente Halconero, personaje central de *La España trágica*, concluye sus meditaciones sobre el estado histórico de la nación: *"El pueblo español padecía de una honda enfermedad del juicio: loco estaba el patriotismo, loca perdida la libertad, y el año venía como una sarta de locuras trágicas engarzadas una en otra."* (o.c. pág. 135-136)
[176] PÉREZ GALDÓS, BENITO, *Luchana*. Episodio Nacional n. 24 (Historia 16-Caja de Madrid. 1994. Págs. 12-13)

nacional. Una identidad que en cierto modo invita a la huída. Por eso el protagonista del Episodio *La de los tristes destinos*, el hijo de Santiago Íbero (es decir, el hijo de España) emprende también el camino del exilio y dice a su mujer: *"Somos la España sin honra, y huimos, desaparecemos, pobres gotas perdidas en el torrente europeo."*[177] Y con ese texto finaliza la obra. La España sin honra era la de Isabel II, pero es la de todos los españoles del siglo XIX y tal vez anteriores, en un drama –o tragedia- que no tiene todavía fin.

Cuando el autor rememora estas cosas -al escribirlas en 1908- es cierto que se halla muy cansado, con el ánimo decaído. Acaba de ser testigo del desastre del 98. Y tal vez desea pasar ya el testigo de su reflexión sobre España a la generación que viene. Pero esta generación ("la del 98") no puede ya ver otra cosa en la identidad nacional. Antonio Machado ha escrito –o va escribir- su verso: *"Españolito que vienes al mundo, te guarde Dios. Una de las dos Españas ha de helarte el corazón"*.[178]

3. Causas internas y efectos de la dramática identidad española en la creación galdosiana.

Galdós hace un denso y detenido análisis de los males que nos aquejan y de las razones que están conduciendo a la nación –y a los españoles- a un callejón con muy poca salida. Se traza el diagnóstico global de la realidad española en cuanto idiosincrasia predominante del ciudadano medio (como individuo y como grupo). Pero ese modo de ser, más que imperativo genético, es visto como algo que proviene del enorme infortunio histórico institucional.

"Para Galdós –escribe la estudiosa galdosiana Amor del Olmo- *la herencia histórica constituye la causa de los grandes males que asolan la España de finales de siglo. La génesis de la Historia incluye los caminos torcidos que hasta el momento sucumben a la sociedad en un retraso retorcido, ético y moral."*[179]

Que exista en los españoles, de norte a sur y de este a oeste, un cierto genio positivo celtíbero, romano, visigodo, árabe y provenzal –todo junto-,

---

[177] PÉREZ GALDÓS, BENITO, Episodio Nacional n. 40, *La de los tristes destinos,* o.c. pág. 272
[178] MACHADO, ANTONIO, *Proverbios y cantares. LIII.*
[179] AMOR DEL OLMO, ROSA, *Religión y evolución: hermenéutica sobre textos dramáticos de Galdós.* (Actas del VII Congreso Internacional de Estudios Galdosianos. 2005. Cabildo de Gran Canaria. Pág.143

influyente sobre lo visceral hispánico, en mayor o menor medida, es seguramente más que probable... De hecho una serie grande de tipos fundamentales en toda su creación dará esa talla elevada y original en cualquier punto de nuestra geografía.

Pero, lo que sin duda determina la identidad media nacional es una lista demasiado larga de errores o de predisposiciones lamentables que dañan nuestra integridad. En general, se trata de atavismos adquiridos y pactados, fruto en grandísima medida de una desastrosa gestión del país en casi todos los órdenes.

Don Benito asume los valores de la ideología burguesa con tal de que ésta se considere y permanezca abierta al progreso y a la diversidad; optando lo más posible –con cierta ingenuidad- por la conciliación utópica de los elementos contrarios de la realidad (sobre una utópica base de tolerancia, de paz, de orden y de progreso) y por el valor supremo del esfuerzo personal sin decaimiento. [180]

Pero, al mismo tiempo, reconoce que esos valores de la burguesía liberal no han llegado a cuajar entre nosotros. Y ahí radican los verdaderos problemas que nos aquejan, los temas pendientes de solución... Al tratarse, sobre todo, de carencias no pueden llamarse rasgos de identidad, sino más bien de falta de identidad. Porque son obstáculos y pasividades que frenan el advenimiento de otra manera de ser y de comportarse mucho más genuina y positiva, la que tal vez nos corresponde.

Sintetizando (y de modo alegórico), podríamos afirmar que Galdós denuncia y condena radicalmente siete graves pecados capitales de la sociedad española:

-la violencia guerrera y la tendencia a la conspiración;

-el talante egocéntrico y ostentoso de la nueva burguesía rica (o que desea obsesivamente acceder a otra clase social), falsa, holgazana, chismosa, arribista, improductiva;

-la codicia del prestamista (precursora de la banca actual);

-la ineptitud y corrupción de los políticos y de la política;

---

[180] Parte de ese programa lo explicita en el Episodio *Los Apostólicos*: *"El absolutismo es una imposibilidad y el liberalismo una dificultad. A lo difícil me tengo, rechazando lo imposible. Hemos de pasar por un siglo de tentativas, ensayos, dolores y convulsiones terribles."* (PÉREZ GALDÓS, BENITO, *Los Apostólicos*. Episodio Nacional n. 19. Ed. Hernando. Caja Madrid-Historia 16. 1994. Pág. 175)
V. el denso estudio de JOAN OLEZA, *Galdós y la ideología burguesa en España: de la identificación a la crisis*. En Biblioteca Virtual Miguel de Cervantes. (file///G;/biblioteca sueños.htm)

-el fanatismo de cualquier signo, especialmente el religioso y el ideológico, y la incultura popular;
-el poder y el mal ejemplo de los eclesiásticos;
-la degradación o la inutilidad de la institución monárquica.

Al señalarlos surge una literatura correctiva portadora de una pedagogía; se marcan las pautas de la educación correctiva –de la reeducación- para españoles, sean éstos niños, jóvenes o adultos (sobre todo, adultos). De forma prioritaria se señala el desorden en nuestra manera de actuar respecto a los demás.

Insistimos en que, al mismo tiempo, de entre el gentío gris, surgen –en la pluma y en la mente del autor- personas luminosas, verdaderos maestros. que denotan lo más auténtico y valioso de nuestra configuración como pueblo. Y en todo caso, con unos y otros, el escritor pedagogo muestra el camino para hallar una identidad perdida.

Vamos a sintetizar y concretar en cuatro las causas más graves del diagnóstico trazado a propósito de la dolencia española del siglo XIX. Una dolencia que probablemente no ha encontrado aún curación, por lo que haríamos bien en tomar conciencia de ella.

a) La absolutización ideológica en los españoles.

Con mucha frecuencia los personajes galdosianos dan la impresión al lector de ser personas que no poseen más cosas de valor que una sola idea, sea ésta grandiosa o mezquina, propia o alquilada; una idea que deben defender con pasión desorbitada frente a quien pueda amenazarla (o imaginen que puede amenazarla), incluso frente a sí mismos, y que, con harta frecuencia, genera fanatismos.

Con esa idea montamos casi toda la existencia; y, a veces, si es posible, también un medro personal no muy decoroso.

Entonces, aunque pierda vigencia, la idea ya no se la puede abandonar, ni permitir que se altere. Es decir, no es objeto de algún tipo de diálogo (salvo en ocasiones, como ocurre en el Episodio *La segunda casaca*, en donde la ofrecen como moneda de cambio.)... Aunque, después, es posible que el tiempo la desdibuje intelectualmente, que pierda entidad razonable, y que se convierta en un simple *modus vivendi* o en un arma arrojadiza cuando convenga.

¿A qué ideas se refiere Galdós?

Las absolutizaciones ideológicas.

La absolutización de una idea (la que fuere) suscita *ab initio*, desde ese fondo casi genético (o desde el aire que respiramos en estas tierras queridas) un sorprendente espíritu de contradicción o de oposición. *"Nos peleamos por un ideal* -dice el sabio Tito, asistiendo a una sesión de las Cortes- *y vencedores y vencidos nos curamos las heridas del amor propio con emplasto de arreglitos... para seguir viviendo en octaviana mansedumbre."*[181] Aunque, seguramente, esta actitud de inmediato antagonismo es aún más visceral, y viene a ser el único fundamento del debate político.[182]

Así discurre la pobre convivencia social, encallada en viejos estereotipos, siempre a punto de estallar en conflictos desproporcionados. De ahí que Salvador Monsalud, figura antagónica del cortesano corrupto que es Juan de Pipaón (en realidad llamado Juan Bragas), advierta:

"Vemos el instantáneo triunfo de la idea verdadera sobre la falsa en la esfera del pensamiento, y creemos que con igual rapidez puede triunfar la acción nueva sobre las costumbres viejas. Las costumbres las hizo el tiempo con tanta paciencia y lentitud como ha hecho las montañas, y sólo el tiempo, trabajando un día y otro, las puede destruir."[183]

El problema, entonces, es la baja consideración del pensamiento de los demás y la nula aceptación del mismo. Los "Apostólicos" era en aquellas fechas la denominación que recibía una especie de partido político religioso ultraconservador y poderoso en el gobierno, tan cerrado como cualquier otro de cualquier extremo. A causa de ello el mismo protagonista, que se debate buscando la salida justa a nuestro país, sigue reflexionando:

"Por desgracia, nuestro país no es liberal, ni sabe lo que es la libertad, ni tiene de los modos de gobernar más que ideas vagas. Puede asegurarse que la libertad no ha llegado todavía a él más que como un susurro... No ha penetrado en su entendimiento ni menos en su conciencia. No se tiene idea de lo que es el respeto mutuo, ni se comprende que para establecer la

---

[181] PÉREZ GALDÓS, BENITO, Episodio Nacional n. 45, *De Cartago a Sagunto*, o.c. pág. 75
[182] *"En España la oposición se forma en cuatro días después del éxito. Nace como la mala hierba, y crece como la espuma."* (PÉREZ GALDÓS, BENITO, Episodio Nacional n. 28, *Montes de Oca*, o.c. pág. 36) *"El español ha nacido eminentemente peleón, y cuando no sale guerra natural, la inventa."* (idem. Pág. 45) Y en el Episodio Nacional n.34, *La revolución de julio*,: *"Dentro de cada español, por mucho que presumamos de cultura, hay un sayón o un fraile. La lengua que hablamos se presta como ninguna al escarnio, a la burla y todo lo que no es caridad ni mansedumbre."* (PÉREZ GALDÓS, BENITO, *La revolución de julio*, o.c. pág. 17)
[183] PÉREZ GALDÓS, BENITO, Episodio Nacional nº 13, *La segunda casaca*, o.c. pág. 170

libertad fecunda es preciso que los pueblos se acostumbren a dos esclavitudes: a la de las leyes y a la del trabajo. A excepción de tres docenas de personas..., no pongo sino tres docenas..., los españoles que más gritan pidiendo libertad entienden que ésta consiste en hacer cada cual su santo gusto y en burlarse de la autoridad. En una palabra, cada español, al pedir libertad, reclama la suya, importándole poco la del prójimo..." [184]

Irreconciliación de las ideas.

De ahí procede una tremenda irreconciliación ideológica: llegados a la confrontación de ideas -con el prejuicio de la verdad absoluta poseída- ya no hay posibilidad alguna de conciliación de las ideas, ni, en consecuencia, de encuentro alguno. Ésa es la tragedia de Gloria Lantigua y de Daniel Morton, y la de Pepe Rey y Doña Perfecta... *"Siempre creí que España era un pueblo de costumbres absolutistas"*, dice Pipaón (personaje de los más volubles) en *La segunda casaca*. Y añade el liberal Monsalud: *"Aquí no hay más que absolutismo, absolutismo puro arriba y abajo y en todas partes. La mayoría de los liberales llevan la revolución en la cabeza y en los labios; pero en su corazón, sin saberlo, se desborda el despotismo."* [185]

Las ideas se convierten, pues, no en razonamiento (mucho menos sosegado), sino en pasión, y la pasión, a su vez, en violencia incontrolada; pasión y violencia, acentuada por la religiosidad o por la irreligiosidad; y que si es grave en todos, lo es aún mucho más en la vida política:

"Conozco a mi país, conozco a mis paisanos... Sé el valor que tienen las ideas, insignificante junto al valor de las pasiones; sé muy bien que a los políticos de nuestra tierra les gobierna casi siempre la envidia, y que la mayoría de ellos tiene una idea sólo porque el vecino de enfrente tiene la idea contraria. – Pesimista estás –dijo Aviraneta severamente." [186]

Más grave todavía: la irreconciliación conduce al odio, es decir, al deseo vehemente de la destrucción del otro, paliando la posible inquietud de la conciencia con la falacia del deber de exterminar al contrario. *La fiera*, título de uno de los dramas (no demasiado relevante, por otra parte) es bien expresivo de esa actitud. Es terrible el diagnóstico que hace de la situación el contra-protagonista Juan Tremp en un momento de sinceridad radical: *"España es una jaula de locos delirantes. Las ideas no son ya ideas, sino furores. Luchamos, ellos y nosotros, no por vencer al contrario, ni aun para*

---

[184] PÉREZ GALDÓS, BENITO, Episodio Nacional n. 19, *Los Apostólicos*, o.c. pág. 173-175.
[185] PÉREZ GALDÓS, BENITO, Episodio Nacional n. 13, *La segunda casaca*, o.c. pág. 170.
[186] PÉREZ GALDÓS, BENITO, Episodio Nacional n. 20, *Un faccioso más y algunos frailes menos,* cap. VI (Historia 16. Caja Madrid. pág. 56).

someterlo, sino para destruirlo." [187] Nos deja la impresión de que ese amargo juicio de nuestra realidad (cuando la ocasión se presenta) nos acompaña bien entrado el siglo XX.

La fusión de patria y religión.

A Don Benito le sobrecoge, ante todo, dolorosamente, la fusión sublime y loca de patria y religión que guiaba a media España en el siglo XIX, y que daba origen a los más sangrientos odios. El anciano carlista Baraona la expresa con claridad meridiana:

"Los buenos españoles debemos adorar fervorosamente dos cruces: la cruz religiosa y la del sentimiento patrio...Las dos deben ser nuestro norte y nuestra luz. ¡Religión!, ¡Patria! Sois dos nombres, y, sin embargo, no sois más que una sola idea. Una idea inmutable, eterna, fija como el mundo, como Dios del cual todo se deriva!" [188]

Más allá del cinismo de Juan de Pipaón, protagonista de las *Memorias de un cortesano de 1815,* la esperpéntica fusión que se hace de Dios y de Fernando VII tiene un hondo calado en el ánimo de multitud de españoles, los mismos que se levantarán en armas algo más tarde para seguir al pretendiente Carlos Isidro. [189]

Esta idea –verdaderamente trágica por sus consecuencias- es la que conducirá a la muerte violenta de Pepe Rey (*Doña Perfecta*), de Gloria, de Casandra (tras haber matado ella a Doña Juana), y de tantos mártires de la otra media España.

La absolutización fanática de la religión en un sector importante de la población española, unida a la fatuidad y superficialidad de una gran parte de la burguesía que se autodenomina católica, da como resultado real una tremenda irreligiosidad cristiana (tan lejos del carácter de "reserva espiritual y creyente de la cristiandad" que se ha querido atribuir a nuestro país por parte de algunos). Ésta es la crítica durísima (tal vez demasiado injusta) que hace "Daniel Morton" en *Gloria*:

"Creo a España el país más irreligioso de la tierra. Y un país como éste donde tantos estragos ha hecho la incredulidad; un país que tanto tiene que

---

[187] PÉREZ GALDÓS, BENITO, *La fiera*. Acto II, escena IV. Obras Completas Ed. Aguilar. Tomo VI. Madrid 2005. Pág. 339.

[188] PÉREZ GALDÓS, BENITO, Episodio Nacional n. 11, *El equipaje del rey José*, o.c. pág. 191-192

[189] *"Españoles* –escribe Pipaón-, *alabad y bendecid al Señor. Nuestra patria es ya feliz; ya reina FERNANDO. ¡Sí, ya reinan Dios y Fernando."* (PÉREZ GALDÓS, BENITO, *Memorias de un cortesano de 1815.* Episodio Nacional n. 12. Ed. Altorrey – Historia 16. Madrid 1993, pág. 21)

aprender, que tantos esfuerzos debe hacer para nutrirse, para llenar de sangre vigorosa sus venas, por donde corre un humor tibio y descolorido, no está en disposición, no, de convertir a nadie." [190]

b) *La pérdida del integrante religioso histórico en nuestro ser nacional.*

El siglo XIX español se caracteriza en gran manera por el debate religioso público. Esto parece un rasgo original de nuestro país. Evidentemente es el indicador de un desajuste en la convivencia y en la ideología; desajuste que espera solución.

Galdós publica en La Prensa de Buenos Aires una dolorosa visión (con acento de confesión personal) en forma de artículo de ensayo al que se le da el título de *El sentimiento religioso en España*. Probablemente este escrito es una de las expresiones directas más importantes del autor sobre la verdad española, sin el carácter simbólico de los personajes y las tramas de la novela y el teatro. Comienza el texto (con ocasión de la Semana Santa de 1885) afirmando que va a tratar este asunto intimidado y desde un gran respeto, cariño y amplitud, porque la gravedad del tema requiere estas actitudes.

"Hablo del sentimiento religioso en España, esa fuerza poderosa, ese nervio de nuestra historia, esa energía fundamental de nuestra raza en los tiempos felices; y al enunciar tan sólo esta potencia moral parece que las ideas reverdecen y bullen en torno suyo, y que ha de ser muy fácil analizarlo cumplidamente, estudiar sus grandes desarrollos, su decadencia y fin lamentable..." Porque –continúa poco después- *"el sentimiento religioso ha dejado de ser desde una fecha que no es fácil determinar, el móvil nacional, el brazo derecho de la historia de España. Hállase concretado a la vida particular, donde su existencia no es muy lucida tampoco, que digamos. Actúa como eficaz agente en las relaciones privadas, determinando la vida más bien en lo externo que en lo moral; es ley antes que sentimiento; fórmula antes que idea, y constituye un código canónico antes que una nómina espiritual. Por esto no inspira acciones que salgan de la esfera de lo común."* (prosigo la citación del texto más abajo)

Sorprende notablemente que el autor sitúe en esta caída nacional de la religiosidad una de las causas fundamentales de los males que aquejan al país. Quizás la razón de ese diagnóstico se halle en que, para el español, el "no creer" (o "no querer creer") y el "no saber situar lo religioso en público" conllevan también -en gran medida- también el "no pensar". Esto es lo que afirma al final del largo escrito:

---

[190] Pérez Galdós, Benito, *Gloria*. (Alianza Editorial. Madrid. 1999. Pág. 127)

"En resumen, que hoy la gran mayoría de los españoles no creemos ni pensamos; nos hallamos, por desgracia, en la peor de las situaciones, pues si por un lado la fe se nos va, no aparece la filosofía que nos ha de dar algo con que sustituir aquella eficaz energía." [191]

El texto, referido sin duda a la generalidad de la ciudadanía, no puede ser más duro y amargo; quizá excesivamente, pero los términos son claros y tal vez de enorme actualidad.

El anticlericalismo –tan justificado- en la burguesía y en la mayoría de intelectuales y de profesiones liberales, a finales del XIX y a principios de XX, dejaba, sin embargo, un vacío de realidad transcendente que de alguna forma quiso llenar la masonería. [192]

En ningún momento Galdós propone como solución a la crisis nacional religiosa el recurso a un tipo de movimientos espiritualistas ajenos o contrarios al cristianismo. Tampoco –de ningún modo- la presencia sociopolítica de la Iglesia. Su crítica del catolicismo (y particularmente del clericalismo), manifestada continuamente en sus obras y en los artículos de prensa, es por un lado, radical y fundamentada y, por otro, independiente de la que realizan las sociedades secretas de la época. Veremos después que es muy distinta; porque Galdós sí sueña en un retorno –o un comienzo- de la espiritualidad evangélica más pura.

c) *La lógica de situaciones anímicas convulsivas en el español.*

El problema de la enorme tendencia a la absolutización ideológica trae consigo situaciones convulsivas en la identidad del español medio. Por ejemplo:

- El espíritu dominador y de mando: un talante que se viene mostrando a lo largo de la historia que narra el autor; ampliando, a veces, los datos de análisis con una sutil ironía:

---

[191] PÉREZ GALDÓS, BENITO, *El sentimiento religioso en España.* Artículo en La Prensa, de Buenos Aires, de los días 1/IV/1885 y 5/V/1885, publicado por H. SHOEMAKER, WILLIAM, *Las cartas desconocidas de Galdós en La Prensa de Buenos Aires.* Ed. Cultura Hispánica. Madrid 1973. Págs. 145. 146 y 152 respectivamente. Nos parece que la relación intrínseca entre religión y cultura en España está analizada con agudeza por PABLO PÉREZ LÓPEZ en su trabajo *Religión y cultura en la historiografía española*, en la obra *L'histoire culturelle en France et en Espagne*, o.c., págs. 235-252

[192] En 1890 sólo en Barcelona había cuarenta logias masónicas en plena actividad, alguna de las cuales contaba con 200 miembros pertenecientes a diversas clases sociales. Ver al respecto: SÁNCHEZ FERRÉ, PEDRO: *Anselmo Lorenzo, anarquista y masón.* En Historia 16, año X. nº 105, págs.25-33

"Sucedía en Sevilla una cosa –escribe- que no sorprenderá a mis lectores, si, como creo, son españoles, y es que allí todos querían mandar. Esto es achaque antiguo y no sé qué tiene para la gente de este siglo el tal mando, que trastorna las cabezas más sólidas, da prestigio a los tontos, arrogancia a los débiles, al modesto audacia y al honrado desvergüenza. Pero sea lo que quiera, ello es que todos entonces andaban a la greña, sin atender al formidable enemigo que por todas partes nos cercaba." [193]

El texto hace referencia al invierno de 1809 – 1810, no mucho tiempo después de la batalla de Bailén.

- El culpar a los otros siempre de los males globales que nos aquejan. [194]
- El carácter inquisitorial a punto siempre de ponerse en práctica para impedir que nadie disienta de la personalísima ortodoxia que cada uno abriga. *"Conservaba en su carácter el dejo de las fierezas inquisitoriales, que en toda alma española están adheridas como se adhieren a la lengua los sonidos del idioma"*, dice de su padre español el aventurero mestizo Diego. [195]

d) La desintegración social de la mujer española.

Indicamos ya, antes, que la justa integración de la mujer en el entramado social español era un problema pendiente para el logro de la identidad y el equilibrio de un país que tenía que abrirse a la modernidad occidental. El siglo XIX y muy avanzado el XX no lo resolvieron (Sólo la IIª República lo intentó). Toda la obra de Galdós testimonia ese doloroso desajuste, al mismo tiempo que –en una gran medida, al menos- sitúa en esa cuestión la posibilidad de un mejor porvenir para la nación.

Esta consideración coincide con la que le otorgaría (a principios del siglo XX) Federico García Lorca, aunque en ambos autores el sentido de lo femenino y los matices del mismo sean muy distintos. Es de interés esbozar el tratamiento del tema que hace cada uno de ellos.

El teatro de García Lorca (*La casa de Bernarda Alba, Bodas de sangre, Yerma, La zapatera prodigiosa, Doña Rosita, etc.*) y su poética (*El Poema del Cante Jondo y el Romancero gitano* especialmente) ven a la mujer como misterio incomprendido y sojuzgado por un mundo cien por cien machista; como situación profundamente injusta y de amargura infinita que conduce a una cultura de muerte, es decir, que se estabiliza en tragedia. Es el *Romance*

---

[193] PÉREZ GALDÓS, BENITO, Episodio Nacional nº 7, *Gerona*, Introducción del autor (Alianza Ed. Madrid1999. pág. 7)
[194] V., por ejemplo, los cargos que se hacen a los liberales en el Episodio Nacional n. 18, *Un voluntario realista*, PÉREZ GALDÓS, BENITO, o.c. pág. 172
[195] PÉREZ GALDÓS, BENITO, *La vuelta al mundo en la Numancia*, o.c. pág. 40

de la pena negra. [196] Lo femenino entra en el lote que pertenece al hombre, junto a la tierra, a la virilidad y al poder social. A la mujer le queda sólo el ansia de la fecundidad y las migajas de la palabra del varón…; y ni una cosa ni otra se le concede. En la libertad e independencia ni siquiera sueña. Y, sin embargo, ella es el símbolo del pueblo y del país, de España. Esta es la gran contradicción que denuncia Lorca.

Galdós coincide plenamente con Lorca en señalar esa misma condición sustancial e injusta de la mujer; una mujer que es -para él- aún más representativa del alma de esta nación. España tiene en su haber y en su conciencia una fatal relación con lo femenino: lo destroza y, a la vez, se adhiere necesariamente a ello.

Todos viven referidos a la mujer y todos la destrozan: los ricos y poderosos y los pobres, los hijos incluso, las leyes, la Iglesia y los católicos a ultranza (Salvador Pantoja que causa la locura de Electra, o Doña Juana que conduce a Casandra a un universo de muerte). Y de este modo también el país se autodestroza. Es decir, de alguna forma (aunque sólo sea por la mala conciencia generada), este país, la sociedad, va pagando ya la injusticia que comete contra la mujer.

Así va discurriendo la galería impresionante de mujeres atormentadas y maltratadas, o juzgadas, condenadas y olvidadas, relegadas en muchos casos a la pobreza y a la miseria (especialmente por causa de la honorable burguesía): Fermina (la madre soltera de Salvador Monsalud), Marianela, Fortunata, Amparo (de *Tormento*), Tristana, Isidora (*La Desheredada*), Benina, la ex reina de Castilla Juana, Eleuteria y Electra, Casandra, Bárbara, Lucila Ansúrez (de la tercera serie de Episodios), Ándara y Beatriz (de *Nazarín*), Donata (en *Carlos IV en La Rápita*), Romualda (en *Un faccioso más…*), Rosalía *(La de* Bringas), Gloria y Rosalía las dos totalmente hermanadas en su desgracia. etc., etc.

Estas mujeres claman desgarradoramente desde cada una de las obras, y su grito –moleste, se acalle o sea escuchado con atención- forma ya parte de nuestro ser. España es el clamor de todas ellas juntas y el de las cinco hijas de Bernarda; y parece que el ciudadano español varón debiera sentirse

---

[196] *"¡Qué pena tan lastimosa!…/¡Oh pena de cauce oculto / y madrugada remota"*. Y en el Acto I de *La casa de Bernarda Alba*: Magdalena.-*"Prefiero llevar sacos al molino. Todo menos estar sentada días y días dentro de esta sala oscura"*. Bernarda.- *"Eso tiene ser mujer"*. Magdalena.- *"Malditas sean las mujeres"*… GARCÍA LORCA, FEDERICO, *Romancero gitano* (Cátedra. Madrid 2004. Pág 249), *La casa de Bernarda Alba. Drama de mujeres en los pueblos de España* (Clásicos Castalia. Madrid 1985, pág. 60)

llamado por ese clamor, para no irrumpir en la escena al trote poderoso de su caballo fecundando la tragedia.

Y cuando las mujeres galdosianas entran en el ámbito del poder social y religioso, entonces, en realidad, lo que resulta es que se hacen cómplices del más duro de los machismos; dejan de ser mujeres. Es el caso de Doña Perfecta, de Doña Juana (en *Casandra*), de Domiciana y de Sor Patrocinio de las Llagas (en *Los duendes de la camarilla*), de Evarista (en *Electra*), de Amaranta (en la primera serie de *Episodios*), de Teodora de Aransis (en *Un voluntario realista*), de Doña Paca (en Misericordia), de Lucrecia (en *El abuelo*), etc. Y nadie en su sano juicio, en este país, deja ya de rechazar esa falsa función femenina.

De modo más reducido aparece también (introducida por el realismo del autor) una serie de mujeres que nos dejan en la incertidumbre de la identidad y de los valores que las definen. Y esto tal vez con una intención precisa: abundar en la ambigüedad que acompaña al ser humano y que en determinadas mujeres (también en varones) se manifiesta con el ejercicio de la intriga y con las contradicciones del propio carácter (siendo, desde luego, personajes de extraordinaria riqueza literaria). Entre ellas debemos recordar a Jenara (el primer amor de Salvador Monsalud y de Carlos Navarro), a Aura, a Teresa Villaescusa y a Eufrasia (en la tercera serie de Episodios), a Lucila Ansúrez (en la cuarta serie), a Augusta (en *La incógnita* y el drama Realidad), etc…, trasfondos continuos de la trama novelada.

Conviene insistir en que esta compleja y grave situación de la mujer española de Galdós no sucede sin que se altere profundamente el devenir común. La España honda es esta mujer doliente (una Dolorosa) y, a veces, cruel.[197] Si bien es verdad que –como indicaremos enseguida- para el autor la solución de España pasa –está pasando-, al mismo tiempo, por las mujeres (como pasó durante la Contrarreforma por Teresa de Jesús).

La función femenina afecta a muchos ámbitos de la identidad nacional. También al de la religiosidad. Si España -su problemática y su porvenir- tiene esa relación sustancial a lo femenino (aunque pudiera en ocasiones parecer lo contrario), hay que decir a la vez que -en la visión galdosiana- el catolicismo español tiee demasiado una impronta femenina.

Invariablemente –para bien o para mal- un elemento definitorio de la identidad y de la situación de sus innumerables personajes femeninos es la

---

[197] Así es vista la figura de Mari Clío o La Madre, alegoría atemporal de España, en *El caballero encantado* y en la serie quinta de los Episodios Nacionales.

religión: la dimensión religiosa -supuestamente cristiana- de la personalidad y de las tramas que viven esas mujeres. En muchos casos (Doña Perfecta), se trata de verdaderas psicopatías religiosas o de complicidades con el poder eclesiástico; en otros (Halma), revela una razón de pureza, de justicia, de serena interioridad y de acierto en el planteamiento de la propia existencia humana, religiosa y cristiana.

e) El 'modus vivendi' hedonista, laxo y aparente, especialmente en la clase alta, y el mal trato de la clase rural y suburbiana.

En la España del XIX predomina numéricamente el campesinado y una mísera clase menestral y funcionarial en las grandes ciudades. El problema rural es endémico; la reforma agraria nunca llega y, a pesar de eso, vivimos del campo o –mejor dicho- a costa del campo:

"A las ciudades vienen las saneadas rentas que permiten al terrateniente urbanizado gustar todos los beneficios de la civilización y los innumerables placeres de la vida social... En el campo se queda el trabajo penoso, abrumador, y con él la miseria, el hambre y la desnudez, la ignorancia, que algunos llaman barbarie faltando al respeto que merecen las clases inferiores de la nación... Y para que el rural no desmaye, su hermano de las ciudades no cesa de recomendarle con hipócrita unción la práctica sistemática de las virtudes cristianas, genuinamente españolas: la paciencia y la sobriedad." [198]

Cercanos a estos sectores en cuanto a la pobre economía, pero muy distantes en el pensamiento y sistema de vida y en la relevancia social se hallan los intelectuales pobres (maestros, literatos, artistas de segundo orden, etc.) que sobreviven malamente.

Sin embargo, al lado de esas clases, se está asistiendo ya al advenimiento de una burguesía próspera y de un tipo de nobleza baja o de ricos recién llegados cuyo modelo de existencia (que se aceptará muy pronto por todos como el ideal a conseguir) es un *modus vivendi* hispano basado en el ocio y en el mayor disfrute posibles de grandes o pequeños bienes

---

[198] PÉREZ GALDÓS, BENITO, *¿Más paciencia?...*, artículo en *El progreso Agrícola y Pecuario* de enero de 1904, publicado en *La fe nacional y otros escritos sobre España*, o.c. págs. 38-39 El problema de la desigualdad tiene –para Galdós- una raíz ética dañada y enquistada en la sociedad española: *"Sí; malos están siempre los tiempos. Es el eterno lamentar de los que viven en esta jaula de locos. Esa ruindad de los tiempos no acabará nunca mientras los españoles no aprendamos a prestarnos auxilio unos a otros; mientras los que poseen con exceso no alarguen su mano a los que sufren escasez, a los que, cargados de hijos y de obligaciones duras, no pueden vivir ni respirar... Malo está y estará todo mientras el egoísmo sea ley de las almas."* (PÉREZ GALDÓS, BENITO. *Casandra* –novela-. Ed. Rueda. pág. 19)

temporales (en el hedonismo), gastando en ello un tiempo enorme, sin preocupación moral respecto al sistema utilizado para adquirirlos y poseerlos, es decir, desarrollando una conciencia enormemente laxa. En función de ella la picaresca, la violación de las leyes y la corrupción encontrarán el camino despejado y abierto a cualquier desmán hasta nuestros días.[199]

Triste herencia para las generaciones futuras que denuncia Infante, el infatigable escritor de cartas de *La incógnita*:

"Es el tipo de pillo simpatico que aquí tanto abunda. Considera al Estado como cosa propia, y si puede despojarlo de algo, lo hace sin recelo alguno, con la conciencia tan tranquila como la de un niño. Al propio tiempo, incapaz de quitarle a un individuo el valor de un alfiler. El pobre Estado es la eterna víctima." [200]

Lo que indica, evidentemente, una gravísima carencia del sentido del bien común. Carencia que se convierte en catástrofe cuando los niveles de posibilidad de fraude son elevados.

Galdós denuncia claramente los mecanismos que destrozan los valores originales sobre los que debería alzarse la identidad del español medio. La figura de Pipaón (a lo largo de la segunda serie de los Episodios) expresa esta catástrofe moral representativa de cierto tipo medio de españoles. Pero, con el cinismo y la sofisticación propia de una más alta burguesía, ese *modus vivendi* que se abre paso queda muy bien sintetizado en las palabras de Eufrasia, personaje de *Las tormentas del 48:* "Vivamos con todo el bienestar posible: rodeémonos de comodidades, vengan de donde vinieren; evitemos la penuria, las deudas; tengamos todo lo preciso para evitar afanes; y en el seno de la opulencia bien ordenada, seamos modestos, caritativos, religiosos y todo lo buenos que hay que ser."... Es el consejo que se da al protagonista –Pepe Fajardo, todavía de profesión vago y vividor- para apremiarle a contraer un matrimonio sólo por interés económico. [201]

---

[199] En *El caballero encantado* hace el escritor una breve y drástica descripción de la vida de este sector de la burguesía naciente: *"La sociedad no es aquí tan escrupulosa que repudie la riqueza por la ruindad o porquería pestilente de sus orígenes... La tristeza de su fracaso disimuló Tarsis en la vida de club, donde pasaba medio día y media noche abrevando su espíritu en el chorro de las conversaciones fútiles y perezosas."* (PÉREZ GALDÓS, BENITO, o.c. pág.101)
[200] PÉREZ GALDÓS, BENITO, *La incógnita*. Ediciones Rueda. Madrid 2001. Pág. 59
[201] PÉREZ GALDÓS, BENITO, Episodio Nacional nº 31, *Las tormentas de 1848*, cap. XXVIII (Historia 16. Caja Madrid. Pág. 210)

Complementando esa crítica se ridiculizará la fastuosidad de la nobleza y de la Corte en la novela *La de Bringas* (que discurre en los altos del Palacio Real) y en diversos Episodios Nacionales. [202]

f) La incultura, el innato desorden y el bajo rendimiento en el trabajo.

"Somos un país bárbaro, donde la justicia toma formas de Inquisición, y los escarmientos de pena capital, visos de fiestas de caníbales. Dentro de cada español, por mucho que presuma de cultura, hay un sayón o un fraile. La lengua que hablamos se presta como ninguna al escarnio, a la burla, y a todo lo que no es caridad ni mansedumbre." [203]

Estas palabras las pronuncia Pepe Fajardo, protagonista de la cuarta serie de Episodios, profundamente indignado por la forma del ajusticiamiento del cura Martín Merino que ha atentado contra la reina en Madrid (1852). El hecho, condenable desde todo punto de vista, sirve al personaje -y al autor- para expresar un juicio durísimo sobre el el desajuste espiritual (cultural y ético) que nos ha caracterizado tantas veces en la historia y que seguramente perdura en proporciones alarmantes.

En la raíz de tal desajuste está –tanto para Galdós, como para Unamuno- la incultura contumaz que abaja el espíritu y, por tanto, la sensibilidad moral. ¡Qué duda cabe que esa situación interior conduce también al desorden social!

"Casa de locos", con valores admirables en un momento dado, pero vivienda ingobernable. Esto es lo que muestra el escritor en tantas y tantas escenas –o metáforas- con las que busca definir la realidad española. Y esa suma de desórdenes nos afecta a todos, individuos e instituciones. Al menos en el siglo que se está contemplando:

"Así hemos venido todo el siglo, navegando con sinnúmero de patrones, y así ha corrido el barco por un mar siempre proceloso, a punto de estrellarse más de una vez; anegado siempre, rara vez con bonanzas, y corriendo iguales peligros con tiempo duro y en las calmas chichas. Es una nave ésta

---

[202] Por ejemplo, en el Episodio n.12, *Memorias de un cortesano de 1815*, con ironía: *"¡Qué profusión de uniformes, cuánto plumacho y galón, qué diferentes clases de sombreros, de uniformes, de caras, de arreos! Diríase que le transportaban a uno al Oriente o a las pomposas fiestas de la India. ¡Feliz nación la nuestra, que tal magnificencia podía ofrecer a los aburridos ojos de los súbditos, para que se alegraran y dieran gracias a la Divina Providencia por haber hecho de nuestros reyes los más rumbosos y magníficos de la tierra!".* (PÉREZ GALDÓS, BENITO, O.c. pág. 106)

[203] PÉREZ GALDÓS, BENITO, *La revolución de julio*, Epidosio Nacional n. 34 (Ed. Historia 16 – Caja de Madrid. 1995, pág. 17)

que por su mala construcción no va nunca a donde debe ir: los remiendos de velamen y de toda la obra muerta y viva de costados no mejoran sus condiciones marineras, pues el defecto capital está en la quilla, y mientras no se emprenda la reforma por lo hondo, construyendo de nuevo todo el casco, no hay esperanzas de próspera navegación. Las cuadrillas de tripulantes que en ella entran y salen se ocupan más del repuesto de víveres que del buen orden y acierto en las maniobras. Muchos pasan el viaje tumbados a la bartola, y otros se cuidan más que del aparejo, de quitar y poner lindas banderas. Son, digan lo que quieran, inexpertos marinos... Los más se marean, y la horrorosa molestia del mar la combaten comiendo; algunos desde la borda se entretienen en pescar. Todos hablan sin término." [204]

Por otra parte, el tiempo parece que se nos va a los españoles hablando sólo. Tras describir (en *Fortunata y Jacinta*) las interminables charlas del interminable deambular hacia ningún sitio, recalando interminables horas en los cafés llenos, dice un personaje:

"El español es el ser más charlatán que existe sobre la tierra, y cuando no tiene asunto de conversación, habla de sí mismo... En nuestros cafés se habla de cuanto cae bajo la ley de la palabra humana." [205] *"Los españoles* –aclara, además, Tito- *no se afanan por crear riqueza, sino que se pasan la vida consumiendo la poca que tienen, quitándosela unos a otros con trampas o ardides que no siempre son de buena ley."* [206]

Sucede, entonces, que la improvisación -¡tantas veces genial, sin duda!- se convierte en peligrosa tónica del carácter hispano. *"Lo previsto no ocurre jamás, sobre todo en España, pues por histórica ley, los españoles viven al día, sorprendidos de los sucesos y sin ningún dominio sobre ellos."* [207]

---

[204] PÉREZ GALDÓS, BENITO, Episodio Nacional nº 23, *De Oñate a La Granja*, o.c. pág. 191. En la novela *La familia de León Roch* se hace una afirmación tremenda: *"¡El trabajo!... Ya ni siquiera sabemos tener paño pardo...Aquí no habrá nunca sino comunismo coronado por la lotería."* (o.c. pág.34)
[205] PÉREZ GALDÓS, BENITO, *Fortunata y Jacinta. II*, o.c. pág. 21-22
[206] PÉREZ GALDÓS, BENITO, Episodio Nacional nº 46, *Cánovas*, o.c., pag. 38
[207] PÉREZ GALDÓS, BENITO, *Miau*, o.c. pág. 312. Sobre las sublevaciones acaecidas durante la corta Primera República dice Tito con ironía: *"Las cosas que entonces se veían en España no se vieron jamás en parte alguna."*, en el Episodio *La Primera República*, o.c. pág. 93

g) *La baja categoría de la clase dirigente española y el mal gobierno. La corrupción política.* [208]

El juicio del autor sobre la administración estatal, sobre la clase política y dirigente y sobre el gobierno de la nación, es, sin duda, de los más duros que se han escrito en nuestra literatura. Especialmente porque hace referencia a un modo de ser endémico. *"Todo era ficciones, favoritismos y saqueo desvergonzado del presupuesto"*, dice el testigo de la historia, Tito, tras recibir una inconcebible credencial de Inspectora General de Educación para su amante (que es analfabeta). Su homólogo Tarsis (*El caballero encantado.* 1909) sufrirá y luchará sin éxito contra el clan cacique de los Gaitanes *"(ayudados) de la Justicia, que aquí es la máscara que se ponen los malos para que el latrocinio parezca ley"* [209] ... Lo que se expresa con una cierta autocrítica de connivencia con el caciquismo en el artículo *Un pueblo enfermo.* [210]

La Monarquía (borbónica o saboyana) despierta particularmente su disgusto y oposición, fundamentalmente por su ineptitud y orgullo. Multitud de personajes de las novelas y de los Episodios y una gran parte del pueblo expresan esta crítica que llega a ser radical respecto al ́rey absoluto´ Fernando VII (y al pretendiente –también ́absoluto´- Carlos Isidro). El reinado de Isabel II es calificado de catastrófico (*La de los tristes destinos*) y la restauración borbónica deja un sello indeleble de frustración nacional y galdosiana (lo que no impedirá al escritor republicano mantener una cierta relación elegante y tal vez de estima personal con la reina exiliada y con Alfonso XIII).

En pocas páginas de la literatura se encuentra un juicio tan condenatorio y tan despreciativo de un monarca como el que se hace de éste en la novela *La Fontana de Oro*:

"Este hombre nos hirió demasiado, nos abofeteó demasiado para que podamos olvidarle. Fernando VII fue el monstruo más execrable que ha

---

[208] Para una hermenéutica del pensamiento galdosiano en este punto (diagnóstico de la realidad y consecuencias en el futuro que ya vivimos) me remitiría con gusto al reciente libro ya citado de José Antonio ZARZALEJOS *Mañana será tarde*, capítulos 1, 2 y 5.
[209] PÉREZ GALDÓS, Benito, *Cánovas*, o.c. pág.56; *El caballero encantado*, o.c.pág. 293
[210] *"Acontece que tronamos contra el caciquismo, y que necesitándolo para que nos sirva en cualquier entorpecimiento de la vida común acudimos a él de la manera más candorosa... y olvidamos la violación del derecho que hemos perpetrado."* (PÉREZ GALDÓS, Benito. citado por Lieve Behiels, *Galdós y el pensamiento utópico*, Actas del X Congreso I. E. G., Cabildo de Gran Canaria. 2013, pág.41)

abortado el derecho divino. Como hombre, reunía todo lo malo que cabe en nuestra naturaleza; como rey, resumió en sí cuanto de flaco y torpe pueda caber en la potestad real... La Revolución (de 1812) no abatió a Fernando VII porque este hombre no lucho nunca frente a frente a sus enemigos, ni les dio campo... Fue un histrión que hubiera sido ridículo a no tratarse del engaño de un pueblo." [211]

Los paradigmas de honor, que aún mantienen la nobleza y la nueva aristocracia son –para Galdos- un factor que impide devolver al pueblo el derecho calderoniano a la honra (drama que se resuelve en la pieza teatral *La de San Quintín*, y que se convierte en tragedia en *La desheredada* y en *Torquemada en el purgatorio* con la autodestrucción de dos protagonistas respectivos: Isidora y Rafael). [212]

Corona, nobleza y alta burguesía entran a saco en la política española y la destrozan, le arrancan el corazón. El 11 de octubre de 1909 escribe (desde Santander, a punto de ir a Madrid para incorporarse a su puesto de diputado en las Cortes): *"Como he dicho mil y mil veces la política no tiene entrañas, y en Madrid me esperan ahora días de gran fatiga, días de prueba"* [213]

El pensamiento se repite dolorosamente a lo largo de toda la creación galdosiana. La impresión que da el país –lo hemos visto antes- es la de una nave que va a la deriva y que hace agua por todas partes. Si a alguien exime de la responsabilidad de semejante situación es al pueblo llano y humilde: *"Sólo es verídico el pueblo en su ignorancia y candidez; por eso es el burro de las cargas. Él lo hace todo; él pelea, él paga los gastos de la campaña, él muere, él se pudre en la miseria, para que estos fantasmones vivan y satisfagan sus apetitos de mando y riquezas."* [214]

Esos fantasmones son (en el texto citado) los políticos y cortesanos, tanto los de la corte carlista como los del gobierno de Madrid. La animosidad de Galdós contra los políticos fue creciendo (como la de su coetáneo Goya) a

---

[211] PÉREZ GALDÓS, BENITO, *La Fontana de Oro*. Alianza Editorial. Biblioteca de Pérez Galdós. Madrid 2007. Pág. 402 (v. todo el capítulo 41, *Fernando el "Deseado"*.)
[212] En este sentido escribe el maestro GUSTAVO CORREA: *"Galdós utiliza la tradición calderoniana primordialmente para referirse a supervivencias arcaicas de estratificación social y a ideales culturales, estilos de vida y formas colectivas de sentir que, a través de los siglos, han ido desvirtuando su primaria significación, y aparecen ahora como anacrónicas manifestaciones del pasado."* (*Perez Galdós y la tradición calderoniana*. Cuadernos Hispanoamericanos. N. 250-252. 1970-1971. Pág. 222).
[213] PÉREZ GALDÓS, Benito, Carta manuscrita registrada con el n° 8254 en el Epistolario de Galdós de la Casa Museo Pérez Galdós de Las Palmas.
[214] PÉREZ GALDÓS, BENITO, Episodio Nacional n. 23, *De Oñate a la Granja*, o.c. pág. 139

medida que crecía el siglo. El mal gobierno tiene, entre otras, una razón típica de deterioro y corrupción: el nepotismo. *"No te maravilles de esto: vivimos en el país de las recomendaciones y del favor personal. La amistad es aquí la suprema razón de la existencia, así en lo grande como en lo pequeño, así en lo individual como en lo colectivo..."* [215]

Pero, en el fondo, la causa que posibilita tan grave situación es la pasividad de los ciudadanos honrados. Una cosa es aparcar la pasión del poder y otra la dejación de las responsabilidades de intervención política que a todos atañen. Todavía hablando de la Guerra de la Independencia y de la formación de las Juntas de Defensa, el narrador (que es el autor mismo) escribe:

"¡Lo que es la pasión política, señores! No conozco peor ni más vil sentimiento que éste, que impulsa a odiar al compatricio con mayor vehemencia que al extranjero invasor...Pertenecen (tales políticos) *a ese vulgo que, con ser tan vulgo, ha influido en los destinos del país desde la primera revolución acá; gentezuela sin ideal, que se perdería en las muchedumbres como las gotas de lluvia en el océano, si la vituperable neutralidad política de los españoles honrados, que son los más, no les permitiera actuar en la vida pública, tratando al país como un objeto de su exclusiva pertenencia, que se les ha dado para divertirse."* [216]

---

[215] PÉREZ GALDÓS, BENITO, Episodio Nacional n. 24, *Luchana*, o.c. pág. 32 Hablando del alto funcionario que era "Don Manuel Pez" dice el autor: *"Para él, la Administración era una tapadera de fórmulas baldías, creada para encubrir el sistema práctico del favor personal, cuya clave está en el cohecho y las recomendaciones...Bajo este follaje se escondía un árido descreimiento, el ateísmo de los principios y la fe de los hechos consumados, achaque muy común en los que se han criado a los pechos de la política española, gobernada por el acaso."* (PÉREZ GALDÓS, BENITO, *La de Bringas*. Casa Editorial Hernando. Madrid. 1975. Pág. 69)

[216] PÉREZ GALDÓS, BENITO, *Episodio Nacional n. 7, Gerona*, o.c. Introducción del autor, pág. 15. Merece citarse por su enorme valor de actualidad el siguiente texto del discurso *La fe nacional: "Los dos partidos que se han concordado para turnarse pacíficamente en el Poder son dos manadas de hombres que no aspiran más que a pastar en el presupuesto. Carecen de ideales, ningún fin elevado los mueve; no mejorarán en lo más mínimo las condiciones de vida de esta infeliz raza, pobrísima y analfabeta. Pasarán unos tras otros dejando todo como hoy se halla, y llevarán a España a un estado de consunción que, de fijo, ha de acabar en muerte. No acometerán ni el problema religioso, ni el económico, ni el educativo; no harán más que burocracia pura, caciquismo, estéril trabajo de recomendaciones, favores a los amigotes, legislar sin ninguna eficacia práctica, y adelante con los farolitos... Han de pasar años, tal vez lustros, antes de que este Régimen, atacado de tuberculosis ética, sea sustituido por otro que traiga nueva sangre y nuevos focos de lumbre mental"* Tendremos que esperar como mínimo 100 años más para que en este tiempo *"si hay mucha suerte"* nazcan

Se asciende a la política por simple oportunismo o por picaresca de partido… o por violencia. El pobre y eterno cesante que es Ramón Villaamil se ve obligado a decir a su nieto Cadalsito cosas tan amargas como ésta: *"¿No tienes ganas de estudiar? Haces bien ¿Para qué sirve el estudio? Mientras más burro sea el hombre, mientras más pillo, mejor carrera hace… Sí, hijo mío, bienaventurados los brutos, porque de ellos es el reino…de la Administración."* [217]

Es posible que la inhibición general denunciada tenga como causas el hastío del pueblo por la vida política y el sueño del funcionariado administrativo como forma ideal de existencia para el español medio. Un diputado en el gobierno de Narváez exclama en el Congreso: *"Sólo hay en España dos elementos de gobierno: el cansancio de los pueblos y la empleomanía"* [218]

En síntesis. Un estado de injusticia.

En toda la dramática galdosiana existe una continua confrontación entre el bien y el mal, como rasgo ambiental que contorna al español. El mal predominante que ejercen unos y padecen otros es la injusticia. Venir al mundo es, particularmente en este país, sentirse alternativamente agitado por las situaciones de opresor y de oprimido, correspondiendo a los más humildes de manera casi permanente el ser oprimidos. La injusticia es entonces protagonista fundamental de los escritos del realismo (tanto en Galdós como en sus homólogos Victor Hugo y Dickens).

Uno de los personajes más emblemáticos de la identidad hispana, la bellísima y pobre Lucila (España misma), privada inicuamente del único amor de su vida, de lo único esencial que se le ha dado, exclama:

"El dinero no es más que una basura. Todo el que hay en el mundo, si fuera mío, lo daría yo porque me devolvieran lo que me han quitado… ¿Y a quién reclamo yo? ¿Quién me hará justicia? – La justicia está en manos de los fuertes –le contesta el clérigo Don Martín-, *y los fuertes no la usan más que*

---

personas más sabias y menos chorizos de los que tenemos actualmente… ¡pobres españoles! lo que nos costará recuperar lo perdido." (*La fe nacional*. Editorial Rey Lear. Madrid 2013. Pág. 69)

[217] PÉREZ GALDÓS, BENITO, *Miau*, o.c. pág. 117-118. V. *El caballero encantado*, o.c. pág. 77-78, Episodios Nacionales n. 8, *Cádiz*, o.c. pág.123, n. 45, *De Cartago a Sagunto*, o.c. pág.175
[218] PÉREZ GALDÓS, BENITO, Episodio Nacional n° 32, *Narváez*, o.c, pág. 173

en provecho propio, y en vituperio y perjuicio del humilde, del pobre, del limpio de corazón." [219]

Junto a la trama de cada narración (novela larga o episodio nacional) discurre silenciosamente el cortejo que Victor Hugo llamaría de los *miserables*: españoles que a la fuerza tienen que definirse por la injusticia que padecen, sobrellevándola las más de las veces con hidalguía e incluso fe. Al mismo tiempo que un puñado de notables, ajenos a esa situación o desde el desprecio, endurecen su corazón, quizás irremediablemente, trasmitiendo a la posteridad su legado.

Ramón Villaamil es uno de esos miserables, un pobre vergonzante desamparado y con una dignidad que la sociedad considera locura:

"Pues he de decir a usted –manifestó el cesante con la serenidad de un hombre dueño de sus facultades-, que se vaya usted haciendo a la injusticia, que se familiarice con las bofetadas... La lógica española no puede fallar. El pillo delante del honrado; el ignorante encima del entendido; el funcionario probo debajo, siempre debajo." [220]

De ellos habla en *Misericordia* el personaje "Cedrón", hermano mayor de un asilo: *"Podríamos creer que es nuestro país inmensa gusanera de pobres, y que debemos hacer de la nación un Asilo sin fin, donde quepamos todos, desde el primero al último. Al paso que vamos, pronto seremos el más grande hospicio de Europa."* [221]

¿Cómo ha llegado un país noble a semejante postración?

El cuadro de identidades hispanas dibujado hasta aquí es demasiado sombrío. ¿Sólo él refleja la personalidad que *de facto* corresponde al español medio según Galdós? Es indudable que no, aunque la balanza parezca inclinarse hacia un pesimismo radical. Quizás podría compararse con el tenebrismo pictórico importado de Italia que caracteriza a nuestro barroco... En realidad la pintura galdosiana está hecha de fuertes contraluces. De valores luminosos y de sombras anímicas y sociales que enmarcan todo. Y tal conciencia es precisamente la grandeza humilde que se nos otorga. Ser español, para Galdós, significa estar curado de ridículas pretensiones de

---

[219] PÉREZ GALDÓS, BENITO, Episodio Nacional nº 33, *Los duendes de la camarilla*, o.c., pag. 173
[220] PÉREZ GALDÓS, BENITO, *Miau*, o.c. pág. 356. *"La Administración debería llamarse la prevaricación pública"* termina diciendo León Roch. (*La familia de León Roch*. O.c. pág. 475). V. Episodios Nacionales n. 34, *La revolución de julio*, o.c. pág.117, n. 46, *Cánovas*, o.c. pág.102
[221] PÉREZ GALDÓS, BENITO, *Misericordia*. (Ediciones Alba. Madrid. 1987. Pág. 270)

superioridad o de narcisismo y, a la vez, mantener la condición agónica: de una lucha permanente por alcanzar salidas airosas; no sin haber acomodado interiormente una conciencia de culpa por hallarnos insertos en la misma historia.

Ése es el mundo que necesita salvación y que se desea salvar. Porque este mundo no es así, lo hemos hecho así.

4. La salvación de España. El problema educativo.

Salidas viables a los pesos muertos que gravitan sobre la identidad de los españoles.

La España casi agonizante que finaliza el siglo XIX puede áun salvarse, ¡debe salvarse! Este es el discurso apasionado, magnífico, que escribe Galdós en el primer número de la revista Alma Española (el 8/11/1903) con el título *Soñemos, alma, soñemos*. Modificando apenas el sentido calderoniano del verso [222], lo que está pidiendo es que, al fin, los españoles sueñen otro porvenir que no sea el decaimiento y la muerte, por más que se encuentren arrastrados hacia este derrotero; que despierten una fe y un optimismo radicales:

"El pesimismo que la España caduca nos predica para prepararnos a un deshonroso morir, ha generalizado una idea falsa... No hay tal bajón, ni cosa que lo valga... Debajo de esta corteza del mundo oficial existe una capa viva, en ignición creciente, que es el ser de la nación, realzado, con débil empuje todavía, por la virtud de sus propios intentos y ambiciones, vida inicial, rudimentaria, pero con un poder de crecimiento que pasma." [223]

El texto no deja lugar a dudas. Tiene el mismo acento del discurso antes citado (de 9/12/1900) que se publicó con el título de *La fe nacional*.

Tras la lectura de las páginas ofrecidas hasta aquí queda claro un primer imperativo, indiscutible, en la obra y en la figura misma de Benito Pérez Galdós, más allá de su realismo (y de lo que aún nos resta por ver): a esta España maltrecha hay que amarla mucho e inteligentemente. La alternativa salvífica esencial que se ofrece es llevarla en el corazón y en los ojos, unos ojos muy abiertos y penetrantes.

---

[222] *"Pues que la vida es tan corta, / soñemos, alma, soñemos / otra vez; pero ha de ser / con atención y consejo / de que hemos de despertar / de este gusto al mejor tiempo"*, (*La vida es sueño* (drama), Jornada III, escena III, PEDRO CALDERÓN DE LA BARCA).
[223] PÉREZ GALDÓS, Benito, *Soñemos, alma, soñemos*. o.c. págs. 29-31

Es preciso señalar que el conjunto de sus obras puede ser interpretado con justicia como un largo y sabio poema de amor a este dolorido país.

Es evidente que Galdós no escribe con simple vocación de fotógrafo. Redacta su pensamiento como educador: proponiendo con su obra lo que ya hemos denominado una gran pedagogía para todos los españoles.

Aunque en más de un momento tal empresa le aparezca tan imponente y superior al esfuerzo humano que no tenga más esperanza de éxito que la asistencia divina:

"Pienso que al hombre remediador de los males de España, o sea médico de esta enferma Nación, no podemos imaginarlo reuniendo en un sujeto a todos los talentos del mundo, pues aún sería poco material para formar el gran seso que aquí necesitamos. Imaginarlo debemos como dotado de santidad, de un fuego divino, que no puede encender más que el Espíritu Santo",

dice el viejo y experimentado Ansúrez, *el celtíbero*, personaje secundario apenas atendido y valorado que acompaña discretamente –como voz amortiguada de la conciencia- a la cuarta serie de Episodios Nacionales. [224]

La salvación de España es muy difícil. Tito, dentro de la ficción en que vive, escucha a Antonio Cánovas que le dice:

"Esta vieja nación, con sus glorias y sus tristezas, sus fuerzas y sus recuerdos, sus instituciones aristocráticas, y su extraordinario poder sentimental, constituye un cuerpo político de tan dura consistencia que los hombres de Estado, cualesquiera que sean sus dotes de voluntad y entendimiento, no lo pueden alterar. El alma de ese cuerpo es igualmente maciza, petrificada en la tradición y desprovista de toda flexibilidad. El único gobernante capaz de llevar a esa alma y a ese cuerpo a un nuevo estado de civilización es el Tiempo…, pero el Tiempo no soy." [225]

A pesar de ello ¿qué cauces salvíficos propone la creación galdosiana?

1. Una escuela y una educación nuevas.

Con un tono aparentemente menor aparece en la obra galdosiana la institución escolar, y esto, presentándonos dos modelos de escuela antagónicos: el que representa Pedro Polo (en *El doctor Centeno*), mercenario de la enseñanza, cruel con los alumnos ,ignorante de toda

---

[224] PÉREZ GALDÓS, BENITO, *Los duendes de la camarilla*, o.c. cap. XXXII, pág. 218
[225] PÉREZ GALDÓS, BENITO, *Cánovas*, o.c., pág. 121

pedagogía, y el que encarna Cintia (en *El caballero encantado*), encarnación del amor a los pequeños, de la empatía con la naturaleza y de la dulzura, en un medio de extrema pobreza. A esta última educadora se aproxima la docencia de Pío Coronado (en *El abuelo*), mentor de las hermanastras Nelly y Dolly. Entre ambos, el exaltado Patricio Sarmiento (en *El terror de 1824*) maestro de las libertades en un aula que se va quedando vacía.

En innumerables textos de su narrativa y en el epistolario íntimo Galdós se referirá al papel transcendental de la enseñanza justa y de la educación para salvar a este país.

¿Sobre qué bases diseña la educación?

a) *Una educación integral de la persona*. La totalidad de la obra de Galdós puede –y debe- concebirse como la demanda expresa de una transformación gradual y colectiva del espíritu a través del amor a la cultura, de la convivencia armoniosa y de la libertad; alzando los máximos valores personales éticos y honestamente religiosos. Pero semejante tarea –mostrada de forma plástica en la andadura de los personajes y de las tramas- supone una nueva e ingente labor educativa, no sólo en el ámbito familiar (donde falla la mayor parte de las veces) sino también en todas las instancias sociales (que todavía desprecian al niño como tal) y, sobre todo, en una escuela que todavía apenas existe para todos.

El mal raíz de España es la deseducación -o la mala educación, o la educación clasista- llevada a cabo precisamente por estamentos católicos (también, en ocasiones, por algunos ensayos libertarios, no liberales) y, en general, por el estancamiento del sistema educativo falto de atención y de recursos. De tal forma, la salvación del país, su reforma social (estructural y espiritual) pasa imperiosamente –según el escritor- por la instauración de unos nuevos planteamientos educativos en toda la sociedad. Galdós, amigo personal de Francisco Giner de los Ríos y vinculado estrechamente a la ideología krausista, no podía pensar de otra forma.[226]

Los niños galdosianos padecen ahora el daño que les causan las instancias educacionales: las escuelas del mencionado sacerdote Pedro Polo (*El doctor Centeno*), la de los maestros Naranjo o Sarmiento (*Siete de julio*), la de Luisito Cadalso (*Miau*); la ineptitud educativa que rodea a Cion (*Ángel*

---

[226] "*Como el agua a los campos, es necesaria la educación a nuestros secos y endurecidos entendimientos. Han dicho que no deseamos instruirnos, puesto que no pedimos la instrucción con el ansia del hambriento que quiere pan. La instrucción no se pide de otro modo que por la voz, o mejor, por los signos de la ignorancia.*" (PÉREZ GALDÓS, BENITO, *Soñemos, alma, soñemos*, o.c., pág. 33)

Guerra), a Valentín (*Torquemada en el purgatorio*), a Irene (*El amigo Manso*) e incluso a las infantas reales Isabel y Luisa Fernanda (*Los Ayacuchos*); los maltratos que sufren la discapacitada Romualda de parte de su padre Tablas (*Un faccioso más y algunos frailes menos*), el abandono educativo de Marianela, el de Gabriel e Inés aun niños, de parte de los Requejo (*El 19 de marzo y el 2 de mayo*), o el que padece Mariano ("Pecado") de parte de su tía La Sanguijuela (*La desheredada*)... Pero no son sólo los niños y los "maestros"; es todo el mundo, especialmente el femenino, el que se lanza a la vida sin haber sido educado más que por los estereotipos sociales.

De ahí, que la educación fuera para Don Benito una preocupación mayor y central en toda su narrativa y de un modo especial en su teatro (que es esencialmente ideológico). La extraordinaria empresa de los cuarenta y seis Episodios Nacionales puede interpretarse también como una apremiante educación del sentido histórico que nos urge para rehacer este país.[227]

En la novela *El caballero encantado* (1909) es, sobre todo, donde afronta de manera explícita y radical el problema de la educación regeneradora de la infancia en orden a transformar la sociedad, Allí Clío-La Madre (España) aclara a Tarsis la razón por la que Cintia no quiere abandonar a sus alumnos y seguirlo: *"En los tiempos que corremos, los niños mandan. Son la generación que ha de venir; son mi salud futura, son mi fuerza de mañana. Les he visto agarrados a su maestra y he tenido que decirles: 'Andad con ella, chiquillos... defendedla del ladrón"* [228]

La enseñanza troncal y obligatoria que el maestro Don Benito propone como esencial se ensambla en tres áreas de conocimiento y de vida: primera, el sentido agudo de la realidad española tal como se plasma en nuestra historia (y como venimos señalando), alzar el sentido de España y de su historia desde la infancia; segunda, la educación del imperativo categórico del bien común por encima del individual y, por tanto, la conciencia del

---

[227] *"La educación* -escribe ROSA AMOR DEL OLMO- *constituyó sin lugar a dudas un punto central de la obra del escritor canario, como punto de mira de los grandes males sociales."* (trabajo citado del VII Congreso I.E.G., pág. 144). Sobre la presencia de los niños en la obra de Galdós: YOLANDA ARENCIBIA, *Pérez Galdós, relatos con niños: cuentos*, Academia Canaria de la Lengua. La Laguna-Las Palmas de Gran Canaria 2008.
[228] PÉREZ GALDÓS, BENITO, *El caballero encantado*, o.c., pág. 234. Un poco más adelante Gil responde a las palabras de La Madre con esta convicción: *"Ya entiendo que he de ser vencedor de mí mismo, y ahora me doy cuenta de que para poseer la persona de Cintia, como poseo su alma, mi conducta debe ser otra. En vez de arrebatarla, separándola de la crianza mental de los niños, procederé más cuerdamente haciéndome yo también maestro y asociándome a su labor."*

trabajo bien hecho y de la participación necesaria y desinteresada en la vida pública, desterrando la holganza; y, tercera, como sustrato que permite esa alta sensibilidad social, la libertad y el desarrollo de la capacidad de diálogo, es decir, del espíritu auténticamente liberal, abierto y tolerante, defensor de todos los derechos de la persona.

En primer lugar, Galdós propone el ejercicio fundamental de un conocimiento justo de la realidad española, más allá de la pasividad de la mirada o de la aceptación de los estereotipos de una historia mal trasmitida. *"Era necesario distinguir la patria apócrifa de la auténtica, buscando ésta en su realidad palpitante, para lo cual convenía, en mi sentir, hacer abstracción completa de los mil engaños que nos rodean, cerrar los oídos al bulliciode la prensa y de la tribuna..."* [229] La mitificación de la nacionalidad es una via muerta; no conduce a nada. Quizás sólo al individualismo aún más atroz. Nuestra salvación pasa por los costosos procesos de la alteridad: de la buena relación y de la buena mirada.

Quizás haga falta también -para el autor- llegar a sentir el honor de la patria que debe restaurarse; sentirlo en los términos serenos y objetivos con los que define este concepto, es decir, entendido como dolor común y como responsabilidad árdua. Es lo que experimenta Tito sobrecogido al contemplar en visión surrealista el paso de la figura alegórica –ahora desfigurada- de la Madre, Mari Clío: *"En la calle, dudando yo si era real o imaginaria la presencia de la excelsa Madre, acerquéme a ella. Iba vestida de negro, con la toca y monjil que usaron las reinas viudas y las dueñas ricas, traje con que la iconografía religiosa viste a Nuestra Señora de los Dolores."* [230] Y a Tarsis, que también la encuentra le dice: *"Yo, eterna, sé morir... He muerto, he revivido, a fuer de creyente en la grandeza de mi destino. Calla y sufre tú, como yo sufro y callo."* [231] Lo que este país requiere en sus hombres es un conocimiento –una visión de futuro utópico- y un humilde y serio sentido del honor nacional que generen fe en si mismos:

"Ahora que la fe nacional parece enfriada y oscurecida, ahora que en nosotros ven algunos la rama del árbol patrio más expuesta a ser arrancada, demos el ejemplo de confianza en el porvenir... De este modo

---

[229] PÉREZ GALDÓS, BENITO, *El amigo Manso*, o.c. pág. 68 V. Episodio Nacional n. 34, *La revolución de julio*, o.c. pág.118
[230] PÉREZ GALDÓS, BENITO, Episodio Nacional n. 46, *Cánovas*, o.c. pag. 74
[231] PÉREZ GALDÓS, BENITO, *El caballero encantado*, o.c. pág. 308

contribuiremos a formar lo que hace tanta falta: la fe nacional... Sin esa gran virtud no hay salvación posible." [232]

Pero resueltamente, casi al final de su vida (y sin dejar de amar con pasión a España), Galdós va a insistir en que se abran los estrechos límites de cualquier concepto de patria, criticando así, a la vez, cualquiera de los nacionalismos o separatismos que nos aquejan. Es una monja revolucionaria del amor –"Sor Simona" (1915)-, en el espacio vasconavarro, quien desmonta el andamiaje de la palabra "patria", agrandándolo y precisándolo a la vez:

"¿Sabéis vosotros cuál es la verdadera, la única patria? Pues la verdadera y única patria es la humanidad." Y le replica "Sacris": *"Pero la humanidad es tan grande, tan grande, que..."* A lo que contesta "Sor Simona": *"Busca la humanidad en lo pequeño, en lo que está más cerca de ti: en la masa enorme de los humildes, de los desvalidos, en los que no tienen alimentos, ni ropa, ni hogar."* [233]

Educar de esta forma es la empresa gigante que propone como conclusión del largo y detenidísimo estudio que ha hecho de nuestra realidad. Los maestros de escuela que aparecen en sus escritos, como el viejo Sarmiento de los primeros Episodios Nacionales, Floriana (la maestra de *La Primera República*) y Cintia trabajan en ese único sentido: despertando el amor a la cultura, a la libertad, al derecho, a la solidaridad, a la tierra y al progreso; devolviendo la ética a la persona.

Y tal es el espíritu que el autor está pidiendo a gritos al catolicismo hispano, a la Iglesia asentada en estas tierras. No sirve para él la enseñanza que se imparte en las escuelas que citamos antes y tampoco la de las instituciones católicas que niegan a las élites o a la población la libertad de pensamiento, escuelas donde, sometidos, *"aprenden Catecismo a todo pasto, nociones incompletas de Aritmética y Geografía, mascullar el francés... y etiquetitas y saluditos a estilo de París de Francia... "* [234] Galdós recuerda sin duda, agradecido, su vivencia –niño y adolescente- en Las Palmas, alumno de maestro liberales que no han dejado de acompañarle.

---

[232] PÉREZ GALDÓS, BENITO, *La fe nacional* (discurso del 9/12/1900), o.c., pág. 25 Y en *Cánovas* (1911) escribe: *"Un país sin ideales, que no siente el estímulo de las grandes cuestiones tocantes al bienestar y a la gloria de la Nación, es un país muerto."* (o.c. pág. 168)
[233] PÉREZ GALDÓS, BENITO, *Sor Simona*. (Acto II, final de la Escena IV. Tomado de la Biblioteca Virtual Universal).
[234] PÉREZ GALDÓS, Benito, *Cánovas*, o.c., pág. 180

Pero, cuando muere, en 1920, el escritor sabe muy bien que su empeño es todavía una asignatura pendiente.

b) España sólo saldrá adelante si los españoles aprendemos *la difícil relación del trabajo y del compartir*. Al cómodo fatalismo y a la tacañería de Doña Juana (*"los tiempos están malos"*), que le justifican la negación de toda ayuda, responde Alfonso:

"Malos, si. Malos están siempre. Y esta ruindad de los tiempos no acabará mientras los españoles no aprendamos a prestarnos auxilio unos a otros; mientras los que poseen con exceso no alarguen su mano a los que sufren con escasez, a los que, cargados de hijos y de obligaciones duras, no pueden vivir ni respirar. Malo está y estará todo mientras el egoísmo sea ley de las almas."[235]

Como una invitación a ese ejercicio saludable, multitud de tipos excelentes -a lo largo de la creación galdosiana-, viven y permiten vivir a los demás compartiendo los bienes que poseen (más bien escasos) y otorgando a todos la dignidad que merecen. Ese es el camino; el que deja abierto en la graciosa comedia *El tacaño Salomón*.

No se trata sólo de distribuir generosamente los bienes que se poseen (lo cual supondría aceptar tácitamente un estado de desigualdades). El concepto de compartir incluye el desarrollo activo del trabajo por parte de todos. Ya hemos señalado la crítica de Galdós a una nación de vagos potenciales. No. Es preciso –para él- rehabilitar y ennoblecer (investir de dignidad) cualquier tipo de trabajo, empezando quizás por el trabajo agrícola. En 1901 escribe: *"El labrador se ha declarado plebeyo sin redención posible y pobre de solemnidad. Vamos a la perdición si no impulsamos en el siglo que empieza la magna obra de ennoblecer al labrador, de armarle caballero, de hacerle rico y sabio para que constituya la primera y más poderosa de las clases sociales."* [236] El texto revela un generoso ′impulso utópico′ propio, más bien, de cierta ensoñación social un tanto quijotesca, sin duda; pero expresa así mismo el pensamiento de Don Benito, un hombre urbano abierto de corazón y de pensamiento a toda la realidad del país.

---

[235] PÉREZ GALDÓS, BENITO, *Casandra*. Acto I, escena III. Cátedra. Madrid 2006. Págs. 245-246

[236] PÉREZ GALDÓS, Benito, *Rura*, artículo citado por Lieve BEHIELS en su importante análisis que aconsejamos *Galdós y el pensamiento utópico* (Actas del X Congreso Internacional de Estudios Galdosianos. 2013, Cabildo de Gran Canaria. Las Palmas. pág. 35)

Galdós propone una pedagogía redentora de la tierra y de la convivencia en España; las dos cosas a la vez. "Alfonso", el personaje quizá más sano de la tragedia *Casandra*, replica así a la mezquina y déspota "Doña Juana":

"Yo, señora, creo que Dios nos ha dado los países yermos y huraños para que los hagamos hospitalarios, risueños. Se educan las tierras como las personas... Y esta ruindad de los tiempos no acabará mientras los españoles no aprendamos a prestarnos auxilio unos a otros; mientras los que poseen con exceso no alarguen su mano a los que sufren con escasez, a los que cargados de hijos y de obligaciones duras, no pueden vivir ni respirar." [237]

El texto revela un pensamiento de extraordinaria lucidez y actualidad para la interminable crisis económica y de convivencia que viene atravesando el país.

Y refiriéndose al proceder de la ex reina Juana de Castilla (que el autor acaba de canonizar), hay una insistencia discreta: que los grandes prescindan de su grandeza o, al menos, la compartan humildemente.[238]

Frente a la ociosidad y al derroche de los bienes en la alta burguesía, Galdós propone el trabajo universal y dignificado para todos los ciudadanos. Ése es el sentido de la actividad rentable y productora de la pequeña burguesía en dramas como *Voluntad* y *Mariucha*, el de la reconversión social de la ciencia –en *Amor y ciencia*- o la prestación de la caridad sólo como un servicio útil a la sociedad (la residencia de Nuestra Señora de la Indulgencia -en la pieza *Pedro Minio*- o la transformación de un convento de clausura en albergue de indigentes y hospital de campaña –en el episodio *Gerona*-).

Todas estas cosas constituyen la utópica revolución que podría salvar a España.

c) Al mismo tiempo se impone a todos *asumir el mejor espíritu liberal*.

La obra entera del escritor –creemos sinceramente que toda ella: Episodios, novelas largas y teatro (recordemos *Electra*, *El abuelo*, *Amor y ciencia*, *La loca de la casa*, *La de San Quintín*, *Casandra*, *Celia en los infiernos*, *Mariucha*, *El audaz*, etc.)- es un canto encendido o sereno al más

---

[237] PÉREZ GALDÓS, BENITO, *Casandra* (drama teatral). O.c. págs. 245
[238] Conversan entre sí dos personajes humildes del entorno de la Reina ("Mogica" y "Marisancha"): *"Habrás visto, Marisancha, que la Reina nuestra señora no le disputa al Marqués estas grandezas, y permanece solitaria y obscura... Y ahora te pregunto yo: ¿No es esto virtud? ¿No es humildad? ¿No es cristianismo?"*. (PÉREZ GALDÓS, BENITO, *Santa Juana de Castilla*. Editorial Fragua. Madrid. 2010. Pág. 42)

auténtico liberalismo, al talante liberal que, la mayor parte de las veces, no tiene nada que ver con el de los románticos, con el de las sociedades secretas y con los librepensadores de la época (al estilo de Espronceda); y ni siquiera con el de los partidos liberales que se van sucediendo...

Sobre el trasfondo de los dramas íntimos de los personajes, lo que está en juego siempre -en toda la obra- es ese espíritu liberal defendido por el protagonista de la trama y atacado por oponentes violentos.

Es el talante liberal que informa a los grandes protagonistas de los Episodios, el que define a un Santiago Íbero todavía joven y con bastante ingenuidad:

"Más potentes que toda razón de conveniencia, habíanle lanzado a la campaña, antes que por querencia de la profesión militar, por su amor ardentísimo a las ideas representadas en la bandera de Isabel. Quería dar su sangre, su vida por la libertad y el progreso, en los cuales veía fuente inagotable de dicha para la nación. Con tales beneficios España saldría de su apocamiento y pobreza... Odiaba el oscurantismo." [239]

Conviene recordar que Santiago se manifestará a lo largo de su vida como un firme creyente cristiano, derivando en algún momento hacia una excesiva religiosidad.

2. La mujer –en sí misma-, factor salvífico para Galdós.

El autor afronta utópicamente el problema de la salvación de España poniéndolo en manos de la mujer: de un tipo de mujer sintetizado en Mari Clío -La Madre- (5ª serie de Episodios y El Caballero Encantado), alguien capaz de aunar sabiduría, amor, discreción, fortaleza y fidelidad en beneficio de este pueblo con la delicadeza que la operación requiere.

A lo largo de toda su creación literaria surge con rotundo protagonismo una serie de mujeres extraordinarias que encarnan, por una parte, el grito del autor contra el machismo de toda especie enquistado en la sociedad española, demoledor de la convivencia social y de la educación; por otra, el modelo de intervención eficaz saludable –salvadora- para aquellos con quienes convive, conocedora de nuestra peculiar idiosincrasia.

Don Benito conduce a sus lectores a una opción íntima por ese mundo femenino que tiene mucho de real, porque no se trata de heroínas ni de dulcineas, sino de personas insertas en la dolorosa trama del vivir social,

---

[239] PÉREZ GALDÓS, BENITO, *Vergara*. Episodio Nacional n. 27 (Ed. Historia 16 – Caja de Madrid. 1994, pág. 79

dotadas de exquisita y normal sensibilidad, de belleza serena, de valores morales, de decaimientos mortales y de integridad ante el destino. Un mundo que él conoce perfectamente desde su propia vida, ya desde los tiempos de Las Palmas.

Hay una clara propuesta para el presente y el futuro de España que tiene el nombre y la dinámica propia de lo femenino, al margen del rol materno o de consorte enamorada. En la perspectiva galdosiana, es el conjunto y la síntesis de valores que por un designio especial convergen y son desarrollados de forma única o genuina por mujeres que encarnan un estatuto ideal y, a la vez, de absoluto realismo; y no sólo para beneficio de los varones con quienes se relacionan, sino para la construcción de un universo social y personal de signo justo, muchísimo más humano y verdaderamente espiritual y de carácter cristiano original. [240]

Por las páginas de su creación discurren dos tipos impresionantes de mujeres magníficas. Unas que son cruelmente sometidas –hasta el destrozo– por el entorno familiar o social que abusa de ellas con el más vil chantaje autoritario afectivo, ideológico o religioso: En los Episodios Nacionales, Inés (1ª serie), Sola (2ª serie), Aura (3ª serie), Lucila (4ª serie), Teresa Villaescusa (Prim), Donata (Carlos VI en la Rápita), Rosita (De Cartago a Sagunto)... En las novelas, Clara (La Fontana de Oro), Gloria, Rosalía, Rosarito (Doña Perfecta), Fortunata, Tristana, Marianela, Isidora (La desheredada), Amparo (Tormento), Fidela (Torquemada en la cruz),...; en el teatro: Victoria (La loca de la casa), Rosario (La de San Quintín), Electra, Casandra, Bárbara...

La galería de personajes es espléndida... Pero todas estas mujeres deben sacrificar una parte enorme de su integridad personal y de su felicidad para cumplir el falso destino a que son llamadas; y en algún caso ese sacrificio las rompe, como sucede a personas y situaciones muy distintas; a Victoria (*La*

---

[240] FEDERICO SOPEÑA IBÁÑEZ centra en la mujer un capítulo de su estudio de la religiosidad mundana en Galdós, comenzándolo con estas palabras: *"La fe de roca de la mujer española aparece como una 'constante' en toda la obra galdosiana y es lógico que así sea como reflejo de la vida española, pero es el novelista, mucho más que los historiadores religiosos, quien nos da toda una serie de interesantísimos matices que aparecen, esto es lo importante, inseparables de la trabada personalidad de los personajes."* (*La religión mundana según Galdós*. Cabildo Insular de Gran Canaria. 1978, pág.21). Nos remitimos a ese estudio. Aunque se refiera fundamentalmente a la figura de Irene, es aconsejable el estudio de FRANCISCO J. QUEVEDO GARCÍA, *La mujer nueva y la mujer tradicional: apuntes en torno a los modelos femeninos en 'El amigo Manso'*, Actas del VIII Congreso I. E. G. Cabildo de Gran Canaria. 2005, págs. 347-357

loca de la casa), a Casandra, a Bárbara, a Isidora, por ejemplo. Y es obvio que Gloria, Rosario (en *Doña Perfecta*), Rosalía, y -por otros motivos- Amparo (*Tormento*), Tristana, Isidora (*La desheredada*), Lucila (cuarta serie de Episodios), Bárbara y varias más sólo llegan a encarnar el tipo de mujer nueva salvífico en cuanto clamor y grito que deben romper las conciencias españolas.

Devolviendo a todas ellas la dignidad usurpada, aparece entonces, en la novela y el teatro galdosiano, un conjunto femenino de auténticos modelos de identidad para todos (superiores ellas en valía a varones de la altura de Gabriel de Araceli, Salvador Monsalud, Benigno Cordero o Fernando Calpena y Santiago Íbero, en los Episodios; a Lázaro, Pepe Rey, León Roch, Horacio Reynolds, Nazarín, Gamborena, Ángel Guerra o el Conde de Albrit, en la novela).

Son, además de Inés y de Sola, Demetria y Gracia (3ª serie), Benina (Misericordia), Leré (Ángel Guerra), la reina Alceste, Catalina de Artal (Halma), la exreina Juana de Castilla, María (*Mariucha*)... Y en un tono algo menor: Siseta (episodio Gerona)[241], Mita (4ª serie); en el teatro: Isidora (Voluntad), Sor Simona, Sor Elisea (Amor y ciencia), Sor Luisa (Pedro Minio), Atenaida (La razón de la sinrazón), Rosaura (*Casandra*)... y , en las novelas, Guillermina y Mauricia la Dura (Fortunata y Jacinta), Irene (El amigo manso)...

En la integridad del carácter de éstas Galdós sitúa un hondo y expreso componente espiritual cristiano alejado del rigorismo moral y dogmático.

La denuncia y la propuesta de estas mujeres que llenan el mundo literario constituyen en gran medida la respuesta que el escritor da al maltrato hispano de la mujer y, al mismo tiempo, la esperanza que propone para el futuro .

Junto a todas ellas, en un segundo o tercer plano de protagonismo, van surgiendo muchas otras de suficiente talla moral, haciendo que el lector las respete, las ame y las valore. Sin que ello obste para presentarnos, al mismo tiempo, otras figuras mezquinas, ambiguas o increíblemente retorcidas y crueles como Amaranta (1ª serie de episodios), Pilar de Loaysa (3ª serie), Domiciana (Los duendes de la camarilla), Doña Perfecta, Doña Juana (Casandra), Evarista (Gloria), las Porreño (La Fontana de Oro), Rosalía (La

---

[241] Es notable el parecido del nombre con Sisita, la prima venida de América, el amor real inalcanzable y perdido que seguramente ha acompañado al autor durante toda su vida.

de Bringas), Cruz del Águila (en la serie Torquemada)... y bastantes más, tan reales como la vida, inaceptables para el autor y para los lectores.

Resulta, pues, evidente que al modelo cidiano y quijotesco que nos corresponde hay que añadir el que viene significado por ese conjunto único galdosiano de mujeres españolas (inexistente en nuestra literatura anterior, más bien de corte varonil). El viejo amante Don Benito, que llora al oir (sin apenas ver ya) a Marianela en el estreno de la versión teatral, cree que la mujer española tiene mucho de última palabra que puede ayudar a redimir a este maltrecho país, al menos moralmente.

3. Galdós, frente a la revolución y a la Iglesia.

¿Debe proponerse –según Galdós- *un procedimiento revolucionario para llegar a implantar la regeneración de nuestro país?*

La pregunta se plantea al lector ya en una de las primeras novelas independientes, en *El audaz. Historia de un radical de antaño.* Y la respuesta es desarrollada a lo largo de toda la creación literaria. Va a ser muy clara: ninguna revolución sangrienta, ninguna guerra, ninguna conspiración que viole los derechos de expresión política, ningún pronunciamiento militar (¡y fueron tantos!), ningún crimen o magnicidio conducen al cambio liberal que se ansía en todo momento.

Sin embargo, al final de *Cánovas* -el Episodio Nacional tal vez más amargo- se ve obligado a incluir una dura alusión a la ineludible salida revolucionaria, precisamente después de haber reflexionado sobre la paz. Dice Mari Clío a Tito: *"Alarmante es la palabra Revolución, pero si no inventáis otra menos aterradora, no tendréis más remedio que usarla los que no queráis morir de la honda caquexia que invade el cansado cuerpo de tu Nación."* [242]

Tampoco la guerra –ninguna guerra- es el camino. En agosto de 1911, pocos años después del desastre colonial, Don Benito pronuncia un discurso en Santander contrario a la guerra de África. El texto es, a la vez, una aguda crítica de nuestra historia: *"A España repugnan ya las tragedias marciales; que España no quiere afrontar nuevos riesgos en cruentas lizas; que la pobre patria nuestra ha menester de todas las horas y todos los minutos para reconstruirse interiormente por el trabajo, en el sosiego profundo de una paz duradera."* [243] Los acontecimientos de la Semana Trágica de

---

[242] PÉREZ GALDÓS, BENITO, *Cánovas, o.c.*, pág. 206
[243] PÉREZ GALDÓS, BENITO, *Discurso en Santander. Agosto 1911*, citado por Yolanza Arencibia, o.c. pág. 203.

Barcelona, motivados en parte por esa guerra, le darían la razón; pero su advertencia señala también la guerra fría continua y estéril entre nuestros grupos políticos.

Desde el punto de vista estructural los cauces son otros: el constitucionalismo nacido en Cádiz, la libertad de prensa, el parlamentarismo serio, sensato y documentado técnicamente, expresión de una verdadera democracia, el ordenamiento de la producción y el apoyo del progreso y la ciencia, la enseñanza y la educación liberadas de cualquier oscurantismo y abiertas a todos, la integración radical en este cambio de las clases que detentan el poder económico (con los necesarios desprendimientos de privilegios adquiridos o usurpados); en consecuencia, la superación radical de las formas fijadas de clases sociales y de paradigmas de honor social, aunque para esto deba presionarse desde todos los ángulos de la opinión pública: desde la prensa y la educación.

En fin, es obvio –para Don Benito- que en este árduo y problemático proceso de cambio se necesita el decisivo apoyo de un factor tan fuertemente arraigado en el suelo español como *el cristianismo, pero en la forma de un catolicismo restaurado* (para el que no sirven los llamados "neocatólicos"). Esa es la proclama de Ángel Guerra que contemplaremos más adelante. Un cristianismo de espíritu renovado puede ser clave necesaria de la salvación.
"*El espiritualismo* –escribe Amor del Olmo- *es lo que más se acerca a la reforma galdosiana, pero tal vez el escritor todavía no sospechaba que para la sociedad española, todo lo que no fuera catolicismo tradicional e inquisicional, no servía...(...) La reforma social de Galdós, por tanto, iba dirigida también a una reforma de los estamentos religiosos, denunciando una falsa religión perniciosa para la sociedad, a cambio de la defensa y búsqueda de la verdad.*" [244]

La Iglesia y las opciones cristianas personales podrían aún jugar un papel transcendental en el proceso de regeneración de la sociedad española. Galdós lo está pidiendo en toda su creación, desde el principio al final; pero vamos a verificar enseguida que se trata de una honda e integral alternativa al catolicismo, dentro de la más pura fidelidad a los orígenes cristianos. El planteamiento, además de sorprendernos, pudiera tomarse como una advertencia de perenne actualidad para la sociedad en general y para el mundo religioso en particular.

---

[244] AMOR DEL OLMO, ROSA, *Religión y evolución: hermenéutica sobre textos dramáticos de Galdós."* (Actas del VII Congreso Internacional de Estudios Galdosianos. 2005. Cabildo de Gran Canaria. Págs. 142 y 145. Centro Virtual Cervantes).

Hoy sabemos que la mayoría del catolicismo hispano de la época no aceptó el reto. Pero el pensamiento teológico galdosiano está aún ahí, fresco, para alguna generación de creyentes y no creyentes que quiera considerarlo.

Entre tanto, al menos había algo que la Iglesia oficial del XIX debería haber hecho (sin esperar a que se lo impusieran nuevos decretos de desamortización): compartir sus todavía cuantiosas posesiones de bienes materiales. El mundo eclesiástico debía renunciar a donaciones y a exenciones tributarias. Esto es lo que gritan los personajes de *Casandra*. Y directamente Galdós ironiza: *"Si al menos la pedrería católica hiciera algo a favor del Tesoro. Si San José ofreciera su vara de plata y Santa Lucía sus ojos de oro... Pero todo es inútil. Ni los que manejan estas cosas darían la vara de San José, ni harían caso del mismo Espíritu Santo que se lo mandara."* [245]

*

Por estos cauces se impone el discurrir del individuo hispano y de la nación española si ambos quieren encontrar su propia identidad básica. Pero es necesario advertir que, si lo consiguen, ese talante humanista va a ser sencillamente (o en gran medida) el carácter occidental y europeo que se viene abriendo paso a partir de la compleja Revolución Francesa. Después, los mejores rasgos hispanos -quizás específicos en alguna medida- podrán existir también y acabar de contrarrestar las dolencias trágicas que nos aquejan, convirtiéndose, desde luego, en objeto de una propuesta educativa.

Conviene advertir que esa posible impronta española aparece de una manera predominante -casi exclusiva- en los tipos galdosianos más populares y abiertos; en personajes que, a lo largo de cada escrito, maduran interiormente y producen un cierto modelo autóctono español dotado de valores y de gran interés. Este modelo tiene como características positivas bastante comunes: la alegría optimista del vivir, el amor hogareño y al terruño, un tono extrovertido que le invita a la comunicación espontánea, el sentido del honor, la hospitalidad y el desprendimiento, una capacidad arriesgada de improvisación, cierto idealismo romántico y generoso (sin perder contacto con lo real), y una religiosidad que llega a ser honda (aunque no muy practicante ni amiga de las instituciones).

---

[245] PÉREZ GALDÓS, BENITO, *Dinero, dinero, dinero*, artículo en *Crónica de Madrid* de 8/1/1865 (publicado en *La fe nacional y otros escritos sobre España*, o.c., pág. 49). En el episodio *Cánovas* Galdós denuncia repetidas veces las donaciones de tierras e inmuebles que reciben los jesuitas y varias otras órdenes religiosas expulsadas de América.

Nuestro autor pone en boca de Isabel II esta identificación de los españoles, replicando precisamente a su madre María Cristina: *"Los españoles son buenos, valientes, honrados, caballeros; en general, se entiende, porque ¡también hay cada pillo!..."* [246]

El autor terminará de escribir creyendo que es posible un mundo nuevo para este país incondicionalmente entrañable, aunque esté roto. Así es el diálogo final con el que se cierra el telón en la obra *La de San Quintín,* al despedirse "Rosario" y "Victor", al fin unidos, que han representado cada uno estamentos sociales irreconciliables: *"(Don César.-) "Se van... Es un mundo que muere". (Don José.-) "No, hijos míos; es un mundo que nace".*[247]

---

[246] PÉREZ GALDÓS, BENITO, Episodio Nacional n. 32, *Narváez*, o.c. pág. 213
[247] PÉREZ GALDÓS, BENITO, *La de San Quintín.* (Cátedra. Madrid. 2002. Pág. 202)

Parte tercera

UNA FE DISTINTA. TEMAS DEL
PENSAMINTO TEOLÓGICO DE GALDÓS

5
Fe en Dios y crisis religiosas en la perspectiva galdosiana

La mayor parte de la literatura de Benito Pérez Galdós puede interpretarse como una observación atenta del ser humano -del español, en particular- considerado también sustancialmente desde la perspectiva religiosa y cristiana, tanto individual como colectiva. Esta visión parece realizarse con una doble intencionalidad: primero, la de ofrecer un diagnóstico y hacer una crítica abierta del modo de pensar y de vivir de los tipos que pueblan sus obras representativamente, tipos que de una manera u otra se autoconsideran o se sienten creyentes y católicos; segunda, sugerir una propuesta de retorno a la autenticidad personal en la existencia y, de modo particular, a la autenticidad de la fe religiosa y de la condición cristiana en quienes la tengan.

La conciencia religiosa es el modo de hallarse la persona en el mundo desde una seria referencia al ser divino. Si se verifica tal dimensión (llegue o no a ser fe) la trayectoria humana adquiere algún significado final y esa conciencia puede dar un valor totalizador –normalmente esperanzado- a la propia realidad.

Galdós pormenoriza ese análisis y lo ahonda. Su obra se aproxima entonces –señala Rafael Narbona- a la escatología de Ernst Bloch, según el cual el hombre como tal vive en tensión hacia el futuro absoluto y si no, deja de ser hombre. [248] En este sentido, Dios es una realidad contundente en la

---

[248] "*La esperanza de Nazarín o Benina no forma parte de una expectativa individual* (sólo), *sino que se inscribe en una disposición primordial del ser humano. Esperar lo inesperado es, desde Heráclito, la condición necesaria de lo posible. El hambre, el deseo de lo que "todavía no es", es algo más que una inclinación psicológica. Es un auténtico principio ontológico...* La esperanza (esta esperanza) *neutraliza en Galdós el*

creación galdosiana, pero siempre en tensión y en esperanza. Una gran mayoría de personajes de su mundo tiene esa conciencia con extraordinaria riqueza de matices.

"El ámbito de la conciencia religiosa – escribe Gustavo Correa- se proyecta en el personaje galdosiano de diversas maneras, ya sea en virtud de su naturaleza específicamente religiosa, ya a través del sentido moral de sus acciones, o por su peculiar manera de sentimiento que lo coloca dentro de una esfera emocional de características religiosas." [249]

Pero –insistimos- tal conciencia tiene una connotación dolorosa, indudablemente conflictiva (incluso reivindicativa respecto a postulados oficiales), la misma que sugiere el texto evangélico: *"el Reino de Dios padece violencia y sólo los esforzados lo arrebatan"(Mt 11,12)* y *"¡qué estrecha la entrada y angosto el camino que conduce a la vida!" (Mt 7,14).* Por esta razón Galdós narra la andadura creyente de sus mejores personajes con un acento dramático inevitable, como una confrontación continua entre el catolicismo en uso y una fe árdua (la de un cristianismo que se ve a sí mismo en trance de reforma, y por el que opta evidentemente el autor).

Quizá podría establecerse un paralelismo entre el dramatismo de algunos de esos creyentes y el que vivieron los humanistas cristianos del siglo XVI frente a la Iglesia de la Inquisición.

1. Visión global del problema religioso español en la obra de Galdós.

Toda la obra galdosiana (ese indagar suyo sobre la identidad española) muestra honda preocupación por el tema de Dios como asunto decisivo para el individuo y, a la vez, de enorme repercusión en la vida social y en la historia de la España del XIX y quizás también del siglo siguiente. En sus páginas surgen creencias y tipologías religiosas de lo más variopinto. Muchas revelan convicciones de claro y hondo sentir cristiano; otras desembocan en imágenes confusas de Dios, atávicas y con frecuencia contradictorias en un mismo sujeto. En consecuencia, su teología –siempre narrativa y descriptiva- traza un cuadro amplio y heterogéneo de la religiosidad, dedicando una atención cualificada al *rechazo que le merece la*

---

determinismo naturalista." (NARBONA, RAFAEL, *Pérez Galdós: Nazarín, juglar de Dios.* El blog http://rafaelnarbona.es?p=904. Pág.2)
[249] CORREA, GUSTAVO, *El simbolismo religioso…,* o.c. pág. 236

frecuente interpretación falseada de Dios, del hecho religioso y del cristianismo.

Sorprende la abundancia de textos en los que Galdós hace una referencia explícita a Dios (en especial al Dios cristiano surgido de la fe original del cristianismo); bien sea manifestando una idea teológicamente cabal y positiva, o bien rechazando una idea de Dios antinatural y anticristiana.

Es decir, la mayoría de escritos (novelas, episodios, relatos breves), por no decir todos, tienen a Dios como un elemento vertebrador de la fisonomía de los personajes que pueblan ese mundo representativo de la España real y de la España soñada.

Podemos adelantar que Galdós traza en su obra un perfil religioso bastante más sano (psicológicamente hablando) y más cercano a la originalidad cristiana (más teológico) que el perfil medio que halla en la sociedad.

Aunque debe advertirse enseguida que la fisonomía explícita religiosa no constituye –para él– un carácter definitorio prioritario del ser católico, puesto que la definición esencial de tal persona debe trazarse en el campo de las identidades éticas.

A pesar de la heterogeneidad señalada, podemos aventurar las siguientes apreciaciones globales (que después verificaremos) en cuanto a la percepción galdosiana de la religiosidad española:

Primera: la palabra *Dios* está en los labios de todos los personajes narrados (al menos ocasionalmente, y en muchos con gran frecuencia) y, por tanto, es de sospechar que en casi todos los habitantes de este país durante el XIX. Siempre, además, con el acento respetuoso que le corresponde (distinto del que tendrá en el siglo XX) y con un nivel de creencia que recorre toda la gama de tonos e intensidades: desde la mínima relevancia de un modo de hablar corriente o de un formulismo ritual, hasta las elevaciones de íntima y responsable comunión con la divinidad (de signo cristiano o cercana al Dios universal medianamente panteísta del krausismo).

Segunda: en cualquier caso (más bien pronto que tarde) un español se define también por la imagen que profesa de Dios y por el tipo de relación que entabla con éste. El personaje Alejandro (de la comedia *Voluntad*) lo expresa rotundamente: *"Hay dos verdades, aparte de la fundamental, que es Dios"*. (Esas otras dos verdades a que se refiere son el amor y la muerte).[250]

Tercera: frente a la diversa tipología observada, el autor destaca una idea fundamentalmente bíblica neotestamentaria de Dios; idea positiva, vivida y sentida cordialmente con más intensidad por sus personajes preferidos. Esto, al margen de que tal experiencia, imagen o idea de Dios, adolezca a veces de cierto simplismo o ingenuidad, y sólo en momentos graves venga a ser ahondada por el individuo, generalmente a partir de los desarrollos del amor y de la muerte. [251]

Cuarta: sólo rara vez el ser de Dios es objeto de apasionada diatriba en la expresión airada (no demasiado atea) de algún personaje; más bien en algún momento especial de su vida (frecuentemente hallándose éste fuera de sí, en estado de notable embriaguez o de crisis interior) [252]; y ello, en ocasiones, como eco del enciclopedismo volteriano favorecido en parte por el ejército invasor napoleónico.

Más interesante será, desde luego, subrayar la antítesis que constata el autor: por una parte, la desfiguración nacionalista de la imagen de Dios; por otra, de manera opuesta, el tono abierto y evangélico de la fe en Dios que profesan la mayoría de los héroes de su literatura.

Galdós deja constancia de una falsa teología sobre la naturaleza de Dios, acuñada más por la ideología conservadora y pseudonacional que por la religiosidad popular, que él respeta y en ocasiones admira. [253]

En ocasiones atribuye la distorsión a cierto espíritu maléfico (como el que encarna Doña Perfecta o como sucede en *La razón de la sinrazón*, en *El caballero encantado...*). El juicio que hace el autor sobre Doña Perfecta, al

---

[250] PÉREZ GALDÓS, BENITO, *Voluntad*, Acto II, escena II. (Obras Completas Ed. Aguilar, tomo VI. Madrid 2005. Pág. 269)

[251] *"En la frontera del amor humano* –escribe G. CORREA, a propósito de la conciencia religiosa en la obra de Galdós- *se encuentran las configuraciones del amor divino que cobran, principalmente, la forma de la vía ascética, el amor al prójimo y el ermitañismo andante a imitación de Jesucristo."* (*El simbolismo religioso en las novelas de Pérez Galdós*, o.c., pág. 238).

[252] Es el caso de Salvador Monsalud en el Episodio n° 11, *El equipaje del rey José* (PÉREZ GALDÓS, BENITO, o.c.,Hist. 16. Caja Madrid. 1993, cap. XVIII, pág. 125. Rosalía expresa a Dios la misma queja que le formulan Gloria y Rosario (*Doña Perfecta*): *"Pero, Dios mío: es posible que todas las religiones no sean iguales? Oh, esto es terrible"* (PÉREZ GALDÓS, Benito, *Rosalía*. Cátedra. Madrid 1984, pág. 267).

[253] Véase la admirable descripción de la sincera devoción popular en el templo del Pilar, durante el asedio de la ciudad, en el Episodio *Zaragoza*, cap. VII (PÉREZ GALDÓS, BENITO, Alianza Ed. O.c. Pág. 36-37)

finalizar la novela, es taxativo: *"No sabemos cómo hubiera sido doña Perfecta amando. Aborreciendo tenía la inflamada vehemencia de un ángel tutelar del odio y la discordia entre los hombres."* [254]

En síntesis, señalamos aquí cuatro graves denuncias de Galdós sobre las falsas ideas o imágenes de Dios que aquejan a una mayoría de españoles del XIX. Es una advertencia que despeja el camino para entender mejor la visión teologal que hallamos en sus escritos.

a) Galdós rechaza, en primer lugar, una confesión personal de catolicismo al servicio de la riqueza y del poder o en connivencia con ellos; en particular, una religiosidad al servicio de la clase rica y poderosa entronizada en el país, un Dios aliado con el poder humano. Este falso cristianismo es el que profesa con toda claridad, por ejemplo, un personaje tan desagradable bajo todo punto de vista como "Segismunda" (de la cuarta serie de Episodios Nacionales) queriendo hacer cómplice de su pensamiento al protagonista Pepe Fajardo:

"- Fomentemos también la religión, de la que nace la conformidad del pobre con la pobreza. ¿Para qué pagamos tanto clérigo, y tanto obispo, y tanto capellán, si no es para que enseñen a los míseros la resignación, y les hagan ver que cuanto más sufran aquí, más fácilmente ganarán el Cielo? – Justo; y entre tanto ganemos nosotros la tierra..." [255]

Son muchos los personajes que asumen esta postura pseudorreligiosa: Juan Bragas Pipaón (en la segunda serie de Episodios), Torquemada hasta el momento de su muerte (queriendo comprar a Dios la propia salvación sin renunciar al último negocio pecuniario); en el teatro: Huguet (de *La loca de la casa*), Doña Juana (de *Casandra*), etc.

b) Se rechaza, así mismo, la frecuente espiritualidad que impone -en nombre de Dios- la autodestrucción de la persona. El Dios que se oculta en el alma de tales personajes religiosos es terrorífico. Obras emblemáticas de tal aversión (aunque no las únicas) son la novela *Gloria* en su totalidad, *Rosalía*,

---

[254] PÉREZ GALDÓS, BENITO, *Doña Perfecta*, o.c., pág. 283. El texto continúa en estos términos: *"Tal es el resultado producido en un carácter duro y sin bondad nativa por la exaltación religiosa, cuando ésta, en vez de nutrirse de la conciencia y de la verdad revelada en principios tan sencillos como hermosos, busca su savia en fórmulas estrechas que sólo obedecen a intereses eclesiásticos."*
[255] PÉREZ GALDÓS, BENITO, Episodio Nacional nº 31, *Tormentas del 48,* cap. XXX (Historia 16. Caja Madrid. Pág.220)

La fontana de Oro (en cuanto a las figuras esperpénticas de las Porreño) y, entre las obras de teatro, *Bárbara, Electra, La loca de la casa*....

Cualquier situación -¡y son muchas las contempladas!- que en nombre de Dios imponga violencia y deterioro del individuo y de su libertad (o la mistificación de la vida) es vista como la mayor perversión de la idea de Dios. Como ejemplos dolorosos: la esclavitud que padecen Amparo, en *Tormento*, Victoria, en *La loca de la casa*, Tristana, Bárbara (en *Bárbara*), la entrada en el convento por parte de Electra (en *Electra*) o de Santiago Íbero (al final de la tercera serie de Episodios Nacionales) y el fracasado matrimonio de María Egipciaca Sudre y León Roch por culpa de los "directores espirituales" Paoletti y Luis Gonzaga (en *La familia de León Roch*).

c) La raíz de esas interpretaciones de la religión y de la idea de Dios está también –para Don Benito- en una serie de hechos que nos definen con harta frecuencia:

Primero, la desfiguración interesada de Dios en la vida práctica y real; un gran simulacro socialmente pactado desde antes del XIX, no exento de algun complejo de culpa. *"Creo a España el país más irreligioso de la tierra* –dice convencido Daniel en *Gloria*-. *Y un país como éste, donde tantos estragos ha hecho la incredulidad,... no está en disposición, no, de convertir a nadie"* [256] Para nuestro escritor Dios queda situado en un plano de ambigüedad colectiva que él reprueba, pero que es el de una gran parte de la población que discurre a lo largo de sus obras.

En segundo lugar está el monopolio de la idea y la palabra "Dios" por el clero y por la burguesía acomodada y beata. Veremos que en la perspectiva galdosiana Dios no es patrimonio de nadie –no puede serlo-, y menos de los que practican una asfixiante religiosidad o de los que lo utilizan para justificar violencia, atropellos de la libertad e injusticias de toda clase.

d) En fin, con muchísima frecuencia, Don Benito denuncia la penosa situación que supone para los creyentes (y para la población, en general) una Iglesia oficial alta y baja cerrada herméticamente al progreso, dominada por un clero no ilustrado y que se erige -sin razón que lo avale- en representante único y portavoz autorizado de Dios y de la institución cristiana; un clero que, además, pocas veces sirve de modelo evangélico.

Resulta significativo que podamos remitirnos (como obras importantes) a escritos que representan intentos de rehabilitación del

---
[256] PÉREZ GALDÓS, BENITO, *Gloria*, o.c. pág. 127

catolicismo llevados a cabo precisamente por protagonistas que no son clérigos. Es el caso de *Misericordia, Ángel Guerra* y *Halma,* o de los dramas *Amor y Ciencia, Mariucha, Pedro Minio*. Los personajes Benina, de *Misericordia,* Lorenza (Leré) y Ángel Guerra (en la novela de este título), y Catalina de Artal (en *Halma*) se esfuerzan en fundar una iglesia no clerical. Algo semejante intentan en la escena Maria (*Mariucha*), el médico Guillermo Bruno (en *Amor y* ciencia) o el Marqués de los Perdones (en *Pedro* Minio).

Otros que sí reúnen la condición presbiteral e intentan la reforma, y que son admirados por Galdós (como Don Nazario, de *Nazarín,* Manuel Casado, de *Ángel Guerra,* o Pepe Hillo, de la tercera serie de Episodios Nacionales), los padres Gamborena o Nones,... apenas representan a la institución eclesiástica y más bien se ven marginados por ésta.

Volveremos a estudiar estas cuatro falsificaciones de lo religioso y lo cristiano al analizar con cierto detenimiento la crítica de Galdós a esos deterioros (con independencia de la situación española).

2. Recuperación de la idea cristiana de Dios en la obra de B. P. Galdós.

Advirtamos que la teología de Dios [257] (la problemática fe y religiosidad), cuestión radical para la antropología cristiana que diseña Galdós, tiene, sin embargo, como sustrato de validación la existencia de un buen planteamiento ético.

Para el escritor, la fe religiosa (la espiritualidad creyente) se alza sobre cuatro grandes temas que delinean la vivencia moral de un cristiano, es decir, el perfil evangélico de un seguidor de Jesús.

Estos temas (que en buena medida brotan del Evangelio y que analizaremos en el capítulo siguiente) son:

-la rectitud moral personal, con las opciones éticas ineludibles,

-la teología del amor y de la caridad fraterna,

-la elaboración de la justicia y de la denuncia de toda injusticia, con la opción por los menos favorecidos y por un ordenamiento social más justo,

---

[257] La palabra *teología* apenas es empleada por Galdós. Aparece en el drama religioso filosófico *Amor y Ciencia*; y ahí, como adjetivo, dando a entender que hay una teología válida y otra teología usual de valor negativo: la que sustenta el pensamiento de Natalia. En este sentido dice Varona (el esposo de esta mujer), aludiendo a su admiración por Paulina: *"Es el único rayo de luz que desvanece las tinieblas de esa noche teológica que se llama mi mujer."* (PÉREZ GALDÓS, BENITO, *Amor y Ciencia*, Acto 3, escena I. Obras Completas Ed. Aguilar, Tomo VI. Madrid 2005, pág. 612)

-y la exigencia del pacifismo y de la no violencia en todas sus dimensiones.

Este pensamiento lo plasma a medida que van surgiendo los personajes clave de su creación y él se va identificando con ellos, fiel en todo momento a lo que hemos designado como teología narrativa y simbólica.

Hecha esta advertencia, retornamos al asunto de la religiosidad.

Obviamente no podría hablarse de pensamiento cristiano sin tener constancia de una idea clara del Dios de Jesucristo, no sólo como visión teórica sino como guía de la religiosidad personal y de los comportamientos existenciales, tanto en los individuos como en las colectividades que se autodenominen creyentes cristianas.

Nos preguntamos: ¿existe tal idea en el pensamiento de Benito Pérez Galdós?

Adelantamos ya la convicción de que en la obra del escritor aparece –siempre diseminada entre su variopinta narrativa- una verdadera teodicea de signo cristiano, es decir, una visión de Dios que nace de la referencia al Nuevo Testamento y a la más original tradición cristiana, con un carácter alternativo a otras mentalidades religiosas. De tal forma que ese pensamiento -que descubrimos y mostramos- puede resultar de notable interés y actualidad a la altura del siglo XXI.

La identidad esencial de Dios en la obra galdosiana.

No encontramos en la creación galdosiana la teodicea cristiana completa, pero sí el pensamiento fundamental de la misma, que, además, se halla presente en la casi totalidad de escritos. Lo que se manifiesta en éstos es que el mundo literario encarnado por los personajes y por el autor posee un hondo sentido positivo de Dios; sentido que se vierte con soltura en la cotidianeidad de la vida, aunque el concepto y el grado de densidad de la realidad divina sean diversos y heterogéneos para cada existencia personal.

De manera favorable para el hombre -y para la identidad divina sugerida- el escritor dota a Dios de atributos que lo hacen trascendente, creador de vida, paterno, amoroso, misericordioso, providente y generador de paz.

1) La trascendencia divina.

Decir que Dios es trascendente (o transcendente) resulta una pura abstracción, a no ser que el concepto se coteje con la limitación humana, y pueda así adquirir alguna concreción. De manera implícita Galdós sigue tal procedimiento al testimoniar la idea de Dios que poseen sus personajes más creyentes: Dios es siempre mayor y extraordinariamente favorable al hombre.

Dios puede realizar lo que humanamente excede nuestras capacidades. Es lo que expresa el eminente médico Teodoro Golfín respondiendo al invidente Pablo en *Marianela*: *"Dios es inmensamente grande y misericordioso".* [258]

Dios "ve" con una acuidad imposible a nuestros ojos: *"Aquel hombre, con ser tan bueno, no podría leer en su alma, porque para estas lecturas los únicos ojos que no son miopes son los de Dios"*, dice la mártir Amparito. [259]

Pero, de modo especial, la transcendencia de Dios se intuye en la grandeza de alma de las personas; se trata de una magnificencia que no puede proceder de ellas mismas y que remite necesariamente a la esplendidez divina. *"Dios debe de ser muy poderoso, cuando la ha hecho a usted, señorita Gloria"*, dice el más desgraciado del pueblo (Caifás) a quien la joven ha socorrido (en la novela *Gloria*)[260]. Y confirma Gil, el protagonista de *El caballero encantado*, refiriéndose a su novia: *"A Dios bendecimos y alabamos por haber hecho esa boca. Y a Dios le basta eso para ser grande"*[261] Los testimonios semejantes abundan en la novelística y en el teatro galdosiano. [262]

También la belleza es referida en ocasiones como una cualidad de la transcendencia divina.[263] Una intuición bella de Dios, sublimación de la

---

[258] *"El ciego volvió su rostro hacia arriba; dijo con profunda tristeza: - ¿Es verdad que existís, estrellas?.- Dios es inmensamente grande y misericordioso –observó Golfín...-"* (PÉREZ GALDÓS, BENITO, *Marianela*. O.c. pág. 84).
[259] PÉREZ GALDÓS, BENITO, *Tormento*, (Alianza Ed. Madrid. 2008. Pág. 256).
[260] PÉREZ GALDÓS, BENITO, *Gloria*. O. c. pág. 75
[261] PÉREZ GALDÓS, BENITO, *El caballero encantado*. (Cátedra. Madrid. 1999. Pág. 169)
[262] Ver, entre otros, los textos citados en notas anteriores. Bellísimo el texto del Episodio Nacional n.10, *La batalla de los Arapiles*: *"Llámese Dios o Ser Supremo..., ello es que ha hecho obras acabadas y perfectas, y una de ellas eres tú, que me confundes, que me empequeñeces y anonadas más cuanto más te trato y te hablo y te miro."* (PÉREZ GALDÓS, BENITO, o.c., pág. 183)
[263] En *Marianela*, cuando el ciego Pablo recupera la vista, exclama: *"Yo no tenía idea de una hermosura semejante... ¡Bendito sea el sentido que permite gozar de esta luz divina!"* (PÉREZ GALDÓS, BENITO, o.c. pág. 218)

armonía humana, es la que tiene Ramón Villaamil contemplando a su nieto: *"Miraba Cadalsito a su abuelo con una expresión tan extraña, que el pobre señor no sabía qué pensar. Parecióle expresión de Niño-Dios, la cual no es otra cosa que la seriedad del hombre armonizada con la gracia de la niñez."* [264]

Dimensión connatural a la transcendencia divina es la universalidad. Nadie en el mundo ni en la Historia puede pretender acaparar o monopolizar a la divinidad. Dios es Dios de todos; no hace acepción alguna de personas. Prueba de ello es la heterogeneidad de posturas creyentes válidas en la amplia galería de personajes amables para el autor.

Al final del íntimo e inacabable debate interior que sostiene el indeciso sacerdote Fago, inclinado más bien a ver el favor de Dios únicamente sobre el ejército carlista, este raro personaje de la novela tiene que reconocer: *"¿Cómo puede ser de Dios uno de los ejércitos y el otro no?... Dios estaba en todos y en ninguno, y los hombres no se podían diferenciar ante Dios más que por sus conciencias"* [265] En todo caso – tratándose de la experiencia personal- la religiosidad aparecerá algo más intensa en los tipos humildes (por ejemplo, en Marcial, el viejo marinero de *Trafalgar* que quizás llegó a conocer Galdós en Santander).

Esta visión es, sobre todo, la línea conductora de personajes tales como Nazarín (para él Dios está en los pecadores y marginados sociales), como Buenaventura en *Gloria* (para quien Dios está igualmente con los no cristianos, con los judíos y los protestantes, aunque matice que esa presencia llegue ahí sólo hasta cierto punto), como Benina, de *Misericordia* (que acoge en nombre de Dios al musulmán Almudena), o como Santiuste en su iniciático viaje por Tetuán durante la cuarta serie de Episodios.

Pero Galdós advierte (en esa clara perspectiva de la trascendencia divina) que Dios rehuye cualquier manipulación de su persona; que no se le puede engañar ni comprar. Tres de las piezas teatrales más enérgicas (*Casandra, Electra y Mariucha*) salen en defensa de ese honor de Dios, violado por falsas imágenes que le aplican personas devotas e injustas. La joven Casandra, en el momento culminante de la obra, se dirige a Doña

---

"Federico", extasiado por la exuberancia interior y la belleza física de "Augusta", exclama: *"¡Monísima! Tienes toda la gracia de Dios."* (PÉREZ GALDÓS, BENITO, *Realidad*. Acto II. Escena VIII).

[264] PÉREZ GALDÓS, BENITO, *Miau*. O.c. pág. 146.
[265] PÉREZ GALDÓS, BENITO, *Zumalacárregui*, o.c., pág. 124. Ver todo el Acto II de *Mariucha*.

Juana con estas palabras: *"Aunque tu voz clame como mil truenos, no te oirán. Aunque extremes tus ridículas devociones, no engañarás a Dios. ¡A Dios no le engañas tú, miserable!"* [266] Y el honrado, liberal y creyente Máximo (en *Electra*), interpelando a Pantoja (personaje muy parecido a esa Doña Juana), ora con exaltación: *"¡Oh Dios! Tú no puedes permitir que a tu reino se llegue por callejuelas oscuras, ni que a tu gloria se suba pisando los corazones que te aman... ¡No, Dios, no permitas eso, no, no! Antes que ver tal absurdo, veamos toda la naturaleza en espantosa ruina, desquiciada y rota toda la máquina del universo."* [267] Los textos, al final de ambos dramas, tienen la fuerza de un grito interior que lanza el autor para que sea oído por el público de la sala y por todos los lectores que hemos ido llegando con el tiempo a la representación: ¡Dios es Dios, y nadie puede olvidar esto!

2) *Dios es esencialmente creador de vida*; lo que significa –para Galdós- que es amor y misericordia y, en consecuencia, providencia creadora.

Estas series de atributos definen y concretan la trascendencia del Dios cristiano.

La creatividad contínua de Dios.

Para María, la firme y encantadora protagonista de *Mariucha*, que encarna un papel redentor en la obra, Dios es la fuente del ser. El esfuerzo titánico de la joven por salvar a la familia no es una ilusión: *"Es Dios que me dice: Soy la voluntad que hizo el mundo. A ti te dí la existencia, y por redimirte sufrí martirio... Adórame redentor y mártir; adórame también Creador"* [268]; esa fe se convierte en fuerza generadora de vida.

La belleza espiritual de una persona (tal vez lo más bello que existe) se remite a la acción creadora de Dios. En más de una página Galdós hace expresarse a sus personajes en este sentido: *"No hay mayor dicha que admirar en vuestros ojos y en vuestro acento el alma más hermosa que ha*

---

[266] PÉREZ GALDÓS, BENITO, *Casandra*. (Cátedra. Madrid. 2006, pág. 315).
[267] PÉREZ GALDÓS, BENITO, *Electra*. (Cátedra. Madrid. 2002, pág. 322).
[268] PÉREZ GALDÓS, BENITO, *Mariucha*, Acto II, escena V. Obras completas Ed. Aguilar. Tomo VI. Madrid 2005. Pág. 491. La visión de Dios Creador alcanza –en Galdós- a la totalidad del Cosmos en donde incluye necesariamente otros mundos inteligentes; es la afirmación que hace uno de los primeros y más estimados personajes, Horacio Reynolds, dirigiéndose a Rosalía: *"Esa multitud infinita de planetas ¿sería otra cosa que un juego irrisorio si no fuera asiento de una multitud infinita de seres racionales, sujetos todos a un concierto, a una ley, a una armonía suprema...? Sin esto no puede formarse una idea completa de la grandeza del Criador, del cual no seríamos dignas criaturas."* (Rosalía, o.c., pág. 67)

criado Dios", dice Juan Pablo a Laura en la parábola dramática *Alma y vida*.[269]

Galdós resuelve la tentación racionalista de reducir el mundo de lo real a la ciencia. Y lo hace con una sorprendente afirmación de fe: Dios es el creador de la ciencia; Dios obra a través de la mente y las manos del científico, pero es Él quien se halla al fondo de ese progreso noble del saber a favor de la humanidad. No existe, pues, oposición alguna entre Dios y la ciencia. Éste es el planteamiento del drama *Amor y ciencia*, en donde Paulina, la madre del niño enfermo de muerte, se niega a la intervención del más eminente cirujano y sólo confía para salvar al pequeño en la oración, desoyendo irracionalmente los consejos prudentes de quienes la rodean (aunque su obstinación obedece, en el fondo, al resentimiento que mantiene respecto al médico). Y es notable que el autor ponga en labios de una religiosa la expresión de la necesaria fe cristiana en la ciencia: *"Dios te envía la ciencia; rechazarla será locura y pecado. La ciencia es de Dios… Veo las manos de Dios descender a las manos del hombre."*[270]

Dios es amor y, por amor, da vida.
Recordemos el texto de la novela Halma citado antes: *"Yo quiero ser como mi Dios, todo amor, todo abnegación, todo caridad…"* Esta visión de Dios como amor absoluto (pero en la misma dirección de lo humano) es frecuente en los escritos de Galdós, aunque se desarrolle implícitamente o con un lenguaje a veces demasiado conceptista.

---

[269] PÉREZ GALDÓS, BENITO, *Alma y vida*, Acto IV, escena IV. Clásicos Almar. Salamanca 1987. Pág. 256. En sentido parecido replica la bellísima Lucinda a Paulina (las dos ya en un contexto de inocencia): *"Ni yo por mi belleza…insignificante, ni usted por la suya, que es espléndida, merecemos alabanza, pues lo que somos no es obra nuestra, sino de Dios."* (PÉREZ GALDÓS, BENITO, *Amor y Ciencia*, Acto IV, escena II, Obras Completas. Ed. Aguilar. Tomo VI. Madrid 2005, pág. 625)

[270] PÉREZ GALDÓS, BENITO, *Amor y ciencia*, Acto I, escena XII y Acto II, escena X. Obras Completas. Ed. Aguilar. Tomo VI. Págs. 602, 603 y 612. *El Doctor Centeno* es, quizás, la única novela de Galdós cercana a la picaresca impregnada de una grata ironía; lo que no obsta para que se vierta en ella la honda filosofía que acompaña al realismo y algún elemento importante de teología. Con este carácter se describe la fe del curioso y sano personaje Federico Ruiz, astrónomo, a propósito de la relación entre Dios y la ciencia: *"Con su mejor amigo era capaz de pegarse si le urgaba tantico sacando a relucir divergencias entre la Fe y la Ciencia…Defendía todo lo defendible, logrando encontrar tales armonías entre el Génesis y el telescopio, que al fin sus contendientes no tenían más remedio que callarse."* (PÉREZ GALDÓS, BENITO, *El Doctor Centeno*, Ed. Hernando. Madrid 1975. Pág. 110)

En *La familia de León Roche* el protagonista León asiste a la muerte de María, la esposa que no lo ha amado y que con su beatería le ha amargado la vida, y exclama:

"Dios te perdonará todo el mal que me has hecho... Te lloro como si te amase, y te compadezco, no sólo por tu muerte prematura, sino por el desengaño que vas a tener cuando sepas, y lo sabrás pronto, que el amor de Dios no es más que la sublimación del amor de las criaturas." [271]

La esposa no entendió en vida que el encuentro verdadero con Dios pasaba por la vivencia incondicional del amor a las personas; ahora León –¿el escritor?– le anuncia la tesis cristiana: que Dios hace suyo, concentra en sí y eleva sobremanera todo amor existente en el mundo, es decir, que Dios es un amor absoluto de signo humano.

A Dios se atribuye la felicidad máxima que es vivir. Y en la obra que estudiamos ése parece ser el sentido de la creación por parte de Dios.[272] *"Yo amo a Dios sobre todas las cosas* –dice el anciano Sarmiento (quijote admirado por el autor) en su última confesión, antes de que lo ejecuten–. *¿Cómo no amarle si es fuente de todo bien, manantial de toda idea, origen de toda vida?"* [273]

La creación –o la re-creación– por parte de Dios significa, pues, dotar al ser humano de todo aquello que le permite superar la muerte y alcanzar o recuperar la felicidad. Es la fe sencilla que manifiesta uno de los personajes femeninos más humildes y verdaderos de la galería madrileña, Mauricia la Dura, amiga de Fortunata, estando ya moribunda:

"Lo primero que he de pedirle al Señor cuando me meta en el Cielo, es que te haga feliz, dándote lo que es muy re-tuyo, lo que te han quitado... Su

---

[271] PÉREZ GALDÓS, BENITO, *La familia de León Roch*. (Alianza Ed. Madrid. 2004. Pág. 435)

[272] *"¡Qué hermoso es vivir! ¡Qué bien hizo Dios en criarnos a los dos, a los tres!"* - Gabriel refiriéndose a Inés, a la madre Amaranta y a él-. (PÉREZ GALDÓS, BENITO, *La batalla de los Arapiles*. O.c. pag.254). *"El amor tuyo y esta paz en que vivimos, han descubierto todo lo bueno que puso Dios en mí."* (Teresa Villaescusa a Santiago Íbero, hijo, al final de la cuarta serie de Episodios, en *La de los tristes destinos*. O.c. pág.120)

[273] PÉREZ GALDÓS, BENITO, *El terror de 1824*. O.c. pág. 214. En *Fortunata y Jacinta*: con ingenuidad, "Jacinta" confía en la liberalidad amorosa de un Dios cómplice satisfecho de los gestos de amor (besarla en una iglesia) por parte de su esposo "Juanito San Cruz" (que, poco más tarde, se decantará como infiel): *"A Jacinta le causaban miedo aquellas profanaciones; pero las consentía y toleraba poniendo su pensamiento en Dios y confiando en que Éste, al verla, volvería la cabeza con aquella indulgencia propia del que es fuente de todo amor."* (PÉREZ GALDÓS, BENITO, *Fortunata y Jacinta*, vol. I. O.c. pág. 200)

Divina Majestad puede arreglarlo,... si quiere. Déjate estar, que el Señor te arreglará, haciendo justicia y dándote lo que te quitaron... Créetelo, porque yo te lo digo... Y yo, mismamente le he de decir a la Virgen y al Verbo y Gracia que te hagan feliz y que se acuerden de las amarguras que has pasado." [274]

Sorprenden los términos con que esta mujer "sin cultura", de los bajos fondos madrileños, se refiere a Dios.

La perspectiva de la creación amorosa divina sigue expresándose en las manifestaciones de los personajes más gratos al escritor.

A pesar de la enérgica denuncia que supone el drama *Electra*, los dos tipos centrales tienen tiempo para entablar un diálogo detenido sobre este sentido creador; refiriéndose a la naturaleza (a la fruta, en concreto), Máximo y Electra conversan: "(Máximo, mirando la fruta:) *–No se ve aquí mano del hombre...más que para cogerla.* (Electra:) *–Es la obra de Dios, ¡hermosa, espléndida, sin ningún artificio!* (Máximo:) *–Dios hace estas maravillas para que el hombre las coja y se las coma...Pero no todos tienen la dicha o la suerte de pasar bajo el árbol.* [275] Y Marianela acierta con profundidad al referirse a uno de los dones trascendentales de la creación divina, que es la capacidad humana de pensar. Muy bello e impregnado de poesía es el diálogo entre la adolescente y el ciego Pablo:
"(Nela:) *–Estaba pensando que por qué no nos daría Dios a nosotras las personas alas para volar como los pájaros...* (Pablo:) *–Si Dios no nos ha dado alas, en cambio nos ha dado el pensamiento, que vuela más que todos los pájaros porque llega hasta el mismo Dios... Dime tú, ¿para qué querría yo alas de pájaro, si Dios me hubiera negado el pensamiento?"* [276]

Lo que viene a sugerir (según la idea krausista galdosiana) que la Creación debe proseguirla ineludiblemente el hombre desde su propia capacidad de pensar. [277]

---

[274] PÉREZ GALDÓS, BENITO, *Fortunata y Jacinta, vol.II* (O.c. págs.. 198-199)
[275] PÉREZ GALDÓS, BENITO, *Electra*. (Cátedra. Madrid. 2002. Pág. 285)
[276] PÉREZ GALDÓS, BENITO, *Marianela*. (Cátedra. Madrid. 2005. Pág. 120)
[277] Uno de los personajes de *Casandra* ("Alfonso"), preocupado por la reforma agraria, y sin medio alguno para llevarla a cabo) objeta también a la conocida "Doña Juana": *"Yo, señora, creo que Dios nos ha dado los países yermos y huraños para que los hagamos hospitalarios, risueños. Se educan las tierras como las personas..."* (PÉREZ GALDÓS, BENITO, *Casandra*. Drama teatral. Cátedra. Madrid. 2006. Pág. 245)

Consecuencia lógica del amor creador es la sugerencia de intervención divina en la existencia cotidiana, fundamentalmente como providencia.

Este problema de la Providencia divina resulta un tema difícil, pero recurrente, en la perspectiva de Galdós, tal como lo experimentan muy diversos personajes de su mundo literario. Con frecuencia se presenta en términos escépticos y duros, fatalistas.

"El Destino, Dios mejor dicho, le presentaba su abrumadora sentencia revestida de una lógica soberana, y torciéndole sus caminos; mientras él lanzaba todo su espíritu hacia el Norte, le decía: ¿Al Norte? Pues yo mando que al Sur, y al Sur has de ir por el derecho carril que te trazo." O de una manera más benévola: *"Como Dios da su amparo a los buenos, y aun a los malos cuando estos van más desesperados de socorro, sucedió que..."* [278]

En ambos textos (de obras distintas) es el narrador anónimo -el autor- quien habla.

Hemos señalado ya algún aspecto de la providencialidad divina a propósito de las extraordinarias *Ángel Guerra* y *Misericordia*. En esta última novela, Benina (también "socialmente" inculta) asienta la tesis esencial:

"Sé también que Dios me ha puesto en el mundo para que viva, y no para que me deje morir de hambre... Y mirando las cosas como deben mirarse, yo digo que Dios no tan sólo ha criado la tierra y el mar, sino que son obra suya mismamente las tiendas de ultramarinos, el Banco de España, las casas donde vivimos y, pongo por caso, los puestos de verdura. Todo es de Dios." [279]

Este Dios providente no puede abandonar al hombre: *"Dios amparará mi derecho y fortificará mi voluntad... Ten fe, valor, confianza en ti mismo, en mí, en Dios que no nos abandona"* [280], dice el personaje central del drama *Voluntad*.

---

[278] PÉREZ GALDÓS, BENITO, *De Oñate a la Granja*, o.c. pág. 229; y en *Prim*, Episodio Nacional n. 39 (Historia 16-Caja de Madrid. 1995), pág. 134 . En *Cádiz*, Episodio Nacional n. 8 (Alianza Ed. Madrid. 1996) otro personaje asevera: *"Por distintos caminos nos lleva Dios a ti y a mí."* Pág. 197
[279] PÉREZ GALDÓS, BENITO, *Misericordia*. O.c. pág. 74
[280] PÉREZ GALDÓS, BENITO, *Voluntad*, Acto III, escena V y III O.c. págs. 282. 281 Con cierto acento de duda (por la enorme dificultad del problema que le aqueja) Rosalía, angustiada, mantiene, no obstante, la fe en la intervención divina: *"Todo se puede vencer. ¿Por qué no se ha de vencer? Yo estoy segura de que Dios ha de ayudarnos. Pues si no*

Cierto es que hay tipos (Doña Paca, en *Misericordia*, por ejemplo) que, además de ser fatalistas, atribuyen su sino desgraciado a Dios. En éstos predomina la idea de una voluntad de Dios que marca el desarrollo dsafortunado de las vidas. Galdós no participa de semejante pensamiento, aunque -centrado en el retrato del personaje- no se pronuncie de inmediato sobre el asunto. Simplemente deja constancia de que así piensan algunas de las personas que transsitan por las páginas de su obra. Entre otras también el anciano Don Pablo, uno de los protagonistas de *Gerona*, que refiriéndose a su muerte inminente exclama: *"Dios me ha leído ya la sentencia, y en esto no hay ni puede haber duda alguna. Yo cumplí mi misión, ahora estoy de más. ¡Qué vamos a hacer si Dios lo dispone así!"* [281].

Pero esa actuación divina se hace cálida y benéfica (y discreta) para el hombre las más de las veces. *"Dios no abandona a los suyos"*... *"Yo estoy segura de que Dios ha de ayudarnos. Pues si no fuera Así, sería cosa de morirse de pena: ¡Dios mío!"*... [282] es una idea creyente que vuelve una y otra vez a los labios de personajes tan queridos del autor como el liberal Salvador Monsalud o como la angustiada Rosalía. Todavía más, esa idea viene impregnada de una imagen de ternura, atribuyendo a Dios una de las condiciones más cálidas del ser humano: la del abuelo que se deja llevar por el amor al nieto. Don Pío, el admirado y doliente maestro de Dolly y Nelly, en *El abuelo*, se emociona (*con unción* –dice el texto-) al ver la felicidad de su amigo el Conde de Albrit: *"´¡Dios es el abuelo de todas las criaturas!"* [283]

Recordemos también que los actores del drama literario galdosiano son luchadores frente al destino, y que normalmente superan el fatalismo romántico gracias a su fe religiosa. En general, tanto las mujeres como los varone preferidos de Galdós son providencialistas: creen en la Providencia divina como atributo primordial de ese Dios, incluso desde las situaciones más adversas que atraviesan. Una cualidad que engendra necesariamente confianza. Las citas también aquí podrían ser muy numerosas. Los personajes que muestran verazmente su religiosidad se mueven por lo menos

---

fuera así, sería cosa de morirse de pena: ¡Dios mío! ¿Para que nace una?" (PÉREZ GALDÓS, Benito, *Rosalía*, o.c., pág. 114)
[281] PÉREZ GALDÓS, BENITO. *Gerona*, Episodio Nacional n. 7 (Alianza Editorial. Madrid 1999. pág. 137)
[282] PÉREZ GALDÓS, BENITO, *Siete de julio*, Episodio Nacional n. 15 (Historia 16-Caja de Madrid. 1995) pág. 23. *Rosalía*, o.c. pág. 114
[283] PÉREZ GALDÓS, BENITO, *El abuelo*, o.c. pág. 251

en la dialéctica -y en la experiencia- de una Providencia divina favorable y de otra desfavorable pero abierta. Así lo expresan, en particular, los héroes de la primera y de la segunda serie de Episodios. Gabriel, prisionero en un sótano inmundo, cuenta su vivencia:

"Quise pensar en varias cosas; pero no pude pensar más que en Dios. Reconociéndome absolutamente incapaz para vencer la desgracia, comprendí que la voluntad Suprema había arrojado sobre mí tan grande pesadumbre de males. Y cruzándome de brazos incliné la cabeza, esperando que la misma voluntad Suprema me descargase de ella. Como esta esperanza me infundió pronto una fe que hasta entonces en pocas ocasiones había tenido, creí firmemente que Dios me sacaría de allí. Y con esta creencia empecé a adquirir un reposo moral y físico." [284]

Resulta admirable el complejo análisis de la fe que aquí se muestra.

Y el héroe liberal Salvador Monsalud (cercano al agnosticismo en una primera etapa de su vida), liberado de otra difícil situación, termina por reconocer: *"Otra vez mi buena estrella, o mejor, la divina Providencia, me ha sacado sano y salvo de un grave peligro. ¡Bendito sea Dios que me ha salvado una vez más!"* [285]

Galdós abre aún mayores horizontes en la referencia religiosa. La visión creyente providencialista conduce a una percepción esencial del cristianismo: la fe en *el Dios que sale garante de la vida futura*, que ilumina la propia muerte y otorga un sentido último y esperanzado a la existencia.

El conocido personaje Sarmiento, figura –repetimos- indudablemente cervantina, contempla así su última hora, confortando a Seledad que lo acompaña:

"Querida hija, no desmayes, no muestres dolor, porque soy digno de envidia, no de lástima. ¡Si yo tengo este fin por el más feliz y glorioso que podría imaginar!... Figúrate la alegría del prisionero de guerra que logra escaparse y anda y camina, y al fin oye sonar las trompetas de su ejército... Figúrate el regocijo del desterrado que anda y camina, y ve al fin la torre de su aldea. Yo estoy viendo ya la torre de mi aldea, que es el Cielo; allí donde

---

[284] Pérez Galdós, Benito, Episodio Nacional n. 3, *El 19 de marzo y el 2 de mayo*. Cap. XXIII (Hist. 16. Caja Madrid. Pág. 169)
[285] Pérez Galdós, Benito, *Un voluntario realista*, o.c. cap. IX, pág. 64

moran mi padre, que es Dios, y mi hijo Lucas, que goza del premio dado a su valor..." [286]

El revolucionario Martín Muriel emerge a la vez de una grave enfermedad, de la increencia y del dolor por la muerte injusta de su padre, gracias a esta esta fe.

"La idea de aquel Dios que se había complacido en olvidar iluminó su inteligencia en momentos de amargura. Aspiraba al descanso eterno, y la idea de la justicia de ultratumba era la única luz que iluminaba aquella conciencia turbada por la negación. Su fe, sacudida por el análisis, se fortaleció en lo relativo a la creencia en un Dios justo y bueno, porque en su noble espíritu no cabía el materialismo soez que hace del hombre una máquina más perfecta que las que hacen los ingenieros." [287]

Cuando en *Mariucha* la joven y fuerte María se ve empujada a la amarga decisión de romper con su familia por fidelidad al amor y a la libertad que llenan su vida, exclama, desgarrada: *"No me llaméis... Desde este instante sólo a Dios tengo por padre."* [288]

Surge, sin embargo, un asunto grave y pendiente en la búsqueda de la idea cabal del Dios cristiano: *su justicia.* ¿Es Dios siempre justo?

Prototipo de la fe en la original justicia divina vuelve a ser Benina, en un tono tan hondo como sencillo y natural: *"Pues yo que la señora –dijo dándole al fuelle- tendría confianza en Dios, y estaría contenta... Ya ve que yo lo estoy. Yo siempre creo que cuando menos lo pensemos nos vendrá el golpe de suerte... Yo sé también que Dios me ha puesto en el mundo para que viva".* Pero a esto responde la católica Doña Paca: *"Es que tú no tienes vergüenza, Nina; quiero decir, decoro; quiero decir, dignidad..."* [289]

Obras tan importantes en la producción galdosiana como *Miau, Bárbara, Casandra, Fortunata y Jacinta, Tormento, Marianela*, la serie de *Torquemada, Santa Juana de Castilla, etc.* nos dejan la impresión de que la injusticia triunfa en la existencia individual (y mucho más en la colectiva,

---

[286] PÉREZ GALDÓS, BENITO, *El terror de 1824*, o.c. pág. 196
[287] PÉREZ GALDÓS, BENITO, *El audaz. Memorias de un radical de antaño*. Edit. Hernando. Madrid 1982, pág.16
[288] PÉREZ GALDÓS, BENITO, *Mariucha*, Acto V, escena VII. O.c., pág. 510
[289] PÉREZ GALDÓS, BENITO, *Misericordia*. (Alba. Madrid. 1987. cap. VI. Págs. 72-74). V. también *El 19 de marzo y el 2 de mayo*, o.c. pág. 175 Esta misma confianza en la intervención divina es la que manifiesta el viejo caballero Don Beltrán de Urdaneta (también aquijotado): *"Tendré que ir solo, encomendándome a Dios y a la Virgen."*, en *La campaña del Maestrazgo*. Episodio Nacional n. 25, o.c. pág. 16.

como vimos al seguir de cerca la visión del autor sobre la sociedad española en capítulo anterior). Sin embargo, otros escritos significan también el triunfo costoso pero definitivo de la justicia: en general, las cuatro series primeras de los Episodios Nacionales y novelas o dramas como *Halma, El abuelo, La razón de la sinrazón, Electra, Mariucha, Amor y ciencia,* etc.

Pues bien, en todas ellas, con un final u otro, la injusticia y la justicia tienen una referencia dramática a Dios, seguramente eco de un sentir religioso popular desorientado y sin duda lleno de angustia por su soledad insalvable.

En el Episodio *Narváez,* María Ignacia, hablando con su marido Pepe Fajardo (protagonista de la 4ª serie), expresa ese grave desconcierto de una manera muy explícita:

"Pepe, yo pienso que Dios me ha de conceder el tener felizmente a nuestro hijo, pues ya que me negó tantas cosas buenas que otros poseen, ésta me la tiene que dar. Si no, no sería justo. Aunque... vete a saber si es justo (Dios). *Yo voy creyendo que no lo es, y que su principal atributo es la injusticia, al menos lo que por tal tenemos de tejas abajo, y que es quizás la sublime esencia de la justicia."* [290]

Resulta difícil de interpretar la última frase del texto. En todo caso se trata de un testimonio impresionante de psicología religiosa conflictiva; especialmente porque Galdós lo pone en boca de una mujer sencilla, buena y creyente, tan distinta del innominado personaje secundario y popular que en *Bailén* sentencia –como si no dijera nada-: *"Digo que Dios tiene que volver a hacer el mundo."* [291]

Es decir, la vivencia personal acerca de la justicia referida a Dios (de forma clara o velada) es una de las tensiones principales de la dramática existencial cristiana; hace que la fe popular y sencilla o la ahondada se vivan en una dolorosa incertidumbre. Lo que manifiesta, sin duda, tanto el propio sentimiento del autor como la realidad del mundo que él testifica.

No obstante, a pesar de esas dificultades conceptuales y sentimentales, nos parece que en el conjunto de la creación literaria de Don Benito se abre paso, sobre todo, el clamor de la fe religiosa más íntima, sea o no cristiana,

---

[290] PÉREZ GALDÓS, BENITO, *Narváez,* Episodio Nacional n. 32 (Historia 16-Caja de Madrid. 1995. Pag. 100)
[291] PÉREZ GALDÓS, BENITO, *Bailén.* Episodio Nacional n. 4 (Alianza Ed. Madrid. 1994. Pág. 106)

que ante el dolor de la injusticia se eleva hacia la esperanza firme. Un texto fundamental y revelador es el que pone en boca de Daniel, el proscrito judío enamorado de la joven católica Gloria: *"No, no es posible que Dios y la justicia estén en desacuerdo. Esto ha de tener solución, porque lo absurdo no puede prevalecer. ¡Oh Dios mío!, dame luz, dime dónde está la salida de este horrible laberinto... Si no la hubiere, ¡oh soberano Dios!, todo, empezando por ti, debería ser negado, y esto no puede ser."* [292]

En cualquier caso, el autor sitúa la misericordia divina por encima de la actitud justiciera; una misericordia que naturalmente incluye el perdón y el ofrecimiento de regeneración cuando ésta hace falta (como se le ofrece a Santorcaz, al final de la primera serie de Episodios). Y en el ya citado *El equipaje del rey José* el débil sacerdote Respaldiza, después de escuchar una grave confesión, confirma: *"Por grandes que sean las culpas de los hombres, mucho mayor es la misericordia de Dios"* [293]

Quizás una clave de interpretación del problema esté en comprender que la justicia de Dios se realiza normalmente a través de los acontecimientos humanos, tan dispares y contradictorios; aunque también más allá de éstos, incluso cuando tienen un carácter vindicativo. Lo que introduce una dialéctica difícil y realista que es preciso mantener a pesar de las dificultades de comprensión. Esto es lo que intenta pensar el infeliz Maximiliano engañado por Fortunata (ya enferma de muerte): *"Dios, realizando la justicia por medio de los sucesos, lógicamente, es el espectáculo más admirable que pueden ofrecer el mundo y la historia."* [294]

---

[292] PÉREZ GALDÓS, BENITO, *Gloria.* O.c. pág. 371 Parecida fe en un Dios justiciero (que apoya la justicia que el hombre se toma por su cuenta) es la que tiene Casandra cuando grita a Doña Juana: *"Dios ha ensordecido las paredes de tu casa, y a tus sirvientes, y al mundo entero, para que no acudan a ti...Dios está conmigo."* (PÉREZ GALDÓS, BENITO, *Casandra*, o.c. pág. 315). Este Dios que está a favor del oprimido es la que Martín Muriel echa en cara al fraile Matamala: *"Yo creo en mi Dios, en un Dios a mi manera. Yo no creo en un Dios vengativo y suspicaz que ustedes han hecho a imagen y semejanza del hombre."* (PÉREZ GALDÓS, BENITO, *El audaz.* Ed. Hernando. Madrid 1982. Pág. 23)
[293] PÉREZ GALDÓS, BENITO, *El equipaje del rey José.* O.c. pág. 134. Esta misma fe es la que aconseja Nazario al Sacrílego: *"Si abominas de tus pecados, por tremendos que éstos sean, Dios te los perdonará."* (*Nazarín.* O.c. pág. 224).
[294] PÉREZ GALDÓS, BENITO, *Fortunata y Jacinta*, vol. II. O.c. pág. 492

Sobre la relación personal del hombre con Dios.

¿El hombre puede entrar en relación con Dios? ¿Cómo se describe esa posible relación? ¿Existe una dorma cristiana de oración?... Galdós se permite esbozar algunas respuestas significativas a estas cuestiones.

La experiencia del Dios cristiano.

Muchos personajes del mundo galdosiano (en la narrativa y en el teatro) "tienen" a Dios: testimonian algún tipo de vivencia (no precisamente sensitiva) de encuentro con Dios, desde la intuición más simple hasta una cierta percepción mística que en la mayoría de los casos está avalada por buena salud psíquica. Los encontramos natural y cristianamente creyentes en el Dios original del cristianismo (no contrario a otras concepciones de la divinidad). En ocasiones esa relación con Dios se articula a través de la contemplación abierta de la Naturaleza; el autor otorga esta experiencia muy franciscana a hijos suyos preferidos: a Marianela, a Ángel Guerra, a Nazarín...: *"Se alejaba, se alejaba, buscando más campo, más horizonte, y echándose en brazos de la Naturaleza, desde cuyo regazo podía ver a Dios a sus anchas."* [295]

Pero, sobre todo, lo que aparece en los textos es una búsqueda de Dios o, mejor, de la intervención divina; frecuentemente con acento desgarrado. Dios nunca es fácil, y hay que aceptar su tensa dificultad. Entre otros, Guillermina, mediadora admirable entre Fortunata (que acaba de tener el hijo) y la estéril Jacinta, reconoce: *"¡Qué limitada inteligencia la nuestra! No comprendemos nada, pero nada, de lo que Él* (Dios) *hace... Pero yo corto por lo sano, y todas mis matemáticas se reducen a decir: cúmplase la voluntad del Señor."*[296]

Distinto es el tono de confianza de la oración que eleva Halma frente al enigma de su futuro: no duda de que Dios va a responder a la súplica que le dirige para salir de la incertidumbre existencial (sintiéndose acosada por la intromisión de los eclesiásticos en su fundación comunitaria): *"El Señor me*

---

[295] PÉREZ GALDÓS, BENITO, *Nazarín*. O.c. pág 77. El mismo pensamiento expresa el autor en el cuento fantástico *La pluma en el viento o el viaje de la vida*: *"En nada se admira tanto a Dios como en la naturaleza, ni nada es en ésta tan bello como la noche..."Dulce es, entre todas las dulzuras, zambullir el pensamiento en la idea de Dios, adorarle, contemplarle, confundirnos ante su presencia como granos de polvo o frágiles plumas que somos las criaturas"*. (En la edición de Cátedra. Madrid 2200, pags. 130. 127)
[296] PÉREZ GALDÓS, BENITO, *Fortunata y Jacinta*, vol. II. O.c. pág. 475

dirá lo que tengo que hacer, el Señor no ha de dejarme indefensa y vacilante en medio de este conflicto." [297]

En todo caso, la relación personal con Dios se produce a un nivel íntimo y hondo, no exterior ni superficial. En el momento cumbre de su vida, ya en el trance de la muerte, algunos personajes emblemáticos, creyentes liberales en general como el conocido Patricio Sarmiento y también otros tipos humildes y sencillos, todos ellos, desean encontrarse a solas con Dios. [298]

Y, refiriéndose a la admirada y –según el autor- liberal reina Juana de Castilla, el personaje más cercano en la escena (Mogica) la valora de este modo: *"Nuestra Reina lleva la religión en su alma piadosa. Ama fervorosamente a los humildes, a los limpios de corazón"*; defendiéndola así de la crítica que se le hace de no asistir a ceremonias religiosas. [299] El texto es importante porque en él (y en toda la pieza dramática) el autor añade a la verdadera religiosidad –a la actitud personal de íntima referencia a Dios- una exigencia de comunión con los humildes y pequeños, traduciendo libremente la expresión evangélica de Jesús cuando se refiere a los niños -los *pairoi* o menos considerados- (*Mt 18,1-5* y sinópticos). Es decir, que la religiosidad del Reino de Dios –para Galdós- incluye como contenido necesario el comulgar con los menores de la sociedad.

Hasta cierto punto los escritos galdosianos sugieren, pues, una pedagogía del encuentro experimental con Dios en la propia interioridad. Maximiliano Rubín, presencia relevante intermedia en *Fortunata y Jacinta*, expresa tal vivencia : *"Lo que yo hago ahora es una acción noble... Mi conciencia me lo aprueba, y estoy tan satisfecho de ella como si tuviera a Dios dentro de mí diciéndome: bien, bien..."* [300]

---

[297] PÉREZ GALDÓS, BENITO, *Halma*. O.c. pág. 320 . En el mismo sentido se defiende "Sola" frente al escepticismo de su padre Gil de la Cuadra: *"¿Por qué hemos de dudar de Dios?... –Estás loca. No conoces el mundo. –Lo conozco.- ¿En qué esperas? – En Dios"*, (PÉREZ GALDÓS, BENITO, *Siete de julio*. Episodio Nacional n. 15. O.c. págs. 46-47)
[298] La desgraciada "Eloísa" entabla este último diálogo: *"Dios me perdonará. ¡No, no quiero ver curas...! Ya me las arreglaré sola con Dios"*. (PÉREZ GALDÓS, BENITO, *Lo prohibido*. Clasicos Castalia. Valencia. 1971. Pág. 363) *"Cuando uno se muere así* (solo en el mar, a punto de ahogarse) *–dice el marinero "Marcial"- basta y sobra con que uno se entienda con Dios. ¿No has oído tú eso?"* (PÉREZ GALDÓS, BENITO, *Trafalgar*. Episodio Nacional n.1. O.c. pág. 166)
[299] PÉREZ GALDÓS, BENITO, *Santa Juana de Castilla*. (Ed. Fragua. Madrid. 2010. Pág. 42)
[300] PÉREZ GALDÓS, BENITO, *Fortunata y Jacinta*, vol. I. O.c. pág. 536

Y la refinada Lucrecia (de *El abuelo*), respondiendo al Conde de Albrit, tiene esta rotunda y sorprendente confesión:

"Eso, a que no doy nombre, porque si lo tiene yo lo ignoro,... ya lo he dicho a Dios, único a quien debo decirlo. Y crea usted que, para expresarlo, he tenido que violentar mi voluntad de un modo espantoso. Todo el que no sea Dios es un extraño, es un profano, sin derecho ninguno a recibir declaración tan grave. Ni una palabra más." [301]

El angustiado cesante Ramón Villaamil, por su parte, aconseja así a su hija Abelarda: *"No te apresures; reza con calma y cuanto quieras, que hay tiempo todavía. ¿Verdad que el corazón parece que se descarga de un gran peso cuando le contamos nuestras penas al único que las puede consolar?"* [302]

También es la figura de Soledad –tan querida para el autor y los lectores- quien se eleva a este tipo de relación honda:

"Había hecho ya con Dios pacto de resignación absoluta, y se entregaba a la voluntad divina, prometiendo no hacer ninguna resistencia a los accidentes humanos... Su espíritu se había rendido al fin, aceptando la fórmula esencial del cristiano, que es rendirse para vencer y perderse absolutamente para absolutamente salvarse." [303]

La hondura espiritual del texto es sorprendente. Esta página podría añadirse a las de nuestros grandes místicos.

Los textos que acabamos de citar tienen todos el mismo sentido, y es notable que entre la escritura de unos y otros (el episodio *El terror de 1824*, *Fortunata y Jacinta - Miau* y *El abuelo*) han transcurrido diez años de la vida ya madura de Don Benito.

¿Considera la posibilidad de que el hombre llegue en el encuentro personal con Dios a un grado de verdadera mística? Parece razonable afirmarlo partiendo de los datos referidos y de las experiencias que describen algunos otros personajes amables e importantes: Nazarín, Leré e incluso Ángel y Lucía la ciega (en *Ángel Guerra*), Catalina de Artal (*Halma*), María (del Episodio *Zargoza*) y María (de *Mariucha*)...; aunque tales desarrollos místicos no sean frecuentes en la obra galdosiana.

---

[301] PÉREZ GALDÓS, BENITO, *El abuelo*. O.c. pág. 227
[302] PÉREZ GALDÓS, BENITO, *Miau*. (Cátedra. Madrid. 2008. Pág. 317)
[303] PÉREZ GALDÓS, BENITO, *El terror de 1824*. O.c. pág.145. V. también pág. 174

La relación con un Dios personal se abre así –a lo largo del conjunto de la obra- a la experiencia de una sentida comunión del hombre con la divinidad: a la mística de la coincidencia admirable (o del deseo de coincidencia) entre la voluntad humana y la divina.

En la misma dirección, aunque de forma indirecta, resultan contundentes los relatos críticos del falso misticismo. En particular, el de Paulita Porreño (*La Fontana de Oro*), el de la monja Sor Patrocinio, hábil manipuladora política (*Los duendes de la camarilla*), o el de la sincera pero errada espiritualidad de Luis Gonzaga, desarrollada y proyectada sobre su hermana María Sudre (*La familia de León Roch*). Galdós, que conoció y gustó los poetas místicos de nuestro primer Siglo de Oro, pensó que la verdadera mística cristiana apenas podía existir dentro del clima del catolicismo de su época, falto de naturalidad y de cordial fe cristiana, mediatizado por intereses de poder.

El dramático acceso personal a Dios.

Frecuentemente la relación del hombre con Dios surge desde el dolor, el abatimiento y el peligro amenazante; desde la propia oscuridad. Surge en una tensión de lucha y se desarrolla en ésta, en la agonía.

Por ejemplo, el sentimiento de soledad e impotencia es el que suele encaminar al hombre hacia Dios. A éste acceden las personas desde la oscuridad interior, como aparece con frecuencia en el libro veterotestamentario de los Salmos (recuérdese el *salmo 129*, por ejemplo) o en el libro de *Job*. Notemos que muchas de las experiencias descritas antes enmarcaban la vivencia religiosa en el sufrimiento de los personajes y en el amanecer liberador que se apuntaba en sus vidas. Esta forma de sentir la fe en Dios se repite con insistencia y llega a ser tan natural como bíblica.

El conocido protagonista de la primera serie de Episodios, Gabriel de Araceli (denominación doblemente simbólica y religiosa), en el relato sobre Juan Martín el Empecinado, dice:

"Cuando me quedé solo medité largo rato sobre mi suerte, y si en un momento me dejé arrebatar por la más amarga desesperación, luego, con elevar a Dios mis pensamientos se calmaron un tanto las borrascas de mi espíritu. Con la resignación llenóse éste de una paz dulce y triste que me

disponía al doloroso cambio de nuestra vida por otra mejor... La esperanza no abandona al hombre cristiano. Yo traía a Dios a mi corazón." [304]

Y este mismo amable personaje denota una relación íntima de lucha cordial con Dios, también al modo bíblico del enfrentamiento de Jacob con Yahvé *(Gn 32,23-30)*, cuando, al final de la serie, afirma: *"Dios sabe que te he ganado bien"*, refiriéndose al logro del encuentro definitivo con Inés (imagen en todo momento de lo divino) que ha sido su empeño a lo largo de las diez novelas. [305]

Por su parte, con el acento de la salmodia más dramática, Salvador Monsalud gime ante Dios: *"Todo aquello en que pongo los ojos se vuelve negro... Los volterianos me han quitado la religión, sin ponerme en su lugar más que ideas vagas... Dios mío, ¿por qué estoy tan lleno y todo tan vacío en derredor de mí? ¿En dónde arrojaré este gran peso que llevo encima y dentro de mi alma?"* [306]

De una crisis semejante saldrá el atormentado sacerdote José Fago: *"De esta crisis salió no sé cómo la resurrección de mi ser; en mí encendió el Señor su Espíritu nuevo, y pude decir: ¡Oh Dios!, en ti resucito, y te reconozco y a ti me entrego."* [307]

El proceso de Monsalud será más lento, pero, al fin, culminará en un Dios recuperado definitivamente. Y parecido es el reencuentro con la divinidad que experimenta Martín Muriel, aunque en este caso el personaje no logre una fe duradera y termine por derivar hacia la locura. [308] Es decir, Galdós evita concebir la relación salvadora del hombre con Dios (o de Dios con el hombre) de un modo simplista y fácil. Dios es difícil, pero no imposible; gratuito, pero no superfluo. La relación con Él es, pues, dramática; en ocasiones terriblemente dramática. El personaje Torquemada

---

[304] PÉREZ GALDÓS, BENITO, *Juan Martín el Empecinado*, cap. XVI (Alianza Ed. Madrid. 1998, o.c., pág.114)
[305] PÉREZ GALDÓS, BENITO, *La batalla de los Arapiles*. O.c. págs. 174-175
[306] PÉREZ GALDÓS, BENITO, Ep. N. Nº 14, *El Grande Oriente*, cap. XV (Hist. 16. Altorrey, Madrid 1993. pág113-114). V. también *Juan Martín el Empecinado*, o.c. pág. 124
[307] PÉREZ GALDÓS, BENITO, *Zumalacárregui*, Episodio Nacional n. 21. O.c. cap. I. Pág. 15
[308] *"Restableció todo lo divino y todo lo eterno; y el ídolo, caído a impulso de la filosofía, volvió a ocupar en el cielo vacante su trono inmortal. El ateo se complacía en deslumbrar sus ojos con la luz que esparcía por los mundos aquel altísimo ser...; pero su creencia era vaga y oscura, sin que en ella hubiera nada de la entidad personal de que había oído hablar a los teólogos...Más que fe, aquello era esperanza."* (PÉREZ GALDÓS, BENITO, *El audaz*. O.c., pág.17)

no es precisamente un modelo de creyente, pero la respuesta que da al padre Gamborena cuando se le ha muerto el hijo representa el grito más amargo de una gran parte de hombres, un grito que hunde sus raíces en el libro de los Salmos (*"¿Por qué, Señor, me rechazas y escondes tu rostro?" Salmo 87*) [309]

El proceso hacia la intuición de Dios.

Cuestión de gran importancia es saber cómo plantea Don Benito el encaminamiento de la persona hacia alguna intuición de Dios. Señalamos ya antes –y veremos todavía con detenimiento- los caminos errados, los estados de ánimo y las falsas imágenes que desvirtúan (a veces radicalmente) la vivencia personal de encuentro con Dios, al menos, con el Dios cristiano.

Aunque no se desarrolle amplia y explícitamente ese proceso, sí encontramos apuntes claros sobre el particular en las palabras y en la trama de personajes con los que el autor se identifica.

En el comienzo de *Nazarín* se nos narra el punto de partida de la relación con Dios: "la salida de la propia tierra", una decisión que recuerda a la de Abraham (*Gn 12*), a la de Francisco dejando a su padre Bernardone y, literariamente para nosotros, a las de Don Quijote. El texto –además de cervantino- nos parece muy bello y profundamente bíblico:

"A la mañana siguiente, el bendito Nazarín, descalzo, ceñida la faja sobre el chaleco de Bayona, encima el capote, encasquetada la montera, y un palo en la mano, despidióse de sus honrados bienhechores, y con el corazón lleno de júbilo, el pie ligero, puesta la mente en Dios, en el cielo los ojos, salió de la casa…: al traspasarla creyó que salía de una sombría cárcel para entrar en el reino dichoso y libre, del cual su espíritu anhelaba ser ciudadano." [310]

---

[309] "*-No te reveles contra la voluntad de Dios… Si Él lo ha dispuesto así…* (dice Gamborena, y responde Torquemada) *–No. No puedo. No quiero resignarme. es un robo…, la envidia, la pura envidia. ¿Qué tiene que hacer Valentín en el cielo? Nada, digan lo que quieran; absolutamente nada… Dios, ¡qué mentira, qué engaño! Todo está mal, y el mundo es un horror, una inmensa cerdada.*" (PÉREZ GALDÓS, BENITO, *Torquemada en la hoguera*, Alianza Editorial, Madrid 1979, pág. 68-69)

[310] PÉREZ GALDÓS, BENITO, *Nazarín*. O.c. pág. 82. Aunque sea discutible algún punto de su teología, nos parece que acierta RAFAEL NARBONA al desarrollar esa imagen de la "salida" de Nazarín: "*Al alejarse de la ciudad, le invadirá la sensación de haber emprendido el camino hacia ese reino espiritual del que anhela ser ciudadano. La ciudad de Dios comienza allí donde acaba la ciudad de los hombres. Ésa es la meta y no se desviará de ella, aunque proseguir en esa dirección le convierta en víctima de la injusticia y la maldad de sus semejantes…* Y más adelante: *El merodeo por descampados en compañía de mujeres de mala vida evocan el relato bíblico, cuando Cristo se retira al desierto antes de iniciar una predicación que prenderá entre prostitutas y publicanos.*" (Rafael Narbona, *Pérez Galdós: Nazarín, juglar de Dios.* O.c., págs.14-15)

La nueva armonía con la vida y con Dios se abren paso cuando Paulina (en *Amor y ciencia*), María (en *Mariucha*), Fernando (al final de la tercera serie de Episodios), Celia (en *Celia en los infiernos*), Atenaida (en *La razón de la sinrazón*), Víctor y Rosario (en *La de San Quintín*), etc. dejan atrás las ataduras de familia, clase social o ambientes que los han detenido en su propio pasado, para iniciar un camino en el que Dios puede ser hallado.

Una segunda condición del acceso íntimo a Dios es el amor. Amor expresado a través de un concepto quizá más simple y éticamente imprescindible: el del bien, porque la prueba de que hay amor es dar la vida bondadosa y calladamente. A Dios se va haciendo el bien (*"Todo el que ama ha nacido de Dios y conoce a Dios", 1 Jn 3,7*). Es el bien hacer de Sola, de Marianela, de María (*Mariucha*), de Electra, de Isidora (*Voluntad*), de Benina y de Benigno Cordero... lo que conduce sus vidas hacia una honda religiosidad. En la misma escena de *Electra* que citamos antes, Máximo replica a Pantoja (que pretende justificar su perversa idea de lo religioso): *"A Dios no se va más que por un camino: el del bien."* Añadiendo él mismo, un poco más adelante, el otro cauce necesario para llegar a la auténtica relación con Dios, la verdad: *"En Dios confía quien adora la verdad. Por la verdad combatimos. ¿Cómo hemos de suponer que Dios nos abandone?"* [311]

Es bella, significativa y de hondura evangélica la expresión de Pepe Rey dirigida a Rosario:
"Tienes la cualidad admirable de estar a todas horas proyectando sobre cuanto te rodea la divina luz de tu alma... Los nobles sentimientos y la pureza de tu corazón se manifiestan. Viéndote, se ve una vida celeste que por descuido de Dios está en la tierra: eres un ángel y yo te adoro como un tonto." [312]

(Pepe ha sido precisamente tachado de ateo por Doña Perfecta y por el mezquino mundo de Orbajosa).

Como veremos, Galdós desarrollará ampliamente -a lo largo de toda su producción- esta perspectiva religiosa de la significación divina del amor, de la bondad y de la pureza, verdadera propedéutica teológica. Señalaremos también más adelante los procesos psicológicos que, junto a la dinámica del amor, suelen introducir en la vivencia religiosa, siguiendo los itinerarios

---

[311] PÉREZ GALDÓS, BENITO, *Electra*, o.c. pág. 322. 329 V. también *Celia en los infiernos*. O.c. pág. 365
[312] PÉREZ GALDÓS, BENITO, *Doña Perfecta*, o.c., pág. 118

personales descritos en las obras de mayor calado teológico (*Nazarín, Misericordia, Halma, Ángel Guerra, Amor y ciencia, Electra...*).

La oración cristiana.

Desde el realismo de la experiencia de Dios (tal como va apareciendo en la obra galdosiana) la oración personal fluctúa entre la queja amarga -que incluye la aceptación costosa de la voluntad divina- y la ingenuidad confiada. Por una parte, sobrecoge la larga plegaria de Ramón Villaamil, el eterno cesante de *Miau*, tan distinta de la versión infantil de oración que practica su nieto Luis o Cadalsito. [313] Y de forma parecida, con el mismo fuerte realismo, surge la que hace Angel Guerra ante la muerte de su hija: *"¿En qué se ha de conocer nuestra miseria y la grandeza del ser Supremo sino en esto de pedir nosotros y darnos él lo que no merecemos? Pero con Dios no vale el ser porfiado y fastidioso. Solicita con humildad. Y conviene además hacer fe... Esto sí que es difícil; pero no hay más remedio."* [314]

Por otra, se muestra la visión orante –seguramente más evangélica- que tiene Gabriel de Araceli, a punto de entrar ya en una serena madurez, al final de su larga aventura de diez Episodios, cuando confiesa: *"Dios me ha dado lo que da a todos cuando lo piden buscándolo, y lo buscan sin dejar de pedirlo."* [315]

Otro tipo de oración entre ingenuo y absurdo y no exento de buen humor sería el que testimonia el autor a la hora de narrar el bombardeo de El Callao por la fragata "Numancia", invocando unos a Santa Rosa de Lima y otros, los marinos españoles, a la Virgen del Carmen. [316] En varias ocasiones

---

[313] *"Jamás hice ni consentí un chanchullo, jamás, Señor, jamás. Eso bien lo sabes tú, Señor... Ahí están mis libros cuando fui tenedor de la Intervención... ¿Por qué tanta injusticia en estos jerongados Gobiernos? Si es verdad que a todos nos das el pan de cada día, ¿por qué a mí me lo niegas?... Señor que no me engañe ahora... Yo te prometo no dudar de tu misericordia como he dudado otras veces; yo te prometo no ser pesimista, y esperar, esperar, en ti. Ahora, Padre, tócale el corazón a ese cansado Ministro..."* (PÉREZ GALDÓS, BENITO, *Miau*. Cátedra. Madrid. 2008. Pág.315). Ver las fantásticas visiones y oraciones de "Luisito" en las págs. 154-155, 308-310, que constituyen, sin duda, un rico y vivo documento de psicología religiosa infantil.

[314] PÉREZ GALDÓS, BENITO, *Ángel Guerra. Vol. I* (Alianza Editorial. Madrid 1986. Vol. I. pág. 151)

[315] PÉREZ GALDÓS, BENITO, *La batalla de los Arapiles*, o.c. pág. 265

[316] *"Allá como aquí se pediría el auxilio de Dios y los Santos, que se habían de ver bien perplejos para contentar a todos... Difícil era, no obstante, que la santa, con ser de ideal hermosura mística, tuviese bastante valimiento para lograr que quedase desairada la Virgen del Carmen, a quien casi todos los marinos nuestros, verbal o silenciosamente, se encomendaban."* (PÉREZ GALDÓS, BENITO, *La vuelta al mundo en la "Numancia"*.

volveremos a encontrar oraciones de esta clase en novelas o en páginas impregnadas de cierta ironía, como es la oración que hace Almudena (Joseph Marien Almudena) delante de Benina para convencerla (con su fe medio hebrea, medio islámica) de que se case con él, oración sin duda bella y en la que el curioso personaje emplea, además, un texto sefardita. [317]

Pero el ejercicio de la oración merece a Don Benito todavía mayor consideración; sorprendiendo el hecho de que conozca muy bien su esencia y tanto la pedagogía de la oración cristiana como las dificultades que la persona experimenta para realizarla con sosiego.

Es notable que proponga su mejor definición de la plegaria íntima en palabras del "librepensador" netamente cristiano Pepe Rey (en *Doña Perfecta*, como antítesis de las oraciones de esta mujer):

"Ya sé qué es la oración: una súplica grave y reflexiva; tan personal, que no se aviene con fórmulas aprendidas de memoria; una expansión del alma, que se atreve a extenderse hasta buscar su propio origen, lo contrario del remordimiento, que es una contracción de la misma alma, envolviéndose y ocultándose, con el ridículo empeño de que nadie la vea." [318]

El texto (de corte ignaciano tal vez) es sencillamente admirable. Una ejemplificación del mismo pudiera ser la patética oración que dirige a la Virgen la desamparada y frágil Marianela o la sufriente Rosario. [319]

En realidad, la novela *Ángel Guerra* (propuesta de una alternativa cristiana global) junto con *Nazarín* son las obras que desarrollan mejor el pensamiento sobre este tema. Ángel, ya convertido, intenta encontrar el camino de la oración:

Episodio Nacional n. 38 . Historia 16-Caja de Madrid. 1995, pág. 176) Más seria y sosegada es la oración que hace el protagonista de este Episodio, pidiendo a la Virgen no morir sin haber visto antes a su hija huída (pág. 69).
[317] PÉREZ GALDÓS, BENITO, *Misericordia*, o.c. pág. 234
[318] PÉREZ GALDÓS, Benito, *Doña Perfecta*, en la edición de las Obras Completas, vol. IV, pág. 502
[319] *"Madre de Dios y mía, ¿por qué no me hiciste hermosa?...¿Para qué estoy en el mundo? ¿Para qué sirvo? ¿A quién puedo interesar? A uno solo, Señora y Madre mía, a uno solo que me quiere porque no me ve... Si sus ojos nacen ahora y los vuelve a mí y me ve, me caigo muerta... Ya que vas a hacer el milagro de darle la vista, hazme hermosa a mí o mátame... Daré mis ojos porque él vea con los suyos; daré mi vida toda..."* (PÉREZ GALDÓS, BENITO, *Marianela*, o.c., pág. 169) Así mismo, la desgarrada oración de Rosario, al final de *Doña Perfecta*: *"Señor, Dios mío, ¿he dejado de ser buena y honrada...? Yo no me conozco. ¡Mi corazón está consumido de tanto sentir...! ¿Oyes mi voz, o estoy condenada a rezar eternamente sin ser oída?* (PÉREZ GALDÓS, Benito, *Doña Perfecta*, o.c., pág. 240)

"Del examen de sí propio había sacado en limpio que la oración no fluía de su mente con facilidad y desahogo cuando la practicaba de un modo abstracto, porque mil ideas profanas, confundiéndose con la idea regida por la voluntad, la distraían y embarazaban. Viose, pues, obligado a sujetar el pensamiento por medio de la contemplación sensorial de la imagen o símbolo, de donde vino a deducir la importancia y utilidad del arte en la vida religiosa. Pero no quedaba satisfecho de sí mismo, y aspiraba a educarse en el rezo metafísico y en las meditaciones abstractas y puras." [320]

Los métodos ignaciano y sulpiciano parecen sinetizarse en estas palabras.

Y un modelo valioso de oración cristiana pudiera ser precisamente el que eleva Dulcenombre, figura galdosiana extraordinaria, amante no correspondida y abandonada de Ángel, tras la penosa enfermedad anímica y la recuperación espiritual:

"Yo, Señor, no aspiro a la perfección ni mucho menos: sé que he de ser siempre pecadora y lo que te pido es que me pongas en condiciones de vivir sin ofenderte en cosa mayor, para lo cual lo primero es que me arranques la ley que todavía le tengo a ese pillo...(el enamoramiento enojado) ¿Pues no soñé la otra noche que me agradaría que mis hermanos le matasen? No, Señor, esto no ha sido más que una idea que pasó, como pájaro que vuela, como sombra de una nube que corre por allá arriba. Yo no quiero nada de muerte, pero si no serenas mi corazón, el mejor día salgo con una pitada muy gorda." [321]

¿Qué íntima vivencia espiritual creyente está manifestando el autor al trascribir la plegaria de esta humilde criatura suya que embelesa al lector?

Respeto le merece también en ocasiones la oración de devocionario popular (del rosario, por ejemplo) hecha libre y sinceramente como una petición íntima de ayuda a Dios y a la Virgen. Así es la del veterano Don Alonso, un poco a hurtadillas, durante la batalla de Trafalgar. [322] Y lo

---

[320] PÉREZ GALDÓS, BENITO, *Ángel Guerra. Vol. II.* O.c. pág. 378
[321] PÉREZ GALDÓS, BENITO, *Ángel Guerra. Vol II.* O.c. pág. 401
[322] *"Un instante después le vi sentado en un rincón de la cámara. Estaba rezando y movía las cuentas del rosario con mucho disimulo, porque no quería que le vieran ocupado en tan devoto ejercicio; y viéndole rezar me hice cargo de la debilidad de su espíritu, que en vano se había esforzado por sobreponerse a la edad cansada, y no pudiendo sostener la lucha, se dirigía a Dios en busca de auxilio."* (PÉREZ GALDÓS, BENITO, *Trafalgar.* Alianza Editorial. Madrid. 1995. Pág. 117)

mismo parece percibirse cuando narra el ferviente rumor orante que se eleva en el Pilar de Zaragoza (Episodio *Zaragoza*) con ocasión de los sitios de la ciudad. E incluso la oración pública de rogativas, aunque estima que ésta, en todo caso, debe venir convalidada por el ejercicio del servicio y el amor, que son ya oración cristiana. [323]

Sin embargo, se aleja radicalmente de aquel tipo de oraciones verbales que denotan una falsa religiosidad. Son textos frecuentísimos en los devocionarios de la época, que incluyen misticismos ficticios, actitudes a veces antisociales, ninguna teología seria y una poética insufrible. González Povedano haca un análisis crítico bastante pormenorizado de esas páginas a las que tuvo acceso Galdós. [324]

Crítica de las falsas imágenes de Dios en la obra galdosiana.

Acabamos de verificar el profundo sentido de Dios que se alberga en la inmensa mayoría de los personajes principales y modélicos que centran las diversas tramas de los escritos de Don Benito; prueba –bastante clara para nosotros- de que es el autor quien posee tal visión entre popular y teológica; una visión enteramente positiva.

Pues bien, a pesar de ello, con mayor intensidad literaria aún, nos va a sorprender ahora la profusión de textos en los que una galería demasiado amplia y significativa de tipos expresan la equivocada imagen de lo divino, la creencia en un Dios que –para el escritor- no tiene nada de Dios, no es referente humano ni cristiano. Y son ocasión –esas páginas- de una implícita y airada denuncia de comportamientos religiosos absolutamente aberrantes (a juicio de cualquier pensador normal). En particular, parece sentirse

---

[323] *"La oración externa hecha con todo el aparato de los espectáculos públicos… tal vez no traspase el límite de esas nubes de color plomizo que ocultan el cielo a nuestra mirada. En estos días se hacen rogativas más fervientes y espontáneas. Oraciones hay pronunciadas o sentidas en lo más recóndito del hogar, donde una víctima infeliz sostiene la más terrible lucha con la muerte; se oyen plegarias recónditas como el dolor que las inspira, mudas rogativas santificadas por la limosna que se elevan a Dios desde el seno de una familia donde aún sonríe la esperanza, donde penetra la caridad simbolizada en el piadoso sacerdote que lleva el consuelo del alma, o en el amigo que lleva el lenitivo del cuerpo. Éstas son las rogativas que llegan hasta Dios."* (PÉREZ GALDÓS, Benito, artículo en *La Nación*, de 20/10/1865, en *Los artículos de Galdós en La Nación*, edición de W. SHOEMAKER. Ínsula. Madrid 1972, pág. 170)

[324] GONZÁLEZ POVEDANO, FRANCISCO, *¿Qué rezaba, por ejemplo, María Egipciaca Sudre? Algunos textos de devoción de su época, como documentación histórica para la obra de Galdós.* Sctas del IV Congreso Internacional de Estudios Galdosianos.1990 Cabildo Insular de Gran Canaria. págs.407-423

obsesionado por el hecho del frecuente fanatismo que provoca abusos intolerables de autoritarismo e ingerencia sobre la vida de los demás.

En todas esas páginas encontraremos, desde luego, un acento de crítica y de oposición; y una intencionalidad clara: precisamente la condena de esas ideas que están exponiendo los personajes (al escribir el autor como testigo realista y como pedagogo), la superación de tal religiosidad que –con harta frecuencia- ampara a la injusticia y al crimen (como sucede en *Doña Perfecta*).

Al final de la cuarta serie de Episodios (y comienzo de la quinta) un texto fundamental enuncia y resume el proceso de crítica que desarrolla el autor en toda su producción; se trata de una conversación entre la Reina Isabel y el protagonista Pepe Fajardo que ha sido llevado a su presencia.

"Yo confío siempre en Dios –dice la Reina-, *que creo no me abandonará... Y mientras la Reina desarrollaba la misma idea en forma familiar, Beramendi (Fajardo) le dirigió con el pensamiento estas graves razones: 'No invoques el Dios verdadero mientras vivas prosternada ante el falso. Ese Dios tuyo, ese ídolo fabricado por la superstición y vestido con los trapos de la lisonja, este comodín de tu espiritualidad grosera, no vendrá en tu ayuda, porque no es Dios, ni nada. Te compadezco, majestad ciega´."* [325]

Galdós acaba de expresar probablemente su preocupación y su pensamiento sobre las falsificaciones de la idea de Dios tan en uso dentro de la sociedad española; falsificaciones que va a rechazar a lo largo de las tramas literarias. No puede admitir un Dios de presencia arbitraria, partidista, cómplice de injusticias y violencias, destructor de la vida, fundido en lo eclesiástico.

Rechazo de una idea de intervención divina arbitraria e inmoral.

La mayoría de personajes de Galdós progresan despacio en su calidad humana y espiritual. Por eso no es de extrañar que en una primera fase de la vida del joven Gabriel de Araceli (digamos que estando todavía en proceso de formación) éste sienta *la "imposibilidad de destruir aquella montaña que Dios ha puesto sobre mí, puesto que Dios ha dispuesto mi caída."* [326] Ese peso insufrible de Dios adquiere con frecuencia la forma de culpabilización

---

[325] PÉREZ GALDÓS, BENITO, *La de los tristes destinos.* Episodio Nacional n. 40. O.c. pág. 110.
[326] PÉREZ GALDÓS, BENITO, *Napoleón en Chamartín.* Episodio Nacional n. 5. (Casa Editorial Hernando. Madrid 1974. Pág. 56). En un sentido menos duro el mismo Gabriel se queja así de su destino: *"¡Cuánto me hace trabajar Dios antes de concederme lo que me tiene destinado!"* (PÉREZ GALDÓS, BENITO, *La batalla de los Arapiles,* o.c. pág. 174)

injusta: Dios culpa al inocente de la existencia de males, en sí mismo o en otros. La psicología profunda sabe de este gravísimo deterioro anímico que acentúa el tono trágico cuando se implica a Dios en ello.

Pues bien, el escritor condena esta falsa imagen de Dios; lo hace, por ejemplo, situando de manera simbólica ese rechazo en la imaginación de Cadalsito, en *Miau*: el niño sueña que Dios le culpa de las desgracias que padece su abuelo por no ser él un estudiante aplicado (¡y no puede serlo ya que llega a casa rendido de trabajar como cartero del abuelo!). [327]

Miau es, desde luego, una de las obras de mayor riqueza en los análisis de psicología religiosa, en especial referida a la infancia. El pequeño Luis –Cadalsito- es un gracioso pseudomístico en ciernes: en sueños y medio despierto "ve" a Dios y dialoga con él. Y el también abuelo Don Benito (estamos ya en 1888) parece recrearse narrándonos en la novela las fantasías religiosas del niño. Estas imágenes intervencionistas de Dios no podemos catalogarlas con la falsedad de las anteriores, pero sí es conveniente recordarlas aquí por su frecuencia. [328]

Fernando Navarro "Garrote", tipo molesto para el autor por importantes razones (seductor depravado y fanático religioso y político), en una escena de intenso dramatismo, vierte esta idea tremenda de Dios: *"Dios me abandona y no me permite morir con la dulce y tranquila muerte del buen cristiano... Dios mío, Dios justiciero que así prolongas mi castigo, ¿más todavía?"* [329]

Quizás le cueste a Galdós mucho más el reconocer que "Marianela", su personaje querido, su hija más frágil, a pesar de la exquisita y natural espiritualidad que posee, tenga que confesar también: *"Puesto que Dios*

---

[327] *"¿Cómo quieres que Yo coloque a tu abuelo si tú no estudias?... Tú tienes la culpa, porque si estudiaras..."* le parece oir a Dios en sueños. (PÉREZ GALDÓS, BENITO, *Miau*. O.c., pág. 155)

[328] V. *Miau*, o.c. págs.. 154-155 y 308-310 Una visión de Dios más ridícula aparece en boca del desagradable personaje Lord Gray en el Episodio *Cádiz* (PÉREZ GALDÓS, BENITO, o.c. págs. 102 y 214) Semejante es la visión amarga y falsamente creyente del patriarca aragonés "Montoria": *"Dios nos ha dado paz, felicidad, bienestar y buenos hijos; ahora parece que nos lo quiere quitar todo."* (PÉREZ GALDÓS, BENITO, *Zaragoza*. O.c. pág. 143.)

[329] PÉREZ GALDÓS, BENITO, *El equipaje del rey José*. O.c. págs. 147-148 Este mismo pensamiento aparece en "Monsalud" en el Episodio n. 18, *Un voluntario realista*: *"Sin duda, el Autor de todas las cosas, o le creyó indigno de misericordia por la magnitud de sus pecados, o quiso someterle a sufrimientos muy amargos para probar el temple de su espíritu."* (o.c. pág. 67)

quiere que sufra esta humillación, sea." [330] Es el momento en que vive el abandono del amor de Pablo, su único sueño.

En definitiva, el prejuicio que domina en estos planteamientos religiosos podría resumirse en esta frase de Fernando Calpena, eco de un sentir popular: *"Nosotros lo intentamos, y Dios decide."* [331]

Rechazo importante merece al autor la interpretación de Dios que hace Juan Bragas de Pipaón creyendo en un Dios que apoya sus trapicheos corruptos en la Administración. [332] Y, aunque pueda resultar grato al lector, tampoco deja de parecer claramente erróneo el comentario que hacen tres personajes secundarios a propósito de la muerte del durísimo general carlista Cabrera: *"... conviniendo en que si resultaba cierto, sería gran merced de Dios, apiadado al fin de la pobre España."* [333]

Quizás el prototipo de esta actitud increyente sea Francisco Torquemada que atribuye a Dios, con terrible ira, la desgracia de la muerte de su primer hijo, Valentín, y de su segunda esposa, Fidela, proclamando que Dios (en quien no cree) se ha vengado de él.[334]

Rechazo del Dios partidista.

Si las imágenes divinas anteriores -inevitables por su realismo- suscitan dolorosa incomprensión, las que ahora vamos a contemplar despiertan en el autor no sólo disgusto, sino ira.

---

[330] PÉREZ GALDÓS, BENITO, *Marianela*. O.c. pág. 192

[331] PÉREZ GALDÓS, BENITO, *Los Ayacuchos*. Episodio Nacional n. 29 (Historia 16-Caja de Madrid. 1995. Pág. 148)

[332] V. PÉREZ GALDÓS, BENITO, *Memorias de un cortesano de 1815*. Episodio Nacional n. 12 (Altorrey-Historia 16. Madrid. 1993. Págs. 10 a 12   Con otro tono, y reconociendo su error, confiesa así la irascible "Jenara": *"Mi egoísmo había llegado al horrible extremo de pedir cuenta a la Divinidad de los desaires que me hacía."* (PÉREZ GALDÓS, BENITO, *Los cien mil hijos de San Luis*. Episodio Nacional n. 16 . Altorrey-Historia 16. Madrid. 1993. Pág. 157)

[333] PÉREZ GALDÓS, BENITO, *La campaña del Maestrazgo*. Episodio Nacional n.25 (Historia 16.Caja de Madrid. 1994. Pág. 32

[334] Un rechazo igual merece al escritor la idea de que el cólera (extendido por el sur de Europa en 1865) es un castigo de Dios por la ocupación de los territorios pontificios en Italia y por el reconocimiento del nuevo estado italiano: *"La idea de que cólera es un castigo es la más impías de las blasfemias lanzadas en nombre del Hacedor Supremo... Esa idea resume en sí la hermanación monstruosa que ellos* (algunos eclesiásticos) *han hecho de la religión yla política... Ahí está la religión convertida en tráfico, el Evangelio convertido en blasfemia y Dios en traidor de melodrama."* (PÉREZ GALDÓS, Benito, artículo en *La Nación*, de 20/10/1865, en *Los artículos de Galdós en La Nación*, edición de W. SHOEMAKER. Ínsula. Madrid 1972, pág. 170)

a) En el importante relato de la huída del ejército francés tras su derrota en Vitoria, el viejo patriota Miguel de Barahona hace esta rotunda exclamación: *"Dios es español. Dios, sí. Y ya ves aquí los golpes de su mano protectora... Además del Paraíso que Dios destina a los elegidos, ha de haber otro Paraíso mejor para estos mártires de la patria."* Idea que ha confirmado antes la bellísima Jenara (siempre en duda sobre su amor a Carlos o a Salvador): *"Nosotros somos Dios, Salvador; nosotros los españoles somos Dios y ellos* (los liberales) *el Demonio, nosotros el Cielo y ellos el Infierno"* [335]. Tal fanatismo es el que esgrime Fernando Garrote (en el mismo escrito) cuando condena solemnemente a su propio hijo con dureza extrema, renegando de él porque es liberal e irreligioso [336]. El Episodio Nacional *El equipaje del rey José*, al que nos estamos refiriendo, es quizá uno de los de mayor contenido respecto al asunto que tratamos en este apartado.

La vinculación de los conceptos Dios y patria, particularmente en su versión conservadora repetida con insistencia, es uno de los obstáculos más graves para la convivencia nacional y, al mismo tiempo, representa un tremendo deterioro de la imagen religiosa. Se trata de una grosera manipulación del ser divino por parte de los hombres en beneficio de la propia afirmación individual y colectiva.

b) Dios no puede quedar reducido al ámbito del catolicismo.

La dura crítica de la errada y funesta religiosidad dominante en el país, al menos en la cultura española mayoritaria, culmina en la novela *Gloria* (1877), con la que Galdós entra también -de forma radical y airada, desde luego- en una de las cuestiones religiosas pendientes para los españoles y, en general, para los cristianos: el antijudaismo visceral, pretendidamente fundado por ambas partes (la nuestra y la hebrea) en la única y veraz visión de Dios monopolizada en exclusividad por cada una; como si Dios sólo pudiera ser católico, o sólo judío. Esta obra, paralela a Rosalía, es una crítica acerba a la mayoritaria postura católica del momento; puede interpretarse como un abrazo al mundo judío y como una absoluta y feliz unidad e identidad del Dios de los dos Testamentos bíblicos.

---

[335] PÉREZ GALDÓS, BENITO, *El equipaje del rey José*. Episodio Nacional n. 11. O. c. pág. 182-184. Y pág. 65 Los mismos pensamientos los ratifica Miguel de Barahona en el Episodio n. 13, *La segunda casaca*: *"Estos principios que sustento, no son míos, son de Dios... La infame revolución* (liberal) *podrá triunfar un día por expreso consentimiento de Dios; pero aun triunfante no dejará de ser alcázar de pecados..."* (PÉREZ GALDÓS, BENITO, o.c., pág. 14).
[336] PÉREZ GALDÓS, BENITO, *La segunda casaca*, o.c. págs. 137-139

Aludimos ya, antes, a algunos aspectos importantes del tremendo debate interior que sostienen los protagonistas. Podríamos añadir que el rapto final del hijo de Gloria y de Daniel por la familia Lantigua (para asegurar la "cristianización" del niño) tiene un asombroso parecido con el doloroso asunto sucedido en Roma entre 1856 y 1870: Edgardo Mortara, hijo de familia judía, fue raptado por un Inquisidor (bajo pretexto de que el pequeño había sido bautizado en secreto por una sirvienta) y llevado a Roma, a la Casa de Catecúmenos bajo la protección del Papa Pío IX, sin que las gestiones del padre judío (directas y a través de la prensa internacional) consiguieran la reintegración del niño al seno de la familia.

Gloria se acabo de escribir en 1878. ¿Quiso Galdós también –con la novela- apoyar la causa de Mortara aún pendiente?

En *Doña Perfecta*, primera de las grandes novelas de tesis, se insinúa ya una defensa del Dios universal y una condena del uso de Dios para establecer antagonismos a causa de la religión.[337] La réplica temática va a ser reiterativa en toda la creación galdosiana como eco de las palabras evangélicas: *"Dios hace salir el sol sobremalos y buenos, sobre justos y pecadores."* (*Mt 5,45*)

Rechazo del Dios cómplice o autor de la injusticia y de la violencia.
Al tratar de la crítica de la intervención fatalista de Dios ha aparecido ya –en nuestro autor- el problema de la justicia divina, asunto delicado que está a flor de piel en la mentalidad religiosa popular. En *Fortunata y Jacinta* un personaje secundario pero de gran interés, Ido del Sagrario (que aparecerá en otras novelas) comenta así la esterilidad de Jacinta: *"La señora no tiene hijos... ¡Qué lástima! Dios no sabe lo que se hace... Lo que yo digo..., ese señor Dios será todo lo sabio que quieran; pero yo no le paso ciertas cosas."* [338]

En el Evangelio según Marcos Jesús y la comunidad a la que escribe el evangelista desautorizan rotundamente la ofrenda que se intenta hacer a Dios a cuenta de una de las injusticias más flagrantes como es la de dejar desprotegidos a los padres ancianos: *"¡Qué bien violáis el mandamiento de Dios, para conservar vuestra tradición!... Vosotros decís: si uno dice a su padre o a su madre: 'Declaro korbán -es decir, ofrenda- todo aquello con*

---

[337] *"Hasta los malvados creen en Él (Dios). Si existen ateos, que no lo dudo, éstos son (más bien) los calumniadores, los intrigantes de que está infestado el mundo..."* (PÉREZ GALDÓS, BENITO, *Doña Perfecta*. O.c., pág.184)
[338] PÉREZ GALDÓS, BENITO, *Fortunata y Jacinta*. Vol. I. o.c. pág. 305

que yo pudiera ayudarte´, ya no le dejáis hacer nada por su padre y por su madre, anulando así la palabra de Dios."(Mc 7, 9-12). Una actitud semejante es exactamente la que se condena en el drama *Casandra*, en donde el espectador ve consternado cómo Doña Juana lega su inmensa fortuna al convento, dejando a su familia en la ruina; y esto, además, de haber destrozado impunemente la vida de la joven Casandra (y la de su marido y sus hijos) por motivos religiosos, invocando a Dios para llevar a cabo este desafuero. [339]

Por otra parte, con frecuencia, el autor muestra el esperpento que supone imaginar a un Dios cómplice de tipos despóticos, arrivistas y corruptos, al estilo del ya conocido Juan de Pipaón, funcionario terriblemente premonitorio y anticipo de muchos otros, que inicia así sus memorias: *"En el nombre del Padre, del Hijo y del Espíritu Santo empiezo a narrar la serie de trabajos, servicios, proezas y afanes, por los cuales pasé, en poco tiempo, desde el más oscuro antro de las regias covachuelas a calentar un sillón en el Real Consejo de Castilla... ¡Bendito sea Dios, digo, que me ha conservado mis sueldos, emolumentos y obvenciones, para que desahogadamente pueda contar todos los pasos de mi fabulosa carrera."* [340]

Idea terrible de Dios es la que manifiesta el cruel Don Lope pretendiendo hacerlo cómplice de su posesión despótica y esclavizadora sobre Tristana. *"A Dios mismo, a la muerte se la disputaré"... "Pobre muñeca con alas! Quiso alejarse de mí, quiso volar; pero no contaba con su destino, que no le permite revoloteos ni correrías; no contaba con Dios, que me tiene ley... no sé por qué, pues siempre se pone de mi parte en estas contiendas."* [341]

---

[339] Doña Juana (de *Casandra*) escribe en su testamento con terrible cinismo: *"Todo lo doy, todo quiero entregarlo... Mis riquezas caudalosas que para nada me sirven, pronto volverán al legítimo dueño de todo (a Dios) que sabrá despojarlas de su original vileza y aplicarlas al bien de las almas."* (PÉREZ GALDÓS, BENITO, *Casandra*. Drama teatral. Cátedra. 2006. Pág. 311. Ver también pág. 284)
[340] PÉREZ GALDÓS, BENITO, *Memorias de un cortesano de 1815*. Episodio Nacional n. 12 (Hist. 16. Altorrey. Págs. 9-10). A esa visión de Dios (y a una fácil invocación de la voluntad divina) responde el autor con palabras de Ismael, personaje que se debate entre la honestidad y el excepticismo, en la novela *Casandra* : *"Siempre nos dicen lo mismo: ¡Dios lo dispone todo!... Detesto a un Dios Intendente y Cajero de la Humanidad, a un Dios Recaudador, que nos aniquila...Mi mente y mis ojos me dan la impresión de una divinidad de dos caras... Sin duda existen dos Dioses: el Dios de los Ricos y el de los Pobres. El primero es el que sostiene a todos los gobiernos y el inspirador de los que legislan."* (Edición de Rueda, págs. 100 y 103).
[341] PÉREZ GALDÓS, BENITO, *Tristana*. Cátedra. Madrid 2010. Págs. 241 y 235 respectivamente.

Volviendo al también citado Fernando Navarro (Garrote) nos encontramos con un texto que denuncia la insostenible visión de un Dios no sólo partidista sino exterminador (remedando de alguna forma la imagen medieval de "Santiago matamoros" o la no tan medieval "guerra santa" de los extremistas islámicos): *"Yo no obedezco más que a Dios que fortalece mi brazo y afila mi espada para que defienda su religión santa."* [342]

En el Episodio *Zumalacárregui* -uno de los más interesantes de la tercera serie- el autor nos hace asistir al debate íntimo que sostiene el sacerdote José Fago, acompañante de las tropas carlistas y gran estratega, acerca de la complicidad guerrera de Dios con uno de los dos ejércitos. Se nos trascribe especialmente la conversación que sostiene con su colega castrense el sacerdote Ibarburu que llega a convencerle de la bondad de la guerra en nombre de Dios. [343] De modo casi paralelo Juan Santiuste (cuarta serie de Episodios) habla en algún lugar de la Guerra de África con el capellán castrense Don Toribio, y el sacerdote se va a justificar invocando trágicamente un sentir y una norma oficial:

"¿Cree usted, amigo Don Toribio, que existe el llamado Dios de las batallas? –dice Santiuste– *¿Cree usted en esa confusión de Marte con nuestro Cristo Redentor que jamás cogió una espada?"* A lo que el capellán responde: *"Hijo mío, nos hemos encontrado esas tradiciones de fe, y tenemos que respetarlas sin meternos en libros de Teologías. A mí, la verdad, no me caben en la cabeza Dios guerrero, ni Jesucristo militar, ni Nuestra Señora con bastón de Capitana General; pero eso pertenece al conjunto de creencias y de actos sacramentales que me dan de comer."* [344]

La herejía y la violación de la conciencia se unen aquí groseramente con el pragmatismo.

Pero, sin duda, la más dura negación que hace Galdós es la de una imagen de Dios como alguien confabulado con la injusticia y el crimen. Quizá pueda considerarse como el tema central de *Doña Perfecta*. Es

---

[342] PÉREZ GALDÓS, BENITO, *Un voluntario realista*, o.c. pág. 165 El fanatismo religioso-político de Fernando Navarro tiene seguramente –para Galdós- un poderoso origen de fondo: la absoluta manipulación de la religión, servida con eficacia a la sociedad por parte de los gobiernos establecidos."*Tontos! A buena hora descubrís que cada sociedad se compone un Dios a su gusto, acomodado a sus pasiones y a la guarda de sus intereses."* (PÉREZ GALDÓS, BENITO, *Casandra* –novela-; Ed. Rueda, Madrid 2001, pág. 189)
[343] V. PÉREZ GALDÓS, BENITO, *Zumalacárregui*. Episodio Nacional n.21. o.c. págs. 50-51. 92. 124. etc
[344] PÉREZ GALDÓS, BENITO, *Aita Tettauen*. Episodio Nacional n. 36 (Historia 16-Caja de Madrid. 1995. Págs. 60-61. V. pág. 97

horrorosa -y probablemente realista- la pintura que hace de esta mujer "creyente" que, por motivos exclusivamente religiosos, impide el matrimonio de su hija Rosario con Pepe, y para resolver el asunto lo asesina y provoca la desesperación y locura de la joven.[345]

También el final de algunos de los dramas galdosianos expresa de forma rotunda la antítesis absoluta entre la falsa religiosidad de personas crueles y dominantes, manipuladoras del nombre de Dios, y la identidad verdadera de Dios (referida al pobre y maltratado). *Mariucha, Voluntad, Electra, La de San Quintín, Antón Caballero...* En esta última pieza los dos protagonistas, Eloísa y Antón, se abrazan para recibir la maldición de Doña Malva y, al fin libres, reemprender el camino que Dios quiere: *"Usted nos maldice, y nos bendice Dios!"* [346]

Volveremos a tratar este asunto al considerar la justicia desde la perspectiva moral cristiana.

Rechazo del sacrificio religioso destructor en nombre de Dios.

Galdós denuncia en varias obras importantes el gravísimo y sectario fanatismo del sacrificio religioso impuesto al ser humano, a su alma, a la sensibilidad más honda de su conciencia, sea éste provocado por uno mismo o por otros que pretenden dominar como falsos guías. Es el concepto de la necesidad de la autodestrucción del ser (de la renuncia a legítimas y fundamentales aspiraciones de la persona, en definitiva a la fidelidad a sí mismo) por motivos espirituales o religiosos para obtener de Dios un pretendido beneficio o para evitar su castigo. Sacrificio que contiene o conlleva una consecuencia religiosa (la boda religiosa, por ejemplo, obligada y sin amor) con el único fin de obtener beneficios materiales.

Esta aberrante idea (superada ya en el Génesis cuando se impide a Abraham el sacrificio de su hijo Isaac) campea en la espiritualidad decimonónica y produce consecuencias de catástrofe humana y de rechazo lógico de ese Dios cruelmente sentido. El autor se adelanta aquí a obras

---

[345] *"Dios sabe que la adoro, y esto me basta"* –dice "Pepe"; a lo que replica Doña Perfecta: -*"En nombre de Dios, a quien puedo invocar, porque creo en Él, te digo que mi hija no será jamás tu mujer."* Y la obra termina con esta orden suya: *"Cristóbal, ¡mátale!"*, no sin antes habernos narrado que el canónigo "Don Inocencio", sabedor de la tragedia que se avecinaba, ha pronunciado después de cenar estas palabras: *"Yo me lavo las manos"*. (PÉREZ GALDÓS, BENITO, *Doña Perfecta*. Cátedra. Madrid. 1993. Págs.. 209, 287 y 271 respectivamente.)

[346] PÉREZ GALDÓS, BENITO, *Antón Caballero*. Acto III. Final de la obra. (Obras Completas. Ed. Aguilar. Tomo VI. Madrid 2005. Pág. 874)

literarias o fílmicas emblemáticas del siglo XX que intentan alejar del Cristianismo esa mecánica sacrificial. [347]

Un diálogo dramático en *Gloria* entre Buenaventura Lantigua, tío de Gloria, y Daniel, a quien se está pidiendo la adjuración del judaísmo, expresa tal rechazo: *"- Esa víctima* –dice Buenaventura- *exige de usted un gran sacrificio. - ¡El sacrificio de la religión!*, exclama Daniel *–Justo."* [348] Y más tarde, la temible Serafinita (tía madre de Gloría), exigiendo a la joven el sacrificio del hijo de la pareja, argumenta así: *"¿Y no sería capaz esta criatura de hacer un sacrificio tanto más aceptable cuanto más noble es el afecto sacrificado?"* [349] La aberración de esta espiritualidad prosigue y Gloria terminará por aceptarla, pero acabando por autodestruirse y por destruir a Daniel que termina gritando: *"¡Pobrecita! Un exaltado idealismo te trastorna. Por piedad, no violentes la idea de sacrificio haciéndola contraria a las leyes que nos ha dado Dios. Si me amas, ¿a qué esa renuncia cruel?"* [350]

En la misma situación se encuentra Fidela del Águila, a quien su hermana Cruz impone el matrimonio con el brutal y tacaño Francisco Torquemada sólo para resolver los problemas económicos y acceder a la antigua nobleza de la familia. Fidela acepta el sacrificio sin rechistar; pero, entre otras consecuencias, esto acarreará el suicidio de Rafael, el hermano invidente. [351]

La sociedad, el autoritarismo familiar, el poder político, la religión o la propia conciencia equivocada o sometida imponen también –por intereses

---

[347] Piénsese en obras como las de Paul CLAUDEL, *El anuncio a María*, GRAHAM GREENE, *El león dormido en el invernadero*, Alfonso SASTRE, *La sangre de Dios...*, o en films como el de TARSKOVSKI, *Sacrificio..., Rompiendo las olas*, o *Encuesta a Abraham*, etc..., en las que se plantea la cuestión teológica de la validez del sacrificio.
[348] PÉREZ GALDÓS, BENITO, *Gloria*. Alianza Editorial, O.c. pág. 305
[349] PÉREZ GALDÓS, BENITO, *Gloria*. Alianza Editorial, O.c. pág. 382
[350] PÉREZ GALDÓS, BENITO, *Gloria*. Alianza Editorial, O.c. pág. 457 El tema del sacrificio recorre toda la novela. Gloria llega a asumirlo como única solución al drama de su relación con Daniel: *"...este horrible conflicto en que se encuentran nuestras almas no había de concluir sino por un gran sacrificio, y ese sacrificio debía hacerlo yo."* Obras Completas Aguilar, tomo IV. Cap. XXXII. pág. 674
[351] *"Pues si esta pobrecita Fidela* -dice Cruz-, *que siempre fue mimosilla y voluntariosa, se niega al sacrificio; si no logro convencerla, si prefiere la muerte a la redención de la familia por tal procedimiento, no tendré más remedio que apechugar yo. No, no; yo la convenceré. Es razonable y comprenderá que a ella le toca apurar este caliz."* (PÉREZ GALDÓS, BENITO, *Torquemada en la cruz*. Alianza Editorial. Madrid 2008. Pág. 179) Y algo más adelante, con una expresión que suena a terrible cinismo o crueldad: *"Ella por los tres se ofrecía en holocausto al monstruo, y se le entregaba por toda la vida. Menos mal si los demás vivían alegres, aunque ella psase la pena negra con los amargores de aquel brebaje que se tenía que tomar."* (idem. pag. 182)

bastardos muchas veces- ese sacrificio destructor a otros personajes como Bárbara (en el drama *Bárbara*), Amparo (en la novelas *Tormento*), Victoria (en el drama *La loca de la casa*), Electra (en el drama *Electra*), Tristana (en la novela *Tristana*), Fidela (en *Torquemada en la cruz*), Gloria y Rosalía cuyas novelas constituyen una denuncia absoluta de ese mecanismo aberrante causado frecuentemente por chantajes afectivos y religiosos.

Con ellos -con esos personajes, en su mayoría femeninos- Galdós está clamando contra la validez y la moralidad de tal acto sacrificial. Se trata – para él- de uno de los mayores ultrajes a la dignidad del hombre y a la dignidad de Dios, el más intolerable. Dios no manda, ni aprueba, ni consiente, sino que –desde el fondo del texto bíblico- rechaza sacrificios de ese género; actos que, además, no tienen valor alguno expiatorio ni compensatorio. Como sería el caso, sobre todo, de Bárbara y de Victoria que se ven forzadas a contraer un matrimonio repugnante con individuos brutos y crueles para que estos permitan vivir o devuelvan la libertad robada inicuamente a las personas que esas mujeres aman.[352] Y es el del sacrificio de Santiago Íbero (parecido al de Don Álvaro en *La fuerza del sino*) entrando en la vida religiosa sin vocación por considerarse indigno del amor de la joven Gracia.

Don Benito pone en boca de su excelente amigo, el personaje Ángel Guerra, esta crítica que desautoriza cualquier concepción sacrificial de la

---

[352] Con tremenda amargura y conformidad, "Bárbara" se deja llevar al martirio infame que ella misma ha aceptado y se aviene a casarse con Demetrio (para salvar la vida de Leonardo, su amor): *"Adversidad, bienvenida seas. Deme Dios conformidad; deme fortaleza"* (PÉREZ GALDÓS, BENITO, *Bárbara* Cátedra. Madrid. 2006. Pág. 234). Me permito discrepar en este punto del excelente estudio introductorio a *Bárbara* que hace Rosa Amor del Olmo en la edición de Cátedra. Refiriéndose al final del drama (que correctamente designa como tragicomedia) escribe: (la obra tiene) *un final feliz suave y positivo que torna a abrir las puertas de la felicidad... Aquí hay salvación porque hay resurrección."* (pág. 107 de la edición indicada). Nos parece que Galdós no ve ahí felicidad ni resurrección en sentido cristiano; de hecho esta autora, al emplear la palabra resurrección, se está refiriendo al *renacimiento de Lotario*, el brutal marido de Bárbara, asesinado por ésta.

En cuanto a *La loca de la casa*: Victoria, renunciando a su íntima vocación religiosa, confiesa la terrible duda que le supone el imponerse el inhumano sacrificio de su matrimonio con "Pepet": *"Aquella paz, la soledad dulcísima del Socorro* (el convento)*, la comunicación continua del alma descansada y amante con su Dios, siempre presente, ¿se acabaron ya para mí? ¿Será posible que tenga yo valor para renunciar a tanta dicha, para trocarla por una lucha horrible en terreno desconocido, por un martirio lento...? No, no, no, imposible. Esto es un desvarío...* (¡Pero sí!) *mi razón se aclara otra vez. Debo, sí, intentar devolver a mi padre querido la tranquilidad..."* (PÉREZ GALDÓS, BENITO, *La loca de la casa*. O.c. pág. 55).

existencia: *"Estas afirmaciones pareciéronle a Guerra inspiradas en un sentido falso de las cosas divinas y humanas."* [353]

Distinto (y en el polo opuesto de valoración moral y religiosa) es el "sacrificio" de que supone una renuncia libremente asumida por una causa totalmente justa y liberadora, como acto de amor que refuerza la integridad de la persona. Es el que hacen Benigno Cordero, Sola, Salvador Monsalud, Celia (en *Celia en los infiernos*), Benina, Fernando Calpena, etc., en obras ya mencionadas; y, especialmente, el sacrificio de entrega de Nazarín por la salud de una niña desconocida:

"¿Sabéis lo único que puedo hacer. Pedir a Dios que devuelva su ser sano y hermoso a esta inocente niña, y ofrecerle mi salud, mi vida, en la forma que quiera tomarlas; que a cambio del favor que impetramos de Él, me dé a mi todas las calamidades, todos los reveses, todos los achaques y dolores que pueden afligir a la Humanidad sobre la Tierra..." [354]

Aun cuando este planteamiento nos deje inciertos sobre el verdadero valor que Galdós le confiere.

Rechazo del monopolio eclesiástico de la idea de Dios.

Algo muy penoso en toda esta visión de las imágenes rechazables de Dios es la complicidad que manifiestan muchos clérigos en el desarrollo de las mismas. Estas personas influyentes tienen un Dios de aspecto totalmente disminuido y distorsionado.

Es patético el diálogo que entablan algunos confesores a propósito del deseo manifestado por los penitentes de realizar una religiosa y sincera confesión antes de morir. Dos clérigos, el P. Alelí y Mosén Respaldiza, en obras distintas, están totalmente ajenos al encuentro interior profundo del hombre con Dios y proponen una idea terriblemente dura y mezquina de la divinidad. [355]

En general, puede afirmarse que una gran parte de los eclesiásticos que aparecen en el mundo galdosiano (a pesar de las notables excepciones que después veremos) tienen una pobre fe en el Dios de Jesucristo. Esta carencia suya es una de las más tristes razones de la falseada imagen

---

[353] PÉREZ GALDÓS, BENITO, *Ángel Guerra*. Vol. I (o.c. pág. 127). Nos parece importante el trabajo de ADELINA BATLLÉS GARRIDO, *Galdós y el sacrificio (a propósito del artículo de Maryellen Bieder)*, en r. Ínsula, n. 494, enero 1988.

[354] PÉREZ GALDÓS, BENITO, *Nazarín*. O.c. pág. 104
[355] V. PÉREZ GALDÓS, BENITO: los ya citados *El terror de 1824* (pág. 217) y *El equipaje del rey José* (págs. 133-140)

religiosa en la mayoría de los españoles del siglo XIX, constituyendo una de las principales causas del ateísmo hispano y del auge del teísmo masón en una tierra de por sí creyente y religiosa. Tal juicio crítico (asumido por algunos obispos de la época, como ya señalamos) se vierte a lo largo de toda la narrativa estudiada.

La realidad divina queda, pues, gravemente distorsionada por esas imágenes falsas. En el drama *Casandra* Ismael (personaje cuyo nombre tiene un claro simbolismo religioso veterotestamentario) hace este tremendo y largo alegato con el que justifica su ateísmo (motivado exclusivamente por la impiedad de la "muy religiosa" Doña Juana): *"Hay dos dioses: el de Doña Juana y el de sus víctimas.... El Dios de los ricos y el de los pobres. El primero es el que sostiene a todos los gobiernos y el inspirador de los que legislan... El otro Dios, el de los pobres, es el que recoge a los que se pasan la vida encorvados sobre la tierra, sobre la máquina, sobre un pupitre, trabajando sin recompensa. Este Dios triste es invocado en los hospitales, en las cárceles... Yo no quiero cuentas ya con ningún Dios."* [356]

A lo largo de toda esta obra (en especial, en las escenas XIII y XIV del Acto I y en la escena VII del acto III) el autor condenará la idea de Dios encarnada en Doña Juana (una mujer que, con cinismo cruel, lega toda su enorme fortuna al mundo eclesiástico que ya sobreabunda en bienes materiales y, a la vez, hunde en la pobreza a su familia y en la desesperación a Casandra a la que ha separado de sus hijos). [357]

El exceso de prácticas religiosas cultuales y su acaparamiento por la burguesía católica genera también una imagen de Dios pesada e insufrible para cualquier persona normal. Ésta es la denuncia que hace Galdós en varias obras importantes al hilo de la narración. De modo particular, cuando describe el ambiente cerrado de la burguesía madrileña, o el de los cortesanos que anidan en las buhardillas del Palacio Real (el mundo que

---

[356] PÉREZ GALDÓS, BENITO, *Casandra*, Acto III, escena V. Ed. Cátedra. Madrid 2006. Pág. 300

[357] *"... Doña Juana, más cristiana que el mismo Cristo, según ella"* –ironiza el administrador Insúa-; y grita Casandra:*"¿Qué hace de mis hijos esa mujer, que aquí reparte bienes y males, alegrías y dolores, paz y guerra, quitándole a Dios el cetro del mundo?... Dios te dará lo que mereces."* (PÉREZ GALDÓS, BENITO, escenas IVª del Acto II, VIIª del Acto III, y IIIª del Acto IV. O.c., págs. 284, 305 y 317)

rodea a la *La de Bringas* [358]; o el de la burguesía dominante en los imaginarios (¡pero tan reales!) Ficóbriga, Orbajosa o Jerusa.

Sobre esos tintes oscuros de tanta imagen falsa de Dios surge el Dios más justo y acertado. A modo de contraluz, van a ir apareciendo a lo largo de toda la densa obra auténticos creyentes que alzan la imagen de un Dios coherente con la humanidad y bíblicamente digno, como enseña de la verdadera identidad divina.

3. El proceso hacia la religiosidad sana.
Religiosidad y humanismo en los personajes galdosianos.

La posesión espontánea de una idea de Dios suele suscitar algunas vivencias religiosas (intuiciones, sentimientos, estados de ánimo…) y con frecuencia actitudes impregnadas de referencia a lo divino; actitudes que pueden parecernos más o menos intensas, afortunadas o desafortunadas en función de un doble criterio de diagnóstico: el nivel de salud psíquica que conllevan (y del que parten) y la representación teológica justa que las sustenta. [359] Es obvio que estos dos factores determinan en gran medida la tipología de la religiosidad humana.

Tras haber estudiado las ideas e imágenes de Dios que se ofrecen en la obra de Galdós, parece conveniente que nos interroguemos ahora sobre el tipo de religiosidad que el autor propone o critica en sus obras, tal vez como proyección de si mismo. [360]

---

[358] *"¡Casualidad funesta!"* –dice Rosalía- *La Marquesa estaba en una función religiosa, que costeaba con otras señoras. Era una Novena dedicada a no sé qué santo tutelar, con Manifiesto, estación, Rosario, Sermón, Novena, Gozos del santo, Santo Dios y Reserva."* Y Manuel Pez confiesa: *"Aquella voz de canturria de coro y aquellos suspiros de funeral me atacan los nervios… Yo soy religioso y creo cuanto la iglesia manda creer; pero esta gente que se acuesta con Dios y con Dios se levanta, se me sienta en la boca del estómago."* (PÉREZ GALDÓS, BENITO, *La de Bringas*. Ed. Hernando. Madrid 1975. Págs. 101 y 167. V. págs. 73-74)

[359] He tenido ocasión de desarrollar este análisis de *psico-teología religiosa* en mi libro *Religión, psicología y cultura en ámbito cristiano (Por una religiosidad de signo más humano)*, Cap.II. De la experiencia religiosa a la actitud religiosa. Págs. 91 a 167 (Proyecto Sur de Ediciones. Granada. 1999)

[360] Nos parecen de máxima importancia -por el tratamiento extenso y acertado- tres estudios globales sobre la religiosidad de Galdós proyectada en sus obras, estudios ya indicados antes: JOSÉ LUIS MORA GARCÍA, *Hombre, sociedad y religión en la novelística galdosiana 1888-1905* (Ed. Universidad de Salamanca-Cabildo Insular de Gran Canaria 1981) ; SOLEDAD MIRANDA GARCÍA, *Galdós y la religiosidad de su época* (Anuario de Estudios Atlánticos. n. 28. 1982) y FRANCISCO RUIZ RAMÓN, *Tres personajes gldosianos*.

La idea de Dios que acabamos de describir (a través de los textos citados) revela ya la existencia de una constante religiosa en el mundo galdosiano, aunque ésta se refiera (en la mayoría de las obras) sobre todo a "experiencias", a momentos de encuentro personal y –en relación con éstos- a posturas creyentes distintas. Es decir, genera una religiosidad emergente y de índole diversa.

Nos detenemos en el análisis y en la valoración que se hace de esas religiosidades.

Será oportuno recordar antes que -para Don Benito- la tarea esencial del hombre es su humanización: el logro integral de la persona en sus condiciones básicas y fundamentales; y que esto alcanza un carácter prioritario sobre la dimensión específica religiosa. En cualquier caso, ésta deberá integrarse en el quehacer natural de la personalidad. Es decir, que lo religioso precisa gozar siempre de naturalidad y de firme humanismo para convalidarse. Es la tesis de *Ángel Guerra, Nazarín, Halma, Misericordia, Electra, Gloria...*[361]

Resulta, pues, lógico que el autor permita a la exquisita maestra Leré imponer al sorprendido Ángel el siguiente proceso previo a su conversión religiosa:

"Lo primero de todo es... Ya, ya te veo venir –la corta Ángel-, que oiga misa. – No, no... ¿Ve usted como no me entiende? Es usted un niño y va a ser muy difícil enseñarle el verdadero principio de las cosas. No se trata por ahora de misas. No. Lo primero que le recomiendo a usted es que no se enfade nunca. Que no se incomode absolutamente por nada... - Oigamos la segunda homilía –dice Ángel-. Será para que me case. - No, ahora lo que le recomiendo es que no sea usted avaro. Es avaricia guardar lo que nos sobra después de haber satisfecho nuestras necesidades más apremiantes... -¿Y quién me da a mí la medida de lo que necesito para mi vida material? – Usted bien lo entiende. No nos hagamos los tontos." [362]

Ensayo de aproximación a un mundo religioso y moral. Revista de Occidente. Madrid. 1964). A ellos nos referiremos con alguna frecuencia.
[361] Al final del Acto II del drama *La de San Quintín*, el actor principal "Víctor", rechazado por la familia "Buendía" (¡nótese el simbolismo de los nombres!), grita: *"¡Destino cruel, durísimo! Pues con todas sus durezas y crueldades yo lo acepto, lo afronto, me abrazo a él para seguir viviendo, Adelante, pues. ¿Qué soy...nadie? Bien..., soy un hombre y me basta... ¡Mi voluntad! Ahí tiene usted el único bien que me queda."* (PÉREZ GALDÓS, BENITO, *La de San Quintín*. Cátedra. Madrid. 2002. Pág. 182)
[362] PÉREZ GALDÓS, BENITO, *Ángel Guerra. Vol. I.* O.c. págs. 170-172

En la misma obra este personaje extraordinario que es Leré, ya en el convento, une a las exigencias anteriores la discreción y naturalidad en el asentamiento personal de la religiosidad y en la comunicación de ese aspecto de la vida. Y eso es lo que entusiasma a Ángel: *"Se maravillaba de que el hábito no hubiese alterado la naturalidad graciosa de Leré, la cual no creía sin duda que la santidad excluyera el mirar cara a cara y el reírse con decencia siempre que hubiera motivo para ello."* [363]

La vivencia religiosa como vivencia humana válida y saludable.
El sentimiento religioso.

Son infinidad las descripciones de sentimientos religiosos legítimos y saludables a lo largo y ancho de la creación galdosiana. Estamos, en realidad mostrándolos a lo largo de la amplia citación de textos.

En una gran proporción las vivencias religiosas vienen integradas o enmarcadas en la emotividad intensa de la persona; sin que esto las desautorice o invalide, pero sí haciendo más complejo su estudio. Esto es normalmente lo que les ocurre a los personajes galdosianos cuando viven con sinceridad la referencia a Dios o al universo divino, sobre todo cuando esa referencia es intensa y bella, como les sucede con frecuencia. Intentaremos contemplarlas con objetividad.

Para un buen número de prototipos (de figuras admiradas por el autor) la vivencia religiosa tiene una entidad clara de relación consciente y positiva con Dios o con el mundo divinizado, y esto resulta valioso para el desarrollo y la armonía del propio ser personal y para su referencia al entorno (con independencia de la subjetividad que pueda sostener tal relación).

En el mejor de los casos la experiencia (o vivencia) religiosa se verifica como elevación interior a Dios y, al mismo tiempo, como transcendencia de lo humano, precisamente a partir de la visión feliz de las personas, de la naturaleza y de los acontecimientos.

Adelantemos aquí este dato del carácter básicamente humano que debe sustentar la religiosidad cristiana verdadera: el buen gusto del entorno y el tono alegre. Es representativa la afirmación de Sor Luisa, la Superiora de las religiosas que animan el asilo de "Nuestra Señora de la Indulgencia" (en el drama *Pedro Minio*). Hablando la religiosa acerca de la fundadora de esa institución, dice: *"En su alma sublime, la piedad religiosa dejaba amplio espacio a la piedad humana... y al exquisito gusto en todas las cosas. El*

---

[363] PÉREZ GALDÓS, BENITO, *Ángel Guerra. Vol. II.* O.c. pág. 328

recreo es aquí tan importante como el alimento y el abrigo. Con él se procura dar satisfacciones a los que o no las tuvieron nunca o las olvidaron al caer en extrema pobreza." Lo que corrobora más adelante una de las residentes más humildes (Pascasia) aludiendo a su propia experiencia: *"No respiré, no viví hasta que las olas de Dios, ¡pum!, me trujeron* (sic) *a esta playa."* [364]

Vimos ya, a propósito de las ideas de Dios, algunas de esas vivencias religiosas. Evoquemos el testimonio de Ángel Guerra que aúna el eco que le producen bellos himnos litúrgicos y la contemplación de un amanecer:

"Por encima de la cresta del monte en que está la Virgen del Valle apareció la estrella de la mañana con fulgor hermosísimo y virginal. Espectáculo tan bello le sumió en éxtasis, y no tenía alma más que para dirigir una ferviente invocación a las alturas sin fin, entonando a media voz el himno 'Ave, maris stella, Dei Mater alma'. Y después dijo la antífona 'Salve Regina..., vita, dulcedo et spes nostra'." [365]

Esta vivencia tiene también el aspecto de un nuevo amor permanente y no excluyente, más bien expansivo y liberador.

Así es la religiosidad de Inés, de Sola y de Demetria en los Episodios correspondientes, la del muy citado Ángel Guerra en la última etapa de su vida, la de Nazarín, la de Catalina de Artal (*Halma*), la de Electra, o la del viejo marinero Marcial (en *Trafalgar*). Este último recorre y confiesa su vida a Gabriel antes de que se hunda la nave que los sostiene : *"Digo que siempre he sido católico, 'postólico'(sic), romano, y que siempre he sido y soy devoto de la Virgen del Carmen a quien llamo en mi ayuda en este momento...Digo, y perjuro, y declaro, que quiero a Dios y a la Virgen y a todos los santos... Yo amo a Dios y estoy tranquilo."* [366] Y es también la que contempla el

---

[364] PÉREZ GALDÓS, BENITO, *Pedro Minio*, Acto I, escena II. Obras Completas Ed. Aguilar. Tomo VI. Madrid 2005. Págs. 636 y 643)

[365] PÉREZ GALDÓS, BENITO, *Ángel Guerra*. Vol. II O.c. pág. 573. En definitiva, para el sabio y generoso campesino *Mestre Cubas* (¿el autor), Dios entra como un factor natural constitutivo de la vida: *"En este mundo, hijo, hay que hacer lo siguiente: el pensamiento en Dios, la tajada en la boca, y tirar todo lo que pueda. Dejémonos de tristezas y aprensiones."* (*Tropiquillos*. Ed. de Cátedra. Madrid 2004, pág. 220)

[366] PÉREZ GALDÓS, BENITO, *Trafalgar*. Episodio Nacional n. 1 (Salvat. Alianza Ed. Madrid. 1969. Pág. 167). Esta misma serenidad es la que testimonia el maduro personaje Pilar de Loaysa, madre oculta de Fernando Calpena, sobre la base de su verdad confesada, cuando ha descubierto ya a su esposo la existencia de ese hijo ilegítimo...: *"Serían las ocho cuando comulgué en mi capilla, después de confesarme. Gran consuelo han sido*

pacífico y sereno profesor Máximo Manso (*El amigo Manso*), una de las figuras de escaso color pero imborrables creadas por Don Benito, cuando define de este modo a su amiga Irene: *"No le gustaban los toros, y aborrecía todo lo que tuviera visos de cosa chulesca. Era profunda y elevadamente religiosa, pero no rezona, ni gustaba de pasar más de un rato en las iglesias. Adoraba las bellas artes..."* [367] Juicio parecido aunque algo más exaltado, referido a una mujer muy distinta (a Fortunata), lo hallamos en *Fortunata y Jacinta*. [368]

Es evidente que en estos tipos (y en los que señalamos antes) la vivencia religiosa –que en un momento dado se convierte en acto expreso- es saludable: es justa, tonificante y factor de equilibrio de la personalidad.

Mención aparte merece la religiosidad de Marianela, que en todo momento se muestra extraordinariamente intuitiva de la divinidad y de los designios divinos sobre ella, aunque -como le reprocha Pablo- está llena de fantasía y falta del conocimiento debido. Las conversaciones "religiosas" entre los dos jóvenes tienen sorprendente riqueza de contenido. Entre otras:

"Has dicho ahora mil disparates –le dice Pablo-, y yo, que conozco algo de la verdad acerca del mundo y de la religión, me he sentido conmovido y entusiasmado al oírte. Se me antoja que hablas dentro de mí. De todo lo que Dios tiene en su esencia absoluta, te dio a ti parte muy grande... Todos esos errores responden a una disposición muy grande para conocer la verdad (de la relación con lo divino), *a una poderosa facultad tuya, que sería primorosa si estuviera auxiliada por la razón y la educación."* [369]

El deseo -bastante krausista- de que coincida la religiosidad con la razón surge como una constante más o menos explicitada a lo largo de la producción galdosiana. Entre otros, el noble Beltrán de Urdaneta (uno de los pocos protagonistas aristócratas valorados por Galdós) y el simpático "plebeyo" Nelet exponen ese pensamiento razonablemente humano de la

---

para mí los actos de religión, y a ellos debo la serenidad con que aguardo mi sentencia. Humillándome ante Dios y sometiéndome a su soberana voluntad, he fortalecido mi alma, he serenado mi conciencia." (PÉREZ GALDÓS, BENITO, *La estafeta romántica*. Episodio Nacional n. 28. Historia 16-Caja de Madrid. 1995. Pág. 173)

[367] PÉREZ GALDÓS, BENITO, *El amigo Manso*. (Alianza Editorial. Madrid.2004. pág. 89)

[368] Dice Maximiliano contemplando a su amada Fortunata (figura clave del mundo galdosiano): *"Le había entrado fe ciega en la acción directa de la Providencia sobre el mecanismo funcionante de la vida menuda."* (PÉREZ GALDÓS, BENITO, *Fortunata y Jacinta*, Vol. I. O.c., pág. 586)

[369] PÉREZ GALDÓS, BENITO, *Marianela*. O.c. pág. 118.

vivencia religiosa; argumentan de este modo a la extraña monja Marcela en *La campaña del Maestrazgo*:

(Beltrán:) -*"Te digo que a Dios no podría ofenderle que trocaras la vida religiosa por la que llamamos mundana. Dios hizo el mundo, hizo la humanidad para que en él viviese y de él gozara, y creó el amor para que la humanidad se prolongase hasta lo infinito, de padres a hijos..."* (Nelet:) -*"Y no sé yo que hiciera Dios conventos, ni mandase a hombres y mujeres que se apartaran de la existencia material..., porque la existencia material es el fundamento de toda vida, y hasta del amor de Dios..."* [370]

La profesora Soledad Miranda reconoce en algunos personajes galdosianos una cierta "religiosidad cívica" cuyo prototipo podría ser el demasiado silencioso Tomás Orozco, honesto marido de la infiel Augusta en el drama *Realidad*. Es obvio que en los grandes héroes o prototipos seculares de Don Benito la dimensión religiosa expresa una relación trascendente: Benina, Guillermina Pacheco, Santiago Íbero, Catalina de Artal, Fernando Calpena, Sola, Inés y Gabriel, Mariucha, Ángel Guerra, Rosaura, Guillermo Bruno, José Antonio Urrea, etc. son auténticamente religiosos (con los defectos de cada uno), pero es muy claro que en ellos tal religiosidad trascendente tonifica y enriquece su carácter y su humanísima caracterización literaria.

A la inversa, la religiosa Leré, acompañada de Sor Simona (en el drama de su nombre), de Sor Elisea (en *Amor y ciencia*) o de Sor Luisa (en *Pedro Minio*), es un caso notable y representativo del humanismo integrado en lo religioso, con estilo cercano al de Teresa de Jesús.

Pero la tesis fundamental del imperativo de la religiosidad integrada en lo humano la escribe Galdós por boca de su mejor teólogo y santo, Nazarín, en uno de los diálogos transcendentales que mantiene con la buenísima Catalina de Artal, al final de *Halma*:

---

[370] PÉREZ GALDÓS, BENITO, *La campaña del Maestrazgo*. Episodio Nacional n. 25 (Historia 16-Caja de Madrid. 1995. Págs.157-158). En *Celín*, cuento fantástico y alegórico, es el Espíritu Santo mismo quien recomienda a la protagonista la más sana naturalidad humana como deseo y obra de Dios: *¿No me reconoces? Soy el Espíritu Santo, tutelar de ti casa, que Me encarné en la forma del gracioso Celín... He limpiado tu alma de pensamientos falsos, frívolamente lúgubres. Vive, ¡oh Diana! y el amor honesto y fecundo te deparará la felicidad que aún no conoces. Estáis en el mundo los humanos para gozar con prudente medida de lo poquito bueno que hemos puesto en él...; haz todo el bien que puedas, y tiempo tendrás de morirte en paz y entrar en nuestro Reino."* (*Celín*. Ed. de Cátedra. Madrid 2004, págs. 272-273)

"Nada conseguirá usted por lo espiritual puro; todo lo tendrá usted por lo humano... Y no hay que despreciar lo humano, señora mía, porque despreciaríamos la obra de Dios, que si ha hecho nuestros corazones, también es autor de nuestros nervios y de nuestra sangre... Y a usted que es buena, y noble, y virtuosa, le digo que no busque la perfección por el espiritualismo solitario." [371]

El problema que tiene la condesa (y que Don Nazario va a ayudarle a descubrir) es que, en su deseo de realizar lo mejor y más santo para su vida (cosa que ya está ocupándola), piensa equivocadamente tener vocación a la virginidad consagrada y se ha entregado a ella negándose a reconocer que ama con noble amor a su primo José Antonio Urrea.

En todo caso, para Galdós, la religiosidad debe ser algo personal que se sobrepone libremente al peso de los ritos y de los atavismos sin sentido. Está más allá de las prácticas impuestas desde fuera de uno mismo y con escaso o nulo valor racional. [372] Lo que significa que el mantenerse dentro de una confesión determinada (el catolicismo ambiental) exige probablemente cotas elevadas de generosidad y una tensión inevitable: Por un lado, aceptar (por ley de convivencia) cierto ritualismo y, por otro, pagar el coste de la propia libertad y autenticidad religiosa. *"Para Galdós* –escribe Soledad Miranda-, *la adhesión de un alma generosa e inteligente a una religión positiva es una lucha recomenzada cada día y cada hora. Nunca se llega a una posesión completa ni menos aún permanente e inamovible; ésta sólo se producirá en personas de poca riqueza anímica y escasas dotes de sensibilidad."* [373]

---

[371] PÉREZ GALDÓS, BENITO, *Halma*. O.c. pág. 335

[372] María Ignacia (obligada por la familia a participar en pesados rezos) confiesa a su marido "Pepe Fajardo": *"El rosario me sirve a mí para pensar en mis cosas... Ya tengo mi lengua bien acostumbrada a rezárselo ella sola... Dentro de mí, yo solita pienso, y si viene a pelo, le pido a Dios con palabras mías lo que quiero pedirle"* (PÉREZ GALDÓS, BENITO, *Narváez*. O.c. pág. 95)

[373] MIRANDA GARCÍA, SOLEDAD, o.c. pág. 561 Más abajo, recordando los diálogos de *Gloria* entre Daniel Morton y Buenaventura, insiste: *"Desnudo ante el alfa y el omega de la existencia, en diálogo con la voz de su conciencia, las personas auténticamente religiosas tenían que aceptar la formulación dramática que la pertenencia auténtica a cualquier credo implica necesariamente"*; pensamiento éste que evoca, sin duda, a nuestro parecer, el de ORTEGA Y GASSET: *"toda ética –o praxis- que ordene la reclusión perpetua de nuestro albedrío dentro de un sistema cerrado de valores es ipso facto perversa."* (Meditaciones del Quijote. Cátedra. Madrid. Pág. 54).

Sin embargo, no debe generalizarse esta idea en el pensamiento galdosiano. Son bastantes los personajes que aciertan a conjugar con tranquilidad la libre posesión de su fe (independiente de la institución) y algún tipo de práctica ritual (que en ningún caso viven como imperativo moral); no experimentan problema alguno –más bien al contrario- en autoconsiderarse fieles católicos. Entre otros, por ejemplo, la invidente Lucía que aparece al final de *Ángel Guerra*, o las santas Benina (*Misericordia*) y Guillermina (*Fortunata y Jacinta*) cuya situación interior de luminosidad se simboliza en los nombres y contrasta con la ceguera de la beatería y con los sometimientos a la religión.

En efecto: Lucía, Benina y su homóloga Rosaura (en la novela *Casandra*, no en el drama) son mujeres humildes, pobres, incultas, pero de ningún modo escasas de riqueza anímica o de dotes de sensibilidad o agobiadas por tensiones extremas. Tienen la sabiduría de una perfección religiosa que no consiste en el ejercicio de prácticas religiosas (para las que no tienen tiempo ni demasiada necesidad), sino en entrega heroica de caridad informada por una clara fe religiosa y –siempre que les es posible- por alguna devoción.

"Yo no voy a la iglesia sino cuando me dejan mis quehaceres -dice Rosaura, visitante asidua de Casandra en la cárcel-; *sigo adelante por mi camino estrecho con mi carga de obligaciones, fatigada, pero con mi conciencia bien tranquila, eso sí, esperando lo bueno y lo malo que Dios quiera mandarme. No soy santa, pero sí creyente y, como creyente, siempre espero."* [374]

La vivencia hasta aquí contemplada puede considerarse muy sana. No parece perturbar ningún proceso legítimo del desenvolvimiento personal, sino más bien potenciarlo. Por el contrario, veremos que la religiosidad de personajes no muy gratos al autor (pero expresivos de la vida real) se convierte demasiadas veces en fanatismo, en simple elemento de orden, en adoración de representaciones humanas, incluso en celotipias. [375]

---

[374] PÉREZ GALDÓS, BENITO, *Casandra* (novela). O.c., pág. 956
[375] En el Episodio *Zaragoza* se dice del aragonés Montoria que *"amaba a la Virgen del Pilar con fanático amor de familia."* (PÉREZ GALDÓS, BENITO, o.c., pág.20). Dentro del mundo de *Tormento* el meticuloso Caballero, recién llegado de América y convertido a la práctica católica, tiene esta frecuente percepción de lo religioso: *"La religión, como elemento de orden, también le seducía"* (PÉREZ GALDÓS, BENITO, *Tormento*. Alianza Editorial. Madrid. 2008. Pág. 159). "Nela" no puede dejar de ver a la Virgen misma en su oponente involuntaria Florentina, la joven que ha acaparado el amor de "Pablo" (PÉREZ GALDÓS, BENITO, *Marianela*, o.c., v. págs. 174-176. 188, etc.). Y no sin cierta ironía pero

El proceso hacia la autenticidad religiosa.

Nada en el hombre parece ser válido si no está serena y hondamente asentado en la conciencia: en la consciencia de la realidad y en la justa sensibilidad ética. Los personajes señeros de Galdós (los protagonistas principales de las tres primeras series de Episodios, Leré, Nazarín, Halma, Electra, Mariucha y, sobre todo, Benina) son seres en los que lo religioso ha quedado asentado en la conciencia a través de un serio proceso de interiorización en el que se va produciendo el equilibrio y la unificación de la persona hasta límites insospechados de humanidad y de amor. La religiosidad recupera entonces un signo cristiano o cristocéntrico. Y, evidentemente, el fenómeno alcanza un importante sentido social. De forma paradógica, al acentuar este aspecto personal sano de lo religioso se re-crean los aspectos sociales.

Pero el autor –como advierte J.L. Mora- *"recela de ceder* (el desarrollo de tal proceso saludable) *a una institución como la eclesial"*. [376]

Sorprende ahora descubrir en los escritos de Galdós agudos procesos psicológicos que tienen el carácter introductorio o propedéutico de la sana experiencia religiosa (de alguna intuición positiva de lo divino y de sentimientos religiosos saludables). En tales procesos la emotividad o la idea que se suscitan tal vez no llegan a constituir vivencias religiosas con suficiente garantía de autenticidad; no permiten adentrarse aún en la creencia firme y en la postura religiosa coherente. Sin embargo, se trata de experiencias normales que el hombre puede aprovechar como propedeútica para la religiosidad; y, en todo caso, los sentimientos y las intuiciones son fundamentales para despertar vivencias elevadas.

En concreto, aparecen dos caminos introductorios (de tono positivo) que pueden conducir hacia el estado de ánimo prerreligioso; un estado de ánimo que después podrá o no alcanzar verdaderas connotaciones actitudinales religiosas y tal vez creyentes: la percepción aguda de los valores absolutos (experiencia del misterio) y el sentimiento de lo sagrado, con la mediación –para ambos- de la simbología, del encuentro interior con

---

con realismo, Santiago Íbero interpreta así las reticencias de Gracia a su amor: *"(se fundaba* –la joven- *en repentinas veleidades de vocación religiosa, que despertaban furiosos celos de Jesucristo..."* (PÉREZ GALDÓS, BENITO, Episodio Montes de Oca. O.c. págs. 40-41)

[376] MORA GARCÍA, José Luis, *Hombre, sociedad y religión en Galdós,* o.c., págs. 98 a 101

los símbolos primordiales que nos ofrece la naturaleza y la existencia humana. Partiendo siempre de la constatación aguda (pero no desesperada) de la contingencia.

Ya vimos que la experiencia de contingencia (el verse necesitado de ayuda existencial, de salvación) predispone al espíritu para elevarse hacia Dios pidiéndole auxilio. Es lo que hacen, por ejemplo –en la narración galdosiana- los marinos y los soldados españoles (sin excepción alguna) cuando van a comenzar las batallas de Trafalgar y de Bailén: *"A pesar del distinto temple moral de aquellos hombres* (recios marineros), *creo que en los solemnes momentos que precedieron al primer cañonazo la idea de Dios estaba en todas las cabezas."* [377] Y en el enfrentamiento con las tropas napoleónicas:

"El mayorazguito continuó en voz baja el Avemaría que había empezado en voz alta, y todos los que estaban en la fila le imitaron, como si aquello en vez de un escuadrón fuera un coro de religioso rezo; y lo más extraño es que Santorcaz –el descreído-, poniéndose pálido, cerrando los ojos y quitándose el sombrero con humilde gesto, dijo también Santa María..." [378]

La experiencia del "misterio".

El más importante proceso introductorio de la religiosidad, el que goza de un mejor estatuto psicológico, es el de la experiencia momentánea de valores absolutos que rayan con una dimensión del misterio humano (de su definición más allá de lo perceptible), aproximándonos insensiblemente al "umbral de transcendencia" y, desde éste, quizás, a alguna intuición de lo divino. Es la experiencia de la cercanía del "misterio absoluto". Verificaremos más adelante que la vivencia amorosa de comunión interpersonal es el valor máximo (valor absoluto y misterio) que introduce al encuentro del Dios universal y del Dios cristiano (*"El que ama conoce a Dios" 1 Jn 4,7*)).

---

[377] PÉREZ GALDÓS, BENITO, *Trafalgar*. Episodio Nacional n. 1 (Salvat – Alianza Ed. Madrid 1969. Pág. 102). El personaje Theros (en el cuento de ese nombre), símbolo de la plenitud de la vida, acompaña al autor en el viaje iniciático de la vida, al modo de la Sabiduría veterotestamentaria; y en un momento determinado proclama así su fe en la Providencia eterna de Dios: *"En mi curso infinito, guíame el dedo de Dios. Cuando aparezco, ya está todo preparado. Bástame sonreir para que el mundo se llene de frutos... En el hombre, soy la edad del discernimiento y del trabajo..., el desarrollo de todos los seres que al verse completos se recrean en sí mismos, apreciando por su propia magnificencia la magnificencia del Creador"* (*Theros*. Ed. de Cátedra. Madrid 2004, pág. 199)

[378] PÉREZ GALDÓS, BENITO, Bailén, o.c. pág. 132

En los Episodios Nacionales de mayor intensidad épica aparecen este tipo de vivencias máximas o primordiales. Entre otras, la perfecta integración del peligro como tónica de heroicidad natural y necesaria -valor absoluto- conduce a una consideración normal del hecho de la propia muerte con perspectiva de trascendencia. Es la vivencia de Gabriel de Araceli en el sitio de Zaragoza. [379]

El mismo Gabriel, en la inicial narración de *Trafalgar*, en los momentos gravesque preceden al combate naval, expresa una experiencia semejante por su estructura: la del valor absoluto y noble de la defensa de la patria, que lo abre a un sentimiento religioso:

"En el momento que precedió al combate, comprendí todo lo que aquella divina palabra (patria) significaba, y la idea de nacionalidad se abrió paso en mi espíritu, iluminándolo, y descubriendo infinitas maravillas, como el sol que disipa la noche y saca de la oscuridad un hermoso paisaje. Me representé a mi país como una inmensa tierra poblada de gentes, todos fraternalmente unidos... Me acordé de todos los españoles, a quienes consideraba asomados a una gran azotea, contemplándonos con ansiedad; y todas estas ideas y sensaciones llevaron finalmente mi espíritu a Dios, a quien dirigí una oración que no era padrenuestro ni avemaría, sino algo nuevo que a mí se me ocurrió entonces."[380]

La experiencia de "lo sagrado".

El segundo proceso introductorio a la religiosidad, menos valioso tal vez pero más frecuente en nuestras vidas, lo constituye la experiencia de "lo sagrado" que, de por sí, tiene siempre cierta ambigüedad.[381] Lo sagrado (o numinoso, según la acepción de Rudolf Otto) se refiere, más que a la materialidad de un espacio o de una configuración especial de los seres, a la

---

[379] *"La familiaridad con el peligro había transfigurado nuestra naturaleza, infundiéndole al parecer un elemento nuevo, el desprecio absoluto de la materia y total indiferencia hacia la vida. Cada uno esperaba morir 'dentro de un rato', sin que esta idea le conturbara."* (PÉREZ GALDÓS, BENITO, *Zaragoza*. Episodio Nacional n.6 Alianza Editorial. Madrid 1995. Pág. 121. Ver también pág. 129)

[380] PÉREZ GALDÓS, BENITO, *Trafalgar*. O.c. pág. 103-104. Una referencia semejante ocupa al autor en el cuento *Una industria que vive de la muerte*: "Ciertas perspectivas sublimes de la naturaleza elevan el alma hacia Dios, y ciertos rumores elevan la imaginación hacia la música. El alma vuela a la contemplación del Creador y la imaginación penetra en el foco de la armonía." (*Cuentos fantásticos*. Edición de Cátedra. Madrid 2004, pág. 44)

[381] V. como análisis clásicos de esta experiencia: *Lo sagrado*, de Rudolf OTTO, o *Lo sagrado y lo profano*, de Mircea ELIADE (Comentados en mi libro ya citado *Religión, psicología y cultura*).

impresión de hallarse ante fuerzas que exceden lo natural, que producen un sobrecogimiento emotivo e intelectivo, que despiertan atracción o terror (seducen o repelen) y que, en fin, pueden o no abrirnos a la proximidad de algo divino. Es evidente que las religiones han utilizado (y manipulado) lo sagrado para introducir a la religiosidad, y que este movimiento puede ser legítimo o no serlo.[382]

Galdós narra con frecuencia experiencias de este tipo (que tienen ese carácter sacro), unas veces –la mayoría- positivas para la persona, otras ambivalentes (o incluso negativas).De Gloria, tras una acción generosa de la joven, dice el narrador: *"No vio nada más que un sol poderoso que había salido ha tiempo en su alma y que subiendo por la inmensa bóveda de ésta, había llegado ya al cénit y la inundaba de esplendorosa luz."* [383] Da la impresión de que, salvada la ambivalencia, para él la percepción de lo sacro es buen camino hacia el encuentro con Dios. Así aparece, por ejemplo, en el Episodio *Zaragoza* ya citado, a propósito de Agustín y María: *"Solos en la huerta, nos sentamos..., y al través de las ramas de un álamo negro y corpulento, vemos a pedacitos la claridad de la luna. En aquel silencio majestuoso nuestras almas comprenden lo divino, y (lo) sentimos con un sentimiento inmenso que no puede expresarse por el lenguaje."* Y más adelante, con otra perspectiva, al entrar en la Basílica del Pilar:

"Corrimos Agustín y yo hacia el Pilar, donde se agolpaba un gentío inmenso, y entramos difícilmente... Faltaba el silencio solemne de los lugares sagrados, y todos allí estaban como en su casa; como si la casa de la Virgen querida, la madre, ama y reina de los zaragozanos, fuese también la casa de sus hijos, siervos y súbditos. Asombrado de aquel fervor, a quien la familiaridad hacía más interesante, pugné por abrirme paso hasta la reja, y vi la célebre imagen..."
(y sigue una exuberante y sacra descripción de la imagen de la Virgen).[384]

---

[382] Para el análisis de ambas experiencias introductorias (la del "misterio" y la de "lo sagrado"), así como de la experiencia del "símbolo" puede verse *Experiencias introductorias a la religiosidad,* Cap. I de mi libro *Religión, psicología y cultura en el ámbito cristiano,* (Proyecto Sur de Ediciones. Granada 1999. Págs. 39 a 90).
[383] PÉREZ GALDÓS, BENITO, *Gloria*, Obras Completas Aguilar. Tomo IV. Madrid 1949, cap. XXV, pág. 550
[384] PÉREZ GALDÓS, BENITO, *Zaragoza*. O.c. págs. 30 y 36-37. Aun con la posible ironía del cuento fantástico, Galdós vuelve a expresar el valor mediador de lo sacro (la catedral en penumbra) para situarse –en un momento dado- ante Dios (v. *La pluma en el viento...,* o.c. pág 127).

Esta forma de experiencia sagrada que conduce suavemente hacia Dios es la que expresa el autor al referirse a la búsqueda ansiosa del templo por la gente, con ocasión de los trágicos sucesos anarquistas de Barcelona (1893): *"La cavidad del templo, con su misterio dulce, con el arrobamiemto que en el espíritu despierta, ejerce sobre las personas habituadas a pasarse en ella largas horas, una fascinación irresistible."* [385]

Sin embargo –como se ha indicado– Galdós reconoce también que el sentimiento intenso de lo sagrado conduce frecuentemente a exaltaciones emotivas o a comportamientos desequilibrados de la persona que entonces se encierra en sí misma.[386] Muy al contrario, para él la verdadera religiosidad lleva a la acción eficaz a favor de los hombres. No cabe otra garantía. Sus principales y valiosos héroes de signo religioso son eminentemente prácticos, su virtud es eficaz. Benina e incluso los que se acercan al espíritu contemplativo (como Nazarín o Catalina de Artal, o Leré, que dedica largas horas a la oración, y el mismo Ángel Guerra en alguna fase de su proceso), todos ellos, viven la fe en la entrega a los demás; y la seducción de lo sagrado no los aparta de esa responsabilidad social, la más importante condición de acceso al sentimiento religioso y a una religiosidad saludable.

En la obra galdosiana aparecen dos factores más como introductores de la vivencia religiosa, ya en ámbito eclesial o cristiano, a saber: la religiosidad popular y el arte cristiano; ambos están vinculados a la experiencia de lo sagrado. De ellos trataremos más adelante al abordar la visión de la Iglesia que tiene el autor.

La religiosidad como institución. ¿Hacia una sola religión universal?

Casi desde el comienzo de la humanidad el hecho religioso se socializa, primero, y se institucionaliza enseguida. Aparecen los ritos

---

[385] Pérez Galdós, Benito, Carta a La Prensa, de Buenos Aires, de 29/XII/1893, en William H. Shoemaker, *Las cartas desconocidas de Galdós en 'La Prensa' de Buenos Aires*. Ed. Cultura Hispánica. Madrid 1973, pág. 515. En cuanto a la perspectiva de lo sagrado como "maravilloso": Ricardo Gullon, *Lo maravilloso en Galdós*, r. Ínsula n.113, mayo 1955.
[386] En el Episodio Nacional n. 39, *Prim,* uno de los revolucionarios –"Chaves"- vive de este modo su acción: *"La expectación anhelante con que el patriota miraba al cuartel no estaba exenta de fervor pietista. En su bárbaro fanatismo sectario cabía la invocación a la Divinidad."* (Pérez Galdós, Benito, *Prim*. Historia 16-Caja de Madrid. 1995. Págs. 229-230)

colectivos (humanos o inhumanos) que exculpan la conciencia dañada o que aportan la expectativa de obtener poderes benéficos. Surgen los sacerdotes, los templos (los espacios que sitúan o monopolizan a la divinidad e imponen la dicotomía entre lo religioso –o sacro- y lo profano); nace el tremendo poder de la religión sobre la sociedad.

Ésta se constituye en fuerza excluyente de la libre religiosidad individual y en determinante del devenir de los pueblos y de confrontaciones sangrientas. Podría –debería- servir al sentimiento religioso más puro, al desarrollo de la convivencia abierta y al progreso de la ética, pero rara vez se limita a cumplir ese excelente papel servidor, humilde y cordial.

Galdós realiza este análisis -con frecuencia de manera muy explícita- a lo largo de toda su obra. En este sentido es claramente crítico de la religión y, en consecuencia, también del catolicismo instituido y del fortísimo elemento clerical que arbitrariamente configura al cristianismo como religión. En su obra este catolicismo institucionalizado y posiblemente fanático irrumpe demasiado en las vidas personales, destrozando el amor y la familia, y se convierte en un factor cruel e inhumano. Así sucede en *Casandra, El Audaz, La Fontana de Oro, Rosalía, Doña Perfecta, Gloria, La familia de León Roch, Electra*, etc. ¡Demasiadas obras para no tratarse de un retrato de la realidad!

De manera expresa o tácita el primer paso que se propone es la libertad religiosa (aunque ésta se refiera, sobre todo, a la adhesión interior de la persona, sin alterar la pertenencia confesional y la adhesión a una gran parte de su dogmática). La novela *Gloria* es seguramente su alegato más fuerte en defensa de tal libertad: *"Todo hombre tiene libertad para abrazar y profesar aquella religión que, guiado por la luz de la razón, creyera verdadera"... "Los hombres pueden encontrar el camino de la eterna salvación y conseguir la gloria eterna en el culto de cualquier religión."* [387]

Es evidente que Don Benito (buen conocedor de los planteamientos krausistas de Fernando de Castro) se acerca aquí al ecumenismo del Vaticano II y se aleja del Vaticano I. Son tres las ideas que se apuntan a lo largo de sus obras más importantes de tesis (*Gloria, Doña perfecta, Rosalía, Amor y Ciencia...*) en cuanto a la relación entre religión y religiosidad:

Primera, según hemos visto, la convicción de que las religiones, en cuanto institucionalización de lo religioso, son obras humanas y, por tanto,

---

[387] PÉREZ GALDÓS, BENITO, *Gloria*, Obras Completas. O.c., pág. 560

modificables; expuestas, en consecuencia, al anquilosamiento, a graves deterioros y a constituirse en peso intolerable sobre las conciencias.

Segunda, la validez moral (y salvífica) para todas las personas de profesar cualquiera de las religiones existentes, con tal de que éstas apoyen el desarrollo de la dignidad humana y denoten armonía conceptual, considerando que jamás la distinta confesionalidad puede distanciar o impedir las relaciones sociales ni las relaciones interpersonales de más honda convivencia. El escritor pone en boca de Daniel Morton este grito desesperado: *"Los que se aman son de una misma religión"*, que es el mismo de Horacio Reynolds (en *Rosalía*): *"Toda religión que Ud profesara sería la verdadera"* y del que se hace eco la joven amante con una amarga queja: *"Todos somos hermanos, y si los hombres añaden a las muchas discordias las que produce la religión, qué armas tan fuertes y tan temibles se dan a la malignidad"*. [388]

Y tercera, la utopía de encaminar la humanidad hacia una sola religión universal, anhelo y crítica que finaliza la narración de *Gloria* con el texto ya conocido. El narrador deja constancia al final de la novela de que la pretensión del joven judío es y será todavía una quimera anhelada sólo por los profetas que tienen algo más que una pizca de locura: *"Había muerto después de dos años de locura, motivada por la extraña y sin igual manía de buscar una religión nueva, la religión única, la religión del porvenir. Sostenía haberla encontrado. ¡Pobre hombre!"* [389]

En el Episodio *Aitta Tetauen* se apunta también el sueño de una religión universal, aunadora y servidora de todos los hombres sin excepción, considerando que Dios tiene que hallarse más allá de las contradicciones y de lo odios que –por motivo doctrinal o ritual- separan a los hombres. Los textos rezuman sin duda la amargura del autor. En *Ángel Guerra* volverá a

---

[388] PÉREZ GALDÓS, BENITO, *Gloria*, o.c., pág. 551; *Rosalía*, o.c., págs. 86-87 y 115. A lo que añade el narrador: *"Rosalía dio un suspiro, y, elevando la mente a Dios, maldijo a los que según ella habían inventado las religiones."* Más adelante, la joven, en un momento de especial crisis interior a causa del conflicto religioso que le impone su padre, exclama: *"¡Ay! ¡Qué angustia tan grande siento en el alma! Yo daría la mitad de la vida por encontrar en este libro (Método de S. Francisco de Sales para oir la misa) un renglón donde dijera que todas las religiones son iguales, con tal de que se practiquen buenas obras"*. (o.c. pág. 268). Es evidente que Galdós distingue aquí con agudeza la realidad de la honda relación personal del hombre con Dios, nacida en el contexto cristiano, por una parte, y el hecho de la diversidad de confesiones con frecuencia antagónicas (incluso dentro del contexto cristiano); sugiriendo de nuevo la posibilidad de una sola religión universal.

[389] PÉREZ GALDÓS, BENITO, *Gloria*, Alianza Editorial. Madrid 1999, pág. 470.

expresar la utopía de la religión nueva (referida ahí, más bien, como veremos, al cristianismo y a la iglesia).

Es importante señalar que estamos hablando de religiones, de instituciones sociales de lo religioso, existentes de hecho desde el fondo de la historia hasta nuestros días, hacia las que se dirige el movimiento ecuménico que preludia al Vaticano II y lo continúa [390]; y que a lo largo de la creación galdosiana va a aparecer la distinción nítida entre ese fenómeno y el advenimiento del cristianismo en sus orígenes, que no tuvo ninguno de los elementos constituyentes de las religiones. Volveremos sobre el tema en el capítulo VII de este trabajo.

Deterioros de la religiosidad habitual según el pensamiento de Galdós.

De modo semejante a lo que observamos al tratar de las falsas imágenes e ideas de Dios (y en estrecha relación con aquel estudio), debemos señalar que Galdós analiza y denuncia ampliamente en sus escritos las desviaciones personales de lo religioso y los deterioros introducidos tanto en la religiosidad individual como en la institución religiosa. Esta crítica (en ocasiones de enorme dureza) se sitúa a la vez en dos niveles: en el de la psicosociología religiosa más popular impregnada de deterioros notables (aunque integre alguna connotación cristiana) y en el plano del

---

[390] El Concilio Vaticano II afirma (como un futuro deseable): *"La Iglesia se convierte en señal de la fraternidad que permite y consolida el diálogo sincero... El deseo de este coloquio, que se siente movido hacia la verdad por impulso exclusivo de la caridad, salvando siempre la necesaria prudencia, no excluye a nadie por parte nuestra,.. ni siquiera a los que no reconocen todavía al Autor de todos ellos. Dios Padre es el principio y el fin de todos. Por ello, todos estamos llamados a ser hermanos." (Gaudium et spes*. nº 92). Estas ideas son precisamente las que rechaza y condena el catolicismo dominante en el siglo XIX español, fiel al pensamiento romano. Galdós sitúa tal rechazo en la aberrante reprimenda de Don Juan Crisóstomo a su hija -*"¡Tú sabes lo que es no profesar nuestra religión!, ¡es imposible que tú te unas con un protestante! ¡Tú no temes a Dios!... ¡Tú crees que yo no tengo dignidad para consentir que una hija mía quiera a un protestante!"*- y en el violento sermón que oye Rosalía en una iglesia de Madrid y que se sintetiza en el conocido anatema: *"Fuera de nuestra sacratísima fe católica no hay salvación posible... ¡Desgraciados los que nacieron (fuera de ella)!"*. (PÉREZ GALDÓS, BENITO, *ROSALÍA*, o.c., págs. 205 y 268-269)

funcionamiento de un buen número de católicos y de la misma Iglesia. Recordemos que, en cualquier caso, esa visión viene provocada por la observación de la realidad del entorno inmediato.

Más adelante, al considerar los conceptos de cristianismo y de iglesia según el pensamiento galdosiano, ampliaremos el estudio de esta perspectiva crítica.

Otras religiosidades individuales desviadas.

A lo largo de la creación literaria galdosiana se va trazando un diagnóstico de aquello que puede considerarse psicopatía religiosa o desviación psicológica de la espiritualidad cristiana. Así, de manera indirecta -denunciando las patologías- se refuerza el pensamiento positivo del autor.

Hemos señalado antes el fuerte rechazo que inspira a Galdós la espiritualidad sacrificial; es quizás la desviación interior más grave de la religiosidad. Pero existen también otras actitudes o comportamientos que el escritor denuncia como contrarios a la dignidad del hombre y a la dignidad del concepto de Dios. En síntesis, se critican y rechazan las siguientes formas de religiosidad:

1) Ante todo, se tacha de perversa una vivencia religiosa habitual que aparta a la persona del amor y de las responsabilidades más graves de relación interhumana. Esta visión constituye, por ejemplo el tema central de la novela *La familia de León Roch*. La acusación de León a su esposa María es muy grave:

"*-¡Ten fe!* –dice León-. *De eso sí que no entiendes tú. Yo no la tengo, no puedo tenerla según tu idea. Además, tu conducta y tu modo especial de cumplir los deberes religiosos me la arrancarían, si la tuviese como tú deseas. No veo en tus actos, ni en tu febril afán por las cosas santas ninguno de los preciosos atributos de la esposa cristiana. Mi casa me parece una fonda, y mi mujer, un sueño hermoso, una imagen tan seductora como fría. Te juro que ni esto es matrimonio, ni tú eres mi mujer, ni yo soy tu marido.*"
391

---

[391] PÉREZ GALDÓS, BENITO, *La familia de León Roch.* (Alianza Editorial. Madrid. 2004. Pág. 102) V. también en *La de Bringas* la crítica que se hace de Rosalía: "*Con tantos alardes de perfección moral y aquella monomanía de prácticas religiosas, no se podían sufrir sus rasgos de genio endemoniado, su fiscalización inquisitorial, ni menos sus ásperas censuras de las acciones ajenas. Pasaban meses sin que ella y su marido cambiasen una sola palabra.*" (PÉREZ GALDÓS, BENITO, *La de Bringas.* Ed. Hernando.

Pero es también la situación interior a la que se van acercando trágicamente Gloria, Electra, Clara (de *La Fontana de oro*) y otros.

Desde un punto de vista cercano a la repulsa del sacrificio, Galdós critica el falso misticismo religioso que domina en una etapa de la vida de dos personajes amables, dotados, además, de excelente buena conciencia: la duquesa Catalina de Artal (*Halma*) y el militar Santiago Íbero (en los Episodios Nacionales de la tercera serie). Los dos intentan seguir la vocación de entrega absoluta a Dios, renunciando a la idea de matrimonio, sin darse cuenta de que su verdadera religiosidad y fe debe desarrollarse natural y felizmente en la vida matrimonial. En ambos casos va a hacer falta la ayuda clarividente de importantes amigos (personas de gran personalidad humana y cristiana de la obra galdosiana) para sacarles del engaño místico: Nazarín ayudará a Catalina, y Fernando Calpena a Santiago. [392]

Más difícil (desde el punto de vista psiquiátrico) es el caso de Paulita Porreño (*La Fontana de Oro*), pseudomística convencida, admirada por todos, que terminará en un estado de violenta demencia cuando se ve obligada a reconocer su pasión por Lázaro.

La religiosidad de Ándara, la seguidora fiel y honesta de la misión caritativa de Nazarín (sin más luces intelectuales), derivará hacia ataques de verdadera histeria admirablemente descritos por el autor.

2) Error sería así mismo –y muy grave- el que la religiosidad individual se mantuviera como fruto de un *transfert* (de la aceptación de un trasvase inconsciente de otra personalidad) sin llegar a asimilarse libre e interiormente. Algo de esta actitud está temiendo el lector que le ocurra a Ángel Guerra respecto a Leré durante la segunda parte de la novela, aunque al fin termine por resolver airosamente el problema. En todo caso, es lo que confiesa otro Daniel en el último acto de *La loca de la casa*: "*Claramente*

Madrid 1975. Pág. 73) Y en *Gloria*, hablando el narrador del tremendo daño que ha causado Serafinita a Gloria y a Daniel, precisamente movida por su pietismo, dice con penosa ironía: "(habría sido necesario que) *Dios recogiese su Decálogo y lo volviese a promulgar con un artículo undécimo que dijese: no entenderás torcidamente el amor a mí.*" (PÉREZ GALDÓS, BENITO, Obras Completas Aguilar, o.c., pag. 640)

[392] "*¡Qué desvarío!* –dice Catalina de Artal, tras las conversaciones con Don Nazario- *Llegué a creer que la sequedad del alma era el primer peldaño para subir a esas santidades que soñé... Estaba yo con mi santidad como chiquilla con zapatos nuevos.*" (PÉREZ GALDÓS, BENITO, *Halma*. Ed. Almar. Patio de las Escuelas. Salamanca. 1979. Pág. 339. Ver VIII de la 5ª Parte). Así mismo, el cap. XXXIII de *Los Ayacuchos* nos narra la nueva conversión del aragonés Santiago Íbero que va a poner, en fin, en manos de la Virgen del Pilar. (PÉREZ GALDÓS, BENITO, Los Ayacuchos, o.c., pág. 213-217)

veo ya que mi religioso entusiasmo era un artificio de mi espíritu para engañarse a sí propio..., transformación mágica de mi idolatría por esa mujer." [393]

Se denuncia, sobre todo, la vivencia religiosa que se impone a los demás con despotismo, convirtiendo a quienes la tienen en terribles inquisidores y provocando (en los casos más agudos) la destrucción o la muerte. Encarnan este tipo, por ejemplo, los personajes Doña Perfecta, la familia Lantigua (en *Gloria*), Doña Juana (en *Casandra*), la familia entera de Mariucha y la de Isidora (en Voluntad) junto con otros de menor relevancia. El deterioro tremendo que padece la religiosidad de estas personas es que usurpan el papel de Dios (si es que éste se concibe intolerante y justiciero), lo reemplazan. La poderosa Doña Juana ha quitado los hijos a la excelente madre Casandra, pobre y nada beata; y este crimen lo comete de manera impune, con el fin de educarlos ella religiosamente a su manera. Al requerimiento de la joven responde Doña Juana: *"¡Oh no!, sus tiernas almas a tu lado se perderían para siempre... Es mi deber, es mi gloria apartarlas de ti...y criarlas para Dios."* En otra escena, Casandra dirá: *"Esa mujer reparte bienes y males, quitándole a Dios el cetro del mundo."* [394]

Galdós expresó su pensamiento en este asunto con claridad meridiana y de forma directa ante un gran público en el mitin celebrado en Santander en noviembre de 1908, en medio del clima de apasionamiento ideológico y eclesiástico agitado por la Constitución de 1869. En el escrito que elabora para ese mitin tiene estas palabras: *"No desmayaremos mientras no sea extirpado el miedo religioso, funestísima plaga creada y difundida por la teocracia como medio de dominación, moviendo los intereses frente a las conciencias y sujetando de tal manera a innumerables personas que si*

---

[393] PÉREZ GALDÓS, BENITO, *La loca de la casa* (Ediciones Rueda. Madrid. 2003. Pág. 100)

[394] PÉREZ GALDÓS, BENITO, *Casandra*. Drama teatral. (Cátedra. Madrid. 2006. Págs. 315. 305). De manera impositiva semejante actúan Carolina con sus hijas, exigiéndoles la práctica de su beatería, en la novela *La de Bringas* (PÉREZ GALDÓS, BENITO, *La de Bringas*, Casa Editorial Hernando. Madrid. 1975. Ver pág. 73 y ss.) y el mundo familiar que contorna a María Ignacia, esposa de Pepe Fajardo: *"Sólo en los comienzos de mi asimilación* (a la nueva familia) *me causaron enojo las extremadas santurronerías a que las señoras mayores me sometieron, y se me hacía muy largo el tiempo consagrado, sobre la misa diaria, a Triduos, Cuarenta Horas, o visitas a monjas del Sacramento, de la Latina y de Santo Domingo el Real; pero a ello me fui acostumbrando con graduales abdicaciones del albedrío, hasta llegar a cierta somnolencia..."* (PÉREZ GALDÓS, BENITO, *Narváez*. O.c. pág. 94)

vivieran en franca libertad renegarían de las formas y prácticas de la beatería." [395]

En la misma crítica de la religiosidad del temor rechaza Galdós el recurso al diablo y a lo demoníaco, aunque estas figuras aparezcan en algunas de sus obras de carácter fantástico y simbólico (como el drama *La razón de la sinrazón* o la novela *El caballero encantado*), sin que alcancen un carácter demasiado maléfico.

3) En líneas generales, la obra galdosiana fustiga cualquier clase de falsa religiosidad. Por ejemplo, aquella que se ofrece como sustituto de la farmacopea [396]; o la que se practica para figurar socialmente : *"¿Cómo había de faltar yo a la función de los Trinitarios, si era hombre que a ninguno cedía en religiosidad ni perdonaba medio de que se me tuviere por escrupuloso guardador de los preceptos y prácticas de la Iglesia?"*, dice Pipaón, uno de los tipos más cínicos y desagradables del mundo de Galdós [397]. Esta falsa espiritualidad religiosa no puede ser de Dios, aclara la ya liberal y madura María Ignacia, coprotagonista de la cuarta serie de Episodios. [398]

Una religiosidad de fachada, ajena a la más honda interioridad, como aquella que fustiga también Daniel Morton, tipo galdosiano indiscutible, con un lamento inacallable: *"¡Oh, Dios mío, dichosas las tierras donde la religión está en las conciencias y no en los labios, donde la religión no es una impía ley de razas! Andamos aquí como las reses marcadas con hierro en su carne."* [399] Es obvio que Daniel, buen conocedor del culto a la Torah, está refiriéndose también a los excesos del judaísmo en donde la fijación dogmática y ciertas formas externas están por encima de la conciencia,

---

[395] PÉREZ GALDÓS, BENITO, en B. Madariaga: *Pérez Galdós. Biografía santanderina.* Santander 1979. II, págs.221-223.
[396] Obdulia (casada a la fuerza y hundida en grave depresión) cuenta: *"...Vino a verme y a consolarme Celestina Tirado, que se metió a beata y anda en trajines de religión. Díjome que en la iglesia hallaría mi remedio; que fuese a misa y a confesar, y que rezara mis tercios de rosario con devoción. Mi antigua señora la marquesa de Navalcarazo me llamó para recomendarme el mismo medicamento."* (PÉREZ GALDÓS, BENITO, *Amadeo I*, Episodio Nacional n. 43. Historia 16-Caja de Madrid. 1975. Pág. 170).
[397] PÉREZ GALDÓS, BENITO, en *Memorias de un cortesano de 1815*. Episodio Nacional n. 12 (Ed. Altorrey. Madrid. 1993. Pág. 105)
[398] *"Veo que los caminos de esa gente codiciosa y milagrera no son los de Dios"* (B.P. Galdós. *Narváez*. Episodio Nacional. N. 32. O.c. pág. 244).
[399] PÉREZ GALDÓS, BENITO, *Gloria*. O.c. pág. 157

coincidiendo así en la crítica continua de Jesús a los fariseos a lo largo de los evangelios.

Por esa y otras razones resulta equivocada la religiosidad vehemente (incluso elevada) fruto de alguna intensidad emocional momentánea, como la que le reprocha Catalina a su primo Urrea (que se ha unido a la comunidad cristiana cargado, sin duda, de buena voluntad y de amor a su prima): *"Te cogió la ventolera religiosa que suele soplar de cuando en cuando, lanzada por las tempestades que recorren furiosas el mundo, y ya tenemos a Urreita delirando por lo espiritual... Y te vienes acá con piedad de aficionado, que no es lo que yo quiero ni nos hace falta ninguna"*.[400]

Queda patente como anormal el desvarío religioso por alteraciones externas del cerebro: por ingesta de sustancias (la embriaguez de Mauricia la Dura, durante su estancia en "Las Micaelas", en la segunda parte de *Fortuna y Jacinta*), la depresión (Maximiliano Rubín por su impotencia y por la infidelidad de Fortunata), el sueño fatigado (Luisito Cadalso, en *Miau*), etc. Experiencias religiosas anormales que generan después una religiosidad tarada, abocada en ocasiones a la catástrofe.

Sin duda el análisis más agudo de la religiosidad y de la mística sustitutorias de la maduración normal de la persona aparece en *La Fontana de Oro*. Sorprende en esta obra el largo y detenido análisis de la patología religiosa de Paulita Porreño, que es considerada (y se autoconsidera) santa, y entra en éxtasis místicos que no son más que estados enfermizos graves de catalepsia. Esta mujer lo que ha hecho es enterrar en vida su naturaleza femenina (presionada por sus tías), una naturaleza que despierta al amor cuando ya es tarde.[401]

4) En general, describiendo la forma religiosa de no pocos personajes (casi todos femeninos), encontramos una crítica furibunda a la beatería, al exceso de religiosidad y al culto a las imágenes de santos, máxime cuando ese pietismo (como el de la Doña Juana de *Casandra* o el de María Sudre en *La familia de León Roch*) encubre terribles injusticias, aunque se pretenda

---

[400] PÉREZ GALDÓS, BENITO, *Halma*. O.c. pág. 279-280
[401] Ver PÉREZ GALDÓS, BENITO, *La Fontana de Oro*, o.c., entre otras páginas: capítulo 42, págs. 416-424

justificar la abundante práctica piadosa con intenciones salvíficas [402]. La ya conocida e inefable María Ignacia (de la cuarta serie de Episodios) hace con gracia esta crítica galdosiana: *"Oye, Pepe: ¿no te parece que sobre todas las estupideces humanas está la de adorar a esos santos de palo, más sacrílegos aún cuando los visten ridículamente? ¿No crees que un pueblo que adora esas figuras y en ellas pone toda su fe, no tiene verdadera religión, aunque los curas lo arreglen diciendo que es un símbolo lo que nos mandan adorar entre velas?"* [403]

El juicio es tan duro como lúcido; pero resulta aún mucho más grave el que formula el contable Insúa refiriéndose a Doña Juana (de *Casandra*), cuando ésta acaba de desheredar a todos para dedicar su enorme fortuna a la Iglesia:

"De todo ese caudal, que no baja de diez y siete millones, pero de duros, ¡eh!, será pronto heredero..., ya lo adivinan, Dios, muy necesitado de bienes materiales, según Doña Juana; Dios, creador y dueño de todo lo creado... Descalzo, pobre, sin tener una piedra en que reclinar su cabeza, anduvo Nuestro Señor Jesucristo por el mundo, enseñando su doctrina sublime. Pobre y descalzo lo llevamos nosotros en nuestros corazones. Doña Juana, más cristiana que el mismo Cristo, según ella, se aflige de ver a nuestro Redentor tan menesteroso, y emplea todo su dinero en proporcionarle zapatos de oro, corona de pedrería, manto bordado..." *"¡Horrible ironía!"*, añade el desahuciado Alfonso. [404]

La beatería se nutría (y tal vez se sigue nutriendo) de textos que constituyen lo peor de la literatura religiosa; textos que tuvimos ocasión de

---

[402] María Sudre justifica así su obsesión por las prácticas religiosas ante el frustrado esposo León: *"¡Que frecuento demasiado la iglesia!...¡Que cumplo muy a menudo los preceptos más santos!...¡Que celebro funciones espléndidas!... ¡!Que oigo todos los días la palabra de dios!...¡Que rezo de noche y de día!... Ya sé que paso por beata. Pues bien, todo tiene su razón en el mundo. ¿Crees tú que yo me abrazaría tan fuertemente a la Cruz si no estuviera casada contigo, es decir, con un ateo?... Fíjate bien, querido mío, uno sólo rema y han de salvarse los dos."* (PÉREZ GALDÓS, BENITO, *La familia de León Roch*. O.c. pág. 193)

[403] PÉREZ GALDÓS, BENITO, *Narváez*. O.c. pág. 96. En el cuento *La pluma al viento...*, y en tono parecido (y con ironía) denuncia Galdós el aburrimiento y el tedio que suscitan una excesiva religiosidad o devoción: *"Hablando con sinceridad, esto es bastante triste, y bi sé, no sé... las horas tienen una longitud desmesurada. Si me apuras te diré con mi habitual franqueza que me aburro soberanamente..., pues por mucha que sea nuestra devoción, no hemos de estar siempre reza que te reza."* (O.c. pág,129)

[404] PÉREZ GALDÓS, BENITO, *Casandra*. O.c. pág. 284

señalar a propósito del estudio del ejercicio de la oración en la creación galdosiana.

Don Benito critica también, como antítesis de la beatería (o tal vez como complemento de la misma) la angustia de lo diabólico: el miedo al demonio y al infierno, con frecuencia empleado en la predicación eclesiástica de la época. En *La Nación* de 22/X/1865 escribe:

"Bórrese, pues, de la imaginación de todo católico la imagen perversa del demonio, que le impide ver la luz eterna, y arránquese a la religión ese engendro deforme que ha conservado como un resabio del paganismo... No seamos buenos por miedo al demonio sino por amar a Dios, ni nos dirijamos al cielo por huir del infierno. Cese el imperio del terror en una religión fundada en el amor." [405]

Ya advertimos que en alguna obra de tono surrealista en la composición (*La razón de la sinrazón –Fábula teatral absolutamente inverosímil- o El caballero encantado*, o el Episodio *La Primera República*) introduce el mundo mágico o diabólico, pero sin una connotación que afecte a la creencia.

5) En fin, para Galdós anda también muy desviada la religiosidad instrumental, es decir, aquella que se vive como un elemento de orden para la mejor reglamentación de la vida individual o para eliminar los males que aquejan a la sociedad. Tal es la perspectiva de Juan de Lantigua (padre de Gloria). De él dice el narrador: *"Su inclinación contemplativa le llevó a considerar la fe religiosa, no sólo como gobernadora y maestra del individuo en su conciencia, sino como un instrumento oficial y reglamento que debía regir externamente todas las cosas humanas"* [406]; aunque ese "feliz" ordenamiento haga insoportables a las personas que lo asumen, según testimonia Carolina, prima de los Lantigua (en la novela *La de Bringas*). [407]

---

[405] PÉREZ GALDÓS, BENITO, en *Los artículos de Galdós en La Nación*, edición de William Shoemaker. Insula. Madrid 1972, págs. 173-174
[406] PÉREZ GALDÓS, BENITO, *Gloria*. O.c. págs. 22-23.
[407] *"La que en otro tiempo fue la misma dulzura, habíase vuelto arisca e intratable. Todo lo enfadaba y estaba siempre riñendo. Con tantos alardes de perfección moral y aquella monomanía de prácticas religiosas, no se podían sufrir sus rasgos de genio endemoniado, su fiscalización inquisitorial, ni menos sus ásperas censuras de las acciones ajenas."* (PÉREZ GALDÓS, BENITO, *La de Bringas*. O.C. pág. 73).

Este conjunto de deterioros de la religiosidad individual despersonalizada y con fuerte alcance social podría sintetizarse con el nombre de "religión mundana", que es el que emplea Federico Sopeña refiriéndose a la crítica galdosiana. Para este autor *"Se trata, esencialmente, de una falta de pasión religiosa referida a lo fundamental: se pierde la relación con el ′misterio′. La consecuencia es doble: una gran indiferencia en el varón y una religiosidad en la mujer más atenida al ′milagro′ que al ′misterio′... La Iglesia es vista, como la ve Cánovas, como institución conservadora, elemento decisivo de ′defensa social′ en la lucha contra el socialismo... Añádase, y no es pequeño añadido dentro de esa constelación, que el cumplimiento externo tiene toda la fuerza de la costumbre más la enorme fuerza del buen tono."* [408]

El análisis –como suele ser habitual en Sopeña- es certero y revela una visión lúcida del pensamiento de Galdós respecto a la religión instituida y practicada.

Los deterioros de la institucionalización religiosa. La violencia de la religión.

Es indudable que las desviaciones o perturbaciones de la sana religiosidad tienen una repercusión colectiva e institucional; es decir, que deterioran las instituciones de todo tipo, no sólo las religiosas. Galdós, aunque está más preocupado por la fisonomía de los individuos, realiza a lo largo de sus obras una fuerte crítica de las religiones establecidas y de su presencia social, siempre en relación con los deterioros objetivos notables que percibe en ellas, nunca por una personal actitud antirreligiosa o antieclesial. La religión queda falseada radicalmente desde el momento en que se otorga a sí misma poderes sobre los hombres y ejerce violencia.

1) Un primer deterioro que denuncia es la fusión –de hecho- de religión y política, y de religión y estado. El ultramontano Miguel de Baraona aparece en la segunda serie de Episodios como portavoz del pensamiento y de la ejecutoria del carlismo en cuanto a lo religioso:

---

[408] SOPEÑA IBÁÑEZ, FEDERICO, *La religión mundana según Galdós*. Cabildo Insular de Gran Canaria. 1978. Págs. 7-8 Y más adelante: *"Jamás se le ocurrirá al burgués español ver la religión como instrumento de lo que hora llamamos reform de las estructuras sino todo lo contrario."* Y, tras recordar la andadura del personaje Estupiñá de *Fortunata y Jacinta*, prototipo de esa religión mundana, exclama: *"¡Genial Galdós!"* (págs. 15 y 18)

"En su fervor entusiasta y en su religiosa devoción por la patria inmutable no había sutilezas ni distingos, ni cabían transacción ni arreglo alguno... Juntaba la religión con la política, haciendo de todas las creencias una fe sola o un solo pecado, y había amalgamado dogmas y opiniones, haciendo un Evangelio... Mis principios –decía-, estos principios que sustento, no son míos, son de Dios, y no se puede ceder ni un ápice de lo ajeno." [409]

Esta visión trasladada a la práctica dio la imagen surrealista de un rey absolutamente beato o de una religión palaciega (tan bien expresada en el cuadro de la adoración del Sacramento, de Claudio Coello de la sacristía de El Escorial); imágenes que perdurarían demasiado tiempo en el estado español. [410]

2) Más desgraciada repercusión tiene el hecho de que se confiera a la religión (en este caso a la Iglesia) la tutela de toda la sociedad o que se desarrollen públicamente las prácticas religiosas con un carácter redentor de los males sociales. Consideraciones éstas que llevaron a dotar a las religiones de poderes públicos sobre la población (cohercitivos y punitivos)... De esto habla también María Ignacia a Pepe Fajardo en el Episodio *Narváez*: *"Ese bendito conde Cleonard me tiene estomagada con que la Iglesia debe ser maestra de la vida en todos los órdenes, con que debemos traernos para acá al Papa, y hacerle cabeza de nuestra nación... Pues yo digo que si es Vicario de Jesucristo, ¿para qué necesita fusiles y cañones?"* [411] Y Juan de Lantigua profetiza las mayores calamidades *"hasta que una nueva florescencia de la fe católica en los corazones, fecundados por la desgracia (¡nótese que no dice "por la gracia"!) reorganice a los pueblos, congregándolos bajo el mando tutelar de la Iglesia."* [412]

3) El rechazo de dos extremos estatales completa y matiza la crítica de la religión por parte del pensamiento galdosiano: la implantación de un laicismo total y, en el polo opuesto, la manipulación de lo religioso por

---

[409] PÉREZ GALDÓS, BENITO, *La segunda casaca*. Episodio Nacional n. 13. O.c. pág. 14
[410] El razonable burgués Bruno Carrasco explica a su esposa: *"Mejor le sienta a un rey el coraje que la devoción, y que eso de pasarse las horas adorando a la Virgen del Olvido será muy bueno para ganar el Cielo, pero a mí no me des reyes de esta condición santurrona... Los reyes, hija, han de figurar como ejemplo de valentía y de calzones muy apretados."* (PÉREZ GALDÓS, BENITO, *Bodas reales*. O.c. pág. 150)
[411] PÉREZ GALDÓS, BENITO, *Narváez*. O.c. pág. 96. Ver también la crítica que hace Galdós al plan "redentor" social del triduo de beatas encabezado por la maligna Domiciana en el Episodio n. 42, *España trágica* (Editorial Hernando. Madrid. 1973. Pág. 60)
[412] PÉREZ GALDÓS, BENITO, *Gloria*. O.c. pág. 23

los gobiernos. En primer lugar, haciendo crónica de una de las sesiones del Parlamento, se suma al sentir general rechazando la enmienda que propone el diputado Suñer y Capdevila (*"Sería una ventaja para los españoles el estar limpios de toda religión)."* [413] Por otra parte, narra con cierto sentimiento de ira y juzga sacrílegas las celebraciones eclesiales solemnes de acción de gracias por victorias bélicas, además terriblemente cruentas (el canto del Te Deum, por ejemplo); celebraciones a las que se unían misas con matanza de prisioneros. [414]

4) En fin, la más grave acusación que se va a hacer a las religiones instituidas, en este caso, tanto al cristianismo establecido en cuanto cultura eclesial, como al judaísmo (si bien éste apenas se halle institucionalizado universalmente), se refiere al hecho de que tales religiones constituyen un factor de destrucción para la armonía de las personas, un factor de separación radical. Es la crítica dolorosa que hace Daniel Morton, apartado ya inevitablemente de su amada y de su hijo:

"-¡La religión! –dijo Morton sombríamente- siempre el mismo fantasma pavoroso que nos persigue para separarnos. Sombra terrible proyectada por nuestra conciencia, en todas partes la encontraremos; no nos permite ni una idea libre, ni un sentimiento, ni un paso. Es en verdad tremendo que lo que viene de Dios parezca a veces una maldición."

Éste es casi el final de la obra. En el mismo sentido se pronuncia Horacio Reynolds frente a Juan Crisóstomo, padre de Rosalía: *"Para que yo entre en su familia no encuentra Ud. más que un obstáculo, precisamente en lo que ha sido instituido para enlazar a las criaturas y hacer que se amen, en la religión."* [415] Parece evidente que nuestro autor hace suya esta queja del noble presbítero anglicano.

---

[413] PÉREZ GALDÓS, BENITO, *España sin rey.* Episodio Nacional n. 41 (Historia 16-Caja de Madrid. 1996. Pág. 88)
[414] Ver, entre otros, el Episodio Nacional n. 26, *La estafeta romántica,* o.c. pág. 198
[415] PÉREZ GALDÓS, BENITO, *Gloria,* o.c. pág. 456; *Rosalía,* o.c., pág. 212 Abundando en las palabras de Daniel Mortón, CARMEN LUCÍA ÁLVAREZ finaliza su ponencia con esta premonición: *"La querella subsistía, subsiste y subsistirá pavorosa, y antes de que se acabe, muchas Glorias sucumbirán ofreciéndose como víctimas para aplacar al formidable monstruo que toca con la mitad de sus horribles patas a la historia y con la otra mitad a la filosofía, monstruo que no tiene nombre, y que si lo tuviera lo tomaría juntando lo más bello, que es la religión, con lo más vil, que es la discordia"* (en *El amor y el sentimiento religioso en 'Gloria' de Galdós,* o.c., pág. 130)

5) Por último, no está de más el que señalemos que –como era de esperar- Galdós, cuando llega la ocasión, critica el comercio (eclesiástico o no) de objetos religiosos, tema tan antiguo como el de las religiones griegas. [416]

Sobre el ateísmo en el mundo literario de Galdós.

Como ya se ha indicado, en la obra galdosiana los deterioros de la imagen de Dios y de la religiosidad (y de la religión) que acabamos de constatar son una de las causas principales -si no la única- del ateísmo que surge en un momento dado de la vida de algunos personajes; casi siempre como reacción a la situación dolorosa que padecen de parte de individuos "religiosos" o de desgracias insalvables. Se trata en estos casos de una reacción espontánea que en el fondo no incluye la negación de Dios, pero sí provoca una crisis creyente. Es lo que expresa Clementina en *Casandra*: *"¡Dios!... No, no diré una blasfemia... Mi tía* (Doña Juana) *me ha enseñado a no creer. No me enseñará a blasfemar."* [417]

Caso parecido es el de Dulce (*"Yo no creo. ¿A qué creer? Si hubiese Dios, por chico que fuera, no pasarían estas cosas."*) que, pasada la tremenda crisis de amargura por el abandono de Ángel, confiesa, ya serena: *"No crea usted que yo haya sido jamás atea. Lo decía, y hasta llegaba a creérmelo yo misma a fuerza de decirlo... Era el reconcomio, el torcedor que tenía dentro. Pero yo creo en Dios y en la Virgen, y me pesa haberles ultrajado."* [418] Incluso el clásico ateo libertino Santorcaz padre secreto de Inés (primera serie de Episodios) abandonara su ateísmo en última instancia.[419]

Ateos de convicción racional aparecen muy pocos en la creación galdosiana. Quizás el más significativo sea León Roch, con un ateísmo acentuado por el contraste con la familia de su esposa María Egipciaca y por la intolerable intromisión del sacerdote P. Paoletti. Lo que también le sucede, sin duda, a Ismael (en *Casandra*): *"Yo no quiero cuentas ya con ningún Dios grande ni chico, rico ni pobre, sino que arramblo con todos los dioses y los*

---

[416] Ver, por ejemplo, PÉREZ GALDÓS, BENITO, *Cánovas*. Episodio Nacional n. 46 O.c. pág. 193
[417] PÉREZ GALDÓS, BENITO, *Casandra*. Drama teatral. O.c. pág. 287
[418] PÉREZ GALDÓS, BENITO, *Ángel Guerra*. Vol. I, O.c., pág. 213 y *Vol.II* O.c., pág. 397
[419] V. el final del Episodio Nacional n.10, *La batalla de los Arapiles*. O.c., en particular: pág. 263

arrojo en esa hoguera que tengo aquí, encendida por la iniquidad de Doña Juana."[420]

Pero la adversidad de la vida no llega a ocasionar un verdadero ateísmo al noble y dolorido marino Diego Ansúrez, que ha recorrido medio mundo en busca de su hija y tras quejarse amargamente (-*"No sé, no sé cómo consiente Dios este desavío tan grande... Yo le digo a Binondo que no hay Dios, y que si lo hay, está trastornado de su eterno caletre..."*), prosigue con esta genial contradicción: *"A Dios le digo que si no me arregla el venir acá, y el encontrarla buena y sana, y el hacer mis paces con ella, me volveré ateo... Ateo seré, como hay Dios, te lo juro."* [421]

Ateos pasionales sí aparecen en ocasiones, como una forma de venganza religiosa ante dramas individuales inevitables: la muerte del hijo, por ejemplo, en el caso de Francisco Torquemada. Este personaje (complejísimo en todo momento para el autor) es quizás el prototipo de ese ateísmo violento. [422]

En algún momento Galdós parece querer indicar que el problema religioso y moral se agudiza porque existe en el mundo (sobre el ser humano) una presión poderosa de espíritus maléficos (tal vez de modo parecido a como lo advierten los apóstoles Juan y Pablo en sus cartas); espíritus o corrientes del mal que irrumpen en la existencia humana (en la conciencia) y en las estructuras sociales, perturbando y distorsionando las relaciones y la realidad toda. Esta alusión aparece de forma alegórica en algunos escritos. Concretamente en la comedia alegórica *La razón de la sin razón*, en la novela *El caballero encantado* y en los Episodios Nacionales de la quinta serie en donde Tito (al igual que Tarsis, que es el caballero encantado) realiza un alucinante viaje subterráneo por España y se ve transformado sucesivamente en persona distinta, es decir, pierde la identidad.

---

[420] PÉREZ GALDÓS, BENITO, *Casandra*, O.c. pág. 300 Parecido a éste, aunque motivado por su bohemia, es "Víctor", el padre de Luisito Cadalso, en *Miau*. Ver o.c. pág. 298
[421] PÉREZ GALDÓS, BENITO, *La vuelta al mundo en La Numancia*. O.c. pág. 196-197
[422] *"Resígnate, resígnate y tengamos conformidad"*, le dice a Torquemada su hija; y éste responde: *"No me da la gana de resignarme. Esto es un robo... Envidia, pura envidia* (de Dios). *¿Qué tiene que hacer Valentín en el Cielo. Nada, digan lo que dijeren; pero nada..., Dios, ¡cuánta mentira!¡cuánto embuste! Que si cielo, que si infierno, que si Dios, que si diablo, que si..."* (PÉREZ GALDÓS, BENITO, *Torquemada en la hoguera*. Alianza Editorial. Madrid. 2008. Pág. 70) *"Era tremendo el tal Torquemada en sus fanáticas inquinas religiosas, y con el mismo desdén miraba la fe cristiana que todo aquel fárrado de la Humanidad y del Gran Todo que le había enseñado Bailón* (el sacerdote renegado)*"* (PÉREZ GALDÓS, BENITO, *Torquemda en la cruz*. Idem. pág. 114)

En esas obras tales espíritus son, en definitiva, controlados por la pureza, representada por Atenaida en *La razón de la sin razón*, y por la sabiduría secular de quien encarna la Historia española, La Madre (o Mari Clío), ambos personajes en armonía con Dios.

4. ¿Dios simplemente o el Dios de Jesucristo? La fe cristiana.

Cuando en el vasto mundo galdosiano se escribe la palabra "Dios", ¿en quién piensan los personajes y, en definitiva, el mismo autor? ¿Es sólo el Dios de los filósofos (con influencia krausista), es el Dios Padre de Jesús, es Jesús mismo expresa o tácitamente designado?... La respuesta tiene un carácter decisivo para la investigación teológico literaria de la obra que nos ocupa.

Al tratar de la religiosidad personal creyente de Galdós indicamos ya su frecuente referencia expresa (explícita o simbólica) al Misterio de Jesús. Contemplamos ahora con mayor sosiego esta perspectiva de su pensamiento.

1. La figura de Jesús –de su Misterio- y de María en los escritos galdosianos.

El haber tratado antes en nuestro estudio el tema de Dios (*De Deo uno*), y no el de Jesucristo, es una opción que no obedece al deseo de seguir el planteamiento clásico de los estudios teológicos, sino al hecho de que esta perspectiva teocéntrica (al menos semántica) es la que predomina en la creación galdosiana, como sucede en buena parte de la literatura europea y española de los siglos XIX y XX. No obstante, es preciso adelantar aquí enseguida dos observaciones:

Primera. El Dios de la inmensa mayoría de personajes de Galdós es el Dios de Jesús. Implícitamente es el Dios trinitario, y con alguna frecuencia, de manera explícita, es Jesucristo, designado y sentido así.

Segunda. Nuestro autor entra de lleno en el tema expreso de la figura de Jesucristo que conmueve en notable medida a la literatura europea -a la novelística y al teatro- desde finales del XIX y hasta avanzada la mitad del XX.

Jesús viene expresado, sobre todo, en la simbología evangélica de algunos personajes que representan al Dios Niño (en *Amor y ciencia*, en *Gloria*, etc.) o que asumen claramente la identidad de Jesucristo (en

Misericordia) y la Pasión y Resurrección (en *Nazarín, Ángel Guerra...*) [423]; así mismo en las referencias directas a los Evangelios y a la conciencia cristiana, y en la celebración de la Liturgia que -como ya señalamos- es una de las vivencias religiosas fuertes del autor.

En toda la creación galdosiana aflora una indiscutible simpatía – incluso empatía- consciente o subconsciente hacia a la figura de Jesús; perspectiva que incluye –cuando se presenta la ocasión- no sólo su valoración explícita y espontánea con tonos gratos y con frecuencia elevados [424], sino también un importante proceso de mejor comprensión del Misterio de Cristo. Galdós ha ido enriqueciendo y transformando su percepción de Jesús desde el final de *Gloria*, en el que el narrador parece identificarse con el anciano bíblico Simeón al tomar en brazos al hijo de Gloria y de Daniel (al Nazarenito, nacido del Nuevo y el Antiguo Testamento al fin fusionados) y

---

[423] Escribe ROMERO TOBAR, Leonardo: *"El relieve del autor y el de su 'singularísimo y aún no bien comporendido personaje'* (por Nazarín) *eran inclinaciones inevitables a la hora de trazar un mapa comprensivo del tratamiento literario de la figura de Cristo."*
(*Del 'Nazarenito' a Nazarín*, Actas del V Congreso Internacional de Estudios Galdosianos 1993, Cabildo Insular de Gran Canaria.Las palmas. pág. 475)

[424] Fernando Calpena, en desesperado intento de diálogo con su amigo Santiago Íbero al que desea liberar de una falsa opción de vida religiosa, exclama: *"¡Pobre Santiago! Nos habló extensamente de Jesucristo y de las hermosuras de la religión, cosas en verdad nada nuevas para mí, pues yo también amo a Cristo y admiro como el primero las bellezas del dogma, sin que por eso se me haya pasado por las mientes meterme cura."* (PÉREZ GALDÓS, BENITO, *Los Ayacuchos*, o.c., pág. 158) El texto da por sentado que el amor a Cristo es la condición normal del cristiano.

En *Los duendes de la camarilla* (Episodio difícil y amargo), hablando de una persona que alguien ha descubierto por primera vez, se trascribe este diálogo sencillo entre Domiciana, que pregunta, y Lucila, que responde: *" -¿Y el señor, qué tal te recibió? ¿Es amable, de buena presencia? – Tan buena, que se me pareció a Nuestro Señor Jesucristo. – Eso no puede ser. A Nuestro Señor no puede parecerse ningún mortal, por hermoso que sea. – Dices bien, y ahora caigo en que más que a Dios se parece al Buen Ladrón?..."* (PÉREZ GALDÓS, BENITO, *Los duendes de la camarilla*, o.c. pág. 105) Lo que contrasta con el sueño asustado que tiene "Luisito" recordando la dura talla de un crucificado: *"El otro Dios es el que a mí me gusta, el abuelo guapo, el que no tiene sangre, sino un manto muy fino y unas barbas blanquísimas."* (PÉREZ GALDÓS, BENITO, *Miau*. O.c. pág. 336), lo que recuerda el verso de A. Machado: *"¡No puedo cantar, ni quiero, / a ese Jesús del madero,/ sino al que anduvo en el mar!"*

A propósito de la configuración física de Jesús es significativa la anécdota de viaje que cuenta Don Benito en una de sus cartas: *"Hay en ese monumento* (Catedral de Amiens) *un pórtico que la gente llama portada del 'Dios bonito', a causa de un Cristo encantador que allí descuella. ¡Con cuanta devoción le rezarán las niñas de Amiens al 'Dios bonito'! Porque es indudable que si las mujeres fuesen llamadas a dirimir la contienda teológica de la Edad Media acerca de la belleza o fealdad de Jesucristo, resueltamente se pronunciarían a favor de la solución estética. ¿Cómo ha de ser feo Dios?"* (PÉREZ GALDÓS, BENITO, Carta a 'La Prensa', de Buenos Aires, de 16/IX/1889, en William H, Shoemaker, *Las crtas desconocidas de Galdós en 'La Prensa' de Buenos Aires*. Ed. Cultura Hispánica. Madrid 1973. Pág. 357)

contemplar en el bebé al Mesías conciliador de la Humanidad, desde ese momento (1878), pasando por la imagen crística de Leré en *Ángel Guerra* (1890), hasta que -dieciséis años después de *Gloria*- Nazarín (1896) sube serenamente a la cruz, plenamente entregado al amor. Las tres novelas terminan dejando un impresionante horizonte abierto al Espíritu de Jesús: *"tú, que en una sola persona llevas sangre de enemigas razas y eres el símbolo en que se han fundido dos conciencias, harás, sin duda, algo grande"* (Gloria) – *"Se encontraron un poquito más allá de la puerta (Jesucristo y Ángel) y juntos se subieron"* (Ángel Guerra) - *"yo sé que has de hacer mucho más"* (le dice, en fin, Cristo a Nazarín).[425]

Es decir, Galdós aborda la visión de Jesús con una perspectiva de algún modo hermenéutica: no se limita a la valoración historicista sino, sobre todo, a su vigencia de actualidad, intentando escrutar el sentido transcendente cristológico de las muertes –o despedidas- de los personajes que abierta o veladamente (como Pepe Rey o León Roch) encarnan a Cristo hoy.

¿Cuáles son las coordenadas galdosianas de esa fe en el Hijo del Hombre?

a) La confesión de la fe en Jesús es el punto de partida de la pequeña cristología galdosiana, como afirmación que hacen diversos personajes amables para el autor.

Buenaventura, el más liberal de los Lantigua, defiende así su fe: *"Soy católico, porque veo en Jesucristo, Hijo de Dios, el más admirable ejemplo de perfección moral que puede ofrecerse al hombre"* [426]

Teresa Villaescusa, coprotagonista real de varios Episodios de la cuarta serie, ya redimida, mantiene un delicioso y denso diálogo con su homólogo Juanito Santiuste; en el curso del mismo, este aventurero (alma bastante gemela a la del autor) cuenta enardecido su vivencia, haciendo una verdadera catequesis del misterio de Jesús:

"Mientras lavaba y fregoteaba, primero mi rostro, después mi camisa, yo, como todo el que está muy alegre, cantaba y rezaba, que rezo y canto era todo lo que salía de mi boca... recitaba con amor y fe aquel pasaje del advenimiento del Redentor: 'El que había de venir, viene; el que había de

---

[425] PÉREZ GALDÓS, BENITO, *Gloria*, o.c., pág. 471 ; *Ángel Guerra*, o.c. vol. II, pág. 651; *Nazarín*, o.c., pág. 247
[426] PÉREZ GALDÓS, BENITO, *Gloria*. o.c. pág. 306

llegar, llega; pero no viene ni en el seno de la sonrosada nube ni en el de las estrellas, sino manso y humilde en el seno de la pobreza y de la desgracia. No viene acompañado de numeroso ejército, sino de su bendita palabra y de su eterno amor; no viene seguido de esclavos, sino ansioso de acabar con toda esclavitud...; no viene a levantar pueblo contra pueblo, ni una raza sobre los huesos de otra raza, sino a estrechar contra su pecho y a bendecir con infinito amor de su corazón todos los pueblos y todas las razas..." "*Él, causa de toda vida, autor de toda existencia, se despoja de su vida, de su existencia, por la salud y la libertad de los hombres en el altar sublime del Calvario*"' [427]

El texto (que nos hemos permitido citar ampliamente) parece una síntesis bastante acertada del Jesús de la historia y del Cristo de la fe en una bella clave poética.

Otro personaje querido del autor, la María Ignacia de la cuarta serie de Episodios, aclara ingenuamente esta fe central en Jesús: *"Yo te aseguro que no siento devoción delante de ninguna imagen, como no sea la de Jesucristo."* [428]

Aun dentro de un contexto de queja y de confrontación dolorosa, impuestas por la anticristiana figura de Doña Juana (en *Casandra*), resulta clara y bella la confesión de fe en Jesús (citada ya antes) que hace el personaje Insúa: *"Descalzo, pobre, sin tener una piedra en que reclinar su cabeza, anduvo Nuestro Señor Jesucristo por el mundo, enseñando su doctrina sublime... Pobre y descalzo le llevamos nosotros en nuestros corazones."* [429]

El pacifismo absoluto de Jesús queda bien expresado por el ya sabio Ángel Guerra:

"Es el caso que como cristiano, profeso el principio de que no debemos herir al prójimo ni aun en defensa propia. Así lo ordenó Jesucristo, y así lo hizo más patente con su conducta. Y si no, fíjese usted, ¿no le habría sido fácil, con sólo quererlo, poner patas arriba a Judás y a toda la canalla que fue con él para prenderle? Pues no lo hizo." [430]

---

[427] PÉREZ GALDÓS, BENITO, *O'Donnell*. o.c. págs. 172-173
[428] PÉREZ GALDÓS, BENITO, *Narváez*. o.c. pag. 96
[429] PÉREZ GALDÓS, BENITO, *Casandra*. Acto II, escena IV. O.c., pag. 284
[430] PÉREZ GALDÓS, BENITO, *Ángel Guerra. Vol. II.* o.c., 584

b) Galdós sitúa en sus personajes de manera muy explícita la fe esencial en la obra de Jesús: su acción redentora y la participación del hombre en ella. Esta idea queda tal vez condensada en la difícil opción existencial que toma Leonardo (en el drama *Bárbara*), aceptando una desgarradora y quizás inevitable separación de su amada como única perspectiva salvífica para ésta: *"Debo y quiero hacer por tu alma y la mía lo que hizo Cristo por toda la Humanidad: padecer y amar. Todo es lo mismo."*[431] Es obvio (en el contexto) que el orden de los dos verbos ha quedado invertido literariamente; debiera decir seguramente: *amar y padecer*, rehuyendo –como es natural en Don Benito- toda idea de sacrificio religioso.

No se puede eludir, sin embargo, la influencia de la cristología sacrificial, tan presente aún en el siglo XIX, que aparece en la expresión de Don Nazario: *"Cristo nos enseñó a padecer, y la mejor prueba de aplicación de los que aspiran a ser sus discípulos es aceptar con calma y hasta con gozo el sufrimiento que de los varios caminos de la maldad humana nos viniere."*[432]

En el conjunto de la obra galdosiana la trayectoria de Jesús queda reflejada especialmente en las figuras y en las tramas de *Misericordia* y de *Nazarín* que culminan en la soledad de una cruz impuesta y abrazada.

La figura de Cristo viene plasmada de una manera casi perfecta en Benina. Probablemente –como ha mostrado Robert H. Russell- no hay una identificación mayor con el Maestro en ninguno de los personajes de la literatura contemporánea. La bondad brota de la naturaleza misma del personaje, nunca es instrumental ni siquiera para la propia santificación o elevación a Dios; ejercita el amor (la caridad suprema) como lo más natural del mundo, centrada no en sí misma sino en los seres, asociada al amor creador de Dios, tanto que no actúa "por Dios" sino "en Dios".[433]

---

[431] PÉREZ GALDÓS, BENITO, *Bárbara*. Acto II, escena X. O.c., pág. 195
[432] PÉREZ GALDÓS, BENITO, *Nazarín*. O.c., pág. 75
[433] *"The fact that Benina is a perfectly realized Christ figure derives more from her implicit nature tan from her explicits declarations and actions. Like Christ, she does what she does because of who she is, not because of what she wants to be."* (Russell, Robert H. *The Christ figure in Misericordia*. Anales Galdosianos, II. 1967, pág. 104). Y, citando el mismo autor a Simone Weil (a propósito de Benina: *"Amour pur des créatures: non pas amour en Dieu, mais amour qui a passé par Dieu comme par le feu. Amour qui se détache complétement des créatures pour monter à Dieu et en redescend associé à l'amour créateur de Dieu."* (en la página citada).

La anciana pertenece al estamento más bajo de la sociedad (*the lowest social category*) en el que, además, es nueva y temporera; desde ahí "enriquece" de dignidad y de amor al más marginado (al ciego, tiñoso y musulmán Almudena), es sirvienta nata (bonne à tout faire) de impresionante generosidad y elegancia espiritual, sin esperar nada a cambio. Padece la ingratitud más amarga de aquellos a los que sirve; es perseguida y encarcelada. En todo momento mantiene la fe y la seguridad en Dios. Y, llegado el caso, suscita el milagro de una nueva creación: el personaje salvador imaginado (Don Romualdo) adquiere vida, se hace real en un atrevido recurso literario según el cual Benina asume el papel del autor.

Es decir, se halla inmersa en el mundo con un máximo realismo y, al mismo tiempo no es del mundo; dialéctica que no aparece en *Nazarín* ni en *Halma* ni en *Ángel Guerra* en donde los protagonistas –aun incorporando una clara dimensión cristológica- se han alejado de la sociedad y se han enfrentado a ella radicalmente.

Por otra parte, el lenguaje de Benina es el de Jesucristo. Como vimos, son muy numerosas las citas explícitas o las alusiones directas del Evangelio en esta novela (también las referencias al Antiguo Testamento); pero más fuerte aún es el sentido evangélico de toda la acción. La novela termina con estas palabras de la protagonista a Juliana: *"Yo no soy santa. Pero tus niños están buenos y no padecen ningún mal. No llores, Y ahora vete a tu casa y no vuelvas a pecar."* [434]

El paralelismo de "Nina" con la trayectoria y la perspectiva de Jesús es, pues, casi total, aunque la novela no llegue a culminarse en la Muerte y Resurrección (lo que sí sucede, en cambio, en *Nazarín* y en *Ángel Guerra*).

Nos detendremos más adelante en la figura de Don Nazario (:"de Nazaret", si bien el autor ofrece también la ficción de otra posible semántica). Es un creyente presbítero que reúne todas las cualidades de Francisco de Asís y, en consecuencia, del mismo Jesús; en particular, la opción por la pobreza radical, la humildad y mansedumbre, la entrega absoluta a los más pobres y enfermos, la fe en Dios, las curaciones fruto de la misericordia, la persecución de parte de las instituciones oficiales, el acompañamiento puro de piadosas mujeres, la tortura en prisión, el apoyo del

---

[434] PÉREZ GALDÓS, BENITO, *Misericordia*. O.c., pág. 332 Analizando ambos personajes (Benina y Don Nazario), escribe YVAN LISSORGUES: *"¿No son Nazarín y Benina símbolos de Cristo redivivo, a trvés de los cuales remontamos hasta la figura del Redentor? ¿No es todo un símbolo esa lucecita de la santidad de Benina arrinconada en la oscuridad de los barrios de la miseria?* (O.c., pág. 10)

buen ladrón compañero de la tortura y convertido, la mística de la celebración eucarística, el sentido redentor de la cruz... Un sentido que la infortunada Gloria (en el colmo de su injusto sufrimiento) no llega a comprender cuando, abrazada al Cristo de marfil de su cuarto, murmura: *"Señor, ¿es posible que consientas eso? ¿Para esto valía la pena de que expiraras en esa afrentosa cruz?"* [435]

Profunda y acertada es la interpretación hermenéutica que hace el anciano Sarmiento a propósito de la corona de espinas de Jesús: *"Sí, insúltenos usted... Los insultos son coronas inmarcesibles en la frente del justo. Mire usted las espinas que lleva en su cabeza Aquel que está en la cruz."* [436] Lo que conduce al personaje a la lógica del seguimiento del Señor en su Pasión: *"El que era Hijo de Dios sudó sangre; yo, que soy hombre, ¿no he de sudar siquiera agua?"* [437]

Esta visión de Cristo Redentor en la cruz se reitera en las profesiones de fe más hondas, evocando la afirmación paulina (*"no deseo conocer sino a Cristo, y Cristo crucificado"*). Así es la de Don Manuel Flórez, el sacerdote amigo de la condesa Halma (de quien ella acaba de decir: *"no tengo ningún amigo que pueda comparársele en lo afable, en lo cariñoso y servicial"*). Don Manuel: *"No quiero más cruz que la de mi Redentor, a quien no me parezco nada, pero nada. Él era todo amor del género humano; yo, todo amor de mí mismo."* [438]

La acción salvadora de Jesús queda reflejada a veces de una manera simbólica, conjugando la acción de algunos personajes relevantes con la onomástica que desarrollan. Ocurre esto, sin duda, en el drama *Amor y ciencia*, en donde el médico Guillermo (prototipo del científico ilustrado) se experimenta a sí mismo redimido -liberado del hundimiento moral- cuando inesperadamente encuentra un niño deforme abandonado en la calle y acierta a tomarlo en sus brazos (evocando de algún modo al bíblico anciano Simeón que toma en sus brazos a Jesús niño). Decide salvar a ese pequeño y, al adoptarlo como hijo suyo, el bebé que abraza le devuelve la vida. Entonces él lo bautiza con el nombre de "Salvador". Guillermo y todo el mundo de personas que rodean a este personaje llamarán enseguida a la criatura "Niño

---

[435] PÉREZ GALDÓS, BENITO, *Gloria*. O.c. pág.147
[436] PÉREZ GALDÓS, BENITO, *El terror de 1824*. O.c. pág. 146
[437] PÉREZ GALDÓS, BENITO, *El terror de 1824*, o.c., pág. 219
[438] PÉREZ GALDÓS, BENITO, *Halma*, o.c., págs. 219 y 221

Dios" ("tu Niño Dios"); un niño que acoge a Paulina, la esposa infiel del médico, y a Cristín, el hijo de ésta, recomponiendo y colmando el hogar roto.

Pero el pensamiento más explícito de la Redención como obra del Señor y nuestra se hace –con gran intensidad emotiva- en el epílogo de *Gloria* que ya hemos evocado; siempre por el camino del simbolismo y también desde la figura del niño, del hijo ya huérfano de Gloria y de Daniel. El escritor irrumpe emocionado en la trama, toma directamente la palabra y, contemplando al pequeño y el drama de donde procede, se eleva a la misma visión esperanzadora de Isabel (al recibir la visita de la Virgen) y a la del anciano Simeón en el evangelio de Lucas:

"Un precioso niño jugaba en el jardín de Lantigua. Era y es la imagen viva de aquel chicuelo divino, cuyos ojos, tan lindos como inteligentes, miraron con amor al mundo antes de reformarlo. Diríase de él que no nació de madre, sino por milagro del arte y de la fe, recibiendo cuerpo y vida de la ardiente inspiración de Murillo. En Ficóbriga le llamaban y le llaman 'el Nazarenito'... Tú, precioso y activo niño Jesús, estás llamado sin duda a intentarlo; tú, que naciste del conflicto, y eres la personificación más hermosa de la humanidad emancipada de los antagonismos religiosos por virtud del amor; tú, que en una sola persona llevas sangre de enemigas razas, y eres el símbolo en que se han fundido dos conciencias, harás sin duda algo grande. Hoy juegas y ríes e ignoras; pero tú tendrás treinta y tres años, y entonces quizá tu historia sea digna de ser contada, como lo fue la de tus padres." (Final de *Gloria*) [439]

Ambas tramas sugieren una cristología de la Encarnación, la misma que evoca el conocido drama teológico de Paul Claudel *El anuncio a María.*

c) La Pasión y la Muerte de Jesús (la muerte de cada hombre, en última instancia) están presentes en las obras de Galdós; y en bastantes de ellas son el preludio de la Resurrección. Los personajes más humanos del autor atraviesan dolorosísimos via crucis, pero creen en la vida futura plena que inaugura Jesucristo.

De modo simbólico –como es habitual en esta literatura- la andanza de la vida de personajes importantes y queridos adopta la forma de una penosa ascensión a solas hacia el Calvario; y el autor lo expresa con estos términos que aluden a la Pasión de Jesús. Felipe Centeno, Marianela, Isidora (*La*

---

[439] PÉREZ GALDÓS, Benito, *Gloria*, o.c., pág. 471

desheredada), Inés, Lázaro, Bárbara y Leonardo, Gloria, Clara, Electra, Victoria... son entonces el símbolo del camino de la cruz (el via crucis). [440]

En *Nazarín*, cuando se halla el sacerdote injustamente arrojado en el calabozo colectivo y ha sido golpeado brutalmente por los acompañantes, el autor reproduce perfectamente –con excepcional hermenéutica- la breve escena evangélica en que uno de los malhechores también crucificado defiende a Jesús frente al otro, mientras el Señor calla y promete el Reino de Gloria a ese buen ladrón. En la novela, ese crucificado se encarna en el personaje llamado El Sacrílego (porque roba en los templos), mientras que el otro (representativo de aquella mayoría judía de Jerusalén) recibe el nombre de El Parricida (el que mata al Dios padre); ambos nombres de un hondo calado respecto a la crisis religiosa hebrea que llevó a Jesús a la cruz.

"¡Ea!, caballeros, a callar, y oigan lo que les digo –exclama el Sacrílego señalando a Nazarín -. *Sepan y entiendan todos que a este buen hombre que está aquí yo le defiendo, lo mismo que si fuera mi padre; sepan que entre tantos pillos, desalmados y ladrones, hay un ladrón decente que, como tiene alma de hombre cristiano, se pone de parte de este que calla cuando vosotros le insultáis, que aguanta cuando le maltratáis, y que en vez de ofenderos os perdona. Y para que se enteren y rabien, les digo también que este hombre es bueno, y yo por santo le declaro, un santo de Dios."* A lo que Nazarín responde: *"Dios sabe cuánto te agradezco tu defensa. Pero no quiero que te comprometas por mí... ¿Te gustaría variar de vida, no ser criminal, no tener ningún peso sobre tu conciencia?"* Y el ladrón: *"Me gustaría, pero uno no puede; le arrastran..., luego la necesidad. Yo quiero estar con usted, señor."* Las últimas palabras del sacerdote son: *"Piensa en lo que te digo y estarás conmigo."* [441]

La fe en la resurrección de cada uno, que brota implícitamente de la Resurrección de Cristo, es un tema frecuente, casi constante en la muerte de los personajes queridos del autor. Entre los sargentos amotinados del Cuartel de San Gil y llevados a ejecutar (sin el perdón de la reina Isabel) se encuentra el hombre bueno Simón Paternina. De él habla Pepa Jumos, voz popular de la mejor fe que abraza Galdós:

"Su cara bonita y pálida,... y el humo del cigarro subiendo al cielo, nos han dicho que en el morir no ve ya más que un cerrar y abrir de ojos... Va con el

---

[440] V. Pérez Galdós, Benito, *La fontana de Oro,* cap. 37, *El "via crucis" de Clara,* o.c., págs. 358-368
[441] Pérez Galdós, Benito, *Nazarín,* o.c. págs. 222 a 225

alma tan limpia como los tuétanos del oro, y Dios le dirá: Ven a mi lado, hijo mío, siéntate... Por eso, Rafaela, yo no me afligiría tanto. Diría para entre mí: Adios, Simón Paternina, Dios es bueno y me llevará contigo a la Gloria." [442]

Desde la misma extracción humilde de Benina, el marinero Marcial, a punto de ahogarse junto con Gabriel, hundido ya el buque en la batalla de Trafalgar, da razón de su fe que se abre a la seguridad de la vida celeste:

"Ánimo, chiquillo, que esto se acaba. El agua sube y el Rayo se acabó para siempre. La muerte del que se ahoga es muy buena; no te asustes..., abrázate conmigo. Dentro de un ratito estaremos libres de pesadumbres, yo dando cuenta a Dios de mis pecadillos, y tú contento como unas pascuas danzando por el Cielo, que está alfombrado con estrellas, y allí parece que la felicidad no se acaba, porque es eterna, que es, como dijo el otro, mañana y mañana, y mañana, y al otro, y siempre...No pudo hablar más... Cerré los ojos y pensé en Dios." [443]

Sin el acento sencillo y colorista del marino, pero con mayor firmeza y hondura, ésa es también la fe del admirado anciano Sarmiento afrontado a su pasión y muerte, tras un juicio ignominioso como el que padeció Jesús:

"¡Oh! Señor de cielos y tierra; ¡oh! Tú, María, madre amantísima del género humano, a vosotros vuelvo mis miradas, hacia vosotros volaré, llevando en mi diestra la bandera que habéis dado al mundo, la bandera de la libertad por la cual he vivido y por la cual muero..." Y, dirigiéndose a Sola que lo acompaña: *"Hija mía, nos veremos en la Gloria adonde yo he tenido la suerte de ir antes que tú."* [444]

Volveremos sobre el tema de la fe en la resurrección enseguida, al considerar el tratamiento que el autor da a la muerte de sus personajes más representativos.

---

[442] PÉREZ GALDÓS, BENITO, *La de los tristes destinos*. O.c. pág. 10
[443] PÉREZ GALDÓS, BENITO, *Trafalgar*. Episodio Nacional nº 1. (Salvat. Madrid. 1969. Págs. 167-168)
[444] PÉREZ GALDÓS, BENITO, *El terror de 1824*. o.c. pags. 220-221 En *La vuelta al mundo en la 'Numancia'* el protagonista "Diego Ansúrez" dice al moribundo marinero "José Binondo": *"Estás en franquía para vida mejor... ya has comulgado, ya tienes el 'práctico' a bordo."* (Historia 16-Caja de Madrid. 1995. Pág. 76)

Con una perspectiva semejante, cargada también de emoción por el autor, el final del drama *Santa Juana de Castilla* nos deja este diálogo entre la destronada reina de Castilla Juana (intranquila a causa de su propia fe erasmista) y Francisco de Borja, enviado del archicatólico emperador; un diálogo que culmina con la fe pura en Jesucristo:

"(Borja:) -Desechad todo escrúpulo, señora; tranquilizad vuestra conciencia, y ahora, en plena serenidad de vuestro espíritu, confesad la fe de Nuestro Señor Jesucristo. (Doña Juana besa amorosamente el crucifijo y lo estrecha contra su corazón:) Jesús mío, siempre te adoré!... dame la eterna paz...que ansío." [445]

Esta referencia a Jesús y al Evangelio de la Pasión y Resurrección va a ser también una constante de la segunda parte de *Ángel Guerra*. [446]

d) La figura de Jesús y la de María van muy unidas en la perspectiva galdosiana. Nos da la impresión, además, de que Don Benito profesa una sincera y emotiva devoción a la Virgen, y que no por casualidad la surrealista y espléndida alegoría de España y su historia, el personaje La Madre (o Mari Clío), protagonista silenciosa de la última serie de Episodios, aparece en algún momento encarnada como Nuestra Señora de los Dolores. Un escrito de segundo orden (*Crónica de Madrid*) tiene precisamente el más notable texto mariano personal:

"María es la belleza suma, la virtud suma, el ideal de la gracia, de la pureza, del amor; criatura divina, inmaculada, inocente, resplandece en nuestra religión como un astro de luz inextinguible; es nuestro constante consuelo y nuestra esperanza; nos admira y nos redime en la tierra y nos llama en el cielo; es la creación más bella de Dios y la personificación más hermosa de la virtud." [447]

---

[445] Pérez Galdós, Benito, *Santa Juana de Castilla*. (Ed. Fragua. Madrid. 2010. Pág. 77)
[446] V. Pérez Galdós, Benito, *Ángel Guerra*. O.c. págs., entre otras, 361 y 590
[447] Pérez Galdós, Benito, *Crónica de Madrid*. En Obras Completas. Ed. Aguilar. Tomo VI. Miscelánea. Madrid 1971. Pág. 1320 Artículo en *La Nación* de 17/XII/1865 El texto sorprende también porque sigue a una dura crítica del recitado de las letanías del rosario manipuladas por la prensa conservadora católica (*El pensamiento Español*): *"A la Virgen María escarnecen impíamente esos hombres que la invocan para encomendarle empresas que son otros tantos insultos lanzados a la Madre del verbo Divino. Uno le dice que extermine a los liberales..."* Publicado también en *Los artículos de Galdós en 'La Nación'*, de W. Shoemaker, págs. 243-244

Esta expresión es coherente con el hecho de tener repetidamente grabadas las palabras del Ángelus en el mobiliario doméstico que se conserva en la Casa Museo Pérez Galdós de Las Palmas.

La confesión del viejo y admirado maestro Sarmiento, tan citado ya, muestra también esa conjunción de la fe en la Madre y en el Hijo, humanizando ambos a Dios.

Pero son dos personajes femeninos (los más queridos para el autor) quienes mejor muestran el significado que tiene la Virgen en la existencia cristiana: la pobrísima y delicada Marianela y la enérgica y sufriente Electra, las dos manifiestan la fe mariana en sentida oración.

"Marianela –escribe el narrador anónimo- *había personificado todas las bellezas que adoraba en una sola, ideal y con forma humana. Esta belleza era la Virgen María, adquisición hecha por ella en los dominios del Evangelio, que tan imperfectamente poseía… A ella le parecía resumen y cifra de toda la luz del mundo, de toda la melancolía y paz sabrosa de la noche, de la música de los arroyos, de la gracia y elegancia de las flores, de la frescura del rocío, de los suaves quejidos del viento, de la inmaculada nieve de las montañas, del cariñoso mirar de las estrellas… Todo lo bueno venía de la Virgen María, y a la Virgen debía pedirse todo lo que han menester las criaturas… Encarnando en ella la ley moral."* [448]

El texto recuerda evidentemente la letanía mariana que suele acompañar al rezo del rosario. Es cierto que en el personaje la alabanza a María aparece en cierto contraste con la seriedad que le ofrece en ese momento de la obra el ser de Dios; y que el autor está indicando, a la vez, la escasa formación doctrinal religiosa que posee la niña, pero no cabe duda de que expresa una elevada y amable consideración de la Madre de Jesús.

Por su parte, la purísima Electra, gozando prematuramente de su unión con Máximo, reza así mientras prepara un ramo de flores:

"Hoy, Virgen mía, mi ofrenda será mayor; debiera ser tan grande que dejara sin una flor el jardín de mis tíos; quisiera poner hoy ante tu imagen todas las cosas bonitas que hay en la naturaleza, las rosas, las estrellas, los corazones que saben amar… ¡Oh, Virgen santa, consuelo y esperanza nuestra, no me abandones, llévame al bien que te he pedido, al que me

---

[448] PÉREZ GALDÓS, BENITO, *Marianela*. O.c. págs. 168-169

prometiste anoche, hablándome con la expresión de tus divinos ojos, cuando yo con mis lágrimas te decía mi ansiedad, mi gratitud!" [449]

Al final de la crisis que se le avecina, la joven podrá alcanzar los deseos legítimos que ha expuesto en su oración.

Ángel Guerra, en los momentos de mayor exaltación espiritual íntima, se dirige espontáneamente a la Virgen y entona algunos de los más bellos himnos marianos como el Ave maris stella, Dei mater alma, Salve Regina... Más aún, da a esa devoción un estatuto de profunda naturalidad. [450]

La devoción a la Virgen aparece así mismo de manera intensa –como ya vimos- en el Episodio *Zaragoza*, a propósito de la Virgen del Pilar en los Episodios *Zaragoza y Los Ayacuchos*.

e) Otras figuras evangélicas cercanas a Jesús aparecerán también en diversas obras de Galdós, por ejemplo: las piadosas mujeres que lo acompañan (en *Nazarín*; en particular, María Magdalena encarnada en Beatriz), el publicano arrepentido (Juan de Urríes, de *Halma*), el apóstol Pedro (el misionero Gamborena en *Torquemada y San Pedro*), etc [451]

En particular se resalta en más de una ocasión el contraste entre la excelente enseñanza de Jesús y la pobre e insoportable enseñanza de algunos clérigos. A propósito de la educación que está recibiendo el príncipe Alfonso se hace la siguiente crítica: *"El catecismo es sencillo, breve, facilísimo. ¿A qué vienen esas tediosas y pesadas lecciones? Lo que Jesucristo enseñó con aforismos y parábolas de hermosa concisión, ¿por qué lo ha de enseñar Don Cayetano* (preceptor del futuro Alfonso XII) *en días y días con amplificaciones hueras y pesadeces sermonarias?"* [452]

---

[449] PÉREZ GALDÓS, BENITO, *Electra*. O.c. pág. 300

[450] A los consejos de Leré, de acudir asiduamente a la devoción mariana, Ángel responde *embelesado*: *"Invocaré, invocaré. Ahí tienes una devoción que nunca me fue difícil, devoción dulcísima y consoladora sobre todo encarecimiento. Los gérmenes de ella existen en el alma humana, y a poco que escarbes los encuentras donde mismo están las raíces de dolor"* (PÉREZ GALDÓS, BENITO, *Ángel Guerra. Vol. II.* o.c., pág. 572-573. pág. 381)

[451] Del personaje Santiago Íbero, refiriéndose a su visión de la amada Rafaela, enferma de muerte, se escribe: *"Nunca había visto retrato más vivo de la Magdalena, por su expresión de espiritualidad y de sentimiento intensísimo."* (PÉREZ GALDÓS, BENITO, *Montes de Oca*. Episodio Nacional n. 28. Historia 16-Caja de Madrid. 1994. Pág. 150)

[452] PÉREZ GALDÓS, BENITO, *La de los tristes destinos*. O.c. pág. 100

2. Dialéctica de la fe cristiana en los creyentes galdosianos.

Nunca es fácil el análisis teológico del acto y de la virtud de la fe. En la obra de Galdós vamos a encontrar elementos valiosos descriptivos de esa realidad teologal; pero, sin duda, faltan en ella factores teológicos tan referenciales de la fe cristiana como son la escucha de la Revelación (de la Palabra), el seguimiento incondicional del proyecto del Reino, o la convicción gratuita de hallarnos inmersos en la Resurrección de Cristo... Eso no obstante, encontramos aspectos fundamentales de esa fe, distinta del simple sentimiento o de la creencia ciega.

"La fe –escribe Don Benito- *existe siempre y existirá mientras haya hombres en el mundo, porque es esencial en el alma humana."* [453] Pero ¿qué fe?

a) La fe se concibe en bastantes pasajes de los escritos como iluminación interior no precisamente sensible, más cercana a una intuición de Dios que llega al hombre en forma gratuita. *"Afortunadamente* –dice Gabriel de Araceli- *Dios iluminó mi entendimiento en el instante en que el curial se sentó en un desnudo banquillo, poniéndome delante para que respondiera a sus preguntas."* [454] Y en una página del Episodio *Zaragoza*, ya citada anteriormente, el protagonista sustituto de Gabriel exclama en referencia a la vivencia religiosa de Mariquilla: *"Tu corazón, identificado con lo divino, no puede engañarnos."* [455]

Pero la fe, que se nos ofrece a través de signos perceptibles, es un don que debe pedirse a Dios. Con esa claridad formula Soledad tal planteamiento.

"El Señor nos iluminará. Si tú le pidieras con fervor, como yo lo hago, luz, fuerzas, paciencia y fe, sobre todo fe..." *"Me has contagiado de tantas cosas* –le replica el anciano "Don Patricio"-, *que no dudo he de adquirir la fe que tú, sólo con mirarme, me estás infundiendo."* Pero ella continúa: *"Para adquirir ese tesoro no basta mirarme a mí, ni que yo te mire, es preciso*

---

[453] Pérez Galdós, Benito, Carta a La Prensa, de Buenos Aires, de 28/IX/1893, en William H. Shoemaker, *Las cartas desconocidas de Galdós en La Prensa de Buenos Aires*. Ed. Cultura Hispánica. Madrid 1973. Pág. 487

[454] Pérez Galdós, Benito, *La Corte de Carlos IV*. Episodio Nacional n. 2 (Alianza Editorial. Madrid. 1992. Pág. 141)

[455] Pérez Galdós, Benito, *Zaragoza*, o.c. pág. 157 En el Episodio n. 21, *Zumalacárregui*, José Fago, ya convertido y ordenado presbítero, hace esta confesión de fe: *"En mí encendió el Señor un espíritu nuevo, y pude decir: '¡Oh Dios!, en Ti resucito, y te reconozco, y a Ti me entrego"* (Pérez Galdós, Benito, *Zumalacárregui*. O.c. pág. 15)

pedirlo a Dios, y pedírselo con ardiente deseo de poseer su gracia, abriendo de par en par las puertas del corazón..." [456]

El texto tiene una notable hondura teológica; y es evidente que, en labios de una de las figuras más queridas del autor, revela con bastante fuerza el pensamiento de éste.

En consecuencia, parece claro que la fe de la que habla es profundamente interior (no superficial ni institucional): se alberga en el fondo de sí mismo. Ésta es la impresión que nos dejan los grandes creyentes del mundo galdosiano.

b) El acto de fe es descrito con frecuencia (en las obras de Don Benito) como una elevación consciente del espíritu hacia Dios, un alentar con firmeza el pensamiento en Dios. *"Cerré los ojos y pensé en Dios"*. *"Con elevar a Dios mis pensamientos* –sigue diciendo el creyente Gabriel- *se calmaron un tanto las borrascas de mi espíritu... Yo traía a Dios a mi corazón."* [457] En la mayoría de los contextos galdosianos la fe equivale al espíritu esencial del cristianismo, un cristianismo referido directa y personalmente a Jesús y al Evangelio, en contraposición a las manifestaciones exteriores y rituales de una gran parte del catolicismo.

La fe, entonces, viene unida –casi por necesidad- a la esperanza, incluso a la seguridad y confianza plena en Dios. Los personajes-tipo la viven de este modo, tanto en las novelas como en los Episodios. *"La esperanza no abandona al hombre cristiano"*. *"Dios está con nosotros"*. *"Dios abre caminos desconocidos. Es verdad: yo tengo a veces una confianza sin límites."* Son Gabriel y Siseta quienes hablan.[458]

Tal confianza (como vimos al tratar de la oración y de las realidades que expresan a Cristo) se refiere y concreta muchas veces en la figura de María. [459]

---

[456] PÉREZ GALDÓS, BENITO, *El terror de 1824*, o.c. pág. 97
[457] PÉREZ GALDÓS, BENITO, *Trafalgar*, o.c. pág. 131; y *Juan Martín el Empecinado*. Episodio Nacional n. 9 (Alianza Editorial. Madrid. 1998. Pág. 114)
[458] PÉREZ GALDÓS, BENITO, *Gerona*, o.c. pág. 41 y 83. Ver también: *Juan Martín el Empecinado*, o.c. pág.114 y 178; *Trafalgar*, o.c. pág. 131. Las grandes novelas espiritualistas (*Misericordia, Nazarín, Halma, Ángel Guerra*) muestran este perfil de la fe cristiana.
[459] Santiago Íbero, personaje muy estimado por el autor, atribuye a la Virgen su liberación interior: *"Nadie me quita de la cabeza que es ella* (la Virgen del Pilar) *quien mandó a su ángel, a ti, a sacarme de aquel pozo en que me metieron mis horrendas melancolías, a despertarme de aquel sueño, de aquel error en que he vivido...Y ya que voy al Pilar, no saldré de la iglesia, ¡maño!, sin arrancarme ante la Señora con un sinfín de peticiones: gollerías, hijo, que sólo a ella me permito proponer, pues con Dios no me atrevo...,*

En algunos momentos de la creación literaria la fe aparecerá también con un efecto redentor; por ejemplo en la tragedia *Bárbara*.

Predomina, desde luego, la idea de la fe como convicción: como seguridad de que todo sucede conforme al designio (o a la autorización) de Dios, y, en consecuencia, como un acto de acatamiento de esa voluntad divina. Es la fe de algunos personajes ennoblecidos por el autor, como el buen alcalde Ulibarri en el Episodio *Zumalacárregui*. [460] Pero, según estamos viendo (y seguiremos descubriendo) la fe cristiana se concibe, a la vez, como seguimiento auténtico –incluso cierta imitación- de Jesús.

c) Hay una exigencia de firmeza en la posesión de la fe; como si el autor fuera consciente de la facilidad con que ésta puede entrar en crisis. Es la firmeza que pide "Sola" al anciano "Patricio": *"No dudo que creerás; pero no tan vivamente como se debe creer, sobre todo cuando una desgracia nos cae encima."* [461]; la que tiene Lorenza (Leré) y admira Ángel Guerra: *"… firmeza de convicciones, fe ardiente, ciega, como tiene que ser la fe, y capaz de llevarse tras sí las montañas."* [462]

Sólo así la fe se convierte en fortaleza. Salvador Monsalud va haciendo un largo camino de creyente durante la epopeya de su vida, añorando en todo momento el vigor de la fe que tiene Sola (*"Tú tienes una acendrada fe cristiana, que en mí, por mi desgracia, no existe."*); pero, acercándose ya al final de su aventura, convertido provisionalmente en Miguel Servet (pseudonombre de Salvador en el Episodio *Un voluntario realista*), confiesa la fuerza que, al fin, la fe le ha otorgado:

"Tantas, tantas veces me ha librado de inmensos peligros, que he llegado a creerme invulnerable, y siento un valor muy grande para acometer los

---

francamente." (PÉREZ GALDÓS, BENITO, *Los Ayacuchos*. o.c. pág. 216). En un contexto novelístico muy distinto, la inocente "Nela" expresa de esta manera la fe mariana: *"Por las noches, cuando me voy sola a mi casa, voy pensando en lo que será de nosotros cuando nos muramos, y en lo mucho que nos quiere a todos la Santísima Virgen…Yo miro al cielo y la siento encima de mí, como cuando nos acercamos a una persona y sentimos el calorcillo de su respiración. Ella nos mira de noche y día por medio de…, no te rías, por medio de todas las cosas hermosas que hay en el mundo."* (PÉREZ GALDÓS, BENITO, *Marianela*. O.c. pág. 117)

[460] *"Pues Dios así lo había dispuesto (y Ulibarri creía firmemente que lo que le pasaba era por disposición divina), se abrasaba otra vez estrechamente a su resignación, buscando en lo íntimo de aquel abrigo la idea de un morir noble y cristiano."* (PÉREZ GALDÓS, BENITO, *Zumalacárregui*, o.c., pág. 11)
[461] PÉREZ GALDÓS, BENITO, *El terror de 1824*. O.c. pág. 95
[462] PÉREZ GALDÓS, BENITO, *Ángel Guerra. Vol. I.* o.c., pág. 119

trances difíciles. Mi secreta confianza en Dios me ha sostenido durante mi juventud, la más borrascosa que puede imaginarse." [463]

Esta fuerza de la fe aparece igualmente en los personajes de las grandes novelas de espiritualidad de Galdós: en Lorenza (Leré), en el mismo Ángel Guerra (especialmente en los momentos finales de su azarosa vida), en Benina, en Don Nazario, en Halma, en Electra, en Mariucha, en la ex reina de Castilla, incluso en la frágil Marianela o en la vehemente Fortunata y en la paciente Jacinta…*"¿Qué me importan las enfermedades, la esclavitud, los trabajos y el desprecio del género humano* –dice "Leré"-, *si lo que tengo dentro de mí persiste libre y sano y alegre? ¿Qué me importa causar repugnancia a todo el mundo, si Dios me da a entender que me quiere?"* [464]

d) Es importante destacar que la fe cristiana –de la que tratamos ahora- llega a los personajes galdosianos por vía de contacto con creyentes auténticos y amables, es decir, a través del encuentro con signos fehacientes de la presencia divina en el cristianismo. (De alguna forma ésta es ya una fe *ex auditu*). Los grandes convertidos en ese mundo literario (Salvador Monsalud, Luis Santorcaz, Fortunata, Mauricia la Dura, Ángel Guerra, José Antonio de Urrea, Paulina, Máximo, León, etc.) lo son por haber encontrado la fe en las personas que aman. Leonardo, el caballero español de *Bárbara*, la refiere particularmente a su madre: *"Abrazado a la memoria de aquella mujer de inmaculada virtud, he podido buscar y hallar en la fe religiosa el consuelo de mi espíritu y el alivio de mis tormentos."* [465] Y de manera explícita justifica Nazarín esta pedagogía del acceso a la fe:

"A los que poseen la fe, ese don del cielo, toca el conducir a los que están privados de ella… Se necesitan ejemplos, no fraseología gastada. No basta predicar la doctrina de Cristo, sino darle una existencia en la práctica e imitar su vida en lo que es posible a lo humano imitar lo divino." [466]

e) Indicamos antes el enfoque real que Don Benito da al término ateo. Según ese planteamiento el pretendido ateísmo de una gran mayoría (de

---

[463] PÉREZ GALDÓS, BENITO, *Siete de julio*. O.c. pág. 89 y *Un voluntario realista*. O.c. pág. 147 Ver también los Episodios *Zumalacárregui*, o.c., pág. 11; *Montes de Oca*, o.c. pág. 175; *La de los tristes destinos*, o.c., pág. 9-10; etc.
[464] PÉREZ GALDÓS, BENITO, *Ángel Guerra*. Vol. I. o.c., pág. 284. Ángel, que intenta asumir la espiritualidad de Leré, ha comenzado ya lentamente su camino hacia la firmeza de la fe (v. pág. 243)
[465] PÉREZ GALDÓS, BENITO, *Bárbara*. Acto II, escena X, o.c., págs. 194-195
[466] PÉREZ GALDÓS, BENITO, *Nazarín*, o.c., pág.135

autodenominados ateos) coexiste con la fe en Dios, aunque ambos estados del alma parezcan contradictorios. Si por fe entendiéramos la simple aceptación de la realidad divina armonizada con la ciencia, tendríamos que convenir que los personajes polémicamente menos religiosos son creyentes, aunque su fe no tenga las características señaladas por el autor para la fe cristiana. Dos de los tipos más representativos de esta postura, Pepe Rey (*Doña Perfecta*) y Federico Ruiz (*El doctor Centeno*), llegan a identificarse de ese modo. [467] Pero no alcanza esta concordia básica León Roch, apasionado creyente de la ciencia.

f)   Sin embargo, en ocasiones bastante significativas en la obra galdosiana, la actitud de fe (el acto que tiene esa apariencia) manifiesta una grave deformación de la verdadera fe cristiana. Y el autor denuncia este hecho no sin amargura. Da la impresión de que es suya la queja de León Roch: *"Yo iría* (hacia la fe) *con el corazón lleno de gozo, si encontrara en ti a la verdadera mujer creyente para quien la piedad es la forma más pura del amor; yo iría respetando y admirando tu fe, y aun deseando participar de ella. Pero así tal cual eres no quiero, no quiero ir."* [468] (Debiendo tener en cuenta que la ´fe´ hacia la que caminaría León se refiere también a las formulaciones dogmáticas rígidas que tipificaban las creencias de su esposa). Recordemos que María Sudre, dirigida por el Padre Paoletti, ha sustituido el amor del matrimonio por las devociones religiosas. Y semejante es la fe a la que ha llegado al final Gloria, sometida a la tremenda presión familiar.

La más grave deformación del acto y de la actitud creyente es la del que utiliza la fe como cobertura y justificación del asesinato, incluso amparándose en normas de práctica religiosa cristiana y de liturgia. Este es el caso de la imposición legislada del sacramento de la confesión antes de las ejecuciones sumarísimas por parte de los carlistas o de la policía absolutista, o el de la imposibilidad de realizar esa ejecución en días de importante festividad litúrgica. [469]

---

[467] Pepe Rey, *lleno de turbación*, confiesa a su amada: *"Rosario, me estás matando con tus dudas absurdas. ¡Que si creo en Dios! ¿Lo dudas tú?"* (PÉREZ GALDÓS, BENITO, *Doña Perfecta*, o.c., pág. 183)
[468] PÉREZ GALDÓS, BENITO, *La familia de León Roch*. O.c. págs. 102-103
[469] PÉREZ GALDÓS, BENITO. Ver, entre otros, los Episodios Nacionales referidos a las guerras carlistas: *Zumalacárregui, La campaña del Maestrazgo* pags. 25-26. 174...; así mismo *El terror de 1824...*

Y, por supuesto, queda desautorizada la profesión de fe de simple conveniencia: la que crítica el digno presbítero Don Manuel Flores al Marqués de Feramor, primo de Halma: *"¡Creyente! Todos los señores prácticos, políticos y parlamentarios lo son por conveniencia, por decoro y exterioridad."* [470]

3. El problema de la salvación y de la transcendencia de la muerte en la obra de Galdós.

Dos temas cruciales culminan la teología de Dios y de la relación del hombre con Dios y con su devenir: la salvación de la propia vida para la eternidad y el misterio de la muerte en la perspectiva cristiana. Ambos aparecen entrelazados e impregnados de "agonía" y de esperanza a lo largo de la novelística galdosiana (mucho más que en su teatro).

a) El problema de la salvación.

La pregunta sobre el sentido de la vida humana conduce a Galdós (en la contemplación dramática de los personajes) a la cuestión inevitable de la salvación. El tema acuciante de la justificación en la teología del Barroco halla eco también en nuestro escritor: ¿se salva el hombre?; es decir, ¿salva su vida para la eternidad y en ésta se encuentra plenificado por Dios?... Porque queda bastante claro –en él- que el concepto de salvación no se refiere sólo a la liberación de una situación hundida, perdida o amenazante, sino también (en continuidad con la idea paulina) a una plenitud o restablecimiento feliz del ser y de la existencia humana.

Conviene advertir antes el uso inicuo de la palabra "salvar" y de las expectativas salvíficas que hacen determinados personajes del mundo galdosiano (una concepción que, con toda evidencia, el autor rechaza). Para estos la salvación equivale a la profesión de su propia religiosidad y a la ruptura radical de relaciones con quienes mantienen en su conciencia otra fe, otra imagen de Dios o una ética distinta de la oficial; se trata para tales personas (de signo eclesiástico, en general) de salvar de una existencia que consideran pecaminosa y –lo que es peor- de salvar de la condenación eterna. Esta es la concepción de Serafinita y los Lantigua respecto a Gloria y a Daniel (e incluso respecto al hijo de ambos), la de la hebrea madre de

---
[470] PÉREZ GALDÓS, BENITO, *Halma*, o.c., pág. 93

Daniel, la de Doña Perfecta respecto a su hija Rosario, la de Paoletti y Gonzaga respecto a María Sudre y a León Roch, la del entorno de Electra o de Mariucha y la de muchos más a quienes no les importa destruir vidas con tal de que consigan imponer su personal idea de salvación.[471]

El ánimo de Don Benito se enciende entonces ante esa aberración del concepto salvífico. Pero el problema subsiste en sí mismo y él va a abordarlo a lo largo de sus obras.

No existe solución nítida ni cómoda al problema en cuanto al derrotero de la propia vida; y no podía ser de otra manera al considerar seriamente al hombre.[472] El punto de partida es la indigencia: podríamos decir que todos los personajes galdosianos están necesitados de salvación en un sentido u otro, incluidos aquellos que se muestran más enteros. Pero algunos la necesitan imperiosamente para sobrevivir; entre estos, unos finalizan con el horizonte cerrado y no se les da garantía de salvación (Isidora y Pecado en *La desheredada*, Alejandro en *Un joven de provecho*, Martín Muriel en *El audaz*, Doña Perfecta, Doña Juana en *Casandra*, Felicísimo Carnicero de la segunda serie de Episodios, etc.); otros lo tienen abierto (Ángel Guerra, Luis Santorcaz en *La batalla de los Arapiles*, Tito en el último de los Episodios, etc). Y en no pocos persiste la duda: ¿se salvan o se condenan los Torquemada, Bueno de Guzmán, Juanito Santa Cruz, Miquis…?

"*Todo puede ser*", dice el Padre Gamborena cuando fallece Torquemada. En realidad, lo ignora[473]; es decir, a pesar de la sabiduría y el testimonio religioso que lo acompañan, se muestra incapaz de ver si hay salvación o no para el avaro. En cambio, Lucía la invidente y pobre, desde su ceguera y su visión mística, afirma sin la menor duda la salvación de Ángel Guerra.

Como señala José Luis Mora, *"la salvación nunca acaece* (en Galdós) *de manera inesperada sino dentro de un proceso en el tiempo que va*

---

[471] Trata este asunto con cierto detenimiento CARMEN LUCIA ÁLVAREZ en *El amor y el sentimiento religioso en ´Gloria´ de Galdós*, Actas del VI Congreso Internacional de Estudios Galdosianos. 1997. Cabildo Insular de Gran Canaria. págs. 123-133

[472] "La mayor dificultad –escribe J.L. Mora García– *la encontramos al tratar de saber si la religiosidad galdosiana conserva una dimensión salvadora trascendente.*" (MORA GARCIA, JOSÉ LUIS, *Hombre, sociedad y religión en Galdós*, o.c., pág. 118)

[473] Gamborena intenta que Torquemada asuma el verdadero concepto de salvación trascendiendo el deseo de pervivencia y de disfrute de los bienes materiales: *"G.- ¿Qué entiende usted por salvación? T.- Vivir. G.- No estamos de acuerdo; salvarse no es eso. T.- ¿Quiere usted decir que debo morirme? G.- Yo no digo que usted debe morirse, sino que el término de la vida ha llegado y que es urgente prepararse."* (PÉREZ GALDÓS, BENITO, *Torquemada y San Pedro*. O.c., pág. 661-662)

mostrando qué posibilidades existen de redención." [474] La persona que ha desarrollado a lo largo de su vida ese proceso salvífico, albergando una capacidad de recuperación inmediata en los momentos que amenazan perderla –esa persona, como Benina- está a salvo: su existencia es un triunfo sobre el decaimiento, está inserta en la salvación, su vida se ve guardada en Dios [475]; además, con esa actitud se convierte indudablemente en factor de positivo cambio social: el mundo comienza a salvarse desde ella. Esto es importante. La salvación (ahora y después) le parece a Galdós contagiosa: el "sacrílego" (bandido expoliador de iglesias) se salva en contacto con Nazarín sencillamente con decir "quiero"; no importa su vida anterior ni la vida en la que todavía se halla, no es cuestión de haber alcanzado o no determinadas cotas de perfección, es cuestión de actitud esperanzada (de humildad reconocida) y de deseo.

Nos da la impresión de quel autor intenta conjugar lo mejor posible los términos del debate de la Reforma sobre la fe y las obras. Así parece tratarlo en la pieza teatral *Santa Juana de Castilla* de evidente tono erasmista.

En consecuencia, el proceso salvador comienza –siempre según Galdós- en la conciencia individual cuando ésta intenta acercar el hombre a la verdad. Y ese intento define una gran parte de las tramas noveladas; por ejemplo, las de Ángel Guerra, del Conde de Albrit (*El abuelo*), de Torquemada (en *Torquemada y San Pedro*), de Catalina de Artal y de José Antonio de Urrea (en *Halma*), incluso las de quienes no llegan a situarse en tal movimiento (como les sucede a Federico Viera, en *Realidad* , a Isidora, en *La desheredada,* o a Tristana, etc.).

Pero –advertirá Don Benito- el individuo no se salva solo (en solitario); se requiere la comunidad mediadora. El conjunto al que pertenece cada persona es quien debe salvarse y quien salva, puesto que hay una relación estrechísima (causa-efecto, efecto-causa) entre la salvación del todo y la de

---

[474] MORA GARCÍA, JOSÉ LUIS, *Hombre, sociedad y religión en Galdós.* (Ed. Universidad de Salmanca – Cabildo Insular de Gran Canaria. 1981. Pág. 31)

[475] Benina tiene la capacidad de sobrevivir enteramente tras los golpes que podían abatirla: *"Rechazada por la familia que había sustentado en días tristísimos de miseria y dolores sin cuento, no tardó en rehacerse de la profunda turbación que ingratitud tan notoria le produjo; su conciencia le dio inefables consuelos: miró la vida desde la altura en que su desprecio de la humana vanidad la ponía... Se hizo fuerte y grande. Había alcanzado glorioso triunfo; sentíase victoriosa, después de haber perdido la batalla en el terreno material."* (PÉREZ GALDÓS, BENITO, *Misericordia*. Ed. de Santiago Fortuño Llorens, Mare Nostrum. Madrid 2004, pág. 250)

lo particular, conservando cada cual su autonomía e identidad propias. De ahí la importancia que se concede a dos hechos: a la redención de la clase como tal (a la difícil redención de la burguesía especialmente) y a las iniciativas de existencia en común, de convivencia fraterna simbólica (comunidades de Pedralba, en *Halma*, del cigarral toledano de Ángel Guerra, de la residencia de Nuestra Señora de la Indulgencia, en *Pedro Minio*, y la del doctor Guillermo Bruno, en *Amor y ciencia*). Los habitantes de estas comunidades se salvan juntos.

No obstante, en cuanto a la salvación social significada por el equilibrio justo de las clases sociales (equilibrio estimulado por el altruismo), Galdós señala que el acuerdo entre las dos clases rectoras de la sociedad del XIX (la burguesía y la nobleza) se hizo perdiendo ambas su destino histórico para el bien común, perdiendo identidad necesaria e incorporando los errores de una y de otra, razón por la cual ni se salvan como clase (en España) ni permiten que sus individuos se salven. El caso más claro de esta alianza espúrea e inservible es el vínculo que establecen la hidalga familia Del Águila (Rafael, Cruz y Fidela) con el burgués Torquemada creando el islote del Palacio de Gravelinas, en el corazón mismo de la capital pero ajeno totalmente al pueblo madrileño que sigue desamparado (sin salvación) bajo la tiranía de todos Torquemadas. [476] La impotencia para evitar ese enlace funesto lleva al invidente Rafael del Águila a suicidarse. La simbología del drama queda así completa.

Sin embargo, a pesar de la dificultad, lo que sí quiere dejar claro el autor es que hay esperanza de salvación; aunque tal percepción de la teología galdosiana nos vaya apareciendo sólo tras la lectura del conjunto de toda su creación literaria (no a partir de unos determinados escritos).

b) Dimensión transcendente de la muerte. La resurrección en la obra de Galdós.

Implícitamente el tema de la salvación va a venir iluminado por la perspectiva cristiana que Galdós otorga a la muerte y, más en concreto, por

---

[476] Escribe JOSÉ LUIS MORA: *"Galdós aboga por el principiode unidad y critica la falta de cohesión social, pero sólo acepta una armonía donde cada clase guarde sus propios caracteres. Armonía de lo heterogéneo que aporte al organismo social la realización de diferentes funciones. Torquemada es socialmente un desclasado y religiosamente un ser contradictorio. Rompe, por tanto, la coherencia, necesaria tanto para el individuo como para la sociedad."* (Hombre, sociedad y religión. O.c., pág. 35)

la fe en la resurrección que profesan sus personajes más amables; o, al menos, por una enorme esperanza de vida para el futuro que expresa el autor.

Las hondas creencias (o expectativas) y los sentimientos más vivos, incluso las actitudes decisivas, se despiertan en momentos supremos; particularmente en el trance consciente de la muerte. En esa hora pueden llegar el amor o el odio, la esperanza intensa o el más horrible abatimiento, la fe en la inmortalidad y en la resurrección o la caída en el vacío. En definitiva ésa es la palabra suprema y decisiva que importa decir sobre la vida, y la que la reorienta en última instancia.

Hemos aludido a la fe cristiana en el futuro resucitado de la vida, como parte de la visión que Galdós tiene de la figura y del Misterio de Jesús. Conviene contemplar ahora de forma más directa la perspectiva cristiana de la muerte de cada persona tal como aparece en sus obras.

Precisamente en el texto de un drama de corte mitológico (*Alceste*) es donde se configura con la mayor lucidez el sentido vitalista y cristiano del morir. Dice Cleón, escandalizando a los sabios que le rodean y al sacerdote de Delfos:

"Pero ¿teméis a la muerte?... Ésta no es más que una palabra, el nombre que damos a la transformación de la materia universal. Los seres humanos son tan inmortales como los dioses... Pero su inmortalidad es apreciable tan sólo para nuestra razón, no para nuestros sentidos.... La muerte es el tránsito de una vida a otra vida por el campo infinito de los espacios." [477]

Las palabras *transformación* y *tránsito* evocan toda la teología paulina que Galdós ha subrayado en su Biblia: *"Él (Cristo) transformará nuestra condición humilde según su condición gloriosa (Flp. 3,20) Por Cristo todos volverán a la vida (1 Cor. 15,20)... Hemos pasado de la muerte a la vida porque amamos a los hermanos (1 Jn.3,14)"*.

¿Quiénes mueren, por qué y cómo mueren muchos personajes en el mundo galdosiano?

En pequeña proporción ocurre simplemente (y no por ello de forma menos dolorosa) que las personas desaparecen –salen de la escena ficticia y real a la vez- porque ya no tienen nada que hacer allí, han agotado su existencia válida. Es la muerte de Marianela o la de Fortunata; también la de Alejandro Miquis (en *El doctor Centeno*), o la de Rafael del Águila que se suicida porque no puede evitar la ignominia por la que han optado sus

---
[477] PÉREZ GALDÓS, BENITO, *Alceste*. Acto III, escena III. Obras Completas Ed. Aguilar. Tomo VI. Madrid 2005. Pág.782

hermanas (uniendo sus vidas a la de Torquemada). Estas muertes buscan el vacío, no incluyen sentido ni trascendencia, apenas son cristianas.

Encontramos también (en la narrativa o en la escena galdosiana) descripciones y vivencias de muertes atroces, demoledoras de la persona que muere y del contexto que las circunda (algo así como la muerte de La Celestina en la tragicomedia clásica). Esa es, tras muchos vaivenes, la muerte de Francisco Torquemada y, por supuesto, la de Doña Juana de *Casandra*, impenitente de su soberbia, fanatismo y crueldad, maldiciendo a la joven. [478] La lectura de tales vivencias, descritas en el curso de una fuerte dramática, nos deja la impresión de que atemorizan al autor.

Es también el caso de la muerte de Carlos Navarro odiando a su hermanastro Salvador (que lo viene acompañando en su enfermedad con una caridad heróica); un odio motivado sólo por cuestiones políticas y por celos (Episodio último de la segunda serie). La muerte de Juan Lantigua (*Gloria*) y la del Conde de Cerezuelo *(El Audaz)* [479], ambas sumidas también en el odio injustificado a personas inocentes, desencadenado por una falsa concepción de la religión o de la honra.

En todas estas narraciones la muerte del personaje termina destruyéndolo. No hay más. [480]

Pero es muy otra la muerte que quiere mostrarnos Galdós y en la que se recrea la descripción dejando entrever identidades ocultas del autor con el personaje. Es la muerte como tránsito de la existencia terrena a otra definitiva, vivida, pues, con profunda esperanza y frecuentemente con la fe en la resurrección inmediata; aunque esta fe no alcance toda la connotación cristiana, no pretenda dar explicación alguna al nuevo estado de vida gloriosa (más allá de los símbolos o metáforas que emplea), ni llegue a formular la fe en la resurrección como creencia primordial y determinante del cristianismo. [481]

---

[478] Ver PÉREZ GALDÓS, BENITO, *Torquemada y San Pedro,* IIIª Parte, cap. 10, o.c. págs. 663-668. Ver la escena última de *Casandra* (teatro), o.c. págs. 316-317
[479] V. la descripción de la muerte de Cerezuelo que hace su propia hija Susana en el cap. XXVI de la novela (*El audaz,* o.c., pág. 277)
[480] Puede verse el estudio de PETER G. EARLE, *Pérez Galdós: meditación de la muerte,* Actas del II Congreso Internacional de Estudios Galdosianos. 1978. Cabildo de Gran Canaria. Las palmas, pág. 49-59
[481] En las obras de 1871 el autor no llega a presentar la fe en la resurrección con perspectiva cristiana; sólo la fuerte intuición de una vida futura mejor. Es la fe de Susana en las circunstancias trágicas del final de su vida: *"Susana, que siempre había pensado poco en la otra vida, y era algo irreligiosa en el fondo de su alma, creyó en aquellos momentos en la inmortalidad del espíritu. Algo parecido a la alegría la animó*

Por una parte, la muerte se normaliza (intenta que se naturalice); por otra, se eleva a una dimensión transcendente, más allá de las evidencias razonables y de los sentimientos humanos. [482]

Podemos interpretar este tratamiento del morir (igual que bastantes otros aspectos de la creación galdosiana) como algo enraizado en las grandes cimas de nuestra literatura hispana. Concretamente, en la muerte del Cid (según consta en el último canto del Cantar de Gesta), en la de Don Rodrigo (primera y última estrofas de las Coplas a la Muerte de su padre, de Jorge Manrique), en la de Don Quijote (último capítulo de la segunda parte de la obra)... En los tres casos aludidos el protagonista muere entregando su alma al Creador para recuperarla gloriosamente, incluso situándola (por artificio literario) en la Pascua de Resurrección.

De manera semejante se narran las muertes de Mauricia la Dura (*Fortunata y Jacinta*), de María Egipciaca (*La familia de León Roch*), de Ángel Guerra, de Montes de Oca (Episodio de su nombre), de Patricio Sarmiento *(El terror de 1824)*, de Beltrán de Urdaneta -que no llega a producirse- (en *La campaña del Maestrazgo*), la de Susana de Cerezuelo (*El audaz*), la de Alejandro Miquis, tal como la percibe el paciente Ido del Sagrario (*El Doctor Centeno*), la de la mitológica reina Alceste y la de "santa" Juana, la abandonada reina de Castilla... En todas ellas el autor

---

brevemente, y por su cuerpo corrió una sensación extraña, como la que se experimenta al creer que un cuerpo invisible nos toca y pasa..." (PÉREZ GALDÓS, BENITO, El audaz. Cap. XXX. O.c., pág. 308)

Esta misma fe en la inmortalidad es la que recuerda el amanuense Ido del Sagrario al joven Felipe Centeno, cuando éste se revuelve airado por el desacato que supone haberse apropiado alguien de la levita con que iba amortajado su señor e íntimo amigo Alejandro Miquis: *"Nunca menos que en esta ocasión ha necesitado tu bendito amo del abrigo y confortamiento de una levita... No le quitara Cirila a tu amo su glorioso vestido de inmortalidad, ni el espíritu excelso de Miquis padecerá de frío en las regiones invisibles, intangibles e inmensurables."* (PÉREZ GALDÓS, BENITO, El Doctor Centeno, o.c., pág. 340).

[482] *"Lo que llamamos muerte –dice Gamborena a Torquemada- es un hecho vulgar y naturalísimo, un trámite indispensable en la vida total, y considero que ni el hecho ni el nombre deben asustar a ninguna persona de conciencia recta."* (PÉREZ GALDÓS, BENITO, Torquemada y San Pedro. O.c., pág. 527) Y cundo llega el momento supremo: *"Hermano mío –le dijo Gamborena-, más propia de un buen cristiano es en estos instantes la alegría que la aflicción. Considere que abandona las miserias de este mundo execrable y entra a gozar de la presencia de Dios y de la bienaventuranza.."* (idem. pág. 662). En otro texto de menor envergadura, el grato pesonaje *Mestre Cubas,* pasa con alegre naturalidad de lo terrestre a lo celeste: *"Luego viene el gran día, el Corpues Christi del campo, la vendimia, que es la faena para la cual hizo Dios el mundo... Para mí la vida toda está en esta deliciosa madurez del año, en esta tarde placentera que al darnos el fruto de los trabajos de la mañana nos anuncia una noche tranquila, límite de la vida mortal y principio de la eterna y gloriosa."* (Tropiquillos. Ed. de Cátedra. Madrid 2004, pags. 221-222)

expresa con claridad su convicción de que esa muerte es vida, es paso a una existencia nueva, feliz y definitiva en Dios; es decir, es prenda de resurrección (según vimos en textos explícitos citados antes).

Un diálogo poético entre Nela y Pablo (*Marianela*) dota de ingenuidad y transcendencia a la vez a esa visión de la muerte:

(Nela) – "Las estrellas son las miradas de los que se han ido al Cielo.
(Pablo) – Entonces, las flores...
(Nela) – Son las miradas de los que se han muerto y no han ido todavía al Cielo. Los muertos son enterrados en la tierra. Como allá abajo no pueden estar sin echar una miradilla a la Tierra, echan de sí una cosa que sube en forma y manera de flor." [483]

Distinta, sin embargo, pero dotada de gran densidad cristiana va a ser (cuando llegue inesperadamente) la muerte de la niña, amarga y dolorosa, rayando en el misterio más hondo de la fragilidad humana, porque se muere "de muerte": porque se está muriendo de dolor en el alma, de absoluta incomprensión de su destino y, al mismo tiempo, de entrega y bendición a los dos seres que más ama, a Pablo y a Florentina (que involuntariamente le ha robado el amor del invidente). Muere poniendo sobre su pecho las manos de ambos jóvenes.[484]

Y aun tratándose de un personaje quijotesco puro, se ofrece la muerte de Patricio Sarmiento como prototipo del sentido vitalista y transcendente de esa hora última de la existencia humana. El anciano liberal la vive con una admirable naturalidad y apertura creyente: como resurrección, como liberación personal y como ofrenda fecunda de la propia vida.

"No desmayes, no muestres dolor -le dice a la afligida ahijada Sola-, *porque soy digno de envidia, no de lástima... Figúrate el regocijo del desterrado que anda y camina, y ve al fin la torre de su aldea. Yo estoy viendo ya la torre de mi aldea, que es el Cielo, allí donde moran mi padre, que es Dios, y mi hijo Lucas que goza del premio dado a su valor..."* Y dirigiendo una oración a la Virgen se expresa de este modo: *"Gracias, Señora, yo demostraré ahora que si mi muerte ha de ser patriótica y valerosa para que sea fecunda, también lo ha de ser cristiana"... "Muero por la libertad como cristiano católico. ¡Oh Dios, a quien he servido, acógeme en tu seno!".* Patricio muere amando a los que lo rodean y, aún mas, amando al mundo:

---

[483] PÉREZ GALDÓS, BENITO, *Marianela*, o.c. pág. 116
[484] V. PÉREZ GALDÓS, BENITO, *Marianela*, cap. XXI, especialmente págs. 236-239 o.c.

"El género humano merece mi mayor interés. La dicha del Cielo no sería completa si desde él no contempláramos la constante labor de este pobre género humano, sin cesar trabajando en mejorarse. Los que de él salimos no podemos dejar de enviarle desde allá arriba un reflejo de nuestra gloria, sin lo cual se envilecería...Hay que pensar en el género humano de hoy, que es el coro celestial e inmenso de mañana, y todo hombre es la crisálida de un ángel".

La escena puede concluirse con la impresión que recibe Sola al ver y escuchar a Sarmiento:

"No acertó a decir una palabra (más) sobre aquel tema, y su viejecillo bobo se le representó entonces grande y luminoso, cual nunca lo había visto; más respetable que todo lo que como respetable se nos presenta en el mundo."
[485]

Los textos hablan por sí mismos.

Esta visión de la muerte aúna dos temas fundamentales de la escatología cristiana: la resurrección personal, apoyada en la resurrección de Jesús, y la comunión de los santos.

Junto a la lucidez y serenidad del trance de muerte surge la estrecha relación con los quienes rodean al personaje y la apertura creyente a otra relación que va a iniciarse con Dios. Son temas frecuentes en la narración de los últimos momentos de la existencia de personajes queridos o respetados por el autor. Además de Patricio Sarmiento, tipos tan diferentes como el general carlista Tomás Zumalacárregui, el marinero Binondo (adlátere del protagonista Diego Ansúrez) o el apasionado fundador Ángel Guerra, todos ellos (y algunos más ya mencionados), expresan esas constantes; es decir, manifiestan el pensamiento de Galdós sobre la posible transcendencia de la muerte, dotada ésta de un sentido positivamente humano y cristiano.

Con emoción describe el narrador la muerte de Zumalacárregui, uno de los pocos carlistas que es admirado por el escritor.

"Con medias palabras, pues enteras difícilmente podía pronunciarlas, Don Tomás, conservando su entereza moral, les dijo que se moría, y ordenó que se hiciese pronto, pronto, lo conveniente al caso. Lo primero fue la asistencia religiosa. El párroco recibió la breve confesión, y sin pérdida de tiempo entró el escribano, que consternado y lloroso, como todos los demás,

---

[485] Pérez Galdós, Benito, *El terror de 1824*, o.c. págs. 196-197, 223 y 211 respectivamente.

se limitó a preguntar al moribundo: 'Señor, Don Tomás, ¿qué deja usted, y cuál es su última voluntad?' Con la apagada voz que le quedaba, respondió el General: 'Dejo mi mujer y tres hijos, únicos bienes que poseo. Nada más tengo que poder dejar'. En tan aflictivas circunstancias, pudieron apreciar los que tal frase oyeron la soberana modestia del héroe, mas no el profundo humorismo con que había expresado su pensamiento... Cuando el General recibió a Dios diríase que la impaciente vida se le mantenía suspensa, en espera de un acto que las creencias del moribundo hacía inexcusable." [486]

El final de *Gloria* (ya citado antes) sirve al autor para hacer una clara afirmación de esta fe:

"¿Encontraría su ideal más allá, donde alguien la esperaba impaciente y quizás con hastío del Paraíso mientras él no fue?... Es preciso contestar categóricamente que sí o dar por no escrito el presente libro... Y, en tanto ¿no debemos aspirar a que sea verdad en lo posible lo que soñaron la enamorada de Ficóbriga y el loco de Londres?" [487]

En contexto muy distinto Diego Ansúrez afronta con una visión semejante la situación de muerte de su amigo Binondo, aconsejando para esa hora una radical sinceridad (a propósito de algún asunto de conciencia pendiente), condición ineludible para asentar la esperanza: *"Ya sé, ya sé, que no has de ocultarme la verdad. Estás en franquía para la vida mejor, ya tienes el práctico a bordo... No has de salirte con embustes, porque si lo hicieras, llevarías tu alma llena de contrabando, y el contrabando ya sabes que no pasa en aquellas aduanas."* Más adelante, en la obra, es el mismo Binondo –recuperada su salud- el que aconseja:

"Yo te aseguro que, al llorar a nuestros queridos compañeros difuntos, debemos también envidiarlos, porque ellos están ya gozando de Dios, y nosotros aquí quedamos como pobres desterrados, navegando, y muriendo sin morir... Dios cuida, ya lo sabes, de dar su diario sustento al pajarillo y también al pececillo..., y quien dice pececillos, dice ballenas, tiburones y tintoreras... En verdad te digo que debemos envidiar a los muertos, porque, al morir por la bandera, quedaron absueltos de sus culpas, y en la gloria están todos ya, salvo algún renegado a quien echen cuarentena en el lazareto del purgatorio." [488]

---

[486] PÉREZ GALDÓS, BENITO, *Zumalacárregui*, o.c., págs. 228-229
[487] PÉREZ GALDÓS, BENITO, *Gloria*, o.c., pág. 471
[488] PÉREZ GALDÓS, BENITO, *La vuelta al mundo en 'La Numancia'*, o.c. págs. 76 y 188

En ese medio (la marina de combate) otro marinero, el viejo conocido Marcial, que muere en Trafalgar, encara su muerte inminente (a bordo del barco que se hunde) con idéntico temple espiritual, con serena y graciosa tranquilidad y con fe tan ingenua como firme. Recordamos las palabras ya citadas que dirige al grumete Gabriel:

"Dentro de un ratito estaremos libres de pesadumbres, yo dando cuenta a Dios de mis pecadillos, y tú contento como unas pascuas danzando por el cielo, que está alfombrado con estrellas, y allí parece que al modo la felicidad no se acaba nunca, porque es eterna, que es como dijo el otro, mañana y mañana y mañana y al otro y siempre..."[489]

La muerte, en fin, es vista -con extraordinario realismo y profundo valor- en cuanto vivencia clarividente de la propia verdad, una verdad que devuelve la identidad personal y al mismo tiempo introduce en la identidad definitiva y transfigurada del ser. Aludimos en otro lugar a la muerte de Luis Santorcaz, el padre de Inés, en brazos de su hija, de Amaranta, la esposa perdida, y del ya maduro Gabriel. [490]

Pero en donde Galdos mejor describe y analiza ese estado del alma (el del retorno a la verdad radical de la persona en ese trance supremo) es en la novela *Ángel Guerra*. El protagonista Ángel ha vivido la última larga fase de su aventura intentando asumir con honradez una vocación religiosa y sacerdotal (una mística llena de sentido renovador) porque, sin reconocérselo a sí mismo, ama lo imposible: ama a Lorenza, religiosa de autenticidad plena, y, por tanto, inaccesible para una relación matrimonial. En tal coyuntura la imitación ingenua de la mejor religiosidad le parecía la única opción viable; pero (igual que le sucede a Catalina de Artal en *Halma*) no era ése el verdadero camino, por muy avanzado que estuviera en él. Ahora, la inesperada e inminente muerte (ocasionada por una agresión asesina) es recibida por Ángel como la luz que necesitaba su ser. La recibe así y la abraza con una gran paz y como una circunstancia absolutamente providencial de parte de Dios.

"Ya sé que me muero, me lo dice mi propia máquina, desgobernada ya y rota. El morir no me asusta. Al contrario, entendiendo voy que es mi única solución posible. La muerte resuelve el problema de mí mismo, embrollado por la vida. Me resigno y bendigo a Dios que me ha traído a este fin, porque

---

[489] PÉREZ GALDÓS, BENITO, *Trafalgar*, cap. XV. o.c. pág. 130
[490] Ver: PÉREZ GALDÓS, BENITO, *Los Arapiles*, o.c. cap. XXXIX, o.c., págs. 255-264

así conviene a la justicia, a la lógica y al descanso de mi alma... Sí, estoy muy tranquilo. Mi conciencia es ahora como un espejo. Veo con absoluta claridad todo lo que hay en el fondo ella... ¡Y cuán a tiempo me voy de este mundo! El golpe que he recibido de la realidad, al paso que me ha hecho ver las estrellas, me aclara el juicio y me lo pone como un sol. ¡Bendito sea quien lo ha dispuesto así!" (cita n. 510)

Ángel muere dormido, pocas horas después de esas palabras, antes de que llegue el Viático. Entre los personajes que lo acompañan en la casa está –ajena a la situación- una ciega de condición muy humilde, Lucía, dotada de visión interior; cuando le comunican la noticia, esta mujer relativiza la ausencia de la Comunión y dice: *"Lo sabía.. Poco antes de llegar el Señor (el Viático), vi que el amo se transportaba... Se encontraron un poquito más allá de la puerta, y juntos se subieron. Recemos..., por él no, por nosotros."* [491] Así finaliza la narración del capítulo y se pone punto final a una de las obras más extraordinarias de Don Benito.

Sin embargo, como ya indicamos arriba, es en la tragicomedia *Alceste* (escrita y representada seis años antes de la muerte del autor) en donde surge –como un grito- la fe en la resurrección, tipificando simbólicamente dos hechos de índole cristiana: la entrega voluntaria a la muerte para la salvación del pueblo (: la unidad y la pervivencia del reino, unido y encarnado en el rey justo Admeto) y, en consecuencia, el despliegue de la fuerza divina resucitadora sobre Alceste que ha dado su vida por esa causa. [492]

Esta perspectiva de la muerte redentora que genera vida aparece también de modo atenuado en otras dos piezas teatrales, en *Bárbara* (también de corte clásico griego) y en *La loca de la casa*. Pero en éstas la muerte voluntaria no es un acto que acabe en sí mismo (un accidente último) sino una situación que se prolonga, un estar muriendo inacabablemente.

---

[491] PÉREZ GALDÓS, BENITO, *Ángel Guerra*, vol. II. O.c. págs. 635. 639 y 651 respectivamente.
[492] Ver PÉREZ GALDÓS, BENITO, *Alceste,* Acto II, escena IXª y Acto III, cuadro II. La obra termina así: *(Alceste.- (poniéndose en pie y elevando sus ojos y brazos al cielo) ¡Bendito sea el héroe que con su voz potente me restituye al seno amoroso de la santa Humanidad!* (PÉREZ GALDÓS, BENITO, o.c. pág. 785). Es de notar que el héroe que devuelve a la vida a Alceste es el semidios Hércules, que ha optado por morar entre los hombres y a favor de los hombres; y sorprende que la reina emplee la expresión *santa Humanidad.*

A lo largo de este breve recorrido por la muerte en la creación galdosiana nos queda la impresión de que el autor ha ido preparando – serenamente, con la fe de sus personajes- su propia última hora y, como Lucía (la ciega de *Ángel Guerra*), se ha provisto de la luz interior para los años finales de su continuo deambular por Madrid y por España, apagados ya sus ojos y encaminado hacia su tránsito final.

*

Concluimos este importante análisis de la visión y del pensamiento que Benito Pérez Galdós tiene sobre el problema humano de Dios, sobre el Dios del cristianismo, y sobre la religiosidad, la religión y la fe.

A lo largo de la amplia selección de textos citados (casi doscientos en este capítulo) hemos podido comprobar la extensión y profundidad, la riqueza lingüística y el realismo, la densidad y acierto de una teología cercana, inteligible, próxima a la sabiduría brindada por el Vaticano II (mucho más que a los postulados del Vaticano I y del antimodernismo en cuya atmósfera vieron la luz todas las obras que estudiamos).

Contando con esta perspectiva de fondo proseguimos ahora el camino emprendido, intentando escrutar el perfil existencial del cristiano tal como aparece en la creación galdosiana.

6
La literatura de Galdós como memoria ética cristiana

Elaborar y mostrar el perfil existencial del hombre íntegro y del creyente cristiano es tarea compleja: no resulta fácil establecer el límite entre lo caracterial o natural y los valores específicamente espirituales o cristianos. Intentar esa clarificación a partir de los escritos de Galdós resulta, sin embargo, apasionante; porque en ello emplea el autor los mejores recursos de su narrativa.

Las opciones del autor en este terreno son muy precisas, incluso contundentes, sin dejar espacio a la ambigüedad, tanto al abordar el delicado tema de la conciencia moral, como al desarrollar esa conciencia a través de las dinámicas del amor, de la justicia y de la no violencia. Ofrece la impresión de que en el tratamiento ético hallamos la verdadera propuesta alternativa radical a la reeducación de la sociedad y del catolicismo español del XIX.

La ética es la base sustentante y convalidante de toda religión que merezca este nombre; también del cristianismo, del mensaje de Jesús (que no se configura en sus orígenes precisamente como religión). A tal respecto el pensamiento del Nuevo Testamento es diáfano: *"Habéis sido llamados a la libertad; sólo que no toméis de esa libertad pretexto para la carne; antes al contrario, servíos por amor los unos a los otros. Pues toda la ley* (la religión) *alcanza su plenitud en este solo precepto: Amarás a tu prójimo como a ti mismo" (Gal 5,13-14), "El que ama al prójimo ha cumplido la ley" (Rom 13, 8)....* El planteamiento genuino cristiano será un desglose de ese principio moral que incluye la construcción de un orden social basado en la auténtica justicia, en el amor solidario y la paz (el Reino de Dios predicado por Jesús), más allá de la institucionalización religiosa (que, en todo caso, deberá quedar supeditada al mensaje esencial).

La propuesta de Galdós -en términos parecidos a la filosofía de Emilio Lledó- sería recuperar la decencia en este país y, para ello, afrontar la corrupción más grave que venimos padeciendo: la corrupción de la mente, de las neuronas en las que se instala la ignorancia y la mentira; y hacerlo recuperando la naturaleza e, inserta en ella, la ética más pura del cristianismo.

Esta segunda perspectiva la plasma en su creación literaria de dos formas: una, directa, ofreciendo la tipología del verdadero creyente en Jesús (sobre la base de una correcta moralidad básica), y otra, de manera indirecta, llevando al lector a un rechazo de determinadas existencias carentes de valía personal y de fe cristiana (vidas que se presentan a sí mismas como católicas, sin tener razón alguna para apropiarse tal calificativo).

Encontramos un amplio panorama de personajes que encarnan a la vez la doble y elevada categoría: la nobleza humana y la cristiana. Y aunque no siempre resulte fácil fijar las características propias de la exclusiva dimensión creyente, no obstante, nos parece que existen en la obra galdosiana signos más que suficientes para señalar el perfil de un verdadero seguidor del evangelio de Jesús.

Con perspectiva precisa y acertada de lo que constituye ese perfil, el escritor opta por la metodología de presentar referentes modélicos. A la cabeza de los personajes que encarnan en alto grado esta condición están seguramente Benina (de *Misericordia*) y Sola (segunda serie de Episodios), prototipos de la secularidad cristiana, y Nazarín y Leré (*Ángel Guerra*) desde la vida consagrada a Dios. En el prólogo a la edición de 1913 de *Misericordia* el autor mismo califica a la anciana criada como *"del más puro carácter evangélico"* [493]. Las señas de identidad de estos cuatro son: indiscutible honestidad humana, solidaridad, pobreza personal asumida, justicia, bondad hasta la caridad heróica, equilibrio caracterial, y saludable fe en Dios; siendo el amor la fuerza motora de su moral.

En en un segundo pero importantísimo plano de valor referencial (y con suficiente densidad de protagonismo) se sitúan Gabriel de Araceli, Salvador Monsalud, Benigno Cordero, Demetria, Fernando Calpena, Santiago Íbero padre, Diego Ansúrez, Montes de Oca, el Gran Capitán, Patricio Sarmiento… (en los Episodios), Marianela, Lázaro y Clara, Pepe

---

[493] PÉREZ GALDÓS, Benito, Prólogo a *Misericordia*, en *Ensayos de crítica literaria*, Ed. Península. Barcelona 1971, pág. 224 (Recopilación de ensayos de Galdós).

Rey y Rosario, Máximo Manso, León Roch, Horacio Reynolds, Ángel Guerra, Don Tomé, Catalina de Artal, Manuel Flórez, Gamborena, Daniel Morton, Guillermina, Jacinta... (en las novelas), Sor Simona, Electra y Máximo, Mariucha y León, Sor Elisea, Victoria, Alceste... (en el teatro).

Es decir, una larga lista de nombres cuyas existencias (siempre dramáticas) tejen o alumbran el tipo de persona íntegramente cabal capaz de salvar o de reorientar tres valores al mismo tiempo: el concepto de hombre, la configuración de la sociedad y el catolicismo hispano.

El excelente personaje Benigno Cordero, coprotagonista de la segunda serie de Episodios Nacionales, buen creyente. lo expresa con su habitual claridad y sentido práctico:

"El cumplimiento estricto del deber en las diferentes circunstancias de la existencia es lo que hace al hombre buen cristiano, buen ciudadano, buen padre de familia. El rodar de la vida nos pone en situaciones muy diversas, exigiéndonos ahora esta virtud, más tarde aquella..., respondiendo según podamos a lo que la sociedad y el Autor de todas las cosas exigen de nosotros. A veces nos piden heroísmo, que es la virtud reconcentrada en un punto y momento; a veces paciencia, que es el heroísmo diluido en larga serie de instantes." [494]

La visión a la que nos aproximamos ahora (el perfil justo de la persona y, en particular, del creyente cristiano) nos brindará la clave de interpretación necesaria para entender la teología galdosiana, es decir: su perspectiva acerca de los temas eclesiales y del posible carácter alternativo de la existencia cristiana, como réplica a planteamientos usuales en el catolicismo español del siglo XIX.

Debemos aclarar que la intención de Galdós -a lo largo de toda su creación- no es directamente describir la fisonomía del seguidor de Jesús (como si resolviera un problema teológico pendiente)... Es verdad que multitud de páginas incluyen ese carácter, pero su obra la concibe, por encima de todo, como un servicio a la construcción de una moral social (hecha lo más posible de individualidades); una moral básicamente laica, aunque beba también en las fuentes del Nuevo Testamento y de la Iglesia patrística (no sólo en el krausismo). Una moral capaz de alentar una nueva y más justa convivencia entre los españoles, con independencia de los valores religiosos que la acompañen.

---

[494] PÉREZ GALDÓS, BENITO, *Los Apostólicos,* Episodio Nacional n. 19. O.c. págs. 10-11

Él propone sin cesar al ciudadano -y al creyente en particular- esas dimensiones constitutivas de una vida coherente con la dignidad humana y no ajenas al Evangelio, desde luego. Lo hace con máximo realismo dramático y con talante educativo dirigido a los lectores de su tiempo y del futuro. Su obra es precursora de la secularidad que la sociedad y la iglesia necesitaban en España. Los profesores Gustavo Correa y José Luis Mora expresan –con la penetración que les caracteriza- esta doble perspectiva de la obra galdosiana. [495]

Dicho esto, podemos ya observar que la fisonomía del verdadero seguidor de Jesús parece situarse en estos niveles decisivos de comportamiento y de estado de espíritu: la armonía con la naturaleza y la conciencia moral recta, el amor hasta el grado de verdadera caridad, la justicia (con una opción clara por los desgraciados de este mundo) y la postura radical de no violencia. Cada uno de estos paradigmas encuentra en Galdós un desarrollo teológico. Su estudio va a constituir las cuatro partes de este capítulo.

1. El estatuto de la conciencia moral en Galdós.

Teología existencial básica en la obra de B. P. Galdós.

Para Galdós el hombre –el creyente, en particular- debe ser *un hombre de notable rectitud moral.*

Es obvio que la moralidad define al ser humano desarrollándolo hasta una altura insospechada, y que la inmoralidad lo degrada. Así van

---

[495] *"Con el realismo literario, Galdós encontró la piedra de toque que le había de permitir auscultar con toda precisión estados de conciencia de sus conciudadanos y adentrarse plenamente en la verdad de su nación... También significaba este encuentro que el autor se imponía voluntariamente un programa de autenticidad personal en la construcción de su mundo de ficción dentro de su anhelo de realizar una misión en la esfera literaria y en el panorama moral de su país."* (CORREA, GUSTAVO, *La concepción moral en las novelas de Pérez Galdós*. Rev. Letras de Deusto. Vol. 4. Num. 8. 1974. Pág. 5)
"La religión, problema y solución, causa de nuestros enfrentamientos pero nervio de nuestra historia, debía quedar reducida a moral social, compartida, sin exclusiones: moral laica, es decir, sostenida por las conciencias, sin pretensiones de construir una iglesia nacional alternativa, tan inviable como inútil para resolver el problema de la integración... Pero la lección debía aprenderse colectivamente y practicarse como pueblo." (MORA GARCÍA, JOSÉ LUIS, *Galdós y el llamado "problema de España"*. Actas del VI Congreso Internacional de Estudios Galdosianos.1997. Cabildo de Gran Canaria. pág. 509)

apareciendo en la escena del mundo de Don Benito –con un sentido u otro- el millar de personajes que lo pueblan. El tratamiento de la moral está presente en toda su obra. Escogeremos ante todo, para acercarnos a su pensamiento ético, aquellos tipos que mejor expresan la exquisita conciencia moral que les guía, una conciencia que en muchas ocasiones viene iluminada por la fe en el Dios de Jesucristo. Y señalaremos también, al final, los personajes y las escenas que destacan por un bajísimo nivel ético; la enseñanza moral, en estos casos, se articula mostrando la penosa degradación o perversión de la conciencia, como le ocurre a Isidora Rufete y a su hermano Mariano (de sobrenombre "Pecado") en la extraordinaria narración de *La desheredada*.

Para nuestro escritor lo moral se halla en estrechísima relación con lo verdaderamente natural. De ahí que convenga comenzar investigando la presencia determinante de la naturaleza en el proceso de identificación de los personajes galdosianos.

1. La naturaleza, pauta de la realización de la persona y de su talla moral.

Señalamos anteriormente que el naturalismo de Galdós no coincide con el de los autores realistas que exaltan esa perspectiva filosófica concediendo a los impulsos naturales una valía absoluta, cercana en parte al estoicismo moral del superhombre. La moral es ante todo racional; es suficientemente clara u objetiva, con independencia de la pura pulsión del sujeto. Pero también es cierto que la moralidad de las acciones se halla ligada de manera íntima al ser natural; y el desenvolvimiento justo y cabal de la persona –primera responsabilidad humana- no sucede al margen de lo naturalmente inscrito en el ser.

Gustavo Correa (maestro indiscutible galdosiano) muestra con acierto la decisiva relación que establece el autor entre el ser humano -¡siempre en trance de crecimiento!- y su armonía o desarmonía con todos los ámbitos de la naturaleza. Esta consideración es un eje transversal que recorre toda su literatura y señala la base del cuestionamiento moral del individuo: *"La naturaleza se revela en Galdós como una de las constantes de su novelística y constituye fundamentalmente el suelo nutricio en donde el hombre hunde sus saíces. Su signo de positiva afirmación orienta todos los actos de la vida humana y marca una orientación sabia y aleccionadora en el crecimiento de la criatura y más tarde en la conducta personal."* [496]

Pero debe quedar claro que lo natural (el seguimiento del impulso natural) no exime de moralidad, como podría deducirse de ciertas tesis de escritores naturalistas; al contrario, desde su complejidad, la naturaleza incide junto con la razón y la voluntad en la libre configuración de los actos, significando sólo un factor de primer orden para el valor ético de los mismos. Más aún: el valor espiritual eminente de ciertas decisiones cumbre en la vida supone la confrontación racional y ponderada entre la naturaleza y el ser humano libre y responsable.

José Luis Mora observa atinadamente: *"Podría suponerse que Galdós defiende que el hombre ha de realizarse dentro de un marco anarquizante y anomista. Indudablemente esto no es así. Ni Fortunata es amoral, ni lo es Augusta (en* Realidad*)... Lo que se cuestiona es el origen de las exigencias."* [497]

Lo que ocurre es que, al hablar de lo natural, nos movemos en un terreno difícil de delimitar y de comprender. ¿Qué concepto de naturaleza sostiene el escritor?

Concepto y límites de lo natural en la obra de Galdós.

Es evidente la influencia en Don Benito del naturalismo francés (desde Rousseau, cuyas obras completas ha estudiado) y, más cercano en tiempo y cultura, del krausismo español en el que –como pudimos ver- existe una fuerte tendencia naturalista. No obstante, la lectura detenida del centenar de obras del maestro (novelas contemporáneas, sobre todo, pero así mismo Episodios Nacionales y teatro) nos deja la certeza de un pensamiento independiente en este asunto.

---

[496] CORREA, GUSTAVO, *La presencia de la naturaleza en las novelas de Pérez Galdós.* (Thesaurus. Tomo XVIII. Num. 3 (1963), pág. 664 . En la Biblioteca del Centro Virtual Cervantes). *"Por encima de las referencias a personas y sucesos concretos, en Galdós se advierte una honda 'comprensión de la naturaleza humana', de la que se derivan amplias concepciones explicativas sobre las circunstancias sociales y políticas de su tiempo... Buscar la 'verdad humana', devolviéndole el humorismo, 'conforme a la tradición cervantesca': he ahí la clave del realismo galdosiano, que no desdeña adentrarse en consideraciones espirituales."* (ÁNGEL CASADO, *El 'optimismo' de Galdós: educación y transformación social.* Sctas del X Congreso Internacional de Estudios Galdosianos. 2013. Cabilde de Gran Canaria, pág. 274)

[497] MORA GARCÍA, JOSÉ LUIS, *Hombre, sociedad y religión en Galdós.* Ed. Universidad de Salamanca – Cabildo Insular de Gran Canaria. 1981. Pág. 28

Natural es todo aquello que viene dado por la constitución íntima y fuerte de los seres (del hombre, en particular) en cuanto impulso vehemente y protector, pero habida cuenta de que lo más íntimo de sí mismo es la vocación relacional: es el deseo de cuajar en una feliz y fecunda conexión con los demás seres, es decir, la alteridad esencial y compleja.[498] Desde esta perspectiva lo natural es con alguna frecuencia contradictorio: se vuelve contra la honda aspiración de realizarse y de entrar en comunión; y exige a los demás una reconversión de la percepción natural, otro tipo de naturalidad.

La novelística de Galdós revela constantemente este complejo concepto de la naturaleza.

a) En principio, la naturaleza coincide con la creación, con el arquetipo: es el dechado por excelencia de la Creación divina, y, en ese caso, sitúa –cuando se descubre- en una actitud admirativa, de éxtasis; por consiguiente, de respeto y de adhesión, se trate de la naturaleza personal o del mundo físico, de una realidad simplemente intuida y deseada o de una percepción visible. Es la naturaleza que se abre para el invidente Pablo Penáguilas (en *Marianela*) cuando recobra la vista [499], o los sentimientos naturales y soñados de paternidad y de comunión con la madre, que constituyen el anhelo hondo insatisfecho de León Roch, no siendo ni padre de Monina ni esposo de la amada Pepa Fúcar (trasunto de la honda naturaleza materna y conyugal si esta mujer hubiera sido su esposa)[500], o la

---

[498] Un texto de Galdós con redundancias intencionadas indica la impronta de lo natural que debe compañar a la persona. Cuando el notable sacerdote Don Juan Manuel "Nones" acaba de salvar a Amparo (de la tiranía a la que la ha sometido Pedro Polo) y sale con ella a la calle, escribe el narrador: *"Habló* (con ella) *en tono naturalísimo de cosas también muy naturales, como si aquella compañía que llevara fuera lo más natural del mundo."* (PÉREZ GALDÓS, BENITO, *Tormento*. O.c., pág. 248)

[499] Ver el capítulo XX de *Marianela* (*El nuevo mundo*), en donde el autor hace un agudo y bellísimo análisis de las impresiones de Pablo al ir recuperando la vista y descubrir, fascinado, el mundo de la naturaleza física y de las personas. (PÉREZ GALDÓS, BENITO, o.c., págs. 216-224)

[500] *"El desgraciado hombre nunca como entonces había sentido el dominio irresistible que sobre él ejercía aquel ser pequeño y lindo, nacido de una mujer que no era la suya y de un hombre que no era él... Con este cariño se mezclaban el cariño y la imagen de la madre como dos luces confundidas en una sola. ¡Familia prestada que en el corazón del solitario ocupaba el desierto hueco y se apropiaba el calor reservado a la propia! Él no tenía culpa de que en su cansado viaje por el páramo se le presentaran aquellas dos caras, risueña la una, enamorada la otra."* (PÉREZ GALDÓS, BENITO, *La familia de León Roch*. O.c., pág 353)

sabiduría incesante de la tierra, que enseña Nazarín a José Antonio Urrea (en *Halma*) [501]...

b) Es preciso entender que nuestra previsión de lo natural no siempre es exacta, no coincide con la realidad más válida de las cosas para el propio devenir y para el devenir de las relaciones. En realidad, ésa es la vivencia dolorosa de León Roch.

En *El abuelo*, Dolly, la nieta natural e ilegítima del Conde de Albrit (¡siempre este noble en busca de la legitimidad de la sangre!) no era la esperada por él; sin embargo va a ser la que llena de plenitud su ancianidad y salva felizmente su soledad, dejándolo perplejo y gozoso (al tiempo que ve alejarse a Nelly, la "legítima") [502]; porque verifica que la naturaleza honda del ser humano no coincide con las leyes de la genética o de la sangre, es decir, que existen fuerzas naturales ocultas que encauzan y transcienden nuestras aspiraciones (consideradas naturales) y conducen –si son atendidas– a desarrollos interiores y existenciales felices e insospechados. Estas fuerzas pueden convertirse entonces en seguros indicadores éticos.

Lo natural, a veces, no coincide tampoco con lo estrictamente racional; por ejemplo, con la perfección idealizada (y hasta cierto punto aséptica): el *hombre-razón (y razonador)* no siempre es natural; y si actúa o percibe todo según la pura racionalidad (sublimando o negando lo natural) termina por descender al caos psíquico y tal vez moral. Esto es lo que le sucede al profesor Máximo Manso (*El amigo Manso*) en su enamoramiento de Irene, a la que ve naturalmente perfecta: esta visión racionalizada no es cauce de encuentro; será su discípulo Manolo Peña (prototipo de naturalidad cotidiana y emotiva) quien llegue al amor con la joven, desprovista entonces ya ésta de toda idealización. Máximo terminará por reconocer su error, aunque llegue tarde: *"Cuanto menos perfecta* –dirá-, *más humana, y cuanto más humana, más divinizada* (ahora) *por mi loco espíritu, al cual había desquiciado para*

---

[501] *"Mira la tierra* –le dice-, *que a todos nos da sustento, y nos enseña tantas cosas, entre ellas una muy difícil de aprender. ¿A que no sabes lo que es? Esperar, hijo, esperar. La tierra guarda la sazón de las cosas, y nos la da... cuando debe dárnosla."* (PÉREZ GALDÓS, BENITO, *Halma*. O.c. pág. 342. En la edición que empleamos -la de José Luis Mora- se dice *"Ama la tierra..."*).
[502] Rectificando a tiempo sus impulsos, Albrit reconoce qué es lo verdaderamente natural: le dice a su amigo: *"Y hora, Pío, gran filósofo, si te dan a escoger entre el honor y el amor, ¿qué harás?" "Escojo el amor"* –dice Pío- . (PÉREZ GALDÓS, BENITO, *El abuelo*. o.c., pág. 252)

siempre de sus fijos polos aquel fanatismo idolátrico, bárbara adoración hacia un fetiche con alma." [503]

Menos aún, pues, coincide –para Galdós- lo natural con lo perfecto. Incluso puede ocurrir que la perfección sea antinatural, que es exactamente el reproche que hace Augusta a su perfecto esposo Tomás Orozco: *"Ningún rayo celeste parte de su alma para penetrar en la mía. No hay simpatía espiritual. Su perfección, si lo es, no hace vibrar ningún sentimiento de los que viven en mí."* [504] Nos da la impresión de que el autor se remite ahí a alguna concepción orientalista de la perfección humana, muy alejada del mundo real al que se debe.

c) Un problema muy específico de lo natural (a lo largo de las obras que estudiamos) es la aparición de contrahechos naturales, es decir, de monstruos que la naturaleza presenta de vez en cuando. Monstruos físicos y –lo que es aún más difícil de entender- monstruos morales. El autor se nos manifiesta entonces realista y perplejo, urgido de decir una palabra al lector ante esa tremenda experiencia.

Monstruos físicos son: el hermano de Leré (en *Ángel Guerra*) de quien el autor hace una descripción sobrecogedora [505], el hijo del segundo matrimonio de Torquemada (*Torquemada en el purgatorio*), el niño Salvador (en *Amor y ciencia*), Caballuco (de *Doña Perfecta*) y otros tipos menores. Ante ellos, en cuanto a su malformación física, no cabe sino asumir sobrecogidos tal realidad, no huir de ella y, probablemente (como hacen Guillermo Bruno y Leré) acoger con humildad y caridad ese grito doliente de la Naturaleza herida y misteriosamente contrahecha. Ésta es la única moralidad posible.

Deformes morales o, mejor, psíquicos, pueblan también el mundo galdosiano, y ante ellos el vecino cercano y el lector vienen solicitados de un mayor sobrecogimiento, que deriva en ocasiones hacia el susto y el temor y, otras veces, hacia la ternura. El novelista observa así a Doña Cándida en *El amigo Manso* [506], a Tomás Rufete, Isidora y la Sanguijeruela (*La*

---

[503] PÉREZ GALDÓS, BENITO, *El amigo Manso*. o.c., cap. 50, pág. 329
[504] PÉREZ GALDÓS, BENITO, *Realidad,* o.c., pág.   Poco antes Orozco acababa de autodefinirse: *"Ningún cuidado me inquieta ya si no es el de mi propia disciplina interior, hasta llegar no sentir nada, más que la claridad del bien absoluto en mi conciencia."* (idem.)
[505] Ver PÉREZ GALDÓS, BENITO, *Ángel Guerra*. Vol. I. o.c. Pág.121
[506] *"La miraba, la observaba con verdadero placer, cosa que parecerá imposible, pero que es verdad. Era yo como el naturalista que de improviso se encuentra, entre la*

desheredada), a Juan Bragas (segunda serie de Episodios) y a los mismos ancianos locos de los Episodios y del comienzo de las novelas contemporáneas: Tomas Rufete, Bartolomé Canencia, Miguel de Barahona, Patricio Sarmiento...[507]

d) En el terreno de la educación de la persona (del niño, sobre todo) es decisivo proseguir los legítimos impulsos naturales y conducir al hombre a la vivencia armónica y gozosa de la Naturaleza en donde el ser interior se libera de presiones indebidas y se encuentra a sí mismo, abierto de nuevo a los valores más elevados.

Lo natural –para Galdós- resuena en el grito de protesta con que narra el desgraciado modelo de escuela que sustenta Pedro Polo (*Doctor Centeno*); una escuela instrumento de tortura que, en definitiva, es la misma que padece Cadalsito (en *Miau*)[508]..., extremo opuesto de las escuelitas rurales –sin duda krausistas- que regentan respectivamente Cintia (en *El caballero encantado*) y Atenaida (en *La razón de la sinrazón*).[509]

Este tipo de experimentación salvífica del mundo natural recorre todas las páginas de la creación galdosiana. Marianela, Angel Guerra, Nazarín,

---

hojarasca que pisa, con un desconocido tipo o especie de reptil... Antes de horrorizarme de sus ondulaciones, rejos, antenas, babas, élitros, zancas, me asombraba del infinito poder, de la inagotable fecundidad de la Naturaleza." El mismo personaje reconoce la dificultad de escrutar en muchos momento la naturaleza: *"Naturaleza pródiga ha puesto dificultades y peligros en la averiguación de sus leyes, y de mil modos da a conocer que no le gusta ser investigada por los hombres. Parece que desea la ignorancia, y con ella la felicidad de sus hijos."* (PÉREZ GALDÓS, BENITO, *El amigo Manso*. O.c. pág. 250)
[507] RODRÍGUEZ, ALFRED Y CARSTENS, THOMAS, *Tomás Rufete y Canencia: los dos ancianos locos que introducen las Novelas contemporáneas*. (Universidad de Nuevo México. Anales Galdosianos. Año XXVI. 1991. En la Biblioteca Virtual Cervantes).
[508] *"Cavidad ancha, triste, pesada, jaquecosa de la escuela... Nunca se vio más antipática pesadilla, formada de horripilantes aberraciones de aritmética, gramática o historia sagrada, de números ensartados, de cláusulas rotas... Era una rueda de tormento, máquina crudelísima, en la cual los bárbaros artífices arrancaban con tenazas una idea del cerebro, sujeta con cientornillos, y metían otra a martillazos."* (PÉREZ GALDÓS, BENITO, *El doctor Centeno*. O.c. pág. 45)
[509] *"Los niños comen y meriendan aquí y se van a dormir a sus casas, después de haber recibido la enseñanza elemental y el conocimiento práctico de cuanto constituye la vida humana. Presencian la siembra del grano, la recolección; ven el trigo en las eras, en el molino; y como tenemos tahona en la casa, se hacen cargo de las transformaciones de la mies hasta convertirse en pan. Saben cómo se hace el vino, el aceite, los quesos, el carbó, el carbón, y conocen las manipulaciones del lino desde que se arranca de la tierra hasta que se convierte en la tela que visten."* (PÉREZ GALDÓS, BENITO, *La razón de la sinrazón*. Jornada IIIª, cuadro VIII, esc. 1ª. o.c., pág. 220).

Catalina de Artal, Felipe Centeno, Inés, Mariquilla y tantos otros se encaminan hacia el paisaje abierto o hacia la contemplación del firmamento para recuperar la paz y acrecentar el espíritu. Los personajes oscuros, en cambio, como Felicísimo Carnicero (segunda serie de Episodios) o Francisco Torquemada están encerrados sobre sí mismos en un cuchitril que es una especie de nicho, sin apenas luz. Pero el sabio cervantino Juan Casado – quizás nuestro escritor- pone en guardia a Ángel Guerra sobre los posibles excesos románticos en la huída al paisaje:

"Por encima de todo eso recomiendo reposo, que nos trae la claridad de entendimiento; la vida metódica sin abstinencias ni paseos solitarios, que suelen dar de sí desvaríos y alucinaciones. Conviene además no arrojar del pecho la alegría, no zambullirse en metafísicas agotantes..." [510]

Lo natural en la relación de la pareja desde la perspectiva galdosiana.

Veremos más adelante (al tratar del amor y del matrimonio) que el tema de las relaciones entre mujer y varón es recurrente y fundamental en todas y cada una de las obras que estudiamos. Es el asunto crucial que entrelaza la identidad y el destino de los personajes representando a la vida misma. Es el espacio que contempla éxitos humanos espléndidos y fracasos clamorosos, historia real y ficción.

Según Galdós ¿cómo entra –o debe entrar- la naturaleza en estas relaciones determinando poderosamente la feliz realización y la moralidad de las mismas? Dos apreciaciones constantes:

1ª. La unión (la convergencia seria y excluyente) del varón y de la mujer, dentro o fuera del matrimonio socialmente reglamentado, sólo puede realizarse y prosperar sobre la base de un vínculo natural de amor y de una coincidencia básica también natural en cuanto a ideología y a planteamientos fundamentales; condiciones ambas que garantizan la atracción mútua y la fecunda convivencia duradera. Otro planteamiento es antinatural o inmoral (el matrimonio de Pepet y Victoria en *La loca de la casa*) o inviable.

La naturalidad predomina en la mayoría de las grandes parejas galdosianas, suceda dentro o fuera del matrimonio que la sociedad reconoce. En los Episodios la naturaleza del amor triunfa en Gabriel e Inés, Sola y Salvador, Demetria y Fernando Calpena, Gracia y Santiago; a partir de cierto momento, en María Ignacia y Pepe Fajardo, Mita y Ley, Zoilo Arratia y

---

[510] PÉREZ GALDÓS, BENITO, *Ángel Guerra*. Vol. II. o.c., pág.506

Aura, Santiago Íbero (hijo) y Teresa Villaescusa, Saloma y Bartolomé Galán, etc.

Pero las novelas 0frecen muy pocas parejas naturales que llegan a cuajar su amor verdadero; quizás sólo, al principio de la novelística, Clara y Lázaro (*La Fontana de Oro*) y, al final, Catalina y José Antonio reorientados por Nazarín (*Halma*) y, como personajes secundarios y de contraste, Constantino Miquis y Camila (en *Lo prohibido*). Las demás no pueden superar la oposición social: Gloria y Daniel (*Gloria*), Pepe y Rosario (*Doña Perfecta*), Rosalía y Horacio (*Rosalía*) y Martín Muriel y Susana (*El audaz*) se hunden en la desgracia; y los amores de Maximiliano Rubín y Fortunata (*Fortunata y* Jacinta) o de Máximo Manso e Irene (*El amigo Manso*), son inviables o demasiado poco naturales...

En fin, en la mayor parte de las piezas teatrales el amor está siempre en trance de lucha por abrir paso a la relación natural estable y serena: Rosario y Víctor (*La de San Quintín*), José León y Salomé (*Los condenados*), Isidora y Alejandro (*Voluntad*), María y León (*Mariucha*), Bárbara y Leonardo (*Bárbara*), Electra y Máximo *(Electra)*, Esther y Leoncio (*Celia en los infiernos*), Alceste y Admeto (*Alceste*), Atenaida y Alejandro (*La razón de la sinrazón*), Tomás y Augusta (*Realidad*), Isidora y Antón (*Antón Caballero*)...

Galdós, cuando el amor es natural, pide a quienes lo tienen que defiendan radicalmente la libertad personal frente a cualquier condicionamiento, incluso frente a sí mismos.

2ª Las uniones de varón y mujer que no surgen con esa doble garantía (el amor natural y la coincidencia básica natural) están desnaturalizadas en su raíz y sólo conducen a la catástrofe personal, aun cuando se acepten por parte de los protagonistas. Instauran una situación inmoral, agravada en muchas ocasiones por el sacrificio estéril y la esclavitud.

Esta clase de consideración es muy frecuente en la obra galdosiana, casi como una constante. En las novelas aparece literaria y psicológicamente detallada en el adolescente amor de Marianela y Pablo (*Marianela*), en la unión de Fortunata con Maximiliano Rubín (*Fortunata y Jacinta*), de José María Bueno y Eloísa (*Lo prohibido*), de María Egipciaca y León Roch, de Don Lope y Tristana (*Tristana*), de Amparo y Pedro Polo (*Tormento*), de Torquemada y Fidela (*Torquemada en la cruz*), de Martín Muriel y Susana (*El audaz*), de Rosalía Pipaón y Francisco Bringas (*La de Bringas*), etc. En los Episodios es menos frecuente la relación violenta, pero aparece el fracaso en Amaranta y Luis Santorcaz, Bruno Carrasco y Leandra, Donata y Juan

Santiuste, la monja Marcela y Nelet, Teodora de Aransis y Miguel (Salvador), Fernando Calpena y Aura, Lucila y Vicente, etc. Y en el teatro surgen también como radicalmente antinaturales las uniones de Bárbara y Demetrio (*Bárbara*), de Victoria y José María Cruz (*La loca de la casa*), de Augusta y Tomás Orozco (*Realidad*), de la amante Casandra y el cobarde Rogelio (Casandra), etc.

La única salida en estos casos es la toma de conciencia del error de haber tentado a la naturaleza y la voluntad de rectificar a tiempo. Maximiliano Rubín lo expresa con amargura:

"Yo me equivoqué y ella también se equivocó. Los dos nos estábamos recíprocamente engañando. No contamos con la Naturaleza, que es la gran madre y maestra que rectifica los errores de sus hijos extraviados. Nosotros hacemos mil disparates, y la Naturaleza nos los corrige. Protestamos contra sus lecciones admirables que no entendemos, y cuando queremos que nos obedezca nos coge y nos estrella, como el mar estrella a los que pretenden gobernarlo." [511]

Es decir, para Don Benito esa doble condición natural del matrimonio era un problema real gravísimo y demasiado extendido en la sociedad como para silenciarlo. Veremos enseguida que la gravedad aumentaba al enfrentarse naturalidad y religiosidad.

La naturaleza, sustrato de la espiritualidad y de la moral en Galdós.

Ya hemos indicado que el retorno a la naturalidad es un movimiento decisivo en las obras galdosianas, y que conduce a estados de espíritu saludables. Conviene ahora señalar la estrecha y necesaria relación que existe entre naturaleza, religiosidad y fe cristiana.

En diversas obras aparecen casos de desarrollo espiritual y religioso de referencia cristiana, a veces cercanos a la mística, a los que se da muy diversa valoración. Algunos se sustentan en una naturaleza personal firme y armónicamente bien trabada, en la que los valores evangélicos, por ejemplo, encuentran un fundamento real gozoso y, en consecuencia, determinan una natural vocación espiritual y religiosa. La figura más clara en este sentido es Leré (Lorenza) en *Ángel Guerra*. Así mismo: Catalina de Artal (Condesa de Halma), Nazarín, Sola (que compagina perfectamente la vocación evangélica

---

[511] PÉREZ GALDÓS, BENITO, *Fortunata y Jacinta*. Vol. II. o.c., pág. 539

de entrega y el amor a Salvador), Sor Simona, la religiosa Sor Eliséa y el médico Guillermo Bruno (*Amor y ciencia*), y otros. [512]

Es decir, para nuestro autor, existe una posible verdadera vocación religiosa en el sentido más personal; y ésta puede llamarse también natural en cuanto que coincide con la verdad profunda del espíritu de una persona. La naturaleza proporciona entonces los medios (las fuerzas y los modos) que conducen a una integración feliz y máxima de la fe, haciendo posible que ésta se alce –naturalmente- como línea habitual de conducta y de sentimiento, sin caer en una falsa mística o en una espiritualidad superpuesta.

Pero es cierto que la religiosidad aparece también (y más frecuentemente) con un poder de destrozo de la persona, y esto con carácter más o menos definitivo. Bien sea porque esa dimensión religiosa o creyente se ha ido incorporando a la perspectiva individual por motivos espúreos, como es el caso del misticismo de Paulita (en *La Fontana de Oro*), hasta que se descubre a sí misma –ya tarde- como mujer naturalmente enamorada, caso no tan pervertido como el de Domiciana respecto a Galán (en *Los duendes de la camarilla*); o, en definitiva, porque existe una apasionante y compleja trayectoria de la historia personal que deriva hacia la religiosidad compensatoria (la de *Ángel Guerra* y la más simple y breve de Santiago Íbero y de otros personajes). O, simplemente, por errores fatales de principio (Sor Teresa de Aransis, por ejemplo, en *Un voluntario realista*, o Sor Patrocinio de las Llagas, en *Los duendes de la camarilla*).

En ocasiones, una serie de presiones fortísimas imponen la opción pseudorreligiosa destruyendo los anhelos naturales legítimos; presiones a las que el sujeto no puede resistir (normalmente porque se aúnan ideologías religiosas inamovibles y chantajea familiares). En este último sentido los casos más hirientes dentro de la creación galdosiana son: el de Gloria y Daniel, ambos sometidos respectivamente al catolicismo cerrado y al fariseísmo judáico protagonizados por sus familias respectivas, con un final trágico; el de León Roch y la devota María Egipciaca, influida ésta por los clérigos Paoletti y Gonzaga; el de Electra, arrastrada a la vida religiosa por

---

[512] A este propósito escribe lúcidamente Gustavo Correa en el estudio ya citado: "*Dentro de las normas señaladas por los designios de la sabia naturaleza queda ordenado también el problema de la vocación del hombre que debe atender a las motivaciones más hondas de la persona humana. En su período de mayor espiritualización en la novela, Galdós explora la excelsitud de la vocación religiosa.*" (*Presencia de la naturaleza...* O.c. pág. 654)

Pantoja y Evarista que han mezclado fanatismo religioso con intereses propios económicos y emocionales; el de Rosario y el krausista Pepe Rey, destruidos ambos por el pueblo entero de Orbajosa (antítesis de Fuenteovejuna), y el de Rosalía y Horacio Reynolds, separados también por ser el joven un excelente clérigo anglicano. No son, sin embargo, las únicas figuras que padecen tal atropello de la religión.

Tendremos ocasión de hacer algún otro análisis de todas estas figuras más adelante.

2. La conciencia moral en el hombre y en el cristiano según Galdós.

Hay escritores y obras que presentan la moralidad de los personajes o de las situaciones de manera tan laxa e intrascendente que el lector pierde de vista la norma moral y apenas acierta a distinguir entre el bien y el mal, entre lo naturalmente humano y lo inhumano o deshumanizante. Esta acusación se ha hecho a obras de la narrativa del naturalismo (a Zola o a Blasco Ibáñez, por ejemplo). Y es posible que la literatura contemporánea discurra en buena medida por este cauce. Faltas de una deontología, considerada antes bastante esencial en la producción literaria (al menos en la española), un buen número de novelas provocan la confusión o la banalidad desde el punto de vista ético; es decir, favorecen un relativismo moral.

Creemos que no ocurre esto en Galdós.

No es que el escritor caiga en alguna forma de maniqueísmo al describir a sus héroes y narrar las tramas en las que se hallan inmersos. Muy al contrario: las existencias personales se debaten casi siempre en dramas íntimos de índole moral difíciles de resolver, y las situaciones tienen una gran complejidad en cuanto a su bondad o malicia. El bien y el mal se hallan dramáticamente entrelazados; es el testimonio de lo real. [513]

Cualquier vida, además, si no es dañina para los que la rodean, le merece un gran respeto. Sin embargo, no soporta la ambigüedad en el juicio de las acciones o decisiones importantes que protagonizan los personajes. En definitiva, la ambigüedad y la mentira le son intolerables: cada hecho es juzgado con el rigor de la verdad y de los valores espirituales más objetivos.

---

[513] Baste recordar a este respecto (entre tantos otros escritos) la trama moral complejísima de *Fortunata y Jacinta* en donde casi todos los personajes se debaten en el propio drama moral del bien y del mal. V. CORREA, GUSTAVO, *La presencia del bien y del mal en Fortunata y Jacinta,* (en *El simbolismo religioso en las novelas de Pérez Galdós*, o.c. pags. 96-117).

El eje de la moral es la verdad honestamente buscada y, a la vez, la voluntad libre para ejercer el bien: el reconocimiento de la verdad objetiva de sí mismo y de las situaciones, por más que se intente desfigurarlas, y la conducta consecuente (sólo *la verdad os hará libres*). Galdós hace suyo el diálogo de Víctor y Rosario, protagonistas amables de la comedia *La de San Quintín*:

"*(Víctor:) Declaro la guerra a muerte a toda mentira, cualquiera que sea su valor. (Rosario:) ¿Ama usted la verdad?.*
(Víctor:) Sobre todas las cosas.
(Rosario:) ¿Y sostiene que la verdad debe imperar siempre?
(Víctor:) Siempre.
(Rosario:) ¿Aunque ocasione grandes males?
(Víctor:) La verdad no puede ocasionar males." [514]

A partir de esa instancia lo que entra en juego en la moral es la voluntad: la capacidad libre y esforzada del ser humano para empujar la vida hacia su verdadero destino y, eventualmente, hacia su recuperación; una capacidad que –en algún grado- siempre se posee. Las hecatombes morales, igual que los grandes logros espirituales, no pueden atribuirse sólo al conjunto de circunstancias adversas o favorables. Todo el drama *Voluntad* quiere expresar esta convicción galdosiana. El realismo no es naturalismo (y a la inversa), aunque todos los procesos humanos deban ocurrir naturalmente. Si Martín Muriel y Susana (en *El audaz*) se precipitan en el caos, si Isidora (*La desheredada*) vive y muere obsesionada por la fantasía de la herencia, es porque –en un alto grado- ellos deciden que sea así. Y cuando otra Isidora (la de *Voluntad*) triunfa y con su triunfo salva a todo el pequeño mundo que la rodea, entonces eso sucede porque tiene voluntad de hacerlo: "*Sobre todo, campea mi voluntad más briosa que nunca...¡Oh! ¡Preciosa fuerza del alma! Aquí te tengo, aquí. Contigo salvaré a los míos de la miseria. Contigo he de hacer aún grandes cosas*". *(Telón. Fin de la obra)*".[515]

En todos los escritos las actitudes y los comportamientos de cada instante (de la vida individual y colectiva de los personajes) suelen recibir

---

[514] PÉREZ GALDÓS, BENITO, *La de San Quintín*. Acto II, escena XI. Cátedra. Madrid 2002. Pág. 168)
[515] PÉREZ GALDÓS, BENITO, *Voluntad*. Acto III, escenas VI y IX. Obras Completas. Aguilar. Tomo VI. Madrid 2005. Págs. 283 y 285

con claridad el juicio de su valor moral; haciéndose relevante ese juicio tanto en los sucesos y actitudes de elevadísima categoría humana y espiritual –o cristiana-, como en la descripción de las existencias y conductas mezquinas, sutilmente perversas o culpablemente falseadas [516]. El lector sabe muy bien a qué atenerse (¡y el autor también!). Y la presencia frecuente de tipos de baja índole moral (por ejemplo, la casi totalidad de los vecinos de Ficóbriga -en *Gloria*-, los de Orbajosa –en *Doña Perfecta*-, los de Jerusa, el pueblo norteño de *El abuelo*, los que rodean a Martín Muriel en *El Audaz*-, el pequeño mundo de *La de Bringas*, el de *La segunda casaca*, los personajes secundarios agresores en una gran parte de obras teatrales), esa tipología, es una didáctica *per opositum* que ayuda a establecer el juicio moral.

En última instancia la norma de moralidad se remite también a la verdad de un Dios que sale al encuentro de la naturaleza humana, de lo más natural y beneficioso para el ser humano. Y esto se va a expresar muchas veces destacando, precisamente, la falsa utilización de ese Dios cristiano por parte de personajes que lo quieren hacer cómplice de su inmoralidad, como es, sobre todo, el caso de Doña Juana (de *Casandra*).

Todo lo cual no supone nunca el sometimiento a una moral legalista y formal; más bien rompe con esquemas de comportamiento impuestos por el convencionalismo social, no por la conciencia y el justo criterio natural.

Tal independencia se manifiesta de manera especial –como veremos más adelante- cuando el autor trata de afrontar la validez moral de una nueva unión matrimonial; unión justificada por la violencia de la boda anterior que se impuso arbitrariamente o por un estrepitoso fracaso conyugal; y, evidentemente, por la liberación espiritual que comporta la nueva relación de amor, ahora verdadera y sólida. Entonces –en esa situación- el cumplimiento de la legalidad no es una exigencia moral, no tiene nada que ver con la moral. Galdós no duda en reclamar para estas parejas (incluso desde el punto de vista religioso), primero, la licitud y validez del divorcio y,

---

[516] Sobre esta actitud galdosiana escribe TOVAR MARTÍN, VIRGINIA: *"Bajo ferviente expresión emocional, el escritor ́construye y destrute´ formulando puntos de vista religiosos, a veces desde la propia esfera secular, en su afán de penetrar en la verdadera conciencia religiosa para llegar, como ha sido señalado, a una valoración profunda de la existencia humana…Galdós combate el fanatismo intransigente; ausculta el interior y combate cualquier actitud con carencia de vigor espiritual."* En *La vida religiosa. Las iglesias de Madrid*, colaboración en la obra *Madrid en Galdós*. Comunidad de Madrid.. 1988, pág. 140

segundo, la bondad de la nueva unión. Se encara, entonces, a una moralidad oficial rígida y cerrada.[517]

La moral cristiana no se va a definir por el cumplimiento de preceptos formales (eclesiales) añadidos; al menos no de manera esencial. Se definirá, ante todo, por la honestidad en el cumplimiento de las responsabilidades que nos imponen las circunstancias de la vida y de la condición humana. Esto es lo que expresa con acierto el héroe anónimo Benigno Cordero: *"El cumplimiento estricto del deber en las diferentes circunstancias de la existencia es lo que hace al hombre buen cristiano..."* (texto citado antes).[518]

Con estas advertencias contemplamos ahora los rasgos claros que constituyen la identidad moral más sana, humana y evangélica, en la perspectiva de Don Benito.

La moralidad de la persona (y del cristiano, en concreto), la categoría espiritual del mismo, debe incluir dos realidades que se complementan perfectamente y la definen: ante todo, una recta conciencia moral básica y seguramente evangélica, es decir: unos criterios claros sobre el bien y el mal aunando las perspectivaa del orden natural o fundamental y las responsabilidades de solidaridad y pureza que dimanan de la verdadera fe en Jesucristo; y, en segundo lugar, una coherencia de tales actitudes con los comportamientos; en consecuencia, el rechazo habitual del mal y sus incentivos y el abrazo del bien, la práctica individual y social de la decencia. Conjugado todo ello con el reconocimiento humilde de la propia difícil verdad.

---

[517] En el Episodio Nacional *La revolución de julio*, los protagonistas –Pepe Fajardo y su esposa María Ignacia- analizan la situación de Mita y Ley, pareja sin matrimonio, comentando la firme convicción religiosa que estos tienen (*Así verán allá que Dios mira por nosotros"*): *¡Separarles a viva fuerza! Eso nunca. Sería un atentado a la moral... ¿A qué moral? ¿Hay, por ventura dos morales? Yo no sé cuántas hay, ni cuál es la mejor, en el caso de que haya más que una. Mientras esto se averigua, no atentemos a la libertad de nadie... Créeme a mí, mujer: si queremos dar con la moral y la ley, busquémoslas en nuestros corazones... -¡Pobres corazones! ¿Acertaréis a elegir el mejor camino?"* (PÉREZ GALDÓS, BENITO, *La revolución de julio*, Historia 16 /Caja Madrid. 1995, págs. 79-81) Y en el Episodio siguiente vuelve Pepe Fajardo a preguntarse: *"¿Cree usted que en la situación presente de Virginia y Leoncio* (Mita y Ley) *es moral y legal separarles?"* (PÉREZ GALDÓS, BENITO, *O'Donnell*. Episodio Nacional n. 35, o.c. pág. 145)

[518] PÉREZ GALDÓS, BENITO, Episodio Nacional nº 19, *Los Apostólicos*, cap. I Historia 16. Caja Madrid. Madrid. 1994, pág.10. El autor asienta este principio poniendo en entredicho el consejo que da el Marqués de Ronda en *Electra*: *"Es forzoso que respetemos el orden social en que vivimos"* Acto V, escena 5)

El principio de la conciencia lo enuncia claramente uno de los personajes más queridos del autor: Catalina de Artal, condesa de Halma. Al contarsele las habladurías de que es objeto por parte de un mundo maledicente, responde: *"Todo eso es para mí lo mismo que el ruido del viento entre las tejas de la casa... Dios conoce mi interior, y ante Él expongo mi conciencia como realmente es. Esos juicios de los hombres para mí no existen."*[519]

En cuanto a la coherencia de las actitudes, informada de humildad, podríamos citar muchas páginas de la literatura galdosiana. Baste recordar la actitud del honesto Don Manuel Flórez que rechaza de plano la fama de santo que se le atribuye:

"Soy una pobre medianía...y, pisoteando mi orgullo, me entrego a la misericordia de mi Padre Celestial, para que haga de mi insignificancia lo que quiera... ¿Cómo llamáis santo a un hombre que se enfada, aunque no mucho, cuando alguien le molesta?... Si os apuráis mucho por lo que os estoy diciendo, os confesaré que en mi esfera que parece amplísima y es muy reducida, he hecho todo el bien que he podido, y que el mal, lo que es el mal, no lo hice nunca a nadie a sabiendas. Pero de eso a que yo sea nada menos que santo..." [520]

La tensión dramática de la propia moralidad.

La dimensión moral válida (la bondad de la persona) está siempre por hacerse, o por abrirse paso en medio de mucha inconsciencia sobre el verdadero valor de nuestros sentimientos, de nuestras actitudes y de nuestros comportamientos. Dice el autor, atribuyendo las palabras a uno de sus personajes secundarios pero importantes, el curtido marino Ramón Lagier:

"Nacemos como un libro en blanco, en el cual, conforme vivimos, vamos escribiendo una historia dictada por causas internas y externas, de que no sabemos darnos cuenta. Ocasión es ésta de deciros una y otra vez a ti y a tu Teresa: reconstruid vuestra persona con actos buenos, con actos independientes de los dogmas, y que arranquen de la pura conciencia." [521]

Alcanzar un nivel válido de moralidad es un logro incierto y supone al hombre aceptar una lucha interior verdaderamente dramática. Junto a

---

[519] PÉREZ GALDÓS, BENITO, *Halma*, o.c., págs. 153-154
[520] PÉREZ GALDÓS, BENITO, *Halma*, o.c., págs. 199-200
[521] PÉREZ GALDÓS, BENITO, *La de los tristes destinos*, o.c., pág. 221

algunos otros tipos, el ambiguo personaje Bueno de Guzmán (inversión de "Guzmán el Bueno") expresa en la novela *Lo prohibido* la fácil perversión de la conciencia y la difícil coherencia con el bien intuido:

"Yo tenía buenas ideas –dice-, o, lo que es lo mismo, que yo era moral en principio. Serlo de hecho es lo difícil, que teóricamente todos lo somos (morales). Este quijotismo, esta moral de catecismo había sido uno de los principales ornatos de mi juventud, cuando la vida serena, regular, pacífica, no me había presentado ocasiones de desplegar mis energías iniciales propias... Pronto se vería quién era yo y cuál era el valor de mi valor, o, dejando a un lado el símil, qué realidad tenían mis convicciones." [522]

El texto denota un profundo conocimiento del ser humano y de la encrucijada moral en que éste se halla. Es el tema realista que vertebra la obra transmitiendo a los lectores por un lado la crítica de la andadura amoral (más que inmoral) del protagonista, y, por otra, la amarga constatación de un problema humano demasiado frecuente y aún sin resolver: el mismo que aqueja a Rosario ante la inhumana actitud de su madre Doña Perfecta:

"Dentro de mí una gran culebra me muerde y me envenena el corazón. ¿Qué es esto que siento? ¿Por qué no me matas, Dios mío?... Es espantoso, pero lo confieso, lo confieso a solas, a Dios, que me oye, y lo confesaré ante el sacerdote. Aborrezco a mi madre... Un impulso terrible me arroja de esta casa. Quiero huir, quiero correr fuera de aquí." [523]

Esa misma problemática es la que reconoce Jerónimo Ansúrez, patriarca de la familia indómitamente ibérica (los Ansúrez), presente en la cuarta serie de Episodios, ante una especie de tribunal popular que lo juzga:

"Yo quiero ser honrado, siempre lo he querido; pero ¿quién es el guapo...a ver, que salga ese guapo que ajusta y acorda el querer con el poder. Y yo digo también a los señores: el que de Vuestras Excelencias, grande o chico, sepa y pueda vivir entre tantísimas leyes divinas y humanas sin poner el dedo en la trampa de alguna de ellas para escaparse, que me tire todas las piedras que encuentre encima de la haz de la tierra." A lo que responde la madre de Pepe Fajardo con ironía y gracia (y *"con profunda convicción"*,

---

[522] PÉREZ GALDÓS, BENITO, *Lo prohibido.* Clásicos Castalia. Madrid 1971, pág. 105
[523] PÉREZ GALDÓS, BENITO, *Doña Perfecta*, o.c. pág. 240

añade el texto): *"Yo se las tiraría si la doctrina cristiana que profeso, sin trampa, entiéndalo, no me prohibiera descalabrar a mis semejantes."*[524]

Como no podía ser de otro modo en una pintura propia del realismo, el escritor constata lo difícil que resulta mantenerse coherente e íntegro respecto a la conciencia moral. Sin embargo, tal verificación no derivará en él hacia algún tipo de relativismo o de laxismo.

Quizás lo más dramático de la existencia moral sea la posible aceptación del mal como imperativo determinante del bien en difíciles situaciones. ¿Es posible que un mal moral pueda llegar a tener una relación intrínseca con el bien?... El autor parece plantearse esta tremenda duda al final del drama *La loca de la casa*. Sobrecoge la confesión de Victoria en respuesta a la cínica aseveración del déspota Cruz, su marido impuesto: *"(Cruz:) Ni yo puedo vivir sin ella ni ella sin mí. Que lo diga, que lo confiese. (Victoria:) Lo confieso, sí. Eres el mal, y si el mal no existiera, los buenos no sabríamos qué hacer..., ni podríamos vivir. (Telón final)"*[525]

Conviene señalar también que nadie puede reemplazar a otro en la lucha interior de la conciencia. Es una cuestión personal desde todo punto de vista, y tampoco ningún otro puede inmiscuirse en ella, ni está autorizado para emitir un juicio (aunque pudieran existir apariencias que dan qué pensar e invitan al juicio). Por tanto, yerran grave y culpablemente Doña Perfecta y su asistente, el canónigo Don Inocencio, cuando se atreven a juzgar y condenar a Pepe Rey, dejándose llevar –malintencionadamente- de ligeras circunstancias aparentes que pudieran inculpar al joven. [526] Este mismo error lo fustiga León Roch criticando la falsa honra (o la buena fama moral) que se atribuye a alguien por motivos convencionales o interesados. [527] El problema moral -el nivel moral propio- es algo tan íntimo que en todo caso sólo puede confiarse a uno mismo y a Dios: *"Eso, señor mío, eso que aun de nosotras mismas quisiéramos recatar, porque el pensarlo sólo nos avergüenza; eso, a que no doy nombre, porque si lo tiene yo lo ignoro..., ya*

---

[524] PÉREZ GALDÓS, BENITO, *Narvaez*. O.c. pág.63 Constatación parecida es la que hace el marinero Sacristá, enrolado en una guerra absurda: *"Nuestras bocas gritan guerra, y nuestros corazones gritan paz."* En *La vuelta al mundo en "La Numancia"*, o.c. pág. 134
[525] PÉREZ GALDÓS, BENITO, *La loca de la casa*. Acto IV, escena XVII. Ediciones Rueda. Madrid 2002. Pág. 126
[526] V. PÉREZ GALDÓS, BENITO, *Doña Perfecta*. O.c., págs. 169 (y anteriores y siguientes).
[527] V. PÉREZ GALDÓS, BENITO, *La familia de León Roch*, o.c. pág. 239

lo he dicho a Dios, único a quien debo decirlo" (dice Lucrecia a su suegro, el Conde de Albrit). [528]

La intención del autor se refleja con bastante claridad en estos y otros textos del mismo tenor. La tensión moral dramática que padece el ser humano se agranda y agrava porque los incentivos del mal asedian, con enorme fuerza, desde múltiples y variados factores sociales.

"Cuando yo pensaba que en esta soledad no vendrían a turbarnos las pasiones que hemos dejado allá –dice la Condesa Halma-, *resulta que la Sociedad por todas partes se filtra; cuando creíamos estar solas con Dios y nuestra conciencia, viene también el mundo, vienen también los intereses mundanos a decir: 'Aquí estoy, aquí estamos. Si te vas al desierto, al desierto te seguiremos'."* [529]

Catalina (Halma) está fundando una sencilla comunidad cristiana campesina en la vieja finca familiar heredada (Pedralba): un grupo de vida fraterno, trabajador, abierto a todos pero especialmente a los más pobres; apoyado en la sabiduría y santidad del presbítero Nazarín. Es decir, sin ambigüedad ni ilegitimidad algunas. Pues bien, sobre ella cae la calumnia; y todos los poderes sociales (eclesiásticos, gubernamentales, administrativos) quieren intervenir y apropiarse de esa realidad humilde orquestando un chantaje inicuo. Catalina se rebela interiormente: *"Es triste, tristísimo, que para no aparecer rebelde a la autoridad eclesiástica tenga que dar el golpe de gracia a un inocente y apartarlo de esta bendita vida... Aquí tienes el horroroso conflicto en que me veo. Si Dios no se digna iluminarme, no sé cómo he de resolverlo."* (cita n. 548)
La incapacidad que padecen los representantes de los factores sociales para aceptar los signos de bondad y de inocencia que se dan en otras personas es una razón honda de su perversa actuación. *"Semejante prodigio* –continúa diciendo Catalina- *no entra en aquellas cabezas atiborradas de política, de falsa piedad, y de una moral compuesta y bonita para uso de las familias elegantes."* [530]

La talla espiritual de la persona y de su moralidad en el mundo galdosiano.

---

[528] PÉREZ GALDÓS, BENITO, *El abuelo*. Alianza Editorial. Madrid 2007, pág. 227
[529]
[530] PÉREZ GALDÓS, BENITO, *Halma*, o.c., págs. 315, 318 y 316 respectivamente.

La persona alcanza su verdadera talla humana al encarnar un claro sentido del bien y del mal, siempre y cuando esa existencia ética no venga condicionada por el deseo de ofrecer –ni de ofrecerse- una imagen elevada de sí mismo. Algunos personajes claves (Rosarito en *Doña Perfecta*, por ejemplo) conciben su vida como una disyuntiva: "o todo es bueno en mí o estoy perdida", no aciertan a soportar que yo soy esto (la bondad amante) y lo otro (el odio inevitable a la madre perversa, asesina del amor). Para Galdós esta "auto-tolerancia" de sí mismo, por dramática que sea, es condición imprescindible de salvación personal; de otra forma el ser se hunde en la culpa o en la locura (como le sucede a Rosarito al final de la novela).

El largo proceso moral de Salvador Monsalud (segunda serie de episodios) ilustra ese dolorosa y realista aceptación en uno mismo de lo positivo y lo negativo, hasta que en la balanza de su vida pesan más los valores del amor, la fidelidad y la honestidad con la conciencia.

Al mismo tiempo, lo que parece apuntar Galdós -como posible solución al drama o tensión moral- es la posesión personal de un fuerte y claro ideal de vida (no del quijotismo infundado o de simples teorías); un ideal "a pesar de de sí mismo", capaz de determinar la rectitud moral. En este sentido surge en la creación literaria (como antítesis de los Bueno de Guzmán y de la aberrante perfección de Doña Perfecta) una serie espléndida de tipos que afrontan la vida en función de ese elevado conjunto de valores espirituales que llamamos ideal, aunque en la trayectoria de sus vidas haya situaciones íntimas deficitarias. Esos valores ideales mantenidos permiten asentar bien la propia moralidad, que en ningún caso es sinómino de perfección moral.

Entre tales personajes significativos habría que recordar de nuevo – además de Salvador- a Gabriel de Araceli (nombre teológico y esperanzador). Inicialmente, en el Episodio *Napoleón en Chamartín*, es la figura del anciano quijotesco llamado El Gran Capitán quien alza el ideal de libertad por encima de todo, aun al precio de la sangre que va a derramar. El joven recibe de él el testigo y orienta así definitivamente su vida. En este momento –no antes- deja atrás la primera juventud (los cuatro Episodios anteriores) y asume su futuro:

"*¿Qué es el hombre sin ideal? Nada, absolutamente nada: cosa viva entregada a las eventualidades de los seres extraños, y que depende de todo, menos de sí misma; existencia que, como el vegetal, no puede escoger en la extensión de lo creado el lugar que más le gusta... El hombre sin ideal es* *como el mendigo cojo que, puesto en medio del camino, implora un día y otro la limosna del pasajero... Todos van y él se queda siempre, pues ni tiene piernas para andar, ni tampoco deseos de ir más lejos."* [531]

La talla –la grandeza- de la persona se va a medir, pues, por la rectitud de la conciencia informada de valores (de ideal) y por la coherencia de su vida con éstos. Galdós quiere presentar un modelo de vida humana y cristiana que manifieste esa altura personal. A lo largo de los Episodios Nacionales nos va dejando descripciones de personajes que reúnen esta excelente condición moral; condición que constituye la base de la existencia cristiana. Así va a manifestarse en la tipología principal de casi todos sus escritos y, de una manera especial, en sus grandes héroes.

En efecto. La descripción de Sola (Soledad), por ejemplo, en el Episodio *Los Apostólicos* Y en otros de la serie) es parecida al elogio de la mujer perfecta que se hace en el libro bíblico de los *Proverbios (31,10-20)*. El texto, aunque extenso, merece que lo citemos casi íntegro porque expresa de forma admirable el pensamiento moral del autor (que en este caso actúa como narrador), no exento, además, de un matiz de optimismo:

"Su carácter, altamente dotado de cualidades de resistencia y energía, que son como el antemural que defiende al alma de los embates de la desesperación, era la causa principal de que las desgracias frecuentes no desmejorasen su persona. Por el contrario, la vida activa del corazón, determinando actividades no menos grandes en el orden físico, le había traído un desarrollo felicísimo... La madurez de juicio y la rectitud en el pensar; el don singularísimo de convertir en fáciles los quehaceres más enojosos; la disposición para el gobierno doméstico; la fuerza moral que tenía de sobra para poder darla a los demás en días de infortunio, la perfecta igualdad del ánimo en todas las ocasiones, y, finalmente, aquella manera de hacer frente a todas las cosas de la vida con serenidad digna, cristiana y sin afán, como quien la mira más bien por el lado de los deberes que por el de los derechos, hacían de ella la más hermosa figura de un tipo

---

[531] Pérez Galdós, Benito, *Napoleón en Chamartín*. Episodio Nacional n. 5 Casa Editorial Hernando. Madrid 1974, pág. 56-57 Galdós, al final de esta primera serie de Episodios, se complacerá en mostrar que la fidelidad al ideal es lo que puede conducir la existencia personal hacia una plenitud sosegada: cuando termina el último Episodio, *La batalla de los Arapiles,* nos describe el hogar fecundo, sereno, gozoso y abierto que ha formado con Inés.

social que no escasea ciertamente en España, para gloria de nuestra cultura." [532]

Con idéntica perspectiva ve Gabriel (todavía muy joven) a su amada Inés, sintiéndose empequeñecido a su lado:

"Todo en ella era sencillez…, semejante a una de esas figuras simbólicas, que no están representadas en ninguna parte; pero que vemos con los ojos del alma cuando las ideas, agitándose en nuestra mente, pugnan por vestirse de formas visibles en la oscura región del cerebro. Su lenguaje era también la misma sencillez; jamás decía cosa alguna que no me sorprendiese como la más clara y expresiva verdad. Sus razones, trayéndome al sentido equitativo y templado de todas las cosas, daban a mi entendimiento un descanso, un aplomo, de que carecía obrando por mí mismo. Puedo decir, comparando mi espíritu con el de Inés, y escudriñando la radical diferencia entre uno y otro, que el de ella tenía un centro y el mío no." [533]

Juicios semejantes son los que se hacen de Agustín Montoria en el Episodio *Zaragoza*; y, en *Los Ayacuchos*, los que se dirigen a Demetria, por una parte, y al preceptor de las princesas, Agustín Argüelles, por otra. Así mismo, el juicio del militar carlista Montes de Oca, admirado por el también militar (pero isabelino) Santiago Íbero (en el episodio *Montes de Oca*), etc. A Galdós le parece más importante la entrega honrada a un ideal dotado de altos valores, que el hecho de la coincidencia o diferencia en la filiación política o religiosa de esa persona respecto a otras. [534]

Es notable la descripción del personaje Donoso en *Torquemada en la cruz*, antes de que el lector lo conozca mejor y pueda atemperar un poco el elogio: *"Conocerá usted a un hombre muy severo de principios, recto como los caminos de Dios, veraz como el Evangelio, y de trato exquisito sin*

---

[532] PÉREZ GALDÓS, BENITO, *Los Apostólicos*, o.c. págs. 13-14
[533] PÉREZ GALDÓS, BENITO, *La Corte de Carlos IV*. O.c., págs. 25-26
[534] V. B.P. Galdós: *Zaragoza*, o.c. pág.23; *Los Ayacuchos*, o.c., pág.77 y pág. 12 respectivamente; *Montes de Oca*, o.c., págs. 179-180 Y refiriéndose al personaje El Gran Capitán (*Napoleón en Chamartín*) Diane F. UREY escribe: *Mucho más temible que las descomedidas amenazas a la vida temporal es el abismo en que se puede hundir el alma si pierde el ideal, o si deja de buscarlo…El Gran Capitán lucha y muere no por conquistar un pedazo de tierra, ni por un cacho de pan, ni por una baja ambición, sino por lo que trasciende todo lo personal y lo material, la libertad de la Patria"* (¿*Qué es el hombre sin ideal? Cervantes, Galdós y la lucha del ser*. Actas de VIII Congreso Internacional de Estudios Galdosianos. 2005 Cabildo de Gran Canaria. págs. 313-314)

zalamerías, ese trato que ya se va perdiendo, la finura unida a la dignidad y al sentimiento justo de la distancia que debe guardarse siempre entre las personas." [535] (¿En quién pensaría Don Benito al diseñar este ideal secular de perfección humana y cristiana? ¿Quizás en su propia trayectoria personal?).

Y optando por el recurso literario de la acción (más que por el de la descripción), en el Episodio *Vergara*, se exalta la excepcional fidelidad a la conciencia moral en Fernando Calpena, elevando al máximo la talla humana de éste cuando –a pesar de un enorme desgarro interior- acepta incondicionalmente las renuncias que la conciencia le impone (la renuncia a Aura y a su sueño de felicidad con ella) y no sólo deja abierto el camino al bilbaíno Zoilo (con quien Aura se ha casado en extrañas circunstancias), sino que cuida de la seguridad de este sujeto, le impulsa a que corra hacia la esposa y gane plenamente su amor, y aún más, entabla una honda amistad con él... Estamos, sin duda, ante uno de los cantos espléndidos a la conciencia humana y cristiana que eleva el autor a lo largo de toda su creación (con cierto parecido al que entona Edmond Rostand en su *Cyrano de Bergerac*). Consumado el gesto de fidelidad y generosidad, escribe el narrador, refiriéndose a Fernando: *"Al partir sintió la tristeza que acompaña al acto de enterrar un muerto querido. Sobre una parte principalísima de su existencia ponía la losa con epitafio harto breve: 'Aquí yace...'"* [536] Es el triunfo de la conciencia recta. Muy parecido también al que veremos y escucharemos en boca de Benigno Cordero (cuando abordemos enseguida la teología del amor).[537]

Este ideal, cuajado de valores y, a la vez, dotado de realismo, es el que propone Isidora a un Alejandro frustrado y a punto de hundirse moralmente, al final del drama *Voluntad*:

"Reconoce que es mucho más bello que tu idealismo el luchar sano de la vida, la vida, ¡ay!, con sus alegrías y sus desmayos, con el temor, la esperanza, la duda, la fe; con el sacrificio, que ennoblece nuestra alma, y el

---

[535] Pérez Galdós, Benito, *Torquemada en la cruz*. Alianza Editorial. Madrid 2008, pág. 121
[536] Pérez Galdós, Benito, *Vergara*, o.c., págs. 91-92, y 199
[537] V. Pérez Galdós, Benito: respecto a Benigno Cordero, *Un faccioso más y algunos frailes menos*, o.c., págs. 134-135

amor; que la inunda de gozo; con la amistad, con la familia, con Dios, que nos ama, nos guía, y mandándonos esperar, nos espera." [538]

Sobre los procesos de formación moral en la visión de Galdós.

Toda la producción galdosiana tiene –como ya indicamos- un fuerte carácter pedagógico. Es una pedagogía para españoles, quizás con vigencia perenne. Y dentro de tal pedagogía la educación de la conciencia ocupa un lugar prioritario. La recuperación de la moral perdida (o la consolidación de la conciencia recta) es la responsabilidad más grave del hombre.

Don Benito, testigo de un mundo en quiebra moral, muestra en sus obras una apremiante preocupación reeducadora o regeneradora de las situaciones de inmoralidad, deseando ver alzarse en este país un ser humano distinto, nuevo, probablemente cercano al perfil del "hombre nuevo" diseñado por San Pablo (aunque no llegue a la cualificación sobrenatural de éste).

Los más admirados personajes reflexionan –o actúan- con esa perspectiva.

Inés (maltratada antes por su padre biológico Luis Santorcaz) encarna el principio fundamental cristiano que debe aplicarse en el proceso de la regeneración moral de otra persona: creer en su bondad oculta y despertarle la autoestima a través del amor tierno que se le ofrece, sobreseyendo radicalmente la maldad pasada, liberando de tal peso con el perdón absoluto. Esa actitud se convierte en un lugar teológico; quizá en el único lugar posible para el ser que emerge penosamente de la inmoralidad al final de su vida.

"-Dime que soy bueno –le suplica Santorcaz-, dime que no soy un malvado y te lo agradeceré más que si me vinieras a llamar de parte de Dios. Si tú me dices que soy un hombre bueno, que no soy malo, tendré por embusteros a los que se empeñan en llamarme malvado.
-¿Quién duda que eres bueno?...
Y continúa el anciano: *Trae acá esa preciosa cabeza que adoro. No es una cabeza de mujer, es de ángel. Por tus ojos mira Dios a la tierra y a los hombres, satisfecho de su obra."* [539]

---

[538] PÉREZ GALDÓS, BENITO, *Voluntad.* Acto III, escena VIII. Obras Completas. Aguilar. Madrid 2005. pág. 284
[539] PÉREZ GALDÓS, BENITO, *La batalla de los Arapiles.* Episodio Nacional n. 10. Alianza Editorial. Madrid 1998. págs. 187-188

El texto –de admirable y bella profundidad a nuestro juicio- recuerda la última y magnífica escena del film *Pena de muerte* (T. Robbins), tal vez una de las producciones cinematográficas de mayor sentido cristiano, cuando el asesino y violador, a punto de ser ejecutado, esclama: "Hasta ahora nadie me había llamado hijo de Dios".

Es posible que sea este tipo de vivencia lo que lleve al personaje Máximo Manso, profesor de filosofía, a advertir a sus discípulos que para desarrollar una conciencia moral recta, operativa y de signo cristiano sirve muy poco la teoría; que es preciso encarar con acierto las experiencias personales de lucha interior. *"En la esfera moral –dice- la experiencia ha hecho más adeptos que los sermones, y la desgracia, más cristianos que el Catecismo."* [540]

Lo que está claro es que los errores morales sólo se salvan (o comienzan a ser salvados) si se reconocen y confiesan. El sacerdote Pedro Polo tiene muy difícil su recuperación espiritual: está demasiado hundido en su pecado, posee un carácter soberbio, dominador, terriblemente sensual, y se halla cegado por la pasión. No obstante, el escritor aviva en los lectores la expectativa de la salvación del personaje cuando por primera vez éste reconoce su gravísima situación interior:

"Mientras fui hipócrita y religioso histrión, no tuve ni pizca de fe. Después que arrojé la careta, creo más en Dios, porque mi conciencia alborotada me lo revela más que mi conciencia pacífica. Antes predicaba sobre el Infierno sin creer en él; ahora que no lo nombro, me parece que, si no existe, Dios tiene que hacerlo expresamente para mí. No, no.; yo no soy bueno... Yo recojo para mí toda la culpa..., porque engañé a Dios y a los hombres." [541]

Con cierta ironía describe el autor el examen de conciencia y la confesión que hace el ingenuo y aún pretencioso caballero Wifredo, a requerimiento de los acertados consejos que le ha dado el sacerdote Pedro Vela, buen amigo suyo y pastor. Esta revisión de vida moral la plantea el curioso personaje como un *"arreglo de su conciencia"*, dividiéndola en dos partes que titula significativamente "Peccata" y "Tristitia". Ocupa buena parte del capítulo XV del Episodio *España sin rey*. [542]

---

[540] PÉREZ GALDÓS, BENITO, *El amigo Manso*, o.c., pág. 32
[541] PÉREZ GALDÓS, BENITO, *Tormento*, o.c., pág. 222
[542] V. PÉREZ GALDÓS, BENITO, *España sin rey*. Episodio Nacional n. 41. Historia 16-Caja de Madrid. 1996. Págs. 107 y ss.

Sin ironía alguna y con rotunda claridad Galdós expresa que, en un momento dado, el hombre caído moralmente necesita convertirse. Y la conversión significa en ese caso tocar el fondo oscuro de sí mismo, aceptar una desgarradora crisis espiritual, ver sin engaño la propia degradación a la que se ha llegado, incluso temblar ante un Dios que todavía no es conocido y al que se ve afrontado. Es extraordinaria –literaria, psicológica y espiritualmente- la descripción que se hace de la crisis en la que entra, también al final de su existencia, Fernando "Garrote", padre a la vez de Carlos Navarro y de Salvador Monsalud. Pocas veces se encuentra un análisis narrativo tan agudo del caos moral de una vida, de un caos del que el protagonista quiere huir desesperadamente y no puede. [543]

A partir del reconocimiento de su grave desorden, la persona tiene que comprometerse a efectuar un cambio radical, a realizar el esfuerzo serio de un corte radical con la situación deplorable en que se halla. Esto es lo que exige a Polo el sabio presbítero Padre Nones:

"Dos males veo en ti: el pecado enorme y la enfermedad del ánimo que has contraído por él. El uno daña la conciencia; el otro; la salud. A entrambos hay que atacar con medicina fuerte y sencilla. Sí, Perico, sí. Es indispensable cortar por lo sano, buscar el daño en su raíz, y ¡zas!..., echarlo fuera. Si no, estás perdido. ¿Qué esto te dará un gran dolor?... Pues no hay más remedio que sufrirlo.... Con que, amigo, fastidiarse, resignarse y volverse a fastidiar y a resignar... Luego vendrán los días a cicatrizarte." [544]

El debate interior del hundido sacerdote Pedro Polo continuará hasta el final de la novela.

La tarea de restauración interior del alma tiene con frecuencia en la obra de Galdós el tono de un esfuerzo épico y largo. Diego Ansúrez, el aventurero hijo de Jerónimo, lo expresa muy bien resumiendo concisamente su vida: *"Lo que yo he visto y aprendido es que cuando a uno se le pierde el alma, tiene que dar la vuelta al mundo para encontrarla."* [545] Son las tres líneas con las que el autor finaliza el sabroso Episodio Nacional *La vuelta al mundo en La Numancia.*

---

[543] V. PÉREZ GALDÓS, BENITO, *El equipaje del rey José.* Episodio Nacional n. 11 Historia 16-Caja de Madrid. 1993, págs. 115-117
[544] PÉREZ GALDÓS, BENITO, *Tormento.* O.c., págs. 136-137
[545] PÉREZ GALDÓS, BENITO, *La vuelta al mundo en La Numancia,* o.c., pág. 220

Aunque el tema de la infancia no es frecuente en la creación galdosiana, hay una referencia importante al valor moral que significa el niño en sí mismo como factor de redención para el adulto, como llamamiento a una conversión que nos es necesaria, y como esperanza de una generación moralmente más sana. Con estas perspectivas se expresa La Madre (la encarnación de la historia de España) en una de las visiones que tiene Tarsis, contemplando ambos a los niños de la pobre escuela de Calatañazor: *"Yo puedo mucho contra mis hombres* (los españoles); *contra los niños de mis hombres, o sea de mis hijos, no puedo nada... Los niños mandan. Son la generación que ha de venir; son mi salud futura, son mi fuerza de mañana."* [546] Y esta visión alcanza su cenit de agudeza en la vivencia definitiva que determina la vida moral de Guillermo, cuando éste encuentra un niño abandonado (*"escuálido, desnudo, hambriento"*) y lo toma en sus brazos: *"Lo mismo fue tenerle entre mis manos, que sentirme inundado de piedad y disiparse, como de milagro, todo aquel furor de suicida que llevaba al salir de mi casa."* [547]

En fin, en última instancia (o tal vez en primera y sobre la marcha) el camino de la formación o recuperación de la recta moralidad pasa –para el creyente- por la oración de súplica al Señor. Los mejores cristianos del mundo galdosiano, como Halma, Electra, Sola, la reina Juana de Castilla, etc. piden a Dios que ilumine su conciencia en las situaciones de conflicto interior. Benigno Cordero, hombre bueno por excelencia, hace esta oración: *"Bendigamos a Dios y pidámosle luces para acertar a hacer el bien que aún no hemos hecho, y que es a manera de una sagrada deuda pendiente con la sociedad, con la conciencia"*. [548] Catalina –la Condesa Halma- reorienta su crisis espiritual con fe: *"El Señor me dirá lo que tengo que hacer, el Señor no ha de dejarme indefensa y vacilante en medio de este conflicto."* [549] Y sin la referencia expresa a Dios (aunque sí implícita), el capitán de navio Lagier, aconsejando a Teresa y a Santiago como verdadero guía espiritual de ambos,

---

[546] PÉREZ GALDÓS, BENITO, *El caballero encantado*, o.c., pág. 234
[547] PÉREZ GALDÓS, BENITO, *Amor y ciencia*, Acto IV, escena XI. Obras Completas Ed. Aguilar. Tomo VI, págs. 631-- -632 En contextos diferentes aparecen también niños que constituyen un grito contra la honestidad perdida de los adultos; por ejemplo en las novelas *Miau* (el niño Luis, o Cadalsito), *El doctor Centeno* (Celipin y los alumnos de la escuela de Pedro Polo), *Marianela*...
[548] PÉREZ GALDÓS, BENITO, *Los apostólicos*, o.c., pág. 26
[549] PÉREZ GALDÓS, BENITO, *Halma*, o.c. pág. 320.

afirma con un discurso hermoso su fe en la influencia de buenos espíritus que vienen a apoyar nuestra lucha por la bondad. [550]

3. Honor y moral en la obra de Galdós.

La cuestión de la moralidad personal ha tenido –y tiene aún- una relación estrecha con la connotación que recibe públicamente, en la vida social, bajo el aspecto de honor o de honra. Este asunto ha sido objeto de controversia y de tratamiento literario durante siglos.

Honra u honor es el atributo de dignidad que se confiere a una persona; en principio, por razón de sus valores y derechos inalienables; de forma secundaria o accidental, aunque con frecuencia predominante, también en razón de la extracción social del individuo, o por sus comportamientos públicos (sin tener en cuenta el fondo de valores y de derechos que realmente posee).

Ocurría –y tal vez ocurre todavía- que al negar a una persona la misma dignidad que a las demás, su derecho de libre decisión, su igualdad de oportunidades, etc., lo que se estaba haciendo era considerarla como un ser amoral y sin honra.

La dramaturgia del siglo XVII (la de Calderón y Lope, especialmente) intentó devolver la honra, el derecho al honor inviolable a las clases sociales que habían sido privadas de ella o que nunca la habían tenido. El hombre (toda persona, sin exclusión) tiene derecho absoluto a ser estimado en su dignidad y por sus valores internos, y, en consecuencia, a ser visto, tratado y respetado de este modo.

La relación inmediata entre honra pública y derecho a la misma, se verifica en la práctica cuando la persona muestra haber adquirido un conjunto de verdaderos valores morales indispensables: la justicia en el trato con los demás, una bondad suficiente, la veracidad de su palabra, la consideración de igual valía para todos los seres, etc.

Sin embargo, sucede también que la sociedad añade y exige un marco de comportamientos formales que, con independencia de los valores

---

[550] "*En nuestra conducta influyen de un modo misterioso seres inteligentes e invisibles. Pon atención a lo que esos seres te digan... Los buenos espíritus vendrán a ti sin que tú los llames... En tus soledades y tristezas vuelve los ojos al mar, si tienes ocasión de verlo, y al cielo; ellos te darán la impresión de lo infinito. Ante lo infinito, eleva tu conciencia, y Dios será contigo.*" (PÉREZ GALDÓS, BENITO, *La de los tristes destinos*, o.c., pág. 221.

personales internos apenas considerados, se presentan como condición *sine qua non* para recibir la honra.

Este imperativo puede falsear fácilmente la moral personal, sustituyéndola por una superficial moralidad pública. Para bastantes personas este juicio público resulta de la mayor importancia –es lo principal- y llega a justificar verdaderas inmoralidades que se ocultan (o conviene ignorar). Sobre esta moral social o pública se expresa Pepe Fajardo (Marqués de Beramendí) que es un buen crítico de la situación: *"Toda la moral que viene de arriba* (del poder establecido), *en cuanto toca al suelo, queda reducida a un Prontuario de reglas prácticas para uso de las personas pudientes... Elevémonos un poco sobre estos absurdos."*[551] El juicio puede ser excesivo y remite quizás a dolorosas experiencias del autor a lo largo de su vida.

El tema presenta, sin duda, una dinámica compleja y sutil, pero, en cualquier caso, tiene una gran repercusión en la existencia individual y colectiva. Por eso era de esperar que apareciera y se tratara con detenimiento en una creación literaria tan realista y aguda como la de Galdós. Efectivamente así es.

Todos los aspectos del análisis breve que acabamos de hacer están presentes en gran parte de la narrativa y del teatro galdosiano. Por ejemplo: Martín F. Muriel, antihéroe protagonista de la novela *El Audaz. Historia de un radical de antaño*, una de las primeras obras, tiene que enfrentarse (a veces trágicamente) durante toda la narración a la moral pública que lo juzga y condena sin mostrar el menor interés por conocer y valorar la verdadera índole moral del joven, muy alta por cierto. En esta novela la Inquisición eclesiástica es cómplice del juicio indigno y falso que se vierte sobre el personaje.

Algo semejante ocurre a Máximo, en *Electra*, a Víctor, en *La de San Quintín*, a Pepe Rey, *en Doña Perfecta*, etc. Y esa moral pública farisaica es la que denuncia León Roch hablando a su suegro:*"Su casa de usted no tiene ya honra, a no ser que demos a las palabras un valor convencional y ficticio. La honra verdadera no consiste en formulillas que se dicen a cada paso para escuchar debilidades y miserias; se funda en las acciones nobles, en la*

---

[551] PÉREZ GALDÓS, BENITO, *O, Donnell*. O.c. pág. 145

conducta juiciosa y prudente, en el orden doméstico, en la verdad de las palabras." [552]

Pero en el drama *Bárbara* (que, en realidad, constituye una tragedia) el concepto de honor viene íntimamente unido por Leonardo a la rectitud de conciencia, a la moralidad justa e irrenunciable; es decir, a la recuperación de la moral. A la crítica que le hace la amante y desesperada Bárbara (*"Ya olvidaba que eres español, de esa raza de hidalgos extravagantes..."*) responde: *"Caballero soy, caballero cristiano, y como caballero y como cristiano he de restablecer en el altar de mi alma lo que villanamente arrojé de él: el Honor y la Fe."* [553]

4. Opción cristiana por la libertad en el pensamiento de Galdós.

El extraordinario contemplador de los seres humanos que es Don Benito defiende ante todo y apoya incondicionalmente la libertad de la persona y su voluntad de ser libre. Hace suyo por completo el pensamiento de la joven Tristana cuando ésta se debate en la dialéctica entre el amor y la libertad.

"Yo te quiero y te querré siempre; pero deseo ser libre. Por eso ambiciono un medio de vivir; cosa difícil ¿verdad?... Si encuentro mi manera de vivir, viviré sola. ¡Viva la independencia! Creo que has de quererme menos si me haces tu esclava; creo que te querré poco si te meto en un puño. Libertad honrada es mi tema... o si quieres mi dogma. Ya sé que es difícil, muy difícil." [554]

En realidad la mayoría de personajes centrales y decisivos del autor son personas admirablemente libres; libres frente a los imperativos interiores (sobre todo si estos se han forjado desde fuera de uno mismo), y libres frente a las presiones externas. Es la libertad de Leo y Mita, de Inés (ante la familia Requejo), de Demetria y de Sola, de Salvador, de Electra, de Fortunata, de Lucila, de Teresa Villaescusa y Santiago Íbero hijo, de Halma, Nazarín y Ángel Guerra, de Benina, de Clara y de Lázaro (sometidos la tiranía de Elías

---

[552] PÉREZ GALDÓS, BENITO, *La familia de León Roch*. O.c., pág. 239. Esa moralidad pública falseada es la que enuncia el canónigo Don Inocencio en *Doña Perfecta* y la que llevará al asesinato de Pepe Rey: *"Aquí nos miramos mucho. Reparamos todo lo que hacen los vecinos, y con tal sistema de vigilancia, la moral pública se sostiene a conveniente altura."* (PÉREZ GALDÓS, BENITO, *Doña Perfecta*. O.c., pág 169)
[553] PÉREZ GALDÓS, BENITO, *Bárbara*. Acto II, escena X, o.c., pág. 195
[554] PÉREZ GALDÓS, BENITO, *Tristana*. Cátedra. Madrid 2010. Págs. 182 y 187

Orejón y de las Porreño en *La Fontana de* Oro), de Horacio Reynolds, etc., etc. De algún modo es la libertad que quiere mantener el provinciano asentado en Madrid, Bruno Carrasco, frente a la posibilidad de aceptar un empleo fruto de la corrupción administrativa (defendiéndose, además, de la presión que recibe de su mujer Leandra): *"Yo no puedo vender mi alma, y mi alma es la Libertad"* [555].

Pero conseguir esa doble dimensión de la libertad –interna y externa-, frente a la poderosa presión de los condicionamientos familiares y sociales, era una tarea muy ardua a la altura del siglo XIX, una tarea casi imposible para la mujer. El escritor pone en boca de Saturna (la gobernanta de la casa del Don Lope, de *Tristana*) esta amarga reflexión:

"Libertad. Tiene razón la señorita (Tristana), *libertad, aunque esta palabra no suena bien en boca de mujeres. ¿Sabe la señorita cómo llaman a las que sacan los pies del plato? Pues las llaman, por buen nombre, libres. Por consiguiente, si ha de haber un poco de reputación, es preciso que haya dos pocos de esclavitud. Si tuviéramos oficios y carreras las mujeres, como los tienen esos bergantes de hombres, anda con Dios. Pero, fijarse, sólo tres carreras pueden seguir las que visten faldas: o casarse, que carrera es, o el teatro..., vamos, ser cómica, que es buen modo de vivir, o..., no quiero nombrar lo otro. Figúreselo."* [556]

Sin embargo –sigue pensando el autor-, incluso en tal situación va a ser preciso optar por la libertad en todos sus sentidos esenciales.

Estamos en los años en que Fernando de Castro, Rector de la Universidad de Madrid y referencia para Galdós, acaba de fundar la Asociación para la Enseñanza de la Mujer. [557]

---

[555] PÉREZ GALDÓS, BENITO, *Bodas reales,* o.c. pág. 73
[556] PÉREZ GALDÓS, BENITO, *Tristana,* o.c. págs. 138-139
[557] Fernando de Castro, krausista, crea en 1869 tres centros de promoción femenina universitaria: la Academia de Conferencias y Lecturas Públicas para la Educación de la Mujer, el Ateneo Artístico y Literario de Señoras y la Escuela de Institutrices; en 1871 funda la Asociación para la Enseñanza de la Mujer, en cuyo ámbito se erigen la Escuela de Comercio para Señoras (1878), la Escuela femenina de Correos y Telégrafos (1884), la Escuela de Bibliotecarias y Archiveras (1895) y la Escuela de Mecanógrafas (1909). La novela *Tristana* se escribe en 1892. Sobre la figura y la obra de Fernando de Castro: v. *Fernando de Castro y su legado intelectual.* Fundación Fernando de Castro. Fundación Beneficentia et Peritia Iuris. Madrid 2001 Puede verse también: CHACON GODAS, RAMÓN, *Don Fernando de Castro. El problema del catolicismo liberal español.* Fundación Fernando de Castro (A.E.M.) y Fundación Diego de Sagredo. Madrid 2006

Como vemos, al hablar de libertad el punto de mira del problema se centra especialmente en la libertad de la mujer. Una gran mayoría de mujeres del mundo galdosiano no son libres; y no lo son incluso para tomar las decisiones más graves de su vida. Ésa es la tragedia de Gloria, de Amparo (*Tormento*), de Isidora (*La desheredada*), de Inés, de Fortunata y de Jacinta, de Electra (*Casandra*), de Bárbara, de Mariucha, sobre todo de Rosario (la de *Doña Perfecta*), de Rosalía, de Clara (en *La Fontana de Oro*), la de Isidora (en la obra teatral póstuma *Antón Caballero*), de Donata (*Carlos VI en La Rápita*), Lucila (cuarta serie de Episodios), Victoria (*La loca de la casa*), etc., etc.... Puede afirmarse que toda la literatura galdosiana es un grito –un clamor- contra la esclavitud de la mujer.

La novela *Tristana* puede entenderse como una de las defensas más emblemáticas de la autonomía de toda persona, por su fuerte carácter representativo de la lucha por la libertad en la creación galdosiana. Pero es, sobre todo, el más encendido alegato a favor de la libertad de la mujer. Un impresionante canto de cisne feminista y un grito de condena del machismo ancestral; aunque finalice de un modo dramático (o, mejor, trágico) con el sometimiento final de Tristana, ya invalida, a la voluntad del cruel y degenerado Don Lope (que, encima, se cree convertido). Poco antes la joven aún ha tenido valor para escribir:

"No sabré amar por obligación; sólo en la libertad comprendo mi fe constante y mi adhesión sin límites. Protesto, me da la gana de protestar contra los hombres, que se han cogido todo el mundo por suyo, y no nos han dejado a nosotras más que las veredas estrechitas por donde ellos no saben andar." [558]

Éste es, pues, un tema transversal que discurre amargamente a lo largo de toda la copiosa producción. El recurso literario consiste en ofrecer (en la narrativa) tramas lacerantes de opresión que conducen al lector a un rechazo absoluto de las mismas; es decir, al rechazo de los personajes y de los procedimientos que de forma inicua privan de libertad a otros, y al rechazo de cualquier forma de esclavitud de la mujer. Inés encadenada a los Requejo, Gloria dominada por los Lantigua, Marianela cenicienta de la familia Centeno, Amparo sometida a Pedro Polo, Rosario víctima de *Doña Perfecta*, Asunción y Presentación (en el Episodio *Cádiz*) bajo la tiranía de su madre María Rumblar, Casandra, Bárbara,... todas ellas padecen opresión insuperable, son personas privadas absolutamente de libertad de movimiento,

---

[558] PÉREZ GALDÓS, BENITO, *Tristana,* o.c. pág. 206

aunque se mantengan libres en su interior; a no ser que al final terminen por sucumbir a esas presiones y renuncien fatalmente a su libre determinación, como les ocurre a Bárbara, a Tristana o a Gloria. Ése es el punto álgido de la dramática existencial que describe el autor. [559]

La fe en la libertad tiene una semejanza con la fe religiosa o, tal vez mejor, cristiana. El inocente y justo Lázaro replica a su tío Elías (que es la antítesis de la libertad): *"Cuando yo no crea en la libertad, no creeré en nada, y seré el más despreciable de los hombres. Yo creo en la libertad que está en mi naturaleza, para que la manifieste en los actos particulares de mi vida."* En consecuencia, el derecho a la libertad es sagrado y está por encima de los inconvenientes que traiga su uso.

"Más vale que tengan libertad ciento que no la comprenden, que la pierda uno solo que conoce su valor –dice, por su parte, el militar Claudio en la misma obra *La Fontana de Oro-. Los males que con ella pudieran ocasionar los ignorantes son inferiores al inmenso bien que un solo hombre ilustrado puede hacer con ella. No privemos de la libertad a un discreto por quitársela a cien imprudentes."* [560]

En cualquier caso, el logro personal de la libertad es visto como tarea irrenunciable en dos sentidos: para la construcción del propio ser (en sí mismo y mediante la adquisición de competencias sociales) y como fundamento necesario para la instauración de una estructura liberal justa en la sociedad. Esta actitud frente a las opresiones que pesan sobre el individuo tiene una estrecha relación con las propuestas del catolicismo liberal tal como lo entendían los ideólogos cristianos del krausismo: la identidad

---

[559] *"Obligadas por el rigor de mi madre* –dice Asunción, en *Cádiz*- *trabajan las manos, pero no el entendimiento; reza la boca, pero no el alma; se ciegan y abaten los ojos, pero no el espíritu... Nuestro entendimiento, nuestra voluntad no podía apartarse ni un tanto así del camino que se les había trazado: a mí el camino del monjío, a Presentación, el camino de no ser nada. ¡Ay, qué niñez tan triste! No nos atrevíamos a decir, ni a desear, ni siquiera a pensar cosa alguna que antes no estuviera previsto e indicado por mamá. No respirábamos en su presencia, y nos infundían tanto, tanto pavor sus mandatos y reprimendas, que nos era imposible vivir."* (PÉREZ GALDÓS, BENITO, *Cádiz*, o.c., pág. 192). El texto significa una síntesis del amplio y reiterado pensamiento del autor acerca de la falta de libertad impuesta a la mujer.

[560] PÉREZ GALDÓS, BENITO, *La Fontana de Oro*. (Alianza Editorial. Biblioteca Pérez Galdós. Madrid 2007, págs. 186 y 45) Esta concepción dramática de la libertad, netamente cristiana, sería la que desarrolla admirablemente F. DOSTOIEVSKI en el tremendo alegato de *El Gran Inquisidor* (1880): Cristo se negó a vender la libertad del hombre, aun a costa del miedo a la libertad que padece el ser humano.

cristiana conlleva la defensa de la libertad interior de la persona y el esfuerzo por lograr para la humanidad las libertades personales.

Es claro para Galdós que esta libertad –en su sentido puro y pacífico- es una pasión evangélica, forma parte radical del perfil cristiano, coherente con la afirmación paulina de la Carta a los Gálatas (*Para ser libres nos liberó Cristo. Manteneos, pues, firmes y no os dejéis oprimir nuevamente bajo el yugo de la esclavitud. Gal. 5, 1-2*). De nuevo en el admirable Episodio Nacional *El terror de 1824* el escritor hace suyo el pensamiento teológico del maestro Patricio Sarmiento, cuando se defiende ante los jueces que lo juzgan por liberal con palabras que evocan también las de Don Quijote a los galeotes:

"Soledad y yo nos declaramos reos de amor a la libertad"... "No siento odio contra nadie, absolutamente contra nadie. A todos les perdono de corazón, y, si de algo valen las preces de un escogido como yo, he de alcanzar del Altísimo que ilumine a los extraviados para que muden de conducta, trocando sus ideas absolutistas por el culto puro de la libertad". "Señor, tú que me conoces sabes que te adoro...Sabes que la idea de la libertad enviada por ti para que la difundiéramos fue mi norte y mi guía. Sabes que por ella vivo y por ella muero." [561]

Todo ello aunque, en ocasiones, la opción y el canto a la libertad caigan en el idealismo romántico exaltado que evocan los versos de Espronceda *"Que es mi Dios la libertad, mi ley, la fuerza y el viento; mi única patria, la mar"*; idealismo que encontrará siempre el contrapunto de un pensamiento sereno y realista. [562]

---

[561] PÉREZ GALDÓS, BENITO, *El terror de 1824*, o.c. págs. 144. 202 y 216 respectivamente.
[562] En la comedia *La de San Quintín*: *"(Víctor:) Mi único consuelo es lanzarme por el espacio infinito hacia la región de lo ideal, del pensar libre y sin ninguna traba. Delirando a mi antojo, construyo mi vida conforme a mis deseos; no soy lo que quieren los demás, sino lo que yo quiero ser. No me importan las leyes porque allí las hago todas a mi gusto... Soy rey, semidios, dios entero. (Rosario:) Basta. Eso me recuerda a mi niñez, cuando jugaba yo a los disparates."* (PÉREZ GALDÓS, BENITO, *La de San Quintín*. Acto II, escena IX. O.c. pág. 165)

Ética de la pobreza y liberación interior.

Es indudable que la pedagogía de la libertad interior implica la propia independencia respecto a la obsesión de poseer bienes materiales. Esta dinámica liberadora es una terapia en el proceso de la maduración de la persona y del logro de la libertad, casi más que una virtud evangélica. O, en todo caso, es virtud –es ética cristiana- porque resulta imprescindible para la felicidad auténtica y para el mantenimiento de la fe.

En este sentido abrazan la pobreza los grandes místicos galdosianos: Nazarín, Catalina de Artal (Halma), Ángel Guerra, Benina, Leré... Esta última hace el elogio más extraordinario de la pobreza como filosofía y teología fundamental:

"A mí, si me dan a escoger, me quedo con la pobreza. No poseo nada, ni nada quiero poseer. La propiedad me quema las manos, y la idea de 'mío' me la borro, me la suprimo de la mente, porque esa idea, créame usted, suele ocupar mucho espacio y no deja lugar a otras, que nos convienen más... Sólo Dios es dueño de todas las cosas. A él pertenezco, y nada me pertenece." [563]

Pero es Nazarín quien eleva la pobreza a la altura de una condición esencial para su seguimiento personal de Jesús y del Evangelio:

"Es condición mía esencialísima la pobreza, y si me lo permiten les diré que el no poseer es mi suprema aspiración. Así como otros son felices en sueños, soñando que adquieren riquezas, mi felicidad consiste en soñar la pobreza... Presumo que no me entienden ustedes o que me miran con lástima piadosa." [564]

Efectivamente, sin los presupuestos absolutamente cristianos de los que parte el personaje es muy difícil llegar a entenderlo; como fue difícil entender al Pobre de Asís y, en definitiva, al mismo Jesús.

Sin embargo, Galdós sí parece al menos intuir las razones hondas de todos ellos. El testimonio existencial de estos personajes a lo largo de cada una de sus tramas, con el mismo tono franciscano o evangélico, confirma la seriedad que se confiere a esa ética cristiana de la pobreza.

---

[563] Pérez Galdós, Benito, *Ángel Guerra. Vol. II*, o.c., pág. 331
[564] Pérez Galdós, Benito, *Nazarín*, o.c., págs. 30-31

Mariucha, personaje emblemático con perspectiva algo más pragmática, que está resolviendo la situación de pobreza vergonzante en que han venido a caer sus padres, se enfrenta al poder del dinero (aunque éste haya sido laboriosamente adquirido) en estos términos:

"Dinero de mi pobreza, ya estamos aquí frente a frente tú y yo... ¿Qué quieres decirme al venir a mí? Que desde que te inventaron los hombres eres muy malo, que revuelves todo el mundo y originas infinitos desastres... ¡Ah!, ya veremos eso. Conmigo no juegas. ¡No sabes tú en qué manos has venido a parar!" [565]

La protagonista del drama afronta con elegancia y paz la pobreza familiar, lucha para que todos sobrevivan a pesar de tal situación, pero no permite que la mejora de las condiciones económicas (cuando ésta llega) les envuelva en la espiral de la posesión y la riqueza.

No parece de más advertir que la opción por la pobreza y la simplicidad de vida no tienen nada que ver con la tacañería y la mezquindad, fruto de la avaricia, que son la pauta existencial de Francisco Torquemada a lo largo de las cuatro novelas de la serie. Tampoco coinciden necesariamente con las estrecheces económicas cuando éstas son vividas con amargura y enfado a causa del descenso de categoría social que provocan; ésa es, por ejemplo, la pobreza de Crucita del Águila que, para salir de la misma, impone a su hermana Fidela el sacrificio del matrimonio desnaturalizado con Torquemada.

Desde la larga historia de este personaje Galdós estudia la terrible esclavitud que produce la obsesión por el acopio de dinero y la catástrofe moral que conlleva (uno de cuyos síntomas es precisamente sentirse exento de toda culpa). El buen consejero Gamborena va a definir la situación como infierno:

"Usted no tiene más que un vicio, uno solo, que es la avaricia... ¡El infierno, sí! Hay que decirlo en seco. Allí caen de cabeza los que en vida no supieron ni quisieron hacer otra cosa que acumular riquezas, los que no tuvieron compasión de la miseria, ni consolaron a ningún afligido... Lo que tiene usted que hacer, señor mío, es purificar su alma de toda esa lepra de la codicia, ser bueno y humano, mirar más a las innumerables desdichas que le

---

[565] PÉREZ GALDÓS, BENITO, *Mariucha. Acto II, escena VI*. Obras Completas de Galdós. Ed. Aguilar, Tomo VI. Madrid 2005, pág. 491

rodean para remediarlas, y persuadirse de que no es justo que uno solo posea lo que a tantos falta." [566]

5. Degradación moral y pecado en la existencia del hombre y del creyente. Perspectiva galdosiana.

Los escritos de Don Benito presentan también un lúcido análisis de las consecuencias psicológicas y los deterioros morales que acompañan a la violación de la conciencia arrastrada muchas veces por la pasión de la ostentación, de la riqueza desmedida y cruel o del disfrute sexual ilimitado. La incoherencia con la misma y el desliz hacia la inmoralidad degradan a la persona y dañan gravemente el tejido social y el cristianismo.

Son muchos los personajes galdosianos que en las diversas tramas de sus vidas violan de alguna forma la conciencia e introducen en su persona (y en su trayectoria existencial) una línea de deterioro más o menos degradante y duradero. Representan la visión realista de la sociedad. Entre ellos hay algunos (no demasiados) que parecen instalados en la depravación moral: personas que conscientemente optan por la falsedad y la prevaricación (Pipaón), por la injusticia en la propiedad de los bienes y del poder (Torquemada, Doña Juana –de *Casandra*-, *Felicísimo* Carnicero (segunda serie de Episodios), Monegro -de *Alma y vida*-, Huguet -de *La loca de la casa*-, Horacio -de *Bárbara*-, Buenaventura Rotondo en *El Audaz* y bastantes más), por la infidelidad y la práctica lacerante de la seducción (Juanito Santa Cruz en *Fortunata y Jacinta*, Juanhondón, en la cuarta serie de Episodios, etc.), por la crueldad absoluta falsamente justificada en función de prejuicios ideológicos o de intereses materiales (Doña Juana, de *Casandra*, Doña Perfecta, Demetrio, de *Bárbara*, Don Lope, de *Tristana*, José María Cruz, de *La loca de la casa*, Pedro Polo, de *Tormento*, el general Cabrera en *la campaña del Maestrazgo*, el conde de Cerezuelo en *El audaz,* Don Juan de Gibralfaro y Romualda en *Rosalía*, etc.), o por ser vagos y parásitos de profesión (Bueno de Guzman, de *Lo prohibido*, Tito, de la quinta serie de Episodios) etc. Estos personajes ni viven una mínima vida moral –porque

---

[566] PÉREZ GALDÓS, BENITO, *Torquemada y San Pedro.* O.c., págs. 626-628 Y más adelante: *"La posesión de riquezas exorbitantes es contra l ley divina y contra la equidad humana, malísima carga para nuestro espíritu; pésima levadura para nuestro cuerpo."* (idem. Pág. 636)

transitan en un caos interior- ni dejan vivir a quienes desean dominar o poseer. De alguna manera encarnan el mal. [567]

Quizás los procesos más sutiles de máxima perversión de la conciencia (porque se gestan en el odio) sean los de Doña Juana (*Casandra*) y Doña Perfecta. En ambos aparece una extraordinaria y pura psicología de la maldad.

¿Cómo enjuicia el autor el proceso interior de todos estos personajes?

La degradación moral; sus causas y consecuencias.

Las imágenes o los símbolos con que Galdós describe los procesos personales de deterioro moral tienen una gran dureza. Esas personas se van hundiendo espiritualmente, se abisman con frecuencia en alguna maldad enquistada, y resulta muy difícil (aunque no imposible) que retornen a la luz desde su fondo tenebroso. Su ser va desfigurándose y las hace irreconocibles. Así ve el Conde Albrit a sus desagradecidos conciudadanos de Jerusa (abreviatura de Jerusalén) que lo maltratan y desprecian injustamente.[568] Y un juicio parecido es el que hace de sí mismo Bueno de Guzmán, ya al final, en la madurez, cuando intenta remontar su condición moral: *"Yo reconocía en mí el conjunto extraño de bestia y ángel que caracteriza a los niños; pero nada de lo que constituye al hombre"* [569]..., aun concediéndose cierta indulgencia.

---

[567] *"Dentro de la sistemática exploración en la naturaleza de la moral, Galdós crea la figura de Torquemada, en las cuatro novelas de este nombre, como un análisis del mundo moral y religioso, o más bien, como el ser constitutivamente incapaz de la sensibilidad por lo moral. Torquemada es, en efecto, un monstruo, cuyo rasgo esencial es el de hallarse totalmente carente de compasión para con el prójimo"* (CORREA, GUSTAVO, *La concepción moral...* o.c., pág. 20)

[568] *"La ingratitud desfigura los rostros"*-dice el Conde de Albrit-. (PÉREZ GALDÓS, BENITO, *El abuelo*. O.c., pág. 202).

[569] PÉREZ GALDÓS, BENITO, *Lo prohibido*, o.c., pág. 467 En *El terror de 1824* traza Galdós un agudo análisis del mecanismo interior de degradación moral del policía Chaperón: *"Había en el fondo, muy en el fondo de su alma, perdido entre el légamo de abominables sentimientos, un poco de equidad o rectitud. Verdad es que esta virtud era un diminuto corpúsculo, un ser rudimentario, como las moneras de que nos habla la ciencia; pero su pequeñez extraordinaria no amenguaba la poderosa fuerza expansiva de aquel organismo, y a veces se la veía extenderse tratando de luchar en las tinieblas con el cieno que la oprimía."* (PÉREZ GALDÓS, BENITO, o.c.,pág. 169) Ese mismo es el drama de Francisco Torquemada cuando muere (PÉREZ GALDÓS, BENITO, capítulo último de *Torquemada y San Pedro*) y el de Juan de Gibralfaro en ese mismo trance; aquí el narrador se permite imaginar él el juicio de este hombre tras su muerte: *"El alma de don Juan Crisóstomo voló al cielo, donde de fijo Dios no le pidió cuentas de su avaricia, como no se la pide a los niños de ser llorones, ni a los viejos de ser impertinentes."* (PÉREZ GALDÓS, BENITO, *Rosalía*, Cátedra. Madrid 1984, pág. 380).

Resulta difícil encasillar la tipología de conductas perversas que aparecen y se rechazan en la obra galdosiana. Como hemos indicado ya, es posible que en el culmen de todas ellas haya que situar el asesinato de Pepe Rey por orden de Doña Perfecta (con la anuencia del canónigo Don Inocencio) y la muerte de Doña Juana (que recuerda la de la Celestina); ambos personajes movidos también por un oscuro fanatismo religioso (que en el clérigo se mezcla con intereses de nepotismo y con el deseo de eliminar a quien le supera en poder moral y en inteligencia).

En cualquier caso, todas estas personas no llegan a alcanzar la talla de humanidad a la que por vocación estaban ciertamente llamadas. Han perdido a la vez la conciencia, la humanidad y la fe. Ésta es la recriminación que dirige el honrado Beltrán de Urdaneta al clérigo carlista que le cuenta el ajusticiamiento de su amigo después de haberle facilitado la confesión: *"¡Bonita teología aprendiste, mal hombre, mal subdiácono, mal español!... Si vives tranquilo será porque no tienes conciencia, porque no sabes lo que es Dios, aunque mil veces le hayas nombrado."* [570]

A la tónica de pasión descontrolada y causante de males irreparables se une (y se condena en la obra galdosiana) la abominación consistente en hacer objeto de esa pasión a una persona religiosa precisamente por ser religiosa (además de hermosa). Es el pecado romántico inicial de Don Juan al intentar seducir y raptar a Doña Inés. En el Episodio *Cádiz* esa figura donjuanesca la encarna Lord Gray, a propósito de Asunción. Y es Gabriel – en una página impresionante- quien intenta infructuosamente que el inglés rectifique su conciencia; pero éste más bien ratifica su propósito sacrílego: *"Coger para mí lo que no estaba destinado a ningún hombre y apropiarme de lo que todos habían convenido en que fuese para Dios... ¡Qué inefable delicia, qué sublime encanto!... ¡Ay!, fingí, engañé, burlé."* [571]

Otro análisis extraordinariamente bien descrito de la trasgresión y la culpa es el que se hace a propósito de Jenara en el Episodio *Los cien mil hijos de San Luis*. Salvador Monsalud ama aún fraternalmente a Sola (aunque ésta tiene hacia él en secreto un amor mayor). Jenara se cruza en el camino de ambos y, recelosa de que Salvador pueda amar a Sola, engaña a ésta: falsifica la carta que Salvador le ha escrito citándola, y envía a la joven

---

[570] PÉREZ GALDÓS, BENITO, *La campaña del Maestrazgo*, o.c., pág. 26
[571] PÉREZ GALDÓS, BENITO, *Cádiz*, o.c., pág. 215

lejos de él, a la otra punta de España. Pasado el tiempo se da cuenta, ya tarde, de su grave inmoralidad, reconoce su pecado, pero no encuentra posibilidad de perdón. El texto expresa un sutil análisis de la depravación moral a la que llega la persona cuando se deja llevar del apasionamiento irracional, y termina con un juicio pesimista de la condición humana.

"Al mirar esto desde tan distante fecha me espanto de mi acción, de mi lengua, de la horrible sutileza y travesura de mi entendimiento. En aquellos días, la pasión que me dominaba, y más que la pasión, el envidioso afán que me producían los recelos de que alguien me robase lo que yo juzgaba exclusivamente mío, no me permitieron ver claramente mi conciencia ni la infamia de la denigrante acción que había cometido... Cuando he podido mirarme tal cual era declaro que no hay fealdad de demonio del Infierno que a a la mía se parezca... Yo digo: que todo el mundo escriba con absoluta verdad su vida entera, y entonces ¡cuánto disminuirá el número de los que pasan por buenos!" [572]

La degradación interior de la persona se produce, en fin, al dejarse llevar de la mentira servidora de un egoísmo atroz; es una dinámica que alimenta la falsa imagen de sí e instala en el individuo ocultamiento, oscuridad y engaño como modos de vivir y de existir, determinando fatalmente al entorno en que éste se mueve. Galdós pone en boca de El Nasiry, rico hacendado de Tetuán, la siguiente reflexión que dirige a Santiuste: *"El cristiano que acá venga y no sepa fingir, o muere o tiene que salir pitando. Se hace aquí fortuna más o menos grande según el grado de simulación que cada uno se traiga para poder vivir entre esta plebe... En mí tienes ejemplo vivo del arte de figurar lo que no es..."* [573] Debe recordarse que este personaje, del que el autor se distancia -El Nasiry- es en realidad el hijo mayor de los Ansúrez, Gonzalo, islamizado por interés propio y convertido en un moro notable que asume y a la vez rechaza la cultura islámica, aprovechándose de ella.

Distinta responsabilidad tiene el autoengaño que surge y se enraiza en capas de un subconsciente muy dañado, aunque las consecuencias que acarree sean igualmente trágicas. ¿Es pecaminosa o responsable la irracional obsesión de nobleza de sangre que determina a Isidora (en *La desheredada*) y conduce su vida al caos moral? Probablemente no. Es más bien un

---

[572] PÉREZ GALDÓS, BENITO, *Los cien mil hijos de San Luis,* o.c. págs. 101-102
[573] PÉREZ GALDÓS, BENITO, *Aita Tettauen,* o.c., pág. 236

tremendo e irredento destrozo interior, fruto de gravísima psicopatía que no se cura. La joven ahijada del enfermo mental Tomás Rufete entrará a formar parte para siempre de los personajes más doloridos y grandiosos del mundo galdosiano.

El clima de deterioro moral viene provocado en fín, asiduamente, por la irrefrenable pasión de la codicia, una pasión cruel que influye y determina al ámbito social. Es el juicio lucidísimo que pone el escritor en boca de Alejandro, el cínico protagonista de su comedia, bastante parecida en cuanto al fondo a *Realidad*, con título de amarga ironía (*Un joven de provecho*): *"Solicitada, espoleada sin cesar, nuestra impaciente ambición lo olvida todo para no atender más que a su objeto... Nos cegamos, nos aturdimos, no vemos más que nuestra propia persona, y es porque la misma posición conquistada llega a ser una segunda naturaleza, con sus apremiantes exigencias. Es preciso satisfacerlas a toda costa."* [574]

La invasión del mal que se cierne entonces sobre las personas tiene también una consecuencia trágica: destroza el sentido de la inocencia. *"Antes* –dice el amigo Manso- *consistía la inocencia en el desconocimiento del mal; ahora, en plena edad de paradojas, sucede ir unido el estado de inocencia al conocimiento de todos los males y a la ignorancia del bien, del bien que luce poco y se esconde, como todo lo que está en minoría. Créeme, créeme, te hablo con el corazón."* [575] El juicio no puede ser más desolador.

El pecado en la visión de Galdós.

Cuando aparece el término pecado en la novela galdosiana se trata con frecuencia de una crítica al rigorismo ético-dogmático que se ha impuesto de forma arbitraria a las conciencias. Es decir, lo que se está queriendo advertir es que no hay tal pecado objetivo-subjetivo, no hay recriminación alguna al hombre por parte de Dios, ni aquello que se imagina ser pecado puede ser causa de algún tipo de condenación divina.

---

[574] PÉREZ GALDÓS, BENITO, *Un joven de provecho*. Acto I, escena III. (Obras Completas. Ed. Aguilar. Tomo VI. Madrid 2005. Págs. 878-879) Más adelante, en el Acto IV, escena X, el moralmente dudoso Marqués llega a exclamar, a la vista del caos envolvente: *"Lo que no exige una sociedad frívola, lo exige la conciencia, lo exige Dios. ¿Por ventura ya no hay más ley que el egoísmo?"* (O.c., pág. 914)
[575] PÉREZ GALDÓS, BENITO, *El amigo Manso*. Alianza Editorial. Madrid 2004. Págs. 119-120

Con ello Galdós huye de una dramatización excesiva de la situación personal de pecado. Las pecadoras y los pecadores tienen redención y, en cualquier caso, su fragilidad moral (por tremenda y reiterada que sea) resulta vulgar y no supone la condenación de la persona. La conversión y salvación de Fortunata, de Mauricia la Dura o de Luis Santorcaz (*La batalla de los Arapiles*) no ofrecen duda; y la de Franciso Torquemada queda abierta. Así es también la visión del extraordinario Padre Nones cuando dirige –sin concesión alguna- la confesión de su amigo Pedro Polo. Lo que lamenta el escritor es la angustiosa e injustificada conciencia de culpa en personajes inocentes y frágiles, a veces por un acto que ni siquiera se ha cometido aún (y que, en todo caso, sería un ejercicio justificado y bueno de la propia libertad). Algo de esto le sucede al niño Cadalsito en sus diálogos con Dios (en *Miau*) y, de forma trágica a Gloria, a Rosario (*en Doña Perfecta*) y a Rosalía. [576]

Sin embargo, la permanencia en el mal, consentida y mantenida, no sólo conduce hacia el endurecimiento pétreo de la conciencia sino, al mismo tiempo, a la negación de la aún no renunciada condición cristiana. Es decir, adquiere el carácter de pecado: de ofensa a Dios y de pérdida de la fe. En la historia trágica que narran las novelas *El doctor Centeno* y *Tormento* ésa es la situación interior del sacerdote Pedro Polo, voluntariamente constituido en cruel tormento de la inocente y frágil Amparo (o sea, Desamparo). *"Has dicho que no soy un perverso. ¡Qué equivocada estás! Allá, en aquellas soledades, varias veces estuve tentado de ahorcarme en un árbol, como Judás, porque yo también he vendido a Cristo. A veces me desprecio tanto que digo: ¿No habrá un cualquiera, un desconocido, un transeúnte, que al pasar junto a mí me abofetee?"* [577]

Polo, al menos, no intenta justificar su maldad con un subterfugio religioso, como sí lo hacen Doña Juana (de *Casandra*), Doña Perfecta, el policía Chaperón y el tribunal de "diablejos" (según la expresión del escritor)

---

[576] PÉREZ GALDÓS, BENITO, en cuanto al P. Nones: final del cap. 17 y el 18 de *Tormento*. O.c., págs. 135-142; y en *Rosalía*: "*Rosalía prometió solemnemente y con verdadero fervor al Dios que estaba en el altar, mirándola con tanta atención, que cuando se arreglara todo, ella confesaría la gran culpa de su proyectada inobediencia (casarse con Horacio)... La infeliz muchacha, cuya conciencia sentía la pesadumbre inmensa de su pecado aún no cometido, creía ver en las miradas del santo anciano el mismo ojo misterioso del altar, causándole tanto miedo.*" (PÉREZ GALDÓS, BENITO, o.c. págs. 267 y 271)
[577] PÉREZ GALDÓS, BENITO, *Tormento*, o.c., pág. 221

que juzgan a Patricio Sarmiento...[578] Y también intentarán ese recurso, agravando aún más su actitud pecaminosa -por la inclemencia que practican- los sacerdotes Alelí y Salmón, que niegan la absolución y la comunión eucarística al anciano Patricio, a punto de ser éste ejecutado (en el Episodio que acabamos de citar). Galdós se horroriza, sin duda, de este tipo de pecado (no del posible pecado del reo sino del que cometen los confesores).

Queda claro, pues, a nuestro juicio, que Galdós habla de una posible degradación moral del hombre que incluye también una dimensión teológica, es decir, el carácter de oposición al plan de dignificación del ser humano querido por el Dios de Jesucristo; y que, en ocasiones, tal situación puede denominarse pecado. Pero es preciso dejar constancia ya de que la realidad pecaminosa –para el escritor- se refiere exclusivamente a todo aquello que haga daño al otro, que destruya la existencia personal en cualquier nivel en que ésta se contemple. Por tanto, no se considera pecado el incumplimiento de normas sociales o eclesiásticas, ni la desobediencia (inobediencia, mejor) a las tiranías familiares; y menos aún la trasgresión de las órdenes que impiden el amor.

Esas órdenes -las que dan Doña Perfecta, Amaranta (primera serie de Episodios), Pilar de Loysa (tercera serie), los Lantigua (*Gloria*), Juan Crisóstomo (*Rosalía*), los marqueses de Alto-Rey (*Mariucha*), Pantoja (*Electra*), Doña Juana (*Casandra*), etc – sí son pecado, en cuanto que –para el narrador- son precisamente destructoras de la persona, violan sus legítimos derechos y, además, pretenden contar para ello con la complicidad de Dios.

Las consideraciones expuestas tienen un carácter introductorio a los análisis particulares que siguen sobre aspectos fundamentales del perfil moral cristiano (en éste y en los capítulos siguientes). Su estudio será tal vez complejo no porque exista ambigüedad en los escritos galdosianos, sino porque la reflexión sobre la mayoría de estos temas es árdua y sigue ofreciendo graves dificultades en la misma teología moral.

---

[578] Describiendo la sala en donde el policía Chaperón toma declaración al anciano Patricia y a Sola, acusados de conspirar contra el absolutismo de Fernando VII: "*En el fondo había la indispensable estampa de Su Majestad, y, sobre ella un crucifijo cuya presencia no se comprendía bien, como no tuviera por objeto el recordar que los hombres son tan malos después como antes de la revelación.*" (PÉREZ GALDÓS, BENITO, *El terror de 1824,* o.c., pág. 140)

2. Dinámica y elevación del amor en la obra de Don Benito.

Teología del amor y de la caridad en la obra de B.P. Galdós.

Para Galdós el creyente cristiano –en especial- deberá ser, *una persona que ama excepcionalmente a los demás.*

El perfil existencial del cristiano se condensa y expresa en la actitud de amor. En el principio de la andadura cristiana diseñada a lo largo del Evangelio (y en todo el Nuevo Testamento) aparece esencialmente el amor, el amor como actitud honda personal y el amor de caridad efectiva; es decir, también el ejercicio práctico de un amor de entrega abierto, sin límites en cuanto al tipo de personas amadas. La amplitud de esos dos aspectos del amor sugiere plantearnos la posibilidad de una teología pormenorizada: considerar su raíz, dimensiones, manifestaciones, procesos, condiciones, significado y alcance, comparaciones y correlaciones con la Escritura...

Pues bien, podremos afirmar que una densa psicología y teología del amor y de la caridad, fundidos en uno los dos planos (humano y divino), con excepcional riqueza de matices, recorre y fecunda toda la creación literaria galdosiana. El amor, admirablemente descrito, omnipresente en sus obras, es –para el escritor, además- el punto de partida y el de llegada de la existencia (individual e institucional) que pretenda ser cristiana.

Sin embargo, el autor, llevado de su observación realista, tiene que denunciar que tal amor auténtico y elevado no es el exponente habitual del catolicismo español del siglo XIX (de la mayoría de los católicos), ni tampoco parece serlo –en cuanto a las actuaciones oficiales- el de la iglesia romana de la época. Una gran parte de las tramas de las novelas y piezas de teatro plasmarán esa denuncia con tonos agudos (y escandalosos para la burguesía católica de la época).

En efecto. El tema del amor se desarrolla en todas las dimensiones y perspectivas posibles, como una constante esencial. [579] Cada una de sus novelas (Episodios Nacionales y novelas independientes) y dramas teatrales (algunos de ellos tragedias) lo contemplan. Es verdad que quizás en un 70 %

---

[579] *"Parler de l'amour dans l'oeuvre romanesque de Galdós est l'un des problémes les plus difficiles vu la frequence avec laquelle nous l'y rencontrons"*, escribe JOSEPH JELELATY en *L'amour dans l'oeuvre romanesque de Galdós.* (rev. Letras de Deusto. Vol.4. num. 8. 1974. Pág. 61) En este estudio el autor analiza las diversas formas de amor que encuentra en la obra galdosiana: amor racional o filosófico, amor del tímido, amor humano dentro de la religiosidad, amor conyugal, amor fatal, amor imposible, amor paterno y materno, amor que no es amor, el amor y la muerte y el amor y la locura.

de casos se trata de la actitud personal plasmada en el amor entre mujer y varón, enmarcados en triángulos relacionales dramáticos, (siendo siempre más agudo y universal el análisis de la situación y de la psicología femeninas). Pero, cualitativamente, es en el otro 30 % de casos (interrelacionados con los anteriores) donde aparece el ejercicio del amor con mayor hondura, acercándose a la mística del *agapé* cristiano (de la comunión). Todo ello con una extraordinaria riqueza descriptiva.

Los grandes amantes de la novelística y de la escena de Galdós son personas que, además (o al margen) del amor de *eros*, desarrollan la dinámica (modesta o heroica, no importa) de un amor abierto, de enorme ternura, y de absoluta generosidad hacia los más diversos sujetos, predominando el que se manifiesta –o se vuelca- en los seres indefensos. Porque son los desgraciados de todo tipo, los pobres y los esclavizados, quienes especialmente saben amar y en los que va a verificarse la autenticidad del amor, especialmente dotado de una cualificación cristiana.

Con mucha frecuencia estos amores no sólo son contemplados en su valía humana y a la luz de su validez para la persona, sino que derivan ellos mismos, a lo largo del relato, hacia una densidad afectiva de carácter también religioso y cristiano, hacia una auténtica caridad cristiana. Es decir, el amor humano –que ya es divino, si es amor- se convierte explícitamente en evangélico, e intensifica así aún más su carácter divino. Digamos que es totalmente divino en el proceso y en el acabamiento que nos narra el autor, que muestra conocer bien la teología de la caridad y creer en ella. Al lado de los relatos de comunión amorosa de la pareja y de la vida familiar, las descripciones del amor de *agapé* resultan perfectas.

Por ejemplo, sobre las tramas románticas apasionadas o familiares (como son la del Abuelo y la nieta ilegítima Dolly), los enamoramientos de Gabriel de Araceli e Inés, de Fernando Calpena y Demetria (que no el que le despierta Aurea), de Salvador Monsalud y Solita (que no Jenara), de Gracia y Santiago Íbero, de María y Agustín, de Mita y Ley, de Lucila y Tomín –todos ellos en los Episodios nacionales-, de Gloria y Daniel, de Clara y Lázaro, de Pepe y Rosario, de Rosalía y Horacio Reynolds…, de todas las parejas del teatro (de Electra y Máximo –en *Electra*-, de Bárbara y Leonardo –en *Bárbara*-, de María y León –en Mariucha- etc.), Galdós alza poco a poco un amor de la más auténtica valía teológico cristiana. Semejante al que sucede también -aunque con más escasez- en una parte de la literatura francesa (por ejemplo, en *Cyrano de Bergerac*, de Edmond Rostand, a lo largo de las obras de Victor Hugo, o en la dramaturgia de Paul Claudel -*El anuncio a María*, entre otras-); pero, en la obra galdosiana esto se hace situando de manera particular ese dinamismo admirable en personajes típicamente hispanos, netamente españoles.

El tema del apasionado y legítimo amor de *eros* queda entonces en parte orillado o superado por un amor universal de comunión, de absoluta alteridad (*agapé*).

Inés y Siseta (primera serie de Episodios), Sola y el anciano Sarmiento (segunda serie), Marianela y Pablo, Victoria (de *La loca de la casa*, con una entrega sacrificial inaceptable), Leré (de *Angel Guerra*), la condesa Halma, y en la más alta cima: Benina (de *Misericordia*), Sor Simona, Nazarín, el mencionado Conde de Albrit (de *El abuelo*), Fernando Calpena (tercera serie de Episodios) dejando paso al oponente Zoilo, Benigno Cordero (segunda serie de Episodios) haciendo lo mismo respecto a Monsalud, y éste demorando *sine die* el matrimonio esperado con Sola (para asistir a Carlos, el hermano enfermo de muerte de quien no recibe más que odio), Celia (de *Celia en los infiernos*), Rosaura (de la novela *Casandra*), Guillermina (en *Fortunata y Jacinta*) etc. -todos ellos y bastantes más- suscitan la admiración profunda del autor y van a ser propuestos como modelos de referencia de la existencia amorosa más allá de cualquier interés o motivación personales. Más aún, todos ellos están situados con claridad en la dinámica de la correcta y utópica caridad cristiana.

Hay que adelantar ya, inmediatamente, que son de preferencia los personajes femeninos quienes brillan en Galdós a una altura inalcanzable en el conjunto de su propia creación y en el resto de la literatura española y europea (sin poderse comparar entre nosotros, más que muy ligeramente, con figuras como Jimena, del Mío Cid, la Gitanilla, Doña Inés del *Don Juan* de Zorrilla, Pepita Jiménez, de Valera, Mariana Pineda, de Lorca, etc.). [580]

Por esa preferencia femenina sorprende aún más el elogio que hace Nicolás Estévanez (ministro de Pi y Margall) del diputado Estanislao Figueras, diputado a Cortes en la desquiciada España de la Primera República. Nos parece de interés transcribir el texto. Dice así:

"Es el hombre más generoso y bueno del mundo. En él no se admira tan solo la virtud pasiva que consiste en no hacer el mal. En su corazón arde el

---

[580] V. a este respecto *Las mujeres en los Episodios Nacionales*, de AMPARO APARISI LAPORTA (Rev. Anales del Instituto de Estudios Madrileños. Madrid).

sentimiento de caridad en su grado más efusivo. No acude a él ningún necesitado que no halle consuelo y socorro... En los casos difíciles (de los perseguidos por la justicia) *habla con los jueces, revuelve toda la Curia, y no descansa hasta conseguir la libertad del preso. Si para los extraños es misericordioso, para los amigos no tiene límite su bondad. Practica el principio cristiano en toda su pureza, desentendiéndose en absoluto de la liturgia* (del cumplimiento religioso en el templo; por lo que resulta, según el criterio de los neoconservadores), *un ángel impío, un santo anticlerical."* [581]

Además de la particularidad señalada, es notable la idea implícita que insinúa el autor en esta página: la esencialidad del amor y de la práctica de la caridad cristiana por encima de los comportamientos religiosos.

Aunque no sea muy exacto hablar de dos niveles de amor (humano y cristiano) puesto que ambos se funden en una sola realidad personal, nos parece más oportuno (como metodología) proponer ahora este doble tratamiento.

1. La actitud de amor. Dinámica fundamental del amor.

Análisis de hondura psicológica como los de *El arte de amar*, de Erich Fromm, *La comunicación de las existencias*, de Ignacio Leep, o la lírica de nuestros mejores poetas del barroco (*Amor más poderoso que la muerte*, de Quevedo, por ejemplo) y de toda nuestra inmensa producción poética, coincidirían, sin duda, con los planteamientos fundamentales del amor humano que hace Don Benito, tan cercano y a la vez tan alejado de los románticos.

Lo esencial para el ser humano es amar. Ésta es su tesis fundamental. Angel Guerra, ya en trance de muerte (por ejercer la caridad de manera heroica) hace esta confesión que sintetiza su vida: *"Me resigno y bendigo a Dios que me ha traído a este fin, porque así conviene a la justicia, a la lógica y al descanso de mi alma. Lo que deseo es que no se aparten de mí las personas que me son caras, las predilectas de mi corazón. Es lo único que se va ganando en este juego de la vida: el gusto y la alegría de amar."*[582] No es difícil adivinar tras estas palabras el alma del autor mismo.

---

[581] PÉREZ GALDÓS, BENITO, *La Primera República*, o.c., pág. 105-106
[582] PÉREZ GALDÓS, BENITO, *Ángel Guerra*. Vol. II (Alianza Editorial. Madrid. 1986. Pág. 635)

a) Para Galdós, el amor es ante todo contemplación del otro e identificación con él, al nivel más interior. Son muchos los pasajes de las obras en las que el autor –identificado con el personaje o muy cercano a él- expresa esta exigencia primera del amor: la propia identificación personal con el ser amado y su valoración. En este sentido: en *Misericordia*, Nina, queriendo de corazón a la ingrata Doña Paca, llevándole a ésta de la mano al ciego Almudena, es el personaje más evangélico creado por el autor. De otro orden, pero con semejante intensidad de amor es la identificación de los amantes Leonardo y Bárbara (en *Bárbara*) que les conduce a la más sorprendente comunicación espiritual. Y así los relatos de tantas y tantas páginas de los escritos galdosianos; un amor de algún modo en la misma línea que el del apóstol Pablo hacia Jesús: *"Vivo yo, pero es Cristo quien vive en mí. Mi vivir es Cristo"* [583]

Este nivel espiritual del amor va a describirse detenidamente con rasgos admirables en múltiples textos. Se desarrolla en *Misericordia* entre los dos personajes citados: el ciego Almudena y la anciana Benina [584]; entre Solita y Don Patricio. En el Episodio *El terror de 1824*, hablando el autor de la inicial relación de caridad de la joven hacia el anciano, se escribe: *"Con el tiempo encendióse en su alma un vivo afecto hacia el mendigo abandonado...Llegó a acostumbrarse de tal modo a la compañía del patriota vagabundo, que le habría echado muy de menos si en cualquiera ocasión le faltara."* [585]

Los personajes que retratan bien al escritor expresan esa visión. Junto a otros, Tarsis, protagonista de *El caballero encantado*, enamorado de Cintia, pobre maestra de escuela de un pueblo perdido, que decide hacerse él mismo

---

[583] *"Cuando se ama, se tiene una perspicacia extraordinaria, se penetra en el interior del objeto amado, se conocen sus sentimientos, sus inclinaciones, y se lee en su corazón como en un libro abierto."* (PÉREZ GALDÓS, BENITO, *Rosalía*, o.c., págs. 117-118), "(Leonardo.-) *¿No sabes que yo te llevaba en mi alma, que tus sentimientos eran los míos, tus ideas mis ideas?* Bárbara.- *Del mismo modo te llevo yo a ti en mi alma...¡Siempre conmigo, Leonardo,... siempre tu pensamiento en el mío!* Leonardo.- *Nuestras almas, comunicadas y regidas por efluvios misteriosos, formaban un alma sola..."* (PÉREZ GALDÓS, BENITO, *Bárbara*. Cátedra. Madrid. 2006. Pág. 193) Por esta razón sólo se llega a comprender bien al otro cuando se le ama: *"Esa pobre Dulce* –dice Ángel Guerra- *nadie la comprende más que yo."* (PÉREZ GALDÓS, BENITO, *Ángel Guerra.* Vol. I. o.c. pág. 72)
[584] V. *Misericordia.* (Alianza Editorial. Madrid. 1987. Págs.. 199 y ss.)
[585] PÉREZ GALDÓS, BENITO, *El terror de 1824,* Episodio Nacional n. 17 (Historia 16-Caja de Madrid. 1994. Pág. 70).

maestro para compartir la condición de vida de la amada desde su interior.[586] Gabriel de Araceli vive de ese mismo modo la relación con Inés a lo largo de toda la primera serie de Episodios.[587] El amor auténtico empieza por ser fusión de las existencias.

Este amor (el enamoramiento en la pareja) se autentifica por su dimensión espiritual, no tanto por la intensa atracción que ejerce la belleza física. Y la contemplación admirada del fondo de la persona abre camino a una relación amorosa firme y fecunda, definitiva. Es una de las perspectivas más sorprendentes en el pensamiento que estamos analizando; la que guía los treinta episodios de las series primera a tercera (e incluso a parte de la cuarta serie). Salvador Monsalud llega así al amor de Sola, superado ya el enamoramiento de la bella Jenara; Fernando Calpena sigue el mismo proceso respecto a Demetria, cuando, al fin, ha logrado enterrar la pasión platónica por Aura...

"*¿Por qué se quiere a las personas?* –se pregunta Soledad– *¿Por el rostro? No lo creas. Se quiere a las personas por las prendas del alma, por el valor, por la honradez, por la generosidad, por la lealtad, por la dignidad, por la nobleza.*" [588]

En otra página magnífica el alegre y libertino Augusto Miquis, la víspera de su boda, rebate el desprecio con que la bellísima Isidora juzga a la novia de éste (de condición física mucho más humilde): "*¿Qué entiendes tú de eso?... Vale más que tú. No es muy guapa, pero es un ángel. Ésta, ésta que ves aquí* (mostrándole el retrato), *es mi salvaguardia contra ti; es mi*

---

[586] "*En vez de arrebatarla, separándola de la crianza mental de los niños, procedé más cuerdamente haciéndome yo también maestro...; vivamos juntos consagrados a la misma obra santa.*" (PÉREZ GALDÓS, BENITO, *El caballero encantado*. Cátedra. Madrid. 2000. Pág. 234)
[587] PÉREZ GALDÓS, BENITO, narrando el amor entre Gabriel e Inés: "*Nos sentamos a orillas del río, en el sitio en que el Tajo y el Jarama, encontrándose de improviso, y cuando seguramente el uno no tenía noticias del otro, se abrazan y confunden sus aguas en una sola corriente, haciéndose de dos vida una sola. Tan exacta imagen de nosotros mismos no puede menos de ocurrírsele a Inés al mismo tiempo que a mí.*" (*El 19 de marzo y el 2 de mayo*. Historia 16-Caja Madrid, 1992. Pág.13)
[588] PÉREZ GALDÓS, BENITO, *El equipaje del rey José*. Episodio Nacional n.11 (Historia 16-Caja de Madrid. 1993. Pág.64) El amor de Casandra a Rogelio, en la novela *Casandra*, reúne perfectamente estas condiciones de empatía transcendente y trascendente: "*-Casandra: Mi cariño a este hombre es superior a todas las penas, a sus defectos, a sus maldades y a las mías. Es la única cosa divina que siento en mí; divina, porque es imperecedera, porque no concibo que deje de ser como es, ni que tenga fin.*" (PÉREZ GALDÓS, BENITO, *Casandra* –novela; Ed. Rueda o.c. pág. 174)

patrona, mi abogada, mi Virgen del Amparo... Por ésta... me hago un señor héroe, y atropellando por todo, te doy la batalla y te venzo, y por fin me salvo." [589]

El autor añade todavía una observación a esta comunicación de las existencias que define a la dinámica amorosa: el amante transforma favorablemente (ante sí mismo) la identidad de la persona amada, dotándola de atributos espléndidos. La objetiva imperfección queda, entonces, absorbida o superada, adentrando en la interior bondad y belleza del ser humano. Así es como el joven Pablo ve a Marianela, y como el mendigo (y señor) Almudena se enamora de Benina y la contempla transformada. Los dos personajes son invidentes pero han acertado a ver lo esencial. [590]

En definitiva se trata del pensamiento clave que recorre el libro de Saint-Exupery: *"sólo se ve bien con el corazón: lo esencial es invisible a los ojos".* [591]

b) En el amor auténtico el hombre va más allá de sí mismo, sobreelevándose a una altura que suscita emocionada admiración.

La altura del amor es la ternura y el cariño; actitudes que se refieren a la sensibilidad, al afecto y al trato, especialmente referido todo ello a los más débiles y desfavorecidos. En la visión surrealista que tiene el enigmático Tito (visión de todo punto significativa para el autor), el personaje contempla a su amada Floriana convertida en maestra de un humilde pueblo, y ve lo siguiente:

"Entre niños y niñas parecióme que había poco más de veinte, todos muy pobres, descalzos la mayor parte, mal vestidos, algunos harapientos y desgreñados. En el centro del local vi a Floriana, vestida de azul oscuro... Su frente, de proporciones exquisitas, me deslumbró cual si de ella irradiara una claridad que iluminaba el mundo. En derredor de la divina maestra, un enjambre de pequeñuelos de ambos sexos recibía las primeras migajas del

---

[589] PÉREZ GALDÓS, BENITO, *La desheredada*. Cátedra. Madrid 2011, pág. 392
[590] En su media lengua castellana Almudena dice a la anciana Benina: *"Yo quierer ti... Tu mais que la luz bunita; moza tu."* (PÉREZ GALDÓS, BENITO, *Misericordia*. O.c. pág. 202). De modo parecido imagina Pablo a la apenas agraciada de cuerpo Marianela: *"¡Ay, Nela, compañera mía, si fuese verdad, si Dios quisiera tener piedad de mi y me concediera el placer de verte!... Aunque sólo durara un día mi vista, aunque volviera a cegar al siguiente, ¡cuánto se lo agradecería!"* (PÉREZ GALDÓS, BENITO, *Marianela*. O.c. pág. 128)
[591] DE SAINT-EXUPERY, ANTOINE, *El princípito*. Enrique Sáinz Editores. México DF 1994, pág. 96

pan de la educación… A unos les corregía con gracejo, a otros con besos los estimulaba; a los más chiquitines les sentaba sobre sus rodillas… Allí no había palmeta ni correa, ni puntero, ni ningún instrumento de tortura. Había tan sólo cariño, halagos, persuasión y un extraordinario poder espiritual… Un sacerdote santo dando la comunión a los fieles, en las catacumbas, no me hubiese inspirado mayor respeto… Besos, cariños, alegría, risas que eran como un himno a la Enseñanza, y desfiló aleteando la infantil bandada." [592]

El texto, además de literariamente bello, es un poema a la naturalidad y al acierto en la práctica de un amor que Galdós emparenta con algo divino y que alza la persona a la máxima altura.

Inés (que acaba de salvar espiritualmente a su padre), en el último Episodio de la primera serie, se pregunta sorprendida:

"¿Pues qué he hecho que no sea natural?" Y Gabriel le responde: *"¿Que qué has hecho? Has hecho lo que yo no esperaba ni adivinaba, aunque siempre te tuve por la misma bondad: has amado a ese infeliz, el más infeliz de los hombres, y este prodigio que ahora, después de hecho, me parece natural, antes me parecía una aberración y un imposible. Tú tienes el instinto de lo divino… Tú realizas con la sencillez propia de Dios las más grandes cosas… Tu corazón no sabe sino amar".* [593]

Lo que significa que nos encontramos ante un valor absoluto, uno de los pocos valores absolutos que le han sido dados al hombre.

También la admiración de la persona buena hace que ésta aparezca transformada a los ojos de los que la admiran. De forma metafórica el caballeroso y pobre Frasquito Ponte Delgado (¡ironía del juego onomástico del autor!) le dice a Benina: *"Yo aseguro, señora Nina, bajo mi palabra de honor, que es usted un ángel; yo me inclino a creer que en el cuerpo de usted se ha encarnado un ser benéfico y misterioso, un ser que es mera personificación de la Providencia."* [594]

---

[592] Pérez Galdós, Benito, *La Primera República*, o.c. pág. 204-205 La visión relatada en estas páginas es semejante a la que tiene de Cintia el joven Tarsis en la novela *El caballero encantado*
[593] Pérez Galdós, Benito, *La Batalla de los Arapiles*. (Alianza Editorial, Madrid 1998. Pags. 183-184)
[594] Pérez Galdós, Benito, *Misericordia*. O.c. pág. 151

Y Ángel Guerra añadirá una razón más a esa dinámica: el amor es contagioso y extensivo. Llega espontáneamente a las personas que el otro ama, aunque apenas sean aún conocidas; no pone límites a sus posibilidades, y nunca es restrictivo ni exclusivista o acaparador. [595]

Ese amor recibido siempre es algo gratuito y de algún modo inmerecido. Así lo manifiesta el mismo Gabriel a continuación del texto citado antes. Es el sentimiento (tantas veces narrado) que se sintetiza en las palabras de Pepe Fajardo (medio protagonista de la cuarta serie de Episodios) estando a la cabecera de la persona moribunda que más lo ha querido: *"Yo no era digno de un cariño tan hondo, tan puro, tan superior a todo interés y a las conveniencias humanas."* [596]

c) Evidentemente, este amor es liberador y recreador del ser humano. Hace bueno al otro y a sí mismo; le da la posibilidad inmediata de remontar la vida, por muy baja que ésta se halle. Podríamos afirmar que ésta es una de las tesis inamovibles de Galdós. El hombre se realiza y realiza a los demás en el amor. Y cuando así es necesario, el amor es redentor. Así sucede en el amor (no correspondido) de Augusto Miquis a Isidora (*La desheredada*), de Maximiliano Rubín a Fortunata, de Atenaida a Alejandro (*La razón de la sinrazón*), de Isidora a Alejandro (*Voluntad*), etc.

La experiencia del amor vivo de otros (sobre todo, si uno mismo lo recibe graciosamente) es la única razón que permite volver a la vida y hallar sentido a la existencia. *"No quiero morir –dice Alejandro a Isidora, en el drama Voluntad-, porque no veo un medio de adorarte fuera de esta vida... Por tu amor vivo. Es el único fin que veo en mi desdichada existencia."* [597]

Recordamos también -como sencilla muestra de esta tesis- dos páginas bellas e importantes: En *Fortunata y Jacinta* (la obra más extensa y emblemática de la creación galdosiana) el humilde y bueno Maximiliano Rubín dice, a propósito de su relación con Fortunata: *"Aquel extraordinario amor le inspiraba no sólo las buenas acciones, el entusiasmo y la abnegación, sino también la delicadeza llevada hasta la castidad... Todo lo*

---

[595] *"Si alguna vez la traigo a vivir con nosotros (se refiere a su hija niña de la que vive separado),¿la querrás como la quiero yo?. Lo mismo que si fuera hija mía –dice Dulce-"* (PÉREZ GALDÓS, BENITO, *Ángel Guerra.* Vol. I. o.c. pág. 36).
[596] PÉREZ GALDÓS, BENITO, *Tormentas del 48.* (Historia 16-Caja de Madrid. 1995. Pág. 175)
[597] PÉREZ GALDÓS, BENITO, *Voluntad.* Acto III, escena VIII. Obras Completas. Ed. Aguilar. Tomo VI, pág. 285

que en el alma humana puede existir de noble y hermoso brotó en la suya, como los chorros de lava en el volcán activo. Soñaba con redenciones y regeneraciones..."[598] Y Juanito Santiuste, coprotagonista de la cuarta serie de Episodios, habla con la todavía ambivalente Teresa Villaescusa (que terminará aprendiendo lo que es amor y libertad): *"- La caridad obliga al que la recibe a ser tan bueno como el que la hace. – Echa más poesía, hijo* (replica ella). *– Esto no es poesía..., es mi corazón, que habla con el lenguaje de su delicadeza, de su gratitud..."* [599]

Este mismo fenómeno redentor es el que aparece en los últimos momentos de la vida de Luis Santorcaz, el violento y ateo padre de Inés, incluso maltratador cuando, ya anciano y enfermo, se encuentra a solas con el cariño de su hija.

"Te perdono, porque me amas –le dice Inés-, *porque consientes que sea yo la destinada a quitarte esas espinas que desde hace tanto tiempo tienes clavadas en el corazón".* -*"¡Y como punzan!* –exclamó con profunda pena el infeliz masón- *Sí, quítamelas, quítamelas todas con tus manos de ángel; quítalas una a una, y esas llagas sangrientas se restañarán por sí... ¿De modo que soy bueno?"* –*"Bueno, sí* –contesta Inés-; *yo lo diré así a quien crea lo contrario..."* – *"Por tus ojos mira Dios a la tierra y a los hombres, satisfecho de su obra"*, concluye Santorcaz y así muere, salvado ya de sí mismo. [600]

El amor auténtico ofrece amistad eterna. Quizás por ello esa actitud significa investir al otro de la cualidad salvadora de "ser amigo". *"Pío* –dice el conde de Albrit- *te nombro mi amigo, te hago la síntesis de la amistad."*

---

[598] PÉREZ GALDÓS, BENITO, *Fortunata y Jacinta,* volumen I. (Cátedra. Madrid 2002. Pág. 481)
[599] PÉREZ GALDÓS, BENITO, *O'Donnell*. Historia 16 – caja de Madrid. 1995. Pág. 177) V. también: *Fortunata y Jacinta. Volumen II* (Cátedra. Madrid 1999, pág. 140 y 149) y especialmente *El abuelo* (o.c. págs.. 250 a 253). Y tal es –en el Episodio *Narváez*- la transformación que realiza el amor de María Eugenia de Amparán en su esposo Pepe Fajardo, casado con ella sólo por conveniencias sociales. Para el escritor, el acogimiento generoso y hondo del otro suscita en el acogido los sentimientos más vivos de paz y de trascendencia; éste es quizás el tema central del cuento *Tripiquillos*: *"Si el pródigo no pudo llegar a la casa del padre, llega a las del amigo, y es lo mismo. Yo te acojo, Tropiquillos, y haz cuenta que estás en tu casa... Mi alma se inundaba de una paz celestial, fruto de la gratitud y no sabía cómo corresponder a tanta generosidad."* (*Tropiquillos*. Ed. de Cátedra. Madrid 2004, págs. 218-219)
[600] PÉREZ GALDÓS, BENITO, *La batalla de los Arapiles*, o.c., págs. 187-188

[601] El hecho de la amistad es de alguna forma el triunfo del amor y de la persona. Para Galdós sólo el amor salva a ésta. Es el grito dramático de Daniel, al final de *Gloria*: *"Mi salvación es amarte. No quiero otra."* [602]

El permitirse a sí mismo un gesto de extraordinaria atención generosa (mucho más si va acompañado de ternura interior), aunque se realice de manera espontanea y casi inconsciente, eso trae consigo el nacimiento de un inmenso amor capaz de liberar a la persona de su situación más oscura. Esta es la vivencia que salva al desesperado Guillermo Bruno, en el drama, *Amor y ciencia* cuando se agacha a coger al bebé abandonado. [603]

En consecuencia, este amor va a ser ser capaz de saltar por encima de todos los obstáculos que se le oponen. Así les sucede a algunos de los grandes amantes del mundo galdosiano: a Mita y Ley, a Teresa Villaescusa y Santiago Íbero, a Mariucha y León... Ángel Guerra, sin embargo, en su primera etapa no llega a superar la oposición social, y maldice los convencionalismos que impiden amar. [604] Pero, de por si el amor es invencible. *"El amor es estímulo, fuerza,...savia, es -¿qué sé yo?- todo lo bueno, lo que alienta a las criaturas y las hace dignas de Dios"*, dice la Marquesa a Laura en el drama *Alma y vida*. [605]

d) No obstante, el logro del amor auténtico es difícil; se halla con demasiada frecuencia deteriorado, pervertido o impedido por poderosas fuerzas externas. Así es la visión realista del autor. Entre otras razones,

---

[601] PÉREZ GALDÓS, BENITO, *El abuelo*. (Alianza Editorial. Madrid. 2007. Pág. 252) Evoca esta escena aquella otra del film *Bailando con lobos* en la que, despidiéndose, el indio grita al protagonista que se aleja: *¡Eres mi amigo, eres mi amigo!*
[602] PÉREZ GALDÓS, BENITO, *Gloria*. O.c. pág. 457. El amor es necesariamente redentor; así lo expresa Susana refiriéndose al deses perado Berenguer, en el drama *La fiera*: *"Quiéraslo o no lo quieras, yo salvo tu vida."* (PÉREZ GALDÓS, BENITO, *La fiera*. Acto II, escena X. o.c., pág. 345).
[603] *"Aquel mezquino ser que del suelo recogí, el último, el más despreciable y deslucido de toda la Humanidad, hizo brotar en mí nuevo raudal de amor..., todos los amores que yo había perdido, que tú me quitaste."* (en conversación última con Paulina). (PÉREZ GALDÓS, BENITO, *Amor y ciencia*. Acto IV, escena XI. O.c. pág. 632)
[604] *"Ninguna razón divina ni humana se opone* (a que yo traiga conmigo a Dulce); *lo que se opone es el comedión social..."* (PÉREZ GALDÓS, BENITO, *Ángel Guerra*. Vol. I. 0.c. pág. 104)
[605] PÉREZ GALDÓS, BENITO, *Alma y vida*. Acto III, escena VII. Ed. Clásicos Almar. Salamanca 1987, pag. 229.

porque hacer siempre el bien, dejarse llevar del amor, también cansa, y esa es la amarga queja del bondadoso "Don Pío" en *El abuelo*. [606]

Por ello, la condición imprescindible para que exista verdadero amor es que esta relación venga perfectamente informada por la justicia y por la naturalidad en uno y otro. Lucila, prototipo de la belleza más natural y, a la vez, de la maltratada mujer española (y, en definitiva, de España misma), coprotagonista de la cuarta serie de Episodios, escucha del mezquino clérigo Don Martín estas tremendas y descorazonadoras palabras que son la respuesta a una humilde petición de ayuda para su padre:

"No sueñes con amor de hombre, ni con paz, ni con ningún bien, mientras no haya justicia y se dé a cada cual lo suyo... Mientras eso no llegue, ¿qué hablas ahí de amor de hombre, si ahora, según estamos, nada es de nadie, y no se sabe a quién pertenece el hombre, ni la mujer tampoco. Donde no hay justicia, donde todo es iniquidad, ¿qué sacas de lamentarte?" [607]

Escrutando el pensamiento galdosiano, volveremos enseguida con mayor detenimiento al análisis de esta condición *sine qua non* en la relación amor que es la justicia omnímoda en la fisonomía de la existencia del creyente cristiano.

Debemos observar que efectivamente aparecen también con frecuencia amores inviables, distorsionados o retrasados en la naturaleza y, por tanto, trágicos: el amor de Paulita "La santa" por Lázaro (en *La Fontana de Oro*), o el de la monja Sor Teresa de Aransis por Miguel Servet (Salvador Monsalud); el amor filosófico de Máximo Manso a Irene (*El amigo Manso*) o el amor a una realidad idealizada y abstracta, como el de Pablo Penáguilas a Marianela; los amores fatales entre Gloria y Daniel, entre Fortunata y Juanito Santa Cruz, entre Lucila y Gracián, y los imposibles de Ángel Guerra a Leré, de Dulce Nombre a Ángel Guerra, o el tiernísimo del ciego Almudena a Benina (en *Misericordia*).

---

[606] *"Donde yo estoy está el bien, la verdad, el perdón, la dulzura..., y llueven sobre mí las desdichas. Mi vida, o sea mi bondad, ya me enfada, me apesta..."* (PÉREZ GALDÓS, BENITO, *El abuelo*, o.c. pág. 184)
[607] PÉREZ GALDÓS, BENITO, *Los duendes de la camarilla*. (Historia 16-Caja de Madrid. 1995. Pág. 176) V. también *El caballero encantado*, o.c. pág. 216

Es difícil encontrar en la literatura realista un gama y una descripción tan completas de la psicología, la filosofía y la teología del amor, todo al mismo tiempo. [608]

2. El amor de caridad, esencia del cristianismo, en la obra de Galdós.

Sorprende la exactitud y la agudeza de la mística cristiana con que Galdós describe las actitudes de amor en muchos de sus personajes; al mismo tiempo que asienta la tesis de que sólo este tipo de relación constituye la esencia del cristianismo (y debería constituir la expresión más visible y contundente del catolicismo).

¿Cuál es la verdadera dinámica amorosa cristiana -la caridad-, su extensión y sus dimensiones inherentes? ¿De dónde procede y qué realiza? ¿Qué valor teologal tiene este amor? A estas cuestiones responde la obra galdosiana desglosando –sin darse cuenta- el texto de Pablo en el capítulo 13 de la Carta Primera a los Corintios, siempre con el grato y estético colorido de la teología narrativa y simbólica.

La auténtica praxis de la caridad cristiana.

Amar con caridad es, ante todo, amar: sentir conmovidamente al otro y al mayor número posible de seres, afectándose por ellos, incluso más que por sí mismo; es tender con espontánea naturalidad al logro de su bien. Lo hemos señalado ya antes. En ningún caso es aquietar la conciencia con la limosna (la limosna no es cristiana, resulta más bien ofensiva); el punto de inflexión de lo cristiano es amar con ternura y rectitud, y, en consecuencia, con la máxima eficacia y naturalidad en el compartir.

Pero la praxis auténtica de la caridad cristiana supone, además, en una síntesis casi perfecta, la totalidad de la donación (*nadie tiene mayor amor que quien da la vida por sus amigos"*) y, al mismo tiempo, la naturalidad, la irrelevancia de la propia imagen de donante.

Pues bien, en la parábola escénica *El tacaño Salomón* (antítesis de El rico Epulón), el pobre y manirroto tallista Pelegrín reacciona con la locura de la entrega total (cuando le llega el golpe de suerte de una herencia

---

[608] Nos parece de gran valor el estudio ya citado de JOSEPH JELELATY, *L'amour dans l'oeuvre romanesque de Galdós*, en Letras de Deusto, n. 8. 1974 (Universidad de Deusto. Bilbao). Ver también, a propósito del amor en *Misericordia*: GULLON, GERMÁN, *Misericordia: un milagro realista* (idem), y. VAREY, J.E., *Charity in Misericordia* (*Galdos Studies*. Londres. Tamesis Books. 1970. Págs. 164-194)

inesperada): *"Nada para mí, para mí nada; ¡todo para el pueblo menesteroso!"* [609] Y en un texto extraordinariamente revelador, Leré hace a Ángel el manifiesto de la caridad que regirá en la fundación Domus Domini:

"El exceso de trabajo no nos importa. Échenos usted viejos imposibilitados, enfermos corruptos, niños, mujeres de mala vida. Nos repartiremos los servicios, según los gustos y aptitudes de cada cual, para atender a todo. Que los asilados tengan libertad de salir cuando les plazca, a mí no me asusta. Que se prohíba el defenderse de los ultrajes, no es nuevo para mí. Que sea ley no temer el contagio de las enfermedades pegadizas, paréceme muy bien. Que nos hallemos a todas horas dispuestas a morir, es cosa de clavo pasado. Que estemos obligadas a dejar nuestra celda y nuestra cama a la menesterosa que llega, encaja perfectamente con la idea que tengo de la caridad. Que no tengamos puesto en la mesa sino cuando no haya ninguna mujer hambrienta que lo ocupe, también me agrada..." [610]

Ese manifiesto es el que el mismo Ángel ilustrará admirablemente con su práctica; por ejemplo, entre otros momentos, en el hecho y en el talante de su encuentro con el indeseable Zacarías y con el bandido huído Arístides, renunciando a su seguridad personal (y después a la violencia) y ofreciendo su ayuda incondicional a estos individuos, sin violar la justicia. [611]

El amor y el servicio de Benina a Doña Paca, al ciego Almudena y a los personajes que pueblan su mundo es exactamente de ese signo. La casi anciana sirvienta, sostén callado de la burguesa familia hundida en la miseria, maltratada por la arrogante señora, no sólo sirve incondicionalmente sino que ama y, además, hace esto con la más absoluta naturalidad: *"Si la señora se enojaba de veras* (al saber que practicaba la mendicidad para llevar a casa algunos recursos), *arrojándola de su lado, Nina se moriría de pena, porque no podía vivir sin Doña Paca, a quien amaba..."* [612] El texto permite vislumbrar una de las cumbres del pensamiento del autor. Benina encarna la misericordia y todas las bienaventuranzas juntas; *"es por antonomasia la personificación de un mundo interior generador de rectitud,*

---

[609] PÉREZ GALDÓS, BENITO, *El tacaño Salomón*. Acto II, escena VII. Obras Completas Ed. Aguilar. Tomo VI. Madrid 2005. Pág. 823.
[610] PÉREZ GALDÓS, BENITO, *Ángel Guerra. Vol. II*. o.c., pág. 603 Nada (y menos la vocación religiosa conventual) deberá impedir el ejercicio de esta caridad: v. pág 321-322
[611] V. *Ángel Guerra. Vol II*. (Parte III, punto III). O.c. págs. 481 a 492
[612] PÉREZ GALDÓS, BENITO, *Misericordia*. O.c. pág. 255

de libertad..."⁶¹³ Con un trasfondo bíblico del Antiguo y del Nuevo Testamento y usando la dialéctica de la oposición de personajes, Galdós auna las tres dimensiones del misterio cristiano de la misericordia: la que Dios tiene respecto a los seres (Dios es absolutamente misericordioso), la que los hombres viven recibiéndola de Dios (estar en la misericordia divina), y la que debiéramos tener unos con otros (ser misericordiosos). Estos tres aspectos los analiza (a propósito de la novela en cuestión) el trabajo antes citado de José Schraibman.

La creación galdosiana expresa también –con subido acento lírico y épico- esa concepción interior de la caridad en los delicados signos externos del gesto amoroso y de la comunicación de los bienes propios. Entre otros personajes representativos, Solita Gil de la Cuadra y el anciano Patricio Sarmiento, paupérrimo y quijotesco maestro, su vecino en la mísera vivienda madrileña, escriben juntos un altísimo poema de amor cristiano en el Episodio tantas veces ya citado *El terror de 1824*. Un poema que comienza con la acogida incondicional que brinda Sola al anciano, llevándolo a su casa, y que culmina, al final de la novela, en la última noche del pobre condenado a muerte (en capilla) y acompañando al viejo liberal hasta el cadalso en donde va a ser inicuamente ajusticiado.⁶¹⁴

Nos encontramos ante un amor que está más allá de los afectos espontáneos e inmediatos (como pudieran ser los de un enamoramiento). La figura emblemática de Salvador Monsalud –con la que se idéntica el escritor- ha aprendido a distinguir esos niveles de altitud de la misma actitud amorosa; y lo expresa al recibir gestos de una máxima entrega generosa. Refiriéndose al favor de haberle salvado la vida, dice a la extraña monja Sor Teresa de Aransis: *"Ofendería a usted* –dice- *si hablase el lenguaje vulgar*

---

⁶¹³ José Luis MORA GARCÍA, *Hombre, sociedad y religión*, o.c. pág. 43
⁶¹⁴ -*"Conste que no he solicitado esta amistad* –dice Sarmiento-; *conste que no podemos ser amigos .-Aunque no quiera serlo mío, yo me empeño en serlo de usted y lo he de conseguir –dijo Soledad sonriendo y hablando al viejo en el tono que se emplea con los chiquillos..."*. *"¡Cuidarme, conservarme aquí, darme asilo!... –murmuró Don Patricio con estupefacción y aturdimiento."* (PÉREZ GALDÓS, BENITO, *El terror de 1824*, o.c. págs. 31-33) Y en los momentos finales, dentro del largo y magnífico discurso de despedida, el anciano dice a la joven: *"Adorada hija,... una sola cosa me afecta y entristece, nublando el esplendoroso júbilo de mi alma, y es que mañana dejaré de recrear mis ojos con la contemplación de tu angelical persona... Tú debes seguir viviendo; no ha llegado aún la hora de tu entrada en la mansión divina; llegará, sí, y entrarás, y el primero a quien verás en la puerta abriendo los brazos para recibirte en ellos amoroso y delirante será tu abuelito Sarmiento, tu viejecillo bobo. Y te llevaré a presencia del Padre de todo lo existente y le diré: ¡Señor, aquí la tienes; ésta es, mírala..."* (o.c. pág. 210)

de los afectos humanos. No. Si yo hablara (sólo) de amistad, de amor, rebajaría la grandiosa personificación de la caridad cristiana que veo delante de mí. Una memoria sagrada como la de mi madre, una veneración pura como la que nos inspira el Dios que a todos los hizo y la Virgen que a todos nos ampara, vivirán eternamente en mi corazón." [615]

Partiendo de la actitud honda de auténtico amor humano, contando con ella, el creyente cristiano eleva aún más esa actitud en dos direcciones (que se integran y superponen): albergando un sentido de fraternidad abierta, universal,[616] y desarrollando esa relación en el ejercicio de un servicio generoso e incondicional a quienes lo necesitan. Esto es la caridad cristiana.

Tres grandes líneas de concreción de ese amor se destacan en los escritos de Galdós:

1ª *La abnegación constante, silenciosa, que linda con la entrega heroica, ofreciendo a los demás lo que estos necesitan para sobrevivir y para vivir dignamente. Haciéndolo de la manera más justa.*

Evocando Episodios Nacionales y novelas largas, hemos aludido ya a tres figuras cumbre en las que el autor plasma emocionado la grandeza de un amor suavemente heroico que, de forma expresa procede de la fe auténtica, de una fe evangélica tan firme como pudiera serlo la del obispo Muriel en el primer capítulo de *Los Miserables*, de Victor Hugo. Me refiero evidentemente a nuestra ya conocida Sola, que compone e interpreta la verdadera línea musical de fondo de los diez Episodios Nacionales de la segunda serie, a la señá Benina, expresión de *Misericordia*, y a Nazarín (el *Nazareno*), humildísimo e independiente sacerdote que vive en la más pura entrega a los desgraciados de todo tipo y desde una absoluta pobreza.

---

[615] PÉREZ GALDÓS, BENITO, *Un voluntario realista*. Episodio Nacional n. 18 (Altorrey. 1994. Págs.. 215-216) Actitud semejante de entrega natural de amor es la que manifiesta Francisco Penáguilas, padre del ciego Pablo (aun cuando la existencia plácida de este hombre discurre al lado y a espaldas de la dura vida en la cuenca minera asturiana): *"Don Francisco hubiera dado sus ojos a su hijo, quedándose él ciego el resto de sus días, si esta especie de generosidades fuesen practicables en el mundo que conocemos."* (PÉREZ GALDÓS, BENITO, *Marianela*, o.c., pág. 111)

[616] *"Creo que has sentido tú lo mismo que yo; creo que en el moro muerto has visto el prójimo, el hermano"*, dice Santiuste a su amigo Perico en un momento de la guerra de África, parafraseando, quizás la parábola evangélica del Buen samaritano" (PÉREZ GALDÓS, BENITO, *Aitta Tettauen*, o.c., pág. 75).

(Recordemos que los títulos y los nombres de Galdós son absolutamente expresivos y simbólicos).

A estos habría que añadir, sin duda, las conocidas figuras de Inés y Gabriel de Araceli perdonando al desalmado Santorcaz, de Siseta, de María y Agustín (en la primera serie de Episodios), de Salvador Monsalud y Benigno Cordero (en los últimos episodios de la segunda serie), de Demetria y Gracia, del mismo Fernando Calpena, del sacerdote Hillo y del noble Beltrán de Urdaneta (en la tercera serie)... En las novelas independientes, las de Gloria, Marianela, Amparo (en *Tormento*), Halma, Ángel Guerra y sobre todo Leré, etc. Y en el teatro: la reina Alceste (en la cumbre de la entrega), Sor Simona, Victoria, Bárbara, Celia, Electra, Beatriz... Y las de tantos otros prototipos de la abnegación y del sacrificio por los demás; personas que discurren con naturalidad y modestia o que entran por un foro discreto en la escena galdosiana, siempre para dicha de los espectadores (que se van entregado poco a poco al autor).[617]

Analizaremos brevemente algunos de estos modelos máximos.

Sola, o Solita, es una maravilla de la auténtica caridad abnegada, y resulta difícil objetar nada a la densidad de su amor humano y cristiano... ¡No podía el autor llamar de otro modo a la que durante diez novelas se encuentra sola, entregando, sin embargo, su vida a los que la rodean, con generosidad absoluta y fe explícita, esperando, ya sin esperanza, la respuesta del amor soñado, y siempre sin apenas medios para sobrevivir!

Huérfana y sin apoyo social alguno, encarna perfectamente todo el poema de la caridad de 1ª Corintios 13, añadiendo el más natural, fiel, secreto y honesto amor, que hasta el final de las diez novelas no será correspondido. Pero entonces, cuando eso ocurra, habrá renunciado a él,

---

[617] Finalizando ya los Episodios Nacionales, en *La Primera República*, el autor hace el siguiente retrato de uno de los padres de la efímera República, Estanislao Figueras: *"Don Estanislao es el hombre más bueno y generoso del mundo. En él no se admira sólo la virtud pasiva que consiste en no hacer el mal. En su corazón arde el sentimiento de la caridad en su grado más efusivo. No acude a él ningún necesitado que no halle consuelo y socorro: los perseguidos por la justicia que solicitan su compasión le encuentran en El Saladero (cárcel) llevándoles el sustento y la esperanza. En los casos difíciles habla con los jueces, revuelve toda la Curia y no descansa hasta conseguir la libertad del preso. Si para los extraños es misericordioso, para los amigos no tiene límite su bondad. Practica el principio cristiano en toda su pureza, desentendiéndose en absoluto de la liturgia por lo que resulta, según el criterio de los neos, un ángel limpio, un santo anticlerical."* (PÉREZ GALDÓS, BENITO, *La Primera República*. O.c., pág. 105)

aceptando, sin la menor duda y por pura gratitud, casarse con otro hombre: con la persona buena que la ha protegido y que la ama (en realidad, como padre más que como novio), sacrificando por esa razón el verdadero y legítimo amor de toda la vida, un amor que en ese momento ya es posible; un poco al modo del sacrificio que hace Cyrano con su amor a Roxana, y, en última instancia, al modo del sacrificio que hace Abraham renunciando a su hijo por fidelidad a Yahvé.[618]

El segundo modelo de referencia en el orden del amor evangélico es la Señá Benina (o Nina), en *Misericordia*. Sin duda ella y la obra son uno de los más hondos poemas de amor que se han escrito en nuestra literatura. Siendo, además, un personaje atípico, porque se trata de una anciana, sirvienta doméstica y mendiga (antítesis de la Celestina), Galdós va a conseguir acercarse a la tipología de los bíblicos pobres de Yahvé bendecidos por Dios, de cuyo linaje espiritual sale Jesús, el Redentor; moviéndose en el universo de las bienaventuranzas, descritas en una sola palabra (que no aparece más que en el título de la novela): misericordia, clave de toda la obra. Una misericordia acompañada de todas las virtudes (paciencia, cariño, buen humor, capacidad de dignificar, eficacia, transformación del sufrimiento en esperanza, persecución aceptada serenamente, apertura liberal, encarnación...; encarnación que lleva a Benina a convivir en los suburbios madrileños con una persona que reúne para la sociedad burguesa de aquella época y de la actual todas las condiciones negativas porque es viejo, marroquí, musulmán, pobre, ciego, sarnoso, y encima se llama Almudena. [619]

La práctica de Benina coincide con el programa que Leré ofrece a Ángel como colaboración suya y de sus hermanas religiosas al proyecto de comunidad eclesial que éste sueña (*Ángel Guerra*). Ese proyecto evangélico tiene la impronta de un enorme sacrificio existencial por amor, por asumir una vocación de servicio incondicional que se aproxima a la utopía; nunca se da al sacrificio en si mismo un valor redentor ni un sentido expiatorio. Y en algunos casos, como en el momento de la muerte de *Marianela*, significa la íntima renuncia amorosa a la más legítima de las ilusiones, para ayoyar –bendecir- la necesaria felicidad de otros. Son patéticos y sobrecogedores los últimos instantes de la Nela:

---

[618] V. PÉREZ GALDÓS, BENITO, el Episodio Nacional n. 19, *Los Apostólicos*.
[619] A propósito de *Misericordia,* ver los dos notables estudios de la novela por MARÍA ZAMBRANO en *La España de Galdós* (Ed. Endimión, Comunidad de Madrid. 1988)

"La enferma alargó entonces su mano, tomó la de Florentina y la puso sobre su pecho; tomó después la de Pablo y la puso también sobre su pecho. Después las apretó allí, desarrollando un poco su fuerza. Sus ojos hundidos, los miraban; pero su mirada era lejana, venía de allí abajo, de algún hoyo profundo y obscuro. Su respiración fue de pronto muy fatigosa. Suspiró oprimiendo sobre su pecho con más fuerza las manos de los dos jóvenes... - *¡Oh! ¡qué horroroso misterio!* (dice Florentina; y responde Teodoro) – *No; misterio no. Es el horrendo desplome de las ilusiones, es el brusco golpe de la realidad... que se ha interpuesto, al fin, entre esos dos nobles seres* (entre el amor de Nela y de Pablo).*"* [620]

Con otro tono y connotaciones distintas sería el sacrificio de Bárbara (*Bárbara*) y el de Victoria (*La loca de la casa*), ambas bastante parecidas, y el de Alceste (*Alceste*) dando su vida por el reino y por su esposo.

Nazario (Don Nazario, o Nazarín) es para Galdós en la novela de ese nombre la figura que encarna a Jesús de Nazaret en la entrega de cada instante a los enfermos de cualquier clase y condición social (a los leprosos, por ejemplo, que en la obra galdosiana son apestados); y en su libertad frente a la institución religiosa judía. Y esto desde la pobreza absoluta, la itinerancia y la compañía de mujeres marginadas por su anterior vida. Una existencia así conduce inevitablemente a la persecución y a la cruz; y, clavado ya en ella, al encuentro con el buen ladrón del Calvario, con el "sacrílego" de la novela. Ahí, rodeado de "los miserables", Nazarín celebrará su Eucaristía mística. El simbolismo del amor cristiano es casi perfecto.

Junto a los anteriores, el dúo Ángel y Leré protagonizan la misma entrega heroica a los más pobres y enfermos en nombre de su opción cristiana, rivalizando en la dignificación de aquellos a quienes asisten. En el diálogo duro con un personaje opuesto, Angel se niega a admitir una contraprestación servil: *"Yo no compro esclavos. Prefiero tenerte por amigo, que es lo que me manda Jesucristo, verdadero Señor de nuestros cuerpos y de nuestras almas."* [621]

---

[620] PÉREZ GALDÓS, BENITO, *Marianela*, o.c. págs. 235-237. Tratan la perspectiva del sacrificio por amor y para el amor: BIEDER, MARYELLEN, *El sacrificio: tema y recurso dramático en la obra teatral de Benito Pérez Galdós. 1892-1903*, y FERNÁNDEZ SEIN, ANA H., *Tríptico de sacrificio: una lectura comparada de algunos finales galdosianos*. Ambos trabajos en las Actas de III Congreso I.E.G. 1985, Cabildo de Gran Canaria, págs. 383-389 y págs. 209-217 respectivamente.
[621] PÉREZ GALDÓS, BENITO, *Ángel Guerra. Vol. II*. O.c. pág. 590

El mismo Ángel describe y define perfectamente la auténtica caridad, contemplando cómo la vive una persona sencilla y anónima. Merece trascribirse el pasaje íntegro:

"La vecina que se prestó a cuidar a María Antonia sin retribución alguna era una mujer dispuesta y agradable como pocas, alma expansiva, corazón puro, joya oscurecida y olvidada, como otras mil, en medio de la tosquedad de las muchedumbres populares. Sentíase Guerra humillado por aquella mujer que practicaba la caridad sin ninguna petulancia, que se sacrificaba por sus semejantes sin dar importancia al sacrificio, que era buena sin decirlo y hasta sin saberlo..." [622]

Queda claro para el autor que la condición evangélica de la caridad es el anonimato de la entrega y el silencio. [623]

Resulta también notable que el amante fiel de Fortunata, Maximiliano Rubín, entienda que la primera ayuda que debía prestar a su amada (para rehabilitarla) era permitirle que se acercase a la cultura.[624]

Es decir, para Galdós el ejercicio de la caridad es lo más opuesto al poder paternalista sobre el otro o a la sutil humillación del pobre que se oculta en la limosna. El hecho objetivo de dar dinero o bienes no tiene valor si no viene impulsado por el corazón y por la humildad. Es la advertencia que hace Gamborena a Torquemada: *"aunque fuera una cifra de millones, no bastaría si el acto no significara, al propio tiempo, un movimiento espontaneo del corazón, si no lo acompañase la ofrenda de la conciencia purificada. Esto es muy claro."* [625]

La no tan ingenua Celia, rica heredera que huye de su alto mundo burgués, lo intenta vivir desde la encarnación:

---

[622] PÉREZ GALDÓS, BENITO, *Ángel Guerra*. Vol. II. O.c. pág. 580 Una descripción semejante aparece en *Misericordia*, referida a "Benina" (O.c. pág. 229)
[623] Aun dentro de la incógnita que envuelve la vida de Tomás Orozco, resulta incuestionable su ejercicio de la caridad: *"Hace mucho bien, siempre guardando el secreto para que no lo sepa la gente, porque le molesta que de ello se hable, y ni aun admite que los favorecidos le den las gracias. Inventa mil arbitrios sutiles y delicados para hacer llegar sus beneficios a ciertos menesterosos..."* (PÉREZ GALDÓS, BENITO, *La incógnita*. Ed. Rueda. Madrid 2001. Pág. 111)
[624] *"De todo lo que el enamorado pensaba hacer para la redención de su querida, nada le parecía tan urgente como enseñarla a escribir y a leer bien."* PÉREZ GALDÓS, BENITO, *Fortunata y Jacinta*, Vol. I. o.c. pág. 491
[625] PÉREZ GALDÓS, BENITO, *Torquemada y San Pedro*. O.c., pág. 641

"En ese mundo quiero penetrar, Pastor; a esos abismos quiero descender para conocer por mí misma el sufrimiento de los que nada poseen... Yo estoy preparada; bajo a los infiernos con un entusiasmo, con una ilusión que no puedo explicarte; en este maldito cielo donde me ha encasillado mi destino, me moriría de tristeza si no escapara de él como alma que lleva el Diablo." 626

Pero quizá es en *Marianela* donde aparece de la más manera más expresa y, sin duda, extraordinaria, el pensamiento de Galdós sobre el ejercicio de la caridad verdadera y cristiana. Florentina (personaje último decisivo en el drama, diferente y a la vez *alter ego* de la pobrísima y transcendental Nela) dice:

"Yo quiero socorrer a la Nela, no como se socorre a los pobres que se encuentran por el camino, sino como se socorrería a un hermano que nos halláramos de manos a boca... Quizás me tenga que quedar a vivir aquí para siempre. Si es así, la Nela vivirá conmigo; conmigo aprenderá a leer, a rezar, a coser, a guisar; aprenderá tantas cosas, que será como yo misma. Y entonces, no será la Nela, sino una señorita." 627

Hay todavía un matiz más, esencial, en el amor de caridad (en el amor con una espontanea dimensión cristiana), y es que éste no puede desarrollarse sin un radical esfuerzo de comprensión y estima del otro, por muy pobre y defectuoso que este otro sea. El ser humano -¡todo ser humano!- es siempre excepcionalmente digno; posee, además, capacidades insospechadas de bondad y de bien. Lo que ocurre es que hay que acercarse a él con mirada profunda y respetuosa para detectar ese valor; y esto no es frecuente. *"Tú y tus amigas rara vez os acercáis a un pobre para saber de su misma boca la causa de su miseria* –dice Teodoro Golfín a su hermana Sofía, en *Marianela*- *..., ni para observar qué clase de miseria le aqueja, pues hay algunas tan extraordinarias que no se alivian con la fácil limosna del ochavo."* 628

Pero este modo de aproximación y de mirada al otro debiera surgir en el espíritu cristiano invadido de amor casi naturalmente, más que como un acto razonado y voluntarioso. Así surge en Nela, dejando sorprendido al lector precisamente cuando la adolescente se siente más desconcertada y

---

626 Pérez Galdós, Benito, *Celia en los infiernos*. Cátedra. Madrid. 2006. Pág. 364
627 Pérez Galdós, Benito, *Marianela*. Cátedra. Madrid. 2005. Pág. 183.
628 Pérez Galdós, Benito, *Marianela*, o.c., pág. 142

perdida (porque se le acaba de arrebatar el amor que llenaba su vida): *"En su rudeza pudo observar que el conflicto en que estaba su alma provenía de no poder aborrecer a nadie. Por el contrario érale forzoso amar a todos, al amigo y al enemigo; y así como los abrojos se trocaban en flores bajo la mano milagrosa de una mártir cristiana, la Nela veía que sus celos y su despecho se convertían graciosamente en admiración y gratitud."* [629] Pocas páginas de nuestra literatura expresan una radicalización tan natural y honda del amor.

Por las mismas razones la caridad debe desmontar los juicios condenatorios que la sociedad (la gente, en general) vierte no ya sobre las acciones sino sobre las personas que cometen graves equivocaciones y faltas, entre éstas el suicidio. Rectificando la condena que se ha hecho de la madre de Marianela a causa de su muerte desesperada, el autor (siempre por boca de Teodoro) escribe: *"El suicida merece la más viva, la más cordial compasión...; bueno será indagar qué causas le llevaron a tan horrible extremo de desesperación, y se observaría si la sociedad no le ha dejado abierta, desamparándole en absoluto, la puerta de ese abismo horrendo que le llama."*[630]

Por otra parte, es preciso señalar que para Galdós la exigencia cristiana de la donación de los bienes poseídos es una obligación ineludible y un derecho adquirido de quienes no poseen lo necesario. Esta convicción se presenta como el comienzo del itinerario de conversión creyente al amor. Así se lo propone Leré a Ángel (en un texto ya citado, que ahora completamos): *"Hay muchos que carecen de pan, de hogar y de vestidos; y todo aquel que poseyendo bienes de fortuna retiene una gran parte de ellos, viendo morir de hambre y de frío a tantos infelices, peca."* [631] El pensamiento es claro y contundente y evoca palabras de los Santos Padres.

2ª *La renuncia ardua (incluso heroica) al propio interés, por el bien del otro.*

En tono mayor -aunque negando Galdós la validez del sacrificio- Victoria (*La loca de la casa*) renuncia a su sincera vocación religiosa y decide entregarse en matrimonio al personaje más odioso y detestable de la obra, sin amor erótico alguno por él, sólo con el fin de salvar de tal enlace a

---
[629] PÉREZ GALDÓS, BENITO, *Marianela*, o.c., pág. 192
[630] PÉREZ GALDÓS, BENITO, *Marianela*, o.c., pág. 143
[631] PÉREZ GALDÓS, BENITO, *Ángel Guerra. Vol. I.* O.c. pág. 171

su hermana y de salvar de la ruina a su egoísta padre. Una vez casada, hará todo lo posible por llegar a amar y redimir a ese esposo al que empieza a llamar –no sin cierto cariño- "mi monstruo". Merece la consideración del autor desde el momento en que se trata de una opción libre de la joven.

En un tono algo menor, pero también excepcional, debemos recordar de nuevo al apacible comerciante Don Benigno Cordero, viudo y con niños muy pequeños, héroe de uno de los levantamientos liberales populares en Madrid (en la década ominosa, frente al mismo absolutismo que llevó al cadalso a nuestra Mariana Pineda). Representa, sin duda, las mejores virtudes de la paternidad responsable y de la naciente burguesía laboriosa y liberal de la nueva España, pero también y sobre todo, la impresionante grandeza y generosidad de espíritu que le llevan, en nombre expreso de su fe cristiana, a renunciar a la promesa agradecida de matrimonio que le ha hecho Sola, y a cuidar y disponer con una esplendidez de espíritu absoluta el encuentro definitivo del amante Salvador con la joven, serenando su propio dolor y gozando de la felicidad ajena. Es impresionante la solemne declaración que hace a la muchacha:

"Dicen que yo fui héroe en cierta ocasión; pues aquello de Boteros es tortas y pan pintado en comparación de este arranque de energía que acabas de ver, hija mía, porque esto me ha costado más luchas... No se renuncia sin trabajo a un bien seguro, a un bien tan delicioso, a todo lo que me prometían tu juventud, tu cariño leal, tus méritos inmensos, tu belleza... En fin, he creído amarte mejor y servirte mejor, y amar y servir mejor a Dios, dándome a ti por padre antes que por esposo... Y aún me queda otra cosa mejor que decirte. Esto que he hecho sería incompleto, muy incompleto, si quedara así... Al hacerte mi hija quiero llenar el vacío que hay en tu existencia y poner a tus sentimientos la corona que has ganado; quiero llenar de felicidad hasta los bordes ese vaso de tu vida...; quiero casarte con el hombre que amas, con ese de quien yo puedo asegurar que te merece." [632]

Lógicamente Benigno Cordero es la antítesis de otro personaje coetáneo, que en este caso se llama Felicísimo Carnicero, avaro, ultraconservador y de corazón durísimo, que muere sepultado por su propia casa en ruinas, imagen, sin duda, de la vieja España que debe derrumbarse.

---

[632] PÉREZ GALDÓS, BENITO, Epidodio Nacional nº 20, *Un faccioso más y algunos frailes menos* (Historia 16. Altorrey. Madrid. 1994, págs. 134-135.

El amor de Monsalud se eleva también al grado máximo cristiano (superior incluso al de la Señá Benina al final de *Misericordia*) en la última etapa de la vida de Carlos Navarro. Nos sobrecoge la capacidad de perdonar al hermanastro, a quien siente ya como hermano, pasando por encima del odio que éste le profesa y de los repetidos atentados que ha cometido contra él. Salvador va a asistirle en su última enfermedad y en su muerte, estando a su lado día y noche; se va a vivir con él a la otra punta de España (que es la Navarra carlista) y –por esta causa- retrasa indefinidamente el anhelado cumplimiento de su legítimo amor (la boda con Sola), sin que a excepción de Dios nadie sepa ni comprenda este sacrificio que, además, va a ser interpretado como deserción.

Con un esquema literario casi idéntico, al final de la tercera serie de Episodios, el protagonista Fernando Calpena hará lo mismo: de común acuerdo con su prometida Demetria, aplazará *sine die* la boda tan dolorosamente forjada y esperada, para correr la aventura de encontrar al amigo perdido (Santiago Íbero) y recomponer la relación de éste con Gracia que se halla abatida por la injusta separación. [633]

3ª *El amor a los enemigos, sello de autenticidad de la caridad cristiana.*

Si hay algún distintivo notablemente original en el mandamiento del amor brindado por Jesús éste es, sin duda, el amor a quienes nos persiguen o insultan, el amor a los enemigos de cualquier índole (religiosa, ideológica, étnica, sociocultural o económica); especialmente el amor a quienes nos han hecho mucho daño. Pues bien, así es el tipo de amor que propone con total claridad la obra de Galdós. Nunca "el honor de la venganza" que propone Shakespeare en su Hamlet o en alguna otra de sus tragedias.

Estamos ante un registro emocionante y sorprendente de la literatura realista –precisamente la española- quizá único por su constancia y por la intensidad de las tramas.

Acabamos de recordar la actitud de Salvador respecto a su enemigo Carlos (las dos Españas rotas)… A lo largo de los Episodios de la tercera serie sucede algo semejante. El protagonista Fernando mantiene apasionadamente su enamoramiento por Aura, que ha sido secuestrada por la familia y alejada violentamente de él, y lucha contra toda clase de

---

[633] Ver PÉREZ GALDÓS, BENITO, *Los Ayacuchos,* Episodio Nacional n. 29 (Historia 16-Caja de Madrid. 1995. Págs. 116-117)

dificultades externas que se oponen a ese amor correspondido. Al fín, casi al final de la saga, la descubre en Bilbao, ya casada medio a la fuerza con Zoilo Arratia, pero serena y feliz madre. ¿Qué va a ocurrir?. Por una serie de circunstancias de la guerra, Fernando, oficial del ejército isabelino, libera y protege a Zoilo y a su anciano padre carlista cautivos y condenados a muerte; les prepara la evasión y recomienda a Zoilo que cuide y ame mucho a Aura, dando él dolorosamente por muerto ese amor que aún está vivo. [634]

Ya aludimos antes al reencuentro final de Inés, Gabriel y Amaranta (enemiga acérrima del joven hasta ese momento) con el terrible Luis de Santorcaz, padre biológico y posesivo de Inés. [635]

Por su parte, Benina no tendrá que esforzarse mucho para perdonar a Doña Paca (que ya es enemiga de la anciana porque ha descubierto que practica la mendicidad); y actúa así sencillamente porque la quiere. Angel acogerá en su cigarral toledano (convertido en comunidad de pobres) a los dos facinerosos que han maquinado contra él, que le roban y que terminarán por herirlo de muerte, dejándoles hacer y perdonándolos. Lo mismo hará Nazarín maltratado en el calabozo.

Hechos de este tipo se narrarán a lo largo de toda la producción del escritor.

Con otro acento, el grito desgarrador de toda la novela *Gloria* es precisamente el que pide amor y comunión entre los enemigos religiosos ancestrales que son todavía el catolicismo y el judaísmo. Y en el Episodio *Aita Tettauen* (que narra la absurda e injusta guerra de África) se volverá a insistir sobre esta alianza pendiente de las tres religiones (el Islam, el judaísmo y el catolicismo).

---

[634] *"En la exaltación de su júbilo llegó a creer Sabino que el misterioso arriero bienhechor* (Fernando Calpena) *no era persona de este mundo, sino un ángel tiznado, un ordinario celestial que traía encargos del Cielo para repartir entre los mortales, preparando el reinado de la paz... - Chico –dijo Fernando a Zoilo- no hagas la tontería de decir a tu padre quién soy... Al partir (estos) sintió la tristeza que acompaña al acto de enterrar a un muerto querido"* PÉREZ GALDÓS, BENITO, *Vergara*, Episodio Nacional n. 27 (Historia 16-Caja de Madrid. 1994. Págs. 198-199). Es impresionante el pasaje anterior en el que "Fernando" apremia a "Zoilo" a que obtenga el amor absoluto de "Aura", a lo que el tremendo vizcaino declara: *"Ya ve como usted y yo hemos venido a ser amigos"* (o.c. pág. 91)

[635] V. B.P. Galdós: el Episodio Nacional n. 10, *La batalla de los Arapiles,* ya citado. El amor a los que nos aborrecen es la primera lección que enseña Lorenza (Leré) al difícil converso Angel, y lo razona: *"No hay más que un prójimo, el hombre, sea quien sea."* (PÉREZ GALDÓS, BENITO, *Ángel Guerra*. Vol.II. O.c. pág. 361).

Debemos detenernos algo más, todavía, en la figura de Salvador Monsalud, porque éste y su hermanastro Carlos Navarro representan vivamente las dos Españas enemistadas de forma irreconciliable, empeñadas en una guerra sin fin que asegura un destino trágico para todos los ciudadanos (agudizado en determinados momentos de la historia); ese destino parece lograr que "ser español sea inevitablemente ser enemigo de otro español". Y la España encarnada en Salvador Monsalud ("mi salvación"), al fin fraterna y abierta, verdaderamente liberal y progresista, cercana al pensamiento cristiano, quedará sumida en un interminable compás de espera, debiendo, además, purificar su alma.

En efecto. ¿Por qué ha otorgado Galdós este nombre reduplicativo y un tanto extraño al personaje: "salvador – mi salvación"? Sin duda alguna, porque este hombre es el único capaz de superar la enemistad desde el amor. Y esa onomástica, así constituida, es exactamente la alternativa cristiana que debiera darse a cualquiera de nuestros nombres, es esencialmente cristocéntrica. Aunque el protagonista no sea presentado como persona que se mueve dentro del ámbito de la institución religiosa.

Salvador es lo contrario de un mito germano. Es el hombre de extracción muy humilde y de madre soltera y engañada (España), humillado en sus carencias, ingenuamente liberal, incluso algo libertino y masón en una primera etapa de su vida, conspirador por las libertades siempre, incierto en buena parte de su ideología, honrado y honesto con una honestidad que crece lenta pero firmemente hasta alcanzar cotas de generosidad extrema, creyente a su manera y respetuoso de la religión, pero no practicante, crítico de todo el mundo social y religioso que lo rodea (tanto el mundo eclesiástico como el de las sociedades secretas del momento y de la política), libre, enamorado profundamente, con un sentido de su indignidad para el amor verdadero... Antítesis progresiva -pero abierta al retorno- de su hermanastro Carlos Navarro que simboliza el tradicionalismo más duro, incluso la religiosidad al servicio del odio.

Salvador, distante y a la vez cercano a la figura del Don Juan ya amante verdadero de Inés, llega por fin al sereno éxtasis de la caridad cristiana. Y llega, igual que el personaje de Zorrilla, gracias a la hondura mística de una mujer, del amor de Sola. Y por eso se recupera: se puede llamar "Salvador que salva" ; curiosamente después de haber recorrido e integrado la totalidad de la geografía y de la historia española, de haber participado en todas las luchas por conquistar la libertad y a punto de entrar ya en la más sangrienta, estéril e inútil de todas nuestras guerras, que fue la del carlismo (representado aquí por Carlos y el padre de ambos, Fernando Garrote). Salvador va a intentar desesperadamente, hasta el último instante, evitar la confrontación bélica y procurar la reconciliación con su hermanastro al que él ya ama al menos racionalmente. Pero es demasiado pronto para soñar en paces (ni siquiera en el efímero abrazo de Vergara).

La exigencia del amor a los enemigos se hace rotunda e implacable en el alegato de la religiosa Leré al dubitativo Ángel Guerra:

"Se trata de imitar a Jesucristo, y no necesito decir más. O le imitamos o no le podemos adorar como es debido. ¿Está usted dispuesto a imitarle? Pues empiece por amar a los que le aborrecen: empiece por pisotear su orgullo; empiece por no hacer distinciones en el prójimo. No hay más que un prójimo, el hombre, sea quien sea; si es samaritano, mejor... Y no sólo pedirle perdón, sino favorecerle en cuanto haya menester, auxiliarle si se ve en necesidad, tratarle, en fin, como la persona a quien usted más quiera."[636]

¿Puede pedirse más a una teología cristiana de la caridad?

De dónde viene y adónde lleva el amor cristiano.

El amor –todo amor que merece tal nombre- es divino, adentra en una atmósfera reconfortada por Dios, por el Dios Padre de Jesús. Ésta es una vivencia constante de los personajes galdosianos, a veces con un tono que nos parece demasiado ingenuo, pero indudablemente creyente.

a) El amor, su más alta y verdadera práctica, viene también de Dios.

Por su amor romántico juvenil, transido, sin embargo, de una fe cristiana candorosa en medio de la desgracia y de la oposición familiar, (y en un estilo tan contrario a la tragedia shakesperiana de Romeo y Julieta), hay que señalar a María -o Mariquilla-, la del Episodio *Zaragoza*. Es oportuno citar el diálogo entre ésta y Agustín, antes de que se produzca la muerte de la joven durante el sitio de la ciudad por los franceses.

"- El corazón me dice que hemos pasado las amarguras de nuestra vida y que ahora tendremos días tranquilos. Esta mañana fui al Pilar, parecióme que la Santa Señora me miraba y se reía. Después salí de la iglesia y un gozo muy vivo hacía palpitar mi corazón..., miraba a los heridos, y se me

---

[636] PÉREZ GALDÓS, BENITO, *Ángel Guerra*. Vol.II, o.c., pág. 361.

figuraba que todos se volvían sanos; miraba a las gentes, y en todas creía encontrar la alegría que se desbordaba en mi pecho... – Lo que dices es la verdad –exclamó Agustín- estrechando a Mariquilla amorosamente contra su pecho. Tus presentimientos son leyes; tu corazón identificado con lo divino, no puede engañarnos." Y en otro pasaje de la novela razona Agustín: *"Confiemos en llegar al cumplimiento de nuestro deseo por caminos desconocidos, con la ayuda de Dios y cuando menos lo parezca... Llenos de fe en Dios y en el poder de nuestro amor, aguardemos el milagro que nos ha de unir, porque será un milagro, María"* [637]

Pero el dúo Maria – Agustín tendrá una réplica dolorosa en los amores de Gloria y Daniel (en *Gloria*), cercanos en bastante medida a los de Romeo y Julieta; amores cuya imposibilidad la atribuyen los personajes a Dios o mejor, a la incompatibilidad sentida por ellos entre el Dios de los cristianos y el Dios de los judíos; hecho que convierte el autor en la más dura crítica del antisemitismo hispano y católico. [638]

Quedará claro que para Galdós es Dios quien activa el amor.

Abierta ya la posibilidad de expansionar sin obstáculos el cariño entre nieta y abuelo, el conde de Albrit exclama:*"Es que Dios me abre el pecho de un puñetazo y se mete dentro de mí... Es tan grande, tan grande...¡ay!, que no cabe"*; y la pequeña "Dolly" le responde: *"Si Dios entra en tu corazón, allí encontrará a Dolly con su patita coja... Abuelo, abuelo mío, cuando todos te abandonan, yo voy contigo."* [639]

De nuevo Inés y Gabriel juntos (último Episodio de la primera serie), es el joven quien habla evocando el amor efímero y superficial de otro personaje:

"Si nos viera juntos, si viera cómo nos amamos por bendición especial de Dios, si viera este cariño nuestro, superior a las contrariedades del mundo, comprendería cuánta diferencia hay de sus chispazos poéticos a esta fuente inagotable del corazón, a esta luz divina en que se gozan nuestras almas."

---

[637] PÉREZ GALDÓS, BENITO, Episodio n° 6. *Zaragoza* (Alianza Editorial. Madrid. 1995. págs. 83 y 156-157)
[638] Ver especialmente los capítulos 35 y 37 de la Primera Parte de *Gloria*, B.P. Galdós (Alianza Ed. Madrid 1999, págs. 196 ss. Y 206 ss.)
[639] PÉREZ GALDÓS, BENITO, *El abuelo*, o.c. págs.. 250-251 En un sentido parecido pone el autor en boca de Martín esta expresión, cuando, al fin (tras muchas dificultades), llegan a una convergencia de pensamiento y de corazón Susana y él: *"Alguna deidad existe que nos ha protegido esta noche y nos ha inspirado"* (PÉREZ GALDÓS, BENITO, *El Audaz,* Ed. Hernando S.A. Madrid 1982, pág. 255).

Y el amor vivido con esta perspectiva creyente conduce por sí mismo a una cierta visión mística, que, en definitiva no sería más que la verificación de las palabras de la 1ª Carta de San Juan –"El que ama ve a Dios". Continúa, pues, así el texto anterior: *"Ambos nos miramos. Un cielo lleno de luz divina y de inexplicable música de ángeles flotaba entre uno y otro semblante... Si es posible ver a Dios, yo lo veía, yo."* [640]

b) El amor conduce hacia Dios.

Al menos, el amor de caridad del que habla Galdós es intuido como un signo fehaciente de la cercanía bondadosa de Dios. Soledad, dirigiéndose a Salvador, dice: *"Eres para nosotros la prueba viva que Dios da de su bondad a las criaturas que no quiere abandonar."* [641] Y el viejo maestro testifica solemnemente en el juicio que se lleva contra él, refiriéndose a su hija adoptiva Sola: *"¡Admirable solución de la Providencia! Yo creía haberla perdido, y la encuentro junto a mí en la hora culminante de mi vida... Dios, que dispone todas las grandezas, así como el hombre es autor de todas las pequeñeces, ha dispuesto que este ángel divino me acompañe también ahora."* [642] La naturalidad del amor inserta a Benina en Dios con la misma naturalidad: *"Todo es de Dios"*, y a la queja amarga de Paca contesta: *"Lo mismo hace conmigo. Pero yo no lo llevo a mal, señora. ¡Bendito sea el Señor, que nos da el bien más grande de nuestros cuerpos: el hambre santísima!"* [643]

Este sentido revelador de la divinidad que tiene la persona amante se repite en la obra galdosiana con fuertes acentos líricos y teológicos: en *Doña Perfecta.* el personaje principal, Pepe Rey, -con el que se identifica plenamente el autor- exclama, dirigiéndose a su prima "Rosarito": *"Tú te empeñas en que no vales nada, y eres una maravilla. Tienes la cualidad admirable de estar a todas horas proyectando sobre cuanto te rodea la*

---

[640] PÉREZ GALDÓS, BENITO, *La batalla de los Arapiles,* o.c. pág. 176 y pág. 254 Lo que recuerda a la Rima XVII. 50 de G.A. Bécquer, sin duda conocida por Galdós: *"Hoy la tierra y los cielos me sonríen, / hoy llega al fondo de mi alma el sol, / hoy la he visto... La he visto y me ha mirado.../ ¡Hoy creo en Dios!"*
[641] PÉREZ GALDÓS, BENITO, *Siete de julio.* Episodio Nacional n. 15 (Historia 16-Caja de Madrid. 1994. Pág. 18).
[642] PÉREZ GALDÓS, BENITO, *El terror de 1824,* (o.c. pag. 144)
[643] PÉREZ GALDOS, BENITO, *Misericordia,* cap. VI. Ed. de Santiago Fortuño. Madrid 2004, pág. 62

divina luz de tu alma... Viéndote, se ve una vida celeste que por descuido de Dios está en la tierra." [644]

Con la figura de Rosaura, en la novela *Casandra* (no en el drama), aparece la religiosidad naciendo del sentimiento caritativo, cuando éste conduce a un desprendimiento tan absoluto de sí mismo que sólo se reconforta en la idea de un Dios amante y garante de la vida personal. *"El sentimiento de humanidad que me abrasa me ordena* (me impulsa a) *estas devociones que practico sin darme cuenta de ellas."* [645]

La elevación natural del amor humano a la esfera divina añade –en la literatura galdosiana- una posibilidad sorprendente e inesperada: el amor puramente espiritual a la mujer, a una mujer que podría ser amada como pareja única. Durante toda la segunda parte de *Ángel Guerra* el escritor nos plantea la duda sobre el realismo de esa posibilidad de amor del protagonista a Leré; al final de la obra se resuelve la incertidumbre haciéndonos ver que lo que Ángel ha vivido no es más que una sublimación religiosa del enamoramiento, sincera aunque equivocada. Pero, entre medias, sí ha aparecido ese amor excepcional hacia la joven, exento de cualquier sensualismo o interés propio, situado más bien en el buen sacerdote amigo Don Tomé. Francisco Ruiz Ramón, en un excelente análisis de este personaje, escribe: *"Nos interesa mostrar cómo es posible el puro amor espiritual a la mujer. Guerra y Don Tomé son dos tipos radicalmente distintos de hombre: el primero tiene la experiencia del mal, en su concreción de pecado carnal; y el segundo jamás la ha tenido, en él no existe ni ha existido nunca nada que trascienda a sensaciones de amor físico o sensual. Sólo en una naturaleza angélica así será posible el misticismo puro. Y Leré, en este sentido, también es una naturaleza angélica. Pero estos tipos son figuras excepcionales 'de otros tiempos'... Ambos confiesan una experiencia idéntica: sentirse arrebatados por la 'sobrenatural' y 'divina' Leré. Y he aquí que cada uno de ellos envidia al otro."* [646]

Nos parece, pues -distanciándonos algo del pensamiento de Soledad Miranda-, que no es laica la caridad que viven los grandes personajes

---

[644] PÉREZ GALDÓS, BENITO, *Doña Perfecta.* (Cátedra. Madrid. 1993. Pág. 118) En el Episodio Nacional *O'Donnell* "Juan Santiuste" afirma rotundamente: *"La caridad, hija del cielo, es la cadena de oro que une al Criador con la criatura."* (PÉREZ GALDÓS, BENITO, *O, Donnell.* Historia 16-Caja de Madrid. 1995, pág. 171)
[645] PÉREZ GALDÓS, BENITO, *Casandra* (novela). O.c.,pág. 1009)
[646] RUIZ RAMÓN, FRANCISCO, *Tres personajes galdosianos . Ensayo de aproximación a un mundo religioso y moral.* (Revista de Occidente. Madrid. 1964. Págs. 97-98)

galdosianos, aunque sí pueda considerarse natural; por ejemplo, la actitud de Nela respecto al ciego Pablo, en *Marianela*). Ya hemos verificado en casi todas estas figuras admirables una referencia expresa (fuerza interior o perspectiva) de carácter religioso cristiano. [647]

c) El amor de caridad reconstruye el orden social.

En el plano no ya sólo individual sino social nuestro autor tiene muy claro que sólo la utopía del amor cristiano puede aportar una solución al destrozo en que se halla la sociedad. En la conversación que mantienen el buen clérigo Juan Casado y Angel Guerra éste expone su proyecto:

"Don Juan, no sé cómo usted no lo comprende. La aplicación rigurosa de las leyes de caridad, que Cristo Nuestro Señor nos dio, aplicación que hasta el presente está a la mitad del camino entre las palabras y los hechos, traerá de fijo la reforma completa de la sociedad, esa renovación benéfica que en vano buscan la política y la filosofía… Si Dios se hizo Hombre, tiene que hacerse Sociedad." [648]

Aunque esa transformación social tenga que suceder lentamente…

Este planteamiento aparecerá también de una manera expresa en todas las obras que tienen un marcado carácter social; por ejemplo, en la novela *Halma* o en dramas como *Casandra, Celia en los infiernos, La loca de la casa,* etc.

El acto de misericordia individualizada se contempla y valora como un hecho transcendente para el bien de la humanidad en su conjunto; lo que revela una visión extraordinariamente elevada de la caridad. *"Lo que hagamos para enaltecer a este pobre ser y mejorar su condición* –dice Teodoro Golfín en *Marianela- entiéndase hecho en pro de una parte no pequeña del género humano."* [649]

---

[647] SOLEDAD MIRANDA GARCÍA desarrolla su análisis de la caridad en Galdós en el capítulo *Galdós: caridad laica*, de su libro *Galdós y la religiosidad de su época* (O.c.)
[648] PÉREZ GALDÓS, BENITO, *Ángel Guerra*. Volumen II. Alianza Editorial. Madrid. 1986. Pág. 606. 608. (Y, algo más adelante añade con realismo: *"Yo no mido el tiempo futuro; no sostengo que sea tarde ni temprano. Señalo la idea y sus probables desarrollos."* (pág. 609). Lo que expresa a su manera (y a propósito de la lucha de clases) el revolucionario Martín Muriel: *"Ya comprendo que el odio no resuelve ninguna cuestión, ni cura ninguna herida, ni dulcifica ninguna pena. Los hombres no han de ser iguales destruyéndose, no; no ha de haber nunca igualdad en el mundo sino por el amor."* (PÉREZ GALDÓS, BENITO, *El audaz*. O.c., pág. 288)
[649] PÉREZ GALDÓS, BENITO, *Marianela*, o.c., pág. 228

d) Otras perspectivas. Imperativos del amor de caridad.

Sin dejar el realismo de la narración, Galdós sugiere que esos procesos de entrega generosa confieren al amor humano un cierto carácter divino. O, al menos, que existe una coincidencia entre ellos y el Evangelio; y, por supuesto, que se trata de una exigencia radical para los creyentes.

Parece querer indicar también que esas conversiones al amor humano-cristiano podrían representar un rasgo frecuente –el mejor- de la fisonomía hispana con la que él se identifica; es decir, que debiera brindársenos como posible identificación en cuanto españoles. Como si dijera: el español tiene que hallarse a sí mismo en referencia estrecha a una dinámica honda de amor. Porque en todas las vivencias amorosas que narra hay un punto de partida similar: en España casi todos somos o nos hallamos huérfanos de algo muy querido, en luto de hermanos desaparecidos, o viudos, o hermanastros de alguien..., estamos solos y debemos construir desde la soledad la vida mediante el amor. A casi todos nos faltan, además, muchos elementos de dignificación social y psicológica (por más que pretendamos ocultar esas carencias); dignidades que se nos otorgarán si nos sentimos amados y si acertamos a amar. Y, en un momento dado, casi todos somos también capaces de albergar (desde esa condición humilde consciente, desde el reconocimiento de nuestras ausencias, carencias y errores) actitudes y modos de ser elevados que pueden coincidir con lo más esencial del Evangelio de Jesús. Es decir, podemos reencontrar el cristianismo bajo su impronta absoluta del amor.

Debiendo insistir en el hecho de que son generalmente las mujeres (los espléndidos tipos femeninos que recorren toda la obra) quienes introducen a todos en el proceso del descubrimiento y de la integración del amor esencial cristiano. Lo que, por otra parte, quizás resulta particularmente hispano; de tal forma que –para el autor- es posible que a España la salven las mujeres, no los varones, precisamente a causa del amor.

El amor de caridad es signo y ley de la existencia cristiana.

Las cuatro novelas cumbre de la espiritualidad y religiosidad en la producción de Don Benito (*Ángel Guerra, Nazarín, Halma y Misericordia*), escritas en su etapa de mayor madurez (1896 y 1897), expresan de una manera rotunda estas tres características: primera, que sólo el amor evangélico (el del Buen Pastor que da la vida por sus ovejas, y llama a los suyos "amigos") es el signo –el santo y seña- del cristiano y del cristianismo; segunda, que este amor es el mandamiento único y esencial que obliga a todo creyente (por tanto, los demás preceptos religiosos tienen un carácter secundario); y tercera, que quien ama (según la misma teología paulina) tiene cumplida la totalidad de la ley.

Don Manuel Florez, sacerdote aceptable pero desorientado, convertido a un verdadero cristianismo por influjo de la humilde Catalina de Artal y del inefable presbítero Nazarín, confiesa en los últimos momentos de su vida: *"Huyo de lo que fui... No quiero verme. No quiero oírme. Hay un hombre que en el siglo se llamó Manuel Florez. ¿Sabéis cómo le llamaría yo?... El santo de salón. Yo no soy él. Yo quiero ser como mi Dios, todo amor, todo abnegación, todo caridad..."* [650]

El Episodio Nacional *La revolución de julio* se centra, en realidad, en la relación de amor entre Virginia (Mita) y Leoncio Ansúrez (Ley). Mita, casada a la fuerza con otra persona (en nulidad de matrimonio, por consiguiente), huye de ese vínculo y se une a Ley por un verdadero amor, afrontando juntos el escándalo farisáico, la pobreza más absoluta, la persecución y la condena de la sociedad. En este trance, que dura tanto como su vida, la joven eleva el pensamiento a Dios y no puede dejar de entender que Éste ha bendecido, bendice y bendecirá ese amor que está por encima de toda norma social, sencillamente porque es verdadero y a nadie hiere. Escrita en 1903 la novela significa también, desde luego, un enorme paso adelante en la concepción de la legitimidad de la conciencia cristiana por encima de las leyes. [651]

La cumbre del mandamiento del amor cristiano se expresa en la quinta bienaventuranza del Evangelio de San Mateo: "Bienaventurados los misericordiosos, porque ellos alcanzarán misericordia" (Mt. 5,7). La correcta teología de la misericordia es el signo del amor evangélico. [652] Pues bien, la novela de Don Benito titulada *Misericordia* es también la cumbre espiritual de su narrativa y desarrolla con sorprendente hondura esa teología de la

---

[650] PÉREZ GALDÓS, BENITO, *Halma*. (Ed. Almar – Patio de las Escuelas. Salamanca. 1979. Pág. 222)

[651] PÉREZ GALDÓS, BENITO, *La revolución de julio*. Entre otros textos del Episodio: *"Tan desgraciada he sido que creía que Dios me castigaba cruelmente; mas ahora veo que no ha sido castigo, sino prueba, y que de ella sale mi alma como de un crisol, con lo que ahora está más fuerte, más brillante...Ahora que pasó todo, pienso que Dios no está en contra mía, sino a favor..."* (PÉREZ GALDÓS, BENITO, *La revolución de julio*. Episodio Nacional n. 34. Historia 16-Caja de Madrid. 1995. Págs. 71-72)

[652] Puede verse (sobre el sentido de esta bienaventuranza) el comentario de la misma en mi libro *Introducción al pensamiento cristiano* (El Almendro. Córdoba 2012), págs. 55-58, siguiendo en este punto la exposición de Adolfo Chércoles.

misericordia, es decir, del amor fecundado por la encarnación, la devoción y la entrega generosa de la vida hasta límites insospechados y –lo que es más admirable- desde la naturalidad, la simplicidad y el silencio.

Benigna o Benina, envejecida prematuramente más que vieja, dulce, callada, vestida de negro, humilde y, sin embargo, señorial, se muestra sinceramente religiosa pero no beata. Esta mujer es, por decisión propia, mendiga a la puerta de la iglesia de San Sebastián, en Madrid, miembro discreto de la cofradía valleinclaniana de mendigos entre los que se encuentra el ciego Almudena (musulmán, de Marrakesh) hombre anciano casi y tiñoso.

Durante la mañana Benina pide, pues, limosna. Y lo hace para proveer discretamente a la compra diaria de alimentos y de farmacia destinada a la burguesa Doña Paca y a sus hijos (pobres vergonzantes) en cuya casa ha servido siempre y continúa sirviendo aunque no habita en ella. Es decir, da la vida diaria a esas personas a las que ama con ternura, sin que ellas correspondan a su amor y sin que nadie lo sepa; y esto, como lo más natural del mundo. Una parte de su tiempo y de su mísera existencia la entrega también al desgraciado Almudena. Y nada ni nadie impiden que sea en todo amor y misericordia, asumiendo con exquisita paz todas las penalidades que le sobrevienen.

Probablemente no se ha escrito en la literatura española, ni en la universal, un poema largo de amor misericordioso tan elevado y apasionante como éste. Tal vez se le acercan pero no lo superan Victor Hugo *(Los miserables)* o Edmond Rostand *(Cyrano de Bergerac)*.

3. Rechazo galdosiano de todo lo que impide el desarrollo del amor.

La teología de la caridad incluye necesariamente el rechazo (como pecado grave) de las actitudes y los comportamientos que, bajo capa amorosa, encubren un egoísmo atroz; y, sobre todo, la censura radical de aquellos que obstaculizan e impiden el amor en los demás. Lo más perverso y terrible que puede ocurrir en el mundo de las relaciones es robar o destrozar un amor que ha surgido legítimamente; y mucho más si esto se hace por conveniencias sociales o religiosas.

Este asunto posee –por desgracia- un gran realismo, y, por tanto, Galdós lo aborda con mucha hondura y frecuencia. En definitiva se remite a lo que suele designarse como "amor posesivo" o de un proteccionismo aberrante (que no tiene nada de amor), acompañado tantas veces de una enorme ingratitud y casi siempre de un terrible egoísmo. Actitud que es aún mucho más grave cuando el personaje la pretende justificar con motivos religiosos que denomina cristianos.

El autor, al describir con detalle a estas personas y a las situaciones que ellas crean, pretende sin duda llevar a los lectores a un vivo rechazo de las mismas.

Uno de los casos más dolorosos es el que sucede en la novela *Marianela*, una de las más bellas a nuestro juicio. La niña – adolescente Nela, imagen perfecta de la cenicienta española, es lazarillo del joven ciego Pablo. Ambos se quieren tiernamente y, a pesar de la diferente clase social, se han prometido en matrimonio ingenuamente. Pero, tras una operación, Pablo recobra la vista, y su padre decide casarlo con otra joven de clase alta y más agraciada físicamente. Marianela se muere literalmente del dolor.

Es el mismo robo del amor que padece Lucila de parte de la falsa beata Domiciana (secuestradora de Gracián), viéndose forzada a un matrimonio sin amor (Episodio Nacional *Los duendes de la camarilla*); y el de "Tristana", "Amparo" (la mártir de *Tormento*) y bastantes más.

Don Benito se encarga de mostrar una tremenda gama de falsos amores y de dinámicas de relación perversas. Se distancia con rotunda claridad de los personajes que los protagonizan a los que, sin embargo, vuelve en sus obras una y otra vez porque son un peso de muerte que gravita sobre el ser humano y, en particular, sobre la identidad española y católica; advirtiendo que arrastran consigo la destrucción, sean estos personajes de derechas o de izquierdas, religiosos o irreligiosos, nobles o plebeyos.

Doña Perfecta y su adlátere, el canónigo Don Inocencio (asesinos de Pepe Rey), la familia Lantigua (cómplices todos de la locura de Gloria y de Daniel), Doña Juana (de *Casandra*) y Don Juan Crisóstomo (Rosalía) son el máximo exponente de esa actuación desgraciada. Pero a ellos se unen Amaranta, los Requejo y Santorcaz (en la primera serie de Episodios), la secreta madre de Fernando Calpena y los Navarridas (en la tercera serie), Torquemada a lo largo de sus cuatro novelas, Eulalia, Huguet y Pepet (en *La loca de la casa*), Pantoja (en *Electra*), y otros semejantes que se llevan la palma en esa galería inagotable de seres que pervierten el amor... [653]

---

[653] La joven Gloria –en un momento de la obra- sintetiza el drama de esta serie de personas: *"No sienten el amor, que es el que ata y desata. Se fijan en la superficie; pero no ven el fondo. Yo, iluminada, lo veo y lo toco. No puedo equivocarme, porque una luz*

Todas estas figuras, un tanto diluidas en las tramas, son reales, y constituyen también el humus de nuestro pueblo. Por ello deben estar ahí, en toda la creación galdosiana. Pero el autor se preocupa de señalar que su presencia inevitable es terriblemente perturbadora y que debemos hacerla irrelevante, aunque haya que contar con ella para construir el amor.

Y ello sin omitir la serie de amores que surgen del fanatismo político puro, que anteponen la exaltación patriótica al amor personal y a todos los valores de la convivencia y del derecho. Galdós se mostrará también implacable en la crítica de estos personajes; respetando sólo a aquellos que –aunque erradamente- han buscado y no hallado su verdad y la verdad de este país o de la religión. Entre estos últimos habrá que recordar al honesto y noble Zumalacárregui, al enigmático sacerdote José Figo (alter ego del general carlista), al militar Montes de Oca, a Gil de la Cuadra, a Espartero, etc. A estos el autor, por esa honestidad suya, les permite morir en paz.

*

Las dificultades del amor y –con mayor fuerza aún- el odio irracional que desata la bondad en bastantes espíritus oscurecidos, nos llevan a cuestionarnos la posibilidad real de realizar el ideal humano-cristiano de la caridad que es, sin duda, heróico.

Nos identificamos casi del todo con las palabras de Yvan Lissorgues referidas en especial a la novela más espiritual del siglo XIX: *"Nazarín es una hoja del Evangelio chafada por las manos sucias del mundo. Galdós, al colocar deliberadamente a su personaje en la perspectiva quijotesca, quiere decirnos que sabe de antemano, como muestra la hazaña del ingenioso hidalgo, que el ideal evangélico de caridad que podría guiar armoniosamente las relaciones humanas y tl vez redimir al mundo, no puede derramarse por esos campos de Dios. Quiere decirnos que la poesía, por grande que sea, se pierde en el polvo de la prosa. Pero no lo dice de manera*

---

divina me acompaña, porque amo, porque las sombras que a ellos les oscurecen la vista caen delante de mí." Y "Daniel" condena así el rechazo que padece de un habitante del católico pueblo de Ficóbriga: *"Haces alarde de cristianismo y no tienes lástima de mí, no te apiadas de la soledad en que estoy, sin un amigo, sin una voz que me consuele..."* (PÉREZ GALDÓS, BENITO, *Gloria* Alianza Editorial. Madrid. 1999. Págs. 146 y 292 respectivamente). Don Juan a Rosalía: *"¡Querer a otro hombre!* (distinto del que el padre ha impuesto como matrimonio) *Si hubiera sido con mi licencia, pase. ¡Pero sin decírmelo antes!..."* B.PÉREZ GALDÓS, *Rosalía*, o.c. pág. 204)

irónica, pues la ironía es negación de algo, y Galdós no niega nada, ni el mundo ni el ideal." [654]

3. Prioridad de la justicia en el pensamiento de Galdós.

Introducción a la teología de la justicia en la obra de Galdós.

Para Galdós el ser humano –el creyente, en especial- sólo se justifica si es *una persona íntegramente justa*.

El sentido exacto de la justicia y el cumplimiento de lo que es justo están en íntima relación con la conciencia moral y con las exigencias del amor. Son condición integrante e indispensable de la debida talla humana y, muy especialmente, del perfil del cristiano, de un verdadero cristiano conformado a imagen del Evangelio de Jesús. Sin un nivel suficiente de justicia personal no hay auténtica fe cristiana; y sin un alto nivel de lucha por la instauración de la justicia en la sociedad no hay cristianismo posible. Sencillamente, un país donde predomine la injusticia en grandes niveles no tiene carácter cristiano.

Pensamos, pues, a la vez, en la justicia individual y en la justicia colectiva o estructural suficiente: una justicia que va a depender (en enorme medida, al menos) de la lucha que cada uno entable para conseguirla o para hacerla más viable.

La obra de Galdós tiene este contenido como eje transversal de la misma. Emparenta con los grandes gritos literarios a favor de la justicia (por ejemplo, con el realismo francés, con la literatura rusa del XIX...) y probablemente los supera.

Antes de analizar el pensamiento del autor sobre la justicia conviene recordar y sintetizar brevemente los aspectos de una teoría elemental de la justicia.

Justicia individual (en el sentido humano más básico) es la actitud de respeto efectivo y fundamental de los derechos de las personas y de los seres con quienes es debida una relación por el grado de convivencia y responsabilidad cercana hacia ellos. Esta actitud no es optativa; es moralmente obligatoria para el sujeto agente y es necesaria para el sujeto paciente. Ni uno ni otro pueden vivir sin ella: el primero, porque si procede

---

[654] LISSORGUES, YVAN, o.c., pág. 9.

sin justicia –injustamente- se degrada y degrada el medio en que se halla; el segundo, porque al no recibir el trato justo se destroza. De ahí que la instauración de la justicia en uno mismo sea un anhelo, una pasión noble siempre inalcanzada suficientemente.

Los niveles de justicia individual fundamental determinan la existencia de una justicia estructural o social también básica: la que las instituciones de la sociedad ofrecen a sus individuos, y la que éstos practican con decisiones y con actos que repercuten en el bien común. Animadas ambas dinámicas por una recta justicia legal, distributiva y ejecutiva.

Si las instituciones violan derechos individuales y/o si toleran las conductas injustas de algunos de sus miembros más responsables (políticos, dirigentes económicos o de orden social, etc), entonces esa sociedad deja de ser un estado de derecho, se instala en la injusticia institucional o estructural y se convierte en generadora de las injusticias de los individuos. El pueblo que tiene la desgracia de padecer esta situación de forma aguda vive un principio constante de ruina propia.

La lucha contra la injusticia social constituye, pues, –debe constituir- la tarea prioritaria y de más alta cualificación de todas las que atañen al hombre, a cada uno de los miembros de la sociedad en cuanto ciudadanos.

¿Le es suficiente a un creyente cristiano mantenerse en los planteamientos básicos de justicia (señalados para la esfera moral de las relaciones interpersonales y del cumplimiento del orden social)? Seguramente no, aunque esa doble actitud justa le es, sin duda, fundamental y constituye su primera y constante responsabilidad. No, porque el mejor de los ordenamientos de cualquir sociedad concreta es insuficiente para paliar las injusticias de múltiples sectores internos y externos al propio país; y porque las instituciones no saben ni pueden dar a las personas el trato de absoluta dignidad y transcendencia que merece todo ser humano. Desde la perspectiva cristiana ese trato sólo parece garantizarlo quien reconoce a cada hombre la condición trascendente y quien tiene una visión del mundo como lugar inmediato de comienzo del Reino de Dios (de un proyecto divino social muy superior a la mejor de las democracias existentes).

¿Por cuáles de todos estos aspectos discurre el pensamiento de Don Benito? Quizá podamos comprobar que por todos ellos, aunque predomine lo que se designaría como una moral fundamental de la justicia, y aun cuando tampoco en este tema (como indicamos respecto a la caridad teologal) se llegue a plasmar por completo una teología.

1. Pasión por la justicia y opción por los desfavorecidos en la obra de Galdós.

Dos aspectos se complementan en la referencia de Galdós a la justicia como perfil modélico del hombre y del cristiano.

Pasión por la justicia.

En general, los grandes tipos con los que el autor se identifica casi plenamente (a lo largo de su producción) son personas apasionadas por la justicia e incapaces de tolerar pasivamente injusticias graves que se cometen a su lado.

De forma todavía violenta es lo que expresa un impetuoso Gabriel de Araceli, deseando que Lord Gray repare como sea la grave injusticia que ha cometido con Asunción:

"¿Qué sentimiento le impulsa a usted a meterse en lo que no le importa? –le dice Gray-. Quijotismo, puro quijotismo... No. –responde Gabriel- Un sentimiento que no se definir y que me mueve a dar este paso con fuerza extraordinaria. Un sentimiento que encierra algo de amor a la sociedad en que vivo y amor a la justicia que adoro... No lo puedo contener ni sofocar." [655]

Y el noble militar carlista Manuel Montes de Oca hará aún con mayor profundidad esta defensa e interpretación de la justicia: *"Vale más, mucho más, hacer locuras por la justicia y la verdad que hacer cosas muy sensatas y correctas por la usurpación y por la mentira. Yo he cumplido con mi deber; mi conciencia no hace ahora distinciones entre la demencia y la cordura: no ve más que lo justo y lo injusto. Con lo justo estuve y estoy, con todo lo que vemos de la parte de Dios."* [656]

Galdós afronta con su realismo y su conciencia los temas humanos que requieren una justicia más radical. Entre ellos está en primer lugar el derecho de todo ser humano a tener unos padres (genéticos o adoptivos) y disfrutar absolutamente de un hogar familiar. Éste es con seguridad un principio básico de la justicia. Responder a ese demanda vital no es una cuestión de caridad (ni un tema público asistencial) sino un asunto de justicia que deben cumplir los particulares y la sociedad como tal (que ni lo ha cumplido, ni lo cumple, ni sabe cumplirlo). El pensamiento de Galdós –de todo punto excepcional, magnífico- se centra admirablemente en la urgencia de ofrecer

---

[655] PÉREZ GALDÓS, BENITO, *Cádiz*. Episodio Nacional n. 8. O.c., pág. 216
[656] PÉREZ GALDÓS, BENITO, *Montes de Oca*. O.c., pág. 175

la paternidad adoptiva en todas las situaciones carenciales que se presenten, como lo más normal y legal. Isidora y Mariano, en *La desheredada* son un grito inacallable pidiendo padres. Lo mismo que Celipín (*El doctor Centeno*). En *Marianela*, asumiendo las palabras de Teodoro (que responde a la superficialidad burguesa de su hermana), se enfrenta el autor a la mentalidad común y a la desastrosa política social:

"Estáis viendo delante de vosotros, al pie mismo de vuestras cómodas casas, a una multitud de seres abandonados, faltos de todo lo que es necesario a la niñez, desde los padres hasta los juguetes; nunca se os ocurre infundirles un poco de dignidad, haciéndoles saber que son seres humanos... El miserable huérfano, perdido en las calles y los campos, desamparado de todo cariño personal y acogido sólo por las corporaciones, rara vez llena el vacío que forma en su alma la carencia de familia... El problema de la orfandad y de la miseria infantil no se resolverá nunca en absoluto, como no se resolverán tampoco sus compañeros los demás problemas sociales; pero habrá un alivio a mal tan grande cuando las costumbres, apoyadas por las leyes..., por las leyes, ya veis que esto no es cosa de juego, establezcan que todo huérfano, cualquiera que sea su origen, tenga derecho a entrar en calidad de hijo adoptivo en la casa de un matrimonio acomodado que carezca de hijos. Ya se arreglarían las cosas de manera que no hubiera padres sin hijos, ni hijos sin padres." [657]

Para que exista esa justicia debe restaurarse el equilibrio social: eliminar las grandes y sangrientas diferencias; diferencias que hacen que el bienestar se incline siempre del lado de los ricos. German, el contrapunto más lúcido de Celia (*Celia en los infiernos*), explica: *"Pienso constantemente en el equilibrio social, que hoy no existe y que debe existir para que tengamos justicia en la tierra. ¿Qué razón hay para que unos carezcan de medios de vida y otros los posean de un modo exorbitante?... Sí, sí –dice Celia-: ese desequilibrio es horrible."* [658]

La reacción de Celia a favor del equilibrio va a ser muy modesta, aunque sincera y llena de buena voluntad. Acierta en la opción por un "descendimiento" al infierno de la pobreza, incluso concediendo a ese acto un valor divino, pero le falta radicalidad y constancia. [659]

---

[657] PÉREZ GALDÓS, BENITO, *Marianela*, o.c., pág. 144-145
[658] PÉREZ GALDÓS, BENITO, *Celia en los infiernos*. Acto I, escena VIII. O.c., pág. 335
[659] *"En ese mundo quiero penetrar; a esos abismos quiero descender para conocer por mí misma el sufrimiento de los que nada poseen... Yo estoy preparada; bajo los infiernos con un entusiasmo, con una ilusión que no puedo explicarte; en este maldito cielo en que*

En relación con esa máxima actitud de justicia (justicia responsable de devolver el derecho a los desamparados) está la pasión por el bien común por encima de los estrechos intereses individuales.

Pepe Fajardo, Marqués de Beramendi, recriminando a Guillermo de Aransis la ociosidad, el lujo y buen vivir y la dilapidación del dinero, asienta con precisión el concepto del bien común como imperativo básico de la justicia de los individuos y de las instituciones:

"La vida que vienes haciendo es enteramente estúpida... Sostengo que no hay derecho a vivir así. Se dice que cada cual hace de su dinero, de su tiempo y de su salud lo que quiere; y yo afirmo que eso no puede ser. En el dinero, en el tiempo y en la salud de cada persona hay una parte que pertenece al conjunto, y al conjunto no podemos escatimarla. Una parte de nosotros no es nuestra, es de la totalidad, y a la totalidad hay que darla... Tú, Guillermo, eres idiota y criminal, porque gastas todo tu dinero, todo tu tiempo y toda tu salud en no hacer nada que conduzca al bien general." [660]

El mensaje del personaje (¡del autor!) es de una contundencia enorme.

Lo peor es que ese desinterés absoluto por el bien común (y, en consecuencia, por los problemas sociopolíticos del país) aparece como un triste síntoma de inmadurez y de egoísmo; por ejemplo, en el razonamiento grotesco de Pilar a su marido Vicente Halconero en la *España trágica*: *¿Verdad, Vicente, que nosotros somos felices y que la infelicidad de España nos importa un bledo?".* [661] La filosofía egocéntrica que expresa esta mujer revela tal vez un sentir popular demasiado arraigado en la idiosincrasia española. (Ya vimos en el capítulo IV cómo Galdós reprueba esta condición

---

me ha encasillado mi destino (le dice a Pastor, su acompañante) *me moriría de tristeza si no escapara de él... Llegaré hasta lo divino, descendiendo hasta las más hondas miserias y hasta las podredumbres más repugnantes."* (PÉREZ GALDÓS, BENITO, *Celia en los infiernos*. Acto II, escena VIII. O.c. págs. 364-365) En el mismo sentido, pero con tono más revolucionario y reivindicativo, se expresa Juan Pablo, el coprotagonista de la comedia *Alma y vida*: *"No hay otro remedio. Dios no nos ha puesto en el mundo para que nos dejemos sacrificar estúpidamente. Perezcamos defendiendo nuestro derecho; siendo jueces donde no los hay."* (PÉREZ GALDÓS, BENITO, *Alma y vida*. Acto I, escena IX. Clásicos Almar. Salamanca 1987. Pág. 175)

[660] PÉREZ GALDÓS, BENITO, *O'Donnell*. O.c. pág. 49-52 En la novela *Casandra* Galdós justifica con perspectiva creyente la responsabilidad de dirigir nuestros haberes hacia el bien común; dialogando el personaje Alfonso con Doña Juana, escribe: *"Creo que Dios nos ha dado los países yermos y hurañOS para que los hagamos hospitalarios, risueños. Se educan las tierras como las personas y se doman los campos como las fieras."* (Edición de Rueda, pág. 19).

[661] PÉREZ GALDÓS, BENITO, *España trágica*. Episodio Nacional n. 42. Editorial Hernando. Madrid 1973. pág. 182

del español). A tal clase de ciudadanos los juzga Tito con una dureza extrema, viéndolos pasearse por el Madrid de final de siglo:

"Sus cabezas no alojaban otra idea que la del momento presente, el goce del paseo al sol, la vanidad de exhibirse con galas y arreos de distinción fantasiosa. ¡Pobres majaderos! Desconocían en absoluto la gravísima situación de nuestro país, el momento histórico... Nada sabían, nada sospechaban; se enterarían de la nueva esclavitud cuando ya no tuviese remedio." [662]

La pasión por la justicia tiene también, sin duda, una legítima connotación interesada: reclamar la justicia que me es debida; no implica sólo pedir que se trate justamente a todo el mundo (y, en especial, a los maltratados en la sociedad). La verdad es que el olvido de sí mismo, la renuncia a la propia defensa estrictamente personal en aras del bien de los otros, sería exponente de un muy alto nivel de madurez humana y cristiana. No es de extrañar, pues, que Galdós no incluya esta dimensión en el perfil del hombre justo que él diseña. Y sí aparecen, en cambio, algunos personajes que al encontrarse desprotegidos y maltratados por la sociedad, por la administración política y por la judicatura, se toman la justicia por sí mismos, recurriendo incluso a procedimientos violentos contra la opresión establecida, sin que el escritor (en este caso) se permita condenarlos. Éste es el sentido del drama *Antón Caballero* (1917), obra póstuma que asumen para su estreno los hermanos Álvarez Quintero.

Nos da la impresión de que el autor se limita a mostrar ese hecho, dejando en suspenso el juicio del mismo; y que aprovecha la ocasión para denunciar el deplorable estado de la Justicia oficial en la sociedad que lo rodea. La trayectoria de Martín Muriel (*El Audaz. Historia de un radical de antaño.* 1871) ilustra también este planteamiento que termina en tragedia para el protagonista.

Es de notar que se trata de dos obras entre las cuales han transcurrido cuarenta y cinco años. De forma explícita aparece también ese alegato contra

---

[662] PÉREZ GALDÓS, BENITO, *Cánovas*. Episodio Nacional n. 46. Historia 16-Caja de Madrid. 1996. Págs. 192-193 Con este texto terminan el libro y el conjunto de las cuarenta y seis novelas Episodios Nacionales. Según JUAN IGNACIO FERRERAS, el introductor de la edición empleada para este Episodio, *Cánovas* "es la obra más triste, más desesperada y amarga que escribiera Galdós; es un adiós, pero un adiós a muchas cosas, a muchas vidas, a muchas ilusiones... La historia no sigue porque la historia muere." (pág. 3)

la injusticia en el juicio que se hace a Juan Pablo Cienfuegos en el drama *Alma y vida* (1904), acusado éste de una serie de acciones contra la tiranía del administrador Monegro:

(-Marquesa:) "De modo que vos, si no os dan justicia...
(-Juan Pablo:) La tomo. No hay otro remedio. Dios no nos ha puesto en el mundo para que nos dejemos sacrificar estúpidamente. Perezcamos defendiendo nuestro derecho, siendo jueces donde no los hay." [663]

Lo que parece sugerir la licitud de un cierto realismo cristiano en la lucha frente a la injusticia de la Justicia oficial establecida.

Opción por los desfavorecidos.

La pasión por la justicia en la sociedad (por el bien común nacional) tiene una connotación de signo especialmente cristiano en la consideración y asistencia efectiva a los más pobres y desfavorecidos; de modo particular en la devolución del honor a quienes la sociedad se lo ha arrebatado por motivos de nacimiento o de extracción social.

Desde un análisis honesto y objetivo de los Evangelios de Jesús y de la más pura tradición cristiana, a la luz también de la reciente teología de la liberación, aparece siempre la opción prioritaria por los pobres como dimensión esencial y constituyente del Cristianismo. Hablar de identidad religioso cristiana significa –debe significar- en una persona el verificar en sí misma por lo menos esta actitud: su efectiva identificación con la causa de los más pobres de este mundo.

¿Se desprende de la obra de Galdós esa característica definitoria de la visión cristiana?

Una página fundamental de *Marianela* nos permite responder a la pregunta con una rotunda afirmación. Toda esta novela (y no es la única) significa en su conjunto un impresionante canto a los más débiles y desfavorecidos de este mundo. Pero, en particular, se formula explícitamente

---

[663] PÉREZ GALDÓS, BENITO, *Alma y vida*, Acto I, escena IX. Ediciones Almar. Salamanca. 1987. Pág. 175 La antinomia entre el Derecho establecido y el derecho divino de la persona aparece en toda la obra *Casandra* (teatro y novela); por ejemplo, en el diálogo que mantienen losdesheredados sobrinos de Doña Juana: *"-Rosaura: Has de conceder que no tenemos derecho... -Ismael: Derecho, conforme al llamado Derecho, no tenemos..., eso es verdad. –Clementina: Pero conforme a la ley de Dios, a la ley de la Naturaleza, entendámonos, teníamos derecho... -Ismael: Teníamos derecho. Es tan claro como la luz."* (Edición de Rueda, pág. 101)

esa opción en el texto que volvemos a citar. El médico Teodoro Golfín visita a la maltrecha Nela (que ha pasado la noche llorando y suspirando) y dice:

"¡Pobre Nela! No puede usted figurarse el interés que siento por esta infeliz criatura. .. Lo que hagamos para enaltecer a este pobre ser y mejorar su condición entiéndase hecho en pro de una parte no pequeña del género humano. Como la Nela hay muchos miles de seres en el mundo. ¿Quién los conoce? ¿Dónde están? Se pierden en los desiertos sociales; en lo más oscuro de las poblaciones, en lo más solitario de los campos, en las minas, en los talleres. A menudo pasamos junto a ellos y no los vemos... Les damos limosna sin conocerlos... No podemos fijar nuestra atención en esa parte miserable de la sociedad...(Nela) es un ejemplo del estado a que vienen los seres moralmente organizados para el bien, para el saber, para la virtud, y que por su abandono y apartamiento no pueden desarrollar las fuerzas de su alma." [664]

Cuando el autor escribe esta obra (1878) puede pensarse que no ha alcanzado aún la etapa personal de mayor espiritualización y religiosidad; sin embargo, sus palabras, en boca del personaje médico, revelan la gran sensibilidad que posee por la tragedia de los más pobres y apunta ya la futura opción evangelica a favor de estos; la opción que expresará en 1902 otro de sus personajes sorprendentes y amables del drama *Mariucha*, el sacerdote Don Rafael (refiriéndose a los dos jóvenes excluídos y perseguidos): *"¿Dónde querías que estuviese? Mi papel es consolar a los oprimidos... Yo voy con usted al fin del mundo."* [665]

En el inabarcable mundo de los personajes galdosianos abunda la rica burguesía y un reducido grupo de nobles. Es la clase social alta. Junto a ella discurre la amplia clase media baja y un gran sector de tipos pertenecientes al estamento más pobre y marginado de la sociedad española. Sintetizando mucho, podría decirse que el autor pasa al lado de la clase alta, una clase que se sobreestima a sí misma, sin otorgarle casi valor moral alguno; más bien dejando constancia de su estupidez y de su negatividad. Que se centra en la variopinta tipología de la pequeña burguesía ciudadana, rural y militar; y que se muestra hondamente interesado por los más deprimidos.

¿Cómo trata a los pobres, a los miserables?... En líneas generales, y salvo las grandes excepciones ya estudiadas, estos personajes se hallan

---

[664] PÉREZ GALDÓS, BENITO, *Marianela*, o.c., págs. 228-229
[665] PÉREZ GALDÓS, BENITO, *Mariucha*, Acto Cuarto, escena II y acto quinto, escena I.(o.c.)

pobremente dotados, son dolorosamente irregulares. No existe una idealización de los mismos (como tampoco los idealiza, por ejemplo, Victor Hugo); más bien deja constancia de que si se hallan así es porque la sociedad los ha hecho de ese modo. La culpa no es de ellos. Pero sobre esta base de realismo aflora con toda claridad su preferencia: en conjunto, su pueblo es el pueblo bajo.

Dentro de esta escena, o muy cerca de ella, en estrechísima convivencia con la entraña de ese pueblo, aparecen en la obra galdosiana los aún más pobres: personas desamparadas de la vida y de la sociedad, perdidas, sin apenas recursos, desprotegidas y maltratadas, solas; hundidas unas veces –por esas causas- en la depravación, y otras, elevadas muy alto por su temple, su honestidad, su capacidad de bondad y de relación, su esperanza, su fe... Estos son los verdaderos protagonistas del mundo galdosiano. Y desde el momento en que el escritor los hace suyos -se identifica con ellos y con su causa- sí puede hablarse de una opción evangélica por los pobres en su pensamiento y en su vocación de escritor.

A lo largo de las páginas que siguen iremos analizando algunos de estos tipos. Quede claro ya que son muchos y muy diversos; y que todos ellos forman ese grupo o resto que en la Biblia –en el Antiguo y en el Nuevo Testamento- es designado con el extraordinario nombre de "Pobres de Yavé". Estos pobres existen en casi todas las obras galdosianas. Y por ellos lucha el autor.

La "señá Benina" y la cofradía de pobres, Nazarín, Beatriz y Ándara, las numerosas personas acogidas en las comunidades de Catalina de Artal (*Halma*), de Ángel Guerra, de Guillermo Bruno (*Amor y ciencia*), del Marqués de los Perdones (*Pedro Minio*); Isidora y Mariano (*La desheredada*), los Babeles (*Ángel Guerra*), Clara (*La fontana de oro*) Amparo *(Tormento)*, Marianela, Celipín y Alejandro Miquis (*El doctor Centeno*), Fortunata y Mauricia la Dura, Lucila, el niño Salvador (*Amor y ciencia*), Ramón Villamil y Luisito (*Miau*), la familia de Martín Muriel (*El audaz*) y tantos otros, son los elegidos del autor, casi siempre prototipos de la mayor hondura espiritual de la obra galdosiana. Cada uno dentro de su propia trama novelada están invitando a optar y a convivir con ellos, es decir, con las personas más desfavorecidas de la sociedad: pobres de solemnidad y mendigos, niños o adolescentes sin familia, enfermos, alcohólicos irrecuperables, prostitutas o ex prostitutas, personas de vida irregular, ancianos desamparados, delincuentes o medio delincuentes. Y esto no sólo asistiéndolos, sino también formando núcleos de amor con las mismas.

Es obvio que este lenguaje narrativo expresa un hondo pensamiento de justicia y que este pensamiento lleva directamente al mensaje evangélico esencial que expresa Jesús en el anuncio que hace de sí mismo y de la Buena Noticia del Reino: *los pobres son evangelizados, y dichoso quien no se escandaliza de esto*. Quizá sea, pues, este eje transversal de la temática galdosiana la mejor expresión de una verdadera teología de la justicia.

Para confirmar tal pensamiento se nos va a ofrecer la trama entera de la novela *El caballero encantado*: Tarsis, burgués empedernido en su superficialidad y vacío existencial, representante de una amplia clase social, tiene que recuperarse, tiene que salvarse. El autor (y España entera con él) quiere salvarlo. ¿Qué puede hacer? Brindarle o forzarle una tremenda transformación. Tendrá que convertirse en pobre: sucesivamente en pobre campesino, en picapedrero, en pastor de cabras, en mísero maestro de un pueblo perdido, en conciudadano de las gentes más humildes y dudosas, y, por esta causa, perseguido por la Justicia. Tendrá que comenzar al lado de este pueblo indigente el costoso esfuerzo de sobrevivir a lo largo de un largo viaje iniciático; asumiendo la penosa peregrinación de una vida empobrecida e inclemente, pero auténtica. Guiado, eso sí, por la sabiduría y la bondad de La Madre. Sólo entonces recuperará su esencial identidad oculta.

España entera, anhelante, simbolizada en la dolorosa encarnación de esa Madre (o Mari Clío) lo va a acompañar en esta dura metamorfosis que pasa por la vinculación irrenunciable a los más pobres del país. El pensamiento de Galdós vuelve a alzarse a intuiciones netamente cristianas. Don Pito, el anciano harapiento y alcohólico de *Ángel Guerra*, exclamará, emocionado, al ser acogido sin más por Ángel: *"¡Esto es cristiandad!"*

Por otra parte, la simpatía –claramente evangélica- se vuelca sobre aquellos personajes que la sociedad menosprecia o devalúa por su origen biológico fuera del matrimonio legal o por una condición social humillada desde las clases altas. Dolly, la nieta "ilegítima" es la que roba el corazón del Conde de Albrit y la que dará a éste el definitivo título de Abuelo. [666]

---

[666] En el momento final de la obra el Conde deAlbrit renuncia a sus erróneas pretensiones de salvaguardar la nobleza de raza y reconoce cuál es la única grandeza de la persona en la niña que vino fuera del matrimonio de su hijo: *"¿Hacia qué parte de los cielos o de los abismos cae el honor? ¿En dónde está la verdad?* –le pregunta el viejo maestro Don Pío; y el Conde responde, abrazando a la nieta- *Aquí. Siento que vuelve a mí la razón. Esta*

Fernando Calpena, hecho ya por el autor un caballero sin tacha, encumbrado moralmente al máximo (a lo largo de la tercera serie de Episodios), es un hijo ilegítimo. Y el asunto de la dudosa ascendencia queda también resuelto para Martín Muriel (*El audaz. Historia de un radical de antaño*) cuyo padre era empleado en la casa de un aristócrata y, además, murió en la cárcel vilmente acusado de ladrón. León (Antonio Sanfelices, de *Mariucha*), proscrito social, es totalmente rehabilitado.

Marianela, empequeñecida físicamente, cenicienta despreciada, hija de madre dudosa, frustrada en su amor, es vista como símbolo de la pureza, del amor y de la sabiduría innata. Ramón Villaamil (en *Miau*), pobre vergonzante en paro perpetuo, es el héroe verdadero de una sociedad inclemente. Felipillo Centeno (*El doctor Centeno*) es el anverso del pícaro quevediano. Fortunata y Mauricia la Dura (de *Fortunata y Jacinta*), Lucila Ansúrez (de los Episodios), la Tía Pintosilla (de *El audaz*), Ándara y Beatriz (de *Nazarín*), Dulcenombre (de *Ángel Guerra*), etc., majas goyescas en su mayoría, pobres malvestidas de vida muy libre pero generosas y verdaderas amantes [667], son dignificadas sin la menor duda, como las prostitutas del Evangelio que van a tener un puesto de preferencia en el Reino de los Cielos.

Y así, sucesivamente, uno tras otro, multitud de individuos humildes y desgraciados -de primer, segundo o tercer orden literario- entran y conforman el mundo más querido de Galdós. Quizás porque él ha ido entrando en ese mundo, en los barrios más bajos y populares del Madrid del XIX, los mismos en los que deambulan, aman y mueren Don Latino de Híspalis y Max Estrella en las valleinclanianas *Luces de Bohemia*.

Lo que no quiere decir que siempre sean admirados y alabados estos personajes (con un *a priori* sin discernir), sino sólo cuando su existencia discurre dentro de la suficiente moralidad del corazón y desde ahí se alzan a la altura que cada uno puede. [668]

---

chiquilla, trastornándome, me ha vuelto a mi ser, y yo, trepidando, recobro mi equilibrio. Dolly entonces añade:- No te llamaré Albrit sino Abuelo." (PÉREZ GALDÓS, BENITO, *El abuelo*. O.c. pág. 251)
[667] *"Bienlunada y malvestida"* dice Federico García Lorca refiriéndose a la Virgen de la Anunciación en el Romance de San Gabriel (del *Romancero gitano*).
[668] Razón por la que el Abuelo reprueba a los guardeses de su antigua mansión, Venancio y Gregoria, incultos aldeanos venidos a más fraudulentamente: *"No tenéis ni un destello de generosidad en vuestras almas ennegrecidas por la avaricia; no sois cristianos; no*

La opción de Galdós situándose al lado de los pobres y desfavorecidos es, a la vez, una forma de alineación en las causas por su justicia. Una condición que le trajo, sin duda, dificultades y aislamientos dentro de la sociedad madrileña y del gobierno; y seguramente una de las razones que – ya avanzada su vida- lo llevó a militar en el naciente partido comunista español.

2. Denuncia de los actos y las situaciones de injusticia en la obra de Galdós.

Desgraciadamente toda nuestra historia rezuma injusticia por los cuatro costados, salvo en muy escasos períodos de bonanza en los que las injusticias sociales parecen más amortiguadas.

Don Benito, sensible como pocos literatos del realismo a esta situación endémica, va a convertir su extensa e inmensa (aún no medida) creación literaria en un gran alegato -o un clamor poderoso, si se prefiere- contra la serie de injusticias que pesan sobre sus conciudadanos, sobre la desgracia del pasado, del presente y del futuro de este país que él ama como nadie. También sobre él mismo desde el punto de vista social y como profesional.[669]

Descubrimos ya esa defensa suya de la justicia en el capítulo IV de nuestro trabajo. Entramos ahora en los desarrollos de la misma a través de su obra.

Tal actitud profética adquiere el carácter de atributo imprescindible para el perfil del hombre maduro y del cristiano verdadero. No se concibe el talante de este último sin la sensibilidad a flor de piel ante las injusticias y sin el grito a favor de los maltratados.

Queda claro que la obra de Galdós alcanza sus acentos épicos más fuertes cuando se convierte en ese grito doloroso contra la injusticia de todo tipo, incluso contra la injusticia del conjunto de circunstancias adversas inevitables que condenan al ciudadano, sobre todo al inocente.

La denuncia abarca varios contenidos y dimensiones.

---

sois nobles, que también los de origen humilde saben serlo." (PÉREZ GALDÓS, BENITO, *El abuelo*. O.c. pág. 155)

[669] En carta del 25/8/1915 escribe (refiriéndose a las dificultades que le ponen para el estreno de *Marianela*): *"Por lo visto, aquí no hay más interés que el de la empresa, y los autores no somos más que unos pobres comparsas que entran y salen obedeciendo a la voz del Director de la escena."* (PÉREZ GALDÓS, Benito, Carta registrada con el nº 8081 del Epistolario de Galdós en la Casa Museo Pérez Galdós de Las Palmas).

a) La injusticia relacional.

En primer lugar, como tónica casi constante se describen situaciones humanas de injusticia relacional que pesan sobre los protagonistas más puros y claman al cielo. El autor pide justicia para ellos y se identifica con las causas a su favor, llevando al lector a hacer lo mismo. Son innumerables los maltratos psicológicos en el mundo galdosiano.

Es el caso tan aludido de Marianela, convertida en cenicienta de los Centeno y abandonada después a su triste suerte por la incomprensión y el desprecio de todos los que la rodean, especialmente por Pablo, el joven amado y prometido que ya ha recuperado la vista, pero que ahora es incapaz de seguir viendo en su interior a la infeliz adolescente. El de Clara y Lázaro sometidos a Elías Orejón (*La Fontana de Oro*); el del padre de MartínF. Muriel y el de éste y su hermano por parte del Conde de Cerezuelo (*El audaz*). Es la deslealtad e hiriente ingratitud de Doña Paca hacia Benina, en todo momento pero sobre todo cuando ella ha subido de posición social y económica y no guarda el más mínimo reconocimiento a la entrega generosa e incondicional de la anciana.

Es el maltrato absoluto de los Requejo a Inés y a Gabriel; tan parecido al de Celipín por parte de Pedro Polo (*El doctor Centeno*). También el intento continuo de posesión de la persona de Inés por Amaranta (primera serie de episodios) y de Fernando Calpena por parte de su oculta y todopoderosa madre Pilar Loaysa (tercera serie de Episodios); de Cruz del Águila sobre su hermana Fidela y sobre el avaro Torquemada... Es la crueldad de Don Lope con Tristana, de Doña Juana sobre toda su familia y sobre Casandra, de Horacio y Demetrio sobre Bárbara y Leonardo, de Pantoja sobre Electra, de Pepet y Huguet sobre Victoria (en *La loca de la casa*), del general Cabrera sobre sus prisioneros, de Malva y Pelayo sobre Eloísa (en *Antón Caballero*), del sacerdote Pedro Polo sobre Amparo (también cenicienta de los Bringas), o la de la familia de los Babel sobre Ángel Guerra; la infidelidad brutal de Juanito Santa Cruz a Jacinta y a Fortunata alternativamente, y la muy sutil de Augusta a Tomás Orozco (*Realidad*); etc, etc.

O el caso de las opresiones que ejerce la Administración gubernamental y sus prohombres sobre el cesante perpetuo Ramón Villaamil (en *Miau*); y el de la represión policial y judicial encarnada en Chaperon y en Lobo sobre los personajes de la segunda serie de Episodios; incluso la que ejercen colectiva e individualmente los habitantes de Orbajosa sobre Pepe Rey (en *Doña Perfecta*), los de Jerusa sobre el Conde Albrit (en *El abuelo*), y los de Ficóbriga sobre Daniel (en *Gloria*), ciudades que simbolizan lo más viejo y estéril de nuestra geografía, la falsedad farisáica de la Jerusalén pervertida y la mezquindad y alienación del pensamiento.

Es el dominio tiránico de tantos padres y madres sobre la voluntad de los hijos (con frecuencia por salvaguardar un falso honor de familia): el despotismo de los Lantigua, de Doña Perfecta y de Don Juan Crisóstomo sobre Gloria, Rosario o Rosalía… que, en definitiva, revela un terrible concepto de la paternidad.

En efecto. Respecto a la extensa y continuada serie de injusticias paternas -al fondo de ellas- se denuncian, como situación soterrada que las provocan, dos anomalías de la interrelación dentro del ámbito familiar: por una parte, la arbitraria mentalidad posesiva sobre los hijos y el machismo paterno; por otra, el orgullo de casta o de clase en la alta burguesía y en la nobleza, que no perdona las transgresiones del orden establecido.

La posesión del hijo (hija o hijo) por parte de los padres era sentida como un derecho natural integrado en el derecho de propiedad. Significaba la imposición absoluta de la voluntad paterna y materna sobre los hijos, con independencia de su minoría o mayoría de edad. Se traducía en una negación de la libertad de la persona y en un ejercicio práctico del dominio sobre ella en todas las esferas de la vida; imposición que aparejaba el sometimiento al pretendido honor de casta o de clase que ostentaban los progenitores. Así las cosas, la injusticia estaba servida. Podemos afirmar que en la mayor parte de novelas (sobre todo, las independientes) y de obras de teatro este problema aflora expresamente, y que Galdós denuncia y rechaza con radical energía la vieja injusticia que se viene cometiendo –con asentimiento colectivo- dentro de la sociedad española.

Entre las muchas páginas que pudieran citarse resulta significativo el diálogo que tienen Tristana y Horacio (en *Tristana*, soñando liberarse del yugo de Don Lope) a propósito del hijo que ambos podrían engendrar: *"Nadie puede dudar que es mío, porque la Naturaleza de mí propia lo arranca… (Y mío también, le replica el joven). Te digo que es mío, y no lo suelto, ¡ea! Y se llamará como yo, con mi apellido nada más."* [670]

Junto a ese falso "derecho consuetudinario" denunciado por Galdós (¡el escritor de la mujer!) aparece la prepotencia varonil desarrollada también, sobre todo, dentro del ámbito familiar; el tremendo y ancestral machismo, principio institucional y, a la vez, forma inamovible de la

---
[670] PÉREZ GALDÓS, BENITO, *Tristana*, o.c., pág. 188

mentalidad de los individuos en la sociedad (tanto en varones como en mujeres) [671]. Es el dominio absoluto e incontestado del varón sobre la mujer, sometida a esclavitud. De modo especial en lo que se refiere al matrimonio, en un doble sentido: en cuanto a la negación de contraerlo por parte de los poderes familiares, y en cuanto a la imposición de uniones sin amor mutuo de los contrayentes (y sin más alternativa para la mujer que someterse a la voluntad familiar). Así se hace el matrimonio de Jacinta con Juanito Santa Cruz, de Maria Ignacia con Pepe Fajardo, de la bella e independiente Lucila con Vicente Halconero, de María Egipciaca con León Roch, etc.

Aflora ahí así mismo la injusticia trágica de los que a sí mismos se otorgan una nobleza de sangre y desprecian y niegan la dignidad a quienes no son sus congéneres, condenándolos de por vida a no ser nadie. Como razón única de tal arbitrariedad está el orgullo de casta (especialmente, el de los padres) que desprecia a los "más bajos" e interfiere en las relaciones de sus hijos con personas de otra clase. Es el orgullo de Amaranta (primera serie de Episodios), de Lucrecia (*El abuelo*), de la marquesa de Aransis (*La desheredada*), etc. [672]

Contra todos ellos grita Isidora (*La desheredada*): *"Lo de menos es que guarden el dinero. Lo peor es que nos quitan nuestro nombre, nuestra representación social."* [673]

Galdós se indigna con amargura e impotencia ante esas situaciones que padecen sus personajes (abrumadoramente representativas de la

---

[671] *"Eso tiene ser mujer"*, dirá más tarde Bernarda Alba, y su hija Magdalena: *"Malditas sean las mujeres"* (GARCÍA LORCA, FEDERICO, *La casa de Bernarda Alba*. Acto I. Espasa Calte. Colección Austral. Madrid 1988. Pág. 26)

[672] La marquesa de Aransis castiga cruelmente a su hija que ha quedado embarazada de un "plebeyo": *"Ella entonces encerró a su hija, con todo el rigor que la palabra indica. Habíala recluido en aquella habitación de donde no salía nunca, ni tenía comunicación ninguna con el exterior. Vivió como emparedada seis meses. ¿De qué murió? No se sabía bien. Murió de encierro y fue víctima de la inquisición del honor. ¡Oh rigor extremo! La marquesa estaba forjada en el yunque calderoniano con el martillo de la dignidad social, por las manos duras de la religión."* (PÉREZ GALDÓS, BENITO, *La desheredada*. O.c., pág. 203)

[673] PÉREZ GALDÓS, BENITO, *La desheredada*. O.c. pág. 441 *"¡Qué padres!* –dice Horacio Reynolds refiriéndose al de Rosalía-. *Algunos se lamentan después en vano, cuando las ven desgraciadas; otros ven con indiferencia las desdichas que han causado, atribuyéndose un poder que no tienen, pero ninguno abdica esa tremenda autoridad, en cuyo nombre atropellan las más dulces iniciativas del corazón, marchitan sus sentimientos..., ahogan... todos esos grandes frutos del espíritu, que hacen germinar y crecer el verdadero amor."* (PÉREZ GALDÓS, BENITO, *Rosalía*, o.c., pág. 213)

realidad) y condena el cúmulo de injusticias cotidianas cometidas contra tantas personas indefensas y anónimas.

Con frecuencia -en su condena- recurre a Dios (hace que sus personajes recurran a Dios) para obtener de él solo la justicia que el mundo les niega; nos da la impresión de que lo pone como testigo de cargo contra los injustos que, en definitiva, somos también nosotros, cómplices de tales situaciones al menos por el silencio o por una relación interhumana deficitaria. No le importa que en este recurso a Dios los actores del drama interpreten con dudosa objetividad los textos bíblicos, como lo hace Isidora evocando el Magníficat de la Virgen; para el autor tienen derecho a ello:

"El mundo está perdido. Si no sale alguien que le vuelva del revés y ponga lo de arriba abajo y lo de abajo arriba... ¡Oh! Dios nos protegerá. Las persecuciones, los martirios, son nuestra corona por ahora; pero esto ha de cambiar. ¿Quién sabe lo que pasará el mejor día? Yo he leído que los soberbios serán humillados y los humildes ensalzados."("Interpretación tan singular del texto evangélico –dice el escritor- *cayó en el cerebro de Mariano como una semilla en tierra fecunda.")* [674]

Quizás la injusticia más grave sea pasar al lado de tantos seres maltratados y desamparados, sin darles la oportunidad de ser acogidos y de desarrollar, en consecuencia, el bien y los valores para los que están dotados. A propósito de Marianela (La Nela) dice el sabio personaje Teodoro Golfín: *"Al principio creí que la Nela era un caso excepcional; pero no, he meditado, he recordado, y he visto en ella un caso de los más comunes. Es un ejemplo del estado a que vienen los seres moralmente organizados para el bien, para el saber, para la virtud, y que por su abandono y apartamiento no pueden desarrollar las fuerzas de su alma."* [675]

A este tipo de injusticias habituales se une con frecuencia en la obra de Galdós el vicio de la maledicencia, afincado como tónica en el mundo de las relaciones, de modo especial en la clase alta. El autor se indigna en los casos de difamaciones y calumnias que se vierten sobre personas inocentes. Condena por esta razón al mundillo que contorna al antihéroe Martín Muriel (en *El audaz. Historia de un radical de antaño*); y ridiculiza y fustiga al que rodea a *La de Bringas* en los altos del Palacio de Oriente, novela que (por este tipo de aguda crítica) deja de ser intrascendente.

---

[674] PÉREZ GALDÓS, BENITO, *La desheredada.* O.c., pág. 441
[675] PÉREZ GALDÓS, BENITO, *Marianela,* o.c., pág. 228-229

Pero en la raíz de todo ello lo que descubre el sabio y bueno Gamborena (recién llegado de tierras de misión) es algo más grave: *"Aquí encuentro algo peor, mucho peor que la barbarie y la idolatría, hija de la ignorancia: encuentro los corazones profundamente dañados, las inteligencias desviadas de la verdad por mil errores que tenéis metidos en lo profundo del alma y que no podéis echar fuera."* [676]

b)   Injusticia en la apropiación y el uso de bienes.

Don Benito revela una gran sensibilidad respecto al difícil tema de la propiedad y del uso de los bienes materiales. Asunto que se presta a las mayores injusticias para la existencia individual y social, porque la indebida apropiación de bienes (de dinero, de tierras), el mal uso o el abuso de los mismos, y la falta de producción (de iniciativa laboral sobre los recursos) generan inevitablemente grandes bolsas de pobreza (masas de pobres) y empobrecimiento del país, sin que la mayoría pueda acceder a los niveles de la burguesía naciente en Europa.

Por una parte, se condena constantemente (en las novelas largas, en particular) la ociosidad burguesa y la búsqueda y adquisición de empleos administrativos o políticos en los que el individuo no tiene que hacer más que cobrar con satisfacción la nómina mensual (empobreciendo el erario público). Galdós denuncia no sólo que el aparato estatal funcione de ese modo perverso, sino también el hecho de que funcione así porque ése es el sentir y el deseo de sus personajes (también aquí representativos); es el deseo de todos: de los aspirantes al puesto y de los que tienen el poder y distribuyen arbitrariamente los beneficios (más que cargas), por nepotismo o por intereses ajenos al bien común y a la justicia.

Obras como *Miau, Realidad* o el episodio *La segunda casaca* son emblemáticas de este tipo de denuncia.

Pero es todavía más habitual en su narrativa el tipo de burgués ocioso (varón o mujer) que, por las rentas que percibe graciosamente y de las que goza, no trabaja en nada, no produce nada, gasta y derrocha, vive de prestado y ocupa su tiempo muy holgado en cafés y cafetines, fiestas y tertulias, teatros, paseos medio románticos, y alguna que otra visita (como espectador) al Parlamento. Evidentemente, este tipo de personaje no pertenece a la

---

[676] PÉREZ GALDÓS, BENITO, *Torquemada y San Pedro*. O.c., pág. 493

milicia ni al pueblo (más bien está en contra de él); lo que no le impide confraternizar con ellos en sus festejos populares.

La galería de personajes de este tipo es amplia. Se llevan la palma, sin duda, Juanito Santa Cruz, esposo infidelísimo de Jacinta, Pepe Fajardo, José María Bueno de Guzmán (en *Lo prohibido*), Tarsis *(El caballero encantado)* y Tito (quinta serie de Episodios), seguidos de cerca por numerosos condes y marqueses, políticos arribistas y no pocos clérigos.

Por otra parte, respecto a la apropiación o retención indebida de bienes, la obra galdosiana constituye un análisis bastante exhaustivo de las injusticias que cometen con excesiva frecuencia hombres poderosos sin conciencia e inclementes. Estas personas hacen padecer a quienes no pueden o no saben defender sus intereses e incluso, a veces, ni siquiera la propia supervivencia.

El autor muestra una máxima dureza en el juicio contra los ricos y la acumulación de riqueza, y sorprende la abundante cita de los Santos Padres de la Iglesia en este aspecto (cita que revela un notable conocimiento de los mismos). El sabio aldeano Don Quiboro, alternando su palabra con la del cura del pueblo, dirige esta especie de homilía a la reunión – cena que celebran con asistencia de Gil (Tarsis) y La Madre en el mísero lugar de Boñices (reunión que tiene un acento bastante eucarístico):

"Hijos míos, conciudadanos: no porque las diga yo, sino porque las dijo San Agustín, grabad en vuestra mente estas verdades: 'Cualquiera que posea la tierra es infiel a la ley de Jesucristo...' retened también estas otras de San Ambrosio: 'La tierra ha sido dada en común a todos los hombres. Nadie puede llamarse propietario de lo que queda después de haber satisfecho sus necesidades naturales'. Más fuerte estuvo San Gregorio –afirmó el cura disparando este cañonazo-: 'Hombre codicioso, devuelve a tu hermano lo que le has arrebatado injustamente'. Y el sabio Don Quiboro prosiguió así: 'Amigos convecinos, hermanos en el martirio de Boñices, oid estotro de San Gregorio Nacianceno: 'El que pretenda hacerse dueño de todo, poseerlo por entero, y excluir a sus semejantes de la tercera o de la cuarta parte, no es un hermano, sino un tirano, un bárbaro cruel, o, por mejor decir, una bestia feroz'." [677]

Las citas (más o menos exactas, aunque sustancialmente fieles), a pesar del contexto literario alegórico en que se sitúan, permiten descubrir la

---
[677] PÉREZ GALDÓS, BENITO, *El caballero encantado*. O.c. págs. 251-252

denuncia radical que está haciéndose de la posesión legitimada pero inmoral de la tierra y de los bienes materiales, por tanto, del dinero. El aire que respira esta página y la obra entera (*El caballero encantado*, escrita en la última etapa de la vida de Galdós, en 1909) acercan admirablemente a algunos postulados de la teología de la liberación).

En boca del hacendoso catalán Juan Bou (en *La desheredada*) se pone el siguiente duro alegato:

"Es cosa que aterra el pensar todo el sudor del pueblo, todos los afanes, todas las vigilias, todos los dolores, hambres y privaciones que representa este lujo superfluo. Eso es: el pobre obrero se deshuesa trabajando para que estos holgazanes se den la buena vida en estos palacios llenos de vicios y crímenes, sí, de crímenes, no me arrepiento de lo dicho. ¡Maldita casta!" [678]

La usura es lógicamente un tema paralelo y fundamental en la perspectiva moral de la obra que estudiamos, como larga paráfrasis de la carta apostólica de Santiago y de la mejor tradición veterotestamentaria. Una serie de cuatro novelas (las de Torquemada) desarrollan especialmente esta denuncia. La actitud implacable de Francisco Torquemada (el nombre hace referencia indudable al Gran Inquisidor) exigiendo a los insolventes el pago de deudas con crecido intereses y con amenza de deshaucio, el enriquecimiento y ennoblecimiento de este individuo a costa de ellos, su codicia convulsiva en fin, en la dilatada trama de cuatro novelas, constituye una de las narraciones más realistas y desagradables. (El personaje volverá a salir sin alterar su identidad en *La de* Bringas).

Pues bien, el crimen de llevar a sus víctimas a la asfixia y a la desesperación es condenado sin paliativos, a pesar de que el protagonista quiera en algún momento regularizar la situación moral y religiosa con una pretendida y falsa mística.[679]

Cercanos a Torquemada, incluso superándolo, con el mismo carácter de cruel usura, están Felicísimo Carnicero (segunda serie de Episodios) cuya casa se derrumba sobre él mismo, y Pepet, el tirano venido de América (de

---

[678] PÉREZ GALDÓS, BENITO, *La desheredada*. O.c., pág. 381
[679] Sobre la figura de Francisco Torquemada y las cuatro novelas correspondientes puede verse: GÓMEZ DE BAQUERO, EDUARDO, *El problema raligioso en Torquemada y San Pedro" y "Nazarín"*. En *Novelas y novelistas*. Calleja. Madrid 1918. En la novela *Casandra* Galdós ironiza duramente la relación entre la usura y la falsa caridad religiosa en la figura de Doña Juana: *"En esta hucha soberana vais poniendo cada día partículas de vuestras copiosas rentas..., queréis juntar así un inmenso capital de gloria. ¡Ah, qué inefable momento aquel en que los ángeles rompan vuestra hucha en presencia del Altísimo!"* (Edición de Rueda, pág. 28).

La loca de la casa). A ellos se une el Don Pelayo (del drama *Antón Caballero*). Todos estos añaden a su inmoralidad la usurpación de tierras y de títulos de propiedad.

En el fondo, los temas de la usura, de la venalidad y de la corrupción desvelan la actitud –oculta o manifiesta- que mueve en una gran medida los ánimos y los hilos de la sociedad que contempla Galdós: un ansia casi congénita de dinero que desencadena los más turbios procesos personales llegando hasta el crimen. En el episodio *Zumalacárregui* el escritor – incómodo con esa temática- no parece sentirse ajeno a la respuesta que da el ermitaño Borra a Fago y sus acompañantes cuando estos le ofrecen unas monedas: "*¿Dinero?... Gracias, no me hace falta para nada. Ahí tenéis otro motivo de condenación, el maldito dinero, que no sirve sino para hacer a los hombres codiciosos y avarientos. Por dinero salta el hombre y baila la mujer, y de estos brincos sale la guerra.*" [680]

    c)   Injusticia administrativa y legal.

A la serie de injusticias que padece una gran parte de personajes se une la referida a la Administración estatal. Adelantamos ya la denuncia de esta situación al tratar de la visión de España (en el capítulo IV de este trabajo). Nos referimos ahora a las consecuencias de tal situación sobre los individuos. Se trata también de una constante en la obra galdosiana.

Primero, la mala organización administrativa del Estado genera una burocracia funcionarial innecesaria, inoperante y arribista, proclive en todo momento al nepotismo y a la holganza, a la picaresca. Esto daña así mismo -y gravemente- a la economía nacional y establece un sistema injusto de colación de empleos, negando el derecho de igualdad de oportunidades.

Tito –Galdós- en el amargo Episodio último, que es *Cánovas*, hace esta confesión:

"Me cargaban los hombres jactanciosos y vacíos que se habían elevado de la pobreza cesantil a las harturas del presupuesto, gente por lo común holgazanas, marimandomas, atentas no más que a encarnar en sí mismas la pesadumbre del armatoste burocrático... Mis odios más vivos recaían sobre una casta de señoritos en su mayor parte salidos de las Universidades, ricos por su casa, y algunos participantes de la delicia de la nómina. A todos los que no tuviéramos exquisita hechura personal, en modales y ropa, nos

---

[680] PÉREZ GALDÓS, BENITO, *Zumalacárregui*, o.c. pág. 88

miraban como a raza inferior, no más digna de aprecio que las turbas gregarias despectivamente llamadas masa obrera." [681]

Segundo, surge la represión y la persecución policial o de las fuerzas militares sobre las personas implicadas en cualquier conato de oposición o revolución, por insignificantes que éste sea (particularmente si tales personas tienen un signo liberal). Persecución seguida invariablemente de juicios sumarísimos y de ejecuciones.

Todo el Episodio Nacional *El terror de 1824* es un grito en contra de esa actuación estatal o gubernamental que prohibía era la libertad de pensamiento y de movimiento (aun cuando lo único que pretendieran quienes esgrimían ese derecho fuera simplemente sobrevivir).

El popular personaje llamado Centurión dirige esta furibunda soflama protestando por la represión de los revolucionarios del Arahal, represión sangrienta y desproporcionada por parte del gobierno de Narváez y Nocedal: *"¿Qué pedían los valientes revolucionarios del Arahal? Pedían pan, pan, quizás en forma y condimento de gazpacho... No creáis que aquella revolución era política, ni que reclamaba un cambio de Gobierno...Era el movimiento y la voz de la primera necesidad humana, el comer."* [682]

Tercero, probablemente lo más grave es la banalidad de la administración de la Justicia. La novela *La desheredada* discurre sobre el telón de fondo de un pleito en el que la demandante (Isidora, pobre, adoptada en la infancia y sin familia clara), apoyada en documentos recibidos que parecen auténticos, pide que se le reconozca su filiación nobiliaria... El resultado es que la Justicia se inclina a favor de la poderosa marquesa (que se niega rotundamente a que la joven entre en su familia). Isidora, acusada de falsificación de documento, es encarcelada, y se lamenta: *"De nada nos vale invocar la ley. La ley es suya, porque, teniendo ellos el dinero, tienen la conciencia de los jueces."*[683]

Esta amarga percepción de la forma como se halla establecida la justicia social (una justicia que es injusta porque se inclina a favor de los poderosos) provoca irremediablemente la violencia: la venganza ilegal de los crímenes "legales". Tal es la razón del personaje Antón Caballero, convertido a la fuerza en el mítico bandido defensor de los ultrajados: *"Mi rabia me impulsaba a burlarme de una justicia que existe exclusivamente en*

---

[681] PÉREZ GALDÓS, BENITO, *Cánovas*. O.c., págs. 66-67
[682] PÉREZ GALDÓS, BENITO, *O'Donnell*. O.c. págs. 139-140
[683] PÉREZ GALDÓS, BENITO, *La desheredada*. O.c. pág. 442

beneficio de los poderosos y contra los pobres; y a ultrajar a unas autoridades inicuas. Venganza ilegal, si usted quiere, de crímenes legales." [684]

La venalidad de las leyes es lo que denuncia también Máximo (el amor de Electra) en una situación parecida a la de Isidora: *"Este orden social en que vivimos nos envolverá en una red de mentiras y de argucias, y en esa red pereceremos ahogados, sin defensa alguna... manos y cuello cogidos en las mallas de mil y mil leyes caprichosas, de mil y mil voluntades falaces, aleves, corrompidas."* [685]

La consecuencia de tal estado de cosas –de injusticia inveterada- en los altos nives sociales es que la sociedad como tal se halla tan gravemente dañada que resulta imposible confiar en la pureza y en la verdad, y que estamos siempre al borde de una violencia popular explicable; pero lo más grave quizás es que el individuo se hunde en la desesperación y pierde el norte de la moral.

En la comedia *La razón de la sinrazón*, que afronta directamente esta visión, Galdós escribe un diálogo impresionante entre los personajes Dióscoro y Alejandro, inmersos ambos en ese mundo:

"(Dióscoro:) Con la verdad pura, querido Alejandro, con la verdad neta, no siempre obtenemos el éxito en nuestros negocios.
(Alejandro:) Tú lo has dicho. Yo he venido a comprender que es error grave en los hombres de negocios el ajustarnos ciegamente a las leyes divinas y humanas... Hallándose nuestra sociedad fundada en la mentira o en las ficciones inveteradas, es locura mantenerse dentro de la razón y de lo que llamamos deberes...; más claro: el que se ajusta estrictamente a la verdad y a la razón, tropieza, cae y se precipita en los profundos abismos." [686]

---

[684] PÉREZ GALDÓS, BENITO, *Antón Caballero*. Acto II. Obras Completas. Ed. Aguilar. Tomo VI. Madrid 2005. Pág. 857 Razón semejante es la que guía al desventurado Martín (en *El audaz. Memorias de un radical de antaño*) conduciéndolo a la locura.
[685] PÉREZ GALDÓS, BENITO, *Electra*. Acto V, escena V. o.c., pág. 334 La misma crítica hace Antón Caballero al corrupto abogado Don Pelayo, precisamente en la obra póstuma del autor: *"Con las leyes se cometen aquí más crímenes que con los siete pecados capitales. Todas son hechas con callejuelas para que en ellas hagan un nido los vividores. 'Detrás de la ley está la trampa': ésta es la divisa de su escudo de usted."* PÉREZ GALDÓS, BENITO, *Antón Caballero*. Acto II. o.c., pág. 858)
[686] PÉREZ GALDÓS, BENITO, *La razón de la sinrazón*. Cuadro II, escena IV. O.c. pág. 144

3. Pacifismo cristiano y no violencia en la obra de Galdós.

El cristiano, una persona de paz.

Gran parte de la creación literaria de Benito Pérez Galdós podría interpretarse como una paráfrasis del lamento de Jesús a las puertas de Jerusalén: *¡Si al menos tú comprendieras lo que conduce a la paz! Pero no: está escondido a tus ojos. (Lc.19, 41)*. La paz es el bien supremo para la vida de los hombres en un pueblo, porque desde la paz se construye –se puede alzar- la vida, no desde la violencia y la guerra (¡no desde la muerte!). Es el gran lamento del escritor realista sobre España, sobre este país que, al llegar él a la península, ya ha escapado del desastre bélico en que Napoleón sumió a Europa, pero que ha retornado a la opresión absolutista y va a entrar en la más larga y cruel de nuestras guerras del XIX.

Benito Pérez Galdós nace en 1843; es decir, va a tener su infancia dominada por el eco aún resonando y el olor de dos guerras: la de la Independencia y la primera guerra carlista. Enseguida, apenas ha salido la población de la tremenda década "ominosa" absolutista, justo en esa fecha, comienza el agitado reinado de Isabel II, que va a significar (hasta su caída en 1868 y después) una constante zozobra de pronunciamientos militares, de gobiernos dictatoriales (los de Espartero, Narváez, O'Donnell), de luchas fratricidas con represalias sangrientas sobre los civiles, de guerras (la segunda y tercera carlista, la de Marruecos y las de las colonias de ultramar) y de alternancias monárquicas y republicanas con algaradas continuas del pueblo revolucionario o del incipiente movimiento obrero. Total, una tremenda incertidumbre social y, por supuesto, un descalabro económico y cultural a causa de la violencia armada.

Es decir, le toca ser testigo casi directo o directísimo de una tremenda violencia que asola el país, y de unos apasionamientos ideológicos que conducen a convicciones irreconciliables y a conflictos insolubles. Debiendo advertir que el tema religioso entra en esos momentos a formar parte esencial de las ideologías, con un signo u otro. ¿Cómo se sitúa Don Benito ante esa violencia?

La no violencia interior y el perdón, perfil del cristiano en la obra de Galdós.

Es evidente que entre las causas que llevan a los comportamientos violentos deben señalarse dos muy personales que tienen carácter radical: por una parte, la alteración que nos producen las agresiones externas (explicables o injustificadas de todo punto) despertando la propia agresividad; por otra, la irreconciliación mantenida y alimentada interiormente, el espíritu de venganza.

Habida cuenta de ello, el modelo de persona que propone el cristianismo integra la serenidad interior ante esas y otras adversidades, la capacidad de perdonar y de resistencia pasiva, la paz teresiana (*nada te turbe*); y, al mismo tiempo, el desarrollo activo de la conciliación, de la unión afectiva y estimativa (*¡Que todos sean uno, como tú, Padre, en mí y yo en ti. Que todos sean uno para que el mundo crea! –Jn.17,21*). La autenticidad y la hondura de estas dos series de actitudes elevan a la esfera divina.

a) El pacifismo netamente cristiano de Galdós, su no violencia, se va expresar en cantos al perdón y a la no resistencia interior frente a las adversidades que nos provocan los otros, además de constituirse en una proclama contra las más graves violencias del Estado: contra la guerra y contra la pena de muerte, ambas opuestas –para él- a la ley de Dios y, de forma particular, al mensaje evangélico. De otras formas de violencia contra las personas (de la injusticia en sus diversos aspectos) tratamos ya en el punto anterior.

El pensamiento de Galdós es ése, sin llegar a una amplia explicitación teológica del mismo. El sabio y santo Nazarín (en la novela *Halma*), hablando con José Antonio Urrea (que está siendo injustamente ofendido), aconseja de este modo:

"No hables mal, no injuries, no aborrezcas. Lucha con tus malas pasiones, pídele a Dios auxilio y vencerás. Es menos difícil de lo que te parece. Si alguien te causa agravios, perdónale; si te injurian, no respondas con otras injurias; si te hieren, resístelo y calla; si te persiguen en una ciudad, huyes a otra; si te expulsan, te vas, y donde quiera que estés, arranca de tu corazón el anhelo de venganza para poner en él el amor a tus enemigos." [687]

Resulta obvio que Nazarín (Galdós) esta citando el Evangelio y lo hace suyo.

---

[687] PÉREZ GALDÓS, BENITO, *Halma*. O.c. pág. 311 En idéntico sentido se expresa el justo Santiago Paternoy en uno de los primeros dramas autóctonos de Galdós: *"¡Rencoroso! ¿Cuándo ha sido cristiano castigar un crimen con otro crimen?"* (PÉREZ GALDÓS, BENITO, *Los condenados*. Acto I, escena VI. Obras Completas Ed. Aguilar. Tomo VI. Madrid 2005. Pág. 217)

En las antípodas de tal actitud expone y crítica el autor aquella otra que guía al dictador Narváez y lo conduce al exterminio de los presuntos enemigos:

"Ello es que a unos porque se sublevaban, a otros porque hacían pinitos para echarse a la calle, el hombre iba quitando de en medio gente dañosa; y tanta fue su diligencia, que a finales del 44 ya iban despachados cuatrocientos catorce individuos...Y así nos íbamos purificando." [688]

Nadie puede oprimir la existencia del otro, nadie puede ejercer violencia bajo ningún concepto; y –como ya vimos- menos aún le es lícito a alguien ejercer una tiranía sobre la conciencia de los demás, particularmente sobre seres frágiles e inocentes, como son los niños o muchas de las mujeres que pueblan el mundo de la narrativa o del teatro galdosiano. Es intolerable el sometimiento que los Requejo imponen a Inés, el que la madre innominada practica diariamente con Fernando Calpena, el intento irreligioso de Pantoja de llevar a Electra al convento, el terrible contubernio de Doña Perfecta y Don Inocencio para impedir la relación de Rosario con Pepe Rey...: y, en fin (como alegato cumbre contra cualquier violación de las conciencias que pretenda justificarse en la religión), la trágica presión que ejercen sobre Gloria y sobre Daniel las dos familias, una católica (con obispo incluido), la de los Lantigua, y otra judía, la de los Morton, hasta provocar (como verdaderos asesinos) la locura y la muerte lenta de la atormentada pareja, tras imponerles con opresión terrible inhumanos sacrificios espirituales.

La no violencia física o moral, y, por consiguiente, la libertad personal deben constituir una línea fundamental que vertebra la identidad de los cristianos, si es que pretenden integrar esta elevada condición. Lo que se refiere, por supuesto, a todas las religiones que quieran ser coherentes con la dignidad de Dios y del hombre; resonando de nuevo aquí -en su espíritu cervantino- el discurso de Don Quijote: *"me parece duro caso hacer esclavos a los que Dios y naturaleza hizo libres."* (cap. XII de la Iª Parte).

Las confrontaciones personales de los personajes en los escritos galdosianos terminan con frecuencia impregnadas del espíritu cristiano de

---

[688] PÉREZ GALDÓS, BENITO, *Bodas Reales,* Episodio Nacional n.30, Historia 16-caja de Madrid. Pág. 88 Ésta es la tremenda práctica de exterminio que aconseja el indigno sacerdote Mosén Antón convertido en guerrillero: V. PÉREZ GALDÓS, BENITO, *Juan Martín el Empecinado* Episodio Nacional n. 9. Alianza Editorial. Madrid 1998. Págs. 54-55

perdón al enemigo. Las escenas que se narran llegan a alcanzar entonces un acento sublime. Esa actitud inequívoca del corazón y -más aún- la amnistía que se concede al ofensor y la apertura cordial a él son el colofón del amor y la raíz de todo el pacifismo.

Así va a ocurrir en determinados momentos del drama humano y creyente visto por el autor, coincidiendo con una línea sin duda normativa en la ética primordial de nuestra literatura: la que expresa el juicio de Don Quijote a Sancho: *"Mal cristiano eres, Sancho, porque nunca olvidas la injuria que una vez te han hecho"* (cap.XXI de la 1ª Parte). Apreciación que invierte Galdós poniendo en boca del marino Diego Ansúrez estas palabras dirigidas a su compañero moribundo Binondo (con quien ha tenido su más y su menos): *"En fin, si no quieres molestarte, nada me digas, que yo, sabedor de lo que has de decirme, te perdono de todo corazón, como cristiano que soy."* [689] Recordemos que Diego Ansúrez es uno de los personajes con el que el autor se identifica en gran medida.

a) Teología del perdón en la obra galdosiana.

El perdón sincero y de hondura cristiana se eleva en los escritos de Don Benito a cotas muy altas, quizás cercanas a las que pide el Evangelio (*hasta setenta veces siete*) y –lo que resulta extraordinario- con naturalidad y sencillez grandes de los protagonistas, sin que el personaje que perdona adopte una postura solemne ni se haga consciente de estar realizando algo meritorio.

Diálogos impresionantes de perdón cristiano culminan buena parte de los relatos. Por ejemplo, el que aparece en el Episodio *Gerona*. Hablan el joven Andrés y el anciano moribundo Don Pablo:

-*"Señor, -dice Andrés- yo creí haber muerto al mejor de los hombres, y no podía vivir con el gran peso de mi conciencia. Veo que Vd. perdona las ofensas y abre sus brazos a los que han intentado matarle. –Todo está perdonado –le responde-, y si culpa hubo en ti tratándome como me trataste, mayor fue la mía, que en mi furor no reparaba en quitarte la vida por un pedazo de azúcar..."* [690]

---

[689] PÉREZ GALDÓS, BENITO, *La vuelta al mundo en La Numancia*, o.c. pág. 76
[690] PÉREZ GALDÓS, BENITO, Ep. N. nº 7, *Gerona* (Alianza Ed. Madrid. 1999. cap. XXI, pág. 122) . V. también, a título de ejemplo, el perdón del viejo profesor Sarmiento a los enemigos que inicuamente le llevan al cadalso, en el Ep. N. nº 17, *El terror de 1824* (Historia 16. Altorrey. Madrid. 1994. cap. XXVIII, pág. 216)

En la raíz de esta actitud se sitúa naturalmente la fe en el perdón de Dios. Nazarín, el personaje querido de Galdós, cree ante todo en ese perdón incondicional, sólo con que haya en la persona la disponibilidad de pedirlo y el deseo humilde de ser bueno. Es bella y de hondura teológica la conversación-confesión que tiene con el ladrón llamado El Sacrílego, estando ambos ambos encarcelados en un calabozo:

-*(Nazarín:)..."Si quieres ser bueno, basta con que digas: quiero serlo. Si abominas de tus pecados, por tremendos que estos sean, Dios te los perdonará.*
-*(El Sacrílego:) ¿Está seguro de eso, señor?...*
-*(Nazarín:) Segurísimo.*
-*(El Sacrílego:) ¿Es de verdad? ¿Y qué tengo que hacer?*
-*(Nazarín:) Nada.*
-*(El Sacrílego:)... ¿Y penitencia?*
-*(Nazarín:) Nada más que soportar la desgracia, y si la justicia humana te condena, resignarte...*
El narrador termina la escena con estas palabras: *"Cuando esto decían, penetraba por las altas rejas la luz del alba"*.[691]

La misma fe manifiesta Leré en la confesión que le hace Ángel (revisando éste su vida pasada): *"No hay delito que sea bastante grande para medirse con la misericordia de Dios."* [692]

Desde ahí el hombre se siente urgido a perdonar cumpliendo el deseo de Jesús: *Setenta veces siete*, es decir, siempre.

Sin duda, una máxima expresión del perdón cristiano, a nivel inimitable de sincera y heroica espiritualidad, es también la que ofrece el sacerdote Nazarín, física y moralmente clavado en la cruz (y acompañado, como Jesús) de mujeres que han aprendido de él ese perdón:

"- Ahora sí, ahora..., con vuestros nuevos ultrajes ha querido el Señor que yo recobre mi ser y aquí me tenéis en toda la plenitud de mi mansedumbre cristiana, sin cólera, sin instintos de odio y venganza... Sabed que os perdono de todo corazón, porque así me lo manda nuestro Padre que está en los Cielos; sabed también que ya no os desprecio, porque nuestro Padre me manda que no os desprecie, sino que os ame. Por hermanos queridos os

---
[691] PÉREZ GALDÓS, BENITO, *Nazarín.* O.c., pag. 224
[692] PÉREZ GALDÓS, BENITO, *Ángel Guerra.* Vol. I. o.c., pág. 144

tengo... Si yo pudiera, a costa de mi vida, conseguir ahora vuestro arrepentimiento, sufriría gozoso los más horribles martirios, el oprobio y la muerte." [693]

La joven Sola es otra figura eminente de la incondicional capacidad de perdón que debe completar el perfil cristiano. Ha sido injustamente tratada por Jenara y no ha podido evitar un deseo instintivo de venganza, pero éste queda superado de inmediato y se convierte en una súplica de perdón que acompaña a su delicada confesión (*"Yo ruego a esa señora que me perdone"*) y se convierte, por su parte, en un perdón absoluto: *"Me he propuesto olvidar ése y otros agravios, perdonándolos con todo mi corazón."*[694]

En un nivel más sencillo el personaje Maximiliano Rubín (ingenuo enamorado de Fortunata) interpreta cómo se ha ido abriendo paso en su alma el sentimiento y la actitud de perdón tras una penosa crisis de orden físico y moral:

"Me parecía a mí mentira que yo había de ver apagarse en mí la sed de venganza, y el odio que me embruteció. Y sin embargo, el tiempo, la abstracción, el pensar en el conjunto de la vida y en lo grande de sus fines me han puesto como estoy ahora... ¡Dichoso el que sabe elevarse sobre las pasiones de momento y atemperar su alma en las verdades eternas! En este bulle-bulle de las pasiones de los hombres del día, llega uno a olvidarse de que vivimos para perdonar las ofensas y hacer bien a los que nos han hecho mal. –y concluye- Entonces no veía a Dios en mí; ahora sí que le veo." [695]

El texto tiene, sin duda, una clara resonancia cristiana.

Y la falta del perdón requerido es lo que escandaliza al narrador del sitio de Gerona cuando se refiere al religioso Rull: *"En tan supremo trance, el fraile patriota, rabiando de enojo contra sus verdugos, había olvidado la principal página del Evangelio."* [696] Alusión al perdón de las ofensas y de los enemigos, que se hace precisamente en una situación en la que el

---

[693] PÉREZ GALDÓS, BENITO, *Nazarín,* Alianza Ed. Madrid. 1998. cap. 2 de la 5ª parte, o.c. pág. 220
[694] PÉREZ GALDÓS, BENITO, *El terror de 1824,* o.c. págs. 182-183
[695] PÉREZ GALDÓS, BENITO, *Fortunata y Jacinta, Vol.II,* o.c. pág. 137-138. En el mismo sentido de la necesidad de perdonar se confiesa con Fortunata su amiga Mauricia la Dura, impresionante y amado personaje secundario, mezclando con algún disparate verdades de hondo calado cristiano: v. págs. 198-199
[696] PÉREZ GALDÓS, BENITO, *Gerona,* o.c., pág. 153

pequeño grupo de prisioneros civiles llevados a Perpiñán está sufriendo una tremenda injusticia y un trato cruel por parte de la guarnición francesa; de forma que hay razones para explicar humanamente la reacción del religioso, pero el narrador no duda en rechazar esa actitud.

Las páginas ofrecidas tienen carácter representativo. Podríamos afirmar que la mayoría de los personajes del mundo galdosiano que padecen o han padecido situaciones de agravio resuelven la crisis perdonando a sus agresores; especialmente cuando los agraviados son verdaderos creyentes. La sincera expresión de Beltrán de Urdaneta referida a quienes le han juzgado y condenado inicuamente: *"Yo les perdono de todo corazón"* [697] se repite en cada una de estas ocasiones. Para el autor la actitud sincera de pedir perdón es esencial al cristiano a lo largo de toda su existencia. En el comienzo del proceso de conversión ése es el primer paso que Leré pide a su dirigido el neófito Ángel: *"El primer paso es tan sencillo como doloroso: tiene usted que ir a ese hombre y pedirle perdón de los ultrajes de palabra y de obra que le infirió."* [698]

Condena de la guerra en los escritos de Galdós.

Una clara y aguda reflexión antibelicista se desarrolla principalmente en los Episodios Nacionales referidos a la guerra de la Independencia, a las guerras carlistas, a la guerra de África (y a los frustrados intentos de la Marina de contener las rebeliones de las colonias americanas); aunque también volverá sobre el tema en diversos escritos, al narrar los frecuentes pronunciamientos militares y las conspiraciones que jalonan la política del siglo XIX español. [699]

En ese contexto (que va desde el descalabro de la armada franco española en Trafalgar (1805) y el motín de Aranjuez (1808) hasta el desastre colonial de 1898) ¿cómo y con qué intensidad se define nuestro autor? Se pronuncia rotundamente en contra de la guerra, asumiendo tal problemática como asunto sustancial y de máxima gravedad que domina la existencia y la

---

[697] PÉREZ GALDÓS, BENITO, *La campaña del Maestrazgo,* o.c., pág. 177
[698] PÉREZ GALDÓS, BENITO, *Ángel Guerra. Vol. II.* O.c., pág. 360
[699] Señalamos de manera especial, en cuanto al tema de la guerra, los Episodios n. 11, *El equipaje del rey José,* n. 21, *Zumalacárregui,* n. 25, *La campaña del Maestrazgo,* n. 27, *Vergara,* n.28, *Montes de Oca,* n. 36, *Aita Tettauén*; en cuanto a otras formas de violencia estatal: los n. 17, *El terror de 1824,* n. 39, *Prim,* y n. 42, *España trágica.* Ambos temas tienen menor desarrollo en las novelas independientes; en bastantes de las cuales apenas se trata.

identidad españolas, y ante el que hay que detenerse y tomar una postura radical, de ética básica independiente de cualquier circunstancia. Aunque en la primera serie de Episodios la lucha por la independencia y la defensa de los sitios (Zaragoza y Gerona) sean vistas también como la afirmación necesaria de todo un pueblo frente al invasor extranjero.

a. La guerra, destrucción cruel, absurda e irresponsable de vidas humanas.

La guerra es, ante todo, un sacrificio de vidas inhumano, estéril y absolutamente injustificado. El hombre tiene que definirse, por tanto, con una clara actitud antibelicista; y, por consiguiente, con una acción que –en la medida de sus posibilidades- contribuya a frenar cualquier tipo de conflicto armado. Los personajes galdosianos (los más lúcidos y los más sencillos o populares) se expresan en este sentido. Por ejemplo, el aragonés Jorcas, tipo baturro noble desengañado ya de cualquier ideal guerrero, que deserta con amargura de todas las guerras habidas y por haber.[700] El narrador, a propósito de las represiones absolutistas y de las guerras carlistas, hace este juicio global: *"En todos los países, la fuerza de una idea o la ambición de un hombre han determinado enormes sacrificios de la vida de nuestros semejantes; pero nunca, ni en la fieras dictaduras de América, se han visto la guerra y la política tan odiosa y estúpidamente confabuladas con la muerte."* [701]

Y en *Zumalacárregui*, el Episodio quizás de mayor carácter bélico, tras el inicuo ajusticiamiento del buen alcalde Don Adrián Ulibarri, el narrador desautoriza el código militar en el que supuestamente se apoyan todos los mecanismos bélicos: *"Quedó cristianamente sepultada la víctima de las horribles leyes militares, obra maestra del infierno."* [702] El mismo escritor, más adelante, pone en boca del ermitaño Borra estas duras palabras que se dirigen al presbítero Fago y a su comando (que atraviesan las montañas arrastrando un pesado cañón):

---

[700] *"Aquí me tienen harto de desengaños., con más balazos en mi cuerpo que pelos en mi cabeza, muerto de hambre, con mi casa y mi familia perdidas, porque una de mis masadas la arrasó el liberal (Isabel II), otra el legítimo (Carlos Isidro); ...mis hijos muertos, todo hecho cenizas, y yo poco menos que cadavérico. Y, al fin, cansado de pelear, y de sufrir, y de ver espantos, y de pisar tripas de cristianos, dije: no más, y me escapé, en busca de un terreno en donde haiga paz; donde los hombres sean cristianos, no carniceros."* (PÉREZ GALDÓS, BENITO, *La campaña del Maestrazgo*, o.c. pág. 20)
[701] PÉREZ GALDÓS, BENITO, *De Oñate a la Granja*, o.c. pág. 155
[702] PÉREZ GALDÓS, BENITO, *Zumalacárregui*, o.c. pág. 19

"Óiganme, señores míos, y si quieren hacerme caso, bien, y si no, también. Yo les digo que la guerra es pecado, el pecado mayor que se puede cometer, y que el lugar más terrible de los infiernos está señalado para los generales que mandan tropas, para los armeros que fabrican espadas o fusiles, y para todos los que llevan a los hombres a ese matadero con reglas. La gloria militar es la aureola de fuego con que el demonio adorna su cabeza...Yo rezo todos los días por que los militares abran los ojos a la verdad, y abominen de las matanzas." [703]

"¿Sabes lo que es una batalla? –le dice un curtido legionario de Napoleón a Salvador, cuando están ya retirándose los ejércitos napoleónicos- *Un engaño, chico, una farsa. Los generales embaucan a los pobres soldados, les hablan de la gloria, les arrastran a la barbarie, les hacen morir, y luego la gloria es para ellos."* [704]

El honrado administrador de las antiguas tierras de Don Beltrán de Urdaneta, Celestino Estercuel, obligado a alistarse en el ejército del terrible general Cabrera, concluye su amarga experiencia con estas palabras: *"Yo me doy a pensar en esto y digo: ¿por qué combatimos? Ahondando en el asunto encuentro que no hay razón para esta carnicería. ¡La Libertad, la*

---

[703] PÉREZ GALDÓS, BENITO, *Zumalacárregui*, o.c. págs. 86-87 En el drama *La fiera* desarrollará esta tesis, designando con ese nombre al espíritu bélico.
[704] PÉREZ GALDÓS, BENITO, *El equipaje del rey José*, o.c. pág. 153. El Episodio *Zumalacárregui* nos relata un largo diálogo final extraordinario entre el ennoblecido general carlista y el de nuevo capellán José Fago: (General:) *"La guerra es una gran escuela de resignación. Pero tal como la hemos hecho nosotros, y como la harán los que me sucedan a mí, no hay naturaleza que la resista. El que no muera de una bala, morirá de cansancio, o de los disgustos que se ocasionan... (Fago:) La guerra, digo yo, deben hacerla en primera línea aquellos a quienes directamente interesa... Verdad que si tuvieran que hacerla ellos, quizás no habría guerras, y los pueblos no se enterarían de que existen estas o las otras causas por las cuales es preciso morir... Al oír esto, Zumalacárregui permaneció un instante silencioso mirando al techo."* (PÉREZ GALDÓS, BENITO, *Zumalacárregui*, o.c., págs. 223-224).
Por su parte, la religiosa Sor Simona hace este juicio de la guerra: *"Desde que Dios hizo esta tierra* (por Navarra), *los hombres cantan como ángeles y se despedazan como demonios..."¡Matar, matar!... Vosotros créis que vivís en un siglo que llamáis diecinueve, o no sé qué. Yo digo que vivimos en la Edad media, grandiosa y terrible edad."* (PÉREZ GALDÓS, BENITO, *Sor Simona*. Acto II, escena IV. Obras Completas Ed. Aguilar. Tomo VI. Madrid 2005. Pág.797)

Religión!... ¡Si de una y otra tenemos dosis sobrada!... Creo que se lucha por la dominación y nada más, por el mando, por el mangoneo." [705]

Las citas podrían multiplicarse.

Para Galdós la guerra es, pues, la mayor de las catástrofes. Una catástrofe organizada por el interés de cierta clase política que manipula el sentido nacionalista y dogmático de una parte de la población, a veces con el apoyo o la bendición de instancias religiosas. Juan Santiuste, comentando la guerra de Marruecos, se explaya con claridad:

"Lo que no tiene duda es que el buen señor (O´Donnell) se acredita con esta guerra de político muy ladino, de los de vista larga, pues levantando el país para la guerra y encendiendo el patriotismo, consigue que todos los españoles, sin faltar uno, piensen una misma cosa, y sientan lo mismo, como si un solo corazón existiera para tantos pechos, y con una sola idea se alumbraran todos los caletres... Fueron los españoles a la guerra porque necesitaban gallear un poquito ante Europa, y dar al sentimiento público, en el interior, un alimento sano y reconstituyente... Decía Calvo Asensio (parlamentario) que el dedo de Dios nos marcaba el camino que debíamos seguir para aniquilar al agareno." [706]

Es obvio que el autor contemplaba la milicia no como se considera en las constituciones actuales de los estados de derecho (es decir, como institución de defensa y disuasión a activar lo menos posible), sino como fuerza armada agresiva.

La guerra, entonces, es la negación del derecho que tiene un pueblo (no sólo cada uno de los individuos) a la vida y a la existencia pacífica. *"Mientras ponéis en claro, a tiros, cuál es el verídico dueño de la corona, negáis a la nación su derecho a la vida, porque le estáis matando todos sus hijos, y le destruís sus ciudades y le arrasáis sus campos".* [707] Visión lúcida del autor que pone en labios del noble Beltrán de Urdaneta (en el largo testamento y despedida que dirige a quienes lo acompañan, en la noche antes de su ajusticiamiento). Palabras que ratifica el mismo coronel Santiago

---

[705] PÉREZ GALDÓS, BENITO, *La campaña del Maestrazgo*, o.c., pág. 55 En idéntico sentido se expresa Diego Ansúrez a propósito de la acción de los españoles contra los indios (PÉREZ GALDÓS, BENITO, *La vuelta al mundo en La Numancia*, o.c. pág. 23)
[706] PÉREZ GALDÓS, BENITO, *Aita Tettauen*, o.c. pág. 24 y 34-35
[707] PÉREZ GALDÓS, BENITO, *La campaña del Maestrazgo*, o.c. pág. 178

Íbero: *"Ahí tienen la peor calamidad de las guerras, que nunca son tan malas y desastrosas como cuando concluyen."* [708]

En realidad, el fruto de la guerra nunca es la concordia; es abrir y dejar abiertas heridas que nunca se cierran. La tercera serie de los Episodios es la proyección literaria de la desgracia de las dos Españas que se ha venido gestando en la serie anterior.

Cualquier guerra y cualquier violencia sobre el hombre son perversas y, además, estériles: no consiguen ningún beneficio a nadie. En consecuencia, todo lo que está sucediendo en el país cuando el autor escribe es inaceptable para él, no tiene justificación histórica que lo respalde. Es una pérdida de la razón y de la más mínima sensibilidad ética. Y eso conduce inevitablemente, por una parte, al espanto de las mayores crueldades (las que se describen, por ejemplo, en *La campaña del Maestrazgo*, a donde se ha desplazado la guerra carlista), y, por otra, a la deshumanización del ser, a la pérdida de la conciencia y del sentido de la proporción moral en los individuos. Ya el personaje Agustín, después de una acción militar en el sitio de Zaragoza, describía esa situación interior: *"Prorrumpíamos en exclamaciones, gritos y palmadas. De este modo celebra el feroz soldado en la guerra la muerte de sus semejantes, y el que siente instintiva compasión al matar un conejo en una cacería, salta de júbilo viendo caer centenares de hombres robustos, jóvenes y alegres que, después de todo, no han hecho mal a nadie"*. [709]

b. No es admisible en modo alguno el intento de justificar religiosamente la guerra.

Apelando a un cierto sentido espiritual innato, a la piedad, y al mismo tiempo, a la fe en Dios, el modesto filósofo Juanito Santiuste, personaje positivo para Galdós, ve así la penosa aventura española de la conquista de Tetuán:

"Yo sostengo que la guerra es un juego estúpido contrario a la ley de Dios y a la Naturaleza. Yo te aseguro que al ver en estos días el sinnúmero de muertos destrozados por las balas, no he sentido más lástima de los españoles que de los moros. Mi piedad borra las nacionalidades y el abolengo, que no son más que artificios... Y si pudiera devolverles la vida, lo haría sin distinguir de castas y de nombres. Sin quererlo, tu piedad

---

[708] PÉREZ GALDÓS, BENITO, *Montes de Oca*, o.c. pág. 32.
[709] PÉREZ GALDÓS, BENITO, *Zaragoza*, o.c., pag. 32

ingénita ha reconocido el gran principio humanitario y la ley soberana que dice: 'no matar'". [710]

La misma percepción antirreligiosa (más angustiada por encontrarse siendo actores de la guerra) es la que tienen Santiago Íbero hijo y Leoncio, forzados a participar en la batalla de Alcolea (en la guerra civil que entablan los generales Serrano y Novaliches); sin más recurso íntimo que pedir a Dios perdón por ese desastre espiritual: *"Leoncio –dice quien narra- mató hermanos; Íbero tuvo la desgracia de hacer lo mismo, y ambos se recogieron espantados de su triunfo, pidiendo a Dios con secreta oración que acabase pronto la brutal e inhumana pelea. Sentían opresión, ansia misteriosa de que todos los caídos se levantaran."* [711]

De ningún modo puede justificarse la guerra con alguna fe religiosa, y menos con la fe cristiana. Una anciana religiosa del convento de San Salomó (en Solsona) se rebela contra la doctrina de algunos eclesiásticos y llega a afirmar con claridad el único pensamiento cristiano: *"Todos los lectorales de Vich y todos los prelados de la cristiandad no me convencerán de que la causa del Señor y el triunfo de su fe hayan de conquistarse con guerras, violencias, brutalidades y matanzas".* Y, refiriéndose al consejo de orar para impedir la guerra (consejo que acaba de darle otra mujer), continúa: *"Esos solos deben ser los sables, los cañones y los fusiles de los regimientos de Jesucristo."* En la misma escena interviene la enigmática y guapa monja Sor Teodora de Aransis, a la que el autor ridiculiza haciéndole decir: *"No es tan mala la guerra cuando un apóstol de Jesucristo* (por Santiago) *se dignó tomar parte en ella con su manto de peregrino, caballero en un caballo blanco, repartiendo tajos y mandobles. La guerra contra infieles y herejes es santa y noble."* [712]

"¡Maldita guerra, escuela de pecados, salvoconducto de los impíos, precipicio a que ruedan las almas, simulacro del infierno!", escribirá a Fernando Calpena su simpático, ilustrado y desocupado amigo presbítero Pedro Hillo. [713]

---

[710] PÉREZ GALDÓS, BENITO, *Aita Tettauen*, o.c. pág.75
[711] PÉREZ GALDÓS, BENITO, *La de los tristes destinos*, o.c. pág. 229
[712] PÉREZ GALDÓS, BENITO, *Un voluntario realista*, o.c. págs. 37-38
[713] PÉREZ GALDÓS, BENITO, *Vergara*, o.c. págs. 15-16

La tesis que sustenta Galdós, su obra entera, (leída poco más de medio siglo antes de la Guerra Civil de 1936) hubiera podido reorientar la Carta colectiva del episcopado español sobre la peor de nuestras confrontaciones.

La postura que se manifiesta de forma expresa en todas los escritos que estudiamos es, pues, la desautorización absoluta de la guerra (y de cualquier forma de violencia, incluida la pena de muerte); y esto, en virtud de un humanismo integral, pero, además, precisamente desde la visión evangélica cristiana. Es inadmisible e intolerable que se invoque el cristianismo para justificar una sola muerte o una sola violencia sobre la persona.

El Dios de Jesús contemplado por el autor -según vimos en el capítulo anterior- es opuesto a toda guerra, a toda violencia y a todo partidismo. Más aún, no está a favor de ningún país, de ningún grupo, de ningún ejército, y en contra de "los otros". Tampoco está Dios a favor de una autoridad establecida que actúa en contra del pueblo. Por tanto, ninguna guerra es santa para nadie; ningún ajusticiamiento, por legal que parezca (el de Riego entre tantos otros) y ninguna matanza pueden atemperar su inmoralidad basándose en la fe cristiana. Y le resulta a Galdós de un cinismo intolerable el hecho de que el código militar se preocupe obsesivamente de sacramentar a reos o a enemigos capturados, antes de ajusticiarlos; además, sin otorgarles siquiera el más mínimo derecho de defensa.

No obstante, se es consciente de que pesan sobre la conciencia de los cristianos (y, por supuesto, del mundo entero) muchos siglos de justificación de las guerras en sí mismas y con avales y fuerzas religiosas. Por esta razón Don Benito afronta abiertamente el problema religioso que subyace y sustenta los conflictos armados. Partiendo de la figura atormentada del sacerdote José Fago, en *Zumalacárregui*, que pugna interiormente por resolver el dilema entre su vocación militar y su condición religiosa, analiza despacio a lo largo de esta novela (y volverá a hacerlo en *Aita Tettauen*) la falacia de justificar desde la Biblia la guerra. La única respuesta es la que recibe Santiuste: *"Me preguntas por el Dios de las Batallas... Ya te he dicho que no sé dónde está ese Señor, no le conozco."* [714]

Continuando el texto citado antes, el ermitaño Borra añade: *"El que guerrea se condena, y no le vale decir que guerrea por la religión, pues la religión no necesita que nadie ande a trastazos por ella... La sangre que había que derramar por la verdad, ya la derramó Cristo, y era su sangre, no*

---
[714] PÉREZ GALDÓS, BENITO, *Aita Tettauen*, o.c. pág. 97

la de sus enemigos." ⁷¹⁵ Aun enmarcado en la simplicidad del personaje, el texto revela una admirable intuición cristológica y evangélica.

Conviene señalar también que en todo este planteamiento (en el que el autor no deja de sentirse siempre como liberal) existe una imparcialidad sorprendente. Porque su condena de la guerra o de lo violento no se refiere tanto al individuo como a los hechos. Y, si le es posible, no duda en tratar con respeto y valoración a personalidades militares muy contrarias a él, como lo hace, por ejemplo, en el caso de Montes de Oca, o del caudillo carlista Zumalacárregui, prestigioso estratega, hombre honesto, humilde y a su manera de honda religiosidad; aunque la dureza en el mando por parte de este último fuera tan extrema que finaliza el Episodio con este juicio implacable sobre él formulado por la joven aragonesa Saloma: *"Bien muerto está...Mandó fusilar a mi padre"* (su padre era un noble y honrado alcalde de pueblo que no había querido unirse a la facción carlista). ⁷¹⁶

Condena de la pena de muerte en los escritos de Galdós.

La abolición de la pena de muerte es un logro muy tardío en la sociedad española. Galdós se adelanta a reclamarla en sus escritos desde el primer momento. Emplea para ello dos recursos literarios: la descripción del esperpéntico y cruel ceremonial del ajusticiamiento civil, del que distancia al lector, y el rechazo o repugnancia íntima que supone a hombres de conciencia recta el cumplir con el ordenamiento vigente y dar la orden de ejecución del reo. En la mayoría de las situaciones narradas se une otra injusticia a la esencial del crimen de Estado (que perpetra la autoridad civil o la militar): se une el hecho de que la víctima es inocente.

Son bastantes los casos en que se describe la entrada en capilla de un hombre justo, la larga noche de vigilia antes de ser llevado a la horca o al garrote vil; siempre con la forzada asistencia de un sacerdote o de varios. Entre otros, se narra el ajusticiamiento de Riego, del alcalde Ulibarri, del cura Vinuesa, etc. Pero el más notable, sin duda, es el del anciano maestro liberal Patricio Sarmiento, acontecimiento al que se dedican siete densos

---

⁷¹⁵ PÉREZ GALDÓS, BENITO, *Zumalacárregui,* o.c. pág. 85
⁷¹⁶ V. PÉREZ GALDÓS, BENITO, *Zumalacárregui,* cap. XXXIII, o.c., pág. 231. La misma Saloma le ha desmontado al sacerdote Fago su barata teología guerrera: *"¿Qué tiene que ver Dios con la guerra? ¿A Dios le puede gustar que haigan fusilado a Mediagorra?"* (pág. 44)

capítulos del Episodio *El terror de 1824*. El dramatismo de las escenas conduce a una condena absoluta del hecho en sí: de privar a un hombre de su vida dando al acto apariencia de legitimidad, de ejemplaridad social y de imperativo religioso.

De igual modo se contemplan la pena capital impuesta al honrado Adrián Ulibarri, al noble quijotesco Beltrán de Urdaneta, a María Griñó, la madre del general Cabrera, etc. [717]

Resulta esperpéntica, además, la queja del inconsolable capellán carlista Mosen Putxet, que se refiere no al hecho de que se ejecute a alguien, o a un inocente (como el anciano Beltrán), sino sólo a la fecha de la ejecución: el domingo de Pentecostés..., dando a entender que -para este personaje débil y confuso- cualquier otra fecha podría ser hábil para cumplir la pena de muerte. Es evidente el sentido radicalmente crítico (no exento de ironía) que tiene esta página del Episodio *La campaña del Maestrazgo*. [718]

En éstas y en bastantes más ocasiones el autor desea expresamente dejar constancia de la crisis espiritual y moral honda que supone a los actores el hecho de cumplir la orden de la ejecución sumarísima o el hecho de estar presentes a la misma para asistir al reo. Pepe Hillo cuenta a Fernando Calpena su experiencia al ser llamado para confesar a reos de muerte: *"Nunca había visto yo la muerte violenta más que en la Plaza de Toros...Pero, ¡ay, Jesús mío!, en ningún tiempo vi matar a mis semejantes, y menos con la fría serenidad aterradora de los actos de justicia. No, no; yo no sirvo para eso, y abomino del ministerio castrense, que somete al mayor de los suplicios mi alma generosa y cristiana."* [719]

---

[717] Ver *Zumalacárregui*, o.c. Capítulo I; *La campaña del Maestrazgo*, Capítulos XXIV y VII

[718] *"Putxet, en tanto, inconsolable, expresaba su consternación en estos y parecidos términos: 'Una y otra vez he dicho al señor Llangostera que hoy no es día hábil para ejecuciones. Figúrese usted: domingo, y por añadidura Pascua de Pentecostés... ¡Cuando la Iglesia conmemora nada menos que el grandiosísimo misterio de la venida del espíritu Santo...!, ¡cuando tal festividad augusta y solemne celebramos, tener que consumar el cruento sacrificio, por más que las leyes de guerra, ¡malditas leyes!, lo autoricen y sancionen..."* (PÉREZ GALDÓS, BENITO, *La campaña del Maestrazgo*, o.c., pág. 174) Un cinismo religioso legal aparece ya en páginas anteriores de la obra, siempre narrando los horrores de la guerra: *"Le dije que tuviera paciencia, que de fusilarles, lo haríamos previa confesión, según costumbre y ley de nuestro ejército, con lo que, si se perdía el cuerpo, se ganaba el alma, que es lo principal."* A lo que responde Urdaneta: *"Grandísimo perro..., la hipocresía de tu ferocidad me causa horror."* (idem. pág. 25; v. págs. 26. 28. 158)

[719] PÉREZ GALDÓS, BENITO, *Vergara*, o.c. pág. 12

En los capítulos XXVII a XXX del Episodio *Montes de Oca* el hombre bueno que es Santiago Íbero (¡notemos la semántica de su nombre!), en su cargo de coronel se ve obligado a fusilar al hombre honesto y excepcional que es Manuel Montes de Oca. Escribe el narrador: *"Retiróse Íbero en un estado de agitación vivísimo,... Diera él por salvarle la vida parte de la suya."* Y un poco más adelante, admirado Íbero del sueño tranquilo de Manuel, dice: *"Yo, que no estoy en capilla, no podría dormir ni un minuto en esta noche de ansiedad y amargura, y este hombre..."* [720]

Y, a lo largo de aquella noche de insomnio, concluye el Coronel Íbero: *"A ese hombre hermoso, honrado y bueno, víctima de un fanatismo como otro cualquiera, vencido en la plenitud de la fuerza y de la vida, le enterraremos mañana, no porque él se muera, que bien sano está, sino porque le matamos. Esto es horrible."* [721] Lo horroroso es que una autoridad humana se arrogue la capacidad de quitar la vida a otro ser humano, y esto mediante un procedimiento que intente dar visos de legalidad a tal acto. Es decir, no existe causa alguna que justifique la ejecución de esta pena de muerte.

Y en la confesión que el joven Estercuel está haciendo a Urdaneta (acción a la que hemos aludido antes), tras haber abandonado ya la milicia, evoca su experiencia y su pensamiento: *"Yo tenía que dar la orden de fuego agitando un pañuelo. Me pasó por la mente la idea de no darla, sublevándome en nombre de Cristo."* [722]

Pero, quizás, la expresión más rotunda sobre la iniquidad de la pena de muerte ejecutada sea la que aparece en el Episodio *Carlos VI en La Rápita*, cuando Confusio (Juan Santiuste) narra el fusilamiento del general Ortega (que ha fracasado en su intentona de proclamar rey al pretendiente carlista). La cita es larga, pero merece la pena que se ofrezca íntegra porque incluye todo el pensamiento del autor en los dos niveles que venimos señalando. Dice así:

"Sentí aflicción hondísima, terror, vértigo, cual si me viera al borde de un abismo negro y sin fondo. Quise huir, mas ya no era posible. La multitud me

---

[720] PÉREZ GALDÓS, BENITO, *Montes de Oca*, o.c. págs.178-179 Parecido sentimiento es el que tienen quienes reciben la orden de fusilar a Ulibarri: *"Bien sabe Dios que los que fusilaron al pobre Ulibarri hiciéronlo compadecidos y en extremo pesarosos, cumpliendo a regañadientes la inexorable Ordenanza, que arranca la vida a un hombre honrado."* (PÉREZ GALDÓS, BENITO, *Zumalacárregui*, o.c., pág. 17)
[721] PÉREZ GALDÓS, BENITO, *Montes de Oca*, o.c., pág. 180
[722] PÉREZ GALDÓS, BENITO, *La campaña del Maestrazgo*, o.c. pág. 53

enclavijaba con su cuerpo macizo. En mi retina se estampó la imagen del reo, calificado de traidor...No quería yo ver tal ultraje a la Naturaleza. Mi temblor y el temblor de todos anunciaban un cataclismo del mundo moral... El murmullo de la multitud acarició el cadáver como una honda de gemidos de responso. ¡Oh iniquidad, baldón de la naturaleza, bofetada y palos en la misma persona de la Divinidad! ¡A las tres de la tarde, en un espléndido día de abril, cuando el sol alegra los campos, y la tierra fecunda echa de sí para regalo del hombre toda la magnificencia de flores y frutos, la ley nos ofrece su auto siniestro de la Fe jurídica y militar, remedo de los sacrificios idolátricos! ¡Y se llama ley lo que es contrario al sentimiento y a la razón ley, la violación salvaje del principio cristiano! ¿En qué te diferencias, ley matadora, de los criminales que matan?... En que has sabido cohonestarla con formas hipócritas de moral falsa y de religión contrahecha." [723]

Nos encontramos, pues, en esta dimensión de la obra galdosiana (en este perfil radical de la no violencia), con uno de los rasgos típicamente evangélicos; un rasgo que debiera producirse (al menos en el mundo cristiano) como única alternativa posible para situarse en armonía con Dios y la naturaleza, y para promover debidamente la supervivencia y el desarrollo de la humanidad: *Bienaventurados los pacíficos porque ellos heredarán la tierra.* Un rasgo que desgraciadamente no siempre los creyentes han mantenido con fidelidad. Galdós es, en este sentido, un adelantado religioso del siglo XX eclesial.

En particular, podemos convenir en que sus escritos son -para nosotros- un alegato irrecusable contra el viejo belicismo hispano; con un análisis más realista, agudo y extenso que el que pudo significar para la Rusia cristiana la novela de León Tolstoi *Guerra y paz.*

---

[723] PÉREZ GALDÓS, BENITO, *Carlos VI en La Rápita,* Historia 16-Caja de Madrid 1995, págs. 177-178

7
Cristianismo e Iglesia. Alternativas en el pensamiento galdosiano

El análisis verificado en los capítulos anteriores nos ha ofrecido implícitamente un amplio pensamiento de Galdós sobre el hecho cristiano, expresado éste a través de la tipología de multitud de personajes a los que se admira o se critica también por su dimensión religiosa, moral o creyente. Ya verificamos en esas páginas el perfil que -según el autor- dimana de la fe en el Dios de Jesucristo; aunque tal cristianismo no sea vivido en la práctica por todos los tipos descritos. Pero este dato (la fisonomía concreta de creyentes que mantienen una suficiente coherencia con su fe en Jesús) es el mejor indicador del fenómeno del cristianismo y de la iglesia que sueña el autor.

Resulta ahora importante conocer así mismo la idea explícita que muestra tener Don Benito acerca del movimiento iniciado con la predicación apostólica (el cristianismo) y acerca de la institución en donde discurre ese movimiento y la existencia individual del bautizado (la Iglesia). La inspiración teológica de la obra galdosiana -los aspectos de la existencia cristiana que venimos descubriendo hasta aquí- se sustentan seguramente en esa visión del hecho cristiano y eclesial, visión que debemos investigar en el presente capítulo.

Desde el punto de vista lingüístico –y tal vez también teológico- resulta posible y conveniente distinguir entre cristianismo e iglesia. Al referirnos al primer concepto consideramos especialmente el impacto característico social y religioso que nace del Misterio de Jesús y de la actuación de los apóstoles a partir de Pentecostés. La idea formal de Iglesia, después, añade y centra la mirada en la institución que poco a poco va encarnando la realidad cristiana, con fidelidad a sus orígenes o modificando ésta en alguna medida y dotándola de fuerte estructura temporal a lo largo de la historia, hecho que se produce (en ese momento) en el corazón de las sociedades latinas y de Oriente próximo.

Ambas perspectivas –la del fenómeno cristiano y la del fenómeno eclesial- se abordan en la obra galdosiana con una tensión dramática, es decir: en contraste y conflicto entre la originalidad y el desenvolvimiento real de las mismas, entre su ideal y la praxis histórica, entre la propuesta pura y salvadora que brindan a los hombres y la oposición frontal del mundo y de sus intereses ocultos... Por esta razón parece más oportuno hablar, a propósito de la expresión galdosiana de tales perspectivas, de una metodología dialéctica y crítica. No resulta, pues, fácil la elaboración teórica de las ideas de cristianismo y de Iglesia a través de las innumerables páginas que tratan de estos asuntos en las obras que estudiamos.

La tensión sube de tono, desde luego, al concretar la mirada en la vida eclesial, especialmente en los responsables eclesiásticos y en su actividad pastoral o como ciudadanos notables. Analizaremos esta última perspectiva con amplitud en el capítulo siguiente de nuestro trabajo.

Todavía debemos hacer otra aclaración previa de carácter lingüístico. Con frecuencia el escritor emplea dos términos para designar el hecho cristiano inserto en nuestra cultura: la palabra *religión*, dicha en general, y la palabra *catolicismo*. Con la primera se suele referir indistintamente a las religiones (al hecho religioso, sea éste el cristiano o no), pero también al cristianismo en cuanto institucionalizado o realizado en una mentalidad y práctica determinadas tanto por el mundo eclesiástico, como por la población española.

Con la palabra *catolicismo* se refiere casi siempre al cristianismo en cuanto fuerza moral e ideológica dominante en la esfera social e histórica de nuestro país. Alguna vez identifica simplemente catolicismo y cristianismo; y, en ocasiones, se refiere a la confesión católica romana distinta de la protestante o de la ortodoxa.

1. Dialéctica del cristianismo en la obra de B. P. Galdós.

Hablamos de dialéctica (desde el punto de vista social y filosófico) cuando la realidad que consideramos es observada y se nos ofrece desde categorías distintas e incluso antagónicas; categorías que, una vez consideradas desapasionadamente, contribuyen a hacer más esclarecedora la reflexión sobre lo real y, en definitiva, a completar su visión. El tratamiento dialéctico permite entonces comprender mejor la esencia de muchas realidades, aunque el proceso del conocimiento sea, en este caso, más laborioso.

De esta forma son abordados y desarrollados muchos temas en la producción galdosiana. Y así sucede en lo que concierne a la teoría del cristianismo y de la iglesia. Hay que penetrar despacio en la literatura de Galdós para descubrir los diversos textos emblemáticos con los que se confrontan visiones acerca de lo cristiano, dejando traslucir –a lo largo del análisis textual– el pensamiento propio del autor o, tal vez, la idea predominante que quiere trasmitir a los lectores.

1. Sobre la esencia del cristianismo en la teología galdosiana.

El cristianismo (contemplado en su esencia teológica) es la presencia del Espíritu de Jesús resucitado fecundando a la humanidad en la dirección del Reino de Dios; es decir, significa –de hecho y de derecho– el despertar de la conciencia del Dios trinitario, una conciencia generadora de orden justo y de fraternidad, una conciencia operativa que proyecta la historia hacia su feliz consumación final.

Galdós no formula la esencia del cristianismo con esta precisión de términos teológicos; pero el tema le preocupa profundamente y, con el lenguaje narrativo, simbólico y dramático que caracteriza a su escritura, sí brinda desarrollos sorprendentes de aspectos dogmáticos e históricos del cristianismo, más allá de las palabras y de las descripciones anímicas de los personajes más interesantes.

La identificación fundamental del cristianismo.

En cinco obras, al menos, encontramos un amplio pensamiento sobre la identidad del cristianismo en cuanto propuesta salvadora para los individuos y para la Humanidad. Las novelas de tesis y de más alta espiritualidad (*Ángel Guerra, Gloria, Nazarín y Halma*) y el Episodio *Aita*

Tettauen (con el complemento de muchos otros textos) sirven probablemente al escritor para entrar con claridad en el debate que mantenía abierto una gran parte de la filosofía y de la teología del siglo XIX: ¿qué es el cristianismo?, ¿en qué medida la expansión cristiana refleja el proyecto original de Jesús?, ¿cómo se relaciona y cómo debería relacionarse el cristianismo con el mundo?

Vamos a destacar –en esas obras- varios textos de gran significación, permitiéndonos citarlos con amplitud. Después, a partir de ellos, podremos esbozar una cierta síntesis del pensamiento de Don Benito en tema tan delicado.

a) En el Episodio Nacional *Aita Tettauen* (obra de confrontación de la realidad cristiana con la judía y la musulmana) el autor hace la crónica de la conversación que mantiene amigablemente el protagonista Juan Santiuste, ya conocido en otros episodios, con el sabio judío Baruc:

"Hizo Santiuste la apología del Cristianismo en variedad de tonos, descendiendo del sublime al patético; ensalzó la intensa ternura de la predicación de Cristo, por la cual éste penetró en las entrañas de la Humanidad, conquistándola y haciéndola suya para siempre; marcó luego la obra inmensa de los apóstoles, para afianzar la doctrina del Redentor sobre las ruinas del Imperio, y la siguiente labor de los Padres para fijar en dogmas inmutables todo el organismo de la Hermandad Cristiana; describió la tenaz gestación de la Iglesia para formarse, para edificar su imperio militante y docente, y sostenerlo con robusta trabazón arquitectónica en el curso de los siglos. ¿Cuándo había visto la Humanidad obra tan grande y sintética, ni organización tan poderosa? La doctrina de Cristo había venido a ser la única normalidad espiritual de los pueblos civilizados... Declaró Santiuste con emoción y solemnidad que, de las confesiones cristianas, prefería la católica porque en ella había nacido y porque era la más bella, la más latina, en el sentido etnográfico, y la que a su parecer responde mejor a los fines humanos." [724]

Juanito Santiuste (Confusio) acaba de hacer un resumen admirable de la historia del cristianismo, y, al mismo tiempo, ha expresado el elevado

---

[724] PÉREZ GALDÓS, BENITO, *Aita Tettauen*, o.c. pág. 219 La continuación del texto se cita en el capítulo siguiente, a propósito de la visión del autor sobre la legislación referente al celibato eclesiástico.

sentido existencial que le aporta su propia pertenencia al mismo. Es sorprendente que sitúe en el origen del hecho cristiano *"la intensa ternura de la predicación de Cristo"*, es decir, una razón absolutamente cristológica; y que esa presencia de Cristo haya penetrado *"en las entrañas de la Humanidad"*. Es una bella confirmación literaria del fundamental misterio cristiano de la Encarnación del Verbo. Además, asienta la realidad cristiana actual en la referencia normativa a los Apóstoles y a la tradición de los Santos Padres. Y cuando habla de espiritualidad cristiana no duda en añadir el calificativo de normalidad.

La página, de contenido y riqueza lingüística notables, supera con mucho las posibilidades de pensamiento del personaje que habla, aunque éste sea presentado como un buen amante de la filosofía. En definitiva, Juanito Santiuste no es más que un pensador por libre, un aventurero liberal y excesivamente sensible, surgido de la bohemia madrileña; lo que nos hace pensar que la autoría ideológica del texto citado hay que atribuírsela directamente al autor de la novela.

b) Ángel Guerra es otro de los personajes apasionadamente seguidos por el escritor. Tras un largo proceso de conversión, determinado ya a ofrendar la vida por la auténtica causa evangélica, expresa con exaltación su visión del cristianismo, y lo hace en el curso de una animada conversación con su amigo Juan Casado, sacerdote tan digno y entrañable como excéntrico.

"En lo esencial –dice Guerra-, *quiero parecerme a los primitivos fundadores, y seguir fielmente la doctrina pura de Cristo. Amparar al desvalido, sea quien fuere; hacer bien a nuestros enemigos; emplear siempre el cariño y la persuasión, nunca la violencia; practicar las obras de misericordia en espíritu y en letra, sin distingos ni atenuaciones, y, por fin, reducir el culto a las formas más sencillas dentro de la rúbrica; tal es mi idea. Soy un pecador indigno; espero redimirme con la oración, con este trabajo en pro de la humanidad y en nombre de Cristo Nuestro Señor."*

Antes ha matizado aún más su pensamiento sobre el proyecto de cristianismo que quiere practicar:

"El tratamiento del cariño, de la confraternidad, de la exhortación cristiana, sin hierros, sin violencia de ninguna clase... El pecador que aquí venga no podrá menos de sentirse afectado por el ambiente de paz que ha de respirar... Viene a ser esto la casa temporal de Dios, donde se entra por

amor, se reside por fe, y se sale franqueando una puerta en cuyo frontón esta la Esperanza." [725]

El proyecto del personaje refleja, sin duda, la utopía del Reino de Dios. Recordemos que el cristianismo llega a ser tal utopía en virtud de la máxima realización del amor en el mundo; y en este sentido es también la máxima instancia de reforma y de verdadero cambio social. Ésta es la conclusión a la que ha llegado Ángel –Galdós–:

"La aplicación rigurosa de las leyes de caridad que Cristo Nuestro Señor nos dio, aplicación que hasta el presente está a la mitad del camino entre las palabras y los hechos, traerá de fijo la reforma completa de la sociedad, esa renovación benéfica que en vano buscan la política y la filosofía." [726]

La visión que anima al protagonista de la novela y su compromiso firme de consagrarse a ella (de hecho ya lo está haciendo en la trama narrativa) hacen exclamar a uno de los interlocutores: *"¿Quién te inspiró esa idea de enderezar el cristianismo?"*; a lo que Ángel responde: *"Mis ideas no son nuevas; interpreto y aplico la doctrina de Cristo."* [727] Enderezar no significa inventar, sino devolver la imagen prístina y derecha de algo cuya esencia se conoce muy bien pero no ha alcanzado suficiente entidad o se ha torcido.

Galdós muestra en el texto poseer una idea bastante precisa de lo que constituye la esencia del cristianismo, aun cuando esta idea no se verifique plasmada en la realidad al nivel que él desearía. La novela, entonces, sí aparece como un alegato a favor de una gran reforma cristiana y, de algún modo, evoca –con dramatismo mucho más fuerte- el pensamiento reformista erasmiano (o *La utopía* de Thomas Moro) que inspirará a casi todas las piezas dramáticas galdosiana.

En *Nazarín* aparece también como idea esencial el retorno a Cristo, modelo referente único. Ésta es la misión que espera Dios precisamente del protagonista cuando, al final de la obra, en el momento en que imagina alzar

---

[725] PÉREZ GALDÓS, BENITO, *Ángel Guerra. Vol. II*, o.c. págs. 527 y 526.
[726] PÉREZ GALDÓS, BENITO, *Ángel Guerra. Vol. II*, o.c. pág. 606.
[727] PÉREZ GALDÓS, BENITO, *Ángel Guerra. Vol. II*, o.c., pág. 625. Lo que nos recuerda la respuesta que da el misionero jesuita nativo de la Misión de San Carlos (reducciones del Paraguay) al Cardenal inquisidor, en el film *La Misión*: *"Eminencia, ésta era la doctrina de los primeros cristianos"*.

la Hostia consagrada, le dice: *"Algo has hecho por mí. No estés descontento. Yo sé que has de hacer mucho más".* [728]

Es obvio que esta novela -que analizaremos más adelante- desarrolla (junto con Misericodia) el pensamiento cristológico más expreso y fecundo del autor encarnado en Don Nazario y en Benina; y que este pensamiento se orienta hacia la centralidad absoluta de la figura de Jesús para un cristianismo que, en buena medida al menos, parece inédito, puesto que ambos personajes son rechazados por el catolicismo en uso (Nazarín sólo encontrará acogida más adelante en el reducidísimo, libre y utópico proyecto comunitario de *Halma.*)

En esa misma dirección escribe Don Benito *Santa Juana de Castilla.* Frente a la postura imperial de un catolicismo a ultranza (intransigente en el dogma y en el culto, centrado en el poder interno y público de la religión), la ex reina Juana (confinada en el palacio de Tordesillas) es presentada como signo del cristianismo original y más auténtico. Resulta elocuente el diálogo entre Marisancha y Mogica (dueña y veedor respectivamente de Doña Juana):

"(-Mogica:) Nuestra señora no le disputa al Marqués estas grandezas, y permanece solitaria y oscura, mal alimentada y peor servida, como si aquí viviera de limosna... Y ahora te pregunto yo: ¿No es esto virtud? ¿No es humildad? ¿No es cristianismo?...(-Marisancha:) Sí; Doña Juana es una señora ejemplar, y lo sería más si asistiera a las ceremonias de nuestra religión. (-Mogica:) ¿Qué entiendes tú de ceremonias ni de letanías? Nuestra Reina lleva la religión en su alma piadosa. Ama fervorosamente a los humildes, a los limpios de corazón." [729]

La protagonista (que morirá en escena, asistida por el ya jesuita Francisco de Borja) tiene entre sus libros de cabecera las obras de Erasmo. Es obvio que el autor está señalando la visión reformista del cristianismo y de la Iglesia propia del humanista de Rotterdam.

---

[728] PÉREZ GALDÓS, BENITO, *Nazarín.* o.c. pág. 247. G.G. MINTER, en su extenso artículo *Halma and the writings of St. Augustine* interpreta así este final de la novela: *"If the 'algo' that Nazarín has done is to bring home in his contemporaries the urgency of reconsidering Christ as exemplar."* (Anales Galdosianos, XIII.1978, pág. 74)
[729] PÉREZ GALDÓS, BENITO, *Santa Juana de Castilla,* Acto I, escena I. (Ed. Fragua. Madrid 2010, pág. 42)

c) Las obras galdosianas parecen demandar dos condiciones para que se verifique la renovación del proyecto católico (en referencia al modo como es vivido mayoritariamente en la sociedad española del momento). Por una parte, con insistencia y rotundidad, la incorporación de un talante liberal en el hecho cristiano; por otra, el retorno a una honda experiencia del Dios de Jesucristo y a la práctica de los criterios esenciales del Evangelio.

Un cristianismo auténticamente creyente y evangélico.

La segunda condición del cristianismo, la irrenunciable y fecunda fe en Dios Padre común, se desarrolla implícitamente en *Misericordia*, pero recibe el carácter explícito en las otras tres novelas de mayor espiritualidad cristiana: en *Ángel Guerra*, *Nazarín* y *Halma*. En especial, el proyecto reformador del cristianismo que intenta llevar a cabo la condesa de Halma exige una hondura espiritual creyente para participar con acierto en él. De otra forma no prosperaría. La obra (*Halma*) se centra, entonces, en una trilogía de personajes profundamente espirituales: la misma condesa Catalina de Artal, Nazarín y Manuel Flórez.

Una página excepcional revela la visión que el autor tiene de la fe constitutiva del hecho cristiano. Don Manuel Flórez, gravemente enfermo, pide a su buen amigo el sacerdote Don Modesto Díaz que le lea la *Confesión de la verdadera fe* de San Agustín. Éste le cita de memoria el siguiente fragmento:

"Gracias os hago, luz mía, porque me alumbrasteis y yo os conocí. Conocíos, Criador del Cielo y de todas las cosas visibles e invisibles. Dios verdadero, todopoderoso, inmortal, interminable, eterno, inaccesible, incomprensible, inconmutable, inmenso, infinito, principio de todas las criaturas visibles e invisibles, por el cual todas las cosas son hechas, y todos los elementos perseveran en su ser, cuya Majestad, así como nunca tuvo principio, así jamás tendrá fin..." En ese momento Flórez le interrumpe y dice: *"Más adelante, más adelante, Modesto, donde dice... ¡Ah! Ya lo recuerdo: Tarde os conocí, lumbre verdadera, porque tenía delante de los ojos una gran nube oscura y tenebrosa que no me dejaba ver el sol de justicia, y la lumbre de la verdad."* [730]

El texto de Galdós –magnífico- hace referencia a una identidad esencial del creyente cristiano: a la fe firme, arraigada, en Dios Creador,

---

[730] PÉREZ GALDÓS, BENITO, *Halma*, o.c. págs. 222-223

origen amoroso de la existencia. Esta fe, generadora de un conocimiento íntimo y de un sentido profundo del Señor, aparece, por tanto, como acontecimiento constitutivo del cristianismo. El autor de la novela va a dejar constancia de que sin esa fe se llega tarde a la cita del hecho de Jesús; un hecho que, a la vez, está inmerso (a lo largo de toda la obra que analizamos) en una práctica del amor, de la caridad, y de la justicia respecto a todos y especialmente respecto a los más pobres.

La opción por un cristianismo de signo liberal en la obra de Galdós.

Se puede debatir sobre el enfrentamiento teológico y sociológico –que hubo o que debería haber- entre el liberalismo occidental y el cristianismo mayoritario (o la Iglesia); y también, por otra parte, sobre la actitud liberal y la actitud conservadora al interior del mundo eclesial católico. Son dos debates cercanos pero distintos.

a. El espíritu liberal del cristianismo en Galdós.

Desde los presupuestos de la historia de la Iglesia en los dos últimos siglos (el XIX y XX) resulta difícil hablar de un posible acuerdo entre los liberales y los hombres de Iglesia (jerarquía, burguesía laica o pueblo llano). El espíritu de la Enciclopedia, desarrollado en el XIX y que se consideraba a sí mismo liberal, quiso ya atacar de raíz las bases de la institución eclesial y, al mismo tiempo, en buena medida, de la dogmática cristiana; la acritud del espíritu liberal frente a la Iglesia se intensificó en los escritores franceses y alemanes. El posterior liberalismo económico y el actual neocapitalismo continuarían en ese empeño con menor agresividad y con mayor eficacia.

El magisterio de la Iglesia y el sentir popular religioso cristiano vieron oficialmente en aquella postura al anticristo.

En tal contexto, ¿cómo puede entenderse la clara opción liberal de Galdós precisamente compaginada –o integrada- con la fe en Jesucristo y en su Evangelio? ¿Cómo es posible que de toda su obra dimane una propuesta seria de cristianismo?

No es fácil la explicación; sin embargo lo cierto es que coexisten ambas perspectivas en el retrato del populoso mundo de personajes galdosianos y, en definitiva, en el mismo autor. Quizás por estas razones: primera, porque sorprendentemente nos encontramos con un hombre que piensa e intenta actuar con libertad remitiéndose a los orígenes del Evangelio (que –lo olvidemos- significó un enfrentamiento liberal respecto al pensamiento judío y romano). Segunda, porque nos encontramos en España, en donde las contradicciones o la convivencia de opuestos suele producirse de forma diferente a como se producen en el resto de Europa. Y tercera, porque Galdós es un español cervantino, quevediano o unamuniano de cuerpo entero, es decir, capaz de integrar, de manera libre y total (no fragmentada) el patrimonio cultural completo (que incluye lo religioso y cristiano como elemento sustancial del mismo), sin por ello abandonar una actitud revisionista y crítica en busca siempre de otra mayor autenticidad.

Es evidente que el escritor entró de lleno en la llamada "cuestión religiosa" que dominaba la escena social e intelectual española del último tercio del XIX; y que lo hizo desde posturas a la vez cristianas y liberales. Pero es necesario precisar enseguida el alcance de su planteamiento y evitar cualquier juicio apriorístico al respecto.

En primer lugar hay que recordar el hecho de la firme religiosidad personal de Don Benito [731] y que su obra, como indicamos ya, no revela en modo alguno una postura irreligiosa (tampoco arreligiosa) ni antieclesial, sino todo lo contrario.

Pero Galdós piensa que el tradicionalismo y el conservadurismo religiosos se han convertido en feudos intocables del absolutismo más brutal que domina a España; absolutismo político y económico que halla en la religión establecida una fuerza indispensable para prosperar. Lo que ha conducido a clérigos, a políticos y al pueblo a posturas religiosas fanáticas que nada tienen que ver con la esencia del Evangelio.

Por un lado, esta visión de la realidad no le permite comulgar con el catolicismo dominante, y ya por este motivo tiene que hacerse liberal y – desde tal actitud- asumir el drama de continuar siendo creyente. Entonces se produce un nuevo fenómeno en el pensamiento del escritor: va descubriendo

---

[731] La fe y la religiosidad cristiana de Galdós, analizada en el Capítulo I de nuestro trabajo, está bien estudiada, a mi parecer, en obras como la de RODRÍGUEZ BATLLORI, FRANCISCO *Galdós en su tiempo,* Capítulo XI, *Espíritu religioso* (Editorial Augustinus. Madrid. 1969. págs. 89-92); en AA.VV., *Galdós en Madrid. La vida religiosa,* de TOVAR MARTÍN, VIRGINIA (Ed. Comunidad de Madrid. 1988. págs. 139-162); MARTÍNEZ GONZÁLEZ, LUIS, *Nazarín, de Pérez Galdós, un sacerdote a imagen de Cristo. La espiritualidad del novelista.* GARCÍA VILLALBA, CHARO, *Galdós, un cristiano del siglo XXI* (Departamento de Filología III. Universidad Complutense de Madrid. En la red: 04/07/2012). Etc.

la objetividad de la teología evangélica muy distinta de la oficialidad eclesial, y –desde ahí- no sólo la posibilidad sino la condición liberal del cristianismo.

No sabemos exactamente de qué modo cobra fuerza esta visión. Quizás por la afinidad con los krausistas cristianos o, sobre todo, por una lectura directa del Nuevo Testamento y de los Padres (que cita textualmente en bastantes ocasiones); sin duda, también por la influencia de Erasmo y por una lógica ecuménica que se le va acentuando.

El pensamiento erasmista del cristianismo –lo hemos señalado ya- aparece de forma expresa en su tardía obra *Santa Juana de Castilla*. Es el cristianismo despojado de la pesada túnica de prácticas, ritos, y exceso de dogmas y de leyes. Así lo abraza la exreina de Castilla y no lo rechaza (en la obra) el Duque de Gandía, Francisco de Borja (interpretándolo así en la ficción literaria). [732]

El caso es que nos hallamos ante un creyente cristiano de serio contenido dogmático y, al mismo tiempo, liberal porque su conciencia no le permite ya ser aquel tipo de conservador religioso que se ha adueñado, a un tiempo, de la nacionalidad hispana y de la confesión católica.

No mucho tiempo después de la muerte de Don Benito, un gran pastor eclesial, el cardenal Tomás Vidal y Barraquer, adoptará una postura semejante a propósito de la filiación religiosa de republicanos y "nacionales" ante el conflicto de la Guerra Civil: el ser o no ser cristiano (católico) no depende de la identidad intelectual o política de las personas. Los liberales pueden serlo tanto o más que los conservadores; y, de hecho, la inmensa mayoría de personajes liberales galdosianos son cristianos y se manifiestan como tales. Para nuestro autor, las ideologías intelectuales y políticas más avanzadas no son necesariamente anticristianas, ni se oponen de por sí a la Iglesia, que no debería alinearse con ningún partido (y menos con los de derechas).

---

[732] *"Quiero el agua pura y limpia, como la que cae del cielo cuando lloran las nubes para fertilizar la tierra y purificar todas las cosas; quiero el agua traída por la divina esencia…*-dice Doña Juana-. A lo que responde Borja: *Vuestro criterio religioso, según he podido entender, deriva del sistema religioso de Erasmo, el cual dice que no nos cuidemos del formulismo ni de las exterioridades rituales, sino de la pureza de nuestro corazón y la rectitud de nuestras acciones…" "No sois hereje, señora. En el libro de Erasmo nada se lee contrario al dogma."* (PÉREZ GALDÓS, BENITO, *Santa Juana de Castilla*, Acto III, escena IV. O.c., págs. 73-74)

Esta consideración aparece aún más clara cuando enjuiciamos el asunto en otro contexto histórico tan distinto del actual. Porque en el siglo XIX español (lejano todavía a los niveles de bienestar material, de vacío ideológico y espiritual, de irracionalidad producida por la *new age*, y de corrupciones a toda escala que implican a muchos que se autodenominan católicos), en aquella España, decimos, la casi totalidad de la población era creyente de corazón y de pensamiento, aunque lo fuera con su estilo propio y con dolorosas contradicciones, incluso con un fuerte anticlericalismo.

Es decir, católicos eran los cristinos o isabelinos y los carlistas, aunque el carlismo se empeñara en designar a los liberales como los sin Dios. (La visión de esos seguidores del pretendiente Carlos, además de falsa, era demagógica e indigna: se utilizaba para asustar al campesinado y llevarlo a sus filas, razón por la que el carlismo tuvo siempre un carácter más rural que urbano.

Desde esta perspectiva el calificativo de liberal tenía, pues, otra connotación para aquel entonces muy distinta de la que lo acompaña ahora, tanto en España como fuera de España.

Galdós se sitúa, entonces, como liberal dentro de la confesión religiosa cristiana y católica: se siente liberal cristiano y desea con toda su alma un cristianismo con la impronta liberal, porque está convencido de que esto es lo que teológicamente procede. No existe para él oposición alguna entre cristianismo (ser cristiano) y liberalismo, sino más bien convergencia, aunque ambos espíritus tengan que caminar hacia el encuentro depurando actitudes foráneas.

Dejándose llevar del tono natural, espontáneo y apasionado de Santiago Íbero padre (personaje muy a la medida del autor), expresa una vez más esa convicción: *"Íbero, fortalecido por su fe ciega en el ideal de los libres, que creía obra de Dios..., aunque odiaba el fanatismo, era creyente y buen cristiano; y lejos de ver incompatibilidad entre la libertad y el dogma, teníalos por amigos excelentes."* [733]

Sería erróneo interpretar esta postura con una perspectiva sólo coyuntural o sociopolítica. En definitiva, si el escritor se muestra a favor del liberalismo cristiano (o, mejor, del cristianismo liberal) es porque cree que el Evangelio de Jesús tiene de por sí este signo, es sustancialmente abierto. Tan abierto como para apoyar él (en la novela *Gloria*, 1877) el matrimonio de la

---

[733] PÉREZ GALDÓS, BENITO, *Vergara,* o.c., pág. 84

joven catolicísima Gloria (que tiene, como era de esperar, el apellido Lantigua) con el judío David Morton; debiendo recordar que la consideración judía era rechazada de plano socialmente entre nosotros.

El Evangelio –para él- es la defensa más radical que se ha hecho en la historia humana de la libertad de conciencia; lo que plasmará igualmente y con radical energía en *Electra*, estrenada en Madrid en 1901, liberando a la protagonista de la opresión religiosa que ejercen sobre ella personajes significativamente católicos (y provocando uno de los mayores escándalos teatrales que se han conocido en la capital).

Señalemos -entre paréntesis- el hecho simpático de que el autor haga llamarse Juanito y Jacobo respectivamente a los hijos del gran personaje cristiano liberal que es Benigno Cordero (segunda serie de Episodios), onomástica que se refiere como es obvio a Rousseau (lo que nos recuerda, en plan menos cómico, aquella otra onomástica de los hijos del fascista italiano de la película de Roberto Benigni "La vida es bella", que se llamaban uno Benito y el otro Adolfo).

Con esta clave liberal cristiana se desarrolla toda la obra galdosiana. Y por esto precisamente conviene apuntar ya que se distinguen en su narrativa tres planos muy distintos a propósito del hecho religioso creyente:
- el plano de la mera religiosidad, incluso de lo sagrado, sin más fundamento que la natural predisposición religiosa del hombre, ofreciéndonos con frecuencia testimonios muy valiosos de tal religiosidad y sacralidad universales que el autor respeta y admira [734]; criticando, por el contrario, con alguna frecuencia, el atavismo de lo tradicional incuestionado y con derivaciones irracionales (un atavismo que informa, desde luego, a muchos de los personajes y de los ambientes relatados);
- el plano importantísimo de la religiosidad cristiana anónima: de las actitudes simple y valiosamente cristianas, coincidentes con la ética del Evangelio, aunque con escasa referencia creyente explícita; con esta perspectiva Galdós parece hacer suyas las palabras evangélicas referidas a Jesús: *"éste come con pecadores"*, palabras que unen en el Señor el talante misericordioso y el talante liberal, independiente de cualquier prejuicio; [735]

---

[734] V., por ejemplo, el tipo de experiencia de Dios y de plegaria que brota del joven Gabriel de Araceli al inicio de la batalla de Trafalgar (PÉREZ GALDÓS, BENITO, Episodio Nacional nº 1, *Trafalgar*. Salvat. Madrid. 1969. págs. 102-104)

[735] Ángel Guerra es un buen exponente de ese nivel de liberalidad; respecto al personaje alcohólico Don Pito (que desea ingresar en la Domus Domini, sin dejar su adición a la bebida) se explica así: *"No estoy por que se condenen en absoluto los hábitos arraigados*

- y, en fin, el plano de ese mismo comportamiento liberal y evangélico avalado por una honda y expresa vivencia religiosa de comunión con el Dios de Jesús; plano contemplado en personajes más escasos, pero perfectamente tratados en las obras y que son, sin duda, emblemáticos, en general tipos sencillos y de carácter claro como Gabriel de Araceli, Salvador Monsalud, Fernando Calpena, Ángel Guerra, Santiago Íbero padre e hijo, Benina, Mariucha, Inés, Sola, Demetria, Halma, Nazarín y un etc muy largo.

Es notable que el autor identifica su talante liberal y cristiano sobre todo en los dos últimos planos.

Respecto al liberalismo en la fe y en la existencia de los creyentes hemos ofrecido ya –y ofreceremos aún- abundantes datos del pensamiento galdosiano. Nos remitimos, como síntesis, a la cita del credo liberal cristiano que ofrece *Gloria*, la obra que seguramente alcanza mayor calado teológico. Junto a una crítica de la fe tradicional (y, en consecuencia, del cristianismo tradicional), Buenaventura Lantigua, tío de la protagonista, el único personaje que muestra cierta apertura, da razón de la esencia del cristianismo al judío Daniel Morton en un texto que ya hemos evocado:

"Yo creo que la fe religiosa, tal como la han entendido nuestros padres, pierde terreno de día en día, y que tarde o temprano todos los cultos positivos tendrán que perder su vigor presente. Yo creo que los hombres buenos y caritativos pueden salvarse, y se salvarán fácilmente, cualquiera que sea su religión. Creo que muchas cosas establecidas por la Iglesia, lejos de acrecentar la fe, la disminuyen, y que en todas las religiones, y principalmente en la nuestra, sobran reglas, disposiciones prácticas. Creo que los cultos subsistirán mejor si volvieran a la sencillez primitiva. Creo que si los poderes religiosos se empeñan en acrecentar demasiado su influencia, la crítica acabará con ellos. Creo que la conciliación entre la filosofía y la fe es posible, y que si no es posible vendrá el caos." [736]

---

en una larga vida, y que al fin de ella vienen a ser la única alegría del anciano." Y sigue el narrador: *"Comprendiendo la piedad suprema y un tanto sutil que encerraban estas palabras, Don Pito se conmovió: ¡Eso se llama cristiandad, amigo don Ángel."* (B. P. Galdós, *Ángel Guerra*. Vol. II. o.c., pág. 442)

[736] PÉREZ GALDÓS, BENITO, *Gloria*, o.c., pág. 307; ver también las páginas siguientes. El mismo deseo de libertad y de corresponsabilidad en la empresa cristiana manifiesta Ángel Guerra repetidas veces: v., por ejemplo: o.c. pág. 457 Hasta cierto punto podríamos afirmar que la impronta liberal de la teolgía de Galdós se desarrolla en estrecha relación con las manifestaciones del magisterio pontificio a ese respecto, documentándose en las Encíclicas que se suceden (desde *Singulari nos*, de Gregocio XVI, hasta las últimas cartas de León XIII sobre la cuestión social y sobre el ecumenismo en 1894).

Estas palabras, en boca de una persona que pertenece a familia arraigada en el más duro conservadurismo teológico, es de todo punto excepcional y revela al autor más que al personaje; en realidad, la página está fuera del contexto narrativo.

Muy significativa (como expresión secularizada del espíritu liberal que se desea asignar al cristianismo) es la cita del conocido discurso de Castelar en las Cortes de 1869; discurso admirado aquí, desde luego, por Galdós, que lo reseña en el Episodio *España sin rey*. El político, tras gritar su famosa frase *"Grande es Dios en el Sinaí"*, continúa:

"Hay un Dios más grande todavía, que no es el majestuoso Dios del Sinaí, sino el humilde Dios del Calvario, clavado en una cruz, herido, yerto, coronado de espinas, con la hiel en los labios y diciendo: Padre mío, perdónalos, perdona a mis verdugos, perdona a mis perseguidores, porque no saben lo que se hacen...Grande es la religión del poder; pero es más grande la religión del amor. Grande es la religión de la justicia implacable; pero es más grande la religión del perdón misericordioso; y yo, en nombre de esta religión, en nombre del Evangelio, vengo aquí a pediros que escribáis al frente de vuestro Código fundamental la libertad religiosa, es decir Libertad, Fraternidad, Igualdad entre todos los hombres." [737]

Es evidente la intención de Don Benito de recordar con esta cita del discurso, incluso desde presupuestos políticos, el talante liberal con que él identifica al cristianismo. Un espíritu que aparece plasmado de forma

---

[737] PÉREZ GALDÓS, BENITO, *España sin rey*, o.c., págs. 72-73 Previamente, en el mismo discurso sobre la libertad religiosa (1869), Castelar, dirigiéndose al diputado Mr. Manterola (eclesiástico), dice: *"Nada hay tan voluntario como la religión... No es propio de la religión obligar por fuerza, cobibirnpara que se ejerza la religión. ¿Y qué ha estado exigiendo el Sr. Manterola...? Ha estado pidiendo, ha estado exigiendo que no se pueda ser español, que no se pueda tener el título de español,, que no se puedan ejercer derechos civiles, que no se pueda aspirar a las altas magistraturas políticas del país sino llevando impresa sobre la carne la marca de una religión forzosamente impuesta, no de una religión aceptada por la razón y la conciencia"* (Diario de LaS Cortes). Esa misma confesión de fe cristiana y católica con una dimensión explícita liberal aparece –dotada de mayor ternura- en las palabras últimas de Patricio Sarmiento: *"Cristiano católico soy. Creo todo lo que manda creer la Iglesia, creo todos los misterios, todos los sagrados dogmas, sin exceptuar ninguno... ¡Oh!, Señor de cielos y tierra; ¡oh! Tú, María, Madre amantísima del género humano, a vosotros vuelvo mis miradas, vosotros lo sabéis porque ceis mi rostro... A vosotros volaré invocándoos, llevando en mi diestra la bandera que habéis dado al mundo, la bandera de la libertad, por la cual he vivido y por la cual muero."* (PÉREZ GALDÓS, BENITO, *El terror de 1824*, o.c., pág.220)

anecdótica también cuando describe la escasa pero erudita y abierta biblioteca del bondadosísimo liberal Benigno Cordero. [738]

b. El cristianismo ecuménico de Galdós.

La impronta liberal política que incluía la libertad de cultos (en el articulado de varias de las Constituciones del XIX español) significaba un buen apoyo a la reforma de la Iglesia y a su retorno al Evangelio. No fue entendido así por la jerarquía católica ni por la mayoría burguesa. En los templos se predicó de manera rotunda el aforismo "fuera de la Iglesia no hay salvación". Galdós, sin dejar su filiación cristiana católica, defendió ardientemente esa libertad religiosa (no sólo tolerancia) como integrante natural del Evangelio. Fue un adelantado del ecumenismo actual, el del Vaticano II y el de los últimos Papas.

En concreto, el pensamiento cristiano de Don Benito abraza fraternamente en primer lugar a protestantes (anglicanos, en particular), enseguida a judíos y a musulmanes. ¿Significa esto que existe en su ideología una tendencia religiosa sincretista? José María Pereda se lo reprocha amigablemente en varias cartas del enjundioso epistolario que le dirige (aludiendo precisamente al fracasado intento de unidad de las fuerzas políticas liberales). [739] Personalmente nos parece que la interpretación del escritos cántabro es excesiva.

En cuando a los anglicanos, la novela *Rosalía* (el tercer escrito formal que conocemos, fechado en 1872) idealiza al clérigo inglés Horacio Reynolds dirigiéndole -en palabras de su personaje opuesto, el carlista Juan Crisóstomo- las mejores alabanzas; al mismo tiempo rechaza de plano las razones por las que la población católica no puede aceptarlo: *"¿Sabe que el tal Don Horació es un hombre excelente?* –le dice al párroco del pueblo-

---

[738] "*Estos libros no eran muchos, pero sí escogidos, y sólo formaban dos obras: las de Rousseau, edición de 1827, en veinticinco tomitos, y el Año Cristiano, en doce. Aunque alineados en dos grupos distintos, no por eso dejaban de andar a cabezadas, dentro de un mismo estante El Vicario Saboyano y San Agustín.*" PÉREZ GALDÓS, BENITO, *Los Apostólicos*, o.c., pág. 23

[739] "*¿Quiere V. crear una especie de Unión Liberal en el terreno religioso, como se creó en el político, avanzando los de atrás y retrocediendo otro tanto los de adelante? Si este procedimiento ha sido el origen de todos los grandes contubernios políticos, convertidos ya en política al uso, la causa de la muerte de la fe en los principios, y por tanto la de todas esas desvergonzadas apostasías y veleidades.*" José María PEREDA, carta a Galdós de 9/2/1877 (pueden verse en el mismo tono la de 13/3/1877 y otras), citadas íntegramente en Epistolario Pereda-Galdós, en *La sociedad española del siglo XIX en la obra de Galdós*, de Pilar FAUS SEVILLA. Nacher. Valencia 1977, pág. 255 y ss.

¡Qué lástima que sea protestante!"; y cuando está ya planteado el matrimonio mixto: *"Usted es bueno, usted es formal, usted es rico, pero usted es protestante y es clérigo. Prefiero verla muerta a verla casada con usted, ¡con un protestante! ¡con un clérigo!"* [740]

Conocedor de la situación del anglicanismo en Gibraltar y en Cádiz, Galdós tiene noticia probablemente del Movimiento de Cambridge de acercamiento de las dos confesiones cristianas y no debe ignorar la figura de John Henry Newman que se incorpora al catolicismo por esas fechas.

La adhesión al mundo judío es más constante en la trayectoria literaria y personalde Don Benito. Además de la reivindicación en *Gloria* de la familia judía de Daniel Morton (toda ella con algún origen español) y de la propuesta de teología convergente que hace el joven, la obra en donde hay una mayor sintonía con el judaísmo es el Episodio *Aitta Tetauen* en el que el protagonista pensador Juanito Santiuste, cristiano, se aloja en una familia judía y se enamora de una de las hijas. En el debate religioso que mantiene con el capellán militar propone una cierta unidad de las tres religiones que conviven en Tetuán.[741]

Como ya señalamos, Galdós tuvo una estrecha relación con el Movimiento español pro-sefardita y con la Sociedad Sefardí "La esperanza" de Viena, así como con los dirigentes judíos de Salónica (Turquía). Esta postura pro israelí parece tener un carácter premonitorio como denuncia y oposición al trato que una gran parte de la Europa católica daría a los judíos algunas décadas más tarde.[742]

La presencia musulmana es más ténue en los escritos galdosianos, pero es abiertamente positiva. Además de las aventuras un tanto

---

[740] PÉREZ GALDÓS, BENITO, *Rosalía*. Ed. Cátedra. Madrid 1984, págs. 91 y 218-219.

[741] Además de los trabajos ya citados al considerar la religiosidad de Galdós (cap. II), podría verse JUAN BAUTISTA VILAR, *Galdós y los judíos de Aitta Tetauen*. Revista África, n° 358 (1971)

[742] A principios de 1900 el doctor Angel Pulido lidera en España un importante movimiento de recuperación del judaismo sefardí. Su libro *Españoles sin patria, la raza sefardí: intereses nacionales* (1905) produce un fuerte impacto en la mayoría política y literaria de signo liberal. Ya en 1887 el Parlamento había declarado que los judíos sefardíes que deseasen instalarse en España podrían volver a ésta. En 1924 Primo de Ribera les otorgaría la nacionalidad española; es obvio que había en ello intereses de tipo cultural y lingüístico y, sobre todo, económico; pero no se excluye el aperturismo religioso de tal movimiento sugerido ya en el famoso discurso de Castelar en las Cortes de abril de 1869. Galdós vivió intensamente este sentir de acercamiento al mundo juidío (no sólo el de origen hispano) y lo brindó al catolicismo de la época. Ver MARTINE LEMOINE, *El doctor Pulido, apóstol de los sefarditas*. Historia 16. n° 105, págs. 19-24

rocambolescas del mismo Santiuste en la Guerra de África, queda inscrita en *Misericordia*, obra maestra, la espléndida figura del moro Mordejai al que no por casualidad le pone el nombre de Almudena, situándolo al lado de Benina que es quien mejor encarna a Jesús en la creación literaria de Don Benito.

Es cierto que en dos Episodios Nacionales de la cuarta serie (*Aita Tettauen y Carlos VI en la Rápita*. 1904-1905) el escritor parece dejarse llevar por su liberalismo hacia una idea sincretista más que ecumenicista, colocando en un cierto plano de igualdad el judaísmo, el islam y el cristianismo. Esta idea un tanto fugaz desaparece enseguida en esas mismas obras y no vuelve a expresarse en el conjunto de su producción. No obstante, hay que señalar que en el modo de plantearla incurre en un error teológico porque otorga al hecho cristiano la condición de religión clásica, condición que consta lamentablemente en la configuración del cristianismo a lo largo de la historia, en el habla popular y en el pensamiento de una mayoría de cristianos, pero que no corresponde a la esencia neotestamentaria ni a los Padres Apostólicos; el cristianismo no es concebido por Jesús como una religión ni como un movimiento espiritualista. [743]

En cierta relación con este asunto aparece la acción evangelizadora que Galdós asume como natural del cristianismo, pero advirtiendo a los misioneros españoles la necesidad de mantener el talante liberal en tal empresa. *"España no adelantará gran cosa en sus esfuerzos por someter* (civilizar y evangelizar) *a los habitantes de las islas oceánicas, si no lleva por delante bien alto y bien claro el principio de la tolerancia, único medio de conseguir algo positivo en el propio terreno de la evangelización."* [744] (El texto se publica como artículo o crónica de prensa).

Conviene añadir, sin embargo, que –para el autor- el talante liberal cristiano no tiene nada que ver con la relatividad moral de los juicios y de las acciones; y menos aún con una cierta transigencia de actitudes injustas. El

---

[743] Juan Santiuste (Confucio), al despedirse de tierras africanas, hace esta sentida alabanza que se pierde en una historia ya inexistente: *"Hermosa eres, Tetuán, por el misterio de tus calles, la poesía de tus contornos, por la serena confianza de las tres religiones que en tu regazo duermen."* (PÉREZ GALDÓS, BENITO, *Carlos VI en la Rápita*, o.c., pág.32). En cuanto a la concepción del cristianismo en un paradigma distinto del que define a las religiones clásicas me remito a mi libro *Introducción al pensamiento cristiano*. Ed. El Almendro.2ª ed. Córdoba 2014, págs. 439-445

[744] PÉREZ GALDÓS, BENITO, Carta a La Prensa, de Buenos Aires, de 28/II/1887, en William H. Shoemaker, *Cartas desconocidas de Galdos en 'La Prensa' de Buenos Aires*. Ed. Cultura Hispánica. Madrid 1973. Pág. 223

eco del grito de Casandra resuena en toda la obra galdosiana: *"Para consumar tal sacrificio (injusto) no hallo resignación bastante en todo el cristianismo pasado y presente."* [745]

*

A partir de las páginas citadas pueden establecerse las siguientes conclusiones respecto al pensamiento de Galdós en el tema que nos ocupa:

-El cristianismo significa esencialmente el comienzo de la utopía del amor fraterno y de las relaciones justas y bondadosas entre los hombres; un comienzo que tiene como origen la persona transcendente de Jesús. En este sentido se presenta en la historia como comienzo del Reino de Dios en la tierra.

-En términos generales, el cristianismo es la más excelente propuesta de progreso que se ha hecho a la Humanidad: es el más elevado humanismo, en diálogo con las religiones y con los demás humanismos.

-El cristianismo sólo comienza a realizarse desde la libertad y la iniciativa personales; es esencialmente liberal: debe instaurar una dinámica dialogal interna y abrirse al diálogo interconfesional.

-En la esencia del cristianismo está la relación honda con Dios creador y padre, (una relación ampliamente descrita en capítulos anteriores de este trabajo).

2. Rectificaciones a verificar en la trayectoria del cristianismo, según el pensamiento de Galdós.

La crítica de Galdós a imágenes distorsionadas del cristianismo se refiere fundamentalmente al catolicismo romano. Suele ésta discurrir sobre dos planos: el del reduccionismo de lo cristiano a lo religioso (incurriendo fácilmente en alguna deshumanización), y el de la cerrazón dogmática y moral. Para el autor, la imagen cristiana debería evitar ambos defectos de fondo.

a) Evitar la exclusiva reducción del cristianismo a términos religiosos.

A lo largo de la creación literaria de Don Benito emerge (según hemos visto y comprobaremos aún más) una excepcional valoración de la religiosidad sana individual, de la espiritualidad cristiana de comunión con Dios, y de la liturgia sacramental de la Iglesia. Pero queda muy claro que el

---
[745] PÉREZ GALDÓS, BENITO, *Casandra*. Acto II, escena III. O.c., pág. 278

cristianismo no puede quedar reducido al ámbito de lo religioso, y menos aún al espacio sacro del templo.

Sin embargo, este reduccionismo es el que define la mentalidad de numerosos personajes y ambientes de las obras galdosianas. Para estos, lo cristiano se identifica sólo con una ideología religiosa determinada, con prácticas devocionales y con la presencia preponderante del clero y de las iglesias. Peor aún: el reducir de esa forma el cristianismo (y la fe cristiana) coexiste en muchos casos con la injusticia, con la insolidaridad e incluso con el egoísmo más cruel; todo ello amparado precisamente por un manto de falseada religiosidad. Éste es el cristianismo al que se remite la familia Lantigua, en *Gloria*, María Sudre y *La familia de León Roch* influidas por el clérigo Paoletti, el raquítico y perverso mundo de *Doña Perfecta*, de Pantoja en *Electra*, de Doña Juana en *Casandra*, de Domiciana y *Los duendes de la camarilla*, de *Los Ayacuchos* y *Los Apostólicos*, del carlismo en general; el de la conspiración eclesiástica contra Godoy en *El audaz*, etc. Galdós nos distanciará de tales personajes.

Irónicamente se critica también en varias ocasiones el planteamiento de la religiosidad cristiana (del cristianismo) como una exclusiva terapia consoladora, máxima reducción de lo cristiano [746]; o como freno de los desórdenes sociales. *"Sin religión no hay sociedad posible. ¿Adónde llegaría el frenesí de las masas estúpidas e ignorantes si el lazo de la religión no enfrenara sus malas pasiones?"*, dice el aprendiz de político Rafael en *Gloria;* a lo que responde su interlocutor, el cura de Ficóbriga: *"Usted pertenece a la escuela de los que defienden la religión por egoísmo; es decir, porque les cuida sus intereses. Ven en ella una especie de guardería rural, y dicen: 'La religión es muy buena: debemos creer; verdad es que yo no creo, pero crean los demás...'"* [747]

Es decir, este tipo de cristianismo está siempre a punto de pactar con la falsedad y con la inhumanidad; "virtudes" que practica hábilmente –por ejemplo- el marqués de Torralba, consejero de Tarsis (*El caballero*

---

[746] Obdulia, desgraciada joven que fue amante de Tito, cuenta el consejo que ha recibido de la beata Celestina Torado: *"Díjome que en la iglesia* (en la práctica del cristianismo) *hallaría mi remedio, que fuese a misa y a confesar, y que rezara mis tercios de rosario con devoción. Mi antigua señora la Marquesa de Navalcarazo me llamó para recomendarme el mismo medicamento de Celestina. Religión, misas, novenas, y pronunciar a toda hora el nombre de Jesús, que endulza el alma y la boca –más que con la miel y azúcar- con sólo sus cinco letras."* (PÉREZ GALDÓS, BENITO, *Amadeo I*, o.c., pág. 170)
[747] PÉREZ GALDÓS, BENITO, *Gloria*, o.c., pág. 108

encantado) [748] y que son las que propone Buenaventura Lantigua a Daniel Morton, en *Gloria*, con una visión esperpéntica del ecumenismo.

Galdós denuncia constantemente esa concepción reducida y falseada del hecho cristiano, causa indudable de la devaluación que sufre el movimiento evangelizador.

b) Superar la fijación dogmática, cultual o moral y, en consecuencia, la intransigencia confesional.

La religiosidad católica del siglo XIX se caracterizaba en gran medida por el fundamentalismo, que encontraba su autojustificación en las duras condenas pontificias romanas, por una parte y, por otra, en el espíritu del Antiguo Régimen muy presente en España, a pesar de la extraordinaria aventura protagonizada por las Cortes de Cádiz. Los Borbones Fernando VII y el pretendiente Carlos Isidro reafirmaron en nuestro país las posturas de intransigencia católica de los Austrias. [749]

Don Benito desenmascara y rechaza la distorsión rigorista y antiliberal del hecho cristiano que practica el catolicismo en uso. No rechaza el catolicismo y menos la sana religiosidad popular; muy al contrario. Lo que fustiga en toda su obra es el fanatismo incrustado en la mentalidad y en la práctica de una gran parte de los cristianos, especialmente españoles, la fijación absoluta en su dogmática y su moral. (Ya expusimos en este sentido la línea de pensamiento afín a los krausistas cristianos).

Gloria y *La familia de León Roch* son dos novelas de máxima importancia teológica. En ellas afronta la desviación rigorista, que considera gravísimo obstáculo para la identificación y desarrollo del cristianismo. Esa

---

[748] *"Con un catolicismo dulzarrón conquistó a su mujer. La considerable riqueza de su señora le permitía vivir con decorosa holgura, presentarse como uno de los mejores ornamentos de la sociedad, y alardear de paladín de la Romana Iglesia...Frecuentaba los actos cultuales de ostentación pontificia, y en sus paseos acompañábanle frailones extranjeros bien vestidos."* (PÉREZ GALDÓS, BENITO, *El caballero encantado*, o.c., págs. 86-87)

[749] Es interesante recordar, a este respecto, el *Catecismo Civil de España* "mandado imprimir de orden de la Junta Suprema" en los años de la Guerra de la Independencia, que, sin duda, circulaba aún durante el reinado de Fernando VII y que Galdós tuvo que conocer. Las primeras preguntas y respuestas dicen así: *P. -¿Qué sois? R. -Español por la misericordia de Dios... P. -¿Cuáles son las obligaciones (del español)? R. -Ser Cristiano Católico, obediente a su Rey, y amante de su patria, dando por ella la vida si fuese necesario.* (Facsímil de la edición de la Viuda de Hidalgo y Sobrino. Sevilla. En la Biblioteca Nacional)

desviación cristaliza seguramente (para Galdós) cuando se produce la radical condena pontificia del modernismo.

Gloria representa la imposibilidad de facto del diálogo ecuménico. No sólo la familia de los Lantigua, dirigida espiritualmente por el obispo-cardenal Don Ángel, sino todo el pueblo de Ficóbriga, es decir, casi el cien por cien de la población "cristiana", inmisericorde, condenan al judío Morton por ser judío y por atreverse a amar a una mujer cristiana; y niegan a la pareja (Gloria – Daniel) la más mínima posibilidad de matrimonio, de coexistencia de amor, de mutua aceptación respetuosa de la individualidad creyente de cada uno, y –lo que tal vez es peor- su derecho a ejercer la maternidad y la paternidad del hijo nacido. Para el autor esta situación del catolicismo dominante es trágica y lleva a la muerte, como sucede efectivamente en la novela (con una clara razón simbólica).

La familia de León Roch desarrolla el mismo tono de intransigencia y rigorismo de la mentalidad católica, referida ahora a la relación entre una creyente y un ateo, que no por esa diferencia dejan de amarse, al menos durante la mayor parte del relato. En este caso la postura pseudomística de María, dirigida tenazmente por el religioso Paoletti y por el hermano de ella, Gonzaga, lleva a la ruptura matrimonial y a la desesperación interior de León que encuentra un muro infranqueable para la relación, viéndose rechazado exclusivamente por su falta de fe.

Gustavo, personaje secundario pero importante en la novela, hace a León un diagnóstico lúcido de la situación: *"No admito más que dos caminos: o ser católico o no serlo… Ella* (María) *no tiene culpa ninguna, ¡tú la tienes toda, tú, toda! La verdad no puede transigir con el error. En este caso, tú has de sucumbir y ella ha de permanecer siempre levantada y triunfante."* [750] El texto expresa la tremenda dureza de la postura católica del XIX, que no tiene nada que ver con las páginas del Evangelio en las que consta la relación abierta de Jesús con los no judíos y con los pecadores públicos.

c) Desmitificación del sentido supuestamente cristiano de algunos elementos culturales.

En líneas generales puede afirmarse que –para el escritor cuyo pensamiento escrutamos- los parámetros culturales de usos y costumbres de la sociedad española apenas tienen ni expresan verdadera identidad cristiana; o la han desfigurado de tal manera que no puede reconocerse en ellos el

---

[750] PÉREZ GALDÓS, BENITO, *La familia de León Roch*, o.c. pág.89

cristianismo. Como veremos algo más adelante, la religiosidad popular queda muy desautorizada desde este punto de vista en un buen número de obras. No así la correcta celebración litúrgica en el templo, especialmente la de la liturgia solemne de Semana Santa; pero en varias ocasiones critica con dureza el costumbrismo navideño que encuentra ajeno a la celebración del Nacimiento de Jesús.

La descripción de la Navidad madrileña (en *La desheredada*) es, en realidad, un alegato de enorme actualidad en defensa del cristianismo original y en contra de la perversión de una fiesta que debiera ser exponente del Misterio de la Encarnación del Verbo.

"Llegó Navidad, llegaron esos días de niebla y regocijo en que Madrid parece un manicomio suelto. Los hombres son atacados de una fiebre que se manifiesta en tres modos distintos: el delirio de la gula, la calentura de la lotería y el tétanos de las propinas. Todo lo que es espiritual, moral y delicado, todo lo que es del alma, huye o se eclipsa. La conmemoración más grande del mundo cristiano se celebra con el desencadenamiento de todos los apetitos. Hasta el arte se encanalla. Los teatros dan mamarracho o la caricatura del Gran Misterio en nacimientos sacrílegos... No hay más que un pensamiento: la orgía." [751]

El juicio parece excesivamente duro y generalizado (habría que confirmar desde el punto de vista sociológico el modo de vivir las navidades españolas y madrileñas en las últimas décadas del siglo XIX); pero lo que interesa destacar es la repetida alusión al Misterio Cristiano, que supone (según esas páginas) una forma más interior y espiritual de celebración acorde con el espíritu del cristianismo.

2. Dialéctica del hecho eclesial. (Eclesiología de Galdós).

A lo largo de la producción galdosiana el concepto de Iglesia emerge desde perspectivas diversas y complementarias; siempre –a nuestro entender– de una forma dialéctica: afirmando y negando, aproximándose al misterio y alejándose de él, considerándolo a la vez en sus manifestaciones institucionales, populares e incluso plásticas.

---

[751] PÉREZ GALDÓS, BENITO, *La desheredada*. O.c., pág. 239 Aparece otra alusión a la Navidad, sin esa fuerte crítica, en el Episodio Nacional *Amadeo I* (O.c., pág. 195); debiendo hacer notar que el contexto histórico de ambas es el mismo: el breve reinado de Amadeo I. Más adelante citaremos otras alusiones periodísticas a la Navidad española, al detenernos en el estudio de la religiosidad popular.

Reservaremos para el capítulo siguiente el tratamiento de la Iglesia ministerial y pastoral (por la importancia y extensión que esa temática adquiere en los escritos del autor), y nos ceñimos ahora al análisis de cuatro aspectos de la teología eclesial: la visión neotestamentaria de la Iglesia, la vida religiosa institucionalizada, la eclesiología de las devociones populares y la relación entre Iglesia y arte cristiano.

1. Concepto y alternativas de Iglesia en la obra galdosiana.

Para la teología cristiana la Iglesia universal es no sólo la institucionalización del cristianismo sino, a la vez, una realidad mistérica: el Cuerpo de Cristo y el Pueblo histórico de Dios animado por el Espíritu Santo, a pesar de las desviaciones y pecados que lo aquejan. Este Misterio eclesial se verifica teóricamente en la totalidad de los bautizados; sin que deba reducirse, polarizarse o centrarse en la jerarquía, en el mundo eclesiástico o clerical y en los miembros de congregaciones religiosas (personas todas ellas que, sin embargo, ostentan en la sociedad una determinante representación y voz del hecho eclesial).

La Iglesia se hace real y tangible en las iglesias particulares; y, en concreto, en las pequeñas comunidades cristianas fieles a la dinámica esencial de lo sucedido en la primera expansión cristiana desde los acontecimientos de Pentecostés.

¿Existe esta amplia concepción eclesiológica en la creación literaria galdosiana?

Alusiones al Misterio de la Iglesia.

No encontramos en las obras de Galdós una descripción teológica directa de la Iglesia universal. Sólo en alguna página –y esto de modo incidental- se hace alusión al Misterio de la Iglesia como Esposa de Cristo. El apacible presbítero Don Tomé (en *Ángel Guerra*), refiriéndose al amor estrictamente espiritual que dice unirle a Leré, manifiesta sin presunción: *"Hágase usted cargo de la absoluta pureza de este amor, remedo del de Cristo a su esposa mística la Iglesia."* [752]

Sin embargo, discretamente pero con acierto, sí hallamos rasgos importantes de una eclesiología positiva y neotestamentaria, aunque desarrollada sólo de manera simbólica: encarnada en pequeñas realidades

---

[752] PÉREZ GALDÓS, BENITO, *Ángel Guerra. Vo. II*, o.c., pág. 489

institucionales de signo comunitario y evangélico. Ellas trasmiten –de manera algo simple, sin duda- una intuición del misterio comunitario fraterno que debiera definir a la Iglesia.

La Domus Domini del cigarral de Toledo (en *Ángel Guerra*), la comunidad de Pedralves (de *Halma*), el albergue terapéutico de Guillermo Bruno (en *Amor y ciencia*) o el asilo de Nuestra Señora de la Indulgencia (de *Pedro Minio*), dirigen la mirada del lector hacia la primitiva vida eclesial nacida en Pentecostés, lugar de asentamiento definitivo de los hombres en la tierra (particularmente de los pobres y desgraciados) donde se verifica ya de algún modo la promesa del Apocalipsis: *Él enjugará las lágrimas de sus rostros, y no habrá ya llanto...* Así es la vivencia de la cigarrera Pascasia (en *Pedro Minio*): "*Mis ojos llorando, mis dedos soltando pitillos, así me ha ido la vida..., vida de perros... No respiré, no viví hasta que las olas de Dios, pum, me trujeron (sic) a esta playa*"; lo que confirma otro de los personajes de la comunidad, Ladislada: "*Si, señora. Esto es la gloria*" [753] Una visión evidentemente idealizada, pero certera.

En el capítulo siguiente, al descubrir la extraordinaria valoración que se hace del ministerio pastoral de los presbíteros y de la teología sacramental, tendremos ocasión de perfilar con mayor precisión los signos propios que –según la perspectiva galdosiana- manifiestan la verdad de la Iglesia.

Crítica de la Iglesia, institución universal, en el pensamiento de Galdós.

De manera indirecta o implícita sí consta con frecuencia la percepción de la realidad eclesial como institución propia del cristianismo, como institución que asume y encauza la práxis histórica del hecho cristiano (independientemente del modo como lo haga). Lo que ocurre es que, al hallarse el autor inmerso culturalmente en las estructuras sociales de esta Iglesia-institución, no acierta a remontarse hacia una reflexión directa y explícita del Misterio de la Iglesia más allá de su trayectoria a lo largo de los siglos; y que, además, esta visión resulta demasiado mediatizada por la fisonomía del catolicismo español.

Galdós está sometiendo la religiosidad y la religión a un proceso de interiorización (de espiritualidad sana) y de concienciación crítica... La

---

[753] PÉREZ GALDÓS, BENITO, *Pedro Minio*. Acto I, escena V, y Acto II, escena IX. O.C. págs. 643 y 659

Iglesia tendría que vivir ese proceso continuamente; pero él duda de que la institución eclesial se muestre capaz (en su conjunto) de llevar a cabo tal movimiento interno purificatorio. Nos deja la impresión de que asiste al fracaso global de esa institución (no del cristianismo). Y, desde luego, exime a Dios –o a Jesús- de tal fracaso.

Indudablemente se sintió atraído por las corrientes críticas del krausismo de signo cristiano, y de alguna manera asumió un papel reformador, pero –como señala Armas Ayala- *"no reformador –y esto es importante recalcarlo- de la Iglesia Católica, sí de la sociedad católica española"* [754]; lo que ocurre –añadimos nosotros- es que esta sociedad católica española (integrada por el clero mayoritario, la burguesía conservadora también mayoritaria, y el pueblo sencillo) representaba demasiado a la institución eclesial.

En efecto. El devenir eclesial concreto es visto –la mayor parte de las veces- en grave oposición al Evangelio de Jesús, a la Iglesia primitiva. Al final de la última novela que escribe (*Casandra*. 1918) Rosaura y Casandra, presentes pero ajenas al círculo del dinero en el que se agitan los demás personajes de la obra, contemplan allí mismo (en la escena) *"la sombra sagrada de Cristo"* huyendo: huyendo de un mundo en gran parte eclesiástico.[755] Del mimo modo que Jesús se aleja irremediablemente del Gran Inquisidor que lo juzga, en la obra de Dostoievski. Ésta es seguramente la denuncia más grave que se hace al catolicismo dominante.

En este sentido Galdós vierte y concreta a lo largo de casi toda la creación literaria un juicio crítico y negativo de la institución eclesial, plasmada especialmente en la dura burguesía católica y en el mundo eclesiástico (clerical). El juicio puede ser generalizado en exceso por su parte, pero es que no soporta que esas dos instancias representen y monopolicen a la Iglesia. Tanto en sus manifestaciones privadas como en sus

---

[754] ARMAS AYALA, Alfonso, *Pérez Galdós y Pereda a través de sus cartas*. I Congreso Internacional de Estudios Galdosianos, Ed. del Cabildo Insular de Gran Canaria. Las Palmas 1977, pág. 28

[755] BEHIELS, LIEVE escribe, comentando esta novela: *"El final de la obra enfrenta a estos personajes y a los lectores con una ausencia fundamental en el campo de batalla religioso escenificado en la obra y que hsta aquel momento pasa desapercibida. En la iglesia del Dios plutocrático falta la fe de Cristo."* (Los demonios de 'Casandra' de Benito Pérez Galdós. Actas del XIII Congreso AIH. Tomo II. Centro Virtual Cervantes. pág.94)

escritos formales está proponiendo una apremiante reforma del catolicismo hispano, o sea, de la Iglesia institucional española.[756]

- Le parece un grave error el que sea el clero quien hable en todo momento en nombre del conjunto eclesial, exigiendo, además, una pertenenecia sumisa a él mismo. De manera sutil perfila esta idea al describir el estado de ánimo de Ángel Guerra cuando éste acepta la dirección espiritual del sorprendente presbítero Juan Casado (un hombre que se define fundamentalmente como agricultor):

"Más que por su inteligencia tolerante y por su afabilidad seductora, Casado le atraía por una cualidad resultante de la combinación feliz del carácter con circunstancias y accidentes externos. El hombre era absolutamente desinteresado, quizá por la independencia dichosa que gozaba. Sin la seguridad de esta independencia en el que debía ser su iniciador, Guerra no se habría entendido con él, pues quería que su padrino tuviese no sólo el desinterés personal sino el colectivo; es decir, que no apostolizase por delegación de una de esas órdenes poderosas y de organismo unitario, que aspiran a absorber o desleir al individuo, haciéndole desaparecer en la masa común." [757]

Entendemos que el texto reviste gran importancia por la densidad de pensamiento eclesial y pastoral que encierra: está proponiendo "otro modo" distinto de ser Iglesia y de hacer Iglesia desde el respeto y la valoración de todas las individualidades, desde la renuncia al poder, tal vez como exponente del principio fundamental de la encarnación.

Es evidente que para Don Benito la causa mayor de los deterioros eclesiales proviene del abrumador mundo eclesiástico, del clericalismo; y, en concreto, del hecho de que los clérigos se atribuyan la representación de la Iglesia y se constituyan en portavoces únicos de la misma. No obstante, debemos hacer dos advertencias: primera, que dentro del realismo que desarrolla -como metodología propia- van a aparecer tipos excepcionalmente

---

[756] En carta a Teodosia Gandarias, el gran amor de Don Benito, con la que ha tenido un hijo (que fallecerá siendo aún niño), escribe con ironía: *"Respecto al hijito que tenemos, no nos contentaremos con el capelo cardenalicio que le hemos dado. Darémosle de añadidura la tiara papal, para que nos ayude a liberar(¿) a España de la cuestión clerical..."* Carta de 2/8 sin año (hacia 1910). Nº de registro en el Epistolario de Galdós en la Casa Museo Pérez Galdós de Las Palmas: 8324).
[757] PÉREZ GALDÓS, BENITO, *Ángel Guerra. Vol. II.* o.c., pág. 450

valiosos de presbíteros y de religiosas, poseedores de gran densidad teológica (dato éste que corregirá cualquier presunción anticlerical referida a Galdós); y, segunda, que en este asunto (la crítica del clero) los escritos galdosianos parecen dejarse llevar muchas veces de la fácil generalización que hacía una gran parte del liberalismo europeo de la época.

De momento nos limitaremos a dejar constancia de las principales críticas que se hace a la institución eclesial (y a la máxima representación de la misma: al papado); dejando para más adelante la reflexión precisa sobre el mundo eclesiástico y sobre la realidad sacramental.

El lector deberá deducir de los juicios críticos y negativos una positiva aproximación a "la Iglesia-que-debería-ser", al concepto que corresponde al hecho eclesial en virtud de su nacimiento y de su identidad mistérica.

a) Crítica de la Iglesia como institución de poder interno opresivo.

Una de las formas sutiles de poderío opresor es la que practican las instituciones en su ámbito interno sobre sus miembros, consciente o inconscientemente. Es el poder –legal o moral- de intimidación, de represión o de conducción e intromisión en las conciencias y en las vidas.

La Iglesia ha ejercido ese poder incontrolado a lo largo de la historia. Baste recordar la persecución a muerte de las desviaciones doctrinales o morales sin admitir apelación en contra, arbitrada por la Inquisición en sus diversas etapas, el conductismo y la tiranía sobre las conciencias, y la alianza con los poderes culturales y sociales para imponer la práctica religiosa. Presentándose este tipo de actuación como exponente del hecho cristiano (no sólo del funcionamiento eclesiástico).

El único problema que se le plantea a Halma para llevar adelante su proyecto de encilla y pura comunidad cristiana en Pedralves es la institución eclesiástica aliada con el resto de instituciones. Lo que se le pide es que se constituya en institución y, de esa forma, se integre en "la institución" (en la Iglesia – institución). Entonces la sabiduría cristiana y natural de Nazarín le ofrece la única solución, por molesta que sea para todas las fuerzas sociales que contornan la comunidad: que desinstitucionalice su obra y actúe con la libertad de su conciencia y de su vocación. [758]

---

[758] *"¡Cuánto más sencillo y más práctico, señora de mi alma, es que no funde cosa alguna, que prescinda de toda constitución y reglamentos, y se constituya en familia, en señora y reina de su casa particular! Dentro de las fronteras de su casa libre podrá Vd. amparar a los pobres que quiera, sentarlos en su mesa, y proceder como le inspiren su espíritu de caridad y su amor del bien."* PÉREZ GALDÓS, Benito, *Halma*, o.c., pág.333

La crítica global más dura que encontramos en la obra galdosiana es la que hace uno de los contertulios del Atenéo, Nicolás Rivero, en diálogo con el sacerdote medio liberal Miguel Sánchez. En el debate entablado se dice esto:

-(Sánchez:) *"Las democracias fueron siempre más tiránicas que las Monarquías.*
-(Rivero:) *Pero nunca tanto como la Iglesia.*
-(Sánchez:) *Poco a poco, Don Nicolás...*
-(Rivero:) *La Iglesia, la primera y más opresora del mundo. Lo discutiremos cuando usted quiera."* [759]

Está claro –para Galdós- que la Iglesia nunca debiera ser una institución acaparadora del Cristianismo y dominadora de las conciencias. El drama *Electra* ilustra bien esa tesis. Electra ha sido encerrada en un convento, forzada a abrazar la vida religiosa, sin vocación, vilmente engañada por Pantoja y Evarista; casi al final, Sor Dorotea, figura liberadora, evocando tal vez la frase simbólica de Don Quijote a Sancho (*Con la Iglesia hemos topado*), le dice a la joven: *"Ven. A la Iglesia, no"* Y Electra corrobora: *"Quiero respirar... Quiero vivir."* [760] ... La iglesia de que hablan es la del Convento de San José de la Penitencia; pero ésta simboliza la institución cerrada desde la que Pantoja quiere poseer y dominar a la protagonista.

El matrimonio de León Roch y María –tantas veces evocado aquí- se rompe por la interferencia dogmática del eclesiástico Paoletti. Victoria (*La loca de la casa*) contrae un matrimonio horroroso y abandona su deseada consagración religiosa movida por una idea falsa de la voluntad de Dios que se fomenta en el clima eclesial que la rodea. A Santiago Íbero los religiosos del noviciado en donde se ha recluido -huyendo de sí mismo- le privan de toda comunicación liberadora con el exterior (al modo clásico de las sectas). Algo parecido intenta realizar con el anciano conde de Albrit el prior del Monasterio de Zaratán, aliado de la duquesa Lucrecia. Salomé, el amor de Iberito, es conducida a la fuerza a un convento de Lourdes en donde recibe un verdadero lavado de cerebro...[761]

---

[759] PÉREZ GALDÓS, BENITO, *Prim*, o.c., págs. 96-97
[760] PÉREZ GALDÓS, BENITO, *Electra*. Cto V, escena VIII. O.c., pág. 338
[761] Ver la maquinación religiosa contra Electra, en el Acto 4, escenas VIII a XII, (PÉREZ GALDÓS, BENITO, *Electra*, o.c., págs. 314 a 325); el sacrificio violento que se impone a Victoria, en *La loca de la casa*, Acto 2º, escenas XVII a XIX, (PÉREZ GALDÓS, BENITO,

El escritor irá haciendo diversos retratos de esa situación opresora, pintándolos con el colorido literario necesario para que el lector entienda que se trata de imágenes falseadas de la Iglesia (no de su propio pensamiento sobre ella) y que esa reproducción pictórica, aunque real, no expresa (sino que contradice) la verdad del cristianismo.

Sin duda el retrato eclesial más distorsionado, el más opuesto al legado apostólico, es la Inquisición eclesiástica (que restablecerá Fernando VII). Leandro, compañero de Martín Muriel (*El audaz*), será conducido a ella por simples sospechas de herejía y retenido allí sin límite de tiempo. Es terrible (y no lejos de la realidad históricamente) la pintura goyesca que se hace de los calabozos y las oficinas de la Inquisición toledana en esta obra.[762]

Otra dimensión del poder eclesiástico (institucional) es la capacidad de ejercer influencia interesada sobre personas y estructuras de la sociedad, empleando para ello secretas alianzas con determinados grupos políticos o sociales.[763]

La interesada conspiración contra Godoy que narra *El audaz. Memorias de un radical de antaño* se lleva a cabo con el acuerdo interno de una burguesía aparentemente católica y de un oscuro mundo eclesiástico. Allí la plataforma de inquisidores, frailes de alguna congregación y canónigos toledanos constituye la fuerza de apoyo indispensable para la revolución (aunque ésta resulte un fracaso y se haga pagar los platos rotos al idealista Martín Muriel). Algo semejante ocurre en las conspiraciones absolutistas durante el "trienio liberal" narrado en los Episodios.

---

o.c., pags. 62 a 68); el secuestro religioso de Santiago Íbero, en *Los* Ayacuchos, Cap. XXIV, (o.c.,,págs. 153-158); el del Conde Albrit, en *El abuelo*, Jornada 4ª, escenas VIII a X, o.c., págs. 168-180 (*"Me han traído con engaño, me dejan con perfidia. Me encierran como a una bestia dañina. ¡Me ponen en manos del carcelerom que es usted, la Comunidad, Zaratán maldito!"*); o el rapto de Salomita por las monjas de Lourdes, en *La de los tristes destinos*, Cap.XX, (o.c., págs. 139-141).

[762] *"En sus sótanos se pudrían multitud de seres humanos, esperando en vano el fin de un proceso que no se acababa nunca. Sus vastas crujías subterráneas ostentaban en fúnebre museo los aparatos de mortificación y tormento...Aquello era más triste que todas las prisiones inventadas por la tiranía, porque éstas, en su silencio sepulcral, producido por la carencia absoluta de funciones judiciales dentro del mismo recito, se parecían a la muerte... Un enjambre de leguleyos antipáticos, crueles, insensibles a los dolores ajenos... emborronaban diariamente muchas resmas de un papel amarillo y apergaminado, con lo cual querían revestir al crimen de las santas fórmulas del derecho, y engalanaban su infame y bárbara prosa con sentencias del Evangelio, juzgando en su estulticia que se engaña a Dios tan fácilmente como se engaña a los hombres."* (PÉREZ GALDÓS, BENITO, *El audaz*. O.c., pág. 295)

[763] Puede verse el excelente estudio de JOSÉ LUIS MORA GARCÍA: *Iglesia, sociedad y poder* en su libro *Hombre, sociedad y religión en Galdós*, o.c., págs. 133-138

La condesa Pilar de Loaysa, madre oculta de Fernando Calpena (tercera serie de Episodios), cuando escribe a Demetria y anima a ésta y a su hermana Gracia para que vayan ambas a reunirse con ella (en un viaje dificultoso), les da el siguiente consejo:

"No temáis nada, y si quieres protección de personas eclesiásticas en tu largo camino, ya que mi hermana tiene por aliados a los reverendos de Calahorra y Tarazona, puedo yo, si quieres, ponerte bajo el amparo de mi buen amigo el cardenal arzobispo de Zaragoza. El de Barbastro, por cuya diócesis tienes que pasar, también es de los míos. Digo más: soy santa de su devoción, como que me debe la mitra. ¡Y que no me costó poco trabajo dársela!... que Istúriz y el señor Barrio Ayuso no querían, ni por un Dios, y el Nuncio andaba muy reacio." [764]

El texto expresa suficientemente la idea del poder real que detenta la jerarquía eclesiástica diocesana sobre el medio social y, a la vez, la alianza de ésta con la aristocracia.

Este poder se convierte con frecuencia en cómplice de las mayores injusticias humanas: Doña Perfecta no hubiera podido impedir la relación entre su hija Rosario y Pepe Rey, ni hubiera podido ordenar el asesinato del joven, sin la anuencia y la bendición del canónigo Don Inocencio y de toda la burguesía católica de Orbajosa.

El escritor parece dejarse llevar del enigmático y surrealista Tito, protagonista de la quinta serie de Episodios, al emitir un juicio tremendamente duro y despectivo sobre algunos religiosos por el poder que estos –según él- reciben de la nobleza. [765]

Como era de esperar, las personas que han experimentado en sí mismas la tiranía opresora del mundo eclesiástico tiemblan ante él. Es durísimo el texto en el que Amparo expresa silenciosamente la visión eclesial a la que ha tenido que llegar:

---

[764] PÉREZ GALDÓS, BENITO, *Los Ayacuchos*, o.c., pág. 151
[765] *"Presumo yo que los guerreros de la faja negra* (se refiere a los jesuitas), *traídos ahora por una dama* (la duquesa de Pastrana), *cuando se aseguren en el territorio recientemente adquirido, extenderán su dominio a todas las esferas y serán nuestros amos. Fortalecerán su poder educando a las generaciones nuevas, interviniendo en la vida doméstica,... Pues sufrimos esclavitud, seamos cautos y comedidos con nuestros dominadores, hasta que llegue, si es que llega en vida nuestra, el momento de darles la zancadilla."* (PÉREZ GALDÓS, BENITO, *Cánovas*. Episodio Nacional n. 46. Historia 16. Caja Madrid. 1996. Pág. 183)

"Todo recuerdo de cosas eclesiásticas, toda alusión o referencia a ellas, la hacían temblar con escalofríos, como si le pusieran un cilicio de hierro. Entonces era cuando su conciencia se alborotaba más, cuando su sangre hervía y cuando el corazón parecía subírsele a la garganta, cortándole el aliento." [766]

Pocos personajes han sufrido tanto por el acoso eclesiástico como esta joven, que lo padece a lo largo de dos novelas (*El doctor Centeno* y *Tormento*).

b) Crítica de la inflación ritual de la Iglesia.

Aunque no venga explicitada de esta forma, en el fondo lo que Galdós lamenta de la configuración eclesial (del catolicismo) es que se haya convertido en una religión. El análisis lo hacemos desde categorías teológicas tan recientes que no podemos pedírselas al escritor canario. Hoy sabemos juzgar y rechazar en el fondo la confrontación de lo religioso con lo profano y secular (nada es profano ni secular si se entiende el sentido cristiano de la autonomía del mundo y, a la vez, de la Encarnación del Verbo); podemos, por tanto, relativizar mucho las manifestaciones de religiosidad externas, resituándolas –si procede- en sus justos y reducidos límites. Entendemos que muchas de esas manifestaciones habituales (que constituyen el eje de la religión intitucionalizada) son quizás paliativos de una conciencia culpable o tributos paea encauzarla y, en definitiva, para garantizarse caminos intocables hacia Dios.

Don Benito evita el rechazo frontal de esta concepción de la religión; más aún, valora la estética de las formas religiosas y su capacidad de despertar y alimentar sentimientos hondos de sana religiosidad. Pero no soporta ni la reducción de la religión a tales prácticas externas, ni el mal hacer de las mismas, ni su inflación rutinaria u ostentosa. *"No me digan que protegéis la religión ensalzando el culto con ceremonias espléndidas... En los más casos no hacéis más que rodear de pompa oficial y cortesana al Dios Omnipotente."* [767] El texto continúa gozando de actualidad seguramente. Perfilaremos esta visión al analizar después el pensamiento del autor sobre la vida sacramental de la Iglesia.

c) Crítica de la Iglesia como poder político y en alianza con el Estado.

---

[766] PÉREZ GALDÓS, BENITO, *Tormento*, o.c. pág. 125
[767] PÉREZ GALDÓS, BENITO, *Torquemada y San Pedro*, Alianza Editorial. Madrid 1979, pág. 516

El poderío de la Iglesia en la sociedad se establece por razón de la relación constantiniana que tiene con el Estado, especialmente con la monarquía. Para conseguir cotas elevadas de dominio en la sociedad la máxima jerarquía eclesial –el Papa- pacta con los estados, hasta llegar así a un equilibrio mutuo de poderes. Pero, a un nivel más sutil, ocurría en España que los eclesiásticos, e incluso algunas monjas, ejercían un poder directo sobre los monarcas o sobre la Corte.

Galdós denuncia en varias páginas tal injerencia de la Iglesia. Eufrasia, personaje un tanto maquiavélico del Episodio *Prim*, revela este hecho referido a Isabel II: *"La Reina es liberal de corazón… La Libertad entra de lleno en el alma de la Reina, y avanza posesionándose de sus afectos, hasta el momento en que dentro de dicha alma se encuentra con el confesor. En este encuentro se acabaron las amistades; la Libertad sale despavorida del alma de la Reina... El confesor, cualquiera que sea, hace allí su casa."* [768] El personaje sigue analizando la dependencia espiritual de la reina respecto al eclesiástico y las consecuencias que ello tiene para la política. Este tipo de influencia es el que se atribuye (en diversos Episodios) a la famosa monja Sor Patrocinio de las Llagas. [769]

Por otra parte, casi al final de los Episodios Nacionales, el personaje Tito, haciendo la crónica de los acontecimientos en el Congreso de Diputados de principios de enero de 1874, escribe: *"Las mayores dificultades acumuladas sobre el Gobierno Castelar provenían de la inquietud de los Intransigentes y de la cuestión de los obispos."* Y sigue narrando el desgraciado asunto del nombramiento irregular de obispos no aceptados por Pío IX (*"han pasado largos meses sin que el gobierno español y el Vaticano se entiendan"*), la intervención de los jesuitas con el ofrecimiento de una lista de candidatos aceptables para las vacantes episcopales (arrebatando al gobierno sus privilegios) y, al fin, la decisión papal que *"vio que mermaban los chorros del dinero de San Pedro, y acabó por entenderse bonitamente con la República española."* [770] El autor refleja con esta ironía la realidad de una Iglesia vinculada –por las razones que sean- al poder político.

---

[768] PÉREZ GALDÓS, BENITO, *Prim*, o.c., pág. 60
[769] En el Episodio *La de los tristes destinos* la compañera del sargento ejecutado dice: *"Ésta es la historia de España que están haciendo allá la Isabel y el Diablo, la Patrocinio y O'Donnell, y los malditos moderados."* (PÉREZ GALDÓS, BENITO, o.c., pág. 16) La misma denuncia se hace en el Episodio *Los duendes de la camarilla*.
[770] PÉREZ GALDÓS, BENITO, *De Cartago a Sagunto*, o.c., págs. 61-62

Es la idea que explaya Rafael del Horro en la conversación ya mencionada con el cura de Ficóbriga Don Silvestre, en *Gloria*: "*Conviene, pues, que la Iglesia esté de nuestra parte. Es el gran auxiliar del Estado, y hay que tenerla contenta. ¿Pide seis?... Pues darle ocho.*" Aunque tanto el párroco como los lectores entienden muy bien cuál es la categoría moral del personaje, la candidez y la interesada perspectiva política del obispo Don Ángel han dado ya antes su apoyo a ese falso católico. [771]

Uno de los mecanismos sutiles de la alianza de la Iglesia con el Estado es conceder a éste una categoría religiosa. En las *Memorias de un cortesano de 1815* Galdós critica con fina ironía la exaltación divina de Fernando VII en boca del protagonista Juan Bragas de Pipaón: "*Todos los presentes estábamos conmovidos, y parecía que se nos comunicaba algo de la celestial hermosura de aquel varón insigne, ante cuya preciosa cabeza se postraba mudo y sumiso el pueblo escogido de Dios. ¡Oh, qué gusto ser español!*" [772] (como es sabido este Borbón era una de las personas menos agraciadas física y moralmente). Esta perspectiva crítica de exaltación religiosa del estado aparecerá repetidas veces en los Episodios Nacionales.

Por otra parte, el poderío eclesial en el mundo se muestra en el hecho de que Estado e Iglesia viven una continua confrontación de poderes. Así lo manifiesta el mismo jefe de gobierno Antonio Cánovas del Castillo al periodista Tito en la ficción literaria del último Episodio Nacional. [773]

Ese poder, aunque no compita con el mismo volumen de fuerzas de los demás entes sociales, sí es más sutil y limitador de las libertades individuales o de las pequeñísimas instituciones. Galdós denuncia la alianza de los

---

[771] PÉREZ GALDÓS, BENITO, *Gloria*, o.c., pág. 110 En página anteriores responde el obispo a Rafael (que le pide intervenga en la campaña electoral): "*Creo que mis paisanos le votarán a usted, porque son buenos católicos, y darán fuerza a los defensores de la fe; pero no me pida usted que les hable de este negocio. Allá se las entienda con su amigo Don Silvestre* (el párroco), *que es, según dicen, un águila para eso de elecciones.*"(PÉREZ GALDÓS, BENITO, *Gloria*, pág. 51)
[772] PÉREZ GALDÓS, BENITO, *Memorias de un cortesano de 1815*, o.c., pág. 107
[773] "*Mucho tiento será necesario hoy para desenvainar en nuestra edad la espada que esgrimieron Carlos V, Felipe II y Carlos III contra diferentes Papas, desde Clemente VII hasta Clemente XIV. Aquellos monarcas eran de más fuste que los que ahora tenemos, y el Papa de hoy, desposeído del poder temporal, aprieta furiosamente las clavijas del mecanismo dogmático con que gobierna las conciencias católicas. Yo procuro por todos los medios fortalecer el poder real... Y si en este reinado y en los siguientes mantiene su fortaleza el poder real, será obra fácil reducir y someter al poder eclesiástico.*" (PÉREZ GALDÓS, BENITO, *Cánovas*. Episodio Nacional n. 46. Historia 16. Caja Madrid. 1996. Pág. 121-122)

poderes de la sociedad local (dirigidos por el eclesiástico) sobre Catalina de Artal y sobre su frágil y profética comunidad cristiana de Pedralba, en *Halma*. [774]

    d)   Crítica de la riqueza y del bienestar material de la Iglesia.

El Episodio *Cánovas* es, sin duda, una de las obras más tristes y, al mismo tiempo, más antieclesiásticas; fruto, seguramente, del desencanto que produce en el escritor canario la restauración borbónica. Obispos y órdenes religiosas quedan muy malparados en esta obra, aunque la crítica se atribuya en parte al cinismo del visionario protagonista de la serie Tito o a la incultura de su compañera Casiana. Y uno de los temas de crítica anticlerical es la comodidad y el aburguesamiento de los conventos. Franciscanos, dominicos, carmelitas y lasalianos son mencionados despectivamente por esa causa en algún texto. [775]

La misma idea se refleja en *Misericordia*. En el diálogo entre mendigos (que nos evoca el *Romance de lobos* de Valle Inclán) Demetria responde a la corrección que le hace un compañero (*"Callar digo, y tengan más religión"*):

"Religión tengo, aunque no como con la Iglesia como tú, pues yo vivo en compañía del hambre, y mi negocio es miraros tragar y ver los papelaos (donativos de comida envueltos en papel) *de cosas ricas que vos traen de las casas. Pero no tenemos envidia, ¿sabes, Eliseo? Y nos alegramos de ser pobres y de morirnos de flato, para irnos en globo al cielo, mientras que tú..."* [776]

La crítica de la religión dominante aquí es muy dura, porque la riqueza y la vida de los católicos acomodados, con abundancia de bienes, significa la miseria y el hambre de los pobres.

La Iglesia que denuncia el escritor es una institución que, a semejanza de las demás, depende para su desarrollo de la adquisición de poder económico. En teoría éste es el principio con el que ella misma pretende

---

[774] En este sentido concluye G.G. MINTER su estudio sobre *Halma*: "*In Halma Galdós warns us the individual and collective erosion of human and spiritual standars which can result from the institutionalisation of the Churh.*" En *Halma and the writings of St. Augustine*, o.c., pág. 96
[775] "*Miraban a todos lados en busca de alguna mesa donde pudieran matar el hambre atrasada que de Francia traían...¡Pobre España, buena nube de langosta te ha caído!*" (PÉREZ GALDÓS, BENITO, *Cánovas*, o.c. pág. 187)
[776] PÉREZ GALDÓS, BENITO, *Misericordia*, o.c., págs. 49-50

justificar su holgura de bienes. Y esa es la idea que el marqués de Feramor intenta transmitir a su hermana Catalina, soñadora de una comunidad cristiana pobre.

"Vivimos en un siglo en que no se pueden desmentir las leyes económicas, querida hermana... Así como no se puede hacer una tortilla sin romper huevos, no puede emprenderse cosa alguna sin capital. Hoy no se crean Órdenes o Congregaciones con el esfuerzo puro de la fe y del ejemplo edificante. Se necesita que el que funda posea una fortuna que consagrar al servicio de Dios, o que encuentre protectores ricos y piadosos." [777]

El texto tiene un valor radical, matriz, y resulta seguramente de una enorme actualidad. Porque el discurso de Feramor justifica la razón desencadenante de la riqueza en la Iglesia, bendice el acomodado y proverbial buen vivir de una mayoría de religiosos y clérigos, y excusa la complicidad egoísta en la posesión de bienes materiales dentro del mundo eclesiástico.

El nuevo favor que recibe la religión en la época a la que se refiere el autor traerá también consigo el desarrollo de una pequeña industria religiosa artesana, y esto significará otra oportunidad de enriquecimiento para los católicos más avispados. [778]

e) Visión galdosiana de la configuración del Papado.

Obviamente la crítica que se hace a la figura del Papa (en cuanto a sus manifestaciones notorias) es crítica dirigida a la Iglesia universal.

Como intentaremos aclarar respecto a la acusación de anticlerical vertida sobre Galdós, no hay en nuestro autor una previa actitud antipapista. Es cierto que la posición doctrinal de Roma en contra del liberalismo fue experimentada de forma muy negativa; también el apoyo que la alta burguesía católica parecía tener en el Papa. Pero da la impresión de que el escritor estuvo esperando siempre cambios en la máxima jerarquía de la Iglesia, al estilo de lo que en el siglo XX sería el Papa Juan XXIII y en el XXI parece serlo el Papa Francisco. Por esa razón recibe con satisfacción el

---

[777] PÉREZ GALDÓS, BENITO, *Halma*, o.c. pág. 75. V. páginas anteriores y siguientes.
[778] V. *Cánovas*, o.c., pág. 193. La idea de enriquecerse a costa de las devociones religiosas aparece también, por ejemplo, en *Lo prohibido,* en donde Bueno de Guzmán deja constancia de lo provechoso que sería tener en España un lugar de peregrinación semejante a Lourdes: *"Díjome* (se refiere a María Juana) *que en Madrid iba a hacer propaganda para que a la más popular de las Vírgenes se le dedicaran peregrinaciones y jubileos, a fin de llevar dinero a Zaragoza."* (PÉREZ GALDÓS, BENITO, *Lo prohibido,* o.c., pág. 300)

pontificado de León XIII, más abierto doctrinal y socialmente que el de sus predecesores.

Tenemos como importante dato (del pensamiento galdosiano) el artículo *Alrededor de una encíclica* que publica en la prensa madrileña el 20 de noviembre de 1885. El documento pontificio al que se refiere es la *Immortale Dei* que trata de los sistemas de gobierno según los principios cristianos. Sobre él escribe:

"Lo más reciente y lo más notable de que puedo hablar hoy, es la Encíclica de Su Santidad... Este documento se distingue por lo templado y conciliador de su tono, que contrasta con el violentísimo y antievangélico de la prensa ultramontana de todos los países. La misma cátedra de San Pedro no ha hablado siempre un lenguaje tan moderado como el presente, lo cual hace creer a muchos que se acercan tiempos de reconciliación. León XIII es hombre de gran entendimiento y no puede llevar a la Iglesia a un divorcio absoluto de la sociedad moderna." [779]

(Continúa felicitándose por el hecho de que la Santa Sede, en este escrito, salga en defensa de aquellos católicos insultados y condenados por la mayoría de la prensa clerical.) El artículo revela en su autor, en primer lugar, interés por el pensamiento pontificio; a la vez, respeto indudable a la persona del Papa, deseo de que exista una reconciliación entre la oficialidad de la Iglesia y la sociedad progresista, y confianza en que León XIII, el sucesor de San Pedro en ese momento, pueda llevar a cabo esa misión.

Con el mismo carácter de elogio se expresa en carta dirigida al periódico La Prensa, de Buenos Aires, esta vez a propósito de la encíclica *Rerum Novarum* centrándose en un párrafo de la misma: *"En la última encíclica del Papa León XIII hay un párrafo que indudablemente entraña profundísima sabiduría: 'Tres males –dice- nos parecen funestísimos para el común bienestar, que son: el disgusto de una vida modesta y activa, el horror al sufrimiento y el olvido de los bienes eternos que esperamos'."* El comentario que hace Galdós a continuación resulta, sin embargo, confuso, porque alude a la resignación, que no parece sea el sentido primordial que da el Papa al texto. (Una breve síntesis de la relación de Galdós con León XIII aparece en el libro de Domingo NAVARRO NAVARRO *Enaltecedores y detractores de Pérez Galdós,* págs. 7-10).

---

[779] PÉREZ GALDÓS, BENITO, *Inéditos*. Citado por Luis Nos Muro, o.c., pág. 740

A pesar de esas dos referencias, hay que reconocer que la crítica más frecuente de Galdós al Papado tiene un carácter negativo. En varias ocasiones –siempre con matiz de humor y sátira- hace una sutil denuncia del esplendor romano papal y de su función como monarca absoluto.

La pérdida de los Estados Pontificios y la reclusión de Pío IX es ocasión para ironizar sobre la posibilidad de que el Papa traslade su sede a España. El cínico Tito (Episodio Nacional *Amadeo I*), durante su estancia en Durango, se hace pasar por reformador católico y enardece el entusiasmo de la carlista población vasca proponiendo traer al Papa a Madrid y declarar el "Estado Pontificio Español" [780]. Cuando se descubre la burla tiene que desaparecer de la ciudad. En el Episodio anterior (*La España trágica*) Pilarita le ha dicho a su novio Vicente Halconero:

"Lo que debe hacer Pío IX es abandonar a esa Roma ingrata y venirse a España con toda su Corte pontificia. Aquí se le recibiría como si bajara del Cielo, por ser éste el país más católico del mundo... Por mi parte, te diré que, si me apuran, todo lo que no sea casarme contigo me importa un rábano, y que allá se las haya Pío IX con Victor Manuel. Pero eso no quita que nos alegremos de que el Papa se establezca en Madrid. Dará gusto ver tantos cardenales vestidos de colorado y centenares de obispos, algunos con barbas..." [781]

En un sentido opuesto, pero con tono igualmente falso, un Pepe Fajardo todavía muy joven (*Tormentas del 48*, de la cuarta serie de Episodios) describe en la tertulia de ilustrados de Sigüenza la peculiar visión –progresista y un tanto falseada- que ha tenido del Papa durante su juvenil estancia en Roma: *"Para redimir a Italia y hacerla una y fuerte, se constituirá una federación bajo el patrocinio del Soberano Pontífice, y un sabio Estatuto, en que se amalgamen y compenetren los católicos principios con las reformas liberales, dará la felicidad a los italianos, ofreciendo a las demás naciones europeas una norma política, invariable y sagrada por traer la sanción de la Iglesia".*

Naturalmente, a esas palabras sigue una reacción violenta de los reunidos, y el canónigo de turno exclama: *"¡Vaya, que será linda cosa un Papa progresista!... ¡La Iglesia dando el brazo a los hijos de la Viuda* (a los

---

[780] V. la falsa proclama del protagonista en el Episodio *Amadeo I*, Cap. XVII, o.c., págs. 131-140. Mari Clío (La Madre), observadora del discurso de Tito, le dice, al final del capítulo: *"Eres el granuja de más chispa que he visto en el mundo. He pasado un rato delicioso oyéndote desatinar con tanta gracia y picardía."*
[781] PÉREZ GALDÓS, BENITO, *España trágica*, o.c., pag. 201

liberales)*! ¡Cristo entre masones...,ja, ja,ja, y la Santísima Virgen bordando banderas liberales como la Mariana Pineda!"* [782]

Justo en el Episodio siguiente a éste, la inefable María Ignacia (¿Galdós?) continúa divagando en tono crítico sobre el tema de la traída del Papa a España y aclara: *"Pues yo digo que si el Papa es Vicario de Jesucristo, ¿para qué necesita fusiles y cañones? Jesucristo no tuvo artilleros, ni le hacían falta para nada. Y también digo que no tuvo embajadores, ni ministros de Hacienda, ni cobraba por bulas o dispensas, ni gastaba esos lujos..., como que nunca se puso zapatos. ¿Lo entiendes tú, Pepe?"* [783] El texto expresa con sencillez la lógica del Evangelio.

2. La alternativa eclesial comunitaria en Ángel Guerra y en Halma.

Más importante que la visión eclesial desarrollada hasta aquí es, probablemente, la propuesta sorprendente de Don Benito de rehacer utópicamente la Iglesia (en principio, una iglesia nacional) desde la simplicidad comunitaria primitiva. Habrá que esperar muchas décadas de la vida actual del catolicismo para que esa propuesta tome cuerpo y se plasme en la realidad de pequeñas comunidades cristianas vivas, paralelas a la Iglesia oficial, y éstas sean aceptadas en un texto pontificio (en la exhortación apostólica *Evangelii nuntiandi* de Pablo VI). Tres grandes escritos galdosianos van a desarrollar esa intuición: *Ángel Guerra* (1881), *Nazarín* y *Halma* (1896); junto con otras dos obras de tono menor: los dramas *Amor y ciencia* (1905) y *Pedro Minio* (1908). En todos ellos emerge la nueva visión comunitaria eclesial. Conviene recordarlos brevemente; sobre todo, la trilogía novelística.

Aunque hay distancia de años en su construcción, *Ángel Guerra* debe considerarse el comienzo de esa trilogía que constituye, en realidad, una apasionante saga cuyo protagonismo corresponde a la fe cristiana, al Evangelio puro, a la pequeña comunidad cristiana... y a una osada intención de *"enderezar el cristianismo"* o, mejor, la Iglesia.

---

[782] PÉREZ GALDÓS, BENITO, *Tormentas del 48*, o.c., pag. 44
[783] PÉREZ GALDÓS, BENITO, *Narváez*, o.c., pag. 96. A este aspecto de la crítica del funcionamiento del Papado se añade la clara alusión al carácter ridículo que tiene el uso del mayestático "Nos" con el que los Papas se han venido autodesignando. Miguel de los Santos, un amigo de Fernando Calpena, escribe a éste: *"Date con un canto en los pechos por haber merecido el honor de que Nos (uso el plural como el Papa) hayamos vencido nuestra sublime pereza para escribirte."* (PÉREZ GALDÓS, BENITO, *La estafeta romántica*, o.c., pág. 78)

a) Línea argumental teológica de *Ángel Guerra y de Halma*.

Ángel es un personaje vehemente, de extraordinario interés para el lector.[784] Militar revolucionario y amante de Dulce, tras la muerte de su madre (Doña Sales) y de su hija Ción, entra en una fuerte crisis existencial. Se queda a solas con la soledad de su alma. El impacto que le produce la atracción y la honda espiritualidad de la institutriz de la niña (Lorenza) le lleva a romper con Dulce y a comenzar un proceso de conversión religiosa. Siguiendo a Leré hasta Toledo, se abre a la vocación sacerdotal y surge en él la idea de fundar una orden semejante a la femenina del Socorro (en la que se halla la institutriz, ya religiosa). Desea una obra aún más abierta y evangélica que las mejores congregaciones religiosas, pero una obra de tipo laical inspirada en la pureza desnuda del Evangelio, compuesta por mujeres y varones, plenamente identificada con los pobres, acogedora de los más enfermos y miserables (a quienes sus miembros deben dirigirse y atender conviviendo con ellos). Esta obra, a la que llamará *Domus Domini* tendrá un sentido de reforma de la Iglesia, del catolicismo.

El plan, grandioso e ingenuo, está muy ligado a la visión idealizada que tiene de Leré; y la fundación comunitaria quiere ser una precisa colaboración con la labor y los ideales de esta religiosa a la que él idolatra. Tal dependencia, con sus vaivenes, denota la inestabilidad psíquica de Ángel. Pero conviene hacer notar que Leré es la imagen presente del puro espíritu, de la Sabiduría que expresa siempre (y desde su absoluta sinceridad) la palabra divina que necesita Ángel en su proceso interior y fundacional.

Por su parte, la joven, mucho más sensata y segura en la madurez humana y en la vocación consagrada a Dios, guarda perfectamente las distancias afectivas y contribuye al progreso espiritual de Ángel; hasta que éste decide prepararse para recibir la ordenación sacerdotal (que no llegará a recibir porque muere antes).[785]

---

[784] FRANCISCO RUIZ RAMÓN dedica al estudio de *Ángel Guerra* el largo capítulo I de su libro *Tres personajes galdosianos. Ensayo de aproximación a un mundo religioso y moral* (Revista de Occidente. Gráficas Clavileño. Madrid 1964) con un certero análisis del protagonista.

[785] *"Poco a poco íbale saliendo a Guerra su plan, no completo ni sistemático, sino en miembros o partes sueltas, las cuales eran como sillares de magnífica veta, con los cortes y el despiezo convenientes para emprender luego la composición arquitectónica... Fundaría, pues, con toda su fortuna, una Orden, Congregación o Hermandad destinada a realizar los fines cristianos que a Lderé más le agradasen...Parte esencial de este plan era que él, estimándose el primero entre los desgraciados, entre los enfermos y entre los criminales, se consideraba ya número uno de los asilados, cofrades, hermanos, o lo que fuesen, sin que esto le quitase su carácter de fundador, ni le eximiese de la obligación de*

Aunque la *Domus Domini* (que comienza a practicar en el cigarral toledano) tiene como referencia las instituciones de vida consagrada fervorosas, la obra grupal que sueña adquiere mucho más el aspecto de comunidad laical independiente del institucionalismo religioso, con una clara intención de reforma radical de la vida cristiana; en comunión, pero no en dependencia de la jerarquía eclesiástica (representada por varios presbíteros). [786]

El proyecto se va desarrollando –con cierta anarquía, por cierto- en la comunidad constituida a las afueras de la ciudad. Lo anima una idea de simplicidad evangélica, de amor y de vida fraterna, revisada su práctica constantemente por la religiosa Leré (imagen acabada de auténtica santidad cristiana) y por el sabio y liberal sacerdote Juan Casado. La regla de vida tiene un profundo sentido de comunidad eclesial fraterna:

"... El tratamiento del cariño, de la confraternidad, de la exhortación cristiana, sin hierros, sin violencia de ninguna clase. El pecador que aquí venga no podrá menos de sentirse afectado por el ambiente de paz que ha de respirar. Viene a ser esto la casa temporal de Dios, donde se entra por amor, se reside por fe, y se sale franqueando una puerta en cuyo frontón está la Esperanza." [787]

El texto, ya citado antes, tiene una fuerte densidad evangélica y revela, sin duda, la notable capacidad de elaboración teológica del escritor.

La vida del cigarral va a permitir que se contraste la heroica caridad que se practica allí con el egoísmo y la mezquindad de otros personajes advenedizos (que llegan para aprovecharse de la bondad de Ángel, y son admitidos por éste sin ignorar sus intenciones). Fruto de tal acogida heroica

---

disponer todo lo material y externo." (PÉREZ GALDÓS, BENITO, *Ángel Guerra. Vol. II*, o.c., págs. 338-339) En cuanto al tipo de personas que admite en la comunidad del cigarral, destaca por su doloroso realismo el alcohólico y vagabundo Don Pito (v. pág. 442)

[786] *"Yo me consagro a Dios en cuerpo y alma; le entrego mi vida y mi fortuna; pero quiero entenderme directamente con Él, salvo la subordinación canónica y mi incondicional obediencia a la Iglesia; quiero conservar dentro de las filas más libertad de acción de la que tiene un soldado raso, lo cual no impedirá que yo someta mis planes al dictamen augusto del que en lo espiritual a todos nos gobierna. Huiré, sí, cuidadosamente de englobar mi persona y mis bienes en un organismo que admiro y respeto, pero que va a los grandes fines por camino distinto del que yo quiero tomar... Yo no entro en la Iglesia docente como átomo que a la masa se agrega; creo que mi misión es otra, y que no soy soberbio al expresarlo asi."* (PÉREZ GALDÓS, BENITO, *Ángel Guerra. Vol. II*, o.c. pág. 451)

[787] PÉREZ GALDÓS, BENITO, *Ángel Guerra. Vol. II*, o.c., pág. 526

será la muerte prematura del fundador de la comunidad por la agresión de algunos de ellos.[788]

Tal vez el autor está indicándonos –con la novela- que la idea última de signo comunitario tiene un valor de reforma eclesial necesaria y apunta hacia un horizonte deseable, pero que roza con la utopía inalcanzable; y que, en todo caso, quien la asume (Ángel) no es la persona adecuada para llevarla a cabo (aunque no nos permita dudar de su honestidad).

La muerte del protgonista, de algún modo semejante a la de Jesús, es quizá lo más logrado de la novela, por mostrarla fruto de la entrega sin reservas a los demás. Francisco Ruiz Ramón señala también la semejanza con la de Don Quijote, en razón del encuentro definitivo con la verdad.[789] Lo que convalida la seriedad del tratamiento de los temas en esta novela.

En cuanto a *Halma*.

Catalina de Artal, viuda relativamente joven aún, condesa de Halma, más serena que Ángel Guerra, sigue también un proceso interior y creyente que la lleva a fundar una pequeña institución cristiana que adquiere el signo de comunidad creyente abierta y humilde. El itinerario es, en cierto modo, parecido al de Ángel, pero sin el dramatismo de este personaje. Tras enviudar y haber padecido situaciones difíciles, regresa a España, y ya muy centrada en la vida espiritual, decide retirarse a la abandonada propiedad campestre de Pedralba y establecer allí una casa abierta a personas humildes, pobres y enfermas. Con la parte de la legítima heredada que le corresponde, y a pesar de la tremenda oposición de su hermano (el conde de Feramor) [790], se traslada a ese lugar y empieza a reconstruir con sus acompañantes pobres el viejo caserón. Consigue que se confíe a su custodia a Nazarín (en prisión preventiva aún) a quien viene admirando cada vez más.

---

[788] IGNACIO ELIZALDE sintetiza el proyecto galdosiano de *Ángel Guerra*: *Sería una comunidad de hermanos, una especie de anarquismo religioso ideal que significaría la vuelta a la edad de oro del cristianismo, sin ninguna forma de organización estatal (civil)... Intentaría igualmente un renacimiento espiritual de la nación."* (*Ángel Guerra y su proyecto de religión nacional*. Letras de Deusto. N. 8. 1974. Pág. 163. Ignacio Elizalde realiz en este trabajo un análisis crítico de la novela de Galdós, haciendo notar el peligro de galicanismo que entraña la sugerencia de Galdós, si bien la utopía nacionalista se ve explicada en parte por la crisis que atraviesa la Iglesia romana en esos momentos.

[789] *"Me parece ver esencial concomitancia entre la trayectoria final de Ángel Guerra y la del héroe manchego. Concomitancia querid por el propio Galdos."* (RUIZ RAMÓN, FRANCISCO, o.c., pág. 85)

[790] *"Nuestra época admite los arrebatos místicos –le dice Feramor-, pero siempre con la razón por delante... Tú no posees ni ese capital encefálico que se llama razón, ni esa razón suprema de los actos colectivos que se llama capital"* (PÉREZ GALDÓS, BENITO, *Halma*, o.c., pag. 76)

Nazarín, siempre desde el silencio humilde, es el verdadero director espiritual de esta comunidad, que evoca ya mucho a las primeras comunidades cristianas y a la imagen del Reino de Dios. El primo de Catalina, José Antonio de Urrea, hombre un tanto libertino y bohemio, se incorpora a ese grupo y, desde el trabajo y la devoción a su prima y al presbítero, inicia un proceso firme de conversión (y de honesto y callado amor a Halma). Catalina entabla una estrecha y bella amistad con Beatriz, la pobrísima y humilde acompañante de Nazarín incorporada también a la comunidad.

Las tres instancias sociales poderosas que les rodean (Administración política, Iglesia y alta sociedad, representadas en otros tantos personajes) pretenden impedir o derivar hacia sus fines la obra de la condesa, sin que ésta acepte configurarla como institución ni someterla a esas instancias... La sabiduría de Nazarín le hace entender que su vocación comunitaria y espiritual no es la virginidad consagrada ni el gobierno de una institución eclesiástica, sino simplemente la vida doméstica del matrimonio y de un hogar abierto a muchos, convertido en verdadera iglesia. De esa forma da cauce al amor que ha nacido entre ella y José Antonio para, desde ahí, acercando la comunidad al estatuto de una familia normal y abierta, continuar la empresa cristiana comenzada, ya sin injerencias oficiales de nadie.

El proyecto de Catalina es radicalmente creyente: *"La llama vivísima de fe que arde en su alma* –dice Manuel Flórez al conde de Feramor- *se traduce en la ambición de consagrar su vida al bien de sus semejantes, a aliviar en lo posible los males inmensos que nos rodean, y que vosotros, los ricos, los prácticos, los parlamentarios, veis con indiferencia."* [791] Y la concreción de ese plan se la recuerda el mismo Flórez a la condesa, actuando de intermediario y de guía espiritual: *"Convinimos en que usted fundaría en pleno campo y lejos del bullicio, un instituto de caridad, con rentas propias... Y que antes* –añade Halma- *se reservaría una suma para repartirla entre los necesitados."* [792]

---

[791] PÉREZ GALDÓS, BENITO, *Halma*, o.c., pág. 93
[792] PÉREZ GALDÓS, BENITO, *Halma*, o.c., pág. 125 Según Gustavo Correa el progreso individual (singularizado en Urrea) y l realización comunitaria cristiana son los dos ejes de la fundación de Catalina. *"La Condesa busca su progresivo acercamiento a Dios* (para Urrea). *Éste descubre el sentido de la existencia en la presencia de la mujer transformadora. Ella cree hallarlo en un proyecto comunal... El abandono de la metrópoli por la vida campestre (tema de Corte y Aldea) la han de conducir, así, al encuentro de Dios en el seno de la Naturaleza. El amor de Dios, el amor de la naturaleza y el amor del prójimo son, así, los tres grandes objetivos que en apretada síntesis guían la*

De esta manera vuelve a empezar la aventura comunitaria eclesial de Pedralba. La regla que se impone allí es la perfecta igualdad. El narrador cuenta el rápido proceso de amistad y los sentimientos humildes que desarrolla Catalina respecto a todos los componentes del grupo y, en especial, con Beatriz, hasta considerar a ésta totalmente igual e incluso superior a ella.[793]

Quizás por la feminidad (o la extracción social) de la fundadora, una norma característica del grupo y de la pobrísima casa será la limpieza: *"decía que el aseo exterior, por causa de la educación y la costumbre, afectaba al alma, y que la suciedad del cuerpo era pecado tan feo como la de la conciencia. No vacilaba, pues, en aplicar estas ideas a la realidad, manteniendo en su cuarto y persona la misma esmerada limpieza de sus mejores tiempos..."* [794]

b)   Significado eclesial de las novelas *Ángel Guerra* y *Halma*.

La novela *Nazarín* nos ha sorprendido por la contemplación de la figura admirable –claramente franciscana e incluso cristológica- del presbítero Don Nazario. La vida de este creyente (evocadora del misticismo ruso que conoce muy bien el autor), en reducida comunidad itinerante, hace pensar ya en una existencia en fraternidad; pero todavía su protagonismo –demasiado fuerte, a pesar suyo- es individual. En cambio, *Ángel Guerra* y *Halma* sí desarrollan de forma clara e inmediata una eclesiología comunitaria.

Por eclesiología comunitaria entendemos la alternativa al individualismo dominante en la vivencia de la fe (o de la religiosidad) y a la masificación; ambas formas de escasa o nula referencia neotestamentaria. El ofrecimiento de la comunidad eclesial básica y cordial brinda al cristiano la posibilidad importantísima de situar el seguimiento de Jesús en estrecho contacto con un pequeño grupo fraterno, sencillo y abierto, y, con él, de dar una imagen más cabal de la Iglesia, más cercana a su identidad apostólica.

---

empresa de Doña Catalina. Con un séquito de mendigos inicia su fundación." (CORREA, G., *El simbolismo religioso en las novelas de Pérez Galdós*, o.c., págs. 187-188)

[793] *"Sentíase la Condesa inferior, por todos aquellos respectos, a la que ya miraba como amiga del alma; aprendió de ella muchas y buenas cosas, enseñándole a su vez otras de un orden social más que religioso, y con este cambio llegaron a encontrarse la una para la otra, y las dos en una, fenómeno raro en estos tiempos, que dan pocos ejemplos de una tan radical aproximación de dos personas de opuesta categoría... Instaladas en Pedralba, la concordia entre una y otra llegó a ser perfecta."* (PÉREZ GALDÓS, BENITO, *Halma*, o.c., págs. 255-256)

[794] PÉREZ GALDÓS, BENITO, *Halma*, o.c., pág. 254

Este modelo eclesial implica, así mismo, la desclericalización, una más acertada cogestión eclesial y la recuperación de valores evangélicos con mucha mayor facilidad, especialmente el valor de la presencia de los pobres y en el seno de las iglesias, y el valor de la acogida respetuosa e incondicional a quienes son considerados como distintos y distantes.

(En los dos escritos que analizamos el grupo creyente habita, además, bajo el mismo techo o en espacios muy próximos; lo que nunca debe ser condición necesaria para la constitución de la comunidad.)

El pensamiento de las dos novelas va en la dirección de esa alternativa. Se está hablando directamente en ellas de crear pequeñas instituciones comunitarias fraternas con un claro carácter laical (aunque se cuente con la presencia de algún presbítero pastor). Pero, entre líneas o más abiertamente, aparece la propuesta ambiciosa de proponer signos necesarios para una reforma eclesial en profundidad, para un modo inusual de vivir el cristianismo en el siglo XIX y en el XX. Y ello, en el sentido de un retorno utópico a la comunidad apostólica.

La intención comunitaria (de plena convivencia), que el autor expresa y encarna en los proyectos de Ángel y de Catalina respectivamente, no es nueva en la historia de la Iglesia. Siempre resultó arriesgada, incluso cuando la llevó a cabo San Francisco; y en ocasiones derivó –como es sabido- hacia posturas cismáticas, extrañas e incluso heréticas.

Galdós parece darse cuenta de que su iniciativa (la de los dos queridos personajes, con sus adláteres Leré y Nazarín) no está exenta de esos riesgos, y, por ello, se cuida de dotarla de garantías de validez; en concreto, de dos condiciones fundamentales: la humildad sincera de los protagonistas (que van albergando cada vez más esta virtud a lo largo de la trama) y el asesoramiento espiritual maduro, sereno y humano (a la vez que religioso) de personas cercanas pero no demasiado implicadas en el proyecto comunitario en marcha.

En concreto, las dos comunidades cristianas –la de Ángel Guerra y la de Halma- ofrecen estas características comunes:
- Las integra un grupo suficientemente reducido de miembros (capaz de entablar relaciones interpersonales) y que, al mismo tiempo, está radicalmente abierto a la acogida de quien lo desee; y esto por voluntad expresa de sus fundadores.

- En los dos casos se trata de personas que viven bajo el mismo techo y con voluntad de permanencia estable, aunque la vivienda y el espacio de que disponen sean amplios y permitan la individualidad.

- La comunidad está formada, sobre todo, por pobres que encuentran en ella su cobijo, sin aportar más que su afecto y las labores domésticas que puedan realizar viviendo en el mismo lugar. El trato con enfermos y desahuciados revela total empatía con ellos.

- Tales personas son de todo tipo de edad, sexo, condición e incluso extracción moral. (La acogida, en la comunidad que dirige Ángel, tiene un carácter excesivo, incluso utópico, en cuanto que acepta a personas que no vienen al grupo con ánimo de vivir comunitariamente sino de robar).

- La única ley de la comunidad es el amor fraterno y el servicio incondicional a quienes están necesitados.

- La vida religiosa de la comunidad apenas aparece; es libre para todos. Tiene como referencia la clara opción de fe de sus fundadores y de otros miembros o personas conocidas; pero apenas existen prácticas religiosas en común.

- En la comunidad se entra y se sale cuando se desea, sin ejercer presión alguna; no existe, pues, ningún aspecto sectario ni proselitista.

- El talante comunitario no revela antagonismo alguno a la Iglesia oficial diocesana o universal; hay normal relación con personas religiosas que no pertenecen a la comunidad.

- La obra no posee más bienes que la vivienda ya colectivizada y el campo anexo que se cultiva. Se autoabastece con el trabajo de sus miembros.

- Ninguna de las dos comunidades llega a alcanzar un estatuto oficial dentro de la Iglesia (la de Halma rechaza expresamente ese posible estatuto). Sus miembros –tan heterogéneos- no se consideran personas comprometidas por vínculos religiosos (por votos, por ejemplo).

El modelo de convivencia estable y bajo el mismo techo evoca, desde luego, la vida monástica. Es bueno recordar que ésta nunca se propuso a los bautizados de un modo indiscriminado y, menos aún, se les exigió; pero también es verdad que en todo momento hubo muchas personas que se acercaron a ella sin dejar sus estados personales de vida.

A excepción de este punto, todas las demás características (junto con las dos condiciones de validez señaladas arriba) dan una imagen sorprendente de verdadera comunidad cristiana, de Iglesia cercana a los

Apóstoles simplemente. Y esto es lo absolutamente extraordinario en la visión galdosiana.

Esta idea de Galdós, la de rehacer la vida cristiana desde una existencia comunitaria fraterna de signo laical, basada en la atención entrañable a los más débiles y con una clara dimensión religiosa, vuelve a aparecer literariamente en 1905 en la extraordinaria pieza teatral *Amor y ciencia* y en la breve comedia (menos importante) *Pedro Minio* de 1908. En *Amor y ciencia* es un médico eminente convertido a la fe, Guillermo Bruno, el que ha creado una residencia familiar (con amplio jardín) en donde un grupo de enfermos psíquicos y físicos abandonados del mundo conviven recuperando su salud del alma y del cuerpo y constituyen la única y verdadera familia que tienen, siendo el protagonista, a la vez, médico de familia y guía espiritual. [795] Algo semejante realiza en *Pedro Minio* el krausista Marqués de los Perdones, acompañado de una comunidad de religiosas, dirigiendo y animando una residencia de ancianos de ambos sexos con un espíritu de comunidad humana cálida, fraterna, alegre, abierta, estable y gozosa de vivir y de disfrutar de la vida; todo ello, además, como expresión de la voluntad de Dios. [796] Y conviene advertir que el protagonista Pedro mantiene aún su pasado talante de hombre de mundo, libre y vividor (aunque lo que hace, más bien, es adobar sus memorias con fantasía donjuanesca).

No se encuentra un pensamiento de esa índole alternativa y ortodoxa de la Iglesia en la literatura del realismo europeo (del XIX y hasta muy adentrado el XX), y tampoco en las obras de teología o espiritualidad de la época. Nos parece, pues, que el autor se adelanta mucho a los movimientos comunitarios que surgen en la Iglesia a mediados del siglo XX.

No debe descartarse la hipótesis de que Don Benito, en la etapa de madurez espiritual en la que escribe esas obras (el proyecto de la Domus Domini toledana y la vivencia efectiva de la comunidad rural de Pedralbes),

---

[795] Ver PÉREZ GALDÓS, BENITO, *Amor y Ciencia,* todo el Acto IV. Obras Completas Ed. Aguilar. Tomo VI. Madrid 2005, págs. 624-633

[796] "*Dejadnos en este amado retiro, donde gozamos la ilusión de lo que tuvimos o de lo que nos faltó en los mejores años* -dice Pedro Minio, cerrando la última escena de la obra- . *Aquí la suprema piedad nos ha dado la paz, la fraternidad y el santo amor a la vida, todo lo que Dios ha concedido a la Humanidad, para que sea menos doloroso su paso por este mundo.*" *(Telón)* (PÉREZ GALDÓS, BENITO, *Pedro Minio*, Acto II, escena IX, Obras Completas de Galdós. Ed. Aguilar. Madrid 2005. Tomo VI. pág. 663)

se sienta él mismo necesitado de encontrar el cobijo de una comunidad cristiana abierta y liberal, regida por el amor, en donde se vea abrazado y redimido; tal vez de un modo parecido al sentimiento que guió a Rembrandt al pintar el regreso del hijo pródigo a la casa paterna, sintiéndose el artista acogido y abrazado por las manos paternas y maternas del padre Dios. Esta hipótesis quedaría reforzada con la comedia *Pedro Minio* escrita y estrenada en 1908; la obra –como hemos indicado ya– discurre en una feliz residencia ("asilo") de ancianos cuyo protagonista tiene bastante parecido con el autor.[797]

Conclusión. El pensamiento eclesial implícito en la obra de Galdós.

La primera impresión que nos deja la lectura de los textos citados –y de otros de tenor parecido– es que Benito Pérez Galdós tiene una idea antieclesial (no sólo anticlerical). Esta impresión no es correcta. Nos hallamos, sin duda, ante una figura literaria de pensamiento muy bien llevada: la ironía, que no llega al sarcasmo.[798] Aunque en algunos momentos los personajes (a través de los cuales habla el escritor) manifiestan ideas cabales, directas, sobre la realidad eclesial.

En varias de sus figuras (de primer o segundo orden) Galdós muestra la eficacia positiva y amable que pueden tener aún las estructuras eclesiales en uso para mantener viva una fe sencilla, pero firme y con rasgos evangélicos. Y esto, aunque tales estructuras adolezcan de graves defectos; obrando, pues, el milagro de que esos personajes tipo reciban de corazón las enseñanzas eclesiales, sin detenerse en la crítica a la institución. De esta manera viven la buena relación con la Iglesia Benina, Nazarín, Ángel Guerra, Halma, Buenaventura Lantigua (*Gloria*), María y León (*Mariucha*), Lucía (*Ángel Guerra*) y, en realidad, la mayoría de personajes.

El concepto galdosiano de Iglesia (el que se deja traslucir en sus obras) es, desde luego, limitado, no completo, como ya observamos arriba. Sin

---

[797] La exclamación de Pedro Minio, cuando le presionan para que abandone la alegre residencia de Nuestra Señora de la Indulgencia, bien pudiera ser la del mismo Galdós: *"Señor Marqués de los Perdones, señor doctor y hermanas queridas* (por las religiosas), *vuélvanme a su gracia. Yo quiero alegría, comunicación con mis iguales, hablar, reir, comentar lo sucedido, referir lo verdadero y lo falso, convidar a un amigo, bromear con otro... Quiero la ilusión de la vida. Déjenme a la sombra de mis árboles de la Indulgencia."* (PÉREZ GALDÓS, BENITO, *Pedro Minio*, Acto II, escena VIII. O.c. Pág. 661).

[798] *Ironía* se define en el Diccionario de la R.A.E.L. como *"figura retórica que consiste en dar a entender lo contrario de lo que se dice"*.

embargo, dentro de su limitación, aflora en él una eclesiología de corte evangélico y neotestamentario cuando, en el trasfondo, deja entrever la verdadera identidad de la institución nacida del Cristianismo, tanto en su dimensión universal como en la referida a las iglesias nacionales y a las congregaciones religiosas; y no sólo se contempla ahí la jerarquía (o el mundo religioso) sino también la ciudadanía católica.

En síntesis, Galdós dibuja la imagen ideal de la Iglesia como institución y estructura que pueden y deben reflejar el mensaje de Jesús, el cristianismo. Una Iglesia, por tanto, que debe definirse por las siguientes características:
- creyente y fiel expresión del mensaje evangélico de Jesús,
- independiente de los poderes políticos y sociales,
- en nada semejante a un estado civil,
- ajena a la dinámica de posesión de riquezas y bienestar material,
- pobre, sencilla y fraterna en cuanto al talante de la jerarquía y de los clérigos,
- sin ejercicio de poderes internos, participativa; sin inspirar miedo alguno;
- en diálogo con la ciencia y el progreso; con una misión excepcional de apoyo al desarrollo positivo de la historia y de los derechos humanos,
- en diálogo, en fin, con diversas confesiones religiosas, e incluso con el ateísmo.

Para el autor, estas notas de la verdad de la Iglesia católica debería mostrarlas en primer lugar el Papa.

3. Sentido de las congregaciones religiosas y de la vida conventual en la obra de Galdós.

La vida religiosa en virginidad y en total servicio del Reino de Dios es seguramente el carisma más valioso y delicado dentro del cristianismo. Las instituciones de vida consagrada han significado y significan para la Iglesia una riqueza inmensa espiritual y misionera. Más aún, por su estructura de gestión colegial y por el voto de pobreza son un contrapeso al autoritarismo y a la ostentación principesca de la alta jerarquía eclesiástica.

Todas fueron fundadas con ese espíritu que han intentado mantener a lo largo de los siglos. Sin embargo, en el devenir histórico de muchas de ellas (congregaciones u órdenes, masculinas o femeninas) ha habido grandes deterioros del carisma fundacional, y el siglo XIX no es el mejor exponente de su historia.

Benito Pérez Galdós juzga este sector del mundo eclesial desde la visión de las desviaciones reales existentes en una buena parte de las corporaciones de vida religiosa de su tiempo y, a la vez, desde los prejuicios típicos del anticlericalismo liberal. Su pensamiento es, por tanto, bastante negativo al enjuiciar el tema. Sin embargo, para ser objetivos, es preciso reflejar la totalidad de los datos que aparecen en sus obras; en particular, su honda admiración por una una buena parte de la vida religiosa femenina.

Valoración eminente de la vida religiosa femenina en la obra galdosiana.

Una serie considerable de páginas (no demasiado abundantes, es cierto) manifiestan la convicción que tiene Don Benito del valor intrínseco de la vida consagrada cuando es fiel a sí misma. Tanto en las novelas independientes como en los Episodios Nacionales y en el teatro el escritor nos brinda un elogio admirado de monjas y de conventos femeninos e incluso de la vida religiosa en si misma.

No olvidemos la admiración y afecto que profesa de niño a su prima monja Lolita Macías, no exenta de atracción femenina.

En el extenso y complejo relato de la novela *Ángel Guerra* la verdadera protagonista –el contrapunto continuo y cabal de Ángel- es, desde el principio, Leré (Lorenza). Aun antes de profesar como religiosa, la joven institutriz y gobernanta de la casa de Guerra vive una vida consagrada a Dios y al servicio de los que la rodean. Sin ser demasiado agraciada físicamente, su equilibrio y madurez, su autenticidad a toda prueba, la naturalidad simpática y la firmeza de su vocación, seducen al viudo Ángel que no dejara de crecer en el enamoramiento hacia ella, creciendo ese amor hasta el momento en que éste muere. Pero Leré desvía continuamente esa atención y se mantiene fiel a su deseo de consagrarse por entero a Dios y a los enfermos y desgraciados y, por ello, a la opción de virginidad. Muerta Ción (la hija de Ángel que ella cuida), ve llegado el momento de ingresar en la congregación del Socorro en Toledo y comienza allí el noviciado. Es feliz en esa vida conventual y en la más heroica dedicación a los enfermos contagiosos, a la vez que sigue reorientando con su apoyo el difícil proceso espiritual que va madurando a Ángel. Nadie como ella alienta y da sensatez al proyecto de reforma religiosa que inspira al protagonista; al mismo tiempo que conjuga en la comunicación la palabra sabia, la amistad honda, el buen humor y la distancia necesaria para evitar equívocos.

Leré es un prodigio de mujer dentro de la opción religiosa; del mismo modo que lo son –en la relación amorosa de pareja- Inés, Sola, Demetria, Electra, Bárbara...; y como lo es Benina en la serena soledad de los ancianos.

A punto de terminar la obra, la religiosa, de rodillas, ahogándose en la confusión del llanto, sintiéndose de algún modo culpable (sin razón alguna) de los devaneos del protagonista que va a morir, pide perdón:

"Don Ángel, perdóneme si le ha causado algún mal,... perdóneme." Y a estas palabras contesta el moribundo: *"¡Que tú me has causado mal!... ¡Tonta, si te debo inmensos bienes! Gracias a ti, el que vivió en la ceguedad muere creyente. De mi dominismo* (el proyecto Domus Domini), *quimérico como las ilusiones y los entusiasmos de una criatura, queda una cosa que vale más que la vida misma: el amor...; el amor, si iniciado como sentimiento exclusivo y personal, extendido ahora a toda la humanidad, a todo ser menesteroso y sin amparo. Me basta con esto. No he perdido el tiempo. No voy como un hijo pródigo que ha disipado su patrimonio."* [799]

Difícilmente podría hacerse una alabanza mayor de la tarea realizada por una religiosa. El autor se siente realmente fascinado por la personalidad y la vida íntegra de esta mujer con rasgos teresianos. Ignoramos si (a lo largo de la narración) se está refiriendo a alguien que él ha conocido; pero lo cierto es que manifiesta comprender a la perfección lo que significa o debe significar una existencia verdaderamente consagrada en la Iglesia, y que da a esta forma de vida una valoración máxima. Las críticas que aparezcan, pues, en otros textos tendrán que matizarse con la visión que manifiesta aquí esta novela.

Con un acento de mayor admiración –si cabe- se presenta a Eliséa en el drama *Amor y ciencia*. Esta religiosa, enfermera, está pasando una temporada en casa de su sobrina Paulina, de vida bastante irregular, para ayudarla en la enfermedad grave que padece el hijo Cristín; pero, a la vez, para intentar devolver la paz interior a esta mujer, agitada por el odio a su marido (un cirujano de prestigio) del que se ha separado. Eliséa consigue que acepte la intervención de la ciencia médica, aunque venga representada por

---

[799] PÉREZ GALDÓS, BENITO, *Ángel Guerra*. Vol. II, o.c., pags. 640-641.

Guillermo, el hombre que ella detesta. El diálogo entre ambas mujeres tiene el doble valor de ensalzar la vocación religiosa como un máximo servicio espiritual y de abogar por el acuerdo entre la ciencia y la fe.

(Eliséa:) –"La ciencia es de Dios…. Veo las manos de Dios descender a las manos del hombre." (Paulina:) –"¡Oh, santa mía! Ante ti, conciencia pura, virtud inmaculada, que ahora me pareces la imagen de Dios, pongo mi corazón, pongo mi alma. Seas tú testigo de esta ofrenda, que es también juramento, y oblígame a cumplir lo que ofrezco y juro… Olvidaré mis agravios, menores que los de Guillermo, y le estimaré y le perdonaré, aunque él a mí no me perdone ni me estime…" (Eliséa:) -¡Hermosa ofrenda, Paulina! Reciba Dios tu corazón y bendígalo" [800]

A lo largo de toda la obra se mantiene el carácter abierto, profundamente cristiano y consagrado de Sor Eliséa.

Parecidas a la anterior son las religiosas del asilo de Nuestra Señora de la Indulgencia, en *Pedro Minio*; especialmente Sor Bonifacía y la Superiora Sor Luisa. Todas ellas son jóvenes y agradables, sin fisura en sus relaciones mutuas, en el desarrollo del proyecto humanista y evangélico que llevan a cabo y en la fidelidad a su vocación (a pesar de los piropos ocasionales que les dirigen algunos de los residentes). Su acuerdo con el director del centro (el Marqués) y con el Doctor es perfecto; y lo expresa bien Sor Luisa: *"El recreo es aquí tan importante como el alimento y el abrigo. Con él se procura dar satisfacciones a los que o no las tuvieron nunca o las olvidaron al caer en la extrema pobreza."* [801]

De modo semejante –aunque en contexto muy distinto- se presenta a Sor Simona en la obra teatral de este nombre. Ésta es una monja en todo momento fiel a su condición, pero que no soporta el ambiente asfixiante del convento ni la cómoda regularidad del mismo. Aprovechando la situación convulsa de la guerra carlista huye y se independiza, siendo considerada como loca. Pero su locura es amar sobre todo a los miserables, estén en un bando u otro, a la vez que defiende su opción de virginidad en ocasiones parecidas a las que atraviesa Leré.

---

[800] PÉREZ GALDÓS, BENITO, *Amor y ciencia*. Acto I, escena XII, y Acto II, escena X, o.c., págs. 603 y 612.
[801] PÉREZ GALDÓS, BENITO, *Pedro Minio*, Acto I, escena II, o.c., pág. 636.

Galdós quiere resaltar en este drama religioso el derecho inviolable a la libertad personal aun dentro de las congregaciones eclesiales. La obra finaliza exclamando Sor Simona (*Con elevada entonación*, dice la didascalía):

"*Sí, venid conmigo; desde Viana continuaré consagrando mi pobre existencia al socorro de los infelices y menesterosos; pero libremente..., libremente. Quiero ser libre, como el soplo divino que mueve los mundos.*" (Todas las figuras de esta última escena se agrupan convenientemente para formar un hermoso cuadro. Telón.") [802]

La pieza teatral (como la mayor parte de los dramas galdosiano) no goza –a nuestro juicio- de un subido valor literario, pero sí es representativa de un aspecto importante del pensamiento teológico que indagamos. Advirtamos que el autor emplea la palabra *consagración*.

Con mayor entusiasmo aún se aplaude en el Episodio *Gerona* la valiosa y admirable participación de todos los conventos femeninos de la ciudad en la asistencia a los heridos y en la ayuda a la población durante el sitio por parte de las tropas napoleónicas.

"*Las monjas abrían de par en par las puertas de sus conventos, rompiendo a un tiempo rejas y votos, y disponían para recoger a los heridos sus virginales celdas, jamás holladas por planta de varón, y algunas salían en falanges a la calle, presentándose al gobernador para ofrecerle sus servicios, una vez que el interés nacional había alterado pasajeramente los rigores del santo instituto.*" [803]

El texto tiene el valor añadido de estar haciendo la crónica verídica de un hecho histórico. Y el cronista quiere dejar constancia de que la vida religiosa se convalida en el momento en que sus miembros anteponen el servicio a los necesitados y el bien común urgente a cualquier reglamentación interna, por importante que ésta sea (como es el caso de la clausura monástica). También aquí se sugiere que el principio cristiano de la libertad por la caridad debe ser constitutivo de la vida religiosa. [804]

---

[802] PÉREZ GALDÓS, BENITO, *Sor Simona*. Acto III. Escena V. Obras Completas de Galdós. Tomo VI. Aguilar. 2005. Pág. 808.
[803] PÉREZ GALDÓS, BENITO, *Gerona*, o.c., pág. 45. Ver páginas siguientes.
[804] "*Para Galdós* –escribe ROSA AMOR DEL OLMO- *los hábitos no deben estar en la oscuridad de la celda (la misericordia de reclusión que nada sirve a los desfavorecidos), deben estar por las calles, actundo, es una sublevación como antaño hacían las monjas y*

Y, en fin, en el drama más conocido –y debatido- de Galdós, en *Electra*, de nuevo una religiosa, Sor Dorotea, entra admirablemente en escena (sólo en el Acto final) encarnando el principio del respeto a la persona y de la libertad que nacen de la fe cristiana.

Generalmente, la mayoría de las religiosas o monjas que aparecen en los dramas, y que son admiradas por el autor, tienen un papel muy secundario. Pero este papel alcanza una gran relevancia por el talante de humanidad y de religiosidad perfectamente conjugadas en sus figuras, que denotan, además, fidelidad vocacional, armonía, serenidad y cierta belleza física. Sor Dorotea es la antítesis resuelta de la mentira, del oscurantismo y de la opresión simbolizados por Pantoja y Evarista. A la pregunta de Electra, inquieta (*"¿Adónde vas?"*), responde: *"A mirar por ti, a devolverte la salud, la vida... Disponte a salir de esta sepultura y llévame contigo."* [805]

Crítica de la forma de vida conventual femenina en la obra de Galdós.

La obra de Galdós, a pesar del carácter positivo de los textos que acabamos de estudiar, muestra una visión predominantemente negativa del mundo religioso femenino o, en todo caso, una visión muy crítica. Los grandes e históricos conventos de monjas dejaban mucho que desear en la época de la reforma teresiana y en el siglo XIX igual, tanto en Castilla (de forma particular en Madrid, por la cercanía de la Corte) como en Cataluña o en Navarra.

En el Episodio *Un voluntario realista* Salvador Monsalud (con el significativo pseudónimo de Miguel Servet) se refugia en el monasterio de San Salomó (en Solsona). En ese momento el autor hace una cruda y penosa descripción de la vida interna de la comunidad de monjas, mujeres que individual y colectivamente contradicen el carisma de la consagración religiosa. Riqueza, división de clases, enemistad y separación de unas con otras, dedicación a la gastronomía y falta de vocación claustral son los defectos que caracterizan a ese monasterio. Alguna de las monjas, Teodora

---

por consiguiente las santas, pero con una 'mise en scene' del presente, práctica." (AMOR DEL OLMO, ROSA, o.c., pág 153).
[805] PÉREZ GALDÓS, BENITO, *Electra*. Acto V, escena VIII. O.c., pág. 339.

de Aransis, rompe, además, todas las categorías propias de una virgen consagrada. [806]

Algunos conventos femeninos, que se salvan de la pobreza gracias a las ayudas de los nobles, se suelen convertir en reductos ultraconservadores. Otros llegan a intervenir en la vida política a través de los contactos que mantienen en sus locutorios. El caso histórico más grave que se describe (con bastante detenimiento) es el del convento madrileño de la calle Caballero de Gracia. Desde él la famosa monja Sor Patrocinio de las Llagas (La Madre) ejerce su influencia en la camarilla del pretendiente Carlos Isidro, en la de su esposa Francisca e incluso en la Corte de Fernando VII. Estaba de moda el falso misticismo y, en concreto el recurso a los milagros; entre otros, la pretendida impresión de las llagas de Jesús en las manos. Estas personas visionarias ejercían así atractivo y poder. El autor denuncia tal falsedad, pero, sobre todo, critica la credulidad empalagosa de los nobles.

Se narra también el dominio moral que tiene La Madre (la Superiora) sobre sus religiosas; de modo especial sobre Domiciana, que deja el claustro pero no la vida de enredo y de terrible egoísmo, secuestrando a Gracián e impidiendo a Lucila que se relacione con él, empleando para ello toda clase de engaños. [807] La crueldad mayor de esta monja es poner precio a su falsa ayuda para liberar al joven. Lucila tiene que enfrentarse a sus maquinaciones

---

[806] *"A pesar de su aspecto caduco, no reinaba la miseria en el interior de aquel silencioso retiro, como acontece en los conventos del día, que casi, casi no son otra cosa que asilos de mendicidad. Por el contrario, al decir de algunos solsoneses, imperaban allí dentro el bienestar y la abundancia. Siempre fueron las dominicas poco inclinadas a la pobreza absoluta; su Orden ha sido, por lo general, aristocrática, compartiendo con la del Cister la prerrogativa de acoger a las señoritas nobles a quienes vocación sincera, desgraciados amores o la imposibilidad de ocupar alta posición arrojaban del mundo... Todas ellas eran nobles, pues no podía convenir al decoro del reino de Dios que mancomunadamente con las hijas de marqueses y condes vivieran mujeres de baja estofa... Algunas monjas, contraviniendo las reglas más elementales de la Orden, gozaban de rentillas y señalamientos privados, y esto se lo comían en la sagrada paz de su celda sin dar participación a las demás... Sus secretos eran que se permitían hacer vida separada...; que unas diez hermanas no se hablaban ni aun para saludarse, porque era evidente que si cambiaban dos palabras, de estas dos palabras había de nacer una docena de disputas, y finalmente que algunas (afortunadamente eran las menos) se odiaban de todo corazón. Por diversas cosas y motivos era célebre San Salomó, pero aquello en que su fama se elevaba hasta tocar el mismo cuerno de la luna era el arte culinario..."* (PÉREZ GALDÓS, BENITO, *Un voluntario realista*, o.c., págs.11-12). De esta Teodora de Aransis se nos dice en la novela *La desheredada* que era bella y aristócrata, familiar de la orgullosa Marquesa de Aransis y que murió muy anciana en el mismo convento de San Salomó.
[807] PÉREZ GALDÓS, BENITO, *Los duendes de la camarilla*, o.c., Capítulos IV a VIII

y le dice: *"Usted no sabe lo que es amor, no tiene idea de él; tiene el corazón hecho cecina, y con la uña me ha desgarrado el mío, que vive y sangra... Domiciana, no sea usted cruel, no me martirice."* [808] Es el juicio más duro del escritor sobre el resultado de ese deteriorado proceso de la vida conventual.

Con esta idea popularizada se explica que Agustín, el pretendiente honrado de Amparo, en *Tormento*, exclame: *"Yo digo que es un disparate que usted se haga monja. ¡Qué lástima! Es que no lo consentiremos... ¡Hacerse monja! Eso es de países muertos. ¡Mendigos, curas, empleados; la pobreza instituida y reglamentada!... Pero no; usted está llamada a un destino mejor, usted tiene mucho mérito."* [809]

Visión crítica de las grandes órdenes religiosas de varones.

La dureza que hemos constatado en la crítica de buena parte de congregaciones femeninas se hace más aguda y se generaliza al referirse a las Órdenes clásicas de varones presentes en la Iglesia y en la sociedad españolas del siglo XIX. Franciscanos, jesuitas, carmelitas, dominicos, mercedarios... no escapan a esta consideración negativa por parte del novelista.

¿Esa condena es fruto de alguna fobia antieclesiástica o procede (en alguna medida, al menos) de motivos que la explican?

Como ya hemos señalado, es muy probable que Galdós se deje llevar a un tiempo del sentimiento popular (no mayoritariamente liberal en el fondo) y de la ideología de muchos intelectuales del liberalismo radical. En cualquier caso, es obvio que la generalización que encontramos en sus escritos no es razonable ni justa. De hecho, el mismo autor la contradice en el Episodio *Un faccioso más y algunos frailes menos*.

Más aún: la auténtica vida religiosa o monástica le merece admiración y respeto, y no tiene inconveniente en expresar este juicio cuando se le presenta ocasión de hacerlo; por ejemplo, hablando de la vocación que siente Santiago Paternoy, terrateniente aragonés justo y de recia personalidad, en el drama *Los condenados*. Pero de manera especial hay que señalar el elogio encendido que hace de los religiosos escolapios, reflejando tal vez un sentir

---

[808] PÉREZ GALDÓS, BENITO, *Los duendes de la camarilla*, o.c., pág. 45
[809] PÉREZ GALDÓS, BENITO, *Tormento*, o.c., pág. 63 Una idea parecida expresa Teresa Villaescusa en el Episodio *La de los tristes destinos*:"*a un entendimiento bien sazonado no le entran esas bromas del monjío*" (o.c., pág. 141).

popular y acertando, desde luego, en la valoración eminente del carisma de esta Orden. Escribe a propósito del colegio llamado de San Antón, de Madrid:

"La iglesia en que se venera el Santo Abad pertenece al colegio de Padres Escolapios, donde reciben educación innumerables niños de las clases pobres de Madrid y aun de las acomodadas. Instituto es éste que ha resistido a todos los cambios y se ha defendido de las revoluciones por su carácter retraído y educativo. No ha tenido nunca, como otros, la pretensión de gobernar a la sociedad, y sus funciones modestas, desempeñadas con silenciosa actividad, le han asegurado el respeto de todos. En las aulas de los escolapios se han formado las brillantes generaciones de este siglo y muchas de las harto numerosas personalidades que en él han brillado y se brillan, con resplandor de letras, armas o política." [810]

Sin embargo, no cabe duda de que a la altura de las últimas décadas del XIX la forma de presencia de bastantes religiosos en la sociedad española tenía connotaciones objetivamente negativas: la mayoría de comunidades religiosas albergaban y acogían con gusto el conservadurismo y la oposición al reformismo liberal y mantenían ciertas cotas de influencia social en esa dirección.[811] Por otra parte, muchos de los conventos detentaban aún (a pesar de las desamortizaciones) bastante poder material. Y, con frecuencia, el ejemplo de un buen número de religiosos era el de personas ociosas, entrometidas y de buen vivir.

Lo que no quita la simpatía, el buen carácter y el paternalismo popular atribuidos a algunos de ellos, aunque ese talante se conjugara con una vida

---

[810] *"Aquí me tienes otra vez solicitado de aquella idea que juzgué insana, y ahora veo que fue sugerida por Dios. A ella me atengo, a Dios, al claustro, a la paz y a la purificación del alma. Lo que creí falsa vocación es la verdadera, sí... Búscame donde haya soledad, penitencia, pobreza voluntaria y sacrificio...Esa calma de que sólo goza el que posee la verdadera salud."* (PÉREZ GALDÓS, BENITO, *Los condenados*. Acto I, escena VI. O.c., pág 217). El texto sobre los Escolapios aparece en la carta de 14/II/1984 publicada por SHOEMAKER, W.H., o.c. pág. 53

[811] Debe señalarse la acusación que se hace al colegio escolapio de San Antón de Madrid (residencia del P. Fulgencio, confesor de Fernando VII) de acoger en él conspiraciones antiliberales (PÉREZ GALDÓS, BENITO. *Los duendes de la camarilla*, o.c., pág. 58). Pero las críticas más duras se refieren, sin duda, a los jesuitas por razón de su conservadurismo y de la influencia que ejercen en la educación de la burguesía: *"Presumo yo que los guerreros de la faja negra, traídos ahora por una dama, cuando se aseguren en el territorio recientemente adquirido, extenderán su dominio a todas las esferas y serán nuestros amos. Fortalecerán su poder educando educando a las generaciones nuevas... Aquí no reina Alfonso XII, sino el bendito San Ignacio."* (PÉREZ GALDÓS, BENITO, *Cánovas*, o.c., págs. 183 y 201; y a propósito de franciscanos y dominicos: pág.187)

fácil y poco productiva. A título de ejemplo podría verse la narración llena de ironía de la vida de fray Salmón mercenario (sic) en cuyo convento encuentra amable refugio Gabriel de Araceli. [812] El fraile que lo acoge se dedicaba a construir y vender jaulas de grillos... El padre Salmón volverá a aparecer en sucesivos Episodios Nacionales sin perder su identidad personal de hombre bonachón, fanáticamente ritualista y ortodoxo (por encima de la caridad) y bastante entrometido en la casa ajena.

Seguramente esas razones son las que llevan a Galdós a poner en boca de su viejo héroe Patricio Sarmiento las siguientes palabras (dirigidas a los dos religiosos que lo visitan en la cárcel la noche antes de su ejecución):

"Permítame vuestra paternidad reverendísima que ante todo haga una declaración importante, sí, sumamente importante. Yo soy enemigo del instituto que representan esos frailunos trajes (se está refiriendo a los mercedarios). Faltaría a mi conciencia si dijese otra cosa; yo aborrezco ahora la institución como la aborrecí toda mi vida, por creerla altamente perniciosa al bien público... Pero esto no quita que yo haga distinciones entre cosas y personas, y así me apresuro a decirles que si a los frailes en general los detesto, a vuestras paternidades les respeto en su calidad de sacerdotes y les agradezco los auxilios que han venido a prestarme." [813]

Quizás el texto resume un poco la tensión que provocaban las instituciones religiosas a la ciudadanía española del XIX.

Debe notarse que, al considerar las congregaciones religiosas, apenas se establece en las novelas relación expresa entre esas instituciones y la Iglesia universal y diocesana; como si ambas realidades discurrieran paralelamente.

Desde las perspectivas señaladas este breve apunte de la vida religiosa masculina (con las imprecisiones que advertimos) aporta elementos de juicio

---

[812] En animada conversación con Gabriel, dice el fraile: *"¿En qué me he de ocupar, muchacho, sino en hacer jaulas de grillos? ¿No sabes que soy el primer jaulista de Madrid?¡Pues a fe que me dan poco trabajo las tales obras!* Gabriel le interpela: *"En verdad, padre, ya que no hay cautivos que redimir, todos ustedes deberían pasar el tiempo en algún útil menester".* Y el religioso continúa: *"Pues los hay que, como no sea tirar a la barra en la huerta y jugar al tute en la solana, no hacen nada. Y si no, en la celda de al lado tienes al padre Rubio, que se pasa la vida haciendo acertijos y enigmas... Yo al menos he hecho, en lo tocante al arte eminentísimo de las jaulas, adelantos admirables."* (PÉREZ GALDÓS, BENITO, *Napoleón en Chamartín*, o.c., págs. 228-229)
[813] PÉREZ GALDÓS, BENITO, *El terror de 1824*, o.c., pág. 198. Podría aludirse también al temor que tenía Ángel Guerra de que fueran los jesuitas quienes dirigieran el Seminario sacerdotal de Toledo (PÉREZ GALDÓS, BENITO, *Ángel Guerra. Vol.II.* o.c., pág. 466)

sobre la situación dramática de la Iglesia inserta en la sociedad real; y sirve probablemente de ayuda para puntualizar los límites de la eclesiología galdosiana.

4. La religiosidad popular, el arte cristiano y, en general, la cultura religosa cristiana en el pensamiento galdosiano.

Religiosidad popular y arte cristiano son dos temas distintos, pero aunamos aquí su análisis en la obra de Don Benito en cuanto que ambos constituyen un cierto complemento ideológico a la visión práctica de la Iglesia del XIX. No ocupan mucho en los escritos que estudiamos, aunque sí lo suficiente para prestarles alguna atención.

1. La Iglesia de las devociones populares en la obra de Galdós.

Desde una perspectiva sólo teológica el juicio sobre la religiosidad popular es seguramente duro: esa práctica devocional arraigada con extraordinaria fuerza, por amable que sea, tiene muy poco soporte evangélico, neotestamentario y patrístico; dependiendo en muchas ocasiones de orígenes legendarios a situar en contextos de cristiandad e incluso de paganismo (más que de cristianismo), y faltos, además, a veces, de salud psíquica.

¿Qué idea muestra el autor al respecto?

Galdós es también crítico respecto a tal religiosidad; la ve carente de un sentido cristiano serio, cercana en ocasiones al esperpento o al ridículo, y sin densidad de pensamiento [814]; máxime cuando conlleva gastos irracionales, como la compra de un nuevo manto para la imagen de la Virgen (ya bien vestida) con merma de la cantidad que podría destinarse a los necesitados [815]. Transmite también la impresión de encontrarse ante una

---

[814] Refiriéndose a las procesiones de Semana Santa: *"Alcanzó a ver* (Ángel Guerra) *sobre la movible muchedumbre las figuras de los pasos, que avanzaban con ese balanceo peculiar de las imágenes llevadas al hombro, sacudiéndose a derecha e izquierda en su rigidez estatutaria. Parecióle todo irrisorio y populachero, triste desilusión del ritual de por la mañana, tan hermosamente ideológico."* (PÉREZ GALDÓS, BENITO, *Ángel Guerra. Vol.II*, o.c., pág. 549)

[815] A la propuesta de Filomena objeta el sabio y buen cura Don Rafael: *"Ya podrá pasarse este año con el viejo (manto). Nuestra Señora es modesta, no se paga de ostentaciones..."*(PÉREZ GALDÓS, BENITO, *Mariucha*. Acto I, escena IV. O.c., pág. 474) Y la Tía Roma (*tan vieja, tan vieja y tan fea, que su cara parecía un puñado de telarañas revueltas con la ceniza"*), figura entrañable para el autor, de extraordinaria sabiduría y

Iglesia excesivamente mariana, descentrada de la primordial referencia a Jesucristo. Aunque en algunas páginas es verdad que le confiere cierta valía como expresión libre y tradicional del pueblo, como ocasión de desarrollar dinámicas sanas de religiosidad e incluso de fe, y quizás también como estética.

De esta forma ambivalente contempla (al menos en dos obras, *Zaragoza* y *Prim*) el fervor individual y colectivo que se desarrolla en las devociones marianas tipificadas. Respecto a la Virgen del Pilar, cuenta Gabriel de Araceli:

"Corrimos Agustín y yo hacia el Pilar, donde se agolpaba un gentío inmenso y entramos difícilmente. Quedéme sorprendido al ver cómo forcejeaban unas contra otras las personas allí reunidas, para acercarse a la capilla en que mora la Virgen del Pilar. Los rezos, las plegarias y las demostraciones de agradecimiento formaban un conjunto que no se parecía a los rezos de ninguna clase de fieles. Más que rezo era un hablar continuo mezclado de sollozos, gritos, palabras tiernísimas y otras de ingenua confianza, como suele usarlas el pueblo español con los santos que le son queridos. Caían de rodillas, besaban el suelo, se asían a las rejas de la capilla, se dirigían a la santa imagen, llamándola con los nombres más familiares y más patéticos del lenguaje. Los que por la aglomeración de la gente no podían acercarse, hablábanle desde lejos, agitando los brazos... Faltaba el silencio solemne de los lugares sagrados, y todos estaban allí como en su casa, como si la casa de la Virgen querida, la madre, ama y reina de los zaragozanos, fuese también la casa de sus hijos, siervos y súbditos."

Gabriel (que es quien habla) continúa describiendo con esmero la belleza de la pequeña escultura, la riqueza de las joyas generosamente donadas con que adorna manto y corona, el fulgor de los cirios...; y concluye: *"Era difícil permanecer indiferente en medio de aquella atmósfera religiosa, y no añadir una palabra al concierto de lenguas entusiastas que hablaban en distintos tonos con la Señora."* [816]

---

claridad, replica a Francisco Torquemada (que quiere "comprar" el favor de la Virgen del Carmen con el regalo de una perla): *"Don Francisco –mirándole con profunda lástima-, usted está malo de la jícara. Dígame, por su vida, ¿para qué quiere ese requilorio la Virgen del Carmen?... ¡Valiente caso hace la Virgen de perlas y pindonguerías!... Créame a mí: véndala y dele a los pobres el dinero."* (PÉREZ GALDÓS, BENITO, *Torquemada en la hoguera*. O.c., págs. 45 y 65-66)
[816] PÉREZ GALDÓS, BENITO, *Zaragoza*, o.c., págs. 36-37

La página que nos hemos permitido citar con amplitud expresa bien –y con admiración- el tipo de Iglesia popular que se constituye en referencia a la Virgen (aun advirtiendo que la descripción tiene lugar durante uno de los heróicos sitios de Zaragoza).[817]

En términos parecidos se manifiesta Teresita Villaescusa respecto a la Virgen de los Desamparados, de Valencia, a la que agradece sin la menor duda el hecho de su curación, y a la que ofrece todas sus joyas (reservándose sólo -dice el texto- una pobre sortija). El autor se recrea en describir los sentimientos religiosos de esta protagonista (que, de momento, aún no ha enmendado su vida pública a la que ha sido lanzada precisamente por la madre). [818]

El desventurado Tito (de la quinta serie de Episodios), medio enfermo en Tafalla, cuenta la hermosa experiencia que vive un amanecer al escuchar cantos religiosos populares dedicados a la Virgen. Galdós pone en sus labios unas líneas de bello corte quijotesco:

"La del alba sería cuando hirió mis oídos una música dulcísima, un coro armónicamente concertado con voces agudas y graves, tan hermosas por su timbre como por su cabal afinación, música deliciosa, solemne, mística, que a mi parecer pasaba por la calle cual bandada de angélicos cantores que, al término de la noche, se retiraban de la tierra al Cielo. Embelesado por aquel divino cántico... distinguí el nombre y alabanzas de la Virgen." Fermín, que lo acompaña, le aclara: *"Eso que oye es el alba, como decimos por acá, un canticio mucho precioso que los serenos echan al retirarse, alabando a la Virgen Santísima."* [819]

El autor rinde homenaje a esta devoción popular tan apreciada por el protagonista y por él mismo.

Diferente es, sin duda, la práctica del rosario impuesta en muchas familias por las madres y abuelas, devoción generalizada en la época. María Ignacia, la esposa de Pepe Fajardo, muy estimada por el autor, califica esa devoción de *"pesadez insulsa impuesta"*. Poco antes se ha explayado, evocando el conjunto de prácticas de esa Iglesia devocional a la que tiene que someterse: *"Me causaron enojo las extremadas santurronerías a que las*

---

[817] PÉREZ GALDÓS, BENITO, *Zaragoza*, o.c., pág. 41.
[818] PÉREZ GALDÓS, BENITO, *Prim*, o.c., pág. 72
[819] PÉREZ GALDÓS, BENITO, *De Cartago a Sagunto*, o.c., págs. 172-173

señoras mayores me sometieron, y se me hacía muy largo el tiempo consagrado, sobre la misa diaria, a Triduos, Cuarenta Horas, o visitas a las monjas del Sacramento, de La Latina y de Santo Domingo el Real..." [820]

A todo lo cual habría que unir las peregrinaciones marianas por las que suspira esta Iglesia popular española, con particular envidia de Lourdes.[821]

La religiosidad de este tipo instrumentaliza la Eucaristía; probablemente con la benevolencia del autor cuando se trata de que los pobres tengan el mismo derecho que los ricos para "aplicar misas" a sus difuntos. *"Que no se diga que solamente las almas de los ricos tienen naufragios, sufragios, o como eso se llame, para salir pronto del Purgatorio. Yo le pago una misa a mi Simón".* Son palabras airadas de la popularísima La Zorrera cuyo novio, el sargento amotinado Simón Paternina, ha sido fusilado por orden del gobierno de O´Donnell. La ira de la maja madrileña (que tiene toda la simpatía del escritor) finaliza con este juicio: *"Yo en la misa de mañana diré lo mismo a Dios y a la Virgen para que se enteren de lo que aquí está pasando... Isabel* (por la reina), *ponte en guardia, que si tus amenes llegan al Cielo, los míos también... Conque vámonos, que es tarde."* [822]

Las prácticas religiosas navideñas merecen para Galdós una especial atención crítica.[823]

Para Galdós la realidad de esta Iglesia devocional, fruto de atavismos religiosos y de complicidades diversas, aparta de la verdadera Iglesia

---

[820] PÉREZ GALDÓS, BENITO, *Narváez*, o.c., págs. 94-95
[821] Cuenta Teresa Villaescusa a Santiago Iberito: *"Allí están la gruta y la imagen, muchas velas encendidas y sinfín de exvotos de los que han ido a curarse del reúma, ciática y parálisis... Ya, hijo mío, el que cojea es porque quiere. Van peregrinos de toda Francia, con tanta fe y devoción que se queda una pasmada y edificada."* (PÉREZ GALDÓS, BENITO, *La de los tristes destinos*, o.c., pág. 141)
[822] PÉREZ GALDÓS, BENITO, *la de los tristes destinos*, o.c., pág. 16-17
[823] PÉREZ GALDÓS, BENITO, *Amadeo I*, o.c., pág. 195 Al tema navideño dedica Galdós el cuento *La mula y el buey*, de tono triste (cercano a Dickens o a algunos cuentos clásicos como *La cerillera*), centrado en la relación de la niña con las figuras del Belén familiar. (ver PÉREZ GALDÓS, BENITO, *La mula y el buey*, en la obra de autores varios *Cuentos para una Navidad*. Alianza Editorial. Madrid 2012. Págs. 143-161). En un sentido crítico parecido alude Galdós al pequeño y rentable comercio de las devociones. Refiriéndose al tendero Matías Luengo, padre de familia numerosa: *"En vista de este crecimiento del familiaje, pensaba añadir a su tráfico el de devocionarios, florilegios, novenas, cilicios, recordatorios de difuntos, estampitas de todos los santos del cielo, escapularios y demás chirimbolos pertinentes a la santa Religión."* (PÉREZ GALDÓS, BENITO, *Cánovas*, o.c., pág. 193)

cristiana a cualquier persona sencilla, razonable y de carácter independiente. Es el caso de la ya conocida y simpática María Ignacia. Pepe Fajardo, su esposo, se hace eco de la queja creyente de su mujer:

"En la noche de un día consagrado a religioso bureo, con misa solemne por la mañana, por la tarde manifiesto y procesión, y como fin de fiesta, fastidiosa charla mística del señor Sureda con nuestras reverendas tías, María Ignacia, cuando estuvimos solos donde nadie pudiera oírnos, me dijo: Con muchos días como éste, pronto se hace una volteriana." [824]

2. Valoración del arte religioso cristiano en la obra de Galdós.

Como era de esperar, el arte, tanto el musical como el plástico, acompañan al cristianismo (y, por tanto, a la Iglesia) casi desde sus comienzos. No podía ser de otra forma en virtud de la Encarnación del Verbo y del carácter liberador de humanidad que define a Jesús.

El arte cristiano (plástico y musical) manifiesta a la Iglesia, la configura en alguna medida, es una de sus señas de identidad histórica. Por esta razón, antes de finalizar la investigación eclesiológica de la obra galdosiana, debemos dirigir también la atención al pensamiento artístico cristiano que hemos encontrado en ella.

Al menos en una decena amplia de obras de narrativa y en múltiples ensayos y cartas Don Benito aborda incidentalmente el tema del arte sagrado en sus diversas dimensiones. Lo que revela un interés por el mismo; interés vinculado al que le suscita la actividad eclesial interna. Esa visión es ambivalente: para él existe un buen hacer artístico que acompaña de forma positiva al hecho cristiano (a la liturgia y a la capacidad de crear ámbitos oracionales) y existe también una mala expresión artística de lo religioso.

Las dimensiones del arte contempladas por él abarcan tanto la música y la acción ritual sacras como las artes plásticas (escultura, pintura y arquitectura), centrándose mucho en la consideración de los espacios

---

[824] PÉREZ GALDÓS, Benito, *Narváez*, o.c., pág. 95. En las novelas una de las páginas de crítica más dura de la Iglesia de devociones es la que escribe en *La desheredada*, refiriéndose a la protagonista Isidora: *"Distraíase con estas superficiales devociones, y aun llegó a figurarse que se había perfeccionado interiormente... Pero esta santidad de capricho no sofocaba, ni mucho menos, su orgullo dentro de la iglesia. Más que el sermón ampuloso, más que el brillo del altar, más que la poesía del templo y las imágenes expresivas, la cautivaba el señorío que iba por las tardes a la casa de Dios... Desde el rincón de una capilla observaba todo con interés profundo, más atenta a las Magdalenas que venían con el báldamo que a Jesús mismo."* (PÉREZ GALDÓS, BENITO, *La desheredada*, O.c., págs. 317-318)

arquitectónicos. Las iglesias madrileñas son, de modo especial, objeto de una interesante y cordial descriptiva, como la que realiza en *Misericordia* o en *Fortunata y Jacinta* (aunque en ocasiones la perspectiva estética de las mismas resulte deplorable). [825]

Sobre el arte cristiano.

Doña Perfecta, Gloria y *Ángel Guerra* son, sin duda, las novelas independientes en donde vierte el autor los juicios más ponderados del arte sacro. *"Las grandes obras del arte, dando formas sensibles a las ideas, a los dogmas, a la fe, a la exaltación mística, realizan misión muy noble"* [826], dice Pepe Rey, el único personaje sensato y libre de Orbajosa.

Esto es lo que seguramente intenta expresar el autor, amoldándose a la torpeza natural del personaje en *Ángel Guerra*: *"El lujo material que envuelve los símbolos de la Divinidad era ya, a sus ojos, de una lógica perfecta, pues nada más propio que aplicar al enaltecimiento y esplendor de tales símbolos todo lo bueno, fino y selecto que existe en la Naturaleza".* [827]

Galdós muestra a lo largo de su vida (especialmente situada en Madrid) un interés particularísimo por las iglesias en cuanto a la belleza que debiera corresponderles. Su sensibilidad artística es exquisita y va unida al sentimiento religioso. Le indigna la pésima arquitectura y la mediocre estética de la mayoría de templos y, por el contrario, le entusiasma hallar alguno dotado de mejor armonía. [828] *"En cuanto a la inauguración de la iglesia del Buen Suceso* –escribe- , *fuerza es confesar que es suceso*

---

[825] PÉREZ GALDÓS, BENITO, *Misericordia*, Cap. I, en donde se describe la iglesia de San Sebastián con riqueza de datos arquitectónicos y de metáforas; concluyendo la descripción con estas palabras: *"Es un rinconcito de Madrid que debemos conservar cariñosamente."* Un estudio muy completo del recorrido de las iglesias madrileñas a lo largo de las obras de Galdós es el realizado por VIRGINIA TOVAR MARTÍN, *La vida religiosa. Las Iglesias de Madrid,* en la obra *Madrid en Galdós, Galdós en Madrid,* Ed. Comunidad de Madrid. 1988, págs. 139-162 V. *Fortunata y Jacinta,* Obras Completas Aguilar, Tomo I. Madrid 1968, pág.100

[826] PÉREZ GALDÓS, BENITO, *Doña Perfecta*, o.c., pág.130 Implícitamente Galdós (al criticar la fealdad de los templos madrileños) traza las líneas maestras de una teoría del arte cristiano: *"El arte religioso, forma admirable de la devoción, no ha puesto en ellas la mano, ni como arquitecto, ni como pintor, ni como poeta..." "Los que las idearon no querían un templo sino un local."* (Rosalía, o.c. pág. 265)

[827] PÉREZ GALDÓS, BENITO, *Ángel Guerra. Vol.II*, o.c., pág. 419

[828] Virginia TOVAR MARTÍN hace un estudio exhaustivo del recorrido de iglesias madrileñas que realiza Galdós a lo largo de vida en la capital y de sus obras (especialmente en *Misericordia* y en *Fortunata y Jacinta*): *La vida religiosa. Las iglesias de Madrid*, en la obra de AA.VV. *Madrid en Galdós. Galdós en Madrid* ya citada (Comunidad de Madrid 1988).

importantísimo... Por fin tenemos un templo en Madrid..., primer monumento que en la Corte simboliza el sentimiento religioso". Y refiriéndose a la Iglesia de San Juan de Letrán (llamada Capilla del Obispo) elogia también detenidamente su estructura: *"Este monumento es el único que en esta ciudad de ladrillo lleva nuestro espíritu a la doble contemplación del arte y de la divinidad."* [829]

Jenara, la ambivalente heroína de la segunda serie de Episodios, narra la experiencia viva que le suscita la visita de la catedral de Sevilla en circunstancias particularmente tensas de su relación amorosa con Salvador al que en ese momento parece olvidar. La página, larga, tiene una gran riqueza testimonial:

"Al encontrarme dentro de la iglesia, la mayor que yo había visto, sentí una violenta irrupción de ideas religiosas en mi espíritu. ¡Maravilloso efecto del arte, que consigue lo que no es dado alcanzar a veces ni aun a la misma religión! Yo miraba aquel recinto grandioso, que me parecía una representación del Universo. Aquel alto firmamento de piedra, así como las hacinadas palmas que lo sustentan, y el eminente tabernáculo, que es cual una escala de santos que sube hasta Dios, dilataban mi alma haciéndola divagar por la esfera infinita. La suave oscuridad del templo hace que brillen más las ventanas, cuyas vidrieras son como un fantástico muro de piedras preciosas... Las ideas abrumaban mi mente, Sentéme en un banco; sentía la necesidad de meditar... Zumbaba en mis oídos el grave canto del coro, y a intervalos una chorreada de órgano, cuyas maravillosas armonías me hacían estremecer de emoción, poniendo mis nervios como alambres. Yo pensaba en cosas religiosas..." [830]

Aunque el autor no se identifica en momento alguno con la figura de Jenara, la descripción que acaba de hacernos de su vivencia (fundamentalmente sagrada, más que cristiana) muestra la objetividad de su realismo al trascribirnos el testimonio de un estado de espíritu coherente con el medio en que se encuentra; y, de paso, aprovecha la oportunidad para dejar constancia de su pensamiento artístico. El texto nos evoca espontáneamente la *Oda al ciego Salinas* de Fray Luis de León.

---

[829] PÉREZ GALDÓS, Benito, artículo de 2/IV/1868 en *La Nación,* edición citada de Shoemaker, págs. 470-471. Vuelve sobre el mismo tema (inauguración de la iglesia del Buen Suceso) días más tarde (o.c., pags. 478-481).
[830] PÉREZ GALDÓS, BENITO, *Los cien mil hijos de San Luis,* o.c., págs. 151-152

Con características parecidas encontramos la experiencia de Tito y Obdulia (cuarta serie de Episodios) al visitar la catedral de Toledo [831], y la de Ángel Guerra, asiduo asistente al rezo coral en la misma. [832] Vuelve a resaltar la belleza del templo Primado de España al visitar él mismo la catedral de Segovia, lamentándose de la sobriedad ornamental de ésta: *"El gótico no pudo alargar su vida todo el tiempo necesario para rematar la obra, y expiró al cerrar las bóvedas... A pesar de esto, la caja de la iglesia es hermosísima, de elegantes proporciones, gallarda de estatura, de alegre recinto, rica en ornatos de piedra. ¡Lástima que no resplandezca dentro de ella esas artes auxiliares que hacen del interior de la Catedral de Toledo el más interesante de los museos!"* [833]

En todos estos casos la valoración positiva de la arquitectura sacra se refiere también al clima de sosiego creado por el espacio físico. Así lo vive Gloria: *"La tranquila atmósfera del templo, la media luz, el silencio, eran como un espejo donde el alma posaba blandamente sus ojos y se veía. Buena ocasión también para rezar, para mirar a Dios cara a cara, como si dijéramos, y subir hasta él con el pensamiento, dejando acá todo lo que puede dejarse. Así lo pensó Gloria."* [834] El texto refleja probablemente el sentir mismo del autor, que lo expresa al referirse a la catedral de Burgos (en el prólogo que escribe a *Vieja España*, el libro de su amigo José María Salaverría):

"El interior de la catedral despierta en Salaverría abstracciones y querencias ascéticas; de su espíritu se apodera la fiebre intuitiva, y a la vista de las capillas penumbrosas, de los yacentes bultos sepulcrales, se anega en el goce mental de un morir bello, o de un vivir estático 'sin vivir en

---

[831] *"El tiempo húmedo y ventoso no nos estorbó para recorrer y registrar las maravillas toledanas, desde la inmensa catedral, relicario de todas las artes, hasta los últimos rincones arqueológicos como el Cristo de la Luz y el Cristo de la Vega."* (PÉREZ GALDÓS, BENITO, *Amadeo I*, o.c., pág. 196)

[832] *"No perdía nunca la misa coral, tan hermosa, tan solemne, en aquel presbiterio que parece la expresión más poéticamente sensible de todo el dogmatismo cristiano. Y mañana y tarde, las Horas de Prima, Tercia y Nona en el Coro le producían arrobamiento y emociones deliciosas, siguiendo en su libro la letras de las antífonas y salmos, impregnados de oriental melancolía."* Antes ha calificado las obras artísticas del Museo catedralicio como *"maravillas del arte suntuario, que son otros tantos homenajes del ingenio humano ingenio a la idea religiosa"* (PÉREZ GALDÓS, BENITO, *Ángel Guerra*. Vol. II, o.c., pág. 382)

[833] PÉREZ GALDÓS, BENITO, Carta a La Prensa, de Buenos Aires, de 24/VI/1889, en W.H. Shoemker, *Las cartas desconocidas de Galdós en 'La Prensa' de Buenos Aires*. Ed. Cultura Hisp'nica. Madrid 1973, pág. 351)

[834] PÉREZ GALDÓS, BENITO, *Gloria*, o.c., pág. 66

sí'. En esto difieren mis impresiones de las de mi caro amigo: nunca vi en la joya artística de Burgos un símbolo de muerte, ni aun de la forma de dormir marmóreo que apetecen a veces los poetas para pasar el rato; siempre despertó en mí ansias y goces de vida sana." [835]

Insaciable buscador de arte, Galdós se detiene a estudiar (en su viaje por Italia) la basílica de San Marcos de Venecia *"que parece una joya, obra de orfebrería más que de arquitectura"*, aunque – confrontándola con nuestras catedrales- añade: *"Ningún sentimiento místico, tal como en nosotros los españoles se produce, despiértase allí."*[836]

Arte ceremonial cristiano.

Refiriéndose al conjunto de ceremonias de la Semana Santa y, en general, de la liturgia bien realizada, el narrador –Galdós- toma ocasión de la vivencia interior de Gloria y asume las ideas y los sentimientos que parecen serenar a la joven Gloria en la crisis que atraviesa: *"Las ceremonias con que la Iglesia conmemora en Semana Santa el extraordinario enigma de la Redención, son de admirable belleza. Si bajo otros aspectos no fueran dignas de excitar el entusiasmo cristiano, seríanlo por su importancia en el orden estético. Su sencilla grandeza ha de cautivar la fantasía del más incrédulo."* [837]

Ángel Guerra corrobora este pensamiento con su testimonio personal entusiasta y más explícito, cuando narra sus vivencias en los Oficios del Domingo de Ramos, del Miércoles y del Jueves Santo. Quizás nos encontramos ahí con algunos de los textos más expresivos de la religiosidad cristiana del autor que, sin duda, tuvo esas vivencias durante sus estancias en la ciudad imperial. Conviene detenerse en ellos.

"Guerra fue el domingo a la función de las palmas, cuya solemnidad melancólica le embelesó. Don Francisco Mancebo llevóle a un buen sitio del presbiterio desde donde pudo ver y oír cómodamente la lectura de la Pasión, verdadero paso escénico, lleno de austeridad majestuosa. En él, la liturgia no se contenta con el simbolismo del ritual ordinario, y aspira a producir las desgarradoras emociones del drama... Su emoción fue tan honda que

---

[835] PÉREZ GALDÓS, BENITO, *Prólogo a Vieja España (de J.M. Salaverría).* En *Prosa Crítica.* Espasa Calpe. Biblioteca de Literatura Universal. Madrid 2004. Págs. 230-231.
[836] PÉREZ GALDÓS, BENITO, Carta a La Prensa, de Buenos Aires, de 27/XII/1888, en la obra citada de W.H. Shoemaker, pág. 329
[837] PÉREZ GALDÓS, BENITO, *Gloria,* o.c., pág. 266

apenas respiraba, y cuando oyó cantar el 'emisit spiritum´ se le puso un nudo en la garganta y sintió un dolor agudísimo en el corazón. En todo aquel día, repitiendo con fácil retentiva la salmodia, no pudo desechar su oído la vibración de la robusta voz del capellán que cantaba por Cristo." [838]

"El Miércoles volvió Guerra a la Catedral para oir la Pasión según San Lucas, y aquel día, el hermoso canto impresionóle aún más que el domingo. Al oir la voz del Cristo diciendo: 'filiae Ierusalem nolite fleve super me, sed super vos ipsas flete, et super filios vestros...´ no pudo reprimir las lágrimas; y cuando el pueblo, por boca de los seises acompañados del fagot clamaba: 'Tolle hunc et dimitte nobis Barabbam...Crucifixe eum...´ le faltó poco para perder el conocimiento. Al concluir, sudor frío mojaba su frente. Cerrando los ojos, y concentrando el pensamiento, veía la escena del Calvario, clara y viva, y la majestad inenarrable del Dios sacrificado." [839]

En síntesis, Ángel concluirá: *"He tomado grande afición al ritual católico; me enamoran, me seducen los actos religiosos, particularmente el ceremonial de la misa, todo amor, piedad y poesía."* [840]

El entusiasmo de Ángel por la estética religiosa incluye expresamente la música gregoriana (que el autor denota conocer muy bien). Además de las melodías señalas ya, disfruta de himnos o antífonas marianas como el *Ave maris stella, Dei Mater alma, Salve Regina...* [841]

Imaginería cristiana.

La visión de conjunto de la estética religiosa cristiana se complementa con la consideración positiva que merecen a diversos protagonistas las imágenes de culto. Hay una preferencia generalizada de estos por las que

---

[838] PÉREZ GALDÓS, BENITO, *Ángel Guerra. Vol. II.* o.c., pág. 538-539
[839] PÉREZ GALDÓS, BENITO, *Ángel Guerra. Vol.II,* o.c., pág. 545. La música sacra es, sin duda, uno de los grandes atractivos artísticos y espirituales (o religiosos) de Galdós. En el artículo (más bien ensayo) que publica con el título *Rossini* hace el autor un agudo y sorprendente estudio de las obras religiosas de este compositor: *Entre las piezas de carácter religioso que ha compuesto Rossini, se distingue el Stabat Mater. En medio de la admiración que se tributa a tan portentosa obra, se pone en duda si pertenece propiamente al género religioso o si es una variante más de la forma dramática... Pero ¿por qué hemos de poner en pugna los dos géneros? ¿Se conoce algo más dramático que la situación de María al pie de la cruz?...*" (*Rossini*. Edición de Juan Pedro Castañeda. Asociación Cultural Cabrera y Galdós. Teguste 2005, págs. 143-144)
[840] PÉREZ GALDÓS, BENITO, *Ángel Guerra. Vol. II.* o.c., pág. 505. Ver así mismo las págs. 538, 545 y 546 en donde se describe la impresión estética que producen los Oficios de Semana Santa en el ánimo de Ángel.
[841] PÉREZ GALDÓS, BENITO, *Ángel Guerra,* o.c., pág. 573

representan a la Virgen. La admiración que produjo la Virgen del Pilar a Agustín y a Gabriel (Episodio *Zaragoza*) no es tan fuerte como la que sienten Donata y Juan Santiuste cuando llegan a Tortosa y entran en la catedral (*"interiormente bella, mística, ornada de primores artísticos"*) para dar gracias a Dios por su feliz liberación (liberación de la esclavitud a la que la tenía sometida un eclesiástico).

"La Virgen de la Cinta, ante cuya majestad estuvimos arrodillados largo rato, es linda, consoladora, de expresión divinamente afable. Ninguna imagen he visto que me haya cautivado tanto como ésta, ninguna que tan bien sintetice en su rostro la dulzura y la gracia... Nunca vi manos tan puras como las que muestran la milagrosa Cinta, ni cabeza en cuyo contorno brille con tan celestial resplandor la corona de estrellas." [842]

El texto pertenece a *Carlos VI en la Rápita*. En el Episodio siguiente (*La vuelta al mundo en la "Numancia"*) el bueno de Ansúrez, con mala conciencia por no haber consentido el matrimonio de su hija Mara, pide a la Virgen del Carmen que no le deje morir sin haberla visto, y cree percibir en los hermosos ojos de la imagen un guiño picaresco de complicidad y asentimiento.[843]... Una imagen de Cristo crucificado despierta en Ángel Guerra hondos sentimientos.[844]

Pintura cristiana.

La sensibilidad de Galdós por el arte pictórico cristiano aparece en diversas ocasiones puntuales en un tono subido. Con motivo de la publicación de la Biblia ilustrada por Gustave Doré muestra su entusiasmo por los doscientos treinta grabados (que continúan a los del Quijote) en los que dice que *"no hay más que bellezas y bellezas de primer orden"*; y añade: *"Las ilustraciones son dignas del sublime libro a que van unidas, y el*

---

[842] PÉREZ GALDÓS, BENITO, *Carlos VI en la Rápita*, o.c., pág. 167
[843] V. *La vuelta al mundo en la "Numancia"*, o.c., pág. 69
[844] Dice Ángel: *"El Crucificado mismo, tan real y divino al propio tiempo, le sugería pensamientos más enlazados con los dolores efectivos de la Tierra que con las beatitudes incorpóreas del Cielo; le despertaba el humanismo igualitario con fines de reforma social, y si le infundía vigor y alientos para la lucha en pro de la perfección humana, no le transportaba a la región etérea y luminosa, como la Virgen, toda belleza ideal y lírica, toda piedad, indulgencia y dulzura. Con ésta sí que se entendía bien."* (PÉREZ GALDÓS, BENITO, *Ángel Guerra*, Vol. II, o.c. pág. 379) Respecto a la devoción en *Ángel Guerra* por el Cristo de las Aguas, v. *Ángel Guerra. Vol. II*, o.c., pág. 401: *"Dulcenombre simpatizó (no hay más remedio que decirlo así) con aquel Cristo desde la primera vez que lo vio, y al poco tiempo de rezarle ya le tuvo por su protector y le revistió en su mente de todos los atributos de la divinidad tutelar y misericordiosa"*.

conjunto de la edición es un monumento digno, elevado por la tipografía moderna en honor del inmortal poema." [845]

El cuadro *Conversión de San Francisco de Borja* es contemplado detenidamente en las versiones del pintor Moreno Carbonero (que no llega a satisfacer a Galdós) y en la del inglés Laurens, más acertada a la hora de plasmar el hecho de la conversión del caballero. [846] El mismo método comparado aplica al estudio del lienzo de Sorolla *El entierro de Cristo*; después de describir con detalle y admiración los diversos elementos de la obra, concluye diciendo: *"sería completo si en él no se hubiera sacrificado un poco la verdad a la originalidad."*

Precisamente el tema de la originalidad excesiva está presente también en el juicio que hace del extraordinario lienzo de Goya *La última comunión de San José de Calasanz*, obra maestra que contempla y valora atinadamente como cumbre de la pintura del aragonés:

"Una hermosa obra de arte existe dentro de este templo desnudo y vulgar; y es el cuadro de Goya 'La muerte de San José de Calasanz', que es de lo más hermoso que nos dejó el gran artista, y tiene el sello de su genio valiente, original y un poco extravagante. Cuentan que es lo último que hizo el autor de 'Los caprichos'. Es lástima que este bello lienzo no sea trasladado a un Museo, donde pueda ser admirado en todo su esplendor. La funesta costumbre de oscurecer las capillas, que prevalece en el clero moderno, ha rodeado de sombras un cuadro donde Goya derramó a torrentes la luz, por lo cual éste hace el efecto de un rayo de sol encerrado en una funda." [847]

---

[845] PÉREZ GALDÓS, BENITO, *Crónicas sobre música y artes plásticas*. En *Prosa Crítica*, o.c., págs. 668-669. A través de estas Crónicas (que ocupan un centenar de páginas) Galdós muestra poseer un extraordinario conocimiento y una exquisita sensibilidad respecto a la música y a todas las artes plásticas; aunque estos comentarios suyos (generalmente de la actualidad que vive) no estén tan desarrollados como los que dedica a las *Crónicas Literarias* (también editados en la amplia recopilación *Prosa Crítica* que venimos citando.)

[846] PÉREZ GALDÓS, BENITO, Carta a La Prensa, de Buenos Aires, de 15/VII/1884, en la citada obra de W.H. Shoemaker, págs. 100 a 101

[847] PÉREZ GALDÓS, BENITO, Carta a La Prensa, de Buenos Aires, de 14/VI/1887, en la citada obra de W.H. Shoemaker, pág. 248. Carta a La Prensa, de Buenos Aires, de 14/II/1884, en la citada obra de W.H. Shoemaker, pág. 53 (El cuadro de Goya al que se refiere Galdós aquí lleva por título, en realidad, *La última comunión de San José de Calasanz*, pero es cierto que intenta expresar los últimos momentos de la vida del santo, y que popularmente también era conocido con el nombre que le da el escritor. El juicio valorativo eminente que hace el escritor se adelanta al que más tarde hará el crítico de arte Camón Aznar, entre otros que consideran el lienzo como la obra cumbre de la pintura religiosa del XIX).

Es evidente que los juicios de estas obras pictóricas muestran no sólo una importante cultura artística religiosa sino, a la vez, un exquisito sentido cristiano del arte.

No son, pues, muchas las páginas de la creación galdosiana en donde se desarrollan ideas específicas y positivas sobre la dimensión artística del cristianismo y de la Iglesia, pero las que hemos referido hasta aquí nos parecen ya significativas y suficientes para deducir que Don Benito poseía un sorprendente pensamiento -denso y acertado- sobre la teoría del arte religioso cristiano y su existencia en la Iglesia.

b) Crítica de los errores en la configuración del arte cristiano.

En buena parte de las citas anteriores se alude al lamentable contraste que existe entre el ideal estético y el desarrollo práctico usual de las formas religiosas en las iglesias. Con ello Galdós muestra no sólo su notable sensibilidad artística, sino, a la vez, un denso concepto teológico acerca del arte religioso y cristiano.

"Es evidente –habla el mismo autor en Gloria- que las ceremonias de Semana Santa despiertan ya poco entusiasmo… Nuestra sociedad (quiere decir nuestra generación) se creer irresponsable de tal decadencia, y la atribuye al excesivo celo y mojigatería de la generación precursora, la cual, adulando al clero y adulada por él, quitó a las ceremonias religiosas su conmovedora sublimidad. ¿Cómo? Multiplicándolas sin criterio, haciéndolas complejas y teatrales por el abuso de imágenes vestidas, de procesiones, pasos y traspiés irreverentes, absurdos, sacrílegos, irrisorios…" [848]

En idéntico sentido y, si cabe, con mayor dureza, se manifiesta Pepe Rey, el protagonista de *Doña Perfecta*:

"Los mamarrachos y las aberraciones del gusto, las obras grotescas con que una piedad mal entendida llena las iglesias, también cumplen su objeto; pero éste es bastante triste: fomentan la superstición, enfrían el entusiasmo, obligan a los ojos del creyente a apartarse de los altares, y con los ojos se apartan las almas que no tienen fe muy profunda ni muy segura… Al ver

---

[848] PÉREZ GALDÓS, BENITO, *Gloria*, o.c., pág. 266

esto es lícito defender que el culto debe recobrar la sencillez augusta de los antiguos tiempos." [849]

Centrando la atención en el tema de las imágenes, la novela *Miau* alude en varias páginas a la penosa impresión que deja la fealdad escultórica y el clima oscuro del templo en la frágil psicología de un niño, Luis (Cadalsito); fealdad de la imaginería y de la arquitectura que critica el autor en varias obras más. [850]

Con este juicio crítico se perfilan aún con mayor claridad los principios básicos de teoría del arte cristiano que afloran a la sensibilidad de Don Benito; desarrollando, además, a partir de ellos, una mejor intuición de la realidad eclesial (de hecho y de derecho) y un agudo análisis de psicología –o psicopedagogía- religiosa.

---

[849] PÉREZ GALDÓS, BENITO, *Doña Perfecta*, o.c., pág. 130 Más duro es aún el juicio que hace el narrador –Galdós- en *Rosalía*, criticando el carácter de negación del arte cristiano que tienen las iglesias de Madrid en su mayoría: *"Las iglesias de Madrid son, de cuantas ha elevado la cristiandad, las que menos elevan el ánimo a la idea religiosa, las que menos despiertan esa multitud de sensaciones por las cuales parecemos olvidar nuestras viejas mañas de materialismo y nos reconciliamos con la fe."* (PEREZ GALDÓS, BENITO, *Rosalía*, o.c., pág.265. La página desarrolla con amplitud esa idea).
[850] PÉREZ GALDÓS, BENITO, *Miau*, o.c., págs. 264 y 316 (*"Hay en aquella capilla un Señor con pelos largos que me da mucho miedo. No entro allí aunque me maten."*) La misma experiencia refleja Juanito Santiuste (Confucio) en su visita a la iglesia de Ulldecona que regenta el arcipreste Juanhondón: v. *Carlos VI en la Rápita*, o.c. pág. 132. Y, refiriéndose a la arquitectura de los templos, no resulta más halagüeña la visión que tiene Santiago Íbero hijo: *"Buscaba una iglesia, después otra, y con breve inspección recorría seis o siete en la mañana. Vio cavidades oscuras, feas, despojadas de todo arte, como si las limpiara de belleza la escoba de la vulgaridad..."* (PÉREZ GALDÓS, BENITO, *Prim*, o.c., pág. 34); visión que, aun siendo tan oscura, no llega al juicio condenatorio de la madrileña iglesia de Atocha, que se hace en el Episodio *Bodas Reales*: *"Fue a parar toda esta máquina de barroquismo elegante a la más ruin y destartalada iglesia que han visto los siglos cristianos, Atocha, inexplicable fealdad en el país de las nobles arquitecturas, borrón del Estado y de la Monarquía."* (PÉREZ GALDÓS, BENITO, *Bodas Reales*, o.c., pág. 228). Y en carta a La Prensa de Buenos Aires escribe a propósito de la Iglesia del colegio de Escolapios de San Antón de Madrid: *"La iglesia es, como casi todas las de Madrid, de vulgarísima arquitectura exterior e interiormente. Pertenece a la época en que el arte monumental había dicho ya su última palabra, sin que por eso la piedad dejase de elevar masas informes de ladrillos y revoco para albergue de frailes o por simple satisfacción personal de los ricos que en sus postrimerías querían ponerse en paz con Dios."* (Carta de 14/II!1984, citada por Shoemaker, o.c., pág. 53)

3. Visión de la cultura común cristiana en Galdós.

Entendemos aquí por cultura religioso cristiana no sólo el conocimiento bien integrado de la dogmática creyente, de la moral evangélica y del funcionamiento interno eclesial, sino también –y prioritariamente- la aguda percepción de la presencia del hecho religioso y cristiano en nuestro tejido cultural: en el costumbrismo y el folklore, en la lengua, en el arte, en la literatura, en el acontecer histórico y en el pensamiento que nos define. Una dimensión del cristianismo y de la iglesia se halla encarnada en ese tejido cultural, indisolublemente unida a él por la historia.

Don Benito tiene y disfruta esa dimensión consustancial de la cultura con amplitud y profundidad excepcionales. Es un exponente cultural de la indisoluble relación entre España y el acontecer religioso cristiano. Buena muestra de ello es todo lo que hasta aquí hemos escrito, especialmente a propósito de la dogmática cristiana y evangélica en la obra galdosiana (y, muy en concreto, respecto al conocimiento del arte cristiano).

Para él toda la cultura española tiene una esencia cristiana. Hablando del sentimiento religioso en España escribe:

"Durante siglos, ni una idea sola ha sido independiente de aquella idea madre (la idea religiosa), ni fuerza alguna ha obrado separada de aquella fuerza elemental." -y prosigue con tonos encendidos:- *"San Juan de la Cruz hace los versos más sentidos que posee nuestra lengua, mientras el pintor Juan Masip comulgaba para pintar mejor, y no cogía la paleta sino cuando sentía absolutamente limpia su conciencia... Murillo veía los ángeles antes de pintarlos, ni más ni menos que Santa Teresa veía a Cristo antes de escribir de él... Si Cervantes y Quevedo no hubieran secularizado la prosa, como Velázquez secularizó más tarde la pintura, todo nuestro arte habría sido esencialmente religioso, pues hasta el teatro gira en torno a la fe..."* [851]

En particular, el epistolario galdosiano en el periódico La Prensa, de Buenos Aires, muestra la abundante y personalísima visión de hechos culturales de signo religioso y cristiano que informan en gran medida la vida nacional, hechos que asume con gusto pero sin omitir un talante crítico.

En su visita a Alcalá de Henares destaca con entusiasmo el monumento escrito -*"de perdurable arquitectura, maravilla de la tipografía*

---

[851] PÉREZ GALDÓS, BENITO, *El sentimiento religioso en España*. En SHOEMAKER, W.H., *Las cartas desconocidas de Galdós...O.c.*, págs. 146-147

y la erudición"- que supone la Biblia Políglota Complutense de Cisneros, su elaboración y edición. [852]

El tratamiento del tema de la Semana Santa, muy presente en *Gloria* y en *Ángel Guerra*, denota poseer una cultura seria del mismo. Con análisis sincero y lleno de colorido compara detenidamente esta Semana Mayor madrileña con las de Sevilla y Toledo, criticando duramente el populismo religioso antiestético y pobretón de la capital y exaltando las procesiones de Toledo y Sevilla (no sin alguna reserva respecto a la religiosidad de la ciudad andaluza… que empalma con la Feria de abril). [853]

Como señalamos también, la Navidad española (sustancialmente idéntica a la actual, por más que nos remitamos con nostalgia a tiempos pasados conocidos) es objeto de estudio para Galdós como elemento importante de nuestra cultura. Su visión sociológica (que aparece también en la novelística) es, sin embargo, dura, y se apoya en criterios teológicos:

"Ni acierto a comprender qué relación pueda existir entre esta costumbre (habla de aguinaldos y comilonas) *y el advenimiento del Mesías, porque nada hay en la tradición cristiana del portal de Belén que autorice este furor de propinas y donativos, forma hipócrita de limosna."* [854]

En varios artículos publicados en *La Nación* critica con dureza el costumbrismo ruidoso y en exceso gastronómico de la Navidad madrileña como una pura contradicción con el acontecimiento que da pie a la celebración: *"Los cristianos celebramos con frucciones estomacales la venida al mundo del Dios Redentor y el recuerdo de aquella fría noche de enero en que un ángel anunció a ciertos pastores el nacimiento del hijo de María… Queremos que nos digan francamente nuestros lectores si conocen*

---

[852] PÉREZ GALDÓS, BENITO, Carta a La Prensa, de Buenos Aires, de 5/IV/1884, en la obra citada de W.H. SHOEMAKER, pág. 85
[853] PÉREZ GALDÓS, BENITO, Carta a La Prensa, de Buenos Aires, de 14/IV/1884, en la obra citada de W.H. SHOEMAKER, págs. 87 a 93. Respecto a Madrid escribe: *"Por lo que respecta a Madrid, creo que siempre fue la Semana Mayor cosa vulgar y sin lucimiento. Digan lo que quieran, no fue nunca este pueblo muy fervoroso, y como no tiene catedral ni templo alguno apropiado a las grandes ceremonias del culto, las funciones religiosas no han podido ser nunca brillantes."* (pág. 87)
[854] PÉREZ GALDÓS, BENITO, Carta a La Prensa, de Buenos Aires, de 28/XII/1886, en la obra citada de W.H. Shoemaker, págs. 216 a 218

en el transcurso del año unos días más enojosos, más insoportable que estos..." [855]

Curioso e interesantísimo es el estudio -quizás único- sobre la festividad y la figura de San José en la onomástica española y en la tradición cristiana. De nuevo (con este motivo anecdótico) aparece la erudición bíblica, eclesial y artística del autor, no exenta en este caso de cierto humorismo. [856]

Los ejemplos podrían extenderse bastante más.

---

[855] PÉREZ GALDÓS, Benito, artículo de 24/XII/1865 en *La Nación*, edición cityada de Shoemaker, págs. 246-247. En en mismo texto, más arriba, ha hecho un sabroso análisis medio filosófico e irónico de la psicología de la comida referida a estos días navideños:
"Es (todo) el hombre el que come: su inteligencia se reconcentra en el estómago; su sentimiento se localiza en el paladar; su voluntad reside en la mandíbula; el alma está ocupada en la percepción de olores suculentos, en el templo de los sabores, en la acertada repartición de las concavidades del estómago. El hombre come y pudiera decir, parodiando a Descartes: yo como, luego existo."
[856] *"La razón de la inmensa popularidad de este santo no me la explico, ni el papel grande que desempeña en el misticismo contemporáneo... El nombre de Josep es muy raro en los siglos medios, y hasta en el Renacimiento. Antes de la Reforma no aparece en el mundo cristiano la devoción al Patriarca...En la iconografía cristiana de los primeros siglos la figura del esposo de María es desconocida."* (PÉREZ GALDÓS, BENITO, Carta a La Prensa, de Buenos Aires, de 19/III/1987, en la obra citada de W.H. SHOEMAKER, págs. 230 a 233)

8
El mundo eclesial que sueña Galdós

La visibilidad de la Iglesia (del cristianismo y, en particular, del catolicismo) está estrechamente ligada a la configuración del ministerio que ésta desarrolla; es decir, a la identidad y función de los dirigentes de las iglesias en los distintos niveles de presencia y de acción que les corresponda, tanto dentro del ámbito eclesial como en la sociedad en que se sitúan. En una gran medida depende del modo de ser del clero y de su ministerio pastoral; muy especialmente del clero regular: párrocos, presbíteros adscritos a templos o a instituciones, religiosos con actividad pastoral, obispos y, en definitiva, Curia Romana y Papa.

Pudimos esbozar ya en el capítulo primero de este trabajo una visión de la Iglesia católica del siglo XIX en general y de la española, en particular; y acabamos de examinar también el pensamiento de Galdós acerca del cristianismo, y sobre el catolicismo y la iglesia especialmente en nuestro país. Debemos ahora investigar ese pensamiento a propósito del ministerio pastoral de los sacerdotes. Observaremos que esta perspectiva ocupa una buena parte de la atención que el autor presta a la realidad eclesial.

El presente estudio consta así de dos partes muy diferenciadas: primera, la consideración del presbiterado católico en su configuración de hecho y, a la vez, desde una visión alternativa; y, segunda, la percepción teológica que el autor tiene de aspectos importantes de la vida sacramental y de su desarrollo ministerial.

1. Visión del presbiterado católico en la obra de Galdós.

El mundo galdosiano -notable en tantos aspectos- nos sorprende con la presencia casi permanente de clérigos y personajes religiosos que en multitud de ocasiones toman parte decisiva (en un sentido u otro) en la trama de las narraciones. Puede verificarse que en más de un 80 % de las novelas y dramas del autor aparecen eclesiásticos de muy diversa índole así como instituciones de carácter religioso.

Este hecho es, sin duda, indicador de la abrumadora presencia del mundo eclesiástico en la España del XIX observada con la imparcialidad del realismo; pero revela también la honda preocupación que el autor tiene respecto al modo de ser de los presbíteros en el catolicismo y en la sociedad española, mostrando así la realidad de una presencia clerical ambivalente, problemática y con frecuencia negativa, según advertimos al contemplar el panorama del cristianismo en España.

Tal perspectiva no es en absoluto tendenciosa. Vamos a comprobar enseguida que el juicio de anticlericalismo que se ha vertido sobre la obra de Galdós (y sobre él mismo) es precipitado e injusto, y denota el penoso desconocimiento de la totalidad de escritos galdosianos por parte de quienes sostienen esa crítica (en su mayoría católicos), o una lectura demasiado superficial de su creación, con cierto empeño de algunos en mostrar al escritor como enemigo del mundo eclesiástico. Es verdad que en el conjunto de sus obras manifiesta una dura crítica de muchos personajes religiosos; que considera al clero en general inculto, aprovechado de su estatuto social e ignorante de su propia iedentidad ministeral.

Pero, en medio de la extraña tipología de frailes comodones y ramplones, de curas militares o guerrilleros (algunos de ellos crueles), de escandalosos arciprestes, de ermitaños fanáticos o de monjas excéntricas, de capellanes cortesanos, etc., aparecerán excelentes presbíteros, y religiosas y religiosos de extraordinaria talla espiritual y humana; no escatimando, entonces, los elogios encendidos a aquellos que viven la encarnación evangélica, que se mantienen fieles a la vocación sacerdotal, o que desarrollan una caridad heroica y, por esta razón, actúan con una gran libertad de acción y de pensamiento frente a la institución eclesiástica.

Más aún, lo verdaderamente excepcional en el tratamiento de la figura del presbítero católico por Galdós es la hondura con que analiza su psicología (dañada o sana), su espiritualidad y su fe (pobres, contradictorias, apenas existentes, o, por el contrario, firmes y fecundas); en definitiva, su dramática existencial desde la que evoluciona en un sentido u otro.

Y no deja de sorprendernos el amplio y profundo conocimiento que demuestra tener de estas personas: de sus almas en íntima relación con las opciones vivenciales y con el ministerio que asumen sin dejar por ello de ser hombres. Son objeto de un análisis agudísimo, superior –en su conjunto- a los muy elogiosos que realizan en sus novelas dos grandes amigos de

Galdós: Juan Valera (en *Pepita Jiménez*) y Leopoldo Alas "Clarín" (en *La Regenta*). Con igual o mayor penetración estudia la tipología antitética de clérigos depravados o ambivalentes.

En resumen, el análisis que vamos a realizar pondrá en relieve estos dos hechos:

1º) Galdós conoce muy a fondo el mundo eclesiástico y lo analiza. Hace a lo largo de su obra un estudio -en su mayoría detenido- de 30 sacerdotes.

De éstos, diez al menos, reciben una connotación extraordinariamente positiva en función de su trayectoria personal que los sitúa como modelo para la Iglesia alternativa. Son: Nazario (*Nazarín*), Manuel Flórez y Modesto Díaz (*Halma*), Juan Casado y Tomé (*Ángel Guerra*), Nones (*Fortunata y Jacinta, Tormento*), Gamborena *(Torquemada y San Pedro)*, Horacio Reynolds (*Rosalía*), Narciso Vidaurre (*Mendizábal*), Rafael (Mariucha); a ellos habría que unir (aunque aparezcan menos estudiados) el obispo Payá (*De Cartago a Sagunto*), Muñoz Torrero (*Cádiz*), Venancio Niño (*El caballero encantado*). Por consiguiente, existen en la obra galdosiana 13 presbíteros muy valorados.

Otros 17, suficientemente analizados en su mayoría, son juzgados muy negativamente por su mentalidad oscurantista, por el desarreglo de su vida personal y, sobre todo, por la crueldad o la injusticia que practican. Son: Pedro Polo (*El doctor Centeno, Tormento*), Paoletti y Luis Gonzaga (*La familia de León Roch*), Inocencio (*Doña Perfecta*), Corchón y José de Matamala (*El audaz*), Antón Trijueque (*Juan Martín el Empecinado*), Francisco Mancebo y Eleuterio Virones (*Ángel Guerra*), Salmón y Alelí (2ª serie de Episodios), Lorente y la serie de clérigos que le acompañan (*La campaña del* Maestrazgo), Martín Merino y Nicolás Rubín (*Fortunata y Jacinta*), Hilario de la Peña (*La primera República*), Juan Ruiz Hondón (*Carlos VI en La Rápita*), el prior de Zarataín (*El abuelo*), José María Navarridas (*De Oñate a La Granja*). A estos habría que unir la referencia ocasional de bastantes otros eclesiásticos semejantes.

Sobre otra pequeña serie de presbíteros no emite juicio; son personajes secundarios, aunque, a veces, importantes en las tramas y con una trayectoria de medianía valorativa. Los contempla con cierta benevolencia. Son Pepe Hillo (3ª serie de Episodios), el obispo Ángel Lantigua (*Gloria*), Celestino (*La Corte de Carlos IV*), Matías (*Los Ayacuchos*), etc.

En número mayor, pero sin relieve en las obras, desfilan otros clérigos de carácter también negativo. Citaremos también en el texto a algunos de ellos.

Estos datos nos permiten adelantar rotundamente la idea de que Galdós no es –en absoluto- anticlerical, si se entiende por tal acepción la postura generalizada y preconcebida de rechazo de las personas eclesiásticas.

Ciertamente, en la mayoría de casos la crítica de tales personajes es negativa; pero en esto no hace sino pintar realidades y asumir el anticlericalismo cristiano que dimana del Nuevo Testamento, es decir, de una concepción de la Iglesia fiel a sus orígenes y al verdadero ministerio presbiteral y episcopal.

2º) Galdós denota una gran estima por el ministerio del presbítero fielmente realizado, ahonda en la espiritualidad sacerdotal y propone un tipo radicalmente renovado de pastor de la comunidad cristiana: entregado, desprendido, natural en su régimen de vida, hondamente religioso y creyente, libre ante la institución, ilustrado.

Delinea expresamente el elevado perfil y la preparación humana y religiosa que debe identificar a esta persona con la de que quisiera contar de algún modo en el proyecto de reforma social que caracteriza a toda su obra.

El escritor deja constancia de la seriedad que le merece en sí misma la identidad presbiteral al exigir él discernimiento, madurez y preparación grave a la persona que quiere acceder a esa condición. Ángel Guerra, tras una larga evolución espiritual, quiere ser ordenado sacerdote sin demora; sin embargo, su amigo y director espiritual Juan Casado no ve la cosa tan fácil:

"Opino, salvo mejor parecer, que el sacramento del orden debe aplazarse hasta que haya seguridad completa de que esos arrechuchos, como usted dice (ciertos devaneos amorosos), *no han de reproducirse. Amigo mío, esto no es cosa de juegos."* [857]

Precisamente referida al protagonista Ángel (con motivo de la celebración de los oficios litúrgicos del Corpus Christi a los que asiste) se hace una de las descripciones más bellas de la vivencia específica sacerdotal, la que han debido tener muchos presbíteros en algún momento de su vida, en relación directa con la Eucaristía:

"Allí se sintió Ángel en la plenitud de su vocación eclesiástica, se reconoció definitivamente admitido en el apostolado de Cristo, y digno de que a sus

---

[857] PÉREZ GALDÓS, BENITO, *Ángel Guerra. Vol. II*, o.c., pág. 504

manos descendiera el cuerpo vivo del Redentor. Desprendido ya de las últimas costras de la materialidad terrestre, era todo espíritu, todo amor a Dios Omnipotente y a su hechura la mísera humanidad redimida."

El texto es correlativo al que escribe diez años antes en la novela *Rosalía*. Allí pone en boca del clérigo anglicano Horacio Reynolds una de las páginas de nuestra literatura más sorprendentes, bellas y densas de teología sobre el ministerio presbiteral:

"Hermosa y santa profesión es la del sacerdocio en todas las religiones; pero también la más difícil, la que exige mayor fortaleza de ánimo, mayores virtudes y una abnegación sin límites. Los que la adoptan sin suficiente reflexión y arrastrados por impresiones pasajeras, algún día sienten los inconvenientes de su precipitación y ceguera, y entonces...¡ya es tarde! (...) Este ministerio exige el recogimiento, la calma, la prudencia, la humildad; exige que el amor propio esté atado con cien cadenas, la conciencia siempre alerta... Bien practicado, el sacerdocio eleva al hombre a la mayor perfección posible dentro de su naturaleza." [858]

Sin el menor esfuerzo hemos recordado, pues, en pocas líneas una amplia treintena de figuras sacerdotales estudiadas con detenimiento por el autor. Queda claro que son muchas más las que entretejen el hilo narrador realista de Don Benito, añadiendo así en cada ocasión datos a un análisis psicosocial y religioso que nos parece único en la literatura hispana y europea.

Hecha esta breve introducción al tema que nos ocupa, parece oportuno comenzar el estudio con una expresa contemplación del protagonista de la genial novela *Nazarín*, en la que Galdós condensa su visión teológica cristiana y alternativa del presbiterado católico y del retorno a los orígenes del cristianismo, evocando en esa figura al mismo Jesús.

---

[858] PÉREZ GALDÓS, BENITO, *Ángel Guerra*. Vol. II, o.c., pág. 547; *Rosalía*, Cátedra. Madrid 1984, pág. 64 Galdós podría hacer suya la definición del presbítero que daba el conocido Abée Pièrre, fundador de Los traperos de Emaús: *"Ser un hombre que se emplea en hacer creible que Dios es Amor... a pesar de todas las adversidades, las catástrofes..., dar por creible que somos amados, todos, a pesar de todo. Los presbíteros, pues, se deben a todos, en cuanto que a todos deben comunicar la verdad del Evangelio que poseen en el Señor."* (La Croix, 5/8/1998. Citado por Daniel Gautier en *Galdós,¿cristiano viejo o cristiano post-vaticano II?*, o.c., pág. 111)

1. **La figura y el ministerio presbiteral en "Nazarín".**

La idea y la palabra fundamentales de Galdós sobre los sacerdotes de la Iglesia (los presbíteros) aparecen con nitidez en el diseño utópico del personaje Don Nazario o Nazarín en la novela de este nombre y en *Halma* (que viene a ser como la segunda parte de la anterior, ambas escritas en 1896). Esta visión se ampliará y complementará en otras obras con tipos emblemáticos como el Padre Nones (*Tormento, Fortunata y Jacinta*) y el misionero Gamborena (*Torquemada y San Pedro*); a los que podría unirse el aspirante al presbiterado Ángel Guerra, perfectamente bien orientado en la búsqueda de la vocación sacerdotal por varios presbíteros amigos y por la religiosa Lorenza (Leré) y otros buenos sacerdotes. Conviene hacer notar que los personajes femeninos Leré, Halma y –a su manera- Benina completan de algún modo el diseño presbiteral de Nazarín.

Por de pronto debemos señalar que en los mejores textos sobre el particular se va a preferir la palabra "presbítero" más que la de "sacerdote".

¿Quién es Nazarín?

A los ojos de todos los que llegan a conocerlo es un verdadero santo. Nivel que no llegan a tener los otros excelentes presbíteros del mundo galdosiano, aunque se aproximen a él.

Cualquier otro dato sobre clérigos que aparezca en la producción galdosiana (datos que –repetimos- van a presentarse con abundancia) y cualquier juicio que pudiera aventurarse sobre el modo de tratamiento del tema por el autor deberán ya ser considerados a la luz de la personalidad y la vida de Nazarín. Una personalidad que, resultando amable y de gran altura mística, suscita desde luego tensiones teológicas en razón de las condiciones creyentes y apostólicas que la acompañan; sobre todo, al pretender encarnar intencionadamente en ella a Jesús; adelantando, además, una cristología de la liberación.

Advirtamos que desde el punto de vista literario la novela ha sido juzgada como incompleta y monotemática, precisamente por ceñirse demasiado al arquetipo de Jesucristo y por seguir muy de cerca la imagen y la estructura de Don Quijote. A pesar de ello, en cuanto al contenido y significado, todos deben reconocer que nos encontramos ante una acabada teología narrativa del presbiterado cristiano: de un ministerio que lleva en sí mismo la impronta renovadora –o reformista- de la Iglesia (cuando ésta pretende volver a sus orígenes); y que, además, esto se hace con el acierto de una línea argumental y de un texto que seducen. [859]

¿Qué significa, en definitiva, Nazarín? ¿Pertenece esta figura al realismo o a la utopía?

Para hacer inteligible la respuesta hay que remitir a la lectura reposada de las dos novelas que hemos indicado.

Se trata de un tipo fuera de serie, pero real, totalmente humano. Envuelto en la timidez natural de su propia imagen; anónimo hasta que llega su hora de "salir" hacia los campos, las gentes y las palabras; urgido de la misión que le pide su conciencia (como el hidalgo manchego o como Jesús tal vez. Libre, pero celoso de su intimidad y de su historia personal y ajeno a la posible notoriedad o al prestigio que pueda tener su vida. [860]

En cierto modo aparece en escena (en la novela) llovido del Cielo, providencialmente venido del anonimato y sin deseo alguno de salir de ese silencio, de una discreción humilde que mantendrá hasta el final (en *Halma*). Hecho éste que ya resulta, desde luego, relevante si se tiene en cuenta, por una parte, la demanda de una pastoral activa que se esperaba del presbítero bueno, y, por otra, la fuerte presencia social y eclesial que tenían los eclesiásticos precisamente a la altura del siglo XIX en una Iglesia y una sociedad tan clericalizadas. [861]

---

[859] Probablemente Nazarín muestra una figura crística superior a las que presentan las novelas de Nikos Kazanzakis (*Cristo de nuevo crucificado*) o Dostoyewski (*El Gran Inquisidor*).
[860] Conversando con la Prensa que va a interrogarlo: *(Periodista.-) "Por lo visto es usted un apóstol de la paciencia". (Nazarín.-) "Yo no soy apóstol, señor mío, ni tengo tales pretensiones", (Periodista.-) "Enseña usted con el ejemplo". (Nazarín.-) "Hago lo que me inspira mi conciencia, y si de ello, de mis acciones, resulta algún ejemplo y alguien quiere tomarlo, mejor."* (PÉREZ GALDÓS, BENITO, *Nazarín*, o.c., pág. 31)
[861] ALEXANDER A. PARKER sugiere la posibilidad de que Galdós diseñara la figura de Nazarín como una realización de la promesa referida al hijo de Gloria y Daniel (al final de *Gloria*), identificando así ambos personajes. De hecho aquel niño es llamado "el Nazarenito", y la misión futura que le confía el autor es precisamente la que realiza Nazarín (*"The son of Gloria and Daniel Morton is described as follows in the last paragraphs of the novel that relates their tragic history"*), una misión que configura a ambos estrechamente con Cristo. Pero en *Nazarín* no se hace ninguna alusión a esta hipótesis. (PARKER, ALEXANDER A., *Nazarin, or the Passion Our Lord Jesus Christ. According to Galdós*, Anales Galdosianos. Año II. 1967. Universidad de Pittsburgh – Pensilvania y Amigos de Galdós –Las Palmas de Gran Canaria-. Págs.83-102)
Pueden verse otras interpretaciones literarias de *Nazarín* expuestas en nuestra Bibliografía final, cuando se reseña y comenta globalmente la obra.

Don Nazario ha sido consagrado presbítero en edad madura; consciente él de los compromisos que contraía, pero sin que sus superiores lo tuvieran demasiado claro. Es, sin la menor duda, un creyente verdadero y profundo, un apasionado de Jesucristo que intenta seguir a su Señor no sólo en la esencia básica del seguimiento (común a todos los cristianos) sino también en cuanto a las condiciones existenciales de Jesús mismo, con la radicalidad evangélica que hoy nos desconcierta.

Pobre y feliz en la pobreza, sin casa ni lugar donde reclinar su cabeza, virgen, en unas condiciones de vida míseras; absolutamente desinteresado de honores o de obtener beneficio eclesiástico alguno. Viste como puede (o como Dios le da a entender), sin preocuparse del ropaje eclesiástico en uso; pero no por esto deja de estar perfectamente identificado como presbítero por quienes lo rodean y por el pueblo entero. Vive con casi total independencia de la institución, aunque es respetuoso de ella. Goza de una soberana libertad y se guía sólo por su conciencia bien formada. No posee bienes propios; le basta la palabra. Se alberga en los bajos fondos. Convive con los miserables, pertenece a ellos; comparte casa en una corrala de vecinos. Después, al dejar atrás la ciudad, va acompañado de mujeres de dudoso pasado y de ninguna cultura que le siguen con amor verdadero y, no obstante, es fidelísimo y claro en su compromiso de virginidad y en sus relaciones (y ellas le corresponden con ese respeto). *"Su comportamiento adquiere progresivamente los caracteres del ministerio de Cristo... Este no ser nada para serlo todo, no poseer nada para tenerlo todo –escribe José Luis Mora-, define a Nazarín no sólo como sacerdote sino como místico."* [862]

Se entrega incondicional e infatigablemente a los más desgraciados (enfermos contagiosos, malhechores, desgraciados)… Y así le van las cosas. Casi exactamente como a Jesús de quien él se siente de veras un insignificante seguidor.

Parece correcta la apreciación de Rafael Narbona sobre el amor virginal de Nazarín:

"Al igual que el Dios cristiano, Nazarín es la encarnación de un Dios que ama. Su drama es que los hombres, sin ignorar la pureza de sus intenciones, perciben su amor como un afecto inhumano (más que humano, diríamos), incapacidad de satisfacer las necesidades del instinto, cuya ambición es disfrutar de lo inmediato, sin aplazamientos que sitúan la

---

[862] MORA GARCÍA, JOSÉ LUIS, *Hombre, sociedad y religión en Galdós*, o.c. págs. 169-170. (El autor realiza un estudio analítico de la figura de Nazarín en las páginas 168 a 175).

felicidad más allá de su contingencia"; sin embargo, el mismo narrador aligera esa posible tensión cuando, refiriéndose a Andara y a Beatriz, acompañantes del sacerdote, afirma que la fuerza de su amor por el sacerdote crecía *"no ya como un voraz incendio que abrasa y destruye, sino como un raudal de agua que milagrosamente brota de una peña y todo lo inunca."* [863]

Su discurso -más bien breve siempre- tiene la radicalidad del Evangelio y lo dirige por igual a todos, ricos y pobres. Es profético (denunciador) cuando hace falta. [864] Es sabio y culto. Su palabra (tanto en *Nazarín* como en *Halma*) tiene la capacidad de ayudar al discernimiento espiritual, y su consejo denota una gran profundidad psicológica.

Hacia el final de su vida, puesto en entredicho por la autoridad eclesiástica (pero admirado por creyentes buenos y abiertos), obligado por los superiores a abandonar la comunidad cristiana casi monacal en donde descansa su espíritu, se somete a la obediencia humildemente con tal de poder seguir disfrutando el silencio de la celebración eucarística. Está apasionado por la Eucaristía:

"El mayor anhelo de su alma es que le devuelvan las licencias, para poder celebrar..., y que se irá a vivir al presidio adonde sea destinado el Sacrílego, si se lo permiten las leyes penitenciarias" [865].

(El Sacrílego, mencionado antes, uno de los ladrones con los que fue llevado a prisión, es ya su amigo íntimo).

Llegada la hora, acepta la cruz sin rechazo y sin aspavientos. Igual que en el relato evangélico, es detenido durante la noche mientras oraba a Dios, en soledad y al cielo raso, acompañado a cierta distancia de sus discípulas. Así entra con hondura en la muerte y se encamina hacia la resurrección, habiendo comulgado con Jesús en una Eucaristía imaginada (que celebra en la prisión, sin poder disponer de pan y vino); es decir, vive el final -que todavía no le ha llegado- desde la penetración íntima en el Misterio de Cristo que es también el suyo.

---

[863] NARBONA, RAFAEL, *Pérez Galdós: Nazarín, juglar de Dios,* o.c., págs. 11 y 15
[864] Al temible señor de Belmonte le critica de forma implacable su mal trato de los servidores: "(su forma de comportarse, dice) *es anticristiana y antisocial, bárbara y soez. Los sirvientes son personas, no animales, y tan hijos de Dios como usted, y tienen su dignidad y su pundonor como cualquier señor feudal o que pretenda serlo"* (PÉREZ GALDÓS, BENITO, *Nazarín,* o.c., pág. 126)
[865] PÉREZ GALDÓS, BENITO, *Halma,* o.c. pág. 182

Es importante señalar un hecho notable a propósito de la persona y del ministerio de Nazarín, y es que éste nunca actúa solo ni se siente identificado como singularidad. En el primero de los libros acerca del personaje, el del camino y el martirio (*Nazarín*), varias mujeres y varios hombres comparten con él la existencia y la espiritualidad; en el segundo, en *Halma*, la presencia del sacerdote continúa siendo una referencia indiscutible, íntima, aunque discreta, para la comunidad de Pedralba; pero quien alzará una iglesia nueva y la aglutinará es una mujer, Catalina de Artal, con otros humildes acompañantes (al final de la obra Nazarín partirá solo de nuevo hacia un exilio).

Este último planteamiento todavía no apunta aquí explícitamente a la idea de disminuir el relieve preponderante de la figura sacerdotal. Tal pensamiento aflorará más tarde en *Prim,* uno de los Episodios Nacionales tardíos, en un texto aparentemente accidental pero tal vez de suma importancia para descubrir la idea completa de Galdós sobre el presbiterado. La difícil Teresa Villaescusa, cada vez más admirada por el autor, confía a su compañero Santiago Íbero (Iberito) esta visión del ministerio sacerdotal:

"A mí me ha enseñado mi maestro don Ramón Lagier que cuando tenemos el alma pesarosa, por culpas cometidas, no debemos esperar a encontrar cura, pues para esto cualquier persona natural es cura..., o, como quien dice, que el sacerdocio no debe ser oficio de unos cuantos, sino función de todos." [866]

Sin embargo, está claro que Nazarín no tiene relieve alguno social. Y que, de algún modo, es conducido en su singladura por (como en el poema de Dante) por la misma Beatriz. Consciente o no de ello, pues, el autor se acerca a la teología de la Primera Carta de Pedro, y a la Carta a los Hebreos en lo que concierne al sacerdocio de los cristianos (más que a la cuestión de los presbíteros).

En síntesis, Nazarín resulta ser para Galdós un auténtico santo y un verdadero y avanzado presbítero católico, un "alter Christus" real, no teórico (en función sólo de la Ordenación presbiteral), con una tónica que recuerda mucho a Francisco, el pobrecillo de Asís y hermano universal. Nazarín aparece como prototipo de esa figura consustancial al cristianismo que es el

---

[866] PÉREZ GALDÓS, BENITO, *Prim,* Episodio Nacional n. 39. Ed. Historia 16-Caja de Madrid. 1995, pág. 181

verdadero presbítero (o sacerdote de segundo orden) pastor y hermano, signo eminente de la bondad de Dios y de la figura de su Hijo.

Nos da la impresión de que el autor ha quedado fascinado por su personaje y lo busca ardientemente. Podrá haber, pues, en el conjunto de sus escritos, tremenda crítica a la enorme mayoría de clérigos que él contempla porque pueblan su entorno real, pero, tras el diseño que ha trazado del presbítero Don Nazario, ya no consta en el autor oposición ideológica alguna a ese ministerio eclesial, sino todo lo contrario: hay una honda admiración de la genialidad apostólica original, una exaltación del ministerio y de su necesidad, y una clarividencia sobre el tipo de personas que deben encarnarlo y sobre el tipo de actividad que deben éstas desempeñar.

El elogio más interiorizado de este presbítero se hace a través de la palabra de tres estimados personajes de *Halma*, buenos conocedores de la identidad de Nazarín: el intelectual y bondadoso presbítero Don Manuel Flórez [867], el apasionado José Antonio de Urrea,[868] y la serena Catalina de Artal que ha asumido la responsabilidad de protegerlo en su pequeña y humilde comunidad cristiana de Pedralba. Sin embargo, la defensa más encendida del sufrido sacerdote la hacen, sin el menor interés propio, tres personajes del pueblo más humilde (y socialmente más bajo): una mujer del pueblo, un gitano y un ladrón.

La tía Chanfaina, respondiendo a los periodistas que la interrogan acerca del sacerdote:

"Es un santo, créanme, caballeros, es un santo... Este cuitado que ustedes han visto tiene el corazón de paloma, la conciencia limpia y blanca como la nieve, la boca de ángel, pues jamás se le oyó expresión fea, y todo él está como cuando nació." A lo que añade un gitano viejo: *"Yo le tengo por el príncipe de los serafines coronados, ¡válgame la santísima cresta del gallo*

---

[867] Don Manuel valora extraordinariamente a Nazarín, pero inicialmente duda sobre su total cordura, aunque más tarde se aclarará acerca de la lucidez y santidad del mismo: *"No conozco alma más bella que la del desventurado sacerdote, a quien la ley ha perseguido por vagancia y por haber dado amparo y protección a una mujer criminal. Si del estado de su entendimiento tengo aún mis dudas, de su conciencia, de su intención pura y rectamente cristiana no puedo dudar."* (PÉREZ GALDÓS, BENITO, *Halma*, o.c. pág. 180)
[868] PÉREZ GALDÓS, BENITO, *Halma*, o.c. pág. 276. Exclama José Antonio de Urrea: *"¡Locura la piedad suprema, locura la pasión del bien ajeno, locura el amor a los desvalidos! No, no. Yo sostengo que no, y lo sostendré delante del cura (del párroco del pueblo), y del juez, y del obispo, y del Papa, y del mundo entero."*

de la Pasión!... y con él me confesaría antes que con Su Majestad el Papa de Dios." [869]

Y, al final de la obra, el ladrón de iglesias El Sacrílego, compañero de calabozo, lo defiende ante el grupo de delincuentes que les acompañan y que han maltratado al sacerdote: *"Y para que se enteren y rabien, les digo también que este hombre es bueno, y yo por santo le declaro, un santo de Dios"*. [870] (El Sacrílego mantendrá su fiel amistad y devoción a Don Nazario).

Es decir, Nazarín resulta canonizado por la totalidad del pueblo cristiano más real, ya que no va a poder serlo por la autoridad eclesiástica.

Al trazar el perfil de este personaje, que –insisto- se completará con el de otros presbíteros muy aceptables, Galdós está ya manifestando posiblemente varias convicciones firmes:

1ª) Que cree en la esencia del presbiterado: en su identidad y función ministerial dentro del cristianismo.

2ª) Que existe en la Iglesia un problema grave de ausencia de presbíteros cabales, dignos de ese ministerio y un exceso de sacerdotes egoístas, infieles, ajenos a quienes los rodean, inmorales e incultos.

3ª) Que le es preciso a la Iglesia católica pensar en una alternativa nueva para la configuración real del presbiterado.

Para nuestro escritor existe un ideal de presbítero (de sacerdote católico) encarnado con mucha integridad en Nazarín, pero expresado también –de forma parcial, al menos- por una admirable serie de sacerdotes que, en su conjunto, muestran ese perfil deseado. Es decir, reunido el retrato (a veces fugaz) de cada uno de ellos surge el cuadro esencial contemplado en Don Nazario. Los trazos constitutivos de esa pintura son: la virtud de la caridad, como primer plano; la humildad, sobriedad, sencillez de vida y

---

[869] PÉREZ GALDÓS, BENITO, *Nazarín*, o.c., págs. 37-39 En la novela *Casandra* traza Galdós un perfil más atenuado de la santidad, pero con el mismo origen en cuanto a las actitudes de entrega generosa a los demás y de amor verdadero; santidad y humanidad perfecta se funden una vez más en el pensamiento del autor. En este caso la "santa" es Rosaura y quien la reconoce así, Casandra: *"Tú eres mi religión, mi cristiandad. En tus manos pongo mi espíritu. A Dios me entrego por mediación de ti, que eres una santa. – Rosaura: Santa no soy. Cumplo mis deberes sin aparato. -Casandra: Eres la santa humana.Ante ti valen poco las que en figuras ridículas pueblan los altares."* (En la edición de Rueda, pág. 152)

[870] PÉREZ GALDÓS, BENITO, *Nazarín*, o.c., pág. 224

desprendimiento (la grandeza de la pequeñez) como policromía básica; la comprensión, paciencia y tolerancia, es decir, la auténtica liberalidad, como solución al problema de la luz; la ilustración, como ornamentación necesaria: y, en fin, un verdadera vocación religiosa.

Confirmaremos estas ideas en los puntos que siguen.

2. Presbíteros y eclesiásticos idóneos en la obra galdosiana.

Sin llegar a la altura casi mística de Nazarín, va surgiendo en la narrativa galdosiana una serie variopinta de presbíteros que ofrecen un positivo cuadro de cualidades –de valores y virtudes- y con los que el autor se identifica. Los designaremos convencionalmente como presbíteros idóneos, es decir, que cumplen de modo suficiente la condición presbiteral y el ministerio, aunque tengan carencias y limitaciones en el desempeño de su actividad. Son creyentes sinceros, con vocación de verdaderos pastores; entregados y serviciales, nada o muy poco interesados en los beneficios eclesiásticos, fieles al celibato, con buen nivel de cultura, abiertos en su ideología, liberales en buena medida, queridos de quienes los rodean. En síntesis, personas que –en conjunto- reflejan con bastante exactitud el ideal de un presbítero cristiano. Galdós plasma este ideal en las figuras del padre Nones y, con mayor detenimiento, en la del misionero Luis de Gamborena que *"a la amenidad del trato reunía la maestría apostólica para todo lo concerniente a las cosas espirituales, un ángel, un alma pura, una conciencia inflexible y un entendimiento luminoso para el cual no tenían secretos la vida humana ni el organismo social."* [871]

Volveremos enseguida a encontrarnos con este personaje emblemático de la saga *Torquemada*.

a) Algunos de tales presbíteros alcanzan una extraordinaria categoría humana y religiosa, precisamente desde la pureza y la modestia de vida características de Don Nazario.

Merece atención particular la figura casi angelical y, a la vez, sensata y sabia de Don Tomé, compañero de pensión de Ángel Guerra durante un tiempo. Este sacerdote –probablemente muy real- es admirado por el autor que lo sitúa en un discretísimo pero importante segundo plano del proceso de

---

[871] PÉREZ GALDÓS, BENITO, *Torquemada y San Pedro*, o.c., pág. 497

conversión del protagonista. [872] Tras su muerte, recordándolo, Ángel y el sacerdote Juan Casado reflexionan sobre una de las condiciones fundamentales de validez de la presencia presbiteral: la humildad, el sentimiento de sincera insignificancia de la persona.

"Vea usted –dice Ángel-... un ser puro, que llega a la edad viril conservándose niño, conservándose ángel, desaparece sin dejar rastro de sí, sin que la humanidad experimente la menor emoción. No hizo mal alguno, represento en la tierra la doctrina pura de Cristo, y la fama no se ha enterado de su existencia."; a lo que replica Casado: ¿Y qué? ¿De cuándo acá los escogidos de Dios necesitan bombo de gacetilla como el que se administra a los autores de comedias o a las señoras que dan baile?" [873]

La cita revela con claridad la visión certera de la existencia presbiteral, profundamente cristiana y positiva, con la que Galdós esboza su teología del presbiterado, desarrollada algo más tarde en *Nazarín* y en *Halma*.

El padre Nones (Don Juan Manuel, "impar" frente al mundo; de ahí el pseudónimo "Nones") atraviesa incidentalmente las novelas anteriores a 1891 (*Tormento* y *Fortunata y Jacinta*, especialmente). Es un sacerdote que entra en el mundo galdosiano casi sin hacerse notar, con sorprendente discreción, mostrando tener una verdadera y callada vocación, un ministerio pastoral acertado y responsable, y un desinterés absoluto por los beneficios y escalafones clericales. No es exactamente un liberal, pero sí un hombre abierto en teología, sensible al dolor humano, conocedor agudo de los procesos psicológicos y del alma, flexible y comprensivo pero claro con la verdad, sin miedo a enfrentarse a lo más duro de la existencia humana que conoce muy bien, y dotado de esa pizca de ironía o franqueza que acerca y no molesta. [874]

---

[872] *"Bienaventurados los que no conocen el mal sino por lo que oyen o por lo que les cuenta un libro.-dice Ángel- No, no –replica Don Tomé- vale más luchar. Amigo Don Ángel, sea usted animoso; hágase fuerte... No se conquista en una hora la fortaleza tremenda de uno mismo..."* (PÉREZ GALDÓS, BENITO, *Ángel Guerra*. Vol. II, o.c., págs. 487-488; v. páginas siguientes).
[873] PÉREZ GALDÓS, BENITO, idem. pág. 496
[874] El Padre Nones (que volverá a salir en alguna otra obra) *"había sido un poquillo calavera, hasta que, tocado en el corazón por Dios, tomó en aborrecimiento el mundo, y convencido de que todo es vanidad y humo, se ordenó. Nunca tuvo ambición en la carrera eclesiástica... Curtido en humanas desdichas, sabía presenciar impávido las más atroces, y auxiliaba a los condenados a muerte acompañándoles al cadalso."* (PÉREZ GALDÓS, BENITO, *Tormento*, o.c. pág. 134)

Impresiona el amor fraterno y, a la vez, la contundencia con que corrige a Pedro Polo e intenta ayudarle a curar su espíritu terriblemente hundido, retorcido y egoista.[875]

Con cierto parecido de carácter a los presbíteros Nones y Juan Casado (*Ángel Guerra*), encontramos a Luis de Gamborena como una de los tipos mejor trazados dentro de la creación galdosiana y al que el autor presta su adhesión plena: la forma de ser y el modo pastoral de actuar de este presbítero son objeto de continu y serena alabanza a lo largo de toda la novela *Torquemada y San Pedro* ("San Pedro" es el pseudónimo que el protagonista da a este religioso por una cierta apariencia física, pero, sobre todo, es la cualidad de "portero celeste" con que el escritor lo bautiza).

Dentro del mundo cerrado que constituyen las cuatro novelas que llevan el título del gran Inquisidor, Gamborena es el único personaje humano intachable, abierto, moral y religiosamente íntegro, creyente verdadero y desinteresado servidor, en contraste con la tacañería, dureza de corazón y ateísmo del protagonista, con la intemperancia honorífica de Crucita del Águila y de Donoso, y con la debilidad de Rafael y de Fidela.

Comienza por reconocer su auténtica vocación religiosa y apostólica; es consciente de que ésta es obra de Dios (que bien podía haberlo destinado también a la milicia). Miembro de una congregación misionera de origen francés (quizás los Padres Blancos), ha evangelizado en casi todos los continentes, aunque lo haya hecho al modo de los misioneros de los siglos XVI y XVII: como un ministerio de conquista para Dios y de salvación de los hombres; lo que no excluye el profundo humanismo en su acercamiento a los pueblos más diversos. Es campechano, pero educado y oportuno; de palabra muy grata, hombre ilustrado y gran geógrafo. De vida austera e independiente, totalmente desinteresado de honores y de bienes materiales, y excesivamente esforzado en su trabajo misionero.

En el momento en que lo hallamos ha entrado en una etapa de descanso impuesta por sus superiores y cumple con gusto y responsabilidad la capellanía de los marqueses de San Eloy, sin dejar su servicio a los pobres. Recibe el cariño más sincero y la venerción de todos los miembros de esa familia. Y desde ahí empeña toda su sabiduría y sus fuerzas en devolver la conciencia moral a Francisco Torquemada y en ayudarle a morir en paz. Tarea dificilísima porque se trata de la conversión de una persona que

---

[875] Ver la actuación magnifica del padre Nones en los capítulos 18 y 30 de *Tormento*. O.c., págs 136-142 y 234-241

representa el enquistamiento de la codicia en el individuo y en la sociedad (con la terrible injusticia que eso acarrea).

En los momentos difíciles, en lugar de abatirse, va a la capilla a orar.

Gamborena no es un místico ni un santo como Nazarín o Leré; no aparece en él –en el momento en que lo sitúa la narración- la caridad heróica, ni la penetración íntima en el Misterio Redentor de Jesús. Pero es un gran guía espiritual cristiano, un verdadero apóstol y una persona íntegra. Lo que dignifica extraordinariamente al ministerio presbiteral. Su presencia en la obra no significa sólo el recurso literario del escritor para mantener el interés apasionante del relato; es más bien (como en el caso de Don Nazario o de Don Manuel Flórez) una expresión teológica del pensamiento sobre el presbiterado católico y su contribución particular en el drama de la redención de los hombres.

b) Consideración especial merece la figura de Horacio Reynolds, coprotagonista de la novela *Rosalía* (escrita veinticuatro años que *Nazarín*). Horacio es un sacerdote anglicano y, según la disciplina de esta iglesia, puede contraer matrimonio. Manifiesta que llegó a ser clérigo con alguna presión familiar; no obstante, una vez recibida la ordenación sagrada, su fidelidad a esta condición es absoluta. El perfil ministerial que integra es perfectamente evangélico, añadiendo las virtudes de la discreción, la caballerosidad, el respeto, la generosa y oculta ayuda a la familia arruinada, la capacidad de sacrificio y una amplia formación cultural, especialmente teológica. El drama que vive es su amor apasionado y puro a Rosalía con quien no podrá casarse a causa de la tremenda e irracional oposición del padre de ésta y por no forzar el conflicto interior que padece la joven.

Hemos citado antes la extraordinaria definición del presbiterado que hace este clérigo –Galdós- referida a todos los presbíteros, sin distinción de la iglesia cristiana a la que pertenezcan.

Al final de la obra, Horacio pedirá a un obispo su incorporación a la Iglesia católica como tal presbítero (sin que aparezca una relación causal clara entre esta decisión y el frustrado amor a Rosalía); pero el autor no concede a este hecho la importancia que sí le da el obispo. Le resulta más significativo el que el sacerdote asista junto al lecho de muerte al que pudo ser su suegro.

c) Al lado de Don Tomé, Nones, Gamborena y Reynolds, otros tres presbíteros encarnan la imagen sacerdotal deseada por el autor: Don Narciso y Don Rafael, brevemente tratados, y Don Manuel Flórez.

La mayor alabanza se hace quizás de Don Narciso Vidaurre, el párroco de Vera, que acompañó y apadrinó a Fernando Calpena durante toda su infancia y adolescencia. Es lástima que la referencia a este personaje sea breve. De él dice ese protagonista a su amigo (también sacerdote) Pepe Hillo:

"Los primeros recuerdos de mi infancia se refieren a Vera, y a la casa del cura de aquel pueblo ... No tenía yo dos años cuando éste me llevó consigo, y ya no me separé de él hasta su muerte, ocurrida el año 32. Llamábale yo padrino, y él a mí ahijado y a veces hijo. Era el hombre más excelente que usted puede imaginarse, sin tacha como sacerdote, verdadero pastor de sus feligreses, tan caritativo, que todo lo suyo era de los pobres; entendido en mil cosas, principalmente en agricultura, en astronomía empírica y en humanidades, gran latino, tan modesto en sus hábitos y tan apegado a la humilde iglesia en que desempeñaba su ministerio, que rechazó la oferta de una capellanía de Ronvesvalles y del deanato de Pamplona.
Para mí, Don Narciso Vidaurre, que así se llamaba, era la primera persona del mundo, y en él se condensaron siempre todos mis afectos de familia, pues él era para mí como padre y maestro. Si no me había dado la vida, me dio la crianza, la educación, y me enseñó a ser hombre, infundiéndome la dignidad, la confianza en mí mismo, y preparándome para los mil trabajos de la vida. Desde niño me enseñó todo lo concerniente, en lo moral y en lo social, a personas principales... Su muerte fue para mí un golpe tremendo. Parecíame que se acababa el mundo, la humanidad; que yo me veía condenado a soledad eterna, a un desamparo tristísimo." [876]

Pocas veces se ha escrito en la literatura un elogio tan sereno y elevado de un presbítero católico. El retrato es magnífico como síntesis de perfección humana y cristiana encarnada en un cura de pueblo. Cuando el autor lo traza nos da la impresión de estar, por una parte, describiendo una imagen que conoce y, por otra, soñando un ideal que él desea vivamente. Don Narciso, además de santo varón, es un humanista, un gran educador con espíritu liberal, un padre auténtico. No podía pedirse más.

En la misma línea del anterior aparece –dominando en gran parte la escena teatral- la excepcional e inesperada figura de Don Rafael en el drama

---
[876] PÉREZ GALDÓS, BENITO, *Mendizábal*, o.c. págs. 60-61

Mariucha (no se le nombra de otro modo en la pieza). Este sacerdote, cura de Agramonte, muestra al principio de la obra una cierta sintonía con la nobleza, pero al descubrir la injusticia que se va a cometer con los protagonistas María y León, opta cordial y radicalmente por ellos y por denunciar el brutal atropello de la libertad y la dignidad de esos jóvenes; y esto, desde una postura de verdadero creyente y de pastor. Aunque esta opción lo lleve a poner el servicio a la verdad y a Dios (la acción sacramental de la boda) por encima de las regularidades canónicas y frente a la oposición y maldición de casi todo el mundo (incluida la autoridad eclesiástica) que lo amenaza y lo proscribe. La fe en Dios y en la persona inocente, el talante liberal dentro de la Iglesia y la adelantada práctica liberadora definen a este sacerdote al que Galdós dota de un lenguaje enérgico y claro, incluyendo bellas metáforas para explicar sus decisiones. [877]

Sucede, a veces, que el presbítero tiene que redescubrir su propia vocación sacerdotal a través de un proceso autocrítico y liberador, sin que en ningún momento haya perdido su identidad ni la bondad de sus actos. Es un proceso interior estrictamente espiritual y difícil de describir. Galdós lo hace con admiración. Y uno de los sacerdotes mejor analizados en este sentido es, sin duda, Don Manuel Flórez, que viene a ocupar en buena medida el papel de co-protagonista de la novela *Halma*. Siendo muy distinto de Don Nazario, irá remitiéndose cada vez más a este modelo. De él nos dice el narrador anónimo:

"Nunca tuvo ambición eclesiástica. Hubiera podido ser obispo con sólo dejarse querer de las muchas personas de gran influencia política que le trataban con intimidad. Pero creyó siempre que, mejor que en el gobierno de una diócesis, cumpliría su misión sacerdotal utilizando en servicio de Dios la cualidad que Éste, en grado superior, le había dado: el don de gentes. ¡Prodigiosa, inaudita cualidad, cuyos efectos en multitud de casos se revelaban! No era sólo la palabra, ya graciosa, ya elocuente, familiar o grave, según los casos; era la figura, los ojos, el gesto, el alma flexible y escurridiza que se metía en el alma del amigo, del penitente, del hermano en

---

[877] Al comenzar el Acto V el alcalde increpa a Don Rafael por hallarse éste al lado de María y de León: *"Pero, ¿estaba usted aquí?"* Y el sacerdote responde: *"Pues, dónde querías que estuviese? Mi papel es consolar a los oprimidos, como el tuyo adular a los poderosos."* Y cuando el alcalde (*"furioso"*) le ordena impedir el matrimonio de los jóvenes (*"Esto no puede ser. Yo mando que..."*), Don Rafael le corta: *"Y yo desobedezco... Aquí, señor duque, aquí mismo les caso"*; y añade: *"En nombre de Cristo, yo le incito a usted a la concordia, a la mansedumbre, al amor."* (PÉREZ GALDÓS, BENITO, *Mariucha*. Acto V. Escenas Iª y Vª. o.c., págs. 510. 515

Dios y aun del enemigo empecatado. Podría creerse que tal cualidad serviría para lucir en el púlpito. Pues no, señor... Su apostolado tenía por órgano la conversación." [878]

También aquí parece que Galdós está aludiendo a su propia experiencia de agradable conversar con canónigos toledanos o con su buen amigo el obispo de Jaca Don Antolín López.

A medida que avanza la narración la figura de Don Manuel Flórez se agrandará, asistiendo el lector a admirables procesos de humildad (en los que el presbítero se desprende de su complejo de superioridad eclesiástica) y a las crisis hondas de espiritualidad que sólo resolverá definitivamente con la claridad alcanzada poco antes de morir.

Don Manuel morirá asistido espiritualmente por su amigo también presbítero, Don Modesto Díaz, clérigo honesto y humilde, traductor de libros religiosos (trabajo con el que redondeaba una modesta economía y la ayuda a otros más pobres).

Aunque sea un contexto muy diferente en cuanto a la época histórica de la trama y al género literario, es preciso destacar el tratamiento dignísimo que se hace de la figura del Duque de Gandía el jesuita Francisco de Borja en el drama *Santa Juana de Castilla*, pieza en la que se marca una clara posición teológica favorable al humanismo renacentista cristiano cercano a la reforma. El autor concede a la ex reina de Castilla, Doña Juana, la condición de santa, a la vez que le atribuye una fe matizada de erasmismo. En ese clima creyente tan escaso en España (a excepción, entre otros pocos, del arzobispo Carranza) se elogia en la obra la postura abierta, noble y profundamente cercana del jesuita que sí sería santo canonizado. En la escena última del acto III, final de la obra, dice el Duque, tranquilizando a la reina moribunda: *"No fue indicación (sólo), sino declaración explícita de que tal doctrina (la de Erasmo) no se aparta del dogma. Desechad todo escrúpulo, señora; tranquilizad vuestra conciencia, y ahora, en plena serenidad de vuestro espíritu, confesad la fe de Nuestro Señor Jesucristo".* Con esta actitud y con

---

[878] Refiriéndose a sus conversaciones con Catalina (que le ha pedido orientación para su proyecto evangélico), exclama: *"¡Y qué ideas, Dios mío! ¿Qué me reservará para mañana?... Esto decía, sintiendo un poquitín la humillación del maestro que se ve convertido en educando. Pero como era tan buena persona, y no dejaba entrar nunca en su alma la ruin envidia, y, además, estimaba cordialmente a la condesa, en vez de enojarse neciamente por el gradual desgaste de su autoridad, se apropiaba las ideas de la discípula..."* (PÉREZ GALDÓS, BENITO, *Halma*, o.c., pág. 137)

una alabanza póstuma impresionante de la bondad de Doña Juana asistirá a su muerte. [879]

d) Con perspectiva complementaria y de horizonte histórico más ancho y social debemos citar también, enseguida, la crónica y el elogio que se hace del alto eclesiástico Don Diego Muñoz-Torrero.[880]

El Episodio *Cádiz* sirve de pórtico para entender toda la propuesta cultural y política que significa la obra galdosiana. Pues bien, a punto de comenzar una nueva era para la nación, cuando narra la apertura de las Cortes constitucionales en 1810, el escritor glosa admirado el discurso de Muñoz-Torrero:

"Las palabras se destacaban sobre un silencio religioso, fijándose de tal modo en la mente que parecían esculpirse. La atención era profunda, y jamás voz alguna fue oída con más respeto... En un cuarto de hora Muñoz Torrero había lanzado a la faz de la nación el programa del nuevo gobierno y la esencia de las nuevas ideas. Cuando la última palabra expiró en sus labios y se sentó, recibiendo las felicitaciones y los aplausos de las tribunas, el siglo XVIII había concluido. El reloj de la historia señaló con campanada, no por todos oída, su última hora, y realizóse en España uno de los principales dobleces del tiempo". [881]

Estas palabras –dichas en el seno de nuestra controvertida historia– constituyen, sin duda, la mayor alabanza que podía hacerse de un clérigo notable; tanto que nos evocan espontáneamente la homilía discurso del cardenal Don Vicente E. Tarancón en noviembre de 1975, en la iglesia de los Jerónimos de Madrid, durante la proclamación del rey Juan Carlos I.

---

[879] PÉREZ GALDÓS, BENITO, *Santa Juana de Castilla*. Editorial Fragua, Madrid 2010, págs. 77-78

[880] Diego Muñoz-Torrero y Ramírez Moyano nació en 1761 (Cabeza de Buey. Badajoz) Sacerdote en 1784, fue catedrático de Filosofía y Rector de la Universidad de Salamanca. En 1808 es miembro de la Junta Suprema de Extremadura que hace frente a la invasión francesa. Como representante de esa Junta es diputado en las Cortes de Cádiz. Su discurso inaugura las sesiones el 24 de septiembre de 1810. Defiende las tesis de la soberanía nacional residente en el pueblo, abolición de la esclavitud, supresión de la Inquisición, separación de poderes, libertad de prensa, etc. Detenido por Fernando VII pasa seis años en prisión (Padrón. La Coruña) El gobierno absolutista impide su nombramiento de obispo de Gaudix. Perseguido y exiliado, vuelve a ser detenido y muere en 1829, tras sufrir tormento. Está enterrado en el Panteón de Hombres Ilustres, de Madrid.

[881] PÉREZ GALDÓS, BENITO, Episodio Nacional n° 8 *Cádiz*. Alianza Editorial. Madrid. 1996. pág. 61

Parecido es el juicio que se hace de la intervención en las Cortes del parlamentario también eclesiástico Manterola, aunque la ideología política de éste sea diferente de la que sostiene Muñoz - Torrero. [882]

e) Junto a los clérigos referidos, discurre (a lo largo de las novelas independientes y de los Episodios, no así en el teatro) una amable galería de eclesiásticos que resultan suficientemente válidos en sí mismos y valiosos para la Iglesia y la sociedad, aunque se ofrezcan pocos datos de ellos.

Son religiosos que dejan tras sí un grato recuerdo, aunque el realismo del autor les asigne –con clara indulgencia- defectos o peculiaridades que alteran el ministerio presbiteral. Por ejemplo, una excesiva afición a la tauromaquia (Pepe Hillo, de la tercera serie de Episodios), a la agricultura y a las labores del campo (Juan Casado, en *Ángel Guerra*, que opta por ser labrador en vez de canónigo), a las tertulias de la burguesía (el mismo Manuel Flórez y algunos más), a la estrategia militar y el ejercicio de las armas (José Fago, en Zumalacárregui, y los capellanes de *Aita Tettauen*).... En general todos ellos bien preparados en la teología tradicional (bastante más que los muy simples P. Salmón y P. Alelí, de la segunda serie de Episodios, y que el tío de Inés (de la primera serie). Más inoperante y abstracta es la figura del bondadoso obispo Don Ángel Lantigua (que llega a ser cardenal), persona virtuosa, sin duda, pero que participa con su dogmatismo en el desastre interior de Gloria.

En una de sus cartas Galdós alude al caso del jesuita P. Mon, predicador valiente contra los excesos del lujo y del gobierno, en Madrid, que fue desterrado a Sevilla por el Cardenal Primado (sin contar con los superiores de la Compañía). [883]

---

[882] *"Se revelaba como un parlamentario hecho y derecho. ¡Con qué habilidad tocaba la delicada cuestión de creencias, sin herir las creencias o incredulidades del contrario! ¡Y qué arte puso en disimular la pesadez de la erudición eclesiástica!"* (PÉREZ GALDÓS, BENITO, *España sin rey*, o.c., pág. 71) La figura del canónigo de las catedrales de Toledo y Sevilla, Vicente Manterola Pérez (1833-1891) es distinta de la de Muñoz-Torrero, pero merece también la admiración de Galdós. Este eclesiástico luchó en la Guerra de la Independencia, honesto tradicionalista, fue un erudito y un gran orador (temido incluso por Castelar) que supo situarse dentro del juego democrático. Diputado por Guipuzcoa, pronunció el discurso de referencia el 12 de abril de 1869. Carlista convencido se distanció del pretendiente Carlos.

[883] Puede verse la Carta de Galdós a La Prensa de Buenos Aires, de 18/III/1884, en SHOEMAKER, WILLIAM H., *Cartas desconocidas de Galdós en La Prensa de Buenos Aires*. Ed. Cultura Hispánica. Madrid 1973, págs. 72 y 73

En todo caso, como denominador común favorable en los personajes que estamos descubriendo, destacan la honestidad en la vocación religiosa, algunos valores humanos y cristianos, la independencia interior y, en general, el desinterés respecto a la adquisición de cargos y beneficios eclesiásticos.

Estas mismas condiciones (y la llaneza y radicalidad de la palabra) caracterizan a sacerdotes tan distintos como el capellán castrense José Moirón, embarcado en "La Numancia" [884] o el párroco de La Bastida, Don Matías, hombre abierto y querido que sabe admirarse ante la generosidad heroica de Fernando Calpena cuando éste aplaza su deseada boda con Demetria y emprende un nuevo e incierto viaje para encontrar y atraer a Santiago Íbero y facilitar que éste se case a su vez con Gracia. Así mismo, el párroco de *La de San Quintín,* o Pedro Vela, el sabio confesor del caballero Wifredo y otros.[885]

Y casi todos esos rasgos –con mayor amabilidad aún- aparecen en el inefable Juan Casado, presbítero amigo y consejero de Ángel Guerra, incondicional agricultor, enviado a prepararlo en su camino hacia la ordenación presbiteral.

"Hablaremos cuando usted quiera y todo el tiempo que usted quiera, porque mientras no venga la época de sembrar el garbanzo, de Toledo no pienso moverme. Ya sabe usted que soy labrador, tengo ese vicio, esa chifladura. No sé si en mi estado, y vistiendo estas faldas negras, resulto un poquitín extraviado de los fines canónicos. Yo creo que no; pero bien podría ser que mi pasión del campo menoscabara un poco la santidad de la Orden que profeso. No me atrevo a escarbar mucho, no sea que debajo del estripaterrones aparezca el pecador. Lo único que digo en descargo mío es que hago todo el bien que puedo, que no debo nada a nadie, que mi vida es sencilla, casi inocente como la de un niño..., y siempre que se me ofrece ejercer la cura de almas allí estoy yo; que no me pesa ser sacerdote, pero que si me pusieran en el dilema de optar entre la libertad de mi castañar y la

---

[884] De él se escribe: *"Hombre excelente, modoso y encogidito.... Desempeñaba la cira de almas en la sociedad militar con celo y modestia, hablando poco y no traspasando jamás el límite de sus funciones espirituales. A los moribundos asistía con amor, a los enfermos acompañaba, amenizándoles con su conversación dulce las tristes horas de encierro en la enfermería de paz."* (PÉREZ GALDÓS, BENITO, *La vuelta al mundo en La Numancia*. O.c., pág.80)

[885] PÉREZ GALDÓS, BENITO, *Los Ayacuchos*, o.c., pág. 116-117. El sacerdote Pedro Vela aparece en el Episodio *España sin rey*.

sujeción canónica, tendría que pensarlo, sí, pensarlo mucho antes de decidirme. Por esto verá usted que no me las doy de perfecto." [886]

Las dudas de este buen presbítero denotan una sensibilidad exquisita en la percepción del autor. Don Juan Casado está dentro de la historia real del mundo eclesiástico que se halla mejor integrado en la sociedad . Posee un sano espíritu liberal; a su manera es fiel al ministerio pastoral, pero no viene totalizado por éste (puesto que -según él- la acción apostólica es también responsabilidad de todos los cristianos). Su figura se aproxima a la de los sacerdotes obreros del siglo XX, o a la de multitud de religiosos excelentes dedicados en cuerpo y alma a tareas de enseñanza o de investigación sin que nadie se escandalice por ello. ¡Ojala –parece decir el autor- todas las "aficiones y chifladuras" consustanciales a la persona fueran de un género tan natural y noble como es la agricultura!

f) Con una visión distinta, pero también positiva, resulta muy notable y curiosa (por su oposición a la legislación canónica en uso) la pintura que se hace del pobrísimo cura Don Venancio Niño, párroco de la mísera aldea de Boñices; experto en los Santos Padres y en Historia de España, fiel pastor de sus feligreses… y apurado padre de familia (que la vive y la manifiesta como un hecho natural, responsablemente asumido y acogido por todos). En la surrealista y tardía novela *El caballero encantado* se dice de él:

"Varón docto y afable, bienquisto de sus feligreses, cuarentón, escueto y de traza pobre. En elogio suyo debe decirse que del lado de los intereses mundanos era el más cristiano de los hombres, pues cuanto poseía, y lo que le entraba por el pie del altar, repartíalo entre sus convecinos afligidos de atroces calamidades, reservándose tan sólo lo preciso para la precaria subsistencia de su nada corta familia. Al verle llegar le hicieron sitio junto a Doña María, cuya mano besó, diciéndole con el familiar tono de antiguos amigos: ´-Dispénseme la Señora que no saliese a saludarla cuando entró en el pueblo. Tengo a la niña mayor muy malita; la pequeñuela, aunque corretea y brinca sin parar, se me está quedando en los huesos. Me ha entrado el temor de que las dos quieran írseme al Cielo." [887]

Doña María (España) bendecirá y auxiliará lo mejor que pueda al párroco. Conviene recordar el carácter simbólico alegórico que tiene toda esta novela (*El caballero encantado*) en donde Tarsis es llevado a un viaje

---
[886] PÉREZ GALDÓS, BENITO, *Ángel Guerra*. Vol. II, o.c. pág. 449-451; ver pág. 394
[887] PÉREZ GALDÓS, BENITO, *El caballero encantado*, o.c. págs. 247 y ss.

iniciático para reencontrarse a sí mismo, de la mano de Mari Clío (Doña María), encarnación de España en su Historia. Lo que dice Galdós, pues, es que la Historia de este país bendice y ayuda a un tipo alternativo de presbítero como el que encarna Don Venancio, hombre creyente, pastor, naturalmente familiar y sabio. El protagonista de la novela debe encontrarse con él en algún momento de su itinerario existencial.

g) Colofón de esta positiva iconografía del presbiterado católico es el obispo Payá, de Cuenca, única persona que se atreve a denunciar los desmanes criminales de las tropas carlistas a su entrada en la ciudad, enfrentándose personalmente a la despiadada Infanta María de las Nieves, y renegando de la ceremonia del Tedéum que se vio obligado a oficiar en la catedral. El narrador describe así el encuentro entre los dos personajes: *"El venerable Payá se adelantó con sereno continente, y anticipando sus finas reverencias, rogó a la Infanta que perdonase la vida de los Voluntarios presos y que pusiera término a los actos de inhumana crueldad, tan contrarios a la Religión que el rey Don Carlos ostentaba en su bandera."* A esta petición responde la generala con el insulto de tutear al obispo y con amenazas personales. El prelado aguanta la ofensa. Y el escritor continúa: *"Allá va el verdadero Tedéum y la sagrada voz evangélica de un Prelado que sabe su obligación: 'Señora, con esa conducta ni se conquistan tronos en la tierra ni coronas para el cielo. Adios.' Dio media vuelta el buen Payá, y retiróse de la sala sin hacer la menor reverencia."* [888] Con estas líneas termina casi el Episodio. Es decir, una alta jerarquía de la Iglesia del s. XIX se adelanta en un siglo a la acción de los obispos y presbíteros del XX que denuncian injusticias de gobernantes tiranos a lo largo y ancho del mundo, aun con el riesgo de perder la propia vida. Galdós muestra la admiración que la figura y el hecho histórico le suponen, y zanja de esta manera la cuestión del pretendido anticlericalismo que se le atribuye. [889]

---

[888] PÉREZ GALDÓS, BENITO, *De Cartago a Sagunto*, o.c., págs. 205-206
[889] El dato novelado de Galdós tiene toda la verisimilitud histórica. Efectivamente, Don Miguel Payá y Rico, ordenado sacerdote en 1836, fue obispo de Cuenca entre 1857 y 1874, siendo después arzobispo de Santiago y de Toledo sucesivamente, ya Cardenal Primado de España. Intervino en el Concilio Vaticano I y participó en el Cónclave que eligió a León XIII. Opuesto al principio a los movimientos liberales, abandonó su apoyo al carlismo a raíz del saqueo de la ciudad de Cuenca por las tropas que tenía a su mando María de las Nieves de Braganza (esposa del Infante Alfonso Carlos de Borbón), conocida como "Doña Blanca". Consta que esa atrocidad fue denunciada personalmente por el obispo. Aunque las palabras citadas en el Episodio puedan no ser literalmente exactas, sí son verdaderas históricamente, desde luego, en cuanto al sentido que les da el texto.

Tratándose de elogios a obispos debemos reseñar el que, de pasada, se hace en la obra autobiográfica *Memorias de un desmemoriado*. Tras haber asistido Don Benito al entusiasta recibimiento del General Prim en la Puerta del Sol madrileña, es invitado a acompañar a una expedidición de autoridades a asistir en Zaragoza a un certamen de Artes e Industrias. Cuenta entonces esta significativa anécdota:

"Sin detenerse pasaba el tren por las estaciones, y en la de Sigüenza ocurrió un curioso caso. En el andén estaba el pueblo con todas las autoridades, y entre ellos el obispo y una música que tocaba desaforadamente el Himno de Riego. (El General) Serrano que al paso veloz del tren reconoció en el obispo a su amigo Benavides, mando parar y retroceder. Escena tumultuosa y patética. Se abrazaron el general y el prelado, y el pueblo prorrumpió en aclamaciones frenéticas, mientras el chin-chin de la música amalgamaba compases del Himno de Riego con la Marsellesa. El obispo Benavides era un señor muy campechano. De la sede de Sigüenza pasó al Patriarcado de Indias; luego fue Arzobispo de Zaragoza y Cardenal..." [890]

Dato simpático, sin duda, pero que revela valores importantes: por una parte, presenta al obispo en medio de su pueblo, sintiendo con él, y gozoso de abrazar a representantes de un gobierno liberal que en principio se muestra sano y deseoso de servir bien a la nación, participando, además, del símbolo musical que pudiera considerarse "de izquierdas"; por otra, muestra el deseo del autor de encontrar una jerarquía de la Iglesia encarnada, abierta y progresista y valiente, al estilo de Muñoz-Torrero o de Miguel Paya. Nada más lejos de una postura tomada en contra del episcopado en general. La admiración y el trato del obispo de Jaca, Don Antolín López hacia Galdós confirma también este planteamiento.

En síntesis, este tratamiento de presbíteros idóneos en la creación literaria galdosiana deja la impresión de que, cuando el autor halla en sus tramas problemas humanos graves –de índole espiritual, sobre todo- que desea resolver lúcidamente, entonces, parece recurrir a la intervención sabia de un sacerdote que le merezca plena confianza. Así, por ejemplo: Fernando Calpena (en busca de la identidad ignorada) afronta su vida con la ayuda sucesiva de los presbíteros Narciso Vidaurre, Pepe Hillo y Don Matías; Francisco Torquemada se debate en el problema de su salvación sin más

---

[890] PÉREZ GALDÓS, BENITO, *Memorias de un desmemoriado*. Cap. II. *Adelante, amigos*. Ed. Visor Libros. Madrid 2005

asistencia que la palabra y la presencia inestimables del misionero Luis Gamborena; la única voz de la conciencia de Pedro Polo es el Padre Nones; al lado de la incierta Catalina de Artal están –para reorientarla- Manuel Flórez y Nazarín; Ángel Guerra no puede salir adelante en su decisivo proyecto (individual y grupal) sin los consejos del sacerdote Juan Casado... Así algunos más. La figura de Nazarín podría ser -por un procedimiento literario semejante- la respuesta personal del autor al grave problema que plantea el clero español del XIX al catolicismo, es decir, a la existencia misma de los cristianos.

*

Acabamos de citar dieciocho eclesiásticos valorados muy positivamente por el escritor. El dato es importante, sin lugar a dudas; no obstante, hay dos hechos que tienen mayor relevancia en el pensamiento galdosiano respecto a la teología del ministerio pastoral dentro de la Iglesia: primero, la hondura del análisis que hace de la problemática humana y creyente que padecía el presbiterado católico en el siglo XIX; segundo, la más extensa lista de eclesiásticos infieles a la condición y compromisos del sacramento del Orden, lista que se va trazando desde la mayoría de sus obras.

Desarrollamos ambos temas.

3. El problema del presbítero católico en la obra de Galdós.

Fiel al retrato realista, la imagen sutil más alarmante de una mayoría de sacerdotes galdosianos es quizás la naturalidad zafia y vulgar de los mismos, tanto en el orden de su físico (generalmente poco agradable) como en el de la escasa categoría humana y espiritual que muestran en el comportamiento y costumbres. Tipos como Don Inocencio (*Doña Perfecta*), Don Carmelo y el prior de Zataraín (*El abuelo*), los frailes Alelí y Salmón (Episodios de la segunda serie), Nicolás Rubín (*Fortunata y Jacinta*), el padre Corchón (*El audaz*), el beneficiado Mancebo, el hacendoso Casado y el desgraciado Virones (los tres en *Ángel Guerra*), Entrambasaguas (*La Fontana de oro*) y bástantes más, son constitutivamente clérigos en el sentido etimológico y más peyorativo de la palabra. Eso es lo grave. Constituyen una clase social fija, ajena a las demás, hasta cierto punto despreciada y mal vista por todos, pero omnipresente e influyente en el entramado social hispano; carente, desde luego, del sentido cristiano de ese ministerio (tal como lo viven e integran los presbíteros que hemos descubierto antes).

No era difícil tampoco para cualquier escritor del realismo describir el comportamiento negativo de numerosos "buenos" y enteros eclesiásticos de religiosidad fanática, pegados como lapas a la burguesía, de actitudes cristianas dudosas, defensores de privilegios insolidarios y sostén de los políticos confesionales absolutistas. Veremos que Galdós lo hace con largueza. Las figuras elegantes del obispo Don Ángel Lantigua (*Gloria*), o de los muy religiosos padre Paoletti y Luis Gonzaga Sudre (*La familia de León Roch*) ilustran esa descriptiva.

Pero Galdós no lo hace –ni en un caso ni en otro- con la intención aviesa de desprestigiar a un tipo de personas y a una institución. Prueba de esto son los datos que acabamos de señalar en los primeros apartados de este capítulo y lo es también el análisis respetuoso, profundo y detenido, de las crisis interiores de diversos sacerdotes que realiza en obras como *El doctor Centeno y Tormento*, *Halma*, *Zumalacárregui*, *Aitta Tetauen*, o *Ángel Guerra*. Al igual que Valera en su *Pepita Jiménez*, el escritor se muestra sinceramente preocupado por esas situaciones dramáticas de conflicto personal –interior- que adquiere dimensiones sociales. Esta misma preocupación acompañará algo más tarde a un buen número de representantes de la novelística del siglo XX. [891]

Esas crisis discurren, al menos, por una doble situación anómala: la falta de identidad ministerial y el peso de un celibato canónico no deseado y que viene a desencadenar desequilibrios sexuales y de relación interpersonal. Con cierta frecuencia las dos situaciones se presentan unidas (por ejemplo en el caso de los sacerdotes Pedro Polo y Juan Hondón).

a) En cuanto a los *problemas de identidad del presbítero*.

El conflicto interior radical y la tensión creciente por mantener una doble identidad provienen, en bastantes ocasiones, de una falta de vocación auténtica para la vida sacerdotal. El personaje en cuestión ha accedido a la Ordenación o se dispone a ella sin reunir las condiciones indispensables de ese estado eclesial, y por motivos no estrictamente religiosos. Lo hace, por ejemplo, para acceder a un nivel de vida social y económica más holgada (por deseo propio o de la familia), como sacrificio compensatorio de errores

---

[891] Piénsese en obras como *San Manuel Bueno, mártir,* de M. de Unamuno, la novela *El poder y la gloria* y el drama *El león dormido en el invernadero,* ambas de Graham Greene, *El diario de un cura rural,* de G. Bernanos, *Los santos van al infierno,* de G. Cesbron, etc.

o de faltas pasadas, por imitar la vida y la personalidad de una persona querida, o para paliar un fracaso sentimental. Galdós denuncia esas lamentables opciones y muestra (en los análisis correspondientes de la trama) el desajuste propio y las penosas consecuencias que conlleva una vida montada sobre tales bases.

Falsa vocación es la que conduce a Santiago Íbero al noviciado de una hermética congregación religiosa con ánimo de recibir las órdenes sagradas. Quiere redimir con ello su infidelidad a Gracia, la mujer que realmente ama, y la incapacidad que experimenta para restablecer la relación con ésta y llegar al matrimonio deseado por ambos. Su amigo Fernando Calpena tendrá que luchar a brazo partido con él y con los religiosos que de algún modo lo tienen secuestrado. [892] Parecido es el caso de Ángel Guerra que, ante la imposibilidad de entablar una relación de pareja con Leré –que posee una vocación verdadera de virgen consagrada-, se sugestiona con la idea de tener él también auténtica vocación sacerdotal. Esta idea lo acompañará hasta la hora de su prematura muerte; momento en que se dará cuenta a tiempo de su tremendo error.

Citamos ya antes el texto en el que el protagonista recuerda el largo proceso de sus vivencias.

"Entonces, empecé yo a quererte. Después te quise más, y soñé con la dicha de casarme contigo... Déjame acabar –le dice-. Luego nos volvimos místicos los dos; digo, me volví yo, por la atracción de ti, porque una ley fatal me deformaba, haciéndome a tu imagen y semejanza.... Mi conciencia es ahora como un espejo. Veo con absoluta claridad todo lo que hay en el fondo de ella. ¡Y cuán a tiempo me voy de este mundo! ¡Bendito sea quien lo ha dispuesto así!" [893]

El análisis del alma que hace aquí Galdós es de notable profundidad y belleza.

Caso distinto es el de José Fago, sacerdote castrense que está perfectamente integrado en el ejército carlista de Zumalacárregui. En años anteriores a su ordenación sedujo a la joven Saloma y la abandonó después. Consciente de ese gravísimo pecado, reconoció angustiadamente su falta e inició una vida religiosa y de penitencia, recibiendo honestamente el estado sacerdotal. Sin embargo, a lo largo de toda la narración, Galdós quiere

---

[892] Ver el Episodio Nacional n. 29, *Los Ayacuchos*.
[893] PÉREZ GALDÓS, BENITO, *Ángel Guerra. Vol II*, o.c. pág. 639

indicar que la ambigüedad de esa vocación trae consecuencias dramáticas. La personalidad religiosa de Fago se ve alterada entonces por una doble crisis personal que lo irá conduciendo a la propia muerte. Por una parte, la condición militar lo absorbe inesperadamente, lo sobrecoge con un tono místico, y descubre en sí mismo una excepcional aptitud de estratega que lo colma y le satisface con pasión muy por encima del ejercicio presbiteral; por otra, experimenta una mística identificación con el alma y la figura del general carlista, hasta el punto de dejarse morir en el momento en que este militar admirado fallece.

Vimos en un capítulo anterior las dudas que angustian a este sacerdote a propósito de la relación entre la guerra y Dios.

Trágico y condenable es el tipo de sacerdocio al que se ha llegado por motivos de carácter social y ajenos al candidato, despreciando el hecho de que exista o no verdadera vocación religiosa; y tal vez sea ésta una situación demasiado usual en determinadas épocas históricas. En realidad (como ha sucedido con frecuencia) hay que decir que en estos casos el sujeto es más bien llevado –o forzado- por los manejos interesados de los familiares.

Así iba a ser conducido Agustín hacia la clerecía en el Episodio *Zaragoza* (no por intereses económicos, pero sí de satisfacción espiritual y de prestigio familiar). Y así llega Pedro Polo a ordenarse presbítero, sin la más mínima vocación sacerdotal. [894] Éste es, quizás, el clérigo que Galdós analiza con mayor detenimiento y con un acento más trágico, quizás por las terribles consecuencias que conlleva: esta persona desarrollará una doble vida indigna, desprestigiará el presbiterado cristiano, y se convertirá en un cruel maltratador. Además, sin tener preparación pedagógica alguna y por simple interés económico y oportunista, montará una escuela de niños basada en el castigo y en la incultura, carente por completo hasta de la más mínima

---

[894] *"Cualquier profesión, por breve y fácil que fuese, requería tiempo y libros, y la necesidad de familia no admitía espera. Una sola carrera o profesión existía que pudiera acometer y lograr el joven Polo en poco tiempo. Apretábale a seguirla un tío suyo materno en tercer grado, canónigo de la catedral de Coria; hubo lucha, sugestiones, lágrimas femeninas, dimes y diretes. El tío ofreció pensionar a la madre y hermana mientras durasen los estudios, y, por fin, todos estos estímulos y más que ninguno el agudísimo de la necesidad vencieron la repugnancia de Polo, le fungieron una vocación que no tenía, y…cantó misa."* (PÉREZ GALDÓS, BENITO, *El doctor Centeno*, Casa Editorial Hernando. Madrid 1975. pág.48) La "vocación" de Agustín (en en episodio *Zaragoza*) evoca –de forma esquemática, sin duda- la de Luis de Vargas en *Pepita Jiménez*, la obra fundamental de Juan Valera, amigo de Don Benito.

perspectiva educativa. [895] Será, sobre todo, el tirano implacable de dos personas inocentes: de Felipe Centeno (el niño pobre compañero de Marianela) y de la joven Amparo.

La degradación de Polo va creciendo a medida que avanza la narración de las dos novelas (*El doctor Centeno* y *Tormento*), y el autor nos distancia, para siempre, de esta figura atormentada y atormentadora.

Más grave aún parece la actitud del desagradable cura Don Silvestre Entrambasaguas, amigo de las Porreño, en *La Fontana de Oro*. El personaje ridiculiza al joven Lázaro porque éste se niega a abrazar un muy rentable estado clerical para el que manifiesta no tener vocación. [896]

En un plano distinto -y de notable dignidad- se sitúa la crisis de Manuel Flórez, que no se refiere a su convicción respecto a la vocación presbiteral, sino más bien a la identidad del espíritu que la anima y a la posible falta de clara rectitud en el ministerio que desempeña. Ya indicamos que este Don Manuel muestra ser un buen sacerdote, pero, tal como se nos va describiendo, intuimos en él una secreta vanagloria por la estima que suscita a su alrededor, un hálito de superioridad intelectual y una afición desmedida al buen trato de la burguesía. Estas condiciones (que parecen ser comunes a bastantes eclesiásticos del mundo galdosiano) desvirtúan la imagen del presbítero; y, además, cuando el sujeto en cuestión llega a reconocerlas, provocan un trauma personal interior que trastorna el equilibrio propio y el estatuto de su función social. Éste es el caso del sacerdote que contemplamos.

"*He conocido sacerdotes ejemplarísimos* –dice Don Manuel- , *seglares* (diocesanos) *de gran virtud, sin ir más lejos, yo mismo, que bien puedo, acá para mí, sin modestia, ofrecerme como ejemplo de clérigos intachables. Pero ni los que he conocido, ni yo mismo, salimos de ciertos límites. ¿Por qué será, Dios Poderoso? ¿Será porque ëste maniobra en libertad, y nosotros vivimos atados por mil lazos que comprimen nuestras ideas y*

---

[895] Galdós prosigue el análisis de las decisiones de Pedro Polo: "*Así como el tío canónigo había dicho: 'Hágote sacerdote', las monjas habían dicho a su vez: 'Hágote maestro'... Dichosa edad ésta en que el hombre recibe su destino hecho y ajustado como tomaría un vestido de manos del sastre, y en que lo más fácil y provechoso para él es bailar al son que le tocan.*" (PÉREZ GALDÓS, BENITO, *El doctor Centeno*, o.c. pág. 49)
[896] "*Dime:* –pregunta a Lázaro- *¿por qué no has estudiado para cura?*"... "*Porque no tengo vocación para esa carrera.*" Y exclama el sacerdote (*con voz de trueno*): "*¿Qué no tenía vocación?. Eso es una irreverencia*" (PÉREZ GALDÓS, BENITO, *La Fontana de Oro*, o.c. pág. 268)

nuestros actos, no dejándolos pasar de las dimensiones establecidas? No sé, no sé... Flórez expresaba la turbación y las dudas de su espíritu." [897]

Nos da la impresión de que Galdós está señalando en estas páginas la altura a la que ve llamado al presbiterado católico y la enorme dificultad para éste de dar la talla debida. Algo más adelante concreta –o razona- el sentimiento que acaba de expresar el personaje:

"Quizás su bondad se resintió de haber encontrado una bondad superior, o que tal le pareciera (se está refiriendo a Nazarín)...¿Consistiría, tal vez, en que el trato social, las consideraciones y aun lisonjas de que era objeto, habían llegado a formar en su alma la concreción de amor propio (de la cual los caracteres más dueños de sí no pueden librarse) y el conocimiento y trato de Nazarín rebajaron un poquito el concepto de su propio valer moral?" [898]

Al final de su vida, ya a la hora de la muerte, Flórez tocará fondo de la mano del autor y confesará –no sin amargura- la verdad de su vida sacerdotal, honesta pero insuficiente:

"Soy una pobre medianía, pero abdicando en este trance mis ridículas pretensiones, y pisoteando delante de vosotras, y delante del mundo entero, mi orgullo, me entrego a la misericordia de mi Padre Celestial, para que haga de mi insignificancia lo que quiera... Los santos son otros, el santo es otro... Y eso que dice el vulgo, que ahora no hay santos, me río yo. Los hay, los hay; creedlo." [899]

Sorprende la lucidez y la hondura con que el escritor describe el proceso espiritual de este honrado presbítero (personaje en realidad secundario pero no intrascendente dentro de la novela *Halma*) que quiere y no llega a plasmar la identidad de la existencia presbiteral. El autor lo confronta en todo momento a Nazarín, al cual vuelve a presentar como verdadero santo y prototipo del presbítero y pastor cristiano.

a) *La crisis del celibato. La virginidad opcional del presbítero en la obra de Galdós.*

---

[897] PÉREZ GALDÓS, BENITO, *Halma*, o.c., pág. 160
[898] PÉREZ GALDÓS, BENITO, *Halma*, o.c., pág. 178
[899] PÉREZ GALDÓS, BENITO, *Halma*, o.c., pág. 199-200

La casi totalidad de presbíteros considerados idóneos por Galdós son célibes y fieles a la virginidad; una virginidad vista –en todos esos casos- como condición normal del estado sacerdotal y sin que plantee especial problema a nadie. Con ello se aleja del cuadro pintado por algunos autores del realismo que tratan la figura sacerdotal en función de la crisis del celibato obligatorio. Éste no es un asunto esencial ni prioritario en el planteamiento del presbiterado católico que tiene el escritor.

Sin embargo, esa visión no excluye otra aparentemente opuesta, siempre desde el punto de vista narrativo: algunos presbíteros que son fieles a su ministerio mantienen a la vez una relación matrimonial. Al lado de esa descriptiva, desde un punto de vista teórico, va a hacerse la clara afirmación de que ambos estados –el sacerdotal y el matrimonial (honestamente desarrollado) pueden ser compatibles dentro del cristianismo, como sucede en diversas confesiones cristianas no católicas e incluso en algunos ámbitos eclesiales católicos. Es decir, en definitiva, Galdós hace la propuesta de un celibato opcional para el clero.

Por supuesto, queda fuera de esta perspectiva seria y dialogable la desastrosa relación con mujeres que mantienen algunos sacerdotes en las tramas noveladas o teatrales, sin que estos renuncien a la actividad eclesial. Trataremos más adelante de tales personajes y del duro juicio que expresa el autor en esos casos.

Al margen de los mismos, en dos ocasiones al menos (y siempre como hecho secundario dentro de la trama narrada), aparecen sacerdotes que cumplen relativamente bien su ministerio pastoral y que, a la vez, mantienen una relación matrimonial más o menos pública pero aceptada por el pueblo que les rodea y al que sirven. Citamos ya al párroco de Boñices, el por varios conceptos venerable Don Venancio Niño, de la novela *El caballero encantado*. También en el drama *La razón de la sin razón* (de 1905) existe otro cura párroco, Don Hilario de Acuña, que dice de sí mismo:

"Virtudes tengo del orden social y del religioso, aunque no todas las que constituyen el perfecto sacerdote. La perfección sólo se encuentra en el Año Cristiano, y yo, por designio inexorable de mi naturaleza, no puedo aspirar a la canonización. Como cura de almas, cumplo cuanto la Iglesia me ordena. Soy el mejor amigo de mis feligreses; yo los quiero a todos; y ellos

me quieren y me reverencian. Cierto que hay un punto de conciencia en el cual he dejado a un lado los escrúpulos... (Y dirige una mirada al Ama.)" [900]

Es obvio que el autor quiere de algún modo justificar la situación canónicamente irregular (la trasgresión del celibato) por parte de esos dos sacerdotes; situación probablemente parecida en la realidad a la de bastantes otros de la época. Sin embargo, ninguno de los dos tipos referidos alcanza la relevancia personal y presbiteral de los sacerdotes anteriormente presentados como modélicos, a los que sí se presta una detenida atención.

De forma explícita se manifiesta con claridad el deseo de que cambie la ley eclesiástica del celibato, ofreciendo a los presbíteros que lo deseén la posibilidad de compaginar la condición sacerdotal cristiana con una relación marital honesta y de carácter matrimonial. Este pensamiento lo expresa Galdós en *Rosalía*, en donde el presbítero anglicano Horación justifica su opción matrimonial con naturalidad y sin contradecir al Evangelio.

En varias obras más se expresa el mismo planteamiento; particularmente en el Episodio Nacional *Aitta Tetauen* cuya trama discurre dentro de un ambiente judío y musulmán (aceptando la influencia de estas dos culturas no cristianas). Aquí se emplea el artificio de un encuentro de Santiuste con el escritor Pedro Antonio de Alarcón. Éste, en un momento dado, le aconseja: *"Juan, hazte sacerdote. Serás el apóstol de la paz y de los más bellos ideales humanos."*; pero Santiuste no siente esa vocación y, además, resulta que está demasiado enamorado de una mujer que le corresponde, a lo cual replica Alarcón:

"Amor y misticismo van de la mano en el espíritu del hombre. Yo veo en ti el apóstol que comienza su predicación elocuente condenando el celibato (eclesiástico), y estableciendo el amor de Dios, el amor divino, sobre el amor humano.... La Democracia según Cristo no puede privar al sacerdote de las dulzuras del amor humano." [901]

---

[900] PÉREZ GALDÓS, BENITO, *La razón de la sin razón*. Ed. Rueda. Madrid 2002 (Drama. Jornada IV, cuadro VI, escena 1ª) ; ver también el cuadro III, escena única, de la misma Jornada).

[901] PÉREZ GALDÓS, BENITO, *Aita Tettauen*, o.c., págs 76-77). Con mayor rigor de pensamiento se expresa el autor en la novela *Rosalía*: Horacio Reynolds, presbítero anglicano, razona así su vocación al amor matrimonial: *"Yo creo que no seré hombre de bondad, de paz y de verdadera rectitud hasta que no encuentre eso que tanto he buscado..., hasta que no emplee en labrar la felicidad de otra persona los tesoros de afecto que llevo en mi corazón." "En mi religión los sacerdotes pueden fundar una*

El autor parece atribuir este pensamiento a su compañero de filas en el realismo literario del XIX; sin embargo, ésa parece ser también su propia idea, porque al final de la obra, admirando el elogio que Santiuste hace del cristianismo por encima cualquier religión cuando habla con el rabimo Baruc Nehamá, escribe: *"Todo lo que la Iglesia católica enseña con riguroso método escolar a los pueblos sometidos a su espiritual magisterio, él lo encontraba de perlas; en un solo punto disentía, y era la durísima abstención que llamamos 'celibato eclesiástico'."* Lo que corrobora el maestro judío citando un texto de la Torá que viene a decir: *"Dios bendice toda unión de mujer y de hombre según su Ley, sin exceptuar los enlaces o casamientos de sacerdotes."* [902] Debemos recordar que nuestro autor se identifica en buena medida con el insatisfecho aventurero que es Juanito Santiuste.

Crítica – denuncia de una mayoría de clérigos en la obra galdosiana.

Con independencia de todo lo señalado hasta aquí, hay que reconocer que el conjunto de la obra galdosiana incluye una acerba crítica no sólo del clericalismo dominante en la sociedad española del siglo XIX y del poder del clero (contra el que se alza casi todo el movimiento liberal), sino también de una serie extensa de clérigos que –por su vida desordenada, por su ideología y por sus pasiones- destrozan la imagen presbiteral y son elementos nocivos para la Iglesia, para el cristianismo en definitiva, y también para la sociedad española. Lo que preocupaba a Galdós era, desde luego, la desconfiguración del presbiterado católico en sí mismo, en su andadura propia, y su bajo nivel cultural y humano (tan generalizados en el clero bajo); pero más aún, sin duda, en esas condicieones la enorme y negativa influencia que ejercía sobre la población.

Sin embargo, (aun refiriéndose a la primera etapa novelística) nos permitimos discrepar del juicio que hace el experto galdosiano Francisco

---

familia como los demás hombres, no estableciendo una excepción absurda, que la naturaleza no ha querido establecer. Nosotros, sacerdotes y todo, nos casamos, sin que esto rebaje las funciones religiosas, porque por noble que sea el sacerdocio, no lo es más que la familia y la paternidad, y el principio de toda perfección está en las virtudes domésticas." (PÉREZ GALDÓS, BENITO, *Rosalía*, o.c., págs. 116 y 210-211. Pueden verse, así mismo, las págs.134 y 250)

[902] PÉREZ GALDÓS, BENITO, *Aita Tettauen*, o.c. págs. 219-220 Menos identificación ideológica parece tener con el ridículo programa anti-celibato que propone el extraño y sensual sacerdote Don Hilario del que, Galdós se desmarca evidentemente, en el Episodio *La Primera República*, o.c. pág. 55 y ss.

Ruiz Ramón (y en buena medida también José Luis Mora García) cuando –de forma global o generalizada- atribuye al escritor y a su obra una visión totalmente negativa del clero.[903] A la vista de los datos que hemos mostrado anteriormente nos parece que ese juicio peca, al menos, de incompleto.

¿Hasta qué punto esos defectuosos o malos presbíteros (que aparecen a lo largo y ancho de casi todos los escritos) son tipos reales; o más bien son fruto de una intención literaria colorista y abusiva, o incluso de una actitud anticlerical? Abordaremos esta última cuestión después. Baste ahora tomar constancia de los datos que nos presenta la novelística (también el teatro, en ocasiones) al incluir personajes eclesiásticos negativos, en su mayoría ficticios sin duda, pero no necesariamente irreales.

La obra más dura en este sentido es quizás *El audaz. Historia de un radical de antaño*, novela primeriza (1871). En ella el protagonista Martín Muriel, personaje justificadamente atormentado (por las injusticias cometidas contra su padre y su hermano), hace repetidas veces este juicio global del clero, casi siempre con ocasión de sus encuentros con el fraile Matamala y con el Inquisidor P. Corchón:

"Todos ustedes son holgazanes, glotones, sibaritas, dueños de la mitad del territorio, disolutos, hipócritas: ¿decir esto es blasfemar? ¿Quién ofende a Dios, ustedes que son como son, o yo que lo digo?" Y más adelante: *"No digo que no haya excepciones y que algunos entre ellos no sean modestos y sabios; pero, en general, son soberbios, ignorantes, lascivos, pérfidos y glotones. La religión en ellos no es más que una mercancía y Dios un pretexto para dominar el mundo."* [904]

---

[903] *"Falta de vocación, pobreza espiritual, ausencia de virtudes cristianas, intolerancia y fanatismo son las cuatro ideas que estructuran toda la abundante familia de los clérigos galdosianos entre 1870 y 1890."* (RUIZ RAMÓN, FRANCISCO, *Tres personajes galdosianos. Ensayo de aproximación a un mundo religioso y moral*. Revista de Occidente. Madrid 1964. Pág.153) Tampoco nos parece justificado el juicio *"Casi ningún sacerdote de Galdós llega al sacerdocio movido de una auténtica vocación religiosa."* (pág. 133): ya hemos podido comprobar en páginas anteriores el número considerable de sacerdotes que sí muestra una haber tenido una auténtica vocación religiosa.

[904] PÉREZ GALDÓS, BENITO, *El audaz*, o.c., págs. 22 y 69; puede verse también el texto de la pág. 226: *"Mis conversaciones con el fraile de Ocaña y con el inquisidor de Ocaña me han enseñado claramente que ninguna idea elevada mueve a esos hombres, clérigos ambiciosos que aún no se consideran con bastante poder."* El sensato personaje Ismael, en la novela *Casandra*, entabla un revelador diálogo con su hijo Juan (al que pretende orientar hacia la clerecía): *"Tontos, ¿qué ideas tenéis del oficio más cómodo, fácil y lucrativo que existe en el mundo? Estudios muy flojos; autoridad, como nadie; el pan seguro en esta vida; en la otra, la gloria eterna"*; a lo que los jóvenes responden: *"Papá,*

La tipología negativa de estos clérigos podría desarrollarse según los siguientes aspectos anímicos que el autor critica (con mayor o menor dureza).

a) La búsqueda convulsiva de poder, de honores y beneficios materiales a partir de la condición sacerdotal; la comodidad ramplona.

Son muchos los protagonistas eclesiásticos que entran en escena mostrando una afición desmedida al buen comer y beber, y con una búsqueda permanente de puestos de relevancia que produzcan beneficios económicos o simplemente posiciones honoríficas. Entre otros, se cita en la última serie de Episodios al sacerdote castrense Víctor Ibraim, del cual se dice: *"Entre la hojarasca de sus vanos conceptos, dejaba traslucir el castrense una ambición insensata."*[905] Pepe Fajardo, protagonista principal de la cuarta serie de Episodios, hace en ese sentido una gráfica descripción del buen párroco de San Juan de Atienza, Juan Taracena.[906] Y no es diferente la pintura que se traza del ingenuo sacerdote tío de Inés (Primera Serie), indudable buena persona, que anda esperando una prebenda por intercesión de su paisano Godoy.[907] En las alturas de la jerarquía resultan ridículas y penosas para el enigmático Tito de la quinta serie las peleas de cardenales por la preeminencia de honor en la presentación y el bautismo de la Infanta María de las Mercedes.[908]

---

mátenos, pero no nos haga curas" – *"Queremos ser hombres; clérigos, no"* (Edición de Rueda, págs. 91-92).

[905] PÉREZ GALDÓS, BENITO, *España sin rey*, o.c. pág. 25 Del mismo tenor es la opinión que tiene Ángel Guerra sobre el canónigo Pintado, tertuliano asiduo en la casa de Doña Sales, madre de Ángel: v. *Ángel Guerra*. Vol. I. O.c., págs. 86-87

[906] *"Es el cura de San Juan de Atienza un excelente hombre, puntual y correctísimo en las funciones de su ministerio, buen maestro en cosas del mundo y en el conocimiento de toda flaqueza, sin que se le pueda poner tacha más que por los pecadillos de hablar sin freno, de comer con demasiado gusto y abundancia, y de beber intrépidamente en solemnes casos. Siendo yo niño y él grandullón, me quería, y con amenos cuentos, a veces sucios, nunca deshonestos, me divertía. Ahora me considera, y gran devoción tiene por mí. Aunque nada me dice, yo le descubro la ambición de una canonjía en la catedral de Sigüenza."* (PÉREZ GALDÓS, BENITO, *Narváez*, o.c. págs. 34-35)

[907] Ver PÉREZ GALDÓS, BENITO, *La Corte de Carlos IV*. Peor juzgado queda el canónigo Joan Ferragut, en el Episodio *Gerona*.

[908] Galdós describe la contienda de honor que tiene algún viso de crónica realista: *"Los cardenales Moreno, Primado de las Españas, y Benavides, Patriarca de las Indias, se tiraron las mitras a la cabeza –valga la figura- por si correspondía al uno o al otro el honor de administrar el Sacramento. Ambos prelados y sus parciales se lanzaron a enfadosas polémicas en lo restante del año 80, sosteniendo cada cual sus pretendidos*

El carlismo aglutinó a una mayoría de sacerdotes en torno a los aparentes ideales católicos del pretendiente Carlos Isidro. Sin embargo, esta adhesión a su causa es vista repetidamente por el escritor como pretesto de ese clero para adquirir poder y como manejos interesados que, en definitiva, debilitaban gravemente las ya débiles fuerzas de la "facción". Esto es lo que echa en cara el carlista Juan Pablo Rubín a su hermano sacerdote Nicolás Rubín:

"Don Carlos no ha triunfado ya por vuestra culpa, por culpa de los curas. Hay que ir allá, como he ido yo, para hacerse cargo de las intrigas de la gentualla de sotana, que todo lo quiere para sí, y no va más que a desacreditar con calumnias y chismes a los que verdaderamente trabajan. Yo no podía estar allí; me ahogaba." [909]

Tendremos ocasión de referir la acción histórica real y más trágica que la novelada de los numerosos sacerdotes que aparecen como militares en *La campaña del Maestrazgo*.

Uno de los defectos más graves que denuncia el escritor es la falta de celo apostólico y de interés por el ministerio sagrado, sustituidos estos por una vida acomodada y por aficiones absorventes alejas de la dedicación pastoral. Del párroco de Ficóbriga, Silvestre Romero, se dice (en *Gloria*) que su vida transcurría entre el cuidado de la huerta, la caza y las gestiones electorales a favor del partido más conservador. Don Isidoro Palomeque, canónigo toledano, se dedicaba por entero a la arqueología (en *Ángel Guerra*). Y en cuanto a la ambición de poder podría recordarse a Don Remigio Díaz, personaje de segundo orden en *Halma*, frustrado por no poder conseguir una parroquia en Madrid e intrigante (a su propio favor) en la comunidad cristiana recién creada por Catalina de Artal. No se queda atrás Don Lope Sedeño, el secretario del obispo Lantigua.

Parecido es el perfil de quienes aprovechan su status para introducir el nepotismo, intentando concertar matrimonios ventajosos para sus sobrinos, sin preocuparse de que, con ello, interfieren o interrumpen relaciones legítimas de amor ya establecidas. Así actúan el canónigo Inocencio (en *Doña Perfecta*) y el párroco José María Navarridas (en la tercera serie de Episodios).

---

derechos. Contienda tan ridícula no había visto yo en mi vida".(PÉREZ GALDÓS, BENITO, *Cánovas*, Episodio Nacional n. 46, o.c. pág. 167)
[909] PÉREZ GALDÓS, BENITO, *Fortunata y Jacinta. Vol. I*, o.c. págs. 577-578

La enumeración de estos clérigos (de un género u otro) podría extenderse bastante, pero, además de innecesaria, sería fatigosa e irrelevante. El juicio sobre ellos podría sintetizarse en la crítica que hace el oscuro personaje Ismael, en el drama *Casandra*: *"Tontos, ¿qué ideas tenéis del oficio más cómodo, fácil y lucrativo que existe en el mundo? Estudios muy flojos; autoridad, como nadie; el pan seguro en est vida; en la otra, la gloria eterna."* [910] Es suficiente constatar el hecho con los datos reseñados.

Por la penosa imagen que ofrecen conviene mencionar todavía uno de los defectos "menores" habituales (denunciados varias veces por el escritor) en cuanto a las costumbres clericales: la desmedida afición a la comida y a la bebida y al dinero. En *Fortunata y Jacinta*, por ejemplo, encontramos una descripción literaria magistral del modo de comer del sacerdote Nicolás Rubín. El texto conjuga admirablemente los sentidos del gusto y el olfato y la grosera ansiedad psicológica de la comida. [911] La misma descripción se hace del clérigo Don Silvestre Entrambasaguas en *La Fontana de Oro* (*"Era éste un clérigo carilleno, bien cebado, grasiento, avaro, de carácter jovial, algo tonto, mal teólogo y predicador tan campanudo como hueco"*[912]) que no sabe hablar sino de gastronomía. Parecidos a éste son el Don León Pintado, confesor de la madre de Ángel Guerra, el párroco de Castro-Urdiales Don Juan de la Puerta, adlátere del furibundo carlista Juan Crisóstomo (en *Rosalía*)

No debe situarse en esas categorías de clérigos a aquellos cuyos medios de vida apenas alcanzan para sobrevivir, y que pueden considerarse –aun a disgusto suyo- pobres de solemnidad, representantes del abundante clero bajo español del XIX de escasa formación y ningunos recursos. Es el caso de Don Eleuterio Virones, personaje muy de segundo orden en la novela *Ángel Guerra*, al que el protagonista tendrá que auxiliar y que entrará a formar parte (como trabajador humilde y agradecido) en la comunidad del cigarral

---

[910] PÉREZ GALDÓS, BENITO, *Casandra* (teatro),

[911] "Había comido muy bien el dichoso cura, circunstancia que no debe notarse, pues no hay memoria de que dejara de hacerlo cumplidamente ningún día del año..." Hasta el punto de que en páginas adelante se dirá, aludiendo a la Doña Lupe, tía del sacerdote: "... pues Nicolás con su voracidad puntual le desequilibraba el presupuesto de la casa." (PÉREZ GALDÓS, BENITO, *Fortunata y Jacinta*. Vol. I. o.c., págs. 553-554 y 576). Parecidos son Don Carmelo, el cura de Jerusa (en *El Abuelo*), Don León Pintado (en *Ángel Guerra*), etc.

[912] PÉREZ GALDÓS, BENITO, *La Fontana de oro*, o.c., pág. 267 (ver todo el capítulo 28).

toledano. [913] Galdós mira con cierta ternura y respeto a este tipo de presbíteros víctimas de la escasa o nula atención eclesial y social.

b) La politización militarista apasionada (o la conspiración) del clero, con derivaciones cruentas.

La intervención en la vida política a favor del integrismo y absolutismo y la obsesión religiosa por la fusión entre el estado y la religión.

Más grave aún que el hedonismo de los clérigos es, sin duda, la visión que se tiene de un tipo de eclesiásticos (abundantes en la novelística que estudiamos) que conjugan de manera esperpéntica la condición sacerdotal y la de guerrillero o militar estratega y, en ocasiones, de político apasionado en contra del Estado legal. En los Episodios ésta es la imagen del fraile armado y a caballo que encabeza el cortejo popular en la ejecución de Riego (*"Llevaba el látigo en la mano y la cruz en el cinto"*) [914]. También la extensa y pormenorizada semblanza del guerrillero mosén Antón Trijueque en el Episodio Nacional que relata la guerra de guerrillas contra Napoleón [915]; y, con el fuerte dramatismo del personaje que ya señalamos, la del sacerdote José Fago a lo largo de todo el Episodio *Zumalacárregui* que narra la primera guerra carlista.

No sin una pizca de buen humor describe Juan de Urries, uno de los protagonistas de *La España sin rey*, el curioso caso (no único) del Cura de Alcabón: *"Era don Lucio Dueñas, según sus biógrafos, un clérigo chiquitín, casi enano, buen hombre en el fondo, pero tan fanático y cerril que perdía el sentido en cuanto el viento a sus orejas llevaba rumores de guerra carlista. Apenas se enteraba de que ateos y masones sacaban los pies de las alforjas, preparaba él las suyas llenándolas de víveres y de cartuchos. Convocaba inmediatamente al vecindario del mísero pueblo de Alcabón... Hecho esto y*

---

[913] *"Creen algunos que no hay más pobres que los que piden a las puertas de las iglesias, y otros andan por ahí, vestidos de paño negro, que merecen más el óbolo de las personas caritativas."* (PÉREZ GALDÓS, BENITO, *Ángel Guerra*. Vol. II, o.c., pág. 493) Quizás suceda lo mismo al sacerdote del pueblo donde Diego Ansúrez entierra a su mujer. Escribe el narrador: *"Pagó Don Diego los servicios funerarios con largueza de indiano. Moneda de oro puso en la mano negra y flaca del cura, que, al recibirla y verla tan brillante, apretó el puño cual si temiese que se la quitaran."* (PÉREZ GALDÓS, BENITO, *La vuelta al mundo en La Numancia*, o.c., pág. 32)
[914] Ver la descripción del mismo que hace el autor en *El terror de 1824*, o.c., págs. 42-43
[915] *"Era mosén Antón Trijueque, cura aragonés, que había tomado las armas desde el principio de la guerra, y servía en las filas de sardina, no como capellán, sino... como jefe de la caballería."* (PÉREZ GALDÓS, BENITO, *Juan Martín el Empecinado*, o.c. pág. 14). Aparece otro cura guerrillero en *El equipaje del rey José*.

reunida su mesnada, que rara vez pasó de veinte hombres, echaba la llave a la iglesia, cogía la escopeta, enjaezaba su rocín flaco, y, ¡ala!, a pelear por Dios y por Carlos VII... El exaltado cura se esforzaba en suplir su menguada estatura con la fiereza de sus gritos y la bizarría de sus actitudes." [916]

En el mismo Episodio, y con un fanatismo político contrario (de signo revolucionario liberal) aparece el sacerdote Víctor Ibraim antes mencionado.

Pero sobre ninguna de estas figuras la crítica galdosiana es tan radical como al presentarnos (siempre en el contexto bélico de nuestras guerras) al terrible cura Lorente, más que capellán, comandante de tropas carlistas, actor de crímenes que podrían hoy considerarse contra la humanidad; además, acompañado de un grupo de clérigos de la misma catadura (Llangostera, Escoriuela, Putxet...)[917]

En el Episodio *Los cien mil hijos de San Luis*, tras el breve y penoso retrato de uno de los regentes de Seo de Urgel, el obispo Don Jaime Creux (*"el más malo y antipático... que, de clérigo oscuro pasó a ser obispo, en premio de su traición en las Cortes del año 14"*), se describe así el acto de restitución de la monarquía de Fernando VII en esa ciudad:

---

[916] PÉREZ GALDÓS, BENITO, *España sin rey*, o.c. pág. 149-150 Caso idéntico es el del rector de la iglesia de San Pedro de Tavira Don José Miguel Choribiqueta, apasionado jefe de tropa carlista que considera Maroto (Abrazo de Vergara) traidor, hereje y condenado. Tito se asombra de que este hombre, de regreso de la campaña militar, vuelva instantáneamente a convertirse en pacífico párroco (Ver PÉREZ GALDÓS, BENITO, *Amadeo I*, cap. XV, o.c., págs. 121-124)

[917] El soldado Galán cuenta al anciano Beltrán de Urdaneta los acontecimientos de que ha sido testigo: *"Creo que fue un espanto la matanza que ordenó y ejecutó ese bribón del cura Lorente... Al día siguiente, en ese pueblo de Alventosa, volvieron a cuestionar sobre si mataban o no a los demás. Lorente, que sí; Peinado y Royo, que no. En un descanso, el capellán mandó destapar un barrilillo de aguardiente que llevaba. Bebieron, y con la borrachera, el Royo se puso de parte de Lorente. Salieron los vecinos del pueblo con su párroco a la cabeza, y de rodillas imploraron la vida de los desgraciados prisioneros. Lorente le dijo al párroco: 'Confiéselos ahora mismo, y para acabar más pronto, yo empiezo a confesar por una punta y usted por otra'. Negóse el cura de Alventosa, y se echó a llorar... El capitán pidió entonces a los cabecillas que no matasen al niño; pero, para mayor crueldad, fusilaron primero a la criatura, por que el padre lo viese, y luego a éste y a todos los demás después de desnudarlos... Al ponerse en marcha, Lorente dijo al cura de Alventosa que, so pena de la vida, dejara los cuerpos insepultos para escarmiento de las tropas cristinas que pasasen."* (PÉREZ GALDÓS, BENITO, *La campaña del Maestrazgo*, o.c., pág. 33) Juicio menos duro merece el capellán castrense Toribio en el Episodio *Aitta Tetauen*.

"Después de la ceremonia política hubo jubileo por las calles y rogativa pública a que concurrió el obispo con todo el clero armado y el cabildo sin armas. Era un espectáculo edificante y al mismo tiempo horroroso. Daba idea de la inmensa fuerza que tenían en nuestro país las dos clases reunidas, clero y plebe: pero los frailes armados de pistolas y los guerrilleros con vela, el general con su crucifijo y el arcediano con espuelas, movían a risa y a odio juntamente." [918]

No cabe duda de que la ficticia narradora Jenara (la esposa de Carlos Navarro y enamorada de Salvador Monsalud) asume en estas páginas de la novela el juicio mismo de Galdós. El pensamiento crítico y la alarma que se revelan aquí son algo demasiado agudo para el superficial carácter de esta mujer (contra-heroína) que juega en la serie el papel de desencadenante inmediato de la lucha fratricida entre las dos Españas.

Retrocediendo en el contexto histórico, la censura se dirige igualmente a los clérigos que inspiran conspiraciones o revoluciones sangrientas sin más objetivo social que el de asegurar un estado de privilegio para la Iglesia y la eliminación de quienes profesan el credo liberal. Este tipo de acción se lleva a cabo todavía desde el poder de la Inquisición (y con el fin de garantizar la pervivencia de la misma). Así aparece a lo largo de toda la novela *El audaz. Memorias de un radical de antaño*, protagonizando esos manejos Fray José de Matamala y el fanático inquisidor Padre Corchón.

Aunque se mantengan sólo en el terreno de la teoría, no quedan bien parados los sacerdotes castrenses Toribio (*Aitta Tetauen*) e Ibarburo (*Zumalacárregui*) justificando a Santiuste y a Fago, respectivamente, la razón de la guerra y su necesaria violencia.

c) La obsesión sexual y la degradación clerical en relaciones sexuales múltiples o tiránicas.

---

[918] PÉREZ GALDÓS, BENITO, *Los cien mil hijos de San Luis*, o.c. págs. 30-31 Algo más adelante, la misma narradora, describiendo la entrada de las tropas expedicionarias francesas, dice: *"Algunos frailes de los que más habían escandalizado en el púlpito con sus sermones sanguinarios eran llevados en triunfo."* (pág. 114) En el Episodio *Gerona*, en el que se ha narrado y alabado la acción evangélica heroica de religiosas y religiosos ayudando a los heridos, se hace también (aunque de forma breve) penosa referencia a uno de ellos: *"Algunos legos y ancianos lloraban; pero el padre Rull despedía llamas por sus negros y varoniles ojos. En tan supremo trance, el fraile patriota, rabiando de enojo contra sus verdugos, había olvidado la principal página del Evangelio."* (PÉREZ GALDÓS, BENITO, *Gerona*, o.c., pág. 153)

Es cierto que son pocos los eclesiásticos del mundo galdosiano que destacan por el desorden sexual grave; pero los personajes de este tipo que se pintan en varias obras crean las situaciones más dolorosas e injustas protagonizadas por clérigos. Aunque estos pertenezcan a la ficción novelada, el autor está denunciando hechos que hieren la sensibilidad del lector, tanto más cuando se sobreentiende que los actores debieran brillar por el respeto a la mujer, por la bondad y por la templanza de sus instintos.

A estos clérigos no se les critica que vivan regularmente amancebados, faltando a la ley del celibato sacerdotal (de esto tratamos antes, y ya vimos que el autor se muestra tolerante al respecto). No. Lo que aquí se expresa – con una censura amarga, ácida y condenatoria- es una situación de violencia sobre mujeres inocentes y de individual degradación de las relaciones sexuales, agravadas ambas actitudes al darse precisamente en personas religiosas y que no renuncian a seguir ejerciendo un ministerio eclesial (por ejemplo, a celebrar la Eucaristía). Galdós se muestra escandalizado e indignado por tal situación.

En concreto, denuncia estos hechos:

- 1º. El abuso tiránico sexual sobre jóvenes indefensas, forzadas a un trato que rechazan y dominadas en gran medida por la prepotencia "sacra" que denota el sacerdote; una prepotencia que amedrenta y confunde a la conciencia de la víctima, haciendo que, en definitiva, ésta se sienta a la vez sometida y culpable por la relación sexual que se le impone. Uno de estos individuos lo manifiesta con enorme cinismo refiriéndose a las mujeres que ha reunido en su casa: *"Algunas tengo que se inclinan a la beatería; pero a esas hay que dejarlas en su gusto de lo espiritual, y no quitarles de la cabeza las devociones extremadas, porque con el pío, pio del rezar continuo llegan a ser unos pobres ángeles..., y de los ángeles hace uno lo que quiere."* [919] El que habla es el nuevo Arcipreste de Talavera Juan Ruiz Hondón, uno de los personajes más desagradables del mundo galdosiano, al que Juanito Santiuste da el calificativo de monstruo.

De todo punto hiriente y repugnante es el acoso y el engaño del innominado clérigo que intenta abusar de la desamparada Clara, perdida y desfallecida en la tenebrosa noche madrileña, pudiendo la joven, al fin, huir de él. [920]

---

[919] PÉREZ GALDÓS, BENITO, *Carlos VI en la Rápita*, o.c. págs. 129-130
[920] Ver PÉREZ GALDÓS, BENITO, *La Fontana de Oro*, o.c., capítulo 38.

- 2º. La incapacidad de relación normal y la permanente ofensa que supone el mantener a la vez un trato físico sexual con varias personas, dejando tras de sí una compleja y dudosa familia; todo lo cual denota una obsesión descontrolada y una gravísima irresponsabilidad humana. La figura tipo de esta situación es el aparentemente bondadoso clérigo Don Hilario en el Episodio Nacional *La primera República*. Este hombre viene, además, enmarcado en el mundo mágico que recorre Tito.

- 3º. La práctica de la esclavitud en todos sus sentidos; es decir, el dominio tiránico que priva a la mujer de toda posibilidad de huir y de recuperar su libertad; amparado, además, el esclavista por su fuerte estatuto social dentro del pueblo y por una falsa imagen de lo que sucede a su alrededor. Conocemos ya al sacerdote Pedro Polo, uno de los tipos mejor analizados por el autor.

En síntesis, son cuatro los personajes que escenifican las actitudes que acabamos de indicar, tres en los Episodios y uno en las novelas de carácter independiente:

- Don Juan Ruiz Hondón (conocido como Juanondón), Arcipreste de Ulldecona, en el Episodio *Carlos VI en la Rápita*. Este individuo, corpulento y brutal, con buenas posesiones, tiene en su casa, bajo la apariencia de sobrinas o amas, a mujeres de las que abusa. El protagonista de la novela, Juan Santiuste, intentará con enorme dificultad y peligro liberar a una de ellas (Donata). Galdós identifica de algún modo a este sacerdote con el medieval Juan Ruiz, también arcipreste y de vida irregular.

- Pedro Polo, en las novelas *El doctor Centeno* y *Tormento*. Hombre al que se podría justificar su enamoramiento de Amparo debido a su reconocida falta de vocación sacerdotal; pero que resulta absolutamente injustificado en cuanto a la pasión brutal que desarrolla respecto a la joven, atormentándola sin piedad y esclavizándola.

- El canónigo de la catedral de Cuenca Plotino Pagasaunturdua (en el Episodio *La campaña del Maestrazgo*), personaje particularmente odioso porque se aprovecha del desamparo de Rosita, hija del cándido y noble Ido del Sagrario (ya conocido en *El doctor Centeno*); la medio seduce con regalos, y tiene la desfachatez de decirle al padre (que se presenta deseoso de salvar a la joven) que ésta *"al venir a esta su casa ha pasado del Infierno a la Bienaventuranza."* [921]

---

[921] V. *La campaña del Maestrazgo*, o.c., pág. 211

- Don Hilario de la Peña (a lo largo del Episodio *La Primera República*), al contrario que Juanondón, es casi un anciano bondadoso que se mueve en el mundo medio mágico y surrealista del enigmático Tito, autor – se dice- de una larga "Historia del clero mozárabe"; un hombre que ha ido acumulando a lo largo de su vida queridas e hijas de todas las edades, mezclando ahora el enloquecido deseo de justificar su situación con la idea de que Salmerón y Castelar le van a conseguir una mitra episcopal. [922] El desafuero que atribuye Galdós a este personaje no puede ser mayor.

d) Los graves deterioros y perversiones en el talante y el ministerio pastoral.

La preocupación crítica de Don Benito respecto a los clérigos no se refiere tanto a los defectos personales de los mismos como a un ejercicio ministerial (pastoral) que él observa empobrecido, deteriorado y prepotente e incluso perverso. Fundamentalmente, quizás, por el fanatismo y la incapacidad de dialogar. Con esta crítica el autor muestra tener, en realidad, un alto concepto de la función presbiteral: el mismo concepto que ha ido descubriendo al diseñar las figuras admirables de los presbíteros y obispos que presentamos más arriba.

La denuncia de esos fallos ministeriales (que dañan a las personas y a la credibilidad de la Iglesia) se concreta, sobre todo, en los siguientes comportamientos de un número representativo de clérigos:

1º La falta de atención y de verdadera escucha a las personas que acuden angustiadas a ellos. La dureza o indiferencia del corazón.

Don Inocencio o el padre Paoletti no dialogan con Pepe Rey y con León Roch, aunque estos dos hombres razonen; los combaten e intentan destruirlos.

Una de las descripciones más amargas de ineptitud en el trato es la que se hace de la conversación entre el sacerdote Nicolás Rubín y la infeliz Fortunata:

"Aquel clérigo, arreglador de conciencias, que se creía médico de corazones dañados de amor, era quizás la persona más inepta para el oficio

---

[922] *"En cuanto yo trinque el báculo* –dice el tal Don Hilario-, *repartiré buenos golpes a un lado y otro. Lo primero será suprimir en mi diócesis el celibato eclesiástico, quiéralo o no el Santo Padre. Mandaré a todos mis clérigos que se casen inmediatamente con sus amas... Declararé de texto en mi Seminario mi grande Historia del Clero Mozárabe..."* y sigue añadiendo excentricidades. (PÉREZ GALDÓS, BENITO, *La Primera República*, o.c. pág. 59) Es contradictorio (y parece malintencionado) el final de *Cánovas* en donde Tito ve a Lucila acompañada de un clérigo entrando en una casa dudosa.

a que se dedicaba, a causa de su propia virtud, estéril y glacial, condición negativa que, si le apartaba del peligro, cerraba sus ojos a la realidad del alma humana. Practicaba su apostolado por fórmulas rutinarias..." [923]

En connivencia con Domiciana, ex monja y uno de los personajes más desagradables de la galería galdosiana, está el sacerdote Don Martín Merino, hombre duro e insensible que se niega a atender a Lucila cuando ésta recurre a él pidiendo ayuda para su padre. *"Lo que más claramente pudo descifrar en él* (en su rostro –dice el narrador-), *a fuerza de deletrearlo, era un inmenso desdén de todo el Universo."* [924] Semejante es el recibimiento que hace Pedro Polo al adolescente Felipe Centeno cuando éste lo visita –temblando- para interceder por su amigo Alejandro Miquis venido a menos.[925] Los ejemplos podrían multiplicarse bastante. A recordar, entre ellos, el del canónigo Juan Ferragut en el Episodio *Gerona*.

Del sacerdote que acaba de confesar a un enfermo dice José María Bueno: *"Pronunció luego el dichoso clérigo algunas palabras consoladoras, de las de rúbricas, y se despidió. Le acompañé hasta la puerta. Ya tenía yo muchas ganas de perderlo de vista."* [926] Ése es el resultado de la visita pastoral que acaba de realizar el sacerdote.

En el fondo, lo que se está diciendo es que todos estos clérigos son indiferentes al sufrimiento humano, pasan a su lado mirándolo y, en definitiva, despreciando a los sufrientes; y esto resulta intolerable a cualquier espíritu bueno. Es la queja de Caifás, el desgraciado ex sacristán de la parroquia de Ficóbriga: *"¡Ah, señor cura, señor cura, que no todos tienen corazón de hierro como usted!"* [927]

---

[923] PÉREZ GALDÓS, BENITO, *Fortunata y Jacinta*, vol I, o.c. pág. 565 Es durísima, clara y amarga la queja de León Roch por la terrible intromisión del clérigo Paoletti en su vida conyugal: *"El dueño de la conciencia de mi mujer, el gobernador de mi casa, el árbitro de mi matrimonio, el que ha tenido en su mano un vínculo sagrado para atarlo y desatarlo a su antojo (...) Que, a pesar de no tener conmigo trato alguno, ha dispuesto secretamente secretamente de mi corazón y de mi vida como puede disponer un señor de un esclavo comprado."* (PÉREZ GALDÓS, BENITO, *La familia de León Roch*, cap. IV: vol. III. Obras Completas, pág. 895)
[924] PÉREZ GALDÓS, BENITO, *Los duendes de la camarilla*, Episodio Nacional n. 33, Historia 16-Caja de Madrid. 1995, pág. 173. Semejante, aunque desde la altura jerárquica y la dureza inclemente, es la pintura del Inquisidor General, obispo de Almería, en el Episodio *Memorias de un cortesano de 1815*.
[925] PÉREZ GALDÓS, BENITO, *El doctor Centeno*, o.c. cap. VI.1
[926] PÉREZ GALDÓS, BENITO, *Lo prohibido*, o.c., pág. 219
[927] PÉREZ GALDÓS, BENITO, *Gloria*, o.c., pág. 73

2º La intolerancia y la tiranía sobre las conciencias y, en cualquier caso, la pretensión de imponer el propio pensamiento dogmático o moral.

El texto citado antes referido al clérigo Nicolás Rubín (*Fortunata y Jacinta*) continúa así: "*Había hecho inmensos daños a la humanidad arrastrando a doncellas incautas a la soledad de un convento, tramando casamientos entre personas que no se querían, y desgobernando, en fin, la máquina admirable de las pasiones*" (cita n. 944).

Desde el período novelístico caracterizado por la abstracción (*Doña Perfecta*) –y aun antes- el clero (Don Inocencio) encarna para Galdós la intolerancia.

Esta actitud, perfectamente imitada por personajes no eclesiásticos (como Serafinita, la tía de Gloria, Evarista y el omnipresente Pantoja, de *Electra*, etc.), constituye el trasfondo de *La familia de León Roch* y es la línea medio oculta que guía la trama de esta obra. El italiano Padre Paoletti dirige -desde el propio fanatismo religioso- a María Egipcíaca, casada con León; domina la conciencia de esta mujer ayudándola a destrozar el amor a su marido. La deshumaniza como persona, como mujer y como esposa. Naturalmente la novela arrastra una tragedia que no termina con la muerte de María. Es exasperante la actitud dominadora pseudomística del sacerdote que asiste a la mujer en la hora de su muerte, mientras ella lucha de una manera patética por encontrar algún sentido y alguna esperanza para el matrimonio fallido.[928]

Pero donde alcanza tonos más agudos tal actitud es, sin duda, en *Gloría* (escrita casi al mismo tiempo que *La familia de León Roch* y con una temática que emparenta las dos obras). Esta novela es tal vez la cumbre de los debates teológicos del realismo literario español. Son tres los personajes que ejercen un dominio tiránico sobre la conciencia de la joven Gloria: tres hermanos del significativo apellido Lantigua: un obispo, Don Ángel, Don Juan, patriarca del clan, y Serafinita, la tía. Estos dos últimos parecen, en realidad, más eclesiásticos que el obispo. Los tres ejercen la presión

---

[928] Dice el Padre Paoletti a María: "*Ya estamos solos con nuestras ideas espirituales y nuestro fervor. No reine aquí el miedo; reine la alegría ¡Conciencia purísima, levántate, no temas, muestra tu esplendor, recréate en ti misma, y así, en vez de temer la hora de la libertad, la desearás con ansia! ¡Oh, triunfo, No te disimules, vistiéndote de vencimiento!... Yo no puedo imaginarme ahora a mi espiritual amiga empeñada en inquietudes menudasm ciomo una mujer cualquiera.*" (PÉREZ GALDÓS, BENITO, *La familia de León Roch*, o.c. pág. 414 y 416). Todo el capítulo 13 (*La batalla*) discurre en este tono.

empleando las armas de carácter más sutil: el dogma con la amenaza de la condenación y el chantaje afectivo y moral, el cariño y (en el caso de Don Ángel) una apariencia de bondad humanista para apartar a Gloria de la relación con Daniel; además, la idea de la permanencia en el pecado y la herejía que hacen gravitar sobre la joven Gloria o sobre María Sudre.

¿Cómo mantener en estas condiciones la libertad interior, una libertad que permite conjugar perfectamente la fe esencial cristiana y el amor hondo y verdadero a un hombre aunque éste no sea católico? El autor viene a decirnos que la muchacha no puede hacer otra cosa que sucumbir a la tiranía religiosa, renunciando a su propia conciencia. Lo que produce gran satisfacción y alegría a Serafinita y al tío obispo, que compensa así el fracaso de su intento de convertir a Daniel al catolicismo. "*¡Ay!* –exclama Gloria-, *¿quién puede resistir a tanta autoridad ni a tanta bondad. Me declaro conquistada. Creo todo lo que la Santa Madre Iglesia me manda creer.*" [929] (¡Lo que se le manda creer en este caso –según los Lantigua- es que fuera del catolicismo no hay salvación, y que la relación matrimonial con un no católico -protestante o judío, hereje- equivale a la condenación eterna!).

Más representativo aún del fanatismo dogmático y moral en cuanto manipulador de la conciencia es, desde luego, el Padre Paoletti secundado por el hermano de María Egipciaca, el joven religioso Luis Gonzaga aún no ordenado, que tenía hecho voto de no mirar a ninguna mujer.

3º Un ministerio de la predicación pobre o pervertido.

Son muchas las ocasiones en las que aparecen presbíteros predicando, normalmente en actos de culto (incluidas las novenas) o en solemnes ceremonias con motivo de acontecimientos civiles. La mayoría de estas acciones son devaluadas por el autor. Así se juzga el sermón del cura que celebra la boda de Pepe Fajardo y de María Ignacia, predicación átona y sin valor existencial alguno. [930] Pero donde la indignación sube de tono es al

---

[929] PÉREZ GALDÓS, BENITO, *Gloria,* o.c. pág. 173.
[930] V. PÉREZ GALDÓS, BENITO, Episodio Nacional n. 32, *Narváez,* o.c., pág. 9. En *Fortunata y Jacinta. Vol I.* se juzga con estas palabras la predicación habitual del capellán del convento-reformatorio de Micaelas: "*Subió D. León Pintado al púlpito y echó un sermonazo lleno de los amaneramientos que el tal usaba en su oratoria. Lo que aquella tarde dijo habíalo dicho ya otras tardes, y ciertas frases no se le caían de la boca.*" PÉREZ GALDÓS, BENITO, o.c. pág. 640 Entre este tipo de clérigos habría que incluir a aquel a quien el libertino Segismundo García le escribía los sermones, sacando algún dinero por ello (en el Episodio *España trágica.*)

citar casi textualmente homilías politizadas y exaltadas a favor de Fernando VII, ensalzado como mesías y salvador, es decir, en defensa apasionada de la causa monárquica absolutista y de la ortodoxia romana.

Juan Bragas de Pipaón, personaje especialmente desagradable que campea por la segunda serie de Episodios, narra su encuentro con un notable eclesiástico:

"Allí fue donde conocí a don Blas Ostolaza, confesor del infante Don Carlos y Predicador de Palacio, hombre de los más eminentes que han vivido en España… Él fue quien felicitó a Fernando desde el púlpito por el restablecimiento de la Inquisición, diciéndole: 'Apenas ha vuelto vuestra majestad de su cautiverio, y ya se han borrado todos los infortunios de su pueblo. La sabiduría y el talento han salido a la pública luz del día y se ven recompensados con los grandes honores, y la religión, sobre todo, protegida por Vuestra Majestad, ha disipado las tinieblas como el astro luminoso del día."

(De este insigne clérigo sigue diciendo algo más adelante el narrador:
"Era tan celoso por la causa del rey y del buen régimen, que si le dejaran, ¡Dios todopoderoso!, habría suprimido por innecesaria la mitad de los españoles de la monarquía, para que pudiera vivir en paz y disfrutar mansamente de los bienes del Reino la otra mitad"). [931]

Es posible que una buena parte de la predicación de campanillas en esta época (predicación litúrgica o extralitúrgica) discurriera con ese tono, en cuyo caso lo que seguramente desea decir el autor es que –como se advierte en el libro bíblico de Samuel- "la Palabra de Dios" era rara en aquel tiempo.

---

[931] PÉREZ GALDÓS, BENITO, *Memorias de un cortesano de 1815,* o.c. pág. 38. Blas de Ostolaza nació en Trujillo (Perú); dirigió allí instituciones eclesiales y civiles de importancia, siendo perseguido por su rectitud y carácter independiente. Ya en la península, acompañó a Fernando en su exilio y fue ayo del infante Don Carlos. Participó como orador en las Cortes de Cádiz en defensa del monarca. De formación ilustrada y abierta, derivó hacia un tradicionalismo intransigente, quizás debido a su fidelidad incondicional a Fernando VII. En 1820 fue inhabilitado de sus cargos y desterrado durante el trienio liberal.
Del mismo tenor de ideas es la crónica que (según el recurso literario) escribe Pipaón en sus memorias citando al predicador Padre Castro que aprovecha el púlpito para elogiar encendidamente a Fernando VII y enardecer a los fieles, finalizando con estas palabras: *"Españoles, alabad y bendecid al Señor. Nuestra Patria es ya feliz; ya reina Fernando. ¡Sí, ya reinan Dios y Fernando!"* (PÉREZ GALDÓS, BENITO, *Memorias de un cortesano de 1815,* o.c.,pág. 21)

La misma queja (con los calificativos de aburrida y pedagógicamente aberrante) es la que vierte Galdós repetidas veces sobre la enseñanza religiosa en uso. Dos textos muy diferentes podrían mostrar esa crítica: uno, el que compara la pobre actividad catequética generalizada con la amena y directa enseñanza de Don Agustín Argüelles, preceptor de las infantas niñas Isabel y María Luisa [932]; otro, la amplia descripción de la desastrosa actividad docente en la mísera escuela regentada por el sacerdote Pedro Polo [933]

4º La práctica indebida a propósito del sacramento del perdón.

En la espiritualidad del siglo XIX predominan bastante los conceptos de pecado y de condenación (o de condición condenable); de ahí el imperativo de la confesión sacramental para quienes se consideran alejados o a punto de morir. Esta visión agrava mucho –para el autor- la actitud de sacerdotes que niegan la absolución al penitente (y, por tanto, también el derecho a recibir la Eucaristía).

Al final del Episodio *Vergara* se narra el siguiente caso calificado de "rigurosamente histórico": Rafael Maroto, el general firmante del Abrazo de Vergara, fue juzgado por el carlismo como traidor al que había que negar todo: pues bien, su hija Margarita, aún niña, fue a confesar a una iglesia de Madrid y, al enterarse aquel cura de que la pequeña era hija de Maroto, le negó la absolución. (Se añaden datos que confirman la veracidad de este hecho que escandaliza a Galdós.)[934]

Más grave es lo que acontece en los últimos momentos de la vida de Patricio Sarmiento, antes de ser vilmente ejecutado en el terror absolutista de 1824. Los frailes Alelí y Salmón se empeñan en que éste haga la confesión general que ellos estiman necesaria; Don Patricio decide manifestar su alma él solo ante Dios, y lo hace con profundo sentimiento y sinceridad y en alta voz, pero no expresa como pecado su convicción liberal. Los dos religiosos entonces le niegan la absolución y la comunión eucarística que el pobre

---

[932] V. PÉREZ GALDÓS, BENITO, *Los Ayacuchos,* o.c., pág. 11, donde se elogia la actividad educativa de Don Agustín Argüelles (a la vez que se alaba la categoría moral de este tutor real), asemejándola a la mejor predicación de un sacerdote.
[933] V. PÉREZ GALDÓS, BENITO, *El doctor Centeno,* o.c., págs. 60-61, donde se describe la enseñanza de la Biblia y de la doctrina cristiana por parte de Don Pedro Polo.
[934] V. *Vergara,* o.c., pág. 257. Efectivamente –como dice el texto- Maroto tuvo que instalarse en Valparaiso y allí residía Margarita, "anciana respetabilísima", viuda de Borgoño, cuando Galdós escribe este Episodio Nacional con el que también rinde homenaje al general carlista. Margarita murió en 1897

desea ardientemente (no sin esbozar uno de ellos cierta sonrisa de venganza): *"No podemos dar a usted la Eucaristía, desgraciado hermano"*. [935]

La misma obsesión por la relación consecutiva "Penitencia – Comunión" aparece denunciada en *Gloria*. En primer lugar, forzando Don Juan y Don Ángel (padre y tío) a Gloria para que ésta se confiese y pueda así comulgar; después, imponiéndose el mismo obispo como confesor de la joven, y, en fin, negando éste la absolución al ver que la joven sigue amando a Daniel que es judío.[936]

Por otra parte, Galdós se asombra de que en las ordenanzas militares de nuestras guerras fratricidas se considerase como lo más grave el ajusticiar a los reos sin darles la oportunidad del sacramento, más grave que el hecho mismo de matar a los prisioneros, a personas inocentes y de hacerlo generalmente sin juicio alguno.

Debemos añadir que la mayor parte de clérigos criticados en estos últimos apartados del análisis son personajes que desfilan a lo largo de los Episodios Nacionales, es decir, en un género de novela que discurre con un fondo histórico real. Lo que significa que, dentro del realismo literario, esta crítica tiene en buena medida el valor de crónica de algo que ha sucedido o está sucediendo. Se trata, por tanto, posiblemente, de un testimonio de situaciones reales. De forma que es lícito aventurar la existencia en esos textos de una objetividad independiente del parecer del autor. Si es así, se nos estaría mostrando no una postura anticlerical previamente tomada, sino una preocupación personal, o la voz de una conciencia que no puede silenciar aquello que está contemplando con enorme desagrado.

En conclusión: ¿Galdós y su obra son anticlericales?

Los penosos retratos de clérigos realizados por Galdós ¿significan que éste era un obcecado anticlerical y que propone el anticlericalismo?

El balance de los datos analizados a lo largo de todo el presente capítulo no permite establecer esa conclusión. Más bien nos parece que se deduce lo contrario; pero es preciso perfilar antes los conceptos que entran en juego.

---

[935] PÉREZ GALDÓS, BENITO, *El terror de 1824*, o.c., pág. 216 (ver todo el capítulo).
[936] V, *Gloria*, o.c., págs. 163-165

a) La idea anticlerical.

Como adjetivo o actitud que se atribuye a una persona en el habla popular indica una notoria e íntima predisposición contraria a los individuos tipificados como religiosos y a todos sus comportamientos. Yendo más al fondo, puede significar también un desprecio, desvalorización y oposición a la institución religiosa (particularmente al clero como estamento dentro de la sociedad).

Sin una contextura emotiva (y sin la irracionalidad de las generalizaciones) encontramos críticos serenos de los perjuicios sociales que el clericalismo ha traido y trae a la sociedad. No deberíamos llamar a estos autores y a sus escritos anticlericales.

Existe también otra idea muy distinta (y poco notoria) de anticlerical: es la postura que emerge precisamente dentro del cristianismo, postura evangélica y eclesial, cuando surge la convicción –tan difícil de influir en la práctica creyente- de que casi todo lo relativo al presbiterado católico y a las instituciones religiosas eclesiásticas está desenfocado, deteriorado en su raíz y en su ejecutoria, no pertenece a la esencia cristiana ni se reconoce en los orígenes apostólicos y, por tanto, debía cambiar; y esto porque la iglesia de Jesucristo es de iguales, colegial, sin prerrogativas para nadie, comunitaria, básicamente local, no ritualista, sin sacerdocio (sí con ministros pastores y servidores en nada configurados como distintos y como clero).

Esta idea anticlerical no niega la existencia y el valor del sacramento del Orden y del ministerio justo de presbíteros y obispos; sí niega el clericalismo dominante y asfixiante dentro de la Iglesia y su influencia nociva en el progreso de la sociedad. Se puede hablar, pues, de una actitud anticlerical cristiana, teológica, constructiva (aunque a la vez sea demoledora de un orden vigente dentro del mundo católico).

Todo ello al margen del juicio particular e individual (aprobatorio o condenatorio) que se emita –con realismo- de palabra o por escrito respecto a cada individuo religioso.

Es evidente que hay escritos literarios que desarrollan el primer concepto (el anticlericalismo popular) e influyen de forma bastante injusta en el sentir común de la población, suscitando enfrentamientos violentos. La prensa anticlerical del XIX y la de la Segunda República abundó en esta tarea. Sus autores son obviamente anticlericales.

Pero hay que pertenecen sólo a las dos últimas categorías descritas de la idea anticlerical. Entre estos, sin duda alguna, Don Benito.

b) El anticlericalismo sociopolítico y cristiano de Galdós.

En primer lugar, Don Benito se refiere al clero basándose en una teología neotestamentaria y eclesiológica que hoy encontramos como normal. Deseaba encontrar un presbiterado digno de ese ministerio dentro del cristianismo. Lo que sucede es que encontró una Iglesia –y una sociedad– demasiado invadida de clérigos, de clérigos escasos de humanismo y sin identidad apostólica (y, con frecuencia, tampoco creyente), con una influencia indebida y nociva en la mayoría del tejido sociopolítico español (*"Busca su perfil seguro* –dice G.Lorca en el *Llanto*– *y el sueño lo desorienta. / Buscaba su hermoso cuerpo / y encontró su sangre abierta"*, permítaseme esta trascripción poética).

Es simplemente la visión asfixiante que transmite en un momento dado a su amigo y compañero de viajes José Alcalá Galiano 1901 [937] y la visión que –de forma realista– predomina en sus escritos. Pero, sustancialmente, es una visión sociopolítica justa y una perspectiva cristiana honda; porque no excluye sino que se remite –como hemos visto– a una seria y apasionante teología del presbiterado.

En síntesis podemos ya establecer estas dos conclusiones:

1ª *La obra galdosiana no es anticlerical (y, mucho menos, anticatólica).*

Nuestro autor profesó ciertamente –como la gran mayoría de liberales del XIX español– un anticlericalismo referido con harto conocimiento de causa a dos planos reales: a la injerencia y el poder del clero en la sociedad española y al frecuente deterioro del ministerio presbiteral y de la figura misma de los sacerdotes tanto del clero diocesano como del perteneciente a órdenes religiosas. Recordemos que ese mismo deterioro fue denunciado en cartas pastorales e incluso en las Cortes por algunos obispos, como situación que dañaba en primer lugar a la Iglesia y a la vida cristiana, pero también a la sociedad.

Sencillamente, Galdós pinta la realidad viva y en ella entra lo malo y lo bueno: los tipos de clérigos deleznables, que desfiguran y destrozan la imagen del presbítero cristiano, y los santos, las extraordinarias figuras de presbíteros fieles a su vocación, héroes de la caridad, ilustrados más que

---

[937] *"Aquí seguimos infestados de clérigos, y padeciendo la epidemia clerical en su más terrible y mortífero desarrollo. Ya esto no tiene remedio. Nos devoran, nos comen, nos acaban. El prolífico bacillus ha invadido ya todo el organismo social. ¡Ay qué ganas tengo de irme al extranjero a respirar otros aires!"* (PÉREZ GALDOS, Benito. Carta a José Alcalá Galiano de 7/5/1901, citada por José Luis MORA en su obra ya conocida *Hombre, sociedad y religión en Galdós*)

nadie (Narciso Vidaurre, Manuel Florez, Pepe Hillo, Nazarín, Navarridas, Gamborena…). No se puede tildar a nadie de anticlerical cuando es capaz de describir con emoción estos últimos personajes.

Sobre este particular escribe Ignacio Elizalde: *"Todos los personajes (de Galdós), incluyendo los clérigos, son seres reales, sacados de la coyuntura histórica española. Más todavía. Su técnica novelesca está acostumbrada a fusionar la historia y la ficción, alcanzando en las obras de su madurez un todo orgánico."* [938]

Este anticlericalismo queda, pues, razonado. Es perfectamente saludable y coherente con la fe cristiana y eclesial [939]; y se diferencia de posturas predeterminadas (de cualquier tipo de fanatismo ideológico) desde el momento en que no se escatiman –como hemos visto- los retratos magníficos de eclesiásticos, tanto en la ficción literaria como en la crónica histórica; desautorizando, además, con claridad, los excesos anticlericales.

Lo que probablemente ocurre -como ya señalamos en el primer capítulo de este trabajo- es que la situación bastante generalizada del clero (concretamente del clero madrileño), la que contemplaba el escritor en 1886, era lamentabilísima. En esta fecha (el 18 de abril) el recién nombrado obispo de la diócesis, Don Narciso Martínez Izquierdo, era asesinado en la catedral de San Isidro por el sacerdote Cayetano Galeote. ¿Era éste un loco?... La sentencia lo condenó así. Pero lo cierto es que la penosa situación de la Iglesia madrileña había motivado que ésta se desjagara de Toledo para ser mejor atendida (creándose la diócesis de Madrid-Alcalá) y que el obispo Martínez Izquierdo había emprendido ya una tarea árdua de reforma nada deseada por muchos sacerdotes. Este hecho, que conmocionó a la población,

---

[938] ELIZALDE ARMENDÁRIZ, IGNACIO, *Los curas en la novela de Galdós*. (Universidad de Las Palmas de Gran Canaria. Biblioteca Universitaria. Memoria Digital de Canarias. 2005. Pág. 269) En el mismo sentido se expresa ampliamente SAINZ DE ROBLES, FEDERICO:*"Como la vida, Galdós se limitó a testificar imasiblemente. El auténtico anticlerical jamás dedicará su tiempo a decir bien de los buenos clérigos. Galdós les dedicó muchas páginas encendidas."* (*Pérez Galdós. Vida, obra y época*. o.c., pág. 212; ver también págs. 210 a 216). Ver el excelente estudios de BENITO MADARIAGA DE LA CAMPA, *Anticlericalismo y compromiso político en los textos galdosianos del siglo XX*, Actas del VII Congreso Internacional de Estudios Galdosianos. 2005. Cabildo Insular de Gran Canaria. págs. 420-427

[939] Del honrado Don Blas de Codoñera se dice, al despedir a Don Beltrán de Urdaneta en su incierto viaje: *"Las señoras lo encomendaron a Dios, y lo mismo hizo don Blas, pues su aborrecimiento de lo levítico no le quita el ser buen cristiano."* (PÉREZ GALDÓS, BENITO, *La campaña del Maestrazgo*, o.c., pág. 47)

se produce en un momento cumbre de la producción galdosiana e influye sin duda en ella. [940]

En cuanto a los excesos anticlericales de que es testigo, el escritor se siente horrorizado, por ejemplo, ante el linchamiento del cura Vinuesa (1821) y ante la matanza de jesuitas en Madrid (1834), ambos hechos protagonizados por una masa de pueblo irracional y cruel; y se encarga de denunciar en sendos Episodios la calumnia y la absoluta sinrazón que conducen a tales asesinatos de religiosos. [941]

Del mismo modo se expresa en la tremenda descripción que hace del acto de degradación sacerdotal del cura regicida Martín Merino, al que compadece. Como era de esperar, este sacerdote terrorista no recibe elogio alguno del autor, más bien al contrario. Si hay algún atisbo de anticlericalismo en la obra puede ser sólo el exceso narrativo y el describir la terrible actuación ritual del obispo de Málaga y sus acompañantes; ceremonia que asusta a la narradora de esas páginas, Maria Ignacia, y que posiblemente sobrecogería a cualquier espectador. [942]

---

[940] Ver a este respecto: RICARD, ROBERT, *El asesinato del obispo Martínez Izquierdo y el clero madrileño en la época de Galdós* (Anales Galdosianos. Año I. 1966. Pág.125-129) y BOO, MATILDE B., *La perspectiva de Galdós en el asesinato del obispo Martínez Izquierdo* (Anales Galdosianos. Año XII. 1977. Págs. 141-146).
[941] El sacerdote Matías Vinuesa, llamado "el cura de Tamajón", luchó en la Guerra de la Independencia y fue considerado como verdadero héroe, recibiendo honores de Fernando VII. Monárquico absolutista, preparó durante el bienio liberal una conspiración anticonstitucional para devolver a Fernando el poder absoluto. Descubierto, fue apresado y condenado a diez años. Solivientado el pueblo de Madrid en su contra, se asaltó la prisión y fue atrozmente asesinado, siendo culpables de los hechos varios oficiales fransmasones de la Milicia Nacional. Galdós narra y condena este hecho en los Episodios Nacionales n. 15 *Siete de julio* y n. 14 *El Grande Oriente*.
La matanza de jesuitas y de frailes en Madrid, en julio de 1834, durante la Regencia de María Cristina, constituyó el primer acto popular de grave violencia anticlerical. Con ocasión de la epidemia de cólera se propagó el infundio de que los religiosos habían envenenado las fuentes. Fueron asesinados 73 frailes y quemadas iglesias y conventos (entre ellos San Francisco el Grande). Galdós narra y condena horrorizado estos hechos en el Episodio Nacional n. 20 *Un faccioso más y algunos frailes menos*.
[942] El sacerdote Martín Merino atentó contra la reina Isabel II, hiriéndola con un puñal al salir ésta de la Iglesia madrileña de Atocha, el 2 de febrero de 1852. El hecho iba dirigido en realidad contra la situación del gobierno de Narváez a quien la reina parecía amparar. Merino fue apresado y condenado a muerte en juicio sumarísimo, siendo antes degradado de la condición sacerdotal. Galdós describe minuciosamente este acto en el Episodio *La revolución de julio*, o.c., págs. 17 a 24.

Cuando estrena el drama *Casandra* parece, sin embargo, banalizar un poco la gravedad de unos hechos de violencia antieclesiástica: los que se refieren a la quema de iglesias y conventos en la Semana Trágica de Barcelona.[943] Probablemente esta obra de teatro, estrenada poco después de 1909, con el clima de aquellos sucesos aún como trasfondo, es la de mayor calado antieclesiástico de la escena galdosiana. La figura de la coprotagonista, Doña Juana, representa la tremenda alianza de la injusticia y el poder tiránico con la devoción y la manipulación religiosas. La Iglesia en aquel momento (en el proceso que condujo hacia aquella tragedia histórica) estuvo por lo menos al margen de la opresión ejercida por el Gobierno sobre el proletariado y el campesinado, incluso apoyándola; y esto es, sin duda, lo que subleva a Don Benito.[944]

La actitud más crítica respecto a lo eclesiástico se dirige, pues, sobre todo, al conjunto de la Iglesia católica establecida en la sociedad española. Una iglesia en la que ciertamente el clero –mantenedor del antiguo régimen– actúa de animador y aglutinante de la postura conservadora en todos los aspectos de la vida, pero su fuerza operativa radica en el poder aliado de la burguesía y de los estamentos de la política absolutista. En este sentido habría que considerar radicalmente anticlericales en sí mismas obras como *La Fontana de Oro, El Audaz, Doña Perfecta, Gloria, Electra y Casandra, toda la segunda serie de Episodios, etc.*, donde, precisamente, las figuras eclesiásticas apenas aparecen o no alcanzan un relieve especial; y los máximos exponentes de la degradación eclesiástica –rechazados por el autor– son tipos como Doña Juana (*Casandra*), Doña Perfecta, los Lantigua (*Gloria*), Pantoja (*Electra*), las Porreño (*La Fontana de Oro*), Gil de Barahona, Fernando Navarro, María Sudre (*La familia de León Roch*), etc. etc.

---

[943] El levantamiento de sindicalistas y del pueblo en general en Barcelona (a finales de julio de 1909) se produjo, en primer lugar, contra el gobierno de Maura (siendo el detonante del mismo la llamada de reservistas para incrementar las tropas de África para una guerra que la historia juzga como absurda). Derivó pronto hacia una violencia contra la Iglesia, acusada de connivencia con el gobierno, produciéndose el incendio de 12 templos parroquiales y 52 conventos y la profanación de cementerios. (Ver, entre otros libros, FRAGOSO DEL TORO, VICTOR, *La España de ayer*. Editora Nacional. Madrid 1967

[944] A este propósito puede verse el breve estudio que hace ORTIZ ARMENGOL, PEDRO en su libro *Vida de Galdós*, Crítica. Barcelona 1996, pág. 686 en donde cita un breve comentario de Galdós que nos parece fuera de tono.

Otro dato a tener en cuenta (al revisar la acusación de anticlerical a Galdós) es la postura de nuestro autor ante la masonería española. Es sabido que esta asociación más o menos secreta en la España del XIX, de gran alcance en todas las instituciones del poder fáctico social, desarrolló una crítica implacable de la Iglesia y del mundo eclesiástico; de tal forma que la pertenencia a la misma significaba, además de poseer una ideología teóricamente liberal, el mostrar una actitud anticlerical.

Pues bien, resulta que cada vez que surge el tema de la masonería, Don Benito se muestra reticente respecto al valor real y a la positiva influencia de ese espíritu masónico antirreligioso sobre sus miembros más notables y, en general, sobre los parámetros de la revolución liberal. Más aún, al menos en dos de sus obras no pierde ocasión de ridiculizar la palabra y la liturgia de las logias, y hace que el personaje central y admirado de la serie segunda de Episodios, Salvador Monsalud, las abandone (*El Grande Oriente*)[945]; siendo aún más duro al describir el funeral masónico de Prim, justo el día en que Amadeo I entra en la capital.[946]

2ª Sobre el origen de la imagen anticlerical de Galdós en sus obras.

Supuestas las anteriores consideraciones, nos preguntamos: ¿cómo puede entenderse el fuerte desarrollo de la imagen de anticlerical que se vierte sobre la obra de Don Benito, especialmente a partir de 1880 (y que mantiene con gusto el régimen franquista del siglo XX)?

Evidentemente hay una primera explicación efectiva en muchos casos: gran parte de los detractores del escritor no han leído su producción entera ni se han acercado de primera mano a su pensamiento. Pero esto no aclara la idea común de liberales y de conservadores al respecto.

---

[945] Ver PÉREZ GALDÓS, BENITO, todo el Episodio *El Grande Oriente*. En esta obra el autor describe con ironía los tipos, los discursos y los pormenores de las reuniones (las *tenidas*) de diversas logias o sociedades secretas afines, tales como "Los Hermanos Sublimes Perfectos", "La Cámara de Perfección", "Los Comuneros de la Plaza de Armas", "La Cruz de Malta", etc. A título de ejemplo podría leerse el capítulo XVIII de la misma.

[946] Ver PÉREZ GALDÓS, BENITO, el Episodio *La España trágica* en donde se narra el asesinato del general Prim, jefe de gobierno, la llegada a Madrid de Amadeo I de Saboya y el funeral de Prim. Sobre la visión galdosiana de la masonería española: LETEMENDIA, EMILY, *Galdós y los masones* (Anales Galdosianos. Año XX. 1985. Universidad de Texas – Austin – Cabildo de Gran Canaria. Págs. 145-148); así mismo: FERRER BENIMELI, JOSÉ A., *La masonería en los Episodios Nacionles de Pérez Galdós*. (Fundción Universitaria Española. Madrid 1982)

Nos parece que María Pilar García Pinacho acierta de lleno al situar la razón que buscamos en la agitada prensa de finales del XIX y principios del XX. Su estudio excelentemente documentado nos parece decisivo para iluminar esta cuestión. [947] Según esta autora fue la prensa española de la época, tanto la progresista y liberal como la conservadora y neocatólica, quien originó y acuño el atributo anticlerical para Don Benito.

Desde las primeras novelas, los periódicos madrileños celebraron el advenimiento de un escritor liberal, con el ingrediente implícito de crítica del clero que ese calificativo conllevaba. Poco a poco la mayor parte de la prensa lo apoyó incondicionalmente, no sólo por la sintonía ideológica sino porque se prodigó como artitulista en todos ellos (en *El Liberal, La Nación, Las Cortes, Las Novedades, El Correo de España, La América, La Guirnalda, Revista de España, La Ilustración de Madrid, La Iberia, El Imparcial, El Día de Barcelona, La Prensa de Buenos Aires...*) [948]

El punto de inflexión máxima en la atribución del carácter anticlerical de nuestro autor pudo ser la publicación de su artículo *La España de hoy* en *El heraldo de Madrid* (04/09/1901); así mismo, el debate (1888-1889) con ocasión de la candidatura del escritor para ocupar un sillon en la RAEL y, en fin, el estreno de *Electra* en 1901. A partir de esas fechas la imagen estaba perfectamente servida. A ello contribuía la apasionada polémica (desde los últimos años de la década de los 80) entre *El Liberal* (secundado por *El País* y *El Imparcial*), defendiendo al canario en cuanto literato universal y español de primerísima línea, y, en contra, *El Siglo Futuro,* periódico que denigró todo lo que pudo y más a Don Benito, unas veces ignorándolo (cuando todos se hacían eco de sus obras y sus estrenos) y otras presentándolo no sólo como anticlerical sino como anticatólico.

Bien es verdad que éste manifestó en público y en correspondencia privada una visión dolorida, airada y crítica de la situación del clero y de su influencia negativa en la marcha de la sociedad. Pero su postura ideológica y emotiva, de talante absolutamente constructivo, acerca de tema de tanta importancia, queda del todo clara y explícita en una carta notable a José María Pereda:

"Si en España existiera la libertad de cultos (libertad religiosa), *se levantaría a prodigiosa altura el catolicismo, se depuraría la nación del*

---

[947] Ver GARCÍA PINACHO, PILAR, *La construcción de la imagen anticlerical de Galdós en la prensa.* (Universidad San Pablo CEU. Madrid)
[948] Ver MORA GARCÍA, JOSÉ LUIS, *Galdós articulista,* Universidad Autónoma de Madrid. En la red: (http://www.ensayistas.org/filosofos/spain/galdos/mora4.htm)

fanatismo y ganaría muchísimo la moral pública y las costumbres privadas, seríamos más religiosos, más creyentes, veríamos a Dios con más claridad, seríamos menos canallas, menos perdidos de lo que somos." [949]

Sin duda las manifestaciones de Marcelino Menéndez y Pelayo (con quien, sin embargo, Galdós mantuvo una relación cordial) sirvieron también de gran apoyo a quienes negaban el catolicismo del escritor. Pero tenemos la impresión de que el autor de la *Historia de los heterodoxos españoles* no llegó a intuir el alma de Don Benito en este asunto de la fe y de la visión eclesial (como sí lo hicieron, en cambio, Leopoldo Alas y José María Pereda).

Concluyendo estas observaciones, habría que señalar que Don Benito (a semejanza de Quevedo y de Cervantes) era –es- un reformista nato e integral; significa una continua protesta contra todos los desafueros estructurales que propiciaban el deterioro humano, vinieran estos de donde viniesen, y ello desde una profunda y justa inquietud cristiana. Por tanto, que no cabe aplicar a su creación literaria el adjetivo de anticlerical; que, en cualquier caso, el autor sentía y se mostraba "anti todo" aquello que mereciera ser denunciado. En consecuencia, también contra los sacerdotes que destrozaban ese ministerio cristiano y la imagen de la Iglesia. [950]

2. La realidad sacramental cristiana y su pastoral en la obra de Galdós.

Como era de suponer, Galdós aborda a lo largo de su creación literaria las vivencias sacramentales de los personajes, cuya inmensa mayoría es de confesión cristiana católica. De forma acertada o desacertada (desde el punto de vista teológico) la fe de estas personas se expresa en determinados momentos con una práctica sacramental que muestra sus convicciones al respecto. En esa narrativa (más que en el teatro), al relatar el modo de vivir

---

[949] Citada por BRAVO VILLASANTE, CARMEN, *Veintiocho cartas de Galdós a Pereda."* (En Cuadernos Hispanoamericanos, 250-252. 1970-1971, págs. 9-51
[950] IGNACIO ELIZALDE en su estudio antes citado establece esta conclusión: *"Después de este estudio, podemos afirmar que no todos sus clérigos son indeseables llenos de defectos. La mayoría de los curas galdosianos son de signo positivo, sobre todo los de su segunda época."* (o.c., pág. 287). Nos parece un tanto excesiva la afirmación; y, en general, a nuestro juicio, el meritorio trabajo de este autor peca de algo incompleto y desorganizado.

los sacramentos principales, el autor proyecta una determinada visión, es decir, implícitamente al menos, revela su propio pensamiento.

El tratamiento detenido de esta temática no es demasiado abundante; quizás porque en el retrato de vidas y caracteres tampoco es ésa la experiencia interior más honda. No obstante, la práctica sacramental sí era frecuente en la espiritualidad común del catolicismo español del XIX. Lo que ocurre es que, aunque fuera incluso cotidiana en muchos casos, su vivencia parecía más bien rutinaria, costumbrista y fragmentada ("Misa sin comunión", por ejemplo). Se vivía una fuerte contradicción: el sometimiento al clima religioso de connotación cristiana impuesto desde la confesión católica y, a la vez, la adhesión a atavismos sacros compensatorios de la frágil psicología, con poco carácter creyente. Las dos condiciones privaban de la suficiente hondura a la práctica sacramental.

A pesar de esta salvedad, encontramos en la novelística galdosiana suficientes descripciones y análisis de los sacramentos de la Eucaristía, del Perdón y del Matrimonio; con textos que nos permiten esbozar una pequeña teología sacramental cristiana dentro de la visión del cristianismo que vertebra su producción literaria.

1. El sacramento de la Eucaristía en la obra de Galdós.

El pensamiento sobre la Eucaristía lo hallamos especialmente en las novelas de tesis y espiritualidad. Éstas son las que presentan mayor altura y complejidad de vivencias humanas y particularmente religiosas.

En general, la referencia galdosiana eucarística es un cuadro con dos planos superpuestos muy distintos. Un plano de conjunto, más bien alejado, que retrata la perspectiva rutinaria de las abundantes misas y oficios de culto que se celebran en las numerosas iglesias frecuentadas por los personajes; celebraciones deterioradas muchas veces por los asistentes y por los mismos celebrantes. Otro plano escaso, más cercano y detallado, que revela vivencias hondas del misterio eucarístico por parte de algunos personajes.

Expresión significativa del primer plano podría ser la narración de la práctica religiosa de adoración del Santísimo expuesto en la custodia. Se describe este ejercicio eucarístico en varias ocasiones. Por ejemplo, en la primera parte de *Fortunata y Jacinta*, en donde se narran magistralmente dos experiencias distintas en la relación con la Eucaristía: la de Fortunata y la de Mauricia la Dura, las dos mujeres recluidas en el convento de "recogidas" de Madrid llamado popularmente Las Micaelas. Fortunata encuentra cierta paz espiritual en ese acto, aunque su atención se distrae con la joya, y siente más bien que Dios le recrimina sus amores; en cambio, la imaginación exaltada de Mauricia alarma a monjas y compañeras porque ésta cree haber tenido una aparición de la Virgen que reclama a su Hijo encerrado en la custodia, y ha decidido -en sueños- liberarlo subiéndose al altar. Ambos casos tienen algo de esperpéntico y muestran una visión de la Eucaristía cosificada y deforme. Al narrarlos detenidamente Galdós parece acentuar este juicio crítico.[951]

El autor participa simplemente de la idea común que tiene el liberalismo cristiano sobre las devociones eucarísticas populares. Es la creencia que manifiesta Buenaventura Lantigua en la página ya citada anteriormente: *"Creo que muchas cosas establecidas por la iglesia, lejos de acrecentar la fe, la disminuyen, y que en todas las religiones, y principalmente en la nuestra, sobran reglas, disposiciones, prácticas. Creo que los cultos subsistirán mejor si volvieran a la sencillez primitiva."* [952]

Al seleccionar, pues, y estudiar los textos eucarísticos galdosianos nos vamos a centrar en aquellos que revelan un nivel más hondo del pensamiento sacramental.

La Eucaristía, encuentro personal con Dios, memoria viva de la entrega de Jesús.

La vivencia eucarística tiene para Galdós una alta consideración religiosa y humana como expresión más tangible y serena de la entrega de Jesús a los hombres y a Dios Padre; por consiguiente, como acto de amor supremo que supone –en quienes se aproximan a ella- una actitud semejante de comunión. Nunca se reduce al simple cumplimiento moral de un rito religioso externo. Tal vivencia reclama una notable interioridad y una libertad personal; de forma que el creyente se adentra en ella desde sí mismo, desde el deseo íntimo de encuentro con Dios y de salvación, incluso transcendiendo el ritual litúrgico cuando no hay posibilidad de acceder a él. Y en este sentido podríamos pensar que se aproxima –sin saberlo- al modo como Pierre Teilhard de Chardin –científico incuestionable, teólogo, poeta, místico- celebra la "Misa sobre el Mundo" en las soledades del inmenso

---

[951] V. PÉREZ GALDÓS, BENITO, *Fortunata y Jacinta. Vol. I*: la experiencia de Fortunata en las págs. 634-635; la de Mauricia, en las págs. 641-647
[952] PÉREZ GALDÓS, BENITO, *Gloria*, o.c., pág. 307

desierto de Gobi, cuando se halla imposibilitado de tener a su alcance la materia física del pan y del vino. [953]

Dos pasajes admirables manifiestan la sintonía que Galdós tiene con ese planteamiento interior y transcendente de la Eucaristía.

En el Episodio Nacional *La revolución de julio* Mita, pobre y desamparada, cuenta a Pepe Fajardo lo que le ha ocurrido mientras iba hacia el pueblo en busca de ayuda para su marido enfermo Ley:

"Calculé que si me llegaba hasta el primer campanario, se me iría toda la mañana; y estando en estos cálculos del tiempo y la distancia, tuve una inspiración, Pepe,...; tuve la idea de oir mi misa en el mismo cerro en donde me hallaba. Me arrodillé, mirando al campanario, y rodeada del sol y el viento, con tanto mundo de campiñas y montes delante de mis ojos, le dije al Señor y a la Virgen todo lo que se me ocurría, que no fue poco. Y cosas muy sentidas y de mucha religión se me vinieron al pensamiento, y del pensamiento a la boca, puedes creérmelo... De rodillas estuve un largo rato, y al concluir mi misa pensaba que por allí cerca encontraría el socorro que necesitaba para Ley. Yo había visto dos casitas. Las volví a mirar; eran blancas, y sus chimeneas echaban humo. Bien pudiera ser que en ellas vivieran almas caritativas." [954]

Mita es uno de los personajes claros y queridos del autor. El texto sigue narrando la generosa ayuda de aquellos lugareños. La sencilla y honda vivencia eucarística se abre paso a través de un contexto de elementos simbólicos de carácter cósmico y humano (con los que ciertamente se desenvuelve la Cena del Señor) y de comunión honda con la divinidad. Es obvio que el autor no espera desarrollar aquí teología alguna, y menos de signo alternativo a la práctica ritual, pero también es evidente que el candor, el clima interior y la fe explícita y espontanea de la protagonista aproximan al misterio de la Eucaristía.

Nazarín sí se convierte –para Galdós- es un testigo excepcional del dramatismo casi místico con que el creyente debiera entrar en el Misterio

---

[953] Un texto de referencia inmediata, expresivo del pensamiento de PIERRE TEILHARD DE CHARDIN, podría ser éste: *Ya que, una vez más, Señor, ahora ya no en los bosques deAisne, sino en las estepas de Asia, no tengo ni pan ni vino, ni altar, me elevaré por encima de los símbolos hasta la pura majestad de lo Real, y te ofreceré, yo, tu sacerdote, sobre el altar de la Tierra entera, el trabajo y el dolor del mundo... Mi cáliz y mi patena son las profundidades de un almaampliamente abierta a todas las fuerzas que, en un instante, van a elevarse desde todos los puntos del globo y a converfer hacia el espíritu."* (Himno del Universo. La Misa sobre el mundo. Taurus. Madrid. 1971. Pág. 17)
[954] PÉREZ GALDÓS, BENITO, *La revolución de julio*, o.c. pág. 77

eucarístico, vinculando su propia vida a la entrega única de Jesús en las horas supremas de la Pasión y Muerte; también más allá de las posibilidades de una celebración sosegada y completa. Este personaje se nos muestra apasionado de la Eucaristía, situada ésta como culmen de un tremendo camino con la cruz a cuestas, acompañado –como Jesús- de unas mujeres públicas, ya convertidas, y de una cuerda de procesados. De forma directa y expresa escribe el narrador:

"Un ardiente anhelo de decir misa y de ponerse en comunicación con la Suprema Verdad le llenó toda el alma, y lo mismo fue sentirlo que verse revestido delante del altar, un altar purísimo, que no parecía tocado de manos de hombres. Celebró con inmensa piedad, y cuando tomaba en sus manos la Hostia, el divino Jesús le dijo: 'Hijo mío, aún vives. Estás en mi santo hospital padeciendo por mí... Algo has hecho por mí. No estés descontento. Yo sé que has de hacer mucho más." [955]

Con estas palabras termina la obra. El sueño de Nazarín, entre la vida y la muerte, queda abierto. ¿No se acerca esta vivencia a lo que pudiera constituir siempre la celebración real de la Eucaristía?

La visión del sacramento en cuanto comida fraterna que rememora o actualiza la Última Cena de Jesús apenas existe en la obra galdosiana. Quizás porque era una perspectiva poco presente en la espiritualidad católica del siglo XIX. Podría entreverse tal dimensión eucarística –como ya lo señalamos- en la narración de la extraordinaria cena que tiene lugar en la aldea de Boñices (*El caballero encantado*); una comida, humilde, cálida, de gran sensibilidad con el mundo y la historia, impregnada de Palabra y abierta a todos, como un alto en el camino iniciático que prosigue el joven Tarsis, asistiendo a ella todos los campesinos pobres, el sacerdote y el maestro del pueblo, y la historia misma de España encarnada en la figura de la Madre. Pero ésta es, sin duda, una interpretación demasiado subjetiva.

El esplendor de la liturgia eucarística. Adoración.

Pocas veces hace referencia el autor a celebraciones valiosas de tipo litúrgico. Más bien predominan las críticas por el mal hacer de las iglesias o de los celebrantes como veremos enseguida. No obstante, se nos ofrecen suficientes datos para poder descubrir en él un deseo de que la liturgia

---
[955] PÉREZ GALDÓS, BENITO, *Nazarín*, o.c., pág. 247

cristiana recupere en la Eucaristía el valor perdido y el sentido de la estética descrito por Fray Luis de León en la *Oda al ciego Salinas*.

En *Gloria*, después de manifestarnos la profundísima crisis espiritual de la joven (por la impuesta e insalvable ruptura con Daniel), se nos dice que ésta accede a asistir a los Oficios de Semana Santa en la iglesia del pueblo. Allí, a pesar de su estado, entra en la interioridad de la celebración, se concentra en la liturgia, hasta el punto de no observar el desprecio de que es objeto por parte de los asistentes, y, al compás de los oficios, serena su alma. El autor, entonces, aparca el drama y aprovecha la ocasión para hacer este manifiesto personal sobre la verdadera solemnidad eucarística:

"Las ceremonias con que la Iglesia conmemora en Semana Santa el extraordinario enigma de la redención, son de admirable belleza. Si bajo otro aspecto no fueran dignas de excitar el entusiasmo cristiano, seríanlo por su importancia en el orden estético. Su sencilla grandeza ha de cautivar la fantasía del más incrédulo. Y comprendiéndolas bien, penetrándose de su patético sentido, es por lo menos frivolidad mofarse de ellas. Quédese esto para los que van a la iglesia como al teatro, que son, en realidad de verdad, porción no pequeña de los católicos más católicos a su modo, con falaz creencia de los labios, de rutinario entendimiento y corazón vacío." [956]

El texto continúa analizando las causas del deterioro de la liturgia, mostrando así el vivo interés de Don Benito por ella.

De parecido tenor es la experiencia que se atribuye a Ángel Guerra, ya convertido y bien integrado en el clima orante de la catedral de Toledo:

"Por la mañana no perdía nunca la misa conventual, tan hermosa, tan solemne, en aquel Presbiterio que parece la expresión más poéticamente sensible de todo el dogmatismo cristiano. Y mañana y tarde, las horas de Prima, Tercia y Nona en el Coro le producían arrobamiento y emociones deliciosas, siguiendo en su libro las letras de las antífonas y salmos..." [957]

El personaje –ex militar, revolucionario, aventurero, rico, enamoradizo– no era precisamente un tipo predispuesto a las emociones religiosas ni practicante de ellas; al crear la novela ese proceso de conversión nos da también la impresión de ser el escritor quien habla de sí mismo, al menos en gran medida.

---

[956] PÉREZ GALDÓS, BENITO, *Gloria*, o.c., pág. 266
[957] PÉREZ GALDÓS, BENITO, *Ángel Guerra*, vol. II, o.c. pág. 382

La novela describe detenidamente las vivencias del protagonista al participar en la celebración solemne de la Eucaristía. Y éstas alcanzan su nivel más elevado en la liturgia de la Misa Crismal del Jueves Santo (que parece confundir en algún momento con el inicio de la procesión del Corpus).

"El acto resultaba lento, teatral, deslumbrador. Pero como grandiosidad patética, nada podía compararse a la procesión, con el incomparable himno 'Pange lingua'. Allí se sintió Ángel en la plenitud de su vocación eclesiástica, se reconoció definitivamente admitido en el apostolado de Cristo, y digno de que a sus manos descendiera el cuerpo vivo del Redentor. Desprendido ya de las últimas costras, de la materialidad terrestre, era todo espíritu, todo amor a Dios Omnipotente y a su hechura la mísera humanidad redimida. Al concluir la ceremonia, delante del Monumento alumbrado con millares de luces, y que fulguraba en el fondo de la nave oscura, entre terciopelos de color de sangre cuajada, hallábase como suspenso, respirando en esferas y regiones muy distintas de las humanas." [958]

El texto, no exento de cierta crítica a la religiosidad popular y a la exaltación del protagonista, expresa una notable valoración del hecho eucarístico.

Parece indudable que Galdós conoce y estima la dinámica más bella de la celebración litúrgica, incluido el canto coral del Oficio de las Horas y los grandes oficios de la Semana Santa realizados a la perfección. A finales del siglo XIX era impensable hablar de una reforma de la liturgia en uso; por ello resulta aún más notorio el hecho de que el escritor reclame para las celebraciones de la iglesia la sencillez y sobriedad conjugadas con la verdadera estética que acompaña a la dinámica interna de la liturgia cristiana.

Valor de la Comunión y del Viático.

Desde siglos tempranos la vivencia eucarística en el pueblo cristiano (y en la teología) experimentó una serie de trasposiciones conceptuales y prácticas respecto a la Iglesia primitiva y a los Santos Padres. La reunión y comida fraternas de la Cena del Señor se convirtió en rito y objeto sacros. El culto y veneración de la sagrada Forma empezó a constituir el eje de esa vivencia.

---

[958] PÉREZ GALDÓS, BENITO, idem. pág. 547

En la espiritualidad eucarística se situó, como centro de la misma, el acto primordial de comulgar la Hostia consagrada (o, en su lugar, adorarla); esto, de forma periódica (más que frecuente) y, en particular, antes de morir, al modo de Viático y de preparación estimadísima para esa hora amarga. Como es obvio, esta práctica venía revestida de notable importancia por los familiares y por el pueblo en general, no sin una fe profunda.

Pues bien, la narrativa galdosiana se hace eco de todo ese pensamiento, dándolo por supuesto en bastantes escenas y describiéndolo con detenimiento en muchas páginas. En ese momento el texto (el narrador) adopta una actitud de hondo respeto y de emoción. El comentarista profesor Ruiz Ramón (repetidas veces citado) expresa esta idea con acierto: *"En todos los pasajes donde Galdós cuenta la llegada de los Santos Sacramentos a las moradas de un agonizante –y son muchos estos pasajes- hay siempre en su pluma un respeto y una emoción que no son sólo profanos, sino sustantivamente religiosos."* [959]

Entre las páginas más patéticas y explícitas están, por una parte, las que narran la llegada del Viático a casa de Ángel Guerra, moribundo, y, por otra, las que reseñan la negación de la Comunión al anciano Patricio Sarmiento a punto de ser ajusticiado. La primera constituye el final de la extensa novela: *"Los fieles de Turleque, que acompañaban el Viático, prorrumpieron en llanto al saber que habían llegado tarde. Mancebo apenas podía tenerse en pie..."*; uno de los asistentes, al salir a la calle, da la triste noticia a Lucía, pobre ciega que aguardaba allí: *"-Lucía, hemos perdido a nuestro divino señor* (por Ángel)*"*, y ésta le responde: *"Lo sabía. Poco antes de llegar el Señor* (el Viático) *vi que el amo se transportaba. Se encontraron un poquito más allá de la puerta, y juntos se subieron. Recemos, por él no, por nosotros."* [960] Con estas líneas (y su referencia a la Eucaristía) finaliza la admirable epopeya religiosa de *Ángel Guerra*.

Hermosa es también la descripción del clima que introduce la llegada del Viático a la enferma Mauricia, coprotagonista de *Fortunata y Jacinta*, verdadera heroína popular que acompaña al drama de Fortunata:

"Llegó el momento hermoso y solemne. Oíase desde arriba el rumor popular; y luego, en el seno de aquel silencio que cayó súbitamente sobre la casa como una nube, la campanilla vibrante marcó el paso de la Comitiva del Sacramento. El altar estaba hecho un ascua de oro con tantísima luz,

---

[959] RUIZ RAMÓN, FRANCISCO, *Tres personajes galdosianos...* o.c., pág. 213. Nota 75
[960] PÉREZ GALDÓS, BENITO, *Ángel Guerra*, vol. II, o.c., pág. 651

que reflejaba en el talco de las flores. Había sido entornada la ventana, y todos de rodillas esperaban... Arrodillóse ante el altar, y allí estuvo rezando un ratito. Mauricia estaba en aquel instante blanca, diáfana, y sus ojos entornados y como sin vida miraban al sacerdote y lo que entre sus manos traía... El cura dijo: Corpus Domini Nostri." [961]

La realidad honda de lo que significa la comunión del Cuerpo del Señor en esos momentos la expresan acertadamente –y con la llaneza y metáforas propias del argot marinero- los dos viejos marinos José Binondo (que está moribundo) y su amigo Diego Ansúrez. *"Ya mis algibes están llenos del agua limpia de la verdad..., y para esto se vaciaron del agua corrompida de la mentira"* –dice Binondo-; y Ansúrez añade: *"-Ya sé, ya sé...Estás en franquía para vida mejor,... ya has comulgado, ya tienes el práctico a bordo."* [962]

Es decir, Galdós trata siempre con una gran veneración, incluso con cariño, ese traslado emotivo de la Hostia consagrada hasta la cama del enfermo para que éste la comulgue y muera en la paz de Dios.

En contexto muy diferente, cuando va a narrar la ejecución del anciano Patricio Sarmiento, dentro de la dramática descripción que ya conocemos, este personaje –tan querido para el escritor- expresa su deseo vehemente de recibir la Comunión: *"He deseado ardientemente recibir la Eucaristía, y si no la recibí ha sido porque no han querido dármela"*. [963] Efectivamente, ésta le es negada por los sacerdotes que lo asisten (preocupados tan sólo de que haga una correcta confesión):

---

[961] PÉREZ GALDÓS, BENITO, *Fortunata y Jacinta*, Vol. II. O.c., pág. 188-189   Otra descripción bella es la recepción del Viático por Teresa Villaescusa, que aparece en el Episodio Nacional *Prim*, (PÉREZ GALDÓS, BENITO, o.c., pág. 72); o por Francisco Torquemada: *"La entrada del Viático produjo en todo cuanto contenía quella cavidad de aquell morada de príncipes, en todo absolutamente, personas y cosas, rte y humanidad, una emoción profunda. Al penetrar la majestad Divina en la alcoba, la emoción total fue más intensa. Al recibir a Dios, Don Francisco Torquemada, marqués de San Eloy, parecía otro. No era el mismo de antes."* (PÉREZ GALDÓS, BENITO, *Torquemada y San Pedro*, o.c., pág. 643).
[962] PÉREZ GALDÓS, BENITO, *La vuelta al mundo en La Numancia*, o.c., pág. 76   En el Episodio *Montes de Oca*, narrando la muerte de Rafaela, la mujer amada por Santiago Íbero, se dive que *"Se le administraron los Santos Sacramentos en primeros de mayo...y en el acto del Viático edificó a todos por su piedad"*. (PÉREZ GALDÓS, BENITO, o.c. pág. 149)
[963] PÉREZ GALDÓS, BENITO, *El terror de 1824*, o.c., pág. 220

"Ahora, Padre Alelí -dice Don Patricio-, espero que no tendrá vuestra paternidad reverendísima inconveniente alguno en darme el Pan Eucarístico. Bien se ve que puedo recibir a Dios dentro de mí. Estoy puro de toda mancha: soy como los ángeles". A lo que el fraile responde: *"No podemos dar a usted la Eucaristía, desgraciado hermano."* [964]

El texto tiene una dureza crítica tremenda; viene a ser, a la vez, una confesión de fe en el valor transcendente de la Comunión y un grito de denuncia de la terrible intransigencia sacramental que muestran esos clérigos.

Parecida situación es la que acompaña al inicuo ajusticiamiento de Doña María Griñó, anciana madre del general carlista Ramón Cabrera (*"Confesada, mas no comulgada, pues para esto no le dimos tiempo."*). [965]

Crítica de los deterioros en la celebración de la Eucaristía.

Es frecuente que el pensamiento eucarístico de Galdós se revele con mayor desarrollo (e incluso contundencia) de forma indirecta; denunciando y criticando actitudes y comportamientos que pervierten valores humanos y cristianos inherentes a la realización de la Eucaristía; entre otros: el valor de la justicia, de la libertad, de la fraternidad, de la fe y la relación con el Dios cristiano... De este modo se aclara y realza, al mismo tiempo, la visión positiva que el autor tiene de esos valores.

A propósito de la celebración eucarística se describen, pues, y condenan usos y comportamientos de los actores de la misma que dañan la entidad de este misterio de amor y de gracia. En concreto:

La más grave perversión de la Eucaristía es denunciada aludiendo a las misas que se realizan en los locales de la policía gubernamental, que sirven a la vez de lugar de represión y de juicio sumarísimo de quienes son condenados por liberales. Ese culto en el que se invoca al Espíritu Santo para que avale las sentencias injustas tiene un carácter absolutamente sacrílego y manipulador.[966] El mismo carácter de profanación terrible de la Eucaristía es

---

[964] PÉREZ GALDÓS, BENITO, *El terror de 1824*, o.c., pág. 216
[965] V. PÉREZ GALDÓS, BENITO, *La campaña del Maestrazgo*, o.c. págs. 52 y ss. La narración responde al hecho histórico del que fue responsable el gobernador militar, Gaspar Blanco, que no concedió el indulto a pesar de las muchas peticiones que recibió en ese sentido.
[966] *"Todas las mañanas, antes de reunirse, ponían una misa llamada de Espíritu Santo, sin duda porque era celebrada con la irreverente pretensión de que bajara a iluminarles la Tercera Persona de la Santísima trinidad. Por eso deliberaban tranquila, rápidamente*

el que se atribuye a la celebración de la misa que realiza el despótico y sensual arcipreste Don Juanondón que, además, obliga a asistir a ese acto a Donata, la joven que él tiene esclavizada y a todas las mujeres de su harén disimulado.[967]

Queda patente que vincular la Eucaristía a la injusticia (del tipo que ésta sea) es uno de los más graves atentados contra ese Misterio de Amor. En *El abuelo* se vuelve a denunciar una situación parecida a propósito de la propuesta religiosa que se hace al Conde de Albrit. Este noble ha sido encerrado a la fuerza y con engaño en un monasterio por instigación de su nuera (a la que el Monasterio debe favores); es decir, ha sido privado de libertad, acusado de locura por su carácter independiente y libre, y esto con la complicidad de todos. El Prior quiere paliar el atropello ofreciéndole el pacífico clima religioso monástico, pero el caballero reacciona enérgicamente contra esa falacia:

"No me hable usted de Religión, aquí no la quiero. ¡Aquí donde tendría que oir las misas que dice usted con ese cáliz! Del cáliz nada tengo que decir, porque está consagrado... ¡Qué culpa tiene el pobre cáliz! Pero la misa..., usted..., ese tal! No, no quiero estar preso. ¿Quién es esa para encerrarme a mí? ¡Y el Prior de Zaratán es su cómplice; el Prior de Zaratán dice misa en su cáliz. El Prior de Zaratán se presta a ser mi carcelero... para que yo no descubra la verdad odiosa!." [968]

Desde otro punto de vista Galdós advierte el grave y pecaminoso error que supondría para un sacerdote compaginar su condición sagrada con una activa y apasionada militancia guerrera. Describe así la angustia que embarga al atormentado José Fago y que finalmente le impide celebrar (cuando acaba de capturar al enemigo un cañón que debe transportar al

---

y sin quebraderos de cabeza. Todos los días, al dar la orden de la plaza y distribuir las guardias y servicios de tropa,, el Capitan General designaba el sacerdote castrense que había de decir la misa de espíritu Santo. Esto era como la señal de ahorcar." (PÉREZ GALDÓS, BENITO, *El terror de 1824*, o.c. Pág. 192)

[967] Ver PÉREZ GALDÓS, BENITO, *Carlos VI en la Rápita*, capítulos XIX y XX, o.c., págs. 131 a 145

[968] PÉREZ GALDÓS, BENITO, *El abuelo*, o.c., pág. 178 La penosa relación entre celebraciones solemnizadas de la Eucaristía y la injusticia flagrante queda expresada así mismo en las reflexiones satíricas que hacen los espectadores del túmulo funerario de Doña Juana, en la novela *Casandra*: *"Ríos: ¡Vive Dios que me espanta esta grandeza!... ¡Sublime luto, imponente majestad de las cosas negras!; -Acuña: Considerable armazón de palo, relleno de billetes y de acciones del Banco y de títulos de la propiedad."* (Edición de Rueda, pág. 139)

cuartel general carlista). [969] Es admirable el análisis de la crisis interior que acompaña a este sacerdote ya conocido.

Otro deterioro frecuente y repetidas veces criticado respecto a la celebración de la Eucaristía es la suntuosidad tan opuesta a la Cena de Jesús y a la Fracción del Pan de las primitivas comunidades cristianas. Se denuncia con claridad el desafuero de multiplicar en ella el número de clérigos asistentes, la selección de altos cargos eclesiásticos que la realcen, la profusión de cantores, los banquetes adjuntos y los cuantiosos gastos que se derrochan con esta ocasión. Interesantísima es la crónica que hace de una de estas celebraciones la Marquesa de Suriñán, precisamente con motivo del funeral por una persona que después resultará no haber fallecido aún.[970]

En fin, también en tono de crítica, se recuerda que la Comunión tenía con frecuencia el aspecto de cumplimiento obligado de un rito, por Pascua de Resurrección o -muy conveniente y apremiado- en determinadas festividades mayores. *"Hija mía –dice Don Juan de Lantigua a su hija Gloria-, otros años has recibido a Dios el día de Santiago. ¿Hace mucho que no cumples el precepto?. –Desde Pascua –responde la joven palideciendo-"* [971] Esta indebida presión moral introduce en el texto a otra grave injerencia en las conciencias: el apremio de confesarse.

---

[969] El cura de Larza propone a Fago que celebre la misa para festejar la captura del cañón: *"Hablando, hablando, propuso a Fago que, para festejar dignamente la feliz llegada del cañón, dijese misa: y si al pronto el aragonés no rechazó la idea, luego sintió en su alma secreta repugnancia de celebrar: no se creía digno; no se encontraba en la disposición de conciencia que el acto requiere; y al suponerse revestido ante el altar, se le contraía el corazón y se le enfriaba toda la sangre... Provenía la tristeza de Fago de una repentina intranquilidad de su conciencia. Todo aquello que hacía, ¿no era contrario a la ley de Dios?"* (PÉREZ GALDÓS, BENITO, *Zumalacárregui*, o.c., págs. 90 y 91)

[970] Tras haber despotricado suficientemente del pretendido difunto continúa escribiendo así la Marquesa: *"Ayudados por nuestro buen amigo y capellán el párroco de esta villa, que deploraba no tener a su disposición todo el golpe de clerecía que para el caso era menester, expedimos propios a Tarazona y Calahorra solicitando la asistencia de los excelentes amigos de la casa en aquellas insignes diócesis, y gracias a esto hemos tenido la satisfacción de ver en nuestra parroquial de San Juan veintitantos señores canónigos, abades y racioneros, sin contar con los cantores y músicos que reunimos, agregando a los de aquí los de la colegial del Santo Sepulcro de Tarazona. Con tal concurso de señores sacerdotes ya puedes figurarte la magnificencia de las honras y la edificación y devociópn con que asistió todo el pueblo..."* Y sigue, más adelante: *"Rodrigo me ha dicho que sólo la traída de los cantores de Tarazona y el emolumento de los de aquí monta mil trescientos veintisiete reales... A este respecto, figúrate lo demás. He tenido que poner mesa para todos los señores dignidades, canónigos y racionesros..."* (PÉREZ GALDÓS, BENITO, *La estafeta romántica*, o.c., pág. 16 a 18)

[971] PÉREZ GALDÓS, BENITO, *Gloria*, o.c., pag. 163

Un asunto delicado – y todavía actual- en referencia a la Eucaristía es el del "encargo de Misas" con el pago y cobro consiguiente. Práctica que mejoraba la modesta economía de muchos presbíteros y que satisfacía inquietudes espirituales de solidaridad (o de endeudamiento) de bastantes cristianos respecto a sus difuntos o que podía ser el remedio esperado de necesidades.

Este uso secular no cabe duda de que se halla en la frontera del pecado de simonía (obtener bienes espirituales a cambio de dinero). Galdós aborda la cuestión sin entrar directamente en ella, pero dejando constancia de su extrañeza y del trato injusto discriminatorio que puede seguirse de la misma. Los ricos tienen acceso a este privilegio (hemos aludido a la fastuosidad bien pagada de la celebración que aparece en el Episodio *La estafeta romántica*.) Pero, supuesto que haya que aceptar el estipendio por Misas (en la obra galdosiana), lo que resulta injusto es que al pobre Nazarín muerto de hambre ninguna iglesia ni parroquia le dé estipendios y, en consecuencia, como todas las Misas se celebraban por intenciones pagadas, tampoco se le permita celebrar la Eucaristía en ninguna parte. Es interesantísima la narración de este hecho en en cap. 6 de la II^a parte de la novela; narración que omitimos por brevedad. [972]

Con independencia de los deterioros mencionados respecto al sacramento eucarístico, queda claro también –para Galdós- que el modo habitual de realizar la celebración del mismo en las iglesias deja mucho que desear. Tal vez el autor expresa sólo una intuición o una impresión (sin reflexión teológica añadida); pero, criticando tal uso y distanciándose del lenguaje popular tan equívoco, se aproxima a una idea mucho más justa del sentido y de la liturgia de la Eucaristía. En concreto, parece resultarle desagradable la expresión *oir misa*; y, sobre todo, le molesta el hecho de la sucesión ininterrumpida de misas en las iglesias (a veces montándose unas sobre otras en diversos altares). [973]

---

[972] PÉREZ GALDÓS, BENITO, *Nazarín*, O.c., pág. 76
[973] Entre otros textos, en la novela costumbrista (o, más bien, realista) *La desheredada* escribe, refiriéndose a la protagonista: *"Las campanas dijeron algo a Isidora y entró a oir misa en San Luis, en cuya escalerilla se estrujaba la gente. Dentro, las misas sucedían a las misas, y los fieles se dividían en tandas. Unos se marchaban cuando cuando otros caían de rodillas. Allí se persignaba una tanda entera, aquí se ponía en pie otra, y las campanuillas, anunciando los diversos actos del sacrificio, sonaban sin interrupción."* (PÉREZ GALDÓS, BENITO, *La desheredada*. Cátedra. Madrid 2011. Págs. 170-171)

2. El Sacramento del Perdón en la obra de Galdós.

Es bastante evidente que a Don Benito le preocupaba el tema de la confesión y del sacramento del perdón o de la penitencia, habituales en la espiritualidad católica. Esta inquietud se refiere a todos los aspectos desde los que tal práctica puede considerarse; por tanto, incluye la perspectiva teológica de la misma.

Es cierto que se detiene más al describir la dimensión liberadora aneja a una sincera confesión de los pecados y errores cometidos, haciendo referencia a la valoración terapéutica de ese acto. Pero también se adentra en el misterio sacramental del reencuentro con Dios y de la gracia divina.

Lo que parece ausente en su consideración es la idea de penitencia (de imposición y cumplimiento de alguna práctica penitencial). No se habla del sacramento de la penitencia sino sólo de la confesión, e implícitamente del sacramento del perdón. Le basta el arrepentimiento y la manifestación oral de los pecados. Añadiendo, en ocasiones, particularidades significativas que orientan la mirada hacia la práctica de la confesión y el perdón en los primeros siglos del cristianismo.

Valor de la confesión de pecados y de errores culpables.

La práctica de la confesión a un presbítero es imprescindible en determinados momentos, al menos para personajes especialmente cargados de culpas o de angustias. Por muy dura que sea, es la condición indispensable para que esa persona recupere la armonía y la paz, sobre todo en el trance de muerte.

a) Son múltiples las narraciones del acto de confesión sacrmental que aparecen en las obras de Galdós.

El personaje Pepe Carrillo, en la novela *Lo prohibido*, es visto por el autor con benevolencia; quizás porque se trata de un tipo inocente y porque está siendo engañado por su esposa y por su amigo José María Bueno de Guzman. Pues bien, en el momento final de su enfermedad le pide a éste angustiadamente que le traiga un sacerdote para confesarse antes de morir.[974] Con la misma ansiedad lo reclama la mártir Fidela del Águila en la últimas páginas de *Torquemada en la cruz*.

---

[974] *"José María, tú que eres tan amable, tan complaciente, tráeme un cura –dice Carrillo-. Mira que esto va de veras, y tengo en mi conciencia cosas que quisiera dejar aquí. Si no me confieso, sobre tu conciencia va; y si me cocarga con la responsabilidad...*

En el Episodio *España sin rey* el autor dedica un capítulo entero –el XV- a la confesión que hace el curioso caballero Don Wifredo, también arrepentido, por consejo de su amigo sacerdote Pedro Vela. Este cuidadoso análisis –al que ya aludimos anteriormente- lo prepara como *"arreglo de su conciencia"*; tiene el aspecto de reconocimiento de la verdad fundamental de su vida, y lo estructura en dos partes que titula respectivamente "pecados" y "tristezas". Va profundizando en él durante días, y, al final, lo convierte en confesión sacramental: *"Viendo Don Pedro Vela que el amigo se hallaba ya restablecido de sus achaquillos cerebrales y bien preparado de conciencia, determinó que no se dilatase más el acto de confesión. De acuerdo ambos en el lugar y la hora..."* [975] Después, el acto de la confesión oral no llega a producirse por una serie de circunstancias que se interponen y por la alteración nerviosa del personaje, un tanto desquiciado de amores; pero lo revelador del texto es la importancia que el autor concede al reconocimiento humilde y sincero de las propias faltas y de los errores que gravitan sobre una vida.

Con acento desgarrado y quizá desesperanzado se narra la confesión de Don Fernando Navarro (Garrote), hecho prisionero por el ejército liberal y condenado a muerte. Este hombre ha cometido toda clase de injusticias, que pesan ahora sobre él abrumadoramente, especialmente cuando encuentra al hijo ilegítimo que él abandonó y que se le presenta como librepensador; interpretando esa situación como justo castigo por sus desórdenes.

"Toda su vida pasada, sus culpas, sus glorias se le pusieron delante, juntamente con el infeliz joven cuyo nombre acababa de saber. Veía tan claro el designio de Dios que hasta con los ojos del cuerpo estaba viendo al mismo Dios delante de sí, grave, ceñudo, majestuoso y admirablemente sobrenatural y divino. El anciano se prosternó en tierra y, apoyando sobre las frías baldosas su ardiente cabeza, dijo en voz alta: '¡Señor, Señor, lo merezco! ¡He sido un miserable" [976]

La confesión prosigue a lo largo del capítulo XVII, sin que el penitente alcance la paz. No obstante, sin variar la situación, la paz interior llegará más adelante (aunque con muchas dificultades) al realizar una verdadera confesión sacramental con el sacerdote Respaldiza. El sacerdote lo conforta

---

Ahora mismo. Mañana ya no habrá tiempo." (PÉREZ GALDÓS, BENITO, *Lo prohibido*, o.c., pág.218)
[975] PÉREZ GALDÓS, BENITO, *España sin rey*, o.c., pág.110
[976] PÉREZ GALDÓS, BENITO, *El equipaje del rey José*, o.c. págs. 115-116

con estas palabras: *"Execrable es todo eso, pero el arrepentimiento es sincero, y por grandes que sean las culpas de los hombres, mucho mayor es la misericordia de Dios."* [977] El autor parece querer decirnos que en ese momento crucial de la existencia lo único que cabe hacer es confesar la propia penosa historia, con independencia de los resultados anímicos que procure tal acto.

Y lo mismo sucede con la confesión de Gloria, angustiosamente dividida –rota- por la oposición entre su conciencia religiosa y el amor fiel a la persona que ama. [978]

Más liberadora es la confesión de Abelarda en la novela *Miau* [979], e incluso la que realiza Pedro Polo ante el Padre Nones. [980] Y sin dramatismo alguno se describe el acto de confesión que va a realizar Ángel Guerra (y que no culmina por la desagradable sorpresa que le produce el encontrarse con un confesor inesperado y nada grato). [981]

b) Añadiremos algunas otras citas en los análisis siguientes. La conclusión que se deduce de la lectura de todas estas páginas de la obra galdosiana es doble: por una parte, la transcendencia de la confesión sacramental para el equilibrio y la autenticidad de la persona, su inmenso valor liberador y, a la vez, de salvación transcendente; por otra, el fuerte dramatismo que la acompaña cuando deja de ser un acto religioso rutinario y afronta la verdad de sí mismo, sin paliativos. En ocasiones, también la tremenda conmoción interior que supone. También (en la confesión de

---

[977] PÉREZ GALDÓS, BENITO, *El equipaje del rey José*, o.c., pág. 134

[978] V. PÉREZ GALDÓS, BENITO, *Gloria*, o.c., pág.165. Terminada la confesión, el confesor Don Ángel Lantigua, obispo y tío de la joven, le dice trágicamente:*"Hija mía, no puedo absolverte".*

[979] *"El mismo sentimiento religioso que se amparaba de su alma le inspiró la solución, y a la mañana siguiente de pensarla acercóse al confesionario y le contó al cura lo que le pasaba, añadiendo pormenores que al sacerdote no le importaba saber. Después de la confesión se quedó la insignificante muy aliviada y con el espíritu bien dispuesto para lo que pudiera sobrevenir."* (PÉREZ GALDÓS, BENITO, *Miau*, o.c., pág. 262)

[980] *"Polo declaró todo con sinceridad absoluta, no ocultando nada que le pudiera desfavorecer; habló con sencillez, con desnuda verdad, como se habla con la propia conciencia."* (PÉREZ GALDÓS, BENITO, *Tormento*, o.c.,pág. 135)

[981] *"Fue, sin duda, un caso interesante, con su granito de sal cómica, y la verdad impone la obligación de decir que Leré no pudo tener la risa al oír el relato. Y prosigue el texto, hablando Ángel: Pues hallábame, a mi parecer, perfectamente dispuesto para un acto tan grave... Examinada la conciencia desde la época de la niñez... No me faltaba más que vencer la inercia moral, ahogar el falso pundonor que nos prohíbe humillarnos. Creyendo haberlo conseguido, ayer tarde me fui a la Catedral con propósito firme de confesarme. Hasta entonces todo iba bien; pero..."* (PÉREZ GALDÓS, BENITO, *Ángel Guerra*. Vol. II, o.c., pág. 380).

Torquemada) la crisis de ambivalencia: la voluntad de enmendarse y, al mismo tiempo, el rechazo visceral de la enmienda.

Además de estas consideraciones conviene señalar que bastantes de los protagonistas de las obras (Luis Santorcaz, Salvador Monsalud, Sola, Fago, Santiago Íbero padre, Mauricia, Fortunata, Benigno Cordero, etc.), aun cuando no lleguen a realizar el rito del sacramento del perdón, se detienen en un momento dado de sus vidas a reconocer los errores y faltas que han cometido; y esto lo hacen con la conciencia de cumplir una condición indispensable para convalidar la existencia.

En todos los casos mencionados el resultado de una sincera confesión (generalmente ante un presbítero) es la paz y la elevación interior. El narrador describe –como síntesis de otras– la vivencia interior de la querida y atormentada Amparo después de haberse confesado:

"Cuando se retiró del confesonario sentía gran alivio y espirituales fuerzas antes desconocidas. Cómo se habían deslizado sus tenues palabras por los huequecillos de la reja, ni ella misma lo sabía. Fue encantamiento, o, hablando en cristiano, fue milagro. Asombrábase ella de que sus labios hubieran dicho lo que dijeron... El cura aquel, a quien la pecadora no vio, era muy bondadoso; habíale dicho cosas tremendas, seguidas de otras dulces y consoladoras. ¡Oh penitencia, amargor balsámico, dolor que cura." [982]

Valoración del sacramento del perdón en sí mismo.

Aunque la confesión –sacramental o no– tiene siempre el valor que hemos indicado en la obra de Galdós, resulta también manifiesta la fe en la densidad divina de esa acción: en el perdón de Dios, en la comunión con él, y en la fuerza sobrenatural que procura. Son bastantes las páginas que muestran esta visión teológica de la confesión hecha a un sacerdote; atribuyendo así mismo, en algunos casos una valoración semejante a la confesión que se realiza con otra persona no sacerdote.

La perspectiva teológica aparece en la fe de la citada Amparo:

"La feliz ocurrencia era llamar en su auxilio a la religión. Confesando su pecado ante Dios, ¿no le daría Éste valor bastante para declararlo ante un hombre? Claro que sí. Nunca había descargado ella su conciencia de aquel

---
[982] PÉREZ GALDÓS, BENITO, *Tormento*. O.c., págs. 185-186

peso como ordena Jesucristo...Iría, si, resuelta y animosa al tribunal divino. Si ya sentía robustez de espíritu sólo con el intento, ¿qué sería cuando al intento siguiera la realización de él?... Todo cuanto veía, todo, apoyaba su cristiana idea. El Cielo y la Tierra se trocaban en seres animados para aplaudirla y festejarla." [983]

Resulta importante el tono festivo con el que esta página considera el hecho de la confesión sacramental.

Tras una bella y patética conversación entre Fortunata y Mauricia gravemente enferma, la heroína de Galdós tranquiliza a la amiga, inquieta por su salvación: *"Dicen que aunque los pecados de una sean tantos como las arenas del mar... figúrate tú la cantidad de arenas que habrá en todita la mar; pues aunque los pecados de una sean más que las arenas, Dios los perdona cuando una se arrepiente de verdad."*[984]

El autor aprovecha el texto para reafirmar su fe en el perdón incondicional de Dios a la persona arrepentida, más allá del acto sacramental de la confesión.

No obstante, a propósito del fusilamiento de los sargentos amotinados del cuartel de San Gil (ocurrido el 22 de junio de 1866), uno de los personajes, la maja madrileña Pepa Jumos cuenta así a Rafaela la confesión que ha hecho Simón Paternina, uno de los ajusticiados, novio de esta última:

"No perdió en toda la noche el despejo, ni aquel ángel con que sabe hablar a todo el mundo. Se confesó como un cordero de Dios y encomendóse a la Virgen para morir como caballero cristiano... Va bien confesado; va con el alma tan limpia como los tuétanos del oro, y Dios le dirá: 'Ven a mi lado, hijo mío, siéntate... Por eso, Rafaela, yo que tú, no me afligiría tanto." [985]

Galdós, que se identifica con estos tipos populares, humildes y auténticos, está expresando con ellos probablemente su propia visión de las cosas: ahora, en concreto, la honda teología sacramental que informa el acto de la confesión en estos casos.

¿Retorno a la práctica primitiva eclesial del sacramento del Perdón?

---

[983] PÉREZ GALDÓS, BENITO, *Tormento*, o.c., págs. 184-185
[984] PÉREZ GALDÓS, BENITO, *Fortunata y Jacinta*, Vol.II, o.c., pág. 199
[985] PÉREZ GALDÓS, BENITO, *La de los tristes destinos*, o.c., págs. 9-10

Quizás lo más sorprendente –a propósito del sacramento del perdón- es que el autor contempla la posibilidad de que este misterio de la reconciliación sacrmental tenga lugar también entre dos bautizados, sin que medie un presbítero; por tanto, más allá de la formalidad eclesial en uso. Esta idea era, sin duda, demasiado audaz para la teología del siglo XIX (aunque se aproximara a la práctica de la confesión y de la penitencia en los primeros siglos de la Iglesia).

Varias páginas de sus escritos dejan entrever la propuesta de extensión sacramental de la confesión.

En momentos de excepcional solemnidad del relato el autor nos sobrecoge con una visión y una práctica del sacramento que rompe los esquemas conocidos del rito. El sacerdote José Fago, en una ocasión relevante del Episodio *Zumalacárregui*, dispuesto a oír en confesión a Don Adrián Ulibarri, pide que se inviertan allí los papeles, porque eso es lo que procede, lo único justo ante Dios. Él –el presbítero- es quien necesita confesarse y pedir el perdón divino escuchado de los labios y del corazón del penitente, que en ese momento se convierte en autoridad, en representante divino. Fago es capellán del ejército carlista, y Ulibarri es el alcalde que se negó a forzar a los hombres de su pueblo (para que se incorporaran a la facción carlista); y por eso lo van a ejecutar. Además, resulta que este noble aldeano es el padre de Saloma, la joven a la que Fago sedujo antes de convertirse y de abrazar el estado sacerdotal.

El texto es, sin duda, impresionante:

"En este supremo trance, nunca visto, señor y padre mío –dice el presbítero-, *yo me despojo de la autoridad que mi religión me da para perdonar los pecados, seguro de que Dios la trasfiere a Vd., haciendo del penitente el sacerdote. Hombre recto y cabal en todo tiempo, ahora es usted un santo. Ante el santo me humillo yo, y le pido perdón del agravio que le hice, pues no me basta haber descargado mi conciencia en otras ocasiones..., y de Vd. espera mi alma la paz que aún no ha logrado, señor..´. Levantose Ulibarri con soberano esfuerzo, pues el hombre parecía moribundo, y solto gravemente, con lentitud, estas patéticas expresiones: ´José Fago, yo te perdono para que te perdone Dios... y me perdone también a mí´. Se abrazaron con efusión, y Fago le beso las mejillas y los cabellos blancos del infeliz alcalde de Miranda de Arga, que cinco minutos después era traspasado por cuatro balas de fusil."* [986]

---

[986] PÉREZ GALDÓS, BENITO, *Zumalacárregui*. O.c. pág. 16

Quizá sea ésta una de las páginas más bellas y densas de pensamiento en la obra galdosiana.

En el mismo sentido de elevación espiritual, narrando *El terror de 1824*, discurre la confesión –ya citada- del viejo maestro Patricio Sarmiento, que va a ser también ajusticiado, pero esta vez por la policía de Fernando VII. O, en circunstancia tan distinta, la del marinero Marcial de la nave Santísima Trinidad, en *Trafalgar*. [987]

La genial Teresa Villaescusa dice así mismo a Santiago (Iberito) el texto ya citado:
"A mí me ha enseñado mi maestro Don Ramón Lagier que cuando tenemos el alma pesarosa, por culpas cometidas, no debemos esperar a encontrar cura, pues para esto cualquier persona natural es cura..., o, como quien dice, que el sacerdocio no debe ser oficio de unos cuantos sino función de todos." A lo que Santiago –más ortodoxo- objeta: *"¡Valientes disparates te ha enseñado tu Don Ramón!"* [988]

La discusión entre ambos continúa, pero el autor ha dejado constancia de las ideas de Teresa.

En un contexto parecido María Ignacia le confiesa a su marido Pepe Fajardo: *"Yo digo que la mujer casada no debe confesarse más que con su marido, si éste no es un pillete."*[989] Y, sin el matiz de la intimidad matrimonial, José Antonio de Urrea pretende hacer su confesión sacramental sólo con su prima la condesa Halma, Catalina de Artal (de la que ciertamente está enamorado); y esto aunque tiene cercano a Nazarín, sacerdote y amigo entrañable. [990]

---

[987] V. PÉREZ GALDÓS, BENITO, *Trafalgar*, o.c., pág. 130
[988] PÉREZ GALDÓS, BENITO, *Prim*, o.c., pág. 181
[989] PÉREZ GALDÓS, BENITO, *Narváez*, o.c., pág. 97
[990] "*-Yo quiero confesar hoy, verás. –Pero, hijo* –le dice Catalina-, *vale más que se lo cuentes a un confesor. Por mí tus pecadillos están perdonados. Falta que Dios te los perdone. –Yo no tengo que buscar más perón que el tuyo. –Eso, casi, casi, es una irreverencia.* Y termina Urrea: –*Tú eres mi confesor, mi altar... -Calla, y no digas más desatinos."* (PÉREZ GALDÓS, BENITO, *Halma*, o.c., pág. 151)
Casi idéntica es la pretensión de Ángel Guerra de que sea Leré (su maestra espiritual) quien oiga su confesión y lo absuelva: "*¿Me lo perdonas tú?* –le dice Ángel-. *¿Yo (riendo)? ¿Acaso soy sacerdote?...* "*Pero eres sacerdotisa* –replica el protagonista- *y vas en camino de la santidad. Si yo tuviera fe en ciertas cosas, primero me pondría de rodillas delante de ti para que me echaras la absolución, que ante el Papa."* "*No diga usted herejías, por Dios*" –exclama Leré-. (PÉREZ GALDÓS, BENITO, *Ángel Guerra*. Vol. I. o.c., pág. 144)

No podemos afirmar que Galdós sostenga rotundamente la idea de una liberalización de la práctica del sacramento del perdón, un poco al estilo de los primeros siglos del cristianismo en donde no estaba perfilada la confesión individual al presbítero. Seguramente ignoraba aquel planteamiento. Pero lo que sí descubren sus textos es una tendencia a revisar la estrechez de los límites impuestos por la teología tridentina a este sacramento.

Sobre la práctica sacramental de la penitencia.

En general, las descripciones del sacramento del perdón dejan en buen lugar a los confesores cuando procede narrar este acto en la literatura galdosiana. Las actitudes del sacerdote Don León Pintado al confesar a Fortunata son un pequeño tratado de buen hacer pastoral, aunque la teología quede un poco chapada a la antigua:

"Como no tenía nada de gazmoño, la confesión concluyó por ser un diálogo de amigos. Dióle consejos sanos y prácticos, hízole ver con palmarios ejemplos, algunos de orden humorístico, la perdición que trae a la criatura el dejarse mover de los sentidos, y le pintó las ventajas de una vida de continencia y modestia, dando de mano a la soberbia, al desorden y a los apetitos. Descendiendo de las alturas espirituales al terreno de la filosofía utilitaria, Don León demostró a su penitente que el portarse bien es siempre ventajoso, que a la larga el mal, aunque venga acompañado de triunfos brillantes, acaba por infligir a la criatura cierto grado de penalidad sin esperar a las de la otra vida, que son siempre infalibles... Por fin, encomendóle la devoción de la Santísima Virgen como un ejercicio saludable del espíritu y una predisposición a las buenas acciones. La penitente se quedó muy gozosa, y el día que hizo la comunión se observó con una tranquilidad que nunca había tenido." [991]

El mismo tono de cordial y clara actitud se atribuye a Don Juan Manuel (el Padre Nones) en la difícil confesión que hace con él Pedro Polo. Dice el texto que el confesor comienza así: *"Empecemos por echar un cigarrito"*; y, después de dejar hablar al penitente todo lo que le ha hecho falta, *"volvió Nones a sacar la petaca y dijo con inalterable sosiego: Bueno, ahora me toca hablar a mí..."*

Las reflexiones del sacerdote a Polo se exponen a lo largo del capítulo 18 de la obra, con una extraordinaria agudeza y sinceridad, conduciendo al

---

[991] PÉREZ GALDÓS, BENITO, *Fortunata y Jacinta.* Vol I, o.c., págs. 656-660

penitente hacia la única salida que puede salvarlo."*Dos males veo en ti: el pecado enorme y la enfermedad del ánimo que has contraído por él. El uno daña la conciencia, el otro, la salud. A entrambos hay que atacar con medicina fuerte y sencilla. Sí, Perico, sí (Voz alta y robusta); es indispensable cortar por lo sano, buscar el daño en su raíz, y ¡zas!, echarlo fuera. Si no, estás perdido. ¿Qué esto te dará un gran dolor? (Voz aflautada y blanda) Pues no hay más remedio que sufrirlo."* [992]

El pecado y el mal del sacerdote Pedro Polo ya lo conocemos (hablamos de ello antes), y por eso tenemos que convenir en que el Padre Nones –Galdós- está muy en lo cierto.

En el drama *Mariucha* asistimos a la confesión que realiza León con el sacerdote Don Rafael (en la presencia -admitida por los dos- de la prometida María, que apoya espiritualmente a su novio, y en el campo, bajo el árbol grande de la Ermita). También aquí sorprende la lucidez del penitente (*"Abierta está mi alma a los ojos de Dios. Los de usted también han entrado en ella"*) y la serena clarividencia del confesor con su juicio justo y misericordioso en nombre de Dios. [993] Juicio exento, además de cualquier presión externa o intento de manipulación de la conciencia (al imperativo Marqués de Alto Rey, que le pide que juzgue y condene a León, replica el sacerdote: *"No. Soy confesor, pero no abro las conciencias con llave falsa."* [994]

Sin embargo, en algunas ocasiones, se describen prácticas menos o más desafortunadas. La menos grave sería la que realiza el confesor de Teresa Villaescusa (*"La confesó el padre Laforga, hombre para el caso y de manga anchísima, que hubo de perdonar a la pobre mujer todos sus pecados"* [995]) La más grave parece, sin duda, consiste en negar la confesión a quienes lo piden en el trance de su muerte inminente; o el hacerla "deprisa y corriendo"; peor aún, con el terrible agravante de ser el confesor causante del juicio sumarísimo contra los reos. [996] Igualmente injusto –para el autor- es el

---

[992] PÉREZ GALDÓS, BENITO, *Tormento,* o.c., pág. 135-137
[993] V. PÉREZ GALDÓS, BENITO, *Mariucha.* Acto IV, escenas Iª y IIª, o.c. págs. 503-506
[994] PÉREZ GALDÓS, BENITO, *Mariucha,* Acto III, escena VIII. O.c., pág. 499
[995] PÉREZ GALDÓS, BENITO, *Prim,* o.c., pág. 72
[996] "El mismo Padre Escoriuela, que le contó al General las picardías de los capitulados, se puso a confesarlos de prisa y corriendo. Pero como Don Ramón (Cabrera) quería llegar de día a Manzanera y no sobraba el tiempo, no confesaron más que los oficiales..., los soldados no." (PÉREZ GALDÓS, BENITO, *La campaña del Maestrazgo,* o.c. pág. 28)

adoptar una postura de juez rígido que condena, es decir, que niega la absolución del pecado (o de lo que estima como pecado); además, sin dar posibilidad de apelación. Ya aludimos a la confesión de Gloria y de Patricio Sarmiento.

Otro defecto que se señala es el abuso en el interrogatorio (algo que no forma parte del acto sacramental). De esto se queja Maria Ignacia, que se ve obligada a defenderse:

"Yo de algún tiempo acá no le digo al cura más que lo que me parece. Ya te conté los disparates que me preguntó el de las Descalzas. Desde entonces hago mi composición y no me apuro por nada. ¿Y tú –le pregunta a su esposo Pepe-, *cómo te las arreglas con don Sinforoso? ¿Es preguntón, es de los que se pasan de listos y quieren saber, a más de los pecados cometidos, los pecados probables...?"* [997]

Pero es más grave lo que se insinúa en la novela *Lo prohibido*, en donde el sacerdote que acaba de oir en confesión a Pepe Carrillo (enfermo de muerte) parece revelar lo que el penitente le ha dicho, aunque lo hace de una manera velada. Por dos veces, hablando después con José María Bueno, ironiza sobre la situación irregular que éste mantiene con la mujer de Pepe, extremo que ignoraba antes de realizar el sacramento. [998]

A través de estas breves y significativas páginas aparece en Don Benito un suficiente conocimiento de la práctica pastoral del sacramento del perdón en la Iglesia que lo rodea; una práctica a la que, sin la menor duda, se siente afecto. Pero, sobre todo, emerge una visión lúcida de lo que debería ser este sacramento como servicio humilde, justo y necesario dentro del cristianismo (lejos de ser un instrumento de control e imposición moral y doctrinal). A la vez, denuncia la omnímoda facultad sacramental que no acierta a expresar el perdón incondicional de Dios.

3. Aproximación a otra teología del matrimonio en la obra de Galdós.

Don Benito, un gran amante de la mujer, no llegó a casarse. Sin embargo, nos deja la impresión de que toda su amplia producción escrita es una infatigable búsqueda de un matrimonio que pueda considerarse perfectamente logrado en la paz humana (en la relación válida y feliz) y en la

---

[997] PÉREZ GALDÓS, BENITO, *Narváez*, o.c., pág. 97
[998] Ver PÉREZ GALDÓS, BENITO, *Lo prohibido*, o.c., pág. 219

paz de Dios, al margen y más allá de cualquier condicionamiento social o religioso.

Planteamiento general.

Los matrimonios ideales del mundo galdosiano, más bien escasos, cuando llegan a plasmarse, suponen largas e interminables esperas y la lucha por vencer dificultades casi insuperables. Deben transcurrir diez Episodios Nacionales para que se unan definitiva y felizmente Inés y Gabriel, Sola y Salvador, Demetria y Fernando, Gracia y Santiago…; y casi tanto para que lo logren María Ignacia y Pepe, Mita y Ley (cuarta serie de Episodios), Diego Ansúrez y Esperanza (quinta serie de Episodios), Clara y Lázaro (*La fontana de Oro*), Catalina y José Antonio (*Halma*), Rosario y Víctor (*La de San Quintín*), Electra y Máximo *(Electra)*, María y León (*Mariucha*)… A estos matrimonios Galdós les otorga frecuentemente una valoración cristiana entitativa y cierta dimensión religiosa. Se trata de parejas y hogares firmes y estables y con una clara densidad cristiana; entendiendo por densidad cristiana no sólo la fe en Dios de los esposos, y la fecunda relación que colma las aspiraciones de uno y otro, sino también la configuración de un hogar abierto y servidor.

Un número mayor de familias (que aparecen en las obras galdosianas) muestra cierta convivencia de los esposos medianamente aceptable, sin manifestar verdadero amor; en éstas los varones son de edad madura y mantienen el estatuto dominante en el seno del hogar (al menos, de puertas afuera, ya que quien rige la vida doméstica es con frecuencia la esposa), y no dudan de calificar su matrimonio como católico.

Pero la inmensa mayoría de intentos de relación amorosa y estable de la pareja –de unión matrimonial lograda- quedan frustrados por las dificultades internas de las personas (incapaces de mantener fidelidad a la vida conyugal) o por tremendas o trágicas ingerencias externas que destrozan la posibilidad de relación. La mayor parte de novelas y de dramas testifican ese enorme fracaso de la realidad matrimonial. Desde *El audaz, Doña Perfecta, Gloria (y Rosalía) y La sombra* hasta *Fortunata y Jacinta, Lo prohibido, La de Bringas, La familia de León Roch, Tristana, Torquemada en la cruz, La incógnita, Los duendes de la camarilla*…, pasando por los dramas *Casandra, Bárbara, La loca de la casa, Los condenados*…, en todas estas obras se alza una duda radical sobre la viabilidad del matrimonio, dada la condición humana individual y dados los factores sociales que lo amenazan, siendo uno de los más fuertes la religión instituida. Las uniones o no llegan a realizarse, produciendo entonces, muchas veces, destrozos irreparables en la persona, o son de todo punto inhumanas y antinaturales.

Es de la mayor importancia señalar que al menos en seis obras clave de la creación galdosiana –en *Doña Perfecta, Gloria, Casandra, La familia de León Roch, Electra y Rosalía*- es la religión el factor que destruye cruelmente un matrimonio perfectamente posible. En todas esas tramas los oponentes son personas del mundo eclesiástico o de la burguesía católica. Sabemos que *Electra* hace referencia a un hecho real y concreto de la época. Es decir, el escritor está haciendo una grave advertencia al quehacer de la Iglesia respecto al matrimonio.

El matrimonio cristiano.

En ese panorama realista plural (y entristecedor) apenas encontramos una consideración verdaderamente sacramental del matrimonio, es decir, una idea de la vida conyugal y de la boda entre cristianos como algo referido de manera explícita y habitual al Dios de Jesucristo y a la tarea del Evangelio en medio del mundo. Quizás porque esta percepción del hecho matrimonial estaba muy ausente en la espiritualidad de los católicos del siglo XIX -y tal vez también de nuestros días-, quedando relegada la "boda en la Iglesia", las más de las veces, a la cualificación canónica, a las exigencias contractuales de indisolubilidad, a la regularización de la unión entre bautizados, a una bendición nupcial y a la adquisición de un estatuto deseado por la sociedad.

Por eso sorprende aún más el que hallemos datos que manifiestan en el escritor una visión netamente cristiana y revolucionaria respecto al hecho en sí del matrimonio, exento de condicionamientos ajenos.

Por de pronto encontramos en las parejas indicadas al principio una perspectiva de vida conyugal y de familia basada en la existencia de virtudes cristianas, sobre todo en el amor mútuo, y dotada de alguna religiosidad positiva. Aparece claro en esos casos que el estado y la relación matrimoniales sólo tienen validez y sentido cuando se sustentan en un amor firme y estable, absolutamente fiel y respetuoso de la libertad y la dignidad personales.

Para el escritor esa realidad es posible, aunque ese nivel de solidez se vaya forjando y alcanzando lentamente, no sin crisis, a través de dolorosas pruebas y mediante una maduración de la persona. Así es el matrimonio de Pepe Fajardo y María Egipciaca (cuarta serie de Episodios), de Victoria y

Huguet, aun con muchas reservas en cuanto a su origen (*La loca de la casa*), de Teresa Villaescusa y Santiago Íbero hijo y de Lucila y Vicente Halconero (cuarta serie de Episodios), etc. Y así será el de Catalina de Artal y José Antonio Urrea (*Halma*), aconsejados precisamente por Nazarín, frente a todo convencionalismo social. [999]

De manera explícita y rotunda Galdós va a considerar totalmente válidos y, a la vez, bendecidos por Dios y de signo cristiano a una serie de matrimonios que celebran los contrayentes solos, sin formalidad canónica y con la oposición social (que considera tal compromiso inexistente e irregular), movidos únicamente por un amor verdadero. Tanto en las novelas como en los Episodios y en el teatro esas narraciones alcanzan un climax importante.

Como muestra documental recordemos los términos en que se celebra el matrimonio por poderes entre Demetria y Fernando, ausente este último por motivos de guerra. Actúa en nombre de él un matrimonio amigo de ambos, Valvanera y Juan Antonio, señores de Maltrana. (Fernando se mantuvo fiel a su apasionado amor por Aura, amor cada vez más imposible, hasta que consiguió superarlo dolorosamente; mientras Demetria, prototipo de mujer ideal, enamorada desde el principio de Fernando, siempre respetuosa de aquella relación y sin interferir ni en lo más mínimo en ella, esperaba en silencio.)

La narración del compromiso matrimonial, cuando ya ha surgido el amor mútuo, se trascribe en forma escénica:

"*-Valvanera: Demetria, mi marido y yo hacemos formal entrega del corazón del hombre que amas, y por encargo de él te pedimos el tuyo para enviárselo, y él lo guardará hasta que uno y otro corazón puedan en la realidad de la vida juntarse y en uno solo refundirse.*

-Demetria: Sea Dios testigo de que lo deseé siempre; y ayúdeme a sostener que si antes no pudo ser, ahora sí.

-Juan Antonio: Esto es un casamiento por poder... No hay más garantía que la de nuestras conciencias; como éstas son muy puras, acordemos que lo que

---

[999] Señala acertadamente ÁNGELES ACOSTA: "*José Antonio de Urrea es el agente que pone en relación a Catalina de Halma con Nazarín y, a su vez, éste es el que le induce a casarse con el pariente. Halma burla a la sociedad casándose con él, pero lo asombroso es que se lo aconseje Nazarín.*" en Aspectos significativos de las novelas 'Nazarín' y 'Halma' (Actas del V Congreso Internacional de Estudios Galdosianos, Cabildo Insular de Gran Canaria, pág. 25)

aquí se ate ningún poder humano podrá desatarlo. Os ponemos en las manos un mundo hermosísimo." [1000]

Demetria, figura femenina clave, alberga, además, una idea excepcionalmente abierta sobre la constitución del núcleo familiar, una idea de indudable corte cristiano, coincidente con la de aquellos pueblos cuya razón de supervivencia y de grandeza verdadera son los clanes familiares abiertos. Los hechos suceden así: ella con su padre y su hermana Gracia son liberados en Oñate por Fernando Calpena que los conduce hacia la casa solariega de la familia en La Guardia. Por el camino, huyendo de la guerra, muere el anciano padre, y sus hijas se ven obligadas a confiar su cuerpo a los pobrísimos aldeanos refugiados en las ruinas del monasterio de Aránzazu. (Al despedirse de ellos Demetria hace este voto familiar: *"Mi hermana y yo ofrecemos que si llegamos a La Guardia con vida y salud, estos pobres, a cuya cristiandad ofrecemos el cuerpo de nuestro padre... nosotras les agregaremos a nuestra familia, y cuidaremos de que tengan pan y vivienda segura. Estos son los honores fúnebres que las pobres huérfanas tributan al noble caballero cristiano Alonso de Castro-Amézaga."* [1001])

Es importante señalar que la celebración de ese matrimonio por poderes, al que se da plena validez y sacramentalidad, se celebra en la novela sin formalidad alguna canónica o eclesiástica. Nos da la impresión de que esto no es un olvido del novelista sino una toma de posición, porque en varias ocasiones más nos vamos a encontrar con uniones matrimoniales de hecho que, a pesar de su irregularidad oficial, son consideradas absolutamente válidas y bendecidas por Dios.

Pepe Fajardo, protagonista de la 4ª serie de Episodios, que ha asentado ya bien su matrimonio con María Ignacia, actúa ahora como referente y regularizador en conciencia de varias uniones oficialmente irregulares.

El caso más notable en este sentido es, sin duda, el de Virginia (Mita) y Leoncio Ansúrez (Ley) en cuya unión se detiene ampliamente la narración novelística. En realidad, el escritor ha dejado antes constancia implícita de que no se trata ahí de adulterio alguno puesto que ambas personas son libres, aunque oficialmente no conste así. Virginia fue casada a la fuerza y sin amor con Ernesto Rementería.

[1000] PÉREZ GALDÓS, BENITO, *Los Ayacuchos*, o.c., pág. 76
[1001] PÉREZ GALDÓS, BENITO, *De Oñate a La Granja*, o.c., pág.215

En términos simples lo que plantea Leoncio respecto a su matrimonio de amor es *"casarnos nosotros mismos y (después, cuando sea posible) echarnos las bendiciones"* Y Virginia interpreta la ayuda recibida de personas buenas como bendición de su situación: *"Pienso que Dios no está en contra mía, sino a favor; buena prueba me ha dado de ello."*; y la única salida de la irregularidad en que se hallan es *"que reformen todo ese catafalco de la religión y la sociedad"*, es decir, la irresponsable aquiescencia de la iglesia respecto a la celebración de matrimonios de conveniencia. [1002]

Virginia toma la decisión que el autor hubiera deseado que tomara Gloria, impedida ésta por una insuperable presión familiar y eclesial. La misma decisión que acompaña a Santiago Íbero (Iberito) y a Teresa Villaescusa cuando han encontrado mutuamente en ellos el verdadero amor. El problema es que se han unido sin bendición canónica y con gran escándalo social. Ambos son también aconsejados por Pepe Fajardo, aunque quien les libera la conciencia y les otorga el *exequator* (la licencia matrimonial) es el liberal y sabio capitán de navío Ramón Lagier.

"Yo no halló más inconveniente que la tristeza de tus padres por tu desvío – le dice a Iberito- *Siempre verán con cristales de fanatismo tu casamiento libre; nunca con los cristales de la ciencia eterna, que dan al amor su verdadero tamaño... Ocasión es ésta de deciros una y otra vez a ti y a tu Teresa: Reconstruid vuestras personas con actos buenos, con actos independientes de los dogmas, y que arranquen de la pura conciencia. Los buenos espíritus vendrán a ti sin que tú los llames. En tus soledades y tristezas vuelve los ojos al mar, si tienes ocasión de verlo, y al cielo; ellos te darán la impresión de lo infinito. Ante lo infinito, eleva tu conciencia, y Dios será contigo."* [1003]

El texto, de sabor krausista, expresa bellamente la filosofía existencial y la teología que inspira las dos novelas a que nos referimos.

[1002] PÉREZ GALDÓS, BENITO, *La revolución de julio*, o.c., págs. 72. Más adelante el protagonista desarrolla su pensamiento: *"Por encima de mi familia está Ley y el amor que le tengo. Los padres son padres, y una les quiere porque a ellos debe la vida; pero sobre todos los amores está el del hombre que será padre de los hijos que una tenga... ¿No lo ha establecido así el mismo Dios? El amor entre hombre y mujer ha de mirar más a lo que ha de venir que a lo que pasó."* pags. 200 y 206)
[1003] PÉREZ GALDÓS, BENITO, *La de los tristes destinos*, o.c. págs. 220-221

Situación parecida a la de las parejas mencionadas es la que viven Diego Ansúrez (también de la familia de los Ansúrez) y Esperanza, con un cierto agravante de irregularidad eclesiástica. Esperanza huyó del convento en donde se encontraba recluida a la fuerza, sin vocación religiosa. Al no recibir ella la dispensa de votos religiosos solicitada a los superiores, la pareja (que se ha encontrado y enamorado con posterioridad a la huida) se ve obligada a mantener una unión irregular que angustia la conciencia de ambos. A pesar de esto, los dos constituyen un verdadero matrimonio que mantendrán con mutuo y entrañable amor hasta la muerte prematura de Esperanza. Diego expresa con hondura el drama de esa relación:

"Culpa mía no es esto, y porque la culpa es del Papa y no mía, siento mi conciencia muy aliviada, pues hay cosas en que el deseo debe valer tanto como la ejecución... A pesar de la relativa serenidad que le daban estos razonamientos –continúa el narrador- *Ansúrez no se veía libre de inquietud; el temor religioso iba ganando su alma... Se proponía practicar el culto, cuidar de sus relaciones con Dios hasta desenojarle."* [1004]

Más suerte tiene la pareja –también liberal- formada por María y León, en *Mariucha*, porque ellos si encuentran el apoyo incondicional del sacerdote Don Rafael que bendice su matrimonio enfrentándose a todo el mundo, sin regularidad canónica alguna, pero con la bendición de Dios, acompañándolos en su soledad y ruptura con la familia y los poderes sociales. Aludimos a este caso en la primera parte del capítulo.

Podría añadirse el caso de Amparo (liberada, al fin, del acoso del sacerdote Pedro Polo) que se une a Agustín y marcha con él jos del contexto en que tanto ha sufrido. [1005]

Pero quizás el caso más notable es el matrimonio que celebran (también a solas, contra el terrible poder de Doña Perfecta y sin más testigos que un crucifijo) Rosario y Pepe. El autor lo sitúa en un clima de intensa apertura a Dios y redacta uno de los textos más emotivos y solemnes de la novela:

-(Rosario): *"Señor que adoro, Señor Dios del mundo y tutelar de mi casa y de mi familia; Señor a quien Pepe también adora; Santo Cristo bendito que moriste en la cruz por nuestros pecados: ante Ti, ante Tu cuerpo herido, ante Tu frente coronada de espinas, digo que éste es mi esposo, y que después de Ti es el que más ama mi corazón; digo que lo declaro mío, y que*

[1004] PÉREZ GALDÓS, BENITO, *La vuelta al mundo en La Numancia*, o.c., pág. 37
[1005] Ver el final de *Tormento* de B.P. Galdós.

antes moriré que pertenecer a otro. Mi corazón y mi alma son suyos. Haz que el mundo no se oponga a nuestra felicidad y concédeme el favor de esta unión, que ha de ser buena ante el mundo como lo es en mi conciencia.
- Rosario eres mía –exclamó Pepe con exaltación-. Ni tu madre ni nadie lo impedirá.
La prima inclinó su hermoso busto inerte sobre el pecho del primo." [1006]

Creyendo impedir ese matrimonio, Doña Perfecta asesinará a Pepe, sin saber que los dos jóvenes están ya casados ante Dios.

El mensaje de otra teología matrimonial.
¿Qué parece indicar el autor con tales narraciones?
Seguramente una firme convicción religiosa: donde existe amor verdadero -un amor que no dañe a nadie, sino que salva- y unión estable de la pareja, ahí hay verdadero matrimonio, por encima de cualquier otra condición, y esas personas están absolutamente cerca de Dios en ese acto contractual sin necesidad de otros requisitos (que podrán darse o no); Dios bendice la unión que se establece en una pareja sobre la base de tal amor. Por tanto, el carácter religioso y cristiano del matrimonio se funda originalmente sólo en la fidelidad y la entrega afectiva seria, haciendo relativa la importancia de las formalidades de expresión pública del contrato de convivencia y la aprobación social (dentro o fuera de la Iglesia).

En un contexto legal (o cultural y tradicional) en el que apenas existía la posibilidad del matrimonio sólo civil, es evidente que quienes no podían –o no deseaban- cumplir los requisitos canónicos, si se unían, estaban abocados a situaciones irregulares para la perspectiva católica y para la sociedad envolvente. Normalmente eran condenados sin paliativos por la sociedad burguesa. Y esta consideración es la que Don Benito denuncia como injusta por inhumana y cruel y fuera de derecho natural.

Todo lo que piensa, siente y pretende Rosalía de Bringas nos resulta insoportable; más aún el desprecio que muestra este personaje respecto a Amparo (la de *Tormento*) y Agustín Caballero (que se exiliaron a Francia para rehacer su atormentada vida) e invitan a su casa a los de Bringas. *"¡Casarse!... No lo creas. Nada, viven como los animales. Es una indecencia que nos inviten a vivir en su compañía. Pues qué, ¿no hay ya distinciones*

[1006] PÉREZ GALDÓS, BENITO, *Doña Perfecta*, o.c., pág. 188

entre las personas, no hay moralidad? ¡Creen que nosotros tenemos tan poca vergüenza como ellos!..." [1007] (Hay que recordar que quien habla, esta Rosalía, es para el autor, un personaje mezquino e infiel en su matrimonio).

A la inversa, lo que más ocupa la atención de Galdós es el fracaso matrimonial desde muchos puntos de vista. El fracaso de la relación de los cónyuges y, en ocasiones, la violación sacrílega del contrato matrimonial. Fracaso y violación que se explican frecuentemente por las injustas presiones bajo las que se ha realizado la boda. En estos casos –frecuentes en el mundo galdosiano porque frecuentes eran en la realidad- el autor niega o duda que haya habido verdadero matrimonio, aunque éste se haya celebrado canónicamente. Hace suya la amargura de Rafael del Águila por la boda impuesta a su hermana Fidela: *"No, si ya sé que se trata de matrimonio en regla. Os vendéis, por mediación o corretaje de la Santa iglesia. Lo mismo da. La ignominia no es menor por eso."* [1008] Rafael, atormentado por ese atropello moral a su hermana, terminará por suicidarse.

Todo ello se opone a cualquier perspectiva cristiana.

Don Benito tuvo oportunidad de ver la representación de *El sí de las niñas* de Leandro Fernández de Moratín (1760-1828), todavía en la cartelera de algún teatro madrileño cuando el joven canario llegó a la capital. Participó en la crítica que se hacía al neoclasicismo de esta obra; pero es indudable que hizo suyas las palabras del personaje Don Diego en el acto tercero: *"Ve aquí los frutos de la educación. Esto es lo que se llama criar bien a una niña; enseñarle a que desmienta y oculte las pasiones más inocentes con una pérfida disimulación... Todo se les permite menos la sinceridad. Con tal que no digan lo que sienten; con tal que finjan aborrecer lo que más desean; con tal que se presten a pronunciar, cuando se lo manden, un sí perjuro, sacrílego, origen de tantos escándalos, ya están bien criadas."* [1009]

Don Diego toma aquí cuerpo en el maduro Benigno Cordero galdosiano cuando este honrado y amable comerciante descubre que la joven Sola con quien pretendía casarse ama a otro hombre; y, en consecuencia, Benigno

---

[1007] PÉREZ GALDÓS, BENITO, *La de Bringas*. O.c., pág. 239
[1008] PÉREZ GALDÓS, BENITO, *Torquemada en el Purgatorio,* Alianza Editorial. Madrid 2008, pág.187
 (El matrimonio civil se derogó en 1870. Nota del autor).
[1009] FERNÁNDEZ DE MORATÍN, LEANDRO, *El si de las niñas*. Acto III. (en *Literatura Española,* Fernando Lázaro Carreter, Anaya. Madrid 1988, pág. 176)

renuncia a ese matrimonio que iba a ser forzado, aunque generosamente aceptado por Sola.[1010]

Sin duda, para Don Benito la verificación del número elevado de matrimonios contraídos por imposición familiar constituía una herida abierta en su sensibilidad. De otro modo no se explican buena parte de sus novelas y piezas teatrales. Esa situación no era para él humana ni cristiana. Significaba una violación de la persona y un desastre social; y, por supuesto, era causa de nulidad matrimonial. De tal forma que el supuesto de nulidad justifica, en ocasiones, el desarrollo de tramas noveladas más o menos románticas.

Tristana, La loca de la casa, Lo prohibido, La familia de León Roch, La de Bringas, Realidad y otras, dan fe de los planteamientos del autor.

El talante liberal aparece cuando se trata de afrontar la validez moral de una nueva unión matrimonial verificada sin divorcio previo ni declaración de nulidad. Lo que convalida esa convivencia es el hecho de darse ahora una relación de amor firme y liberadora dell fracaso originado por una boda anterior realizada sin amor alguno e impuesta por circunstancias externas. Éste es el único caso (lejos de cualquier tipo de adulterio) en el que, aun dudando, Galdós reclama (incluso desde el punto de vista religioso) la licitud y validez del divorcio en orden a rehacer la vida y se encara a una moral rígida y cerrada.[1011]

En toda la obra galdosiana aparece la una denuncia de dos situaciones frecuentes que impiden la consecución de un matrimonio de valor humano y cristiano:

Por una parte, la unión forzada por un inhumano sacrificio de índole religiosa: el que realiza Victoria casándose con el brutal Pepet para que éste

---

[1010] V. PÉREZ GALDÓS, BENITO, Episodio Nacional n. 19, *Los Apostólicos,* y el texto que citamos de esta obra al analizar las dimensiones del amor en el pensamiento del autor.

[1011] En el Episodio Nacional nº 34, *La revolución de julio,* los protagonistas –Pepe Fajardo y su esposa Maria Ignacia- analizan la situación de Mita y Ley, la pareja amiga, comentando la firme convicción religiosa que estos tienen (*Así verán allá que Dios mira por nosotros"*): *¡Separarles a viva fuerza! Eso nunca. Sería un atentado a la moral... ¿A qué moral? ¿Hay, por ventura dos morales? Yo no sé cuántas hay, ni cuál es la mejor, en el caso de que haya más que una. Mientras esto se averigua, no atentemos a la libertad de nadie... Créeme a mí, mujer: si queremos dar con la moral y la ley, busquémoslas en nuestros corazones... -¡Pobres corazones! ¿Acertaréis a elegir el mejor camino?"* (PÉREZ GALDÓS, BENITO, *La revolución de julio,* Historia 16 /Caja Madrid. 1995, págs. 79-81)

no arruine al padre de la joven, creyendo que es esto lo que Dios le pide [1012];

Por otra, la muralla moral y social que se levanta para impedir que se celebre un matrimonio justo, fundado en el amor; por esta razón está a punto de frustrarse la unión entre Electra y Máximo (*Electra*), Rosario y Víctor (*La de San Quintín*), etc, y no llegará a realizarse la de Bárbara y Leonardo (*Bárbara*), Casandra y Rogelio (*Casandra*), Martín Muriel y Susana (*El Audaz*), Rosario y Pepe Rey (*Doña Perfecta*), Lucila y Gracián (4ª serie de Episodios), Laura y Juan Pablo (*Alma y vida*), Fernando y Aura (3ª serie de Episodios), que hará escribir con desgarro a este último en carta a la novia perdida cuyo paradero desconoce:

"*Si por declaración tuya me convenzo de que me han robado a mi Aura, aunque hayan sabido cohonestar el secuestro con la formalidad sacramental consumada por sorpresa, y con perfidia y traición, engañando a Dios, o queriendo engañarle, aquí estoy yo, dispuesto a dar a los impostores su merecido. Más quiero la desesperación que la duda.*" [1013]

Esta visión liberal no tiene nada que ver -en la narrativa galdosiana- con cualquier permisividad respecto al adulterio. En tres obras al menos aparece una clara condena de la infidelidad y de las personas infieles a un matrimonio que debía sustentarse aún. Juan Santa Cruz, marido de Jacinta, es un tipo que el autor reprueba absolutamente por su conducta sexual (*Fortunata y Jacinta*); le sigue José María Bueno de Guzman (*Lo prohibido*), y especialmente la pareja escénica Federico y Augusta (*Realidad* y *La incógnita*) que culminan la relación adúltera con el suicidio de Federico, incapaz de soportar la traición que está cometiendo con el esposo de Augusta, Tomás Orozco, buen amigo suyo y persona buena.

El mensaje queda, pues, muy claro: no se puede violar una institución sagrada como es el matrimonio cuando inicialmente ha habido en la pareja pleno consentimiento y cuando alguno de sus miembros tiene derecho al amor y a la fidelidad del otro.

Los casos de ruptura interna de las relaciones de los esposos merecen una especial atención en algunas obras. En *Fortunata y Jacinta* Galdós deja claro que la desavenencia entre Jacinta y Juan Santa Cruz es motivada exclusivamente por las infidelidades de este hombre, uno de los personajes

---

[1012] V. PÉREZ GALDÓS, BENITO, *La loca de la casa*, o.c.
[1013] PÉREZ GALDÓS, BENITO, *La estafeta romántica*, o.c., págs. 64-65

más repudiados dentro del mundo galdosiano. Pero, en cambio, en la crisis permanente entre los dos protagonistas de *La familia de León Roch* (María y León) la culpabilidad recae sobre ambos esposos y sobre el entorno religioso de la esposa, más bien sobre ésta; haciéndonos sentir el autor la injusticia de la apreciación que hace Gustavo, hermano de María, a León, tras un largo discurso que concluye así: *"Ella no tiene culpa ninguna, ¡tú la tienes toda, tú, toda! La verdad no puede transigir con el error. En este caso, tú has de sucumbir y ella ha de permanecer siempre levantada y triunfante."* [1014]

El texto revela una particular injusticia -denunciada por el autor- en cuanto a la percepción de la ruptura conyugal, porque tanto en esta obra como en *Gloria* el motivo de la trágica desavenencia y de la imposibilidad de conciliación es la fe religiosa de la mujer amada. En ambas parejas hay amor, y es precisamente la religiosidad católica descrita en la novela lo que impide que el amor triunfe; en cambio, como expresa el personaje citado, lo que debe triunfar aunque destruya al matrimonio es –según él (y según la sociedad que se tiene por católica)- una determinada profesión de fe.

En general (y a excepción de *Gloria*), es de notar que Galdós procura evitar una mayor gravedad en la situación de crisis interna matrimonial omitiendo (en esos casos) la existencia de hijos; como si su sensibilidad hacia el niño no le permitiera contemplar el daño que las separaciones o las infidelidades producen en los pequeños o adolescentes.

De forma complementaria, y aunque no se contemple directamente la institución matrimonial, hay una condena expresa o tácita de las situaciones de amancebamiento, la frecuente práctica (por parte de seductores o de hombres ricos e inmorales) de "montar casa" para una querida. En todos los casos que se narran el autor deja constancia de dos juicios condenatorios: el de la prepotencia machista, siempre acompañada de vileza y de mentiras, y el de la debilidad de la mujer, explicable por su trágica situación económica y social o por un enamoramiento incontrolado que la hace cómplice del desastre de las relaciones en juego. Encontramos estos juicios de manera destacada en *Fortunata y Jacinta, Lo prohibido, Tormento, La desheredada, Tristana, Realidad,* etc.

* * *

[1014] PÉREZ GALDÓS, BENITO, *La familia de León Roch*, o.c., pág. 89

***Concluimos** aquí los análisis de esta Parte Tercera de nuestro trabajo.*

A lo largo de las páginas de estos dos últimos capítulos hemos tenido ocasión de descubrir y citar innumerables textos de los escritos de Benito Pérez Galdós referidos a temas eclesiales y sacramentales. Ellos mismos y el análisis contextual que los ha acompañado nos permiten aventurar la convicción de que existe en la obra galdosiana una importante eclesiología, perfectamente coherente con su teología sacramental (y con los desarrollos de la religiosidad cristiana expuestos en el capítulo 5 de este libro). Una y otra perspectiva –Iglesia y sacramentos- se sitúan dentro de los paragigmas teológicos que contornan al Vaticano II y quizás más allá; son expresivos, además, de una densa cultura histórica, sociológica y artística de signo católico.

Todo lo cual nos aconseja señalar la obra del escritor como integrante de derecho del patrimonio cultural cristiano en su dimensión literaria.

Apéndice

I.- Conclusiones generales del presente estudio
Constataciones fundamentales.

Señalamos algunas constataciones que vertebran la investigación realizada y expuesta en este libro en cuanto a su contenido formal:

Primera.
   Toda la producción literaria de Galdós denota una intencionalidad y una perspectiva educativa de la población española, partiendo de su realidad y de su historia, dirigidas a los individuos y a las instituciones.
   El escritor se fundamenta –para ello- en su propia sensibilidad dotada de las mejores cualidades del liberalismo, en su fe cristiana y en corrientes intelectuales europeas, entre otras y especialmente en el krausismo.
   Don Benito se convierte así en un gran pedagogo para españoles.

Segunda.
   Si se contempla el conjunto de la obra de Galdós (no determinadas novelas de índole teológica expresa), debemos concluir que éste no pretende definirse como un escritor predominantemente religioso, sino –más bien– como un autor del realismo crítico, cercano al romanticismo.
   La religiosidad y la perspectiva explícita cristiana ocupan un tercer puesto en el tratamiento temático dentro de toda su obra, por detrás del análisis antropológico (del estudio exhaustivo del ser humano en toda su problemática, asunto que le centra por entero), y por detrás del análisis socio-histórico referido a la realidad española (que ocupa especialmente la trama y el mensaje de los 46 Episodios Nacionales).
   Sin embargo, también es preciso concluir que Galdós concede a esa perspectiva religiosa una importancia máxima y determinante, de manera que aparece como dimensión consustancial de su literatura, eje transversal de la misma y clave indispensable de interpretación de toda su obra.

   En cuanto a la cuestión de *la religiosidad y de la fe personales* de Don Benito, nuestro estudio no permite –como es lógico- aventurar *ninguna tesis*, ni debe intentarlo. Nadie estará autorizado nunca para responder a esa pregunta.
   No obstante, la investigación realizada con otras miras ofrece un número considerable de observaciones objetivas, que permiten pensar que el escritor canario, a pesar de su declaración en el Discurso de entrada en la Real

Academia (comparándose con el amigo creyente José María Pereda), mantuvo en su vida una profunda estima personal por el hecho religioso y cristiano, un hondo sentimiento creyente e incluso una práctica litúrgica grata; lo que ratifican personas de su intimidad como Leopoldo Alas Clarín y Emilia Pardo Bazán.

Tercera.
Existe una extraordinaria abundancia y amplitud de temas y aspectos de ese pensamiento religioso y cristiano -y una profundización del mismo- en el centenar de obras de Galdós pero especialmente en la novelística independiente".

Desde 1870 hasta 1918 aparecen todos los aspectos de la religiosidad humana y cristiana en el conjunto de su producción y en cada una de las obras formales de mayor importancia del autor (novelas independientes, Episodios Nacionales y piezas de teatro) y con notable frecuencia en el resto de escritos menores. Esta frecuencia es indicativa del alto interés del autor por el problema religioso.

Su tratamiento de esa temática denota un sólido conocimiento de las fuentes originales del cristianismo y de la teología oficial del catolicismo de su tiempo.

(Tal presencia frecuente del tema tendría sólo en parte un tono parecido al que denotan las obras de literatos coetáneos con los que el escritor tuvo relación epistolar: por una parte con obras de Miguel de Unamuno, por otra con las de representantes del realismo tales como Leopoldo Alas Clarín, Juan Valera y José María Pereda; pero es superior a la de estos escritores y a la de los coetáneos franceses e ingleses, y comparable a la de los literatos rusos.)

Cuarta.
Galdós no muestra en sus obras pretensión alguna de proponer desarrollos sistemáticos sobre la teología en su conjunto ni sobre temas teológicos particulares; pero si ofrece una reflexión en profundidad de todas las grandes cuestiones de la teología cristiana; con una coherencia de pensamiento a lo largo de su producción.

No se expresa en esa temática religiosa como teólogo especulativo, sino como narrador –como literato- centrado en el hilo conductor de tramas imaginadas. No es un teólogo. Eso no obstante, reitera y ahonda dimensiones esenciales y aspectos particulares de la teología, ofreciendo un pensamiento amplio y coherente sobre esos temas.

Más aún, nuestro trabajo deja constancia de estos hechos significativos:

1º) entre el centenar de escritos literarios formales tiene al menos 22 obras de carácter fundamentalmente teológico, encarnado éste en tramas amorosas y sociales o históricas diversas; a saber:

<u>9 novelas independientes</u>: 5 que pertenecen a la etapa de novelas de tesis (*Doña Perfecta, Rosalía, Gloria, La familia de León Roch, Torquemada y San Pedro*) y 4 pertenecientes a la etapa espiritualista (*Ángel Guerra, Nazarín, Halma y Misericordia*),

<u>5 Episodios Nacionales</u> en los que la trama religiosa ocupa un lugar extenso y destacado (*El terror de 1824, La campaña del Maestrazgo, Un faccioso más y algunos frailes menos, Zumalacárregui, Cánovas*),

<u>8 dramas escénicos</u> con temática religiosa dominante, en general de carácter simbólico (*Electra, Pedro Minio, Casandra, Amor y ciencia, Alceste, Sor Simona, Santa Juana de Castilla, La razón de la sinrazón*).

2º) tiene <u>varios ensayos</u> de fuerte espiritualidad y crítica religiosa. Entre otros: *El sentimiento religioso en España, Guía espiritual de España. Santos modernos. La fe nacional...*

3º) en fin, en buena parte del resto de obras introduce <u>debates de carácter teológico</u>; entre ellas: las novelas *La fontana de Oro, El audaz. Historia de un radical de antaño, Marianela, Tormento, Miau, El abuelo, El caballero encantado...*; los Episodios Nacionales *Zaragoza, Gerona, La batalla de los Arapiles, Aitta Tetauen, La vuelta al mundo en la Numancia, La de los tristes destinos...*; y los dramas *La loca de la casa, Mariucha, Celia en los infiernos, Realidad...*; así como numerosos artículos de prensa.

Quinta.

La coherencia interna (ideológica) de la temática religiosa y cristiana, tanto en su conjunto como en los aspectos particulares, a lo largo de una producción amplísima y dilatada en el tiempo, permite al comentarista ensayar síntesis de lo que pudiera denominare una cierta "teología galdosiana".

Se ha verificado la existencia de avances homogéneos en ese pensamiento religioso y cristiano, la reiterada insistencia en algunas cuestiones, abordadas desde puntos de vista diversos, matices nuevos..., esbozo de problemas teológicos apenas tratados después (por ejemplo, la crítica del catolicismo decimonónico, la dialéctica entre el Jesús de la fe y el Jesús de la historia, las razones del anglicanismo, la naturaleza del sacramento del perdón, etc.); pero nunca contradicción interna ni vaivén ideológico.

Aparece así la contextura bien trabada de *un cuerpo de ideas* que va creciendo en armonía suficiente con los demás sistemas del organismo, aunque –como le sucede al cuerpo humano- en ocasiones- acuse debilidad o hipertensión.

El lector de nuestro texto puede así establecer una síntesis amplia de ideas, sin –por ello- temer que se fuerce la interpretación del pensamiento galdosiano. Es decir, ha sido posible elaborar y presentar una cierta teología sistemática a partir del conjunto de los libros y escritos de Galdós, respetando el contenido inmediato de cada uno y el cuerpo doctrinal que los sostiene.

La elaboración desarrollada llega a mostrar que *esa perspectiva teológica galdosiana abarca la casi totalidad de cuestiones asumidas y debatidos en la teología clásica y contemporánea.* Entre otras: la distinción entre cristianismo y religión, la crítica de la religión, el ecumenismo y la utopía de una religión única y universal, el problema de la salvación individual y colectiva, la ética del Evangelio, la trascendencia de Jesús, la dinámica de la fe, la eclesiología institucional, la teología de la liberación, el mundo sacramental cristiano, la identidad del presbiterado católico, etc., y, sobre todo, la función correcta de la Iglesia en el quehacer pendiente de una sociedad como la española.

Además de ello, es de notar que construye la perspectiva religiosa con una **doble metodología que introduce pedagógicamente en la trascendencia**: por una parte, la del lenguaje narrativo o parabólico y, por otra, la del lenguaje simbólico y metafórico, ambos cauces de fuerte resonancia bíblica. Los personajes del mundo galdosiano (y buena parte de las novelas y dramas) son símbolos de carácter cristiano.

Sexta.
La obra de Galdós deja entrever la intención explícita y repetida de aportar una revisión global del catolicismo dominante en el XIX; no como oposición sino con un talante regeneracionista liberal.
Su literatura y tología están impregnadas constantemente de un tono liberal. Es liberal. Es una apuesta por un hecho religioso y un cristianismo de signo liberal, cercano al pensamiento krausista, en contra de la mentalidad inspirada en la doctrina oficial de la Iglesia decimonónica y de la poderosa burguesía católica.

El prototipo galdosiano (que incluye al seguidor del Evangelio) tiene incondicionalmente el rasgo liberal, entendido éste según el idealismo de todos los héroes liberales que jalonan los cuarenta y seis episodios nacionales y que difieren del modelo de librepensador.

Es decir, que la obra de Galdós tiene un talante reformador. Y lo tiene dentro del cristianismo, no fuera de él (en medida parecida a como lo planteaban Lammenais en Francia o Tolstoi y Dostoievski para la rusa zarista).

La perspectiva teológica en la obra de Galdós puede sintetizarse en tres áreas de pensamiento conexionadas entre sí estrechamente:
- El problema de Dios y de la religión.
- Jesucristo y la ética del Evangelio.
- La Iglesia, su ministros y sus ministerios.

En referencia a ellas se exponen estas diez las conclusiones principales de la investigación.

1. Para Galdós, **la idea y la palabra "Dios" son una realidad contundente**. Se hallan ambas en la mayoría de personajes de su mundo literario; contituyen una presencia espontanea, recurrente u ocasional -en momentos de especial tensión anímica-, pacíficamente asentada o en tensión y conflicto interior.

Todos los héroes principales de los Episodios Nacionales, con categoría de primero o segundo orden y de un signo u otro (a excepción de Tito en la quinta serie) son creyentes en un Dios digno de ser tal. Lo son también igualmente los protagonistas de las novelas independientes mejor dotados en su estatuto personal

Son también unamunianamente creyentes, en las novelas, (aunque estén cercanos a manifestarse ateos) las tipos más críticos contra el oscurantismo católico burgués.

Evidentemente creen también –de manera expresa- en un Dios a su medida quienes constituyen el amplio mundo del conservadurismo católico: los carlistas sin excepción (entre los que destacan militares de elevada talla moral como Zumalacárregui, Montes de Oca, Maroto…), la totalidad de la población vasca, navarra y aragonesa…, el pueblo llano de los arrabales madrileños, e incluso los arribistas de la Corte; y, por supuesto, la serie tan numerosa y oscura de sacerdotes o frailes que recorren las páginas de toda la obra galdosiana.

2. La obra de Galdós es, desde el principio al final, una denuncia firme del **maltrato que la idea de Dios recibe** en la España del XIX y, posiblemente, a lo largo de su historia desde el XVI. Maltrato de parte del pensamiento eclesiástico oficial y mayoritario, de la alta burguesía católica y de la complicidad general de la cultura media.

El escritor desarrolla esa crítica religiosa centrándola fundamentalmente en dos formas de perversión del concepto de Dios y de la religiosidad:

- primero, la **monopolización y utilización de Dios** por una determinada idea política, por unos intereses bélicos o de poder social, o por una sola religión establecida (crítica que vertebra especialmente los Episodios Nacionales); y

- segundo, **la desautorización absoluta del sacrificio religioso** que atribuye a Dios la voluntad -o la aceptación- de la autodestrucción de la persona o de la destrucción de ésta por otros como fidelidad a una creencia o como mecanismo compensatorio de transgresiones sociales.

3. A partir de esa denuncia, los personajes galdosianos elaboran –entre todos- **una idea coherente con el Dios de Jesús y una religiosidad –una experiencia religiosa- psicológicamente saludable** e incluso operativa; aunque muchas veces esa vivencia no sea plácida sino dolorosa, conflictiva y esperanzada.

4. La **valoración eminente del cristianismo de Jesús** (valga la redundancia) constituye una constante esencial del pensamiento teológico de Galdós.

Para Galdós el mensaje de Jesús es una **instancia restauradora del individuo y de la sociedad, de las relaciones humanas y de las estructuras sociales, de la esperanza en un futuro Trascendente,** con tal de que se mantenga en su pureza original. Esta visión forma parte integral de la utopía que supone toda su obra escrita. Pero en las novelas de la etapa de espiritualidad deja la impresión de que –para él- la figura de Jesús y el cristianismo están **inéditos.**

5. La persona explícita de Jesús queda bastante **menos tratada** que el problema –un tanto abstracto- de Dios. Sin embargo, en diversas páginas e incluso obras ofrece desarrollos de aspectos fundamentales de la cristología. En concreto:

-Primero. Galdós plantea la **encarnación de Dios en Jesús** identificando a éste con **dos niños** cuyo origen tiene una razón divina y revela expresamente la misión redentora que se confiere a Jesús en el Nuevo Testamento.

-Segundo. La **Pasión de Jesús está descrita y asumida** místicamente, paso por paso, en la trayectoria de Nazarín; incluso en el diálogo desde la cruz con un honrado ladrón, que en la novela es designado con el nombre de El sacrílego. En realidad, las novelas *Nazarín* y *Misericordia* representan una hermenéutica de la vida y figura de Jesús de Nazaret.

-Tercero. El hecho central de la dogmática cristiana es **la resurrección de Jesús**: su tránsito a una existencia pletórica definitiva y comunicada a los hombres. Galdós no habla expresamente de este misterio vivido por Jesús, pero si ofrece suficientes páginas en las que los personajes queridos muestran la absoluta convicción de una existencia gloriosa que comienza en el momento de su muerte y gracias a la entrega generosa de la vida por un ideal elevado.

6. Una gran parte de la creación galdosiana puede considerarse como el desarrollo narrativo de la **ética evangélica**, tanto implícita como explícitamente en cada una de sus dimensiones.

Primero. En cuanto a la íntima conexión entre naturaleza y gracia; entre la naturaleza y la conciencia, por una parte, y la fe y la postura religiosa, por otra. Regidas ambas series de actitudes por la libertad personal. El hombre –para Galdós- es responsable de sus decisiones, no viene determinado ciegamente por su propia historia. Pero, en todo caso, su quehacer debe responder siempre a la legitimidad de la naturaleza y a los compromisos justos de las relaciones humanas.

La libertad -el respeto a la libertad personal- es la base de toda la ética individual y social. Esta libertad es un logro difícil pero posible; más aún, para el cristiano es su destino como creyente: Galdós desarrolla el principio de la carta de San Pablo a los Gálatas: "para hacernos libres nos liberó Cristo Jesús".

Segundo. En cuanto a la **encarnación en la realidad más doliente y frágil del ser humano y particularmente de los miserables, de los desvalidos y de los sufrientes.** Obras enteras del autor son una canto de cercanía a ellos. Son innumerables los sufrientes en el mundo galdosiano y el autor se siente impotente ante su dolor, pero los acompaña y se conmueve hondamente.

En la contemplación de unos y otros elabora así Galdós una teología de la encarnación del creyente entre los hombres.

Tercero. En cuanto al mandamiento evangélico del amor, que alcanza a los enemigos.

La obra del escritor debe interpretarse como un inacallable y polifónico canto al amor en todas sus dimensiones; normalmente, partiendo del amor erótico y elevándose, poco a poco al amor de ágape (de comunión absolutamente generosa incluso con el enemigo o el oponente), alcanzando cotas cercanas a la mística.

Cuarto. Al mismo tiempo, los escritos galdosianos son un clamor profético contra las innumerables injusticias que pesan y oprimen a la persona en esta sociedad y contra los desafueros de las estructuras de administración, de gobierno y de economía que destrozan la vida de este país. La condena de la usura, uno de los más viejos pecados que condena la Biblia, le merece a Galdós la serie de las cuatro novelas de Torquemada, que se prolongan en *La de Bringas*.

A ello se añade el rechazo absoluto de la guerra –de todas y cada una de nuestras guerra- y la afirmación del principio de no violencia. Ninguna guerra y ninguna violencia –dice expresamente en *Zumalacárregui y en Aitta Tetauen*- pueden entablarse en nombre de Dios. Así mismo, se añade la condena absoluta de la pena de muerte.

Es decir, de manera sobre todo implícita, la obra galdosiana tiene como constante la propuesta de la justicia evangélica: "Bienaventurados los que tienen hambre y sed de justicia. Bienaventurados los hacedores de paz".

7. No aparece en Galdós una verdadera eclesiología (una reflexión a fondo sobre el hecho eclesial). Se aproxima al tema desde la consideración críticadel catolicismo. rechaza el poder temporal del clero y su conservadurismo.

8. Galdós esboza la utopía de un nuevo catolicismo coherente con el Evangelio más puro, un tanto desinstitucionalizado, configurado comunitariamente en pequeñas agrupaciones fraternas, abiertas especialmente a los más pobres, de carácter más bien laical (aunque cuente en su seno con presbíteros) y practicante de un cierto socialismo agrario. Este tipo de comunidad cristiana integra siempre en su seno la presencia referencial de una persona de seria religiosidad.

Toda la obra galdosiana es una propuesta clara de ecumenismo para las confesiones cristianas católica y protestante; el escritor condena el antisemitismo, sueña en un acercamiento teológico y existencial del mundo cristiano y del mundo judío y es, en fin, respetuoso de la religión islámica con la que sugiere entablar relaciones cordiales.

Llega al fondo del problema de las diversidades religiosas antagónicas y sugiere la utopía de una única religión básica universal, capaz de permitir a los hombres una convivencia nunca interferida por problemas religiosos.

9. En cuanto a la perspectiva sacramental de la Iglesia pueden concluirse:

Primero. La Eucaristía tiene una especial relevancia a lo largo de las novelas y Episodios, y en todo momento su visión y valoración de la misma son coherentes con aspectos esenciales de ese hecho cristiano; en algunos momentos la incorporación del creyente al acto eucarístico sobrepasa los límites físicos de la cercanía al rito.

Segundo. El sacramento del Perdón de los pecados es valorado y frecuentemente descrito; la mitad de ocasiones con un carácter crítico (en razón de su deteriorado ejercicio por parte de algunos presbíteros). El escritor sugiere –acerca de él- el retorno a la práctica original del cristianismo en donde las funciones de confesor y de penitente se invierten a veces.

Tercero. Un matrimonio seguro, fundado en la madurez de la pareja y en la serenidad del amor, es el término deseado en todas las tramas amorosas. Para que exista debe garantizarse la libertad y la convergencia mutua. Galdós considera nulos todos los matrimonios impuestos. En cuanto al que contraen los católicos, relativiza la necesidad de su base canónica y defiende la posibilidad de mantener la bondad y la regularidad cristiana y eclesial en el caso de divorcio al producirse una nueva y serena unión.

10. Respecto a los presbíteros:

A lo largo de la creación galdosiana se hace una **valoración muy negativa de la mayoría de clérigos** de cualquier tipo y condición, denunciando en ellos casi todas las actitudes antievangélicas e inmorales objetivamente observadas, sobre todo la opresión cruel que ejercen sobre aquellos con quienes se relacionan, especialmente con los más débiles y desprotegidos.

Pero a lo largo de la creación galdosiana se hace una **valoración muy positiva de catorce presbíteros (uno de ellos anglicano), de cinco religiosas y de un convento femenino de clausura** (en el Episodio *Gerona*). Siete de estas personas tienen un protagonismo fuerte y son analizadas con detenimiento y admiración en cuanto a su contextura personal y en cuanto a su vocación religiosa.

De tal análisis surge una seria teología del ministerio de servicio en la Iglesia y para la sociedad. En consecuencia, se puede afirmar que Galdós no participó del anticlericalismo usual en gran parte de los liberales del siglo XIX español.

II.- Bibliografía

1. OBRAS DE GALDOS ANALIZADAS

Obras literarias formales

31 Novelas independientes: *La fontana de oro (1870). El audaz. Historia de un radical de antaño (1871). Rosalía (1872). Doña Perfecta 1876) . Gloria (1878). Marianela (1878). La familia de León Roch (1879). La desheredada (1881). El amigo Manso (1882). El doctor Centeno (1883). Tormento (1884). La de Bringas (1884). Lo prohibido (1886).Fortunata y Jacinta (1886). Miau (1888). La incógnita (1888). Torquemada en la hoguera (1888). Realidad (1888). Tristana (1892). La loca de la casa (1892). Torquemada en la cruz (1893). Torquemada en el purgatorio (1893). Torquemada y San Pedro (1894). Ángel Guerra (1895). Nazarín (1896). Halma (1896). El abuelo (1897). Misericordia (1897). El caballero encantado (1909). La razón de la sinrazón (1916). Casandra (1918)*

46 Episodios Nacionales.

Serie 1ª (1873-1875): *Trafalgar. La Corte de Carlos IV. 19 de marzo y 2 de mayo. Bailén. Napoleón en Chamartín. Zaragoza. Gerona. Cádiz. Juan Martín el Empecinado. La batalla de Arapiles.*

Serie 2ª (1875-1879): *El equipaje del rey José. Memorias de un cortesano de 1815. La segunda casaca. El grande Oriente. 7 de julio. Los cien mil hijos de San Luís. El terror de 1824. Un voluntario realista. Los Apostólicos. Un faccioso más y algunos frailes menos.*

Serie 3ª (1898-1900): *Zumalacárregui. Mendizabal. De Oñate a La Granja. Luchana. La campaña del Maestrazgo. La estafeta romántica. Vergara. Montes de Oca. Los Ayacuchos. Bodas reales..*

Serie 4ª (1901-1907): *Las tormentas del 48. Narváez. Los duendes de la camarilla. La revolución de julio. O'Donell. Aita Tettauen. Carlos VI en la Rápita. La vuelta al mundo en la Numancia. Prim. La de los tristes destinos.*

Serie 5ª (1908-1911): *España sin rey. España trágica. Amadeo I. La Primera República. De Cartago a Sagunto. Cánovas.*

21 Obras de teatro: De la etapa juvenil: *Quien mal hace, bien no espere (1870). La expulsión de los moriscos (1871). El hombre fuerte (1872)...* Fechas de representación, a partir de 1890: *Realidad (1892). La loca de la casa (1893). La de San Quintín (1893). Los condenados (1894). Voluntad (1895). La fiera (1895). Electra (1903). Alma y vida (1903). Mariucha (1904). Bárbara (1906). Amor y ciencia (1906). Pedro Minio*

(1908). Zaragoza (1908). Casandra (1910). Celia en los infiernos (1913). Alceste (1914). Sor Simona (1914). El tacaño Salomón (1915). Santa Juana de Castilla (1915). Marianela (1916). El amigo Manso (1917). (Escrita en época juvenil:) *Un joven de provecho (1920).* Póstuma: *Antón Caballero.*

14 Relatos breves o cuentos más destacados: *La sombra. Una industria que vive de la muerte. La conjuración de las palabras. La novela en el tranvía. La pluma en el viento. La mula y el buey. Theros. Rompecabezas. La princesa y el granuja. Celín. ¿Dónde está mi cabeza?. Tropiquillos. El pórtico de la gloria., Cuarenta leguas por Cantabria...*

Escritos menores:

1. **Ensayos de crítica literaria.** (Escritos diversos entre 1870 y 1913) Selección e Introducción de Laureano Bonet. Ed. Península. Barcelona 1972.

2. **Prólogos a diversas obras.**

Recogidos y editados en las obras: *Ensayos de crítica literaria,* de J.P. Castañeda (Ediciones Península. Barcelona 1972), *Artículos y ensayos* de Juan Pedro Castañeda (Asociación Cultural Cabrera y Galdós. Ed. Idea. Tegueste 2005) y en el vol. VI de las *Obras Completas* (Ed. Aguilar. Madrid 2005).

3. **El sentimiento religioso en España** y **Santos modernos.**

Publicado por William Shoemaker en *Las cartas desconocidas de Galdós en "La Prensa" de Buenos Aires. Santos modernos* es un texto decisivo para descubrir el sentido cristiano de la caridad y la justicia en Galdós, es un artículo que publica también en "La Prensa" de Buenos Aires (15/02/1886) y que comentan ampliamente Pedro Miguel Lamet (*La santa de Galdós. Ernestina Manuel de Villena*) y Denah Lida (*Galdós y sus santas modernas*).

4. **La fe nacional y otros escritos sobre España.** (1900) (Discursos, etc.) Edición de José Esteban y Jesús Egido. Editorial Rey Lear. Madrid 2013

Con el título *La fe nacional* se conoce el discurso que pronunció el 9 de diciembre de 1900, en momentos en que aparecían por primera vez los brotes de nacionalismos separatistas en Cataluña, el País Vasco y, con menos fuerza, en Canarias.

5. **Soñemos, alma, soñemos.** (1903) (Artículo) (Revista Alma Española. Año I. num.1)

6. **Guía espiritual de España.** (1915) (Conferencia) (Edición y presentación de Laureano Bonet. Editorial Península. Barcelona 1971)

7. **Memorias de un desmemoriado.** (1915) Ed. Visor Libros. Madrid 2005 (Se añaden otros artículos). Ver la edición de Alberto Ghiraldo, Ed. Rencimiento. Madrid 1930
Ediciones de *Memorias de un desmemoriado*.
- POLIZZI, Assunta, *Diálogo con la memoria*. ´Memorias de un desmemoriado´ Universitá de Catania, sede di Ragusa, Centro Virtual Cervantes.
- MENÉNDEZ-ONRUBIA, Carmen, *Las ´Memorias de un desmemoriado´ de Galdós: texto y contexto*. Actas del IX Congreso Internacional de Estudios Galdosianos, Cabildo de Gran Canaria. Las Palmas de Gran Canaria 2009, 514-527

8. **Otros artículos y escritos diversos:**

Artículos diversos en "La Nación" y otros periódicos están también publicados parcialmente por Alberto Ghiraldo en *Crónica de Madrid* (Renacimiento, Madrid), y en el tomo VI de las Obras Completas, de Aguilar, presentado por Federico Sáinz de Robles.

- Discursos leídos ante la Real Academia Española en la recepción pública del domingo 7 y el 21 de febrero de 1897. Ed. Madrid (s.n.) 1897 Estudios Tipográficos de la Viuda e hijos de Tello.
- - Al diario "la Prensa" de Buenos Aires. William H. Shoemaker reúne en un tomo de 540 artículos diversos y crónicas de viaje enviados por Galdós, algunos de ellos (ya citados) de gran interés para la temática que nos ocupa. *Las cartas desconocidas de Galdós en ´La Prensa´ de Buenos Aires.* Ediciones Cultura Hispánica, Madrid 1973
- Al diario "La Nación" de Madrid. Editados en parte en la obra *Crónica de Madrid* que publica Alberto Ghiraldo (y en *Obras inéditas ordenadas y prologadas por Alberto Ghiraldo*, seis tomos (Renacimiento. Madrid 1923) y en el tomo VI de las Obras Completas de Ed. Aguilar.
- Y edición de William SHOEMAKER: Soemaker, William H., *Los artículos de Galdós en "La Nación" 1865-1866 y 1868. Recogidos, ordenados y dados nuevamente a la luz con un estudio preliminar*. Insula, Madrid 1972
- Los artículos políticos en la Revista de España 1871-1872. Brian Dendle – José Schraibman. Lexington 1982
- Artículos y ensayos. Prólogo de Juan Pedro Castañeda. Asociación Cultural Cabrera y Galdós. (Ed. Idea. Tegueste 2005)
- Recuerdos y memorias. Federico Carlos Sainz de Robles. Tebas. Madrid 1975

- Antología escolar. Introducción y selección de Francisco Indurain. Las Palmas de Gran Canaria – Unesco 1992

9. Epistolario escogido.

- Epistolario en la Casa Museo Pérez Galdós (Cabildo de Gran Canaria).

Dispone de 9000 documentos digitalizados (cartas, tarjetas postal, etc.). Se han han leído para este trabajo las 1043 cartas manuscritas íntimas y de amistad escritas por Galdós Teodosías Gandarias, Concepción Morell, Lorenza Cobián, María Pérez Galdós (su hija), Juan Valverde y Rodríguez, Concha Pérez Galdós, hermanos Álvarez Quintero, José Estrañi, Arturo Mélida (ilustrador de los Episodios), Antonio Maura, Eduardo Marquina, Fernando León y Castillo y Manuel Rubín González.

- (Cartas) a José María Pereda. (Edición de Carmen Bravo Villasante (Biblioteca Virtual Miguel de Cervantes. www.cervantesvirtual.com).

Conjunto de veintiocho cartas de carácter íntimo de Galdós a su amigo el escritor montañés José María Pereda. Sobre parte de ellas hace un análisis el profesor de la Sorbona Robert Ricard (en *Cartas a Galdós y Cartas de Galdós*. Alicante, Biblioteca Virtual Miguel de Cervantes 2012).

- Cartas diversas editadas en *Cartas a Galdos y cartas de Galdós* de ROBERT RICARD (en Anuario de Estudios Atlánticos, n.11. 1965, y en Revista de Occidente 1964; así mismo en www.cervantesvirtual.com Biblioteca Virtual Miguel de Cervantes 2012 Alicante.)

- Cartas de Pérez Galdós a Ramón Mesonero Romanos. Edición de EULOGIO VARELA HERVÁS, Ayuntamiento de Madrid, Sección de Cultura e Información 1943. María de los Ángeles Ayala hace un estudio de este epistolario en su artículo *Galdós y Mesonero Romanos* (Biblioteca Virtual Miguel de Cervantes 2012).

- Cartas de Emilia Pardo Bazán a Galdós:

Con ese título. Edición de CARMEN BRAVO VILLASANTE. Ed. Turner, Madrid 1978.

Aunque se trata de escritos de Emilia Pardo Bazán (treinta y dos cartas inéditas), es indudable que este epistolario significa, a la vez, una valiosa aportación para el conocimiento del escritor canario, de su intimidad y del pensamiento compartido con la autora. Las cartas se escriben en el período de 1889.-1890, pero algunas pueden estar datadas bastante antes.

Edición de Isabel Parreño y Juan Manuel Fernández: PARDO BAZÁN, EMILIA, *Miquiño mío. Cartas a Galdós*. Ed. Turner Madrid. 2013. Contiene noventa y tres cartas.

- <u>Cartas a Galdós</u>. Soledad Ortega. Revista de Occidente. Madrid.
- <u>Cartas del Archivo de Pérez Galdós</u>. Selección. SEBASTIÁN DE LA NUEZ – JOSÉ SCHRAIBMAN. TAURUS. MADRID 1967
- <u>El último gran amor de Galdós: cartas a Teodosia Gandarias desde Santanter.</u> JOSÉ SEBASTIÁN DE LA NUEZ. Concejalía de Cultura. Ayuntamiento de Santander 1998
- <u>Correspondencia epistolar entre Maura y Galdós (1889-1914).</u> SEBASTIÁN DE LA NUEZ. Patronato de la Casa de Colón. Madrid – Las Palmas. Anuario de Estudios Atlánticos n.20 (1974) págs.613-668
- <u>Correspondencia epistolar entre Galdós y diez amigos canarios.</u> JOSÉ SEBASTIÁN DE LA NUEZ. Patronato de la Casa de Colón. Madrid - Las Palmas. 1984. Anuario de Estudios Atlánticos. n.30 1984 págs. 639-679
- <u>Cartas de Miguel de Unamuno a Galdós.</u> JOSÉ SEBASTIÁN DE LA NUEZ. Papeles de Son Armadans, n.110 mayo 1965.
- <u>Cartas entre dos amigos del teatro: Manuel Tolosa Latour y Benito Pérez Galdós.</u> RUTH SCHIMDT. Cabildo Insular. Gran Canaria. 1969
- <u>Una amistad literaria: la correspondencia epistolar entre Galdós y Narciso Oller.</u> WILLIAM SCHOEMAKER. Real Academia de Buenas Letras. Barcelona. 1964
- <u>Cartas manuscritas dirigidas a</u> Galdós conservadas y registradas en el Centro Documental de la Casa Museo Pérez Galdós de Las Palmas: de Juan Valera, Leopoldo Alas, Blasco Ibáñez, Valle Inclán, hermanos Álvarez Quintero, Mariano Benlliure, Joaquín Sorolla, Giner de los Ríos.

Algunas observaciones sobre la citación de textos d Galdós.

Las citas textuales de obras o escritos de Galdós, seleccionadas para este libro han sido 820. El origen de las mismas muestra que el pensamiento teológico de Galdós se halla con mayor abundancia en las novelas independientes (360 citas) siguiendo en frecuencia los Episodios Nacionales (330 citas), lo que hace un total de 690 textos de narrativa aproximadamente. Mientras que de las piezas teatrales sólo se han seleccionado 50 citas y del resto de escritos variados 80 citas, números siempre aproximados.

Estos datos son coherentes con el hecho de que las mayores posibilidades descriptivas y de análisis antropológico las tiene normalmente el género novelístico; reduciéndose las del teatro, el ensayo, la carta o el artículo de prensa.

La novela con mayor temática religiosa, entre las independientes, es *Ángel Guerra* (60 citas), con la que se inicia el período más espiritualista de la obra galdosiana. Pueden considerarse como continuadoras de ese planteamiendo: *Halma* (29 citas), *Nazarín* (19 citas) y *Misericordia* (15 citas). A éstas siguen en importancia textual: *Gloria* (38 citas), *Casandra* (18 citas), *La familia de León Roch* (16 citas), *Doña Perfecta* (14 citas) y *Rosalía* (12 citas), que pertenecen a la etapa de crítica sociorreligiosa más fuerte (anterior al período espiritualista). Dentro del enfoque naturalista y costumbrista se aborda la temática religiosa sobre todo en *Marianela* (22 citas) y en *Fortunata y Jacinta* (18 citas).

En el resto de novelas lo religioso transcurre como un eje transversal relevante aunque sin excesiva presencia expresa.

Entre los Episodios Nacionales resaltan como los de mayor densidad religiosa: *El terror de 1824* (24 citas), por la importante reflexión sobre la fe cristiana, y *Zumalacárregui* (18 citas) como análisis de la identidad del presbiterado católico y de su misión. Siguen a éstos aportando importates consideraciones de la religiosidad cristiana: *La batalla de los Arapiles, Trafalgar, Zaragoza, Gerona, La vuelta al mundo en La Numancia*...; y desde el punto de vista de la crítica del catolicismo: *La campaña del Maestrazgo, Cánovas, Narváez* y *La de los tristes destinos*.

En los demás Episodios la temática religioso cristiana discurre como se ha indicado a propósito de la mayoría de novelas.

En cuanto al teatro destaca la citación de *Casandra* por el análisis importante que sugiere del hecho cristiano y eclesial; seguida de *Mariucha, Electra* y *Santa Juana de Castilla*. Pero tiene suficiente importancia textual: *Amor y ciencia, Pedro Minio, La loca de la casa, Bárbara, Alceste* y *Sor Simona*.

2. OBRAS DE ESTUDIO SOBRE GALDÓS CONSULTADAS.

1. Escritos coetáneos sobre Galdós. Epistolario a Galdós.

De entre los varios miles de cartas manuscritas (en el Centro de Documentación de la Casa Museo Pérez Galdós de las Palmas) y de las colecciones ya editadas, se han analizado para el presente trabajo las cartas de E.Pardo Bazán, J.M. Pereda, L. Alas "Clarín", F. y R. Mesonero Romanos, J. Valera, Blasco Ibáñez, J. y S. Álvarez Quintero, Giner de los Ríos, M. de Unamuno, R. Valle Inclán, J. Sorolla, y M. Benllieure, por estimar que constituyen una cualificada y significativa representación cultural de los coetáneos de Don Benito Pérez Galdós en cuanto referidos al escritor.

2. ESTUDIOS ESPECIALIZADOS sobre la obra de B.P. Galdós y su dimensión educativa y religiosa.

La Bibliografía que presentamos sobre Galdós y su obra tiene un carácter restringido. Hace referencia principalmente a la temática tratada en el presente trabajo como fuente de confrontación, de documentación y de complementación del mismo (aunque resulta imprescindible partir de presupuestos generales sobre el contexto en que se sitúa el escritor y sobre el conjunto de su producción.

Debemos advertir que se trata aquí de un elenco reducido (de libros, artículos y ensayos) dentro de la extraordinaria abundancia y amplitud de los estudio generales publicados acerca de la creación galdosiana. A título de ejemplo señalamos que sólo a la altura de 1971 el profesor LUCIANO GARCÍA LORENZO publicaba treinta y siete páginas (de texto muy apretado) como *Bibliografía galdosiana* que integraba los trabajos editados hasta esa fecha (v. Cuadernos Hispanoamericanos, n. 250-251, 1970-1971, págs.760-797). Por su parte, MANUEL HERNÁNDEZ SUÁREZ ofrece también otra amplia *Bibliografía* de veintiocho páginas de títulos en la revista Anales Galdosianos, Año IX, 1974.

Evidentemente a esas bibliografías es preciso añadir ahora (a la altura de 2020) los abundantes estudios realizados en las décadas finales del siglo XX y primera del XXI, a impulso, sobre todo, de los Congresos Internacionales de Estudios Galdosianos.

Vamos a limitarnos, pues, a citar –y remitirnos- a los estudios en que se ha apoyado nuestra investigación.

- *Publicaciones periódicas especializadas en la obra de Galdós* (con importante incidencia en la temática religiosa de la obra galdosiana).

Son de obligada referencia:
• *Anales galdosianos (1966 – 2014)* Cabildo Insular de Las Palmas de Gran Canaria. Números I a XLIX
• *Actas de los Congresos de Estudios Galdosianos.* Cabildo de Gran Canaria-Editora Nacional. Congresos I, de 1977 (edición 1977); II, 1978 (2 vol. Edición 1978-1980), III, 1989 (2 vol. ed.1990); IV, 1990 (2 vol. ed.1993); V, 1992 (2 vol. Ed. 1995); VI, 1997 (ed. 2000); VII, 2001 (ed. 2003), VIII, 2005; IX, 2009; X, 2013
• *Isidora. Revista de Estudios Galdosianos.* Fundación Dialnet. 2000 Directora. Rosa Amor del Olmo. números 1 a 26 (2014)
• *Ínsula.* Revista de Letras y Ciencias Humanas. Números de 1955, 1958, 1988; en *especial: nº monográfico sobre Galdós de 1993.*
. *Números monográficos o artículos sueltos de las revistas "Cuadernos Hispanoamericanos" (Instituto de Cultura Hispánica. Madrid), "Letras de Deusto" (Universidad de Deusto. Bilbao. Nº 8/1974)). Anuario de Estudios Atlánticos (Patronato de la Casa de Colón. Madrid), et.c*
• Así mismo, las publicaciones digitales de www.cervantesvirtual.com Biblioteca Virtual Miguel de Cervantes.

- *Libros y artículos:*

1. **El contexto en que se sitúa la obra de Galdós.**
a) *España y la Iglesia española del siglo XIX.*
- ABELLÁN, José Luis, *Historia crítica del pensamiento español.* Vol. IV. Espasa Calpe, Madrid 1984, Vol. V (I) y V (II), Madrid 1989.
- AMORES, Montserrat, *Narrativa española del siglo XIX.* Biblioteca Virtual Miguel de Cervantes, 2012.
- CALLAHAN, William, *La Iglesia católica en España. 1875-2002.* Crítica, Barcelona 2003.
- CALLAHAN, William, *Iglesia, poder y sociedad en España. 1750-1874.* Nerea, Madrid 1989.
- CARR, Raymond, *España 1808-2008.* Ariel, Madrid 2009; y *España 1808 a 1939,* en Ariel, Barcelona 1978
- CHACÓN GODAS, Ramón, *Don Fernando de Castro y el problema del catolicismo liberal español.* Fundación Fernando de Castro. Fundación Diego de Sagredo, Madrid 2006.

- DE LA CRUZ VIVES, Miguel Ángel, *Panorama del pensamiento español en la segunda mitad del siglo XIX*. Biblioteca Virtual Miguel de Cervantes, 2012.
- LA PARRA LÓPEZ, E., *El primer liberalismo y la Iglesia. Las Cortes de Cádiz*. Alicante 1985.
- LÓPEZ MORILLAS, J., *El krausismo español*. Ed. Fondo de Cultura.Económica, México 1956
- MIRANDA GARCÍA, Soledad, *Religión y Clero en la gran novela española del siglo XIX*. Eds. Pegaso, Madrid 1982.
- PÉREZ de ALHAMA, J., *La Iglesia y el Estado español. Estudio histórico jurídico a través del Concordato de 1851*. Madrid 1969
- PÉREZ GUTIÉRREZ, F. y otros, *El problema religioso en la generación de 1868*. Taurus, Madrid 1975.
- REVUELTA GONZÁLEZ, Manuel, *La Iglesia española en el siglo XIX; desafíos y respuestas*. Universidad Pontificia de Comillas, Madrid 2005.
- REVUELTA G., Manuel, *Política religiosa de los liberales en el siglo XIX. Trienio Constitucional*. C.S.I.C., Madrid 1973.
- REVUELTA G., Manuel, *Crítica y reforma de los primeros liberales a la Iglesia española (Lección inaugural)*. Universidad Pontificia de Comillas. Madrid 1976.
- ZAMBRANO, María, *La España de Galdós*. Endymion. Comunidad de Madrid, Madrid 1988.

b) Vida y trayectoria de Galdós.
- ARENCIBIA, Yolanda, *Galdós. Una biografía*. Tusquets. Barcelona 2020
- ÁLVAREZ, Jesús Timoteo y otros, *Galdós en Madrid, Madrid en Galdós*. Comunidad de Madrid (Dirección General de Patrimonio Cultural), Madrid 1988.
- ARMAS AYALA, Alfonso, *Galdós, lectura de una vida*. Caja Canarias, Las Palmas de Gran Canaria 1989.
- AYALA, Francisco, *Galdós en su tiempo*. Cabildo Insular de Las Palmas - Ayuntamiento de Santander. 1978
- BAHAMONDE, Ángel y ARENCIABIA, Yolanda, *Galdós en su tiempo* (Seminario "Galdós en su tiempo" Univ. Menéndez y Pelayo. Santander 2006). Ed. Santa Cruz de Tenerife. Parlamento de Canarias 2006.
- BRAVO VILLASANTE, Carmen, *Galdós visto por sí mismo*. Ed. Magisterio Español, Madrid 1970.
- CASALDUERO, Joaquín., *Vida y obra de Galdós*. Gredos, Madrid. 1961.

- GÓMEZ MARTÍNEZ, José Luis, *Galdós y el krausismo español.* Revista de Filología Hispánica. 22.1 (1982) 55-79.
- GUIMERA, José Manuel, *Galdós o la sencillez.* R. El Museo Canario, 1946. N. 18
- HIDALGO MONTEAGUDO, Ramón y otros, *Madrid galdosiano.* Ediciones La Librería, Madrid 1992.
- MADARIAGA DE LA CAMPA, Benito, *Menéndez Pelayo, Pereda y Galdós, ejemplo de amistad.* Ed. Estudio. Santander 1984
- ORTIZ ARMENGOL, Pedro, *Vida de Galdós.* Crítica, Barcelona 1996.
- PLA, Carlos y otros, *El Madrid de Galdós.* Ayuntamiento de Madrid, Madrid 1987.
- PEREDA, José María, *Cartas a Galdós.* Edición de Soledad Ortega, Revista de Occidente, Madrid 1964.
- RICARD, Robert, *Cartas a Galdós y cartas de Galdós.* Anuario de Estudios Atlánticos, nº 11, Madrid 1965
- RODRÍGUEZ BATLLORI, Francisco, *Galdós en su tiempo.* Madrid, 1969.
- SÁINZ DE ROBLES, Federico Carlos, *Pérez Galdós. Vida, obra y época.* Biblioteca Literaria "Tomás Borrás", Madrid 1970.

2. Estudios generales y significados de la obra de B.P. Galdós (que inciden en el libro).

- ALONSO, Amado, *Lo español y lo universal en la obra de Galdós.* (En *Materia y forma en poesía".* Gredos, Madrid 1969, 159-200.
- ÁLVAREZ, S., *El credo de una religión nueva.* Ed. José Esteban. Fundación Banco Exterior, Madrid 1987
- APARICI LLANAS, María Pilar, *Las novelas de tesis de Benito Pérez Galdós.* Barcelona. C.S.I.C. 1982
- BENÍTEZ, Rubén, *La literatura española en las obras de Galdós.* Publicaciones de la Universidad de Murcia, Murcia 1992 (Ver cap. 4. Santa Teresa y el arte religioso, 93; cap. 5. Ascética y demonología, 147)
- CAPDEVILA, Arturo, *El pensamiento vivo de Galdós.* Ed. Losada. Buenos Aires 1944
- DENDLE, B. J., *The spanish novel of religious thesis (1876-1936).* Madrid 1968
- EARLE, P., *La interdependencia de los personajes galdosianos.* En *Cuadernos hispanoamericanos.* N. 1970-71, 250-252

- ESCOBAR BONILLA, Mª DEL PRADO, *Galdós o el arte de narrar*. Madrid - Cabildo de Gran Canaria, Las Palmas de Gran Canaria 2000
- FAUS SEVILLA, PILAR, *La sociedad española del siglo XIX en la obra de Pérez Galdós*. Macher, Valencia 1972
- GULLON, RICARDO, *Técnicas de Galdós*. Taurus, Madrid 1970
- HARTMUT, STENZEL / WOLFEETTEL, FRIEDRICH, *Estrategias narrativas y construcciones de una ´realidad´: lectura de las novelas contemporáneas de Galdós y otras novelas de la época*. Ed. Cabildo Insular de Gran Canaria, Las Palmas de Gran Canaria. 2003.
- MENÉNDEZ ONRUBIA, CARMEN, *Introducción al teatro de Benito Pérez Galdós*. CSIC, Madrid. 1983
- MIELLER, STEPHEN, *El mundo de Galdós: teoría, tradición y evolución creativa del pensamiento socio-literario galdosiano*. Sociedad Menéndez Pelayo. Santanter 1983
- MIRANDA GARCÍA, SOLEDAD, *Galdós y la religiosidad de su época*. Anuario de Estudios Atlánticos 4.28 (1982).
- MONTESINOS, JOSE FERNÁNDEZ, *Galdós. vol. 1, 2 y 3* Ed. Castalia. Madrid 1968
- PÉREZ MINIK, Domingo, *Galdós, ese español perdido y recobrado*. Laminar, Revista Bimestral de Literatura y Arte, 1986, n.23/24, págs. 5-16
- RODGERS, EAMONN, *El krausismo, piedra angular de la novelística de Galdós*. En Boletín de la Biblioteca de Menéndez Pelayo, 62. 1986, 241 – 253.
- SHOEMAKER, WILLIAM H., *Los artículos de Galdós en ´La Nación´ 1865-1868. Recogidos, ordenados y dados nuevamente a luz con un estudio preliminar*. Insula, Madrid 1972
- SHOEMAKER, WILLIAM H., *Las cartas desconocidas de Galdós en ´La Prensa´ de Buenos Aires*. Cultura Hispánica. Las Palmas de Gran Canaria. Cabildo Insular, Madrid 1973.

3. Estudios específicos de la obra de B. P. Galdós (con incidencia en la tesis).

<u>Sobre aspectos parciales varios de la obra de Galdós que indicen en el trabajo.</u>
- ALONSO, AMADO, *Realidad, ficción y símbolo en las novelas de Pérez Galdós*. Gredos, Madrid, 1977
- ARENCIBIA, YOLANDA, *La guerra y la patria en el pensamiento de Galdós*. Universidad de Las Palmas de Gran Canaria. Biblioteca

Universitaria. Memoria Digital de Canarias, Las Palmas de Gran Canaria 2005
- ARENCIBIA, YOLANDA, *Pérez Galdós, relatos con niños: cuentos.* Academia Canaria de la Lengua. La Laguna Las Palmas de Gran Canaria 2008
- APARISI LAPORTA, AMPARO, *Las mujeres en los Episodios Nacionales.* Anales del Instituto de Estudios Madrileños. Tomo XIX. 1982 y Tomo XLIII, Madrid 2000
- ÁVILA ARELLANO, JULIÁN, *El personaje femenino del teatro de Galdós. (Una aproximación al simbolismo histórico del escritor).* Universidad Complutense de Madrid. Madrid 1992
- CAMPOS ORANAS, JAVIER, *Inés, el amor de Galdós.* Anuario de Estudios Atlánticos. 2001, n. 47, págs 115-158
- CASALDUERO, JOAQUÍN, *La caracterización plástica del personaje en la obra de Pérez Galdós: del tipo al individuo.* En *Anales Galdosianos.* Austin (Texas). VII (1972) 19-25
- CORREA, GUSTAVO, *El simbolismo mítico en las novelas de Galdós.* Universidad de Yale (U.S.A.) En Thesauris. Tomo XVIII. N. 2 (1963) y en Biblioteca Virtual Miguel de Cervantes 2011
- CORREA, GUSTAVO , *La presencia de la naturaleza en las novelas de Galdós.* Universidad de Yale. Thesaurus. Tomo XVIII. N. 3 (1963) y en Biblioteca Virtual Miguel de Cervantes 2012
- ESCOBAR BONILLA, MARÍA DEL PRADO, *El legado de Cervantes: presencia del 'Quijote'en la narrativa galdosiana.* Anales Galdosianos. Biblioteca Virtual Miguel de Cervantes 2012
- GULLON, RICARDO, *Lo maravilloso en Galdós.* R. Ínsula, mayo 1955, n. 113 GULLON, RICARDO, *Claves de Galdós.* R. Ínsula, septiembre 1970, n. 284 – 285
- HERNÁNDEZ, ORLANDO, *Pisar y ver. Las mujeres galdosianas.* En *Diario de Las Palmas.* 6 febrero 1974
- JELETAY, JOSEPH, *L'amour dans l'oeuvre Romanesque de Galdós.* En *Letras de Deusto.* Bilbao N. 8 (1974), 61-93
- MARRA LÓPEZ, JOSÉ RAMÓN, *Los prólogos de Galdós.* R. Ínsula., marzo 1963. N.146
- MAYORAL, MARINA, *La mujer ideal de Galdós.* R. Ínsula, sept. 1993. N. 461
- MONTERO – PAULSON, DARÍA J., *La jerarquía femenina en la obra de Galdós.* Ed. Pliegos, Madrid.

- NAVARRO GONZÁLEZ, ALBERTO, *El patriotismo de Galdós*. En *La Estafeta Literaria*. Madrid. N° 511. 1973, 4-7
- PEÑATE RIVERO, Julio, *Realidad e imaginación en la obra de Pérez Galdós*. Rumbos. Université de Neuchatel. Neuchatel 1995
- PETIT, MARIE-CLAIRE, *Les personages féminins dans les romans de Benito Pérez Galdós*. Les belles lettres Paris 1972
- POLIZZI, ASSUNTA, *El proceso metafictivo en el realismo de Pérez Galdós*. Ed. Cabildo de Gran Canaria Las Palmas de Gran Canaria 1999
- PUJOL, JUAN, *Galdós y los niños*. En *Informaciones*. Madrid. 24 enero 1972
- RODRÍGUEZ, ALFRED Y CARSTENS, THOMAS, *Tomás Rufete y Canencia: los ancianos locos que introducen las novelas contemporáneas*. Universidad de Nuevo México, Anales Galdosianos Año XXVI, 1991
- SÁNCHEZ ILLÁN, JUAN CARLOS, *Galdós, precursor de los intelectuales*, en *Galdós en su tiempo*, (coordinado por Ángel Bahamonde y Yolanda Arencibia, págs. 11-134; Ed. Parlamento de Canarias. Santa Cruz de Tenerife 2006).

Dimensión religiosa y moral de la obra de Galdós (en cuanto al conjunto).

De publicaciones periódicas especializadas en temas galdosianos

• En la revista **ANALES GALDOSIANOS** publicada por la Casa Museo Pérez Galdós de Las Palmas de Gran Canaria.
Estudios referidos a algún aspecto de la temática religiosa en la obra de Galdós.

1-RICARD, ROBERT.
   El asesinato del Obispo Martínez Izquierdo (1886) y el clero madrileño en la época de Galdós. n° I. 1966 (y en Biblioteca Virtual Cervantes)
2- LIDA, DENAH.
   Sobre el Krausismo de Galdós. n° II. 1967 (y en B.V. Cervantes)
3-EARLE, PETER G.
   Torquemada: hombre-masa. n° II. 1967 (y en B.V. Cervantes)
4- SÁNCHEZ BARBUDO, ANTONIO.
   Torquemada y la muerte. n° II. 1967 (y en B.V. Cervantes)
5- MORÓN ARROYO, CIRIACO.
   Nazarín y Halma: sentido y unidad. n° II (y en B.V. Cervantes)
6- PARKER, ALEXANDER A.

Nazarín, or the Passion of our Lord Jesus Christ according to Galdós.
n° II. 1967 (y en B.V. Cervantes)

7- RUSSELL, ROBERT H.
The Christ figure in Misericodia. n° II. 1967 (y en B.V. Cervantes)

8- SHOEMAKER, W.H.
¿Cómo era Galdós? n° VIII. 1973 (y en B.V. Cervantes)

9- SCANLON, GERALDINE M.
Religion and art in Ángel Guerra. n° VIII. 1973 (y en B.V. Cervantes)

10- ROGERS, DOUGLASS.
Charity in Galdós. n° IX. 1974 (y en B.V. Cervantes)

11- LIDA, DENAH.
Galdós y sus santas modernas. n° X. 1975, 19-34 (y en B.V. Cervantes)

12- CARDONA, Rodolfo.
Don Benito el prudente. n° XI. Anexo (1976) (y en B.V. Cervantes)

13- BOO, MATILDE L.
La perspective de Galdós en el asesinato del Obispo Martínez Izquierdo. n° XII (1977) (y en la B.V. Cervantes)

14- FOLLEY, TERENCE T.
Some considerations of the religious allusions in Perez Galdós Torquemada novels. n° XIII. 1978 (y en B.V. Cervantes)

15- MINTER, G.G.
Halma and the writings of St. Augustine. n° XIII. 1978 (y en B.V. Cervantes)

16- WHISTON, JAMES.
The materialism of life: religion in Fortunata y Jacinta. n° XIV. 1979 (y en B.V. Cervantes)

17- BOUDREAU, H.L.
The salvation of Torquemada: determinism and indeterminacy in the later novels of Galdós. n° XV. 1980 (y en B.V. Cervantes)

18- CHAMBERLIN, VERNON A.
Galdós and the Movimiento pro-sefardita. n° XVI. 1981, págs. 92-131 (y en B.V.Cervantes)

19- HARRY, L. - KIRBY, JR.
Religious Symbolism in the Characterizations of Benina and Don Romualdo in Misericordia. n° XVIII. 1983 (y en B.V. Cervantes)

20- ARENCIBIA, YOLANDA.
Galdós y Unamuno en la misma hoguera. n° XLII-XLIII. 2007-2008, 31-46 (y en B.V. Cervantes)

• En Actas de los **CONGRESOS INTERNACIONALES DE ESTUDIOS GALDOSIANOS.**
Estudios referidos a algún aspecto de la temática religiosa en la obra de Galdós. Actas editadas por el Cabildo Insular de Gran Canaria y por la Biblioteca Virtual Cervantes.
(La numeración y el año hacen referencia al Congreso en cuyas Actas se halla el estudio, aunque estas Actas hayan sido publicadas posteriormente.)

01- BURNS, ADELAIDE.
  Espontáneas frases religiosas en el lenguaje hablado galdosiano. I. 1973, págs. 230-236

02- EARLE, PETER G.
  Perez Galdós: meditación de la muerte. II. 1978, 49-59

03- GILMAN STEPHEN.
  Cuando Galdós habla con sus personajes. II. 1978, 128-134

04- GONZALEZ POVEDANO, FRANCISCO.
  La fe cristiana en Galdós y en sus novelas. III. 1985, 179-188

05- CARDONA, RODOLFO.
  Galdós y los Santos Padres: hacia una teología de la liberación. III. 139-147

06- BIEDER, MARYELLEN
  El sacrificio: tema y recurso dramático en la obra teatral de Benito Pérez Galdós 1892-1903. III. 1985, págs. 382-389

07- FERNÁNDEZ SEIN, ANA H.
  Triptico de sacrificio: una lectura comparada de algunos finales Galdosianos. III. 1985, 209-217

08- MORENO MARTINEZ, MATILDE.
  Hacia una integración de los periodos naturalista y espiritualista en la producción novelística de Galdós. IV. 1990, 469-476

09- GONZALEZ POVEDANO, FRANCISCO.
  ¿Qué rezaba, por ejemplo, María Egipcíaca Sudre?
  Algunos textos de devoción de su época, como documentación histórica para la obra de Galdós. IV. 1990, 407-423

10- BEHIELS, Lieve.
  La búsqueda del amor, de la verdad y de la historia:Los duendes de la Camarilla (1903). V. (Vol 1) 1992, 39-49

11- ACOSTA PEÑA, ÁNGELES.
  Aspectos significativos de las novelas "Nazarín" y "Halma". V. (Vol.1),

1992, 19-29

12-BAGNO VSEVOLOD.
Las inquietudes religiosas de los héroes de las novelas rusas y su huella en la obra galdosiana finisecular. V. 1995, 352-357

13- ROMERO TOBAR, LEONARDO.
Del "Nazarenito" a Nazarín. V. 1993, 471-485

14-ÁLVAREZ JUNCO, JOSÉ.
La conflictive formación de la identidad nacional en la España del siglo XIX. The troubled training of the national identity in Spain in the 19th century. V. 1993, 59-69

15- GONZALEZ POVEDANO, FRANCISCO.
Reflexiones sobre el exclusivismo, la intransigencia y el fanatismo religiosos en las novelas de primera época de Galdós. V. 1993,165-174

16- MORA, JOSÉ LUIS.
Galdós y el llamado "problema de España." VI. 1997, 504-514

17- BLY, PETER.
La pobreza económica y moral: paralelos temáticos y estructurales entre La de Bringas y Misericordia. VI. 1997, 247-253

18- ÁLVAREZ, CARMEN LUCÍA.
El amor y el sentimiento religioso en gloria, de Galdós. VI. 1997, 123-133

19- MADARIAGA DE LA CAMPA, BENITO.
Anticlericalismo y compromiso político en los textos galdosianos del siglo XX. VII. 2005, 420-427

20- PORRÚA, Mª CARMEN.
Las concepciones morales de Galdós y de Clarín a través de sus personajes. VII. 2001, págs. 712-720

21- AMOR DEL OLMO, Rosa.
Religión y evolución hermenéutica sobre textos dramáticos de Galdós. VII. 2001, págs. 142-159

22- ALCÁZAR Y MORIS, Federico.
Mitras, roquetes y otros capisayos: una visión del clero galdosiano. VII. 2001,

23- F. UREY, DIANE.
"¿Qué es el hombre sin ideal?": Cervantes, Galdós y la lucha del ser. VIII. 2005, 210-227

24- QUEVEDO GARCÍA, FRANCISCO J.
La mujer nueva y la mujer tradicional: apuntes en torno a los modelos femeninos en El amigo Manso. VIII. 2005. 347-357

25- MONROY SUÁREZ, Elizabeth.
   Modelos de mujer en las novelas dialogadas de Galdós. VIII. 2005, 497-507

26- GALVÁN GONZÁLEZ, Victoria.
   La mujer angelical frente a la mujer fatal en las novelas de Pérez Galdós. VIII. 2005, 388-401

27- MONTES DONCEL, Rosa Eugenia.
   El tratamiento de la ficción en el díptico Nazarín-Halma y sus afinidades con el Quijote. VIII. 2005, 184-203

28- GONZÁLEZ MORALES, Belén.
   Ontología de la ficción en Cervantes y Galdós. VIII. 2005, 245-252

29- THION SORIANO-MOLLÁ.
   Galdós y la confesión. IX. 2009, 594-603

30- RODRÍGUEZ PUÉRTOLAS, Julio.
   Los jesuitas contra Galdós y contra la novela y algo más. X. 2013 págs. 324-332

31- ACOSTA GONZÁLEZ, Mª LOURDES.
   El "sentimiento de la historia" galdosiano frente a la historia official. The Galdosian "sentiment of history" in contradiction to actual history. X. 2013, 254-263

32- FIERRO SÁNCHEZ, EMILIA.
   El pensamiento ético-estético y político de Galdós y el mundo presente. The ethic and politician thinking of Galdós and the present world. X. 2013, 380-385

33- CASADO, ÁNGEL.
   El optimismo de Galdós: educación y transformación social. The "optimism" of Galdós: education and social transformation. X. 2013, 273-282

34- BHILS LIEVE.
   Galdós y el pensamiento utópico. Galdós and the utopian thinking. X. 2013, 28-42

35- LUJÁN RAMÓN, Salvadora.
   Galdós y el regeneracionismo a través de la correspondencia con Ramón Pérez de Ayala (1905-1918). X. 2013, 339-348

36- TRONCOSO, Dolores.
   Galdós: patria o nación en la España del XIX... ¿y del XXI?. X. 2013, 364-371

• En la **ISIDORA revista de estudios galdosianos**, dirigida por Rosa Amor del Olmo. Estudios referidos a algún aspecto de la temática religiosa en la obra de Galdós.

01- LÓPEZ ABOAL, María.
Aproximaciones al tema de la muerte en la novela galdosiana. nº 5, 15, 26
02- GAUTIER, Daniel.
Galdós ¿cristiano viejo o cristiano post-Vaticano II? nº 9, 103-114
03- BURAKOFF, Rosa. *La voz de un pueblo errante.* nº 11, págs. 21-31
04- 04- GAUTIER, Daniel. *La santidad según Galdós (I).* nº 14, 5-12
05- GAUTIER, Daniel. *La santidad según Galdós (II).* nº 15, 35-52
06- GAUTIER, Daniel. *Lamennais – Galdós ou comment réconcilier l´Église et le people d´après deux prophètes ´étranges´.* nº 17, 93-130
07- AMOR DEL OLMO, Rosa. *Religión, evolución y anticlericalismo: la doctrina de Galdós.* nº 23, 109-187
08- GAUTIER, Daniel. *Gloria et le Christ.* nº 24 (2014), pág. 48-58

Otros estudios (libros o artículos de diversas revistas).

- ÁLVAREZ, S., *El credo de una religión nueva.* Edit. José Esteban. Fundación Banco Exterior, Madrid 1987
- BATLLÉS GARRIDO, ADELINA, *Galdós y el sacrificio (a propósito del artículo de Maryellen Bieder).* R. Ínsula, Enero 1988, n. 494
- BERGAMÍN, JOSÉ, *De una España peregrina, cap. II. El pensamiento religioso de Galdós.* Ed. Al Borak, Madrid 1972.
- CABRERA PERERA, ANTONIO, *El problema religioso y el sentimiento católico en Galdós.* Casa Museo Pérez Galdós, Las Palmas de Gran Canaria 1994
- CASALDUERO, JOAQUÍN, *Naturalismo y espiritualismo en las novelas de Galdós.* Letras de Deusto. Universidad de Deusto. N. 8. 1974, 189-206
- CORREA, GUSTAVO, *El simbolismo religioso en las novelas de Pérez Galdós.* Gredos Madrid 1962.
- CORREA, GUSTAVO, *La concepción moral en las novelas de Galdós.* En Letras de Deusto. Bilbao. N.8. Universidad de Deusto, 5-31
- CORREA, GUSTAVO, *Tradición mística y cervantismo en las novelas de Galdós de 1890 a 1897.* En *Benito Pérez Galdós*, de E. ROGERS, Taurus, Madrid 1973
- DOMENECH, R., *Ética y política en el teatro de Galdós.* En Estudios Escénicos 1974

- ELIZALDE ARMENDÁRIZ, Ignacio, *Los curas en la novela de Galdós*. Universidad Las Palmas de Gran Canaria.Biblioteca Universitaria. Memoria Digital de Canarias 2005
- GARCÍA MARTÍN, Mª Carmen, *La "Electra" de Galdós o el eterno dogmatismo español*. R. El Museo Canario. Las Palmas de Gran Canaria, 2001, n.56
- GARCÍA PINACHO, María Pilar, *La construcción de la imagen anticlerical de Galdós en la prensa*. Universidad San Pablo CEU, Madrid 2009
- GARCÍA VILLALBA, Charo, *Galdós, un cristiano del siglo XXI*. Departamento de Filología III Universidad Complutense de Madrid. En Espéculo, Nº 46.
- HARRISON, Elbert, *El tema de la caridad en la obra de Galdós*. Revista de la Universidad de Madrid XII, 1964
- LÓPEZ SANZ, Mariano, *Naturalismo y espiritualismo en la novelística de Galdós y Pardo Bazán*. Pliegos, Madrid, 1985
- MIRANDA GARCÍA, Soledad, *Galdós y la religiosidad de su época*. Anuario de Estudios Atlánticos y Universidad de Las Palmas de Gran Canaria. Biblioteca Universitaria. Memoria Digital de Canarias 2004
- MORA GARCÍA, José Luis, *Formalismo y autenticidad: aspectos ético – religiosos de la novelística galdosiana*. Tesis Doctoral, Biblioteca Universidad Pontificia de Salamanca.
- MORA GARCÍA, José Luis, *Hombre, sociedad y religión en la novelística galdosiana. 1888-1904*. Ediciones Universidad de Salamanca – Cabildo Insular de Gran Canaria, Salamanca 1981
- NOS MURO, Luis, *El otroismo como religión*. Religión y Cultura LVI 2010 733-750
- PENUEL, Arnold M., *Psychology, Religion and Ethics in Galdós' Novels. The Quest for Authenticity*. Ed. University Press of Americ, New York 1987
- RIO, Ángel del, *Aspectos del pensamiento moral de Galdós*. En "Cuadernos Americanos" n. 12.6 1943, 147-168
- RODGERS, Eamonn, *Liberalismo y religión en Galdós*. Universidad de Strathclyde. En Analecta Malacitana XIX, I, 1996, 121-130
- RODRÍGUEZ LÓPEZ-BREA, Carlos M., *Galdós, un cristiano heterodoxo*. Universidad Carlos III Madrid, Biblioteca Virtual Miguel de Cervantes 2012

- RUIZ RAMÓN, Francisco, *Tres personajes galdosianos. Ensayo de aproximación a un mundo religioso y moral.* Revista de Occidente Madrid 1964
- SÁENZ SÁENZ, Hilario, *Visión galdosiana de la religiosidad de los españoles.* En *Hispania XX.* 1937, 235-242
- SÁEZ, Alfred R., *La influencia de la Biblia en las novelas de Galdós.* Tesis de la Northwestwrn University.1966
- SCATORI, Stephen., *La idea religiosa en la obra de Pérez Galdós.* Bibliothèque
  Franco-Americaine, Toulouse 1926
- SHOEMAKER, William H., *God´s Role and His Religio in Galdós ́Novels: 1876-1888.* Ed. Albatros, Hispanófila, Madrid 1988
- SOPEÑA IBÁÑEZ, Federico, *La religion "mundana" según Galdós.* Ed. Cabildo Insular de Gran Canaria, Las Palmas de Gran Canaria 1978)
- HALL, J.B., *Galdos ́use of the Christ Symbol in Doña Perfecta.* En *Anales Galdosianos,* Austin (Texas), VIII (1973), 95-98

Para el estudio particular de algunas de las novelas:

Gloria.
- ÁLVAREZ, Carmen L., *El amor y el sentimiento religioso en ´Gloria´ de Galdós.*
  Actas del VII Congreso Internacional de Estudios Galdosianos, 2005. Cabildo de Gran Canaria. Las Palmas de Gran Canaria 2005, 123-133 (y en Biblioteca Virtual Miguel de Cervantes).
- FERNÁNDEZ MONTESINOS, José, *Galdós. Vol I.* Castalia. Madrid 1968, pp. 193-233
- BEZHANOVA, Olga, *Clase, género y religión en ´Gloria´ de Benito Pérez Galdós.* Anales Galdosianos, Año XXXVII, 2002, 53-68
- BURACOFF, Rosa, *´Gloria´ de Benito Pérez Galdós. La traducción al hebreo de una novela española.* (www. diario judío.com. 2012)
- CORREA, Gustavo, *Los elementos bíblicos en ´Gloria´.* En *El simbolismo religioso...* o.c., 49-62
- MÉNDEZ FAITH, Teresa, *Del sentimiento caritativo en Marianela y Misericordia.* En Bulletin Hispanique *LXXXIV,* 1982, 420-433
- MESSINA FAJARDO, Trinis Antonietta, *Nombres y símbolos en ´Marianela ́de Benito Pérez Galdós.* Universitá Kore di Enna. En *Castilla. Estudios de Literatura,* 1, 2010, 72-90

-

La familia de León Roch.
- VIDAL TIBBITS, Mercedes, *Transgresión en 'La familia de León Roch*. Anales Galdosianos. Biblioteca Virtual Miguel de Cervantes 2012
- FERNÁNDEZ MONTESINOS, José, *Galdós. Vol I*. Castalia. Madrid 1968, pp. 251-286
- CORREA, Gustavo, *Configuraciones religiosas en 'La familia de León Roch'*. En RHM 26, 1960, 85-95
- CORREA, Gustavo, *La pasión mística de María Egipciaca en 'La familia de León Roch'*. En *El simbolismo religioso...* o.c., 63-79
- CORREA, Gustavo, *La expulsión del Paraíso en 'Lo prohibido'*. En *El simbolismo religioso...*, o.c., 80-95
- ONTAÑÓN DE LOPE, Paciencia, *Simbolismo en 'Lo prohibido' de Galdós*. (Universidad nacional Autónoma de México. Biblioteca Virtual Miguel de Cervantes).

Fortunata y Jacinta.
- APARISI LAPORTA, Luis Miguel, *Toponimía madrileña en Fortunata y Jacinta*. (Conferencia impartida en la Sociedad de Amigos de Galdós, en 2002, en la Casa de Canarias de Madrid; en espera de publicación).
- CORREA, Gustavo, *La presencia del bien y del mal en 'Fortunata y Jacinta'*. En *El simbolismo religioso...*, o.c., 96-117
- FUENTES, Víctor, *La dimensión mítico simbólica de Fortunata*. Anales Galdosianos, Año XXII, 1987, 47-52)
- ESTÉBANEZ CALDERON, Demetrio, *Lenguaje moral y sociedad en Fortunata y Jacinta de Galdós*. Universidad Complutense de Madrid, Madrid 1994
- URBINA, E., *Mesías y redentores: constante estructural y motivo temático en Fortunata y Jacinta*, En Bulletin Hispanique, n. 83 1981, 379-398
- WHISTON, James, *The materialism of life: Religion in 'Fortunata y Jacinta'*. Anales Galdosianos, Año XIV, 1980, 65-82.

Miau.
- CORREA, Gustavo, *La crucifixión de Villamil en la novela 'Miau'*. En *El simbolismo religioso...*, o.c., 118-134
- MIRÓ, Emilio, *Tristana o la imposibilidad de ser*. Cuadernos Hispanoamericanos, 250-251, Madrid 1970-1971

Torquemada (serie).
- EARLE, Peter G., *Torquemada: hombre masa*. Anales Galdosianos, Año II, 1967 29-44
- FOLLEY, Terence T., *Some considerations of the religious Allusions in Pérez Galdos Torquemada novels*. Anales Galdosianos, Año XIII, 1978. Cabildo Insular de Gran Canaria, Las Palmas de Gran Canaria 1978, 41-48
- GÓMEZ DE BAQUERO, Eduardo ("Andrenio"), *El problema religioso en ´Torquemada y San Pedro y Nazarín´*. En *Novelas y novelistas*, Calleja, Madrid 1918
- CORREA, Gustavo, *La índole arreligiosa del personaje Torquemada*. En *El simbolismo religioso...*, o.c., 135-145
- CÁCERES MILNES, Andrés, *El pensamiento religioso de Galdós a través de la serie de Torquemada*. Revista Signos V. 35, n° 51-52, Universidad de Playa Ancha de Valparaíso 2002
- CORREA, Gustavo, *El misterio de la vocación en ´Ángel Guerra´*. En *El simbolismo religioso...*, o.c., 146-155
- DONAHUE, Francis, *Hacia una solución galdosiana del problema religioso español: Ángel Guerra*. En *Sin Nombre*, San Juan de Puerto Rico, II, n.2, 1971
- ELIZALDE, Ignacio, *"Ángel Guerra" y su proyecto de religión nacional*. En Letras de Deusto, Bilbao, n. 8, Universidad de Deusto, Bilbao 1974, 161-169
- EWALD, Liana, *Imaginar el futuro: Galdós y ´Ángel Guerra´*. Biblioteca Virtual Miguel de Cervantes 2012
- SCANLON, Geraldine M., *Religion and Art in Ángel Guerra*. Anales Galdosianos, Austin –Texas, Año VIII, 1973, 99-105

Nazarín.
- CARENAS, Francisco, *Nazarín, una rebelión*. En Papeles de San Armadans, Madrid-Palma de Mallorca, LXXV, 1974, 107-120
- CORREA, Gustavo, *La definición del ser religioso en ´Nazarín´*. En *El simbolismo religioso...*, o.c., 166-179
- MARTÍNEZ GONZÁLEZ, Luis, *Nazarín, de Pérez Galdós, un sacerdote a imagen de Cristo. La espiritualidad del novelista*, Biblioteca Virtual Miguel de Cervantes 2006
- NARBONA, Rafael, *Pérez Galdós: Nazarín, juglar de Dios*, (http://rafaelnarbona.es) Biblioteca Virtual Miguel de Cervantes 2013
- PARKER, Alexander A., *Nazarin, or the Passion of Our Lord Jesus Christ. According to Galdós*. Anales Galdosianos, Año II, 1967, 83-102.

- CORREA, Gustavo, *La fundación ideal de la Condesa de Halma*. En *El simbolismo religioso...*, o.c., 180-194
- MORON ARROYO, Ciriaco, *'Nazarin' y 'Halma': sentido y unidad*. Anales Galdosianos, Año II, 1967

Misericordia.
- BEARDSLE, Th. S., *The life and Passion of Christ in Galdós 'Misericodia*. En Homenaje a Sherman H. EOFF, 1970, 39-58
- BLEZNICE, Donald y RUIZ, Mario E., *La Benina misericordiosa. Conciliación entre la filosofía y la fe*. Cuadernos Hispanoamericanos, n. 250-252, 1970-1971, 472-489).
- CORREA, Gustavo, *La santificación por la caridad en 'Misericordia'*. En *El simbolismo religioso...*, o.c., 195-215
- CASTILLA, Paquita, *Amor y ternura en Misericordia, de Galdós*. En Ama, Madrid 15 abril 1972
- ELIZALDE, Ignacio, *Misericordia, símbolo de la caridad*. En *Pérez Galdós y su novelística*. Publicaciones Universidad de Deusto, Bilbao 1981, 211-238
- GULLON, Germán, *Misericordia: un milagro realista*. En Letras de Deusto. n. 8, 1974, 171-185
- HERAS, Santiago de las, *Misericordia, el mejor espectáculo galdosiano de todos los tiempos*. En *La voz de Asturias* (Oviedo), 26 marzo 1972
- JIMÉNEZ GUERRA, Ángel, *'Misericordia', la pobreza según Benito Pérez Galdós*. (http://suite101.net/article/misericordia...)
- LAIN ENTRALGO, Pedro, *Miseria, mendicidad, bondad (Misericordia)*. En Gaceta Ilustrada, Madrid 23 abril 1972
- MARIN MARTÍNEZ, Juan María, *Aproximación a "Misericordia". Análisis de tres constantes galdosianas*. En Revista de Literatura, n. XLII, 1980, 63-91
- MENÉNDEZ ONRUBIA, Carmen, *Misericordia y El abuelo. Las dos novelas del siglo XIX español*. Instituto "Miguel de Cervantes" CSIC, Madrid (Centro Virtual Cervantes 2012).
- PÉREZ GALDÓS, Benito, *Prefacio a Misericordia*. Prosa Crítica, o.c., 185
- RODGERS, Eamonn, *¿Cristal o diamantes? La verdad de la mentira en 'Misericordia'*. Anales Galdosianos, n. XXI, 1986, 187-194
- RUSELL, Robert, *The Christ figure in Misericordia*. En Anales Galdosianos, n. II, 1967, 101-130

- SCHRAIBMAN, JOSÉ, *Las citas bíblicas en "Misericordia" de Galdós*. En Cuadernos Hispanoamericanos, n. 250-252, 1970-1971, 490-504
- VAREY, J. E., *Charity in Misericordia* . En *Galdos Studies,* Londres, Tamesis Books, 1970, 164-194.

El abuelo.
- PÉREZ GALDÓS, BENITO, *Prólogo a El Abuelo.* Prosa Crítica, o.c., 157
- LISSORGUES, YVAN, *Benito Pérez Galdós: la novela tendenciosa de fin de siglo (Realidad, Ángel Guerra, Nazarín, Halma, Misericordia, El Abuelo.)* Université de Toulouse, Biblioteca Virtual Miguel de Cervantes 2012

Casandra.
- BEHIELS, LIEVE, *Los demonios de ʹCasandraʹ de Benito Pérez Galdós.* Actas del XIII Congreso AIH Tomo II. En Centro Virtual Cervantes 2012

a) *Teatro.*
- AGUIRRE, J. L., *El teatro de Galdós y el estreno de ʹElectraʹ.* En Boletín de la Sociedad Castellonense de Cultura, n. 64, 1988, 233-249.
- CASALDUERO, JOAQUÍN, *Sor Simona y Santa Juana de Castilla.* En Letras de Deusto, Bilbao, n.8, 1974, 117-133
- CONDÉ, LISA PAULINE, *El uso y abuso del poder en ʹLa loca de la casaʹ de Galdós.* Biblioteca Virtual Miguel de Cervantes 2012
- CORREA, GUSTAVO, *La búsqueda del Dios verdadero en ʹCasandraʹ.* En *El simbolismo religioso...,* o.c., 216- 225
- CHAMBERLIN, VERNON , *Profaning the Religious; Two Nocknames in ʹDoña Perfectaʹ.* Anales Galdosianos, Año XL-XLI, 2005-2006, 11-16
- PÉREZ GALDÓS, BENITO, *Prólogo a ʹLos Condenadosʹ.* Obras Completas Ed. Aguilar, Tomo VI, Madrid 2005, 203-212; y *Prosa Crítica,* o.c., 140
- PÉREZ GALDÓS, BENITO, *Prólogo a ʹLa loca de la casaʹ.* Prosa Crítica, o.c., pág. 139
- PÉREZ GALDÓS, BENITO, *Prólogo a ʹAlma y vidaʹ.* Prosa Crítica, o.c., pág.159
- PÉREZ GALDÓS, BENITO, *Prólogo a ʹCasandraʹ.* Prosa Crítica, o.c., pág. 184
- PÉREZ GALDÓS, BENITO, *A los espectadores y lectores de ʹAlcesteʹ.* Prosa Crítica, o.c., pág. 188
- DE LA NUEZ CABALLERO, SEBASTIÁN, *ʹSanta Juana de Castillaʹ.* En la red: Digitalización por ULPGC. Biblioteca Universitaria 2006

- ALAN SACKET, THEODORE, 'Santa Juana de Castilla': Galdós dramaturgo revisionista de la historia española. DICENDA, Cuadernos de Filología Hispánica, n. 8, Ed. Universidad Complutense de Madrid, 1989
- Introducción a 'Santa Juana de Castilla', en la Ed. Fragua, Madrid 2010. 9-25
- MORA GARCÍA, JOSÉ LUIS, Verdad histórica y verdad estética. Sobre el drama de Pérez Galdós 'Santa Juana de Castilla'. Anales Galdosianos, Biblioteca Virtual Miguel de Cervantes 2012
- SÁNCHEZ ILLÁN, Juan Carlos, El impacto histórico del estreno de "Electra", en Galdós en su tiempo, págs. 111-134. Ed. Parlamento de Canarias. Santa Cruz de Tenerife 2006.
- WHISTON, JAMES, Transformación y realismo en 'La razón de la sinrazón' de Galdós. Biblioteca Virtual Miguel de Cervantes 2012

b) *Otros escritos.*

Memorias de un desmemoriado.
- POLIZZI, ASSUNTA, Diálogo con la memoria. 'Memorias de un desmemoriado' Universitá de Catania, sede di Ragusa, Centro Virtual Cervantes.

tros artículos y Cartas.
- SHOEMAKER, WILLIAM H., Las cartas desconocidas de Galdós en 'La Prensa' de Buenos Aires. Ediciones Cultura Hispánica, Madrid 1973
- SOEMAKER, WILLIAM H., Los artículos de Galdós en "La Nación" 1865-1866 y 1868. Recogidos, ordenados y dados nuevamente a la luz con un estudio preliminar. Insula, Madrid 1972
- RICARD, ROBERT, Cartas a Galdós y cartas de Galdós. Anuario de Estudios Atlánticos, nº 11, Madrid 1965

III.- Otros autores citados (además de Galdós).

(La numeración que sigue a cada nombre indica la cita correspondiente en el texto.)

ABELLÁN, José Luis - 18
ACOSTA GONZÁLEZ, Mª Lourdes - 154. 998
ALAS, Leopoldo, "CLARÍN" - 61
ALEIXANDRE, Vicente - 97
ÁLVAREZ. S. - 75. 117
AMADO, Alonso - 133
AMOR DEL OLMO, Rosa - 179. 227. 244. 803
APARICI, Mª Pilar - 20. 117
APARISI, Amparo - 172. 579
ARENCIBIA, Yolanda - 38. 39. 135. 149. 205
ARMAS AYALA, Alfonso - 119. 124 753
ÁVILA A., Julián - 135. 172

BAGNO, Vsevolod - 131
BALMES, Jaime - 21
BATLLÉS, Adelina - 353
BEHIELS, Lieve - 236. 754
BENÍTEZ, Rubén - 24. 115
BIEDER, Mary Ellen - 619
BOO, Matilde B. - 939
BONET, Laureano - 100
BRAVO VILLASANTE, Carmen - 948
BROCOS F., José M. - 92
BURNS, Adelaide - 128
BURAKOFF, Rosa - 75

CABRERA P., Antonio - 6. 127
CÁCERES M., Andrés - 60
CALDERON DE LA BARCA, Pedro - 222
CALLAHAN, WILLIAM - 24
CAMPOS ORANAS, Javier - 112
CAPDEVILA, Arturo - 39

CARDONA, Rodolfo - 53
CARTENS, Thomas - 508
CASADO, ÁNGEL - 145. 496
CASALDUERO, Joaquín - 6. 60. 97. 105. 106. 117
CHACEL, ROSA - 47
CHACÓN G., R. - 22. 361
COLIN, VERA - 131
CORREA, Gustavo - 6. 60. 99. 117. 119. 135. 139. 142. 212. 249. 251. 495. 496 512. 513. 566
CRUZ VIVES, Miguel A. de - 20
CUENCA T., J.M. - 37

DENAH, Lida - 22
DE SAINT-EXUPERY, Antoine - 590

DOSTOIEVSKI, FÍODOR - 130
DÍAZ, Elías - 20
EARLE, Peter E. - 111. 480
ELIADE, MIRCEA - 381
ELIZALDE, Ignacio - 787. 937. 949
ESLAVA G., Juan - 134

FAUS SEVILLA, Pilar - 1. 9. 101. 738
FERNÁNDEZ de MORATIN, Leandro - 1008
FERNÁNDEZ. MONTESINOS, José - 6. 136
FDEZ.SEIN, ANA H - 619
FERRERAS, Juan I - 661
FERRER BENIMELI, J.A. 945
FRAGOSO del TORO, V. - 942

GARCÍA LORCA, F. - 196
GARCÍA PINACHO, P. - 946
GARCÍA VILLALBA, Ch. - 61. 730
GAUTIER, DANIEL - 6. 16. 61. 79. 114. 117. 132
GHIRALDO, ALBERTO - 100
GILMAN, STEPHEN - 110
GÓMEZ de BAQUERO - 678
GÓMEZ MARTÍNEZ., J.L. - 22
GONZÁLEZ de CARDEDAL, O. - 115. 133. 148

GONZALEZ POVEDANO, FRANCISCO   - 78. 93. 104. 324
GONZÁLEZ RUIZ, J. M. - 115.
GUIMERA, José manuel - 41
GULLON, Germán - 89. 607
GULLON, Ricardo - 105. 385

JELELATY, Joseph - 40. 578. 607

KIAN-HARALD K - 70

LAMET, Pedro M. - 85
LA PARRA LÓPEZ, E. - 24. 37
LEMOINE, MARTINE - 741.
LETEMENDIA, Emily - 945
LISSORGUES, Yvan - 103. 137. 434. 653
LÓPEZ SANZ, Mariano - 61
LUCÍA ALVAREZ, CARMEN - 415

MACHADO, Antonio - 178
MADARIAGA de la CAMPA, B. - 1. 77. 471. 937.
MADARIAGA, Salvador DE - 1
MAINER, JOSÉ CARLOS - 20
MARAÑÓN, Gregorio - 61
MARTÍN BUEZAS, F. - 20
MARTÍN DESCALZO, J.L. - 134
MARTÍNEZ CAÑAS, R. - 158
MARTÍNEZ GONZ., L. - 730
MARTINEZ IZQUIERDO, NARCISO - 34
MENÉNDEZ-ONRUBIA, CARMEN   - 110
MENÉNDEZ Y PELAYO, MARCELINO - 90. 91
MESSINA, Trinis A. - 143
MINTER, G.G. - 125. 727. 773
MIRANDA, Soledad - 6. 19. 24. 72. 360. 373. 646
MOELLER, Charles - 115
MORA GARCÍA, J.L. – 6. 35. 87. 95. 100. 117. 154. 360. 376. 472. 474.
                    476. 495. 497. 612. 762. 861. 936. 947
MUÑOZ MOLINA, A. - 152. 153
NARBONA, Rafael - 248. 310. 862
NOS MURO, Luis - 7. 8. 117

OLEZA, JOAN. - 180
ONTAÑÓN de L., Paciencia - 59. 141
ORTEGA Y GASSET, J. - 373
ORTIZ de ARMENGOL, P. - 943
OTERO, Blas de - 95
OTTO, RUDOLF - 381

PARKER, Alexander A. - 860
PELLISTRANDI, Benoit - 168
PEÑATE, Julio - 134
PEREDA, JOSÉ MARÍA - 738
PEREZ DE ALHAMA, J. - 24
PÉREZ GUTIÉRREZ, F. -24. 36
PÉREZ LÓPEZ, Pablo - 191
PETIT, Marie-Claire - 172
POLIZZI, ASSUNTA - 110

QUEVEDO GARCÍA, FRANCISCO J. - 240

REVUELTA GONZÁLEZ, Manuel - 25. 27. 28. 31
RICARD, ROBERT - 939
RODGERS, Eamonn - 22. 87. 117
RODRIGUEZ ACOSTA, Mª CARMEN - 59
RODRÍGUEZ, Alfred - 507
RODRÍGUEZ BATLLORI, F. - 39. 730
RODRÍGUEZ LÓPEZ-BREA, C.M. - 6. 60. 77. 56
RODRIGUEZ PUÉRTOLAS, J. - 16
ROMERO TOBAR, LEONARDO - 121. 423
RUIZ RAMÓN, Francisco - 6. 117. 360. 645. 783. 788. 902. 958

SÁENZ, HILARIO - 117
SÁNCHEZ FERRÉ, PEDRO - 192
SÁEZ, Alfred R. - 120
SÁINZ DE ROBLES, Federico C. - 6. 39. 40. 41. 42. 45. 72. 100. 107
SALLEVAVE, Pierre - 5
SÁNCHEZ ILLÁN, Juan Carlos - 18
SCATORI, S. - 117
SCHRAIBMAN, José - 120. 144.

SHOEMAKER, H. W. - 48. 51. 100. 278. 323. 334. 424. 447. 809. 845. 846. 851. 852. 853. 855. 882
SOPEÑA IBÁÑEZ, Federico - 6. 117. 240. 408

TEILHARD de CHARDIN, P. - 952
THION SORIANO MOLLA, DOLORES - 47
TOVAR, Virginia - 60. 516. 730. 824. 827
TRONCOSO, DOLORES - 151
TUÑÓN de LARA, M. - 9
TUSELL, Javier - 44

VAREY, J. E. - 607
VERNON A. CHAMBERLIN - 75
VILAR, JUAN BAUTISTA - 740

WHISTON, JAMES - 69

ZAMBRANO, María - 18. 94. 158. 618
ZARZALEJOS, JOSÉ ANTONIO - 208

www.ingramcontent.com/pod-product-compliance
Lightning Source LLC
Chambersburg PA
CBHW060905300426
44112CB00011B/1356